Werte im Ju

Andreas Pöge

Werte im Jugendalter

Stabilität – Wandel – Synthese

Springer VS

Andreas Pöge
Bielefeld, Deutschland

ISBN 978-3-658-14872-0 ISBN 978-3-658-14873-7 (eBook)
DOI 10.1007/978-3-658-14873-7

Die Deutsche Nationalbibliothek verzeichnet diese Publikation in der Deutschen Nationalbibliografie; detaillierte bibliografische Daten sind im Internet über http://dnb.d-nb.de abrufbar.

Springer VS

Lektorat: Katrin Emmerich, Monika Mülhausen

Springer VS ist Teil von Springer Nature
Die eingetragene Gesellschaft ist Springer Fachmedien Wiesbaden GmbH

Inhaltsverzeichnis

Vorwort

Diese Arbeit basiert auf Daten, die im Rahmen eines von der DFG geförderten Forschungsprojektes unter der Leitung von Klaus Boers und Jost Reinecke erhoben wurden. Ich danke den beiden Projektleitern dafür, dass meine wissenschaftliche Laufbahn in diesem Projekt ihren Startpunkt finden konnte. Die dort gewonnenen Erfahrungen beeinflussen mein akademisches Leben bis heute.

Ganz herzlich bedanken möchte ich mich bei allen, die mich bei der Erstellung dieser Arbeit unterstützt haben: an allererster Stelle meiner Familie, meinen Freunden, meinen Kolleginnen und Kollegen sowie der »Springer Fachmedien Wiesbaden GmbH«.

Darüber hinaus gilt mein besonderer Dank Jost Reinecke, der mein Verständnis der empirischen Sozialforschung entscheidend geprägt und diese Arbeit, die von der Fakultät für Soziologie der Universität Bielefeld als Habilitationsschrift angenommen wurde, zusammen mit Stefan Liebig und Johann Bacher begutachtet hat.

Bielefeld, im Juni 2016
Andreas Pöge

1 Einleitung

Die Idee von Werten lässt sich bis zu Plato und Aristoteles zurückverfolgen, die sich mit der Vorstellung von Glück als wünschenswertem Zustand und Fragen nach dem »Guten an sich« und einem »guten Leben« beschäftigten. Von Aristoteles stammt als »Tugendtafel« auch die erste umfangreichere Liste von Werten im weiteren Sinne. Nimmt man rein ökonomisch gedachte Werte aus, beschäftigt sich dann erst wieder seit etwa dem Beginn des 19. Jahrhunderts die fast ausschließlich abendländische Philosophie intensiver mit dem Gegenstand der Werte. Zwar herrscht im Detail bis heute Uneinigkeit in der Philosophie, was genau Werte nun eigentlich sind bzw. wie sie exakt definiert werden können, ganz grob gedacht fasst man aber heute unter dem Begriff all das, was im gesellschaftlichen Leben einen Wert hat oder haben soll (vgl. Krobath 2009, S. 13, 21 f.).

In den modernen Sozialwissenschaften spielen Werte eine zentrale Rolle – ihnen wird gemeinhin Sinnstiftung und Handlungsrelevanz zugesprochen. Die wohl verbreitetste Definition des Wertebegriffs in den Sozialwissenschaften stammt von dem Psychologen und Anthropologen Clyde Kluckhohn (1951, S. 395):

> A value is a conception, explicit or implicit, distinctive of an individual or characteristic of a group, of the desirable which influences the selection from available modes, means, and ends of action.

Damit ist ihm zufolge ein Wert eine Auffassung bzw. Konzeption »vom Wünschenswerten«, die explizit oder implizit für ein Individuum oder eine Gruppe kennzeichnend ist und die Auswahl der zugänglichen Wege, Mittel und Ziele des Handelns beeinflusst. Zwar korrespondieren Werte und Verhalten in der Praxis zumeist nur entfernt miteinander, was im Hinblick auf den hohen Grad an Abstraktheit von Werten und des zur Verhaltenssteuerung in der Regel nötigen komplexen Zusammenspiels mehrerer Werte[1] auch nicht anders zu erwarten sein kann. Es herrscht allerdings übereinstimmend die Sichtweise vor, dass Werte als

1 Um überhaupt verhaltenswirksam zu werden, geht man mittlerweile davon aus, dass Werte außerdem »aktiviert« werden müssen (vgl. Verplanken und Holland 2002).

zentrales Element der menschlichen Persönlichkeit die Wahl von Handlungsarten und Handlungszielen, vermittelt über situationsbezogene soziale Normen, beeinflussen (vgl. Hitlin und Piliavin 2004, S. 381 ff.). Darüber hinaus gelten (soziokulturelle) Werte als bestimmende Elemente von Gesellschaften und gesellschaftlichen Subsystemen. Insbesondere bei der Vermittlung zwischen Mikro- und Makroebene eines Gegenstandsbereiches können sie somit für die Analyse der Verbindungslinien zwischen Individuum, Kultur und Gesellschaft sehr wichtig oder zum Teil sogar unverzichtbar sein (vgl. Klages 2008, S. 13).

Die recht weite Definition von Kluckhohn wurde in der Vergangenheit durch einige Forscherinnen und Forscher in unterschiedlichster Weise modifiziert. Sehr bedeutsame Konzeptionen und Theorien, die vor allem in die Wissenschaftsdisziplinen Soziologie, (Sozial-)Psychologie und Erziehungswissenschaften Eingang gefunden haben, wurden neben Kluckhohn (1951) unter anderem von Rokeach (1973), Inglehart (1977), Klages (1984) oder zuletzt Schwartz (1992) entwickelt. Diese Konzepte sollen nachfolgend kurz vorgestellt werden. In der Soziologie sind Werte dabei häufig als soziopolitische oder gesellschaftsbezogene Zielvorstellungen definiert, in der Psychologie als stärker am Individuum orientierte persönliche Überzeugungen (vgl. Mienert 2002, S. 79). Die Definition von Werten ist in der Praxis allerdings nicht immer klar abgegrenzt von Einstellungen, Bedürfnissen, Normen und Persönlichkeitsmerkmalen (vgl. Hitlin und Piliavin 2004, S. 360). Im Allgemeinen werden Werte auf einem höheren Abstraktionsniveau gesehen als Einstellungen. Im Unterschied zu dauerhaften Dispositionen als Persönlichkeitsmerkmale sind Werte eher dauerhafte Ziele. Des Weiteren können andere Persönlichkeitsmerkmale positiv oder negativ, Werte in erster Linie nur positiv sein. Die Abgrenzung zu Normen kann in der Situationbezogenheit gesehen werden: Werte sind situationsübergreifend, Normen situationsbezogen. Schließlich beruht der Unterschied zwischen Werten und Bedürfnissen in der Art des Einflusses auf menschliches Verhalten: Bedürfnisse bezeichnen eher biologische Einflüsse, Werte eher soziale (vgl. ebd., S. 360 ff.). Zusammenfassend lassen sich Werte als relativ stabile, personen- oder gesellschaftsspezifische Zielvorstellungen und damit Präferenzmodelle verstehen, die sowohl die Wahrnehmung und Verarbeitung von Information als auch die Reaktion des Individuums bestimmen (vgl. Kadishi-Fässler 1993, S. 341).

Bevor wir zu der überblicksartigen Vorstellung der relevanten neueren Wertekonzeptionen in den Sozialwissenschaften kommen, ist es hilfreich, einige

2 In der Literatur findet sich leider eine unübersichtliche Verwendung synonymer Begriffe.

Präzisierungen und Definitionen vorzunehmen. Nach Dickmeis (1997, S. 5 ff.) kann man in der Werteforschung folgende Begriffe und Ebenen unterscheiden:[2] Der 1) theoretische *Werteraum* umfasst die Vielfalt bzw. Gesamtheit aller möglichen und denkbaren Werte. Ein 2) gesellschaftliches *Wertesystem* hingegen besteht aus den in der bestimmten Gesellschaft geltenden Werten und lässt sich über die einzelnen Werte und den ihnen zugeschriebenen Bedeutsamkeiten im Werteraum verorten. Hierunter kann man sich institutionell verankerte Wertbedeutsamkeitsstrukturen vorstellen, die beispielsweise in Verfassung und Gesetzgebung zum Ausdruck kommen. Innerhalb einer Gesellschaft wiederum lassen sich verschiedene Personengruppen ausmachen, die durch 3) bestimmte *Wertorientierungen* gekennzeichnet sind. Sie bestehen aus Personen mit ähnlichen individuellen Bedeutsamkeitsprofilen, die als 4) individuelle *Werthaltungen* bezeichnet werden sollen. Wertorientierungen beziehen sich also auf die interindividuelle Ebene, und Werthaltungen auf die intraindividuelle. Bislang sind mit den Bezeichnungen immer Bedeutsamkeiten mehrerer Werte bzw. deren Kombinationen in den Blick genommen worden. Bezieht man sich hingegen auf einen speziellen Wert bzw. die Bedeutsamkeit eines einzelnen Wertes, soll hier in Ergänzung zu Dickmeis (ebd.) von 5) *Werteinstellungen* die Rede sein.

1.1 Rokeach und die Natur menschlicher Werte

Für den Sozialpsychologen Rokeach spielen Werte und Wertesysteme, in der obigen Terminologie von Dickmeis als Werthaltungen bezeichnet, eine besondere Rolle. Er definiert sie folgendermaßen (Rokeach 1973, S. 5):

> A *value* is an enduring belief that a specific mode of conduct or end-state of existence is personally or socially preferable to an opposite or converse mode of conduct or end-state of existence. A *value system* is an enduring organization of beliefs concerning preferable modes of conduct or end-states of existence along a continuum of relative importance.

Schon in seiner Definition macht Rokeach damit deutlich, dass es sich bei Werten um dauerhafte (enduring) Überzeugungen handelt. Er konstatiert aber gleichwohl, dass Werte wandelbar sind. Wären sie es nicht, gäbe es keinerlei individuellen oder sozialen Wandel. Zu recht weist Rokeach darauf hin, dass jede Wertekonzeption diesem durch Stabilität und Wandel geprägten ambivalenten Charakter von Werten Rechnung tragen muss (vgl. ebd., S. 5 f.). Menschliches

Verhalten wird für Rokeach zuallermeist durch das Zusammenspiel verschiedener Werte geleitet, einem individuellen Wertesystem (nach Dickmeis einer individuellen Werthaltung). Solch ein Wertesystem besteht aus Werten, die ihrer Priorität nach geordnet sind. Alle Menschen besitzen nach Rokeach prinzipiell dieselben Werte, sie unterscheiden sich jedoch in dem unterschiedlichen Ausmaß der jeweiligen Zustimmung und in der individuellen Rangreihenfolge der Werte-Prioritäten. Für den Erwerb von Werten bedeutet dies in der Rokeachen Lesart, dass neu erlernte Werte jeweils in dieses nach Prioritäten geordnete individuelle System eingepasst werden. Diese Bedeutsamkeits- oder Prioritätsprofile von Werten werden als relativ stabil und persönlichkeitsstiftend begriffen. Die Möglichkeit eines Wandels bzw. einer Neuordnung innerhalb des Systems wird im Rahmen von kulturellen, gesellschaftlichen und persönlichen Erfahrungen allerdings ausdrücklich eingeräumt (vgl. Rokeach 1973, S. 11). Für Rokeach kann es prinzipiell auf zwei Arten zu einem Wandel intrapersoneller Werten kommen: Einerseits über Änderungen in der Selbstkonzeption oder Änderungen der Selbstdefinition und andererseits über Steigerung der Selbsterkenntnis mit der Bewusstwerdung von Diskrepanzen zwischen der Selbstkonzeption oder des »Selbstideals« auf der einen und eigenen Werten, Einstellungen und Verhaltensweisen auf der anderen Seite (vgl. Rokeach 1979a, S. 6). Besonderes Augenmerk schenkt er dem zweiten Fall, wobei Rokeach als Psychologe in diesem Zusammenhang die Selbst-Unzufriedenheit für sehr relevant hält: Wenn Menschen »objektive« Rückmeldungen zu ihren eigenen Werten (sowie Einstellungen und Verhaltensweisen) und denen anderer bekommen, kann dies bei vielen Individuen dazu führen, dass sie sich über Widersprüche ihrer Persönlichkeit bewusst werden. Gemeint sind hier Widersprüche in Bezug auf ihre derzeitigen Werte, Einstellungen und Verhaltensweisen, die nicht im Einklang mit ihrem (moralischen oder kompetenten) Selbstbild stehen. Diese Form von Bewusstwerdung kann dann oftmals zu Selbst-Unzufriedenheit führen, die einen Veränderungsprozess in Gang setzt. Im Rahmen von Erziehung und Therapie lässt sich durch die Methode der Selbst-Konfrontation mit eigenen Werten und Werten anderer Selbst-Unzufriedenheit auch bewusst auslösen und damit ein Wandel anstoßen. Für die Wirksamkeit dieser Methode führt er eine große Anzahl an Studien bzw. Experimenten an (vgl. Rokeach 1979b, S. 13 ff.; Rokeach und Grube 1979; Rokeach 1980, S. 297 f.).

Eine der Besonderheiten der Rokeachen Wertekonzeption ist die Unterscheidung von *instrumentellen* und *terminalen* Werten. Während die instrumentellen Werte sich auf die wünschenswerte Art und Weise der Lebensführung (modes of conduct) beziehen, sind terminale Werte auf gewünschte Endzustände der Existenz (end-states of existence) gerichtet (vgl. Rokeach 1973, S. 7). Diese beiden Grundarten von Werten werden jeweils noch weiter differenziert, so spricht er von selbst- und gesellschaftszentrierten terminalen Werten sowie von moralischen und kompetenzbezogenen instrumentellen Werten (vgl. ebd., S. 8). Instrumentelle Werte sind beispielsweise »mutig«, »ehrlich« oder »einfallsreich«, Beispiele für terminale Werte sind »ein aufregendes Leben«, »eine friedliche Welt« oder »Gleichheit« (siehe Tabelle A.1 auf Seite 461). Im Hinblick auf die Frage nach der Anzahl der Werte bleibt Rokeach vage: Er schätzt die Anzahl der terminalen Werte bei erwachsenen Menschen auf rund 20 und die Anzahl der instrumentellen Werte auf rund 60 bis 70 (vgl. ebd., S. 11).

Bei der Messung von Werten setzt Rokeach die Idee des Wertesystems als Prioritätsprofil um, indem er den Befragten Listen von instrumentellen und terminalen Werten vorlegt, die von ihnen jeweils in eine Rangreihenfolge nach individueller Wichtigkeit (als Leitprinzipien des Lebens) gebracht werden müssen (vgl. ebd., S. 27). Eine bekannte Version des Erhebungsinstruments (*Rokeach-Value-Survey*, »Form D«) umfasst 18 instrumentelle und 18 terminale Werte (siehe Tabelle A.1), die mithilfe von Literaturrecherchen und empirisch-exploratorischen Vorstudien aus einer viel größeren Anzahl an Werten verdichtet wurden (vgl. ebd., S. 29). Um die Struktur der mit diesem Instrument gemessenen Werten weiter zu untersuchen, setzt Rokeach exploratorische Faktorenanalysen ein. Hier ist zu bemerken, dass formalstatistisch Faktorenanalysen nicht für ipsative Ranking-Daten geeignet sind (vgl. bspw. Klein und Arzheimer 1999; Bacher et al. 2010, S. 133 ff.). Rokeach hält die Durchführung einer Faktorenanalyse trotzdem für vertretbar (vgl. Rokeach 1973, S. 42 f.) und präsentiert auf Grundlage einer amerikanischen Erwachsenenuntersuchung ($n = 1409$) eine siebenfaktorielle Struktur. Die bipolaren, varimax-rotierten Faktoren, bei denen sich die Trennung nach instrumentellen und terminalen Werten allerdings nicht durchgängig wiederfinden lässt, lauten: »Immediate vs. delayed gratification«, »Competence vs. religious morality«, »Self-constriction vs. self-expansion«, »Social vs. personal orientation«, »Societal vs. family security«, »Respect vs. love« und »Inner- vs. other-directed«. Die Ergebnisse der Analysen, insbesondere die inhaltliche Interpretation der Dimensionen und die zugehörigen Werte-Indikatoren, bleiben jedoch fragwürdig (vgl. Schlöder 1993, S. 77). Auch Rokeach selbst beurteilt sie kritisch, vor allem die geringe Varianzaufklärung von 41 Prozent und die niedrigen Korrelationen zwischen den Werten werden thematisiert (vgl. Rokeach 1973, S. 42 ff.). Alles in allem schließt er, dass die 36 Werte nicht weiter reduzierbar seien. Weitere Analysen ließen darüber hinaus den Schluss zu, dass eine Circumplex-Struktur aller 36 Werte vorliegen könne – ein Gedanke, der später von Schwartz wieder aufgegriffen wird (vgl. Rokeach 1973, S. 48).

An Rokeachs Theorie bleibt ganz grundsätzlich fraglich, ob die Einteilung nach instrumentellen und terminale Werten so aufrecht erhalten werden kann. Die Unterscheidung beruht auf der Verknüpfung zwischen Werten und Handlungen und es bleibt die Frage offen, in welcher Form instrumentelle Werte terminale Werte beeinflussen oder umgekehrt und ob und in welcher Weise beide Werteformen miteinander in Beziehung stehen (vgl. Schlöder 1993, S. 78). Auch die Frage nach der Beschaffenheit des Werteraumes vermag Rokeach nicht befriedigend zu klären: Wie viele Werte existieren überhaupt und wie ist ihre Struktur? Die vorliegenden Wertelisten und die dimensionsanalytischen Studien lassen hier keine festen Schlüsse zu. Auch das Erhebungsverfahren mit der erzwungenen Rangreihenfolge und den daraus resultierenden Ranking-Daten wurde in der wissenschaftlichen Diskussion vielfach kritisiert (vgl. ebd., S. 80).

1.2 Inglehart und der Wertewandel

Besonders in der Soziologie spielte und spielt die Theorie des Politologen Ronald Inglehart (1977) eine zentrale Rolle, welche neben der Konzeption bzw. Wertbestimmung Überlegungen über den zeitlichen Wandel von gesellschaftlichen Wertvorstellungen beinhaltet. Der Begriff der »silent revolution« bzw. deutsch »stillen Revolution« ist zu einem allgemein bekannten Schlüsselbegriff geworden. Für Ingelhart sind Werte wünschenswerte abstrakte Zielvorstellungen eines Individuums über gesellschaftliche Zustände, die nach relativer Wichtigkeit geordnet sind (vgl. Hermann 2003, S. 54). Inglehart geht von der Grundannahme aus, dass von der Vielzahl an Bedürfnissen, die Menschen haben, denjenigen die höchste Aufmerksamkeit geschenkt wird, deren Befriedigung am unwahrscheinlichsten erscheint. Basierend auf diesen Überlegungen formuliert er die sehr bekannt gewordene *Mangelhypothese*, dass nämlich die Prioritäten eines Individuums seine sozioökonomische Umwelt reflektieren und jene Dinge subjektiv am höchsten eingeschätzt werden, die verhältnismäßig knapp sind (vgl. Inglehart 1979, S. 280). Wenn nun Werte Vorstellungen über wünschenswerte Ziele sind, so müssen sich die gesellschaftlichen Zustände und damit die Verwirklichungschancen der Ziele auch in den individuellen Werteprioritäten und Werte-Prioritätenhierarchien der

Menschen wiederfinden lassen. In Bezug auf die Entstehung bzw. Entwicklung von Wertvorstellungen nimmt Inglehart an, dass Wertvorstellungen bei Erwachsenen tief verwurzelte und stabile Bestandteile der Persönlichkeit sind. Er geht von Werthaltungen aus, die sich als Grundstruktur im Persönlichkeitsbild bis zum Erreichen des Erwachsenenalters herauskristallisieren und danach kaum noch verändern (sogenannte *Sozialisationshypothese*). Bei Erwachsenen kann man deshalb aus den Werthaltungen ableiten, welche Umweltbedingungen zur Zeit ihrer Sozialisation, das heißt, bis zum Erreichen des Erwachsenenalters, vorherrschten. Nach seiner Sicht sind zwar Veränderungen im Erwachsenenalter nicht völlig ausgeschlossen, sie werden allerdings erheblich unwahrscheinlicher (vgl. ebd.).[3] Im Hinblick auf die Beschaffenheit des Werteraumes macht Inglehart in Anlehnung an die Maslowsche Bedürfnispyramide (vgl. Maslow 1943) zwei grundlegend unterschiedliche Bedürfnistypen bzw. Zielvorstellungen aus: 1) unmittelbar persönliche Bedürfnisse »nach physischer Versorgung und Sicherheit« und 2) Bedürfnisse »nach Selbstverwirklichung und intellektueller wie ästhetischer Befriedigung« (Inglehart 1979, S. 282). Erstere sind durch materielles Wohlergehen und zweitere durch nichtmaterielle (postmaterielle) Ziele gekennzeichnet. Seine Theorie basiert auf dieser Grundlinie, und er hält damit die Dimension *Materialismus-Postmaterialismus* für die entscheidende im Hinblick auf die Untersuchung »sozialer Aufspaltungen«, auch wenn er selbst empirische Belege für eine Mehrdimensionalität des Werteraumes sieht (was häufig in der Fachliteratur nicht berücksichtigt wird). Inglehart hält diesen Sachverhalt der Mehrdimensionalität aus theoretischen Gründen allerdings für irreleitend, denn für den gesellschaftlichen Wandel, der im Vordergrund seiner Analysen steht, sei nur die genannte Dimension von Relevanz (vgl. Hermann 2003, S. 60).

Den in den 1960er und 1970er Jahren festzustellenden gesellschaftlichen Wandel beschreibt Ingelhart mit diesen Überlegungen und einigen empirischen Untersuchungen über die These der »stillen Revolution«: In modernen Gesellschaften verlieren alte, materialistische Werte an Bedeutung und werden durch neue, postmaterialistische Werte ersetzt. Dieser Wertewandel ist allerdings nur mit zeitlicher Verzögerung zu beobachten, da er über den Generationenaustausch vermittelt wird. Einfach ausgedrückt können die Unterschiede in den Wertvorstellungen der älteren und der jüngeren Generation – betrachtet vom Standpunkt der frühen 1970er Jahre – dadurch erklärt werden, dass sich die soziale Umwelt geändert hat. Die ältere Generation hat die Phase ihrer Werteprägung (formative Pha-

3 Inglehart vermutet hier ein logarithmisches Verhältnis (vgl. Inglehart 1979, S. 280).

se) in Zeiten »ökonomischer und physischer Unsicherheit« durchlebt, wodurch die Zielvorstellungen stark von materiellen Bedürfnissen geprägt wurden. Die jüngere Generation (Nachkriegsgeneration) dagegen hat während der für die Werteentwicklung entscheidende Jugendphase Bedingungen des »relativen Überflusses und ohne persönliche Kriegserlebnisse« erlebt, wodurch, da die materiellen Bedürfnisse weitestgehend befriedigt sind, nichtmateriellen bzw. postmateriellen Bedürfnissen sehr viel mehr Bedeutung zukommt (Inglehart 1979, S. 283). Daher ist der Anteil der Materialisten in der älteren Generation deutlich höher als in der jüngeren, in der deutlich mehr Postmaterialisten zu finden sind.

Konsequenterweise kommen in empirischen Studien, die die Ingelhart'sche Theorie umsetzen, Ranking-Verfahren zum Einsatz, bei denen Befragte vorgegebene Werte in eine nach Wichtigkeit sortierte Rangreihenfolge bringen müssen. Inglehart entwickelt zwölf Werteitems, die in zwei Gruppen aufgeteilt werden (siehe Tabelle A.2 auf Seite 462).[4] Da für Inglehart Materialismus und Postmaterialismus Endpunkte *einer* Dimension (vgl. ebd., S. 284 ff.) sind, die die Maslowsche Bedürfnispyramide umsetzt, werden die Items theoriegeleitet entlang dieser Dimension geordnet. Um diese These empirisch zu belegen, führt Inglehart Hauptkomponentenanalysen durch, deren Ergebnisse die Behauptungen zu stützen scheinen. Ebenso wie bei Rokeach (siehe Abschnitt 1.1) muss dem allerdings entgegengehalten werden, dass Hauptkomponentenanalysen formalstatistisch überhaupt nicht für Ranking-Daten geeignet sind (vgl. bspw. Klein und Arzheimer 1999; Bacher et al. 2010, S. 133 ff.). Um die für Ingelhart aus theoretischer Sicht einzige relevante Dimension Materialismus/Postmaterialismus im Werteraum zu verorten, verwendet er einen Datensatz, in dem sowohl Inglehart'sche als auch Werteitems von Rokeach (siehe Tabelle A.1 auf Seite 461) abgefragt werden (vgl. Inglehart 1979, S. 288 f.). Diese Items werden gemeinsam einer Hauptkomponentenanalyse unterzogen, deren Ergebnis für Ingelhart die Existenz der entscheidenden Materialismus-Postmaterialismus-Dimension zeigen (vgl. ebd., S. 288 ff.). Neben der methodischen Kritik ist hier außerdem anzumerken, dass die Items von Rokeach bei dessen dimensionsanalytischen Betrachtungen auf zumindest drei unterschiedlichen Faktoren laden und nicht nur auf einem. Ingleharts weitere empirisch-analytische Vorgehensweise ist klassifikatorisch, indem aus den Ranking-Daten ein Index konstruiert wird, über den, je nach individueller Einordnung der einzelnen Werteitems, Personen zu vier Wertegruppen mit

---

4 In späteren großen Umfragen werden zum Teil auch nur die ersten vier Items verwendet (beispielsweise ALLBUS).

bestimmten Wertorientierungen eingeteilt werden. Die vier Wertetypen sind: 1) Post-Materialisten, 2) gemischt postmaterialistisch, 3) gemischt materialistisch, 4) Materialisten. Die Analyse der Gruppenstärken im Zeit- bzw. Generationenvergleich und die damit verbundenen Perioden- und Kohorteneffekte bilden dann den Kern der oben beschriebenen Theorie des gesellschaftlichen Wertewandels. Empirische Belege für seine Theorie legt Inglehart mit Daten aus zahlreichen Ländern und zu zahlreichen unterschiedlichen Zeitpunkten vor.

Die Theorie von Inglehart ist kontrovers diskutiert worden. Umfangreiche Kritik wendet sich schon bald sowohl gegen die theoretischen Annahmen, die methodische Umsetzung als auch gegen die angeführten empirischen Belege (vgl. bspw. Maag 1991; Lehner 1979). Zusammenfassend nach Six (1985, S. 408 f.) können folgende Punkte genannt werden: 1) die Ausgangshypothesen sind zu vage formuliert und die Bedürfnishierarchie Maslows ist für Werte nicht angemessen, 2) die Hypothesen sind partiell nicht vereinbar, 3) ein zunehmender Anteil postmaterialistischer Werte ist empirisch nicht nachweisbar, 4) Werte aus dem familären, religiösen und sexuellen Bereich fehlen, 5) Re-Analysen kommen zu abweichenden Ergebnissen. Zudem hingen die Ergebnisse in Bezug auf den Anteil der Postmaterialisten von der Erhebungsmethode ab (vgl. Marcus 2009).[5] Des Weiteren wird kritisiert, dass der Werteraum nicht eindimensional sei, wie ursprünglich von Inglehart postuliert, sondern komplex und mehrdimensional. Die eingesetzte Werte-Skala sei außerdem nicht valide und das Ranking-Verfahren nicht angemessen. Mischtypen würden bei der Analyse nicht in ausreichendem Maße berücksichtigt, obwohl sie einen beträchtlichen Anteil an der Bevölkerung ausmachten. Schließlich seien Werte im Alter nicht stabil, wie von Inglehart behauptet, und individueller Wertewandel fände nicht nur im Jugendalter, sondern auch im Erwachsenenalter statt (vgl. zusammenfassend Kadishi-Fässler 1993, S. 349 ff.; Hermann 2003, S. 65 f.). Selbst wenn man Inglehart in seiner inhaltlichen Diagnose folgt, so scheint der festgestellte und prognostizierte Wertewandel hin zu postmaterialistischen Werten nach einer Hochphase in den 1980er Jahren mittlerweile gestoppt zu sein. Gründe hierfür werden von manchen Autoren in einem gesellschaftlichen Klima von diffuser Unsicherheit und Zukunftsangst gesehen, erzeugt durch die anhaltende Arbeitslosigkeit, eingeschränktem Wirtschaftswachstum, Überalterung der Gesellschaft etc. (vgl. Kaina und Deutsch

5 Es lassen sich sogar Hinweise darauf finden, dass sich die über den Inglehart-Index erhobenen Wertorientierungen sukzessive einem reinen Zufallsmodell annähern (vgl. Klein und Pötschke 2000).

2006, S. 158). In der neueren und neuesten Forschung werden sogar Anzeichen für eine Umkehr des Wertewandels ausgemacht. Mit den Schlagwörtern »Wandel des Wertewandels« oder dem »Ergrauen der Protagonisten des Wertewandels« werden neuere Entwicklungen vor allem unter Jugendlichen zusammengefasst, die eine Rückbesinnung auf materialistische Werte belegen (vgl. Hradil 2002, 2003; Klein und Pötschke 2000; Kaina und Deutsch 2006; Klein 2008). Die Rede ist dabei auch von einer Renaissance bürgerlicher Werte und Tugenden (vgl. Opaschowski 2008). Bemerkenswert ist in dem Zusammenhang eine scheinbar pragmatische Verknüpfung mit Selbstentfaltungswerten bzw. eine Kombination materialistischer und postmaterialistischer Werte (vgl. Kaina und Deutsch 2006, S. 171; Gensicke 2002, 2006, 2010). Es kann stark bezweifelt werden, ob diese aktuellen empirischen Befunde mit Hilfe der Inglehart'schen Theorie hinreichend erklärt werden können (vgl. Klein 2008; Opaschowski 2008).

Bei aller berechtigter Kritik muss man Inglehart zugute halten, dass er eine vielbeachtete Theorie des gesellschaftlichen Wandels entwickelt hat, die aus der damaligen zeitlichen Perspektive die Wertentwicklungen eindrücklich und eingängig beschreibt und erklärt. In neueren Arbeiten weicht Inglehart selbst von seiner strikten eindimensionalen Betrachtung der Werte ab und beschreibt den (westlichen) gesellschaftlichen Wertewandel hin zum Postmaterialismus im Rahmen eines allgemeineren kulturellen Wandlungsprozesses. Auf Basis der Drei-Wellen-Daten des internationalen *World Value Survey* mit 65 Nationen, erweitert er seinen Werteraum auf zwei Dimensionen: 1) »Traditional vs. Secular-Rational Values« und 2) »Survival vs. Self-Expressive Values«. Zugrunde liegen hierbei 22, bzw. in reduzierter Form 10 Variablen, die vorwiegend aus pragmatischen Gründen der Minimierung von Missing-Data-Problemen ausgewählt werden (vgl. Inglehart 1997; Inglehart und Baker 2000, S. 23 f.; Inglehart 2008, S. 138 f.). Die erste Dimension ist geprägt durch religiöse Vorstellungen, Obrigkeitshörigkeit, Nationalstolz, wenig Toleranz gegenüber Abtreibung und Scheidung. Nach Inglehart sind im kulturübergreifenden Gesellschaftsvergleich Agrargesellschaften vorwiegend durch die positive Ausprägung der Dimension (also traditionelle Werte) geprägt, Industriegesellschaften eher durch die negative Ausprägung (also sekular-rationale Werte; vgl. Inglehart 2008, S. 139). Auf der zweiten Dimension verortet Inglehart die Zeichen eines Übergangs von industriellen zu postindustriellen Gesellschaften. Die Endpunkte dieser Dimension können am ehesten mit Selbsterhaltung und Selbstentfaltung beschrieben werden (vgl. Hermann 2003, S. 60). Materialistische und postmaterialistische Werte im Sinne der früheren

Arbeiten Ingleharts sind seiner Ansicht nach gute Indikatoren dieser Dimension, wobei sie über diese Unterscheidung deutlich hinausgingen. Hier würden ebenfalls Dinge wie Einstellungen zum Geschlechtsverhältnis, Toleranz gegenüber gesellschaftlichen Randgruppen, Umweltschutzbelange und politische Partizipation berührt (vgl. Inglehart 2008, S. 140). Die ursprüngliche Beobachtung des Wandels von materialistischen zu postmaterialistischen Werten relativiert Inglehart im Hinblick auf die westlichen Nachkriegsgesellschaften: Der Wandel hin zum Postmaterialismus hat sich in der Nachkriegszeit deutlich abgeschwächt, außerdem sind traditionelle Werte relativ stabil und unabhängig von der ökonomischen Entwicklung (vgl. Inglehart und Baker 2000, S. 49). Gleichwohl postuliert Inglehart einen gravierenden Wandel auf der Selbsterhaltungs-Selbstentfaltungs-Dimension. Im intergenerationalen Vergleich tendieren die westlichen Nachkriegs-Gesellschaften zu deutlich stärkeren Selbstentfaltungswerten (vgl. Inglehart 2008, S. 145).

1.3 Klages und die Wertsynthese

Auch der Soziologe Helmut Klages als Begründer der *Speyerer Werteforschung*[6] betrachtet die Wertewandeltheorie von Inglehart schon früh mit Skepsis und kritisiert unter anderem zwei grundlegende Punkte: die Eindimensionalität des Werteraumes und die Idee der eindeutigen Wertehierarchie. Er setzt dem zunächst ein zweidimensionales Konzept entgegen – die zugrunde liegenden Wertedimensionen werden ursprünglich als »Kon-Werte« (Pflichtakzeptanz) und »Non-Kon-Werte« (Selbstentfaltung, Engagement) bezeichnet. Klages definiert Werte als

> [...] objektunspezifische Orientierungsleitlinien zentralen Charakters, die den Systeminput einer Person (ihre Wahrnehmung) wie auch die in ihr ablaufende Inputverarbeitung selektiv organisieren und akzentuieren und gleichzeitig auch ihren Output, d. h. ihr Reaktions- und Verhaltensschema regulieren. (Klages 1977, S. 295).

Wertorientierungen sind damit für ihn individuelle Präferenzen, nach denen Menschen in ihrem übergreifenden Lebenskontext ihre Wahrnehmungen und ihr Handeln ausrichten. Sie sind sozial vorgeformt, haben soziale Konsequenzen und ermöglichen grundlegende Orientierung und Selektionsleistung (vgl. Klages und

6 Klages hatte seit 1975 einen Lehrstuhl für empirische Sozialwissenschaften, insbesondere Soziologie, an der Deutschen Hochschule für Verwaltungswissenschaften in Speyer inne.

Gensicke 2006, S. 333 ff.). Wertewandel zeigt sich nach der Klages'schen Lesart nicht wie bei Inglehart eindimensional auf der Materialismus-Postmaterialismus-Dimension, sondern zweidimensional durch Verschiebungen der Wichtigkeiten von Pflicht- und Akzeptanzwerten auf der einen und Selbstentfaltungswerten auf der anderen Seite (vgl. Klages 1985, S. 21). Seit Mitte der 1980er Jahre spielt in diesem Verhältnis eine weitere Dimension eine Rolle: Hedonismus/Materialismus (detailliertere Darstellungen zur Speyerer Werteforschung und ihrer empirischen Anwendung finden sich in Abschnitt 2.1).

Klages rückt methodisch bei der Operationalisierung von der Wertemessung durch Rankings ab, die nur vor dem Hintergrund einer anzunehmenden eindeutigen Wertehierarchie sinnvoll erscheint. Nach Klages müssen Werte nicht zwingend in eine eindeutige Prioritätenreihenfolge gebracht werden. Dies ist ein starker Gegensatz zu der bio-psychologisch begründeten Werte- bzw. Bedürfnishierarchie nach Maslow und Inglehart. Die Konzeption von Klages beruht auf Ideen Talcott Parsons (vgl. Parsons 1951), der intrapersonale Integration und Koexistenz von verschiedenen Wertemustern mit Wertespannungen und Wertekonflikten berücksichtigt und beschreibt. In unterschiedlichen Situationen können laut Parsons durchaus unterschiedliche Wertemuster aktiv sein, die übrigen bleiben dann latent. Eine eindeutige, stabile Rangordnung zwischen Werten ist also nicht immer und zwingend vorhanden (vgl. Klages und Gensicke 2006, S. 335 f.). Klages hält daher bei der Messung von individuellen Werthaltungen das Rating-Verfahren für angemessener als das Ranking-Verfahren und setzt zur Überprüfung der dimensionalen Struktur des Werteraumes folgerichtig Faktorenanalysen[7] ein (vgl. ebd., S. 337 ff.).

Um Werte als Präferenzen zu messen, entwickeln Klages und seine Kollegen das 24 Rating-Items umfassende sogenannte *Speyerer Inventar zur Messung von Wertorientierungen* (Klages, Hippler et al. 1992; siehe Tabelle 2.15 auf Seite 72). Es wird 1986 bis 1989 von Klages, Herbert und Infratest ausgearbeitet und anhand des dreiwelligen repräsentativen Wertebus' 1987/88 mit 6000 Interviews getestet. Neben anderen Untersuchungen kommt es auch im Wertesurvey 1997 und TNS-Survey 2005 zum Einsatz. Die aktuellen unkorrelierten Wertedimensionen werden »Pflicht und Akzeptanz«, »Hedonismus und Materialismus« sowie »Idealismus und Engagement« genannt (vgl. Gensicke 2000, 2001b; Klages und Gensicke 2006, S. 342). Allerdings sind die Bezeichnungen der Dimensionen in

7 Wobei der Einsatz der orthogonalen Varimax-Rotation durchaus diskussionswürdig ist (siehe Abschnitt 2.1.5).

den verschiedenen Publikationen nicht immer konsistent, vermutlich weil sich die Ergebnisse der Faktorenanalysen jeweils graduell unterscheiden. Bei Klages und Gensicke (2005, S. 287) heißen die Dimensionen leicht abweichend »Pflicht und Konvention«, »Kreativität und Engagement« sowie »Hedonismus und Materialismus«. Auch bei der objektorientierten Analyse, also der Klassifizierung der befragten Personen, beschreitet Klages im Vergleich zu Inglehart einen anderen Weg: Er setzt exploratorische Clusteranalysen ein, um die Befragten in Wertegruppen einzuteilen. Als Startwerte für den Clusterungsprozess auf Grundlage von z-standardisierten Faktorwerten aus den (Varimax-)Faktorenanalysen verwendet er ein einfaches Kombinationsschema mit vier hypothetischen Typologien, das sich aus der Bewertung (hoch/tief) der zwei Wertedimensionen ergibt (vgl. Klages und Gensicke 2006, S. 339). Auf diesem Weg kommt er früh zu dem empirischen Befund, dass es in nicht unerheblicher Anzahl Personen gibt, die den beiden zuerst entdeckten Wertedimensionen Pflichtakzeptanz *und* Selbstentfaltung gleichzeitig zustimmen. Dieses Phänomen bezeichnet er als *Wertsynthese*. Klages nennt den dazugehörigen Personentypus »aktive Realisten«, nachdem er mit deskriptiven Auswertungen eine ausgeprägte Zielstrebigkeit und hohes Selbstbewusstsein dieser Personengruppe feststellen kann. Dies führt ihn zu dem Schluss, besonders in dieser Gruppe starke und modernitätsfähige Persönlichkeiten mit überdurchschnittlicher Zufriedenheit und Glücksempfinden identifiziert zu haben; die Wertsynthese wird als anomiefest und zukunftweisend charakterisiert (vgl. ebd., S. 340). Klages spätere Analysen auf Grundlage des um eine Wertedimension erweiterten, dann dreidimensionalen, Werteraumes führen zu fünf grundsätzlichen Wertetypen[8] (vgl. Klages und Gensicke 2006, S. 342, 2005, S. 288):

- *Konventionalisten* (hohe Ausprägung von Pflicht- und Akzeptanzwerten, niedrige Ausprägung von hedonistischen und materiellen Werten sowie Idealismus- und Engagementwerten)
- *Resignierte* (niedrige Ausprägung von Pflicht- und Akzeptanzwerten, Idealismus- und Engagementwerten sowie hedonistischen und materiellen Werten)
- *Realisten* (hohe Ausprägung von Pflicht- und Akzeptanzwerten, Idealismus- und Engagementwerten sowie hedonistischen und materiellen Werten)
- *Hedo-Materialisten* (hohe Ausprägung von Pflicht- und Akzeptanzwerten sowie

8 Diese fünf Typen sind allerdings nur eine Auswahl, da die Kombinationsmöglichkeiten der Ausprägungen (hoch/tief) der drei Wertedimensionen eigentlich zu acht Typen führen (vgl. Klages und Gensicke 2005, S. 288; siehe auch Abschnitt 2.1.2).

hedonistischen und materiellen Werten, niedrige Ausprägung von Idealismus- und Engagementwerten)
- *Idealisten* (hohe Ausprägung von Idealismus- und Engagementwerten, niedrige Ausprägung von Pflicht- und Akzeptanzwerten sowie hedonistischen und materiellen Werten)

Innerhalb dieser Wertetypen stellt Klages unterschiedliche Niveaus von Wertehierarchien fest: Einen hohen Grad an Hierarchisierung findet er bei den Konventionalisten und den Idealisten. Die Gruppe mit dem niedrigsten Hierarchieniveau ist die Gruppe der Hedo-Materialisten, das zweitniedrigste Niveau weisen die Realisten auf (vgl. Klages und Gensicke 2006, S. 343 f.).

Den von Inglehart beschriebenen Wertewandel sieht Klages als *Wertewandlungsschub*, der in etwa von der Mitte der 1960er bis Ende der 1970er Jahre stattgefunden hat und danach abgeschlossen gewesen sei. Als Gründe für diesen Wandlungsschub sieht Klages das Zusammenspiel verschiedener sozialer, ökonomischer und gesellschaftlicher Faktoren an und nicht nur die sozio-ökonomischen Bedingungen während der Kindheit, so wie Ingelhart es tut. Er hält es für möglich, dass es zu weiteren Wandlungs*schüben* kommt, womit er sich von der herkömmlichen Wertewandelsforschung abgrenzt, die nach seiner Sicht von einem linearen Wertewandel ausgeht. Die Wertsynthese stellt nach Meinung von Klages die »anspruchsvolle Reaktion« auf komplexe gesellschaftliche Randbedingungen dar und ist somit ebenfalls ein Produkt eines Wertewandlungsschubs (vgl. ebd., S. 348 f.). Klages nimmt für sich in Anspruch, das einzige ausgearbeitete Konzept mit der Idee der Kombination von Wertorientierungen formuliert zu haben. Werte können dabei durchaus ein konfliktreiches Verhältnis eingehen, müssen es aber nicht (vgl. ebd., S. 332). Selbst bei der Wertsynthese müssen nicht *alle* Werte gleich wichtig sein, Rangabstufungen können durchaus vorkommen: Aktive Realisten stufen beispielsweise hedonistische und materielle Werte bei weitem nicht so hoch ein wie soziale Konventionen (vgl. ebd., S. 333 f.). Klages geht aber davon aus, dass innerhalb der Wertsynthese *einzelne* Werte gleich wichtig sind. Die besondere Leistung von Personen, die der Wertsynthese zuzuordnen sind, besteht darin, themenspezifisch zwischen Kon- und Non-Kon-Werten zu variieren. Klages nennt dies »Spezifische Steuerungswirkung« (vgl. ebd., S. 340). Psychologisch gesehen sieht er die Wertsynthese als Grundlage für eine moderne Balance von individueller bzw. sozialer Selbstkontrolle und individueller Selbsterweiterung. Er kann nachweisen, dass Realisten weniger neurotisch sind als beispielsweise die Resignierten (vgl. Klages und Gensicke 2005, S. 291, 2006, S. 341).

Auch gegen die Theorie Klages ist Kritik vorgebracht worden. Bemängelt wird die lückenhafte theoretische Grundlegung (vgl. Schlöder 1993, S. 192 ff.; Kadishi-Fässler 1993, S. 359 ff.), aber auch die Interpretation der empirischen Befunde. Sigrid Roßteutscher beispielsweise bezweifelt die positive Bewertung der Wertsynthese und legt eigene Daten und Analysen vor, mit Hilfe derer sie die Notwendigkeit der Fähigkeit zur Hierarchisierung von Werten im Hinblick auf die Möglichkeit von nonkonformistischen Verhaltensweisen herausstreicht (vgl. Roßteutscher 2004, S. 428 f.). Wertsynthese ist für sie im Gegensatz zu Klages kein erstrebenswerter Zustand, sondern besetzt mit Anomie, Verunsicherung und extern motivierter Anpassung. Roßteutscher ist dafür ihrerseits stark kritisiert worden, wobei sich die Kritik vorwiegend auf die methodische Vorgehensweise (Clusteranalyse vs. Faktorenanalyse) und die Datengrundlage bzw. die Messung der Werte (gesellschaftliche Werte vs. individuelle Werte) bezieht (vgl. Thome 2005). Thome selbst legt allerdings eigene empirische Befunde vor, die einem Teil der Klages'schen Wertsynthese-Zuschreibungen widersprechen. Er bezweifelt etwa die positive Charakterisierung in Bezug auf Anomiefestigkeit (vgl. ebd., S. 340). Da der Speyerer Werteforschung in dieser Arbeit eine zentrale Rolle zukommt, wird diesem Ansatz das eigene Kapitel 2.1 gewidmet, in dem weitere und tiefergehende Erörterungen erfolgen. Besonderes Augenmerk erfährt die Speyerer Werteforschung in dieser Arbeit unter anderem deshalb, weil das Speyerer Werteinventar in den Shell-Jugendstudien der Jahre 2002, 2006 und 2010 aufgenommen wurden. Diese Jugendstudien stellen mit ihren realisierten Stichproben die wichtigsten Referenzuntersuchungen für die hier vorgelegten Ergebnisse dar (siehe Abschnitt 2.1.4).

1.4 Schwartz und der Wertekreis

Der wohl jüngste Ansatz im Bereich der Werteforschung wird mit der sogenannten *Theorie universeller menschlicher Werte* (»Theory of Basic Human Values«), aufbauend auf den Arbeiten von Rokeach und eigenen Vorarbeiten (Schwartz und Bilsky 1987, 1990), von dem Sozialpsychologen Shalom Schwartz (1992, 1994a, 1996) vertreten. Er definiert Werte als

> [...] desirable, transsituational goals, varying in importance, that serve as guiding principles in the life of a person or other social entity (Schwartz 1994a, S. 21),

also als Ziele im Sinne von Leitprinzipien des Lebens. Werte können damit als Motivation oder Voraussetzung für Handlungspräferenzen von Individuen oder Kollektiven dienen. Sie unterscheiden sich ganz grundlegend in der Art des motivationalen Ziels, welches sie ausdrücken (Schwartz 1996, S. 2). In diesem Sinne differenziert Schwartz zwischen zehn konzeptuellen Wertetypen, die spezifische Werte zusammenfassen, die sie repräsentieren. Das ist genau dann der Fall, wenn das zentrale motivationale Ziel des Wertetypes vertreten wird (vgl. Sagiv und Schwartz 1995, S. 438). Die genannten zehn Wertetypen lauten: »universalism«, »benevolence«, »conformity«, »tradition«, »security«, »power«, »achievement«, »hedonism«, »stimulation«, and »self-direction«. Für Schwartz sind nun die Beziehungen zwischen den Wertetypen von besonderer Bedeutung, denn sie stehen seiner Auffassung nach in einem spezifischen systematischen Verhältnis zueinander. Einige Wertetypen bzw. die zugrunde liegenden Motivationen ähneln sich konzeptuell und andere stehen in konzeptuellem Widerspruch zueinander (vgl. Schwartz 1996; Schwartz und Huismans 1995). Schwartz ordnet diese Werte nach ihrem konzeptuellen Ähnlichkeitsverhältnis kreisförmig an (siehe Abbildung 1.1): Wertetypen, die in direktem Widerspruch zueinander stehen, liegen sich im Kreis gegenüber, Wertetypen bzw. zugrunde liegende Motivationen, die sich ähneln, liegen nebeneinander. Je unähnlicher sich die Wertetypen sind, desto weiter liegen sie voneinander auf dem Kreis entfernt und umgekehrt (vgl. Schwartz 1996; Bardi und Schwartz 2003). Analog zu den konzeptuellen Ähnlichkeitsverhältnissen stellen sich für Schwartz die Ähnlichkeitsverhältnisse der individuellen Werteprioritäten dar. Wertetypen, die sich konzeptuell ähneln, also im Kreis nahe nebeneinander liegen, sollten auch auf der individuellen Ebene eine ähnliche Wichtigkeit aufweisen und in der Hierarchie auf ähnlichen Rangplätzen rangieren (vgl. Schwartz 1996, S. 8). Dabei ist es zunächst irrelevant, ob hohe oder niedrige Wichtigkeiten vorliegen, entscheidend ist das Verhältnis der Wertetypen zueinander und die Anordnung auf dem Wertekreis. Die individuelle Werthaltung eines Individuums wird nach Schwartz über die Relationen der zehn Wertetypen bestimmt und kann nur über das Gesamtverhältnis aller Wertetypen zueinander adäquat beschrieben werden (vgl. Schwartz 1996; Schwartz und Huismans 1995). Die zehn genannten Wertetypen werden von Schwartz auf einer zweiten Abstraktionsebene mit vier Wertedimensionen verortet: »openness to change«, »conservation«, »self-enhancement« sowie »self-transcendence«. Auch diese vier Wertedimensionen stehen in gleicher Weise zueinander wie die zehn Wertetypen der ersten Abstraktionsebene. Darüber hinaus nimmt Schwartz

(2001, S. 262) an, dass Wertetypen anhand ihrer relativen Wichtigkeit zueinander geordnet werden können. Solch ein geordnetes Wertesystem bildet ein System der Werteprioritäten, über das Kulturen und Individuen charakterisiert werden können. Im Hinblick auf wertrationale Entscheidungen vertritt Schwartz die These, dass der gemeinsame Besitz der folgenden Wertetypen tendenziell zu schweren psychologischen und/oder sozialen Problemen und Konflikten führt: (1) »self-direction« und »stimulation« versus »conformity«, »tradition«, und »security«, (2) »universalism« und »benevolence« versus »achievement« und »power«, (3) »hedonism« versus »conformity« und »tradition« und schließlich (4) »spirituality«[9] versus »hedonism«, »power« und »achievement« (vgl. Schwartz 1992, S. 15). Die Wertsynthese wird damit konträr zu Klages gesehen, der ja die Vereinbarkeit auch gegensätzlicher Werte für möglich hält und sogar mit positiven Folgen verknüpft sieht (siehe Abschnitt 1.3).

Für seine Wertekonzeption beansprucht Schwartz eine hohe interkulturelle, universelle Gültigkeit im Hinblick auf die Existenz der zehn Wertetypen und einer Wichtigkeitshierarchie unter ihnen. Intra- und interkulturell müssen mehr oder weniger alle Individuen solch eine Hierarchie derselben zehn Wertetyen, die kreisförmig angeordnet werden können, aufweisen (vgl. Schwartz und Huismans 1995). Zur empirischen Überprüfung stehen zwei von Schwartz entwickelte Instrumente zur Verfügung: der »Schwartz Value Survey« (SVS) mit ursprünglich 56 Einzelwerten, von denen 21 aus dem Werte-Inventar von Rokeach übernommen wurden (vgl. Schwartz 1992, S. 16 f.; Glöckner-Rist 2012). Diese erste Itembatterie sollte elf statt zehn Wertetypen enthalten, wobei sich jedoch »spirituality« nicht nachweisen ließ. Eine weiterentwickelte, modifizierte Version enthält 57 Items, die mit Hilfe einer 7er-Skala bezüglich ihrer Wichtigkeit als Leitprinzip des Lebens bewertet werden sollen.[10] Auch die Idee der terminalen und instrumentellen Werte von Rokeach wird im SVS aufgegriffen, indem 30 terminale und 26 bzw. 27 instrumentelle Werte abgefragt werden (vgl. Glöckner-Rist 2012). Ein kürzeres Erhebungsinstrument stellt der sogenannte »Portrait Value Questionnaire« (PVQ) dar, der in einer ersten Version 40 Items enthält. Hier werden »Kurzportraits« von Personen vorgelegt, die die Befragten in ihrer Ähnlichkeit zu sich selbst bewerten sollen: »How much like you is this person?« Über diesen Umweg wird die Wich-

9 Zu beachten ist, dass sich »spirituality« in späteren Untersuchungen jedoch nicht als distinkter Wertetyp nachweisen ließ.

10 Zunächst müssen dazu die wichtigsten und unwichtigsten Werte herausgesucht und danach erst die jeweilige Wichtigkeit bewertet werden.

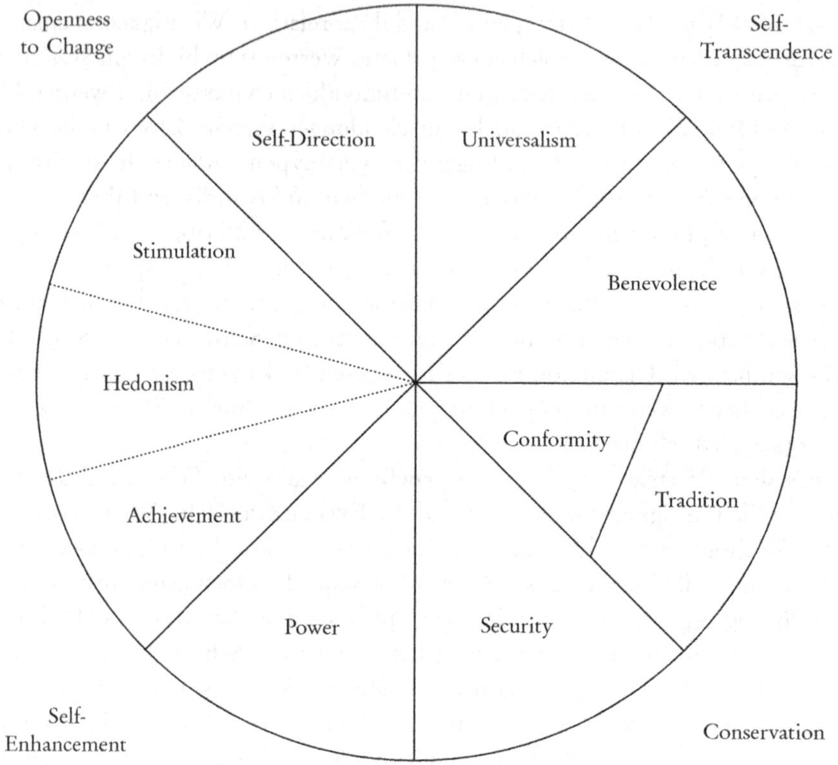

Abbildung 1.1: Theoretische Kreisstruktur der Wertetypen und -dimensionen (vgl. Bardi und Schwartz 2003, S. 1208, 1209)

tigkeit der Einzelwerte für die Befragten selbst abgeleitet, die Werte werden somit indirekt erfasst (vgl. Schmidt et al. 2007, S. 263). Eine nochmals verkürzte PVQ Version mit 21 Items wurde speziell für den »European Social Survey« entwickelt (vgl. Schwartz 2001; Schmidt et al. 2007). Jeder der zehn Wertetypen wird in dieser Kurzversion des PVQ mit Hilfe zweier Items operationalisiert, mit Ausnahme des Wertetyps »universalism«, der mit drei Items gemessen wird. Die Statements (siehe Tabelle A.3 auf Seite 463) sollen ebenfalls im Hinblick auf die Ähnlichkeit des Befragten mit einer Person, die die dargestellte Eigenschaft aufweist, beurteilt werden. In einer vergleichenden Untersuchung der drei Erhebungsinstrumente (57-Item-SVS, 40-Item-PVQ und 21-Item-PVQ) zeigten sich befriedigende bis gute Übereinstimmungen (vgl. Schmidt et al. 2007, S. 270 f.).

Eine der Besonderheiten der Schwartz'schen Wertekonzeption ist die kreisförmige Anordnung der zehn Wertetypen. Um diese Struktur adäquat untersuchen zu können, sind spezielle empirisch-statistische Verfahren nötig. Nach Gurtman und Pincus (2003, S. 411) können zirkuläre Daten sowohl konfirmatorisch als auch exploratorisch analysiert werden. Exploratorische Analyseverfahren sind beispielweise Korrelationsanalysen, exploratorische Faktorenanalysen (EFA), Multidimensionale Skalierung (MDS) und die sogenannte *Smallest Space Analysis* oder *Similarity Structure Analysis* (SSA) als Modifikation der MDS. Alle genannten exploratorischen Verfahren sind bereits zur Untersuchung des Schwartz'schen Wertekreises mit zehn Werten auf Grundlage umfangreicher Datensätze vieler repräsentativer Studien eingesetzt worden. Korrelationsanalysen finden sich zum Beispiel in Schwartz (1994b, 1996), Schwartz und Huismans (1995), Schwartz, Verkasalo et al. (1997), Schwartz, Lehmann et al. (1999) sowie Roccas et al. (2002). Die MDS und/oder SSA wurden unter anderem bei Schwartz (1994a,b, 1999), Bilsky und Schwartz (1994), Schwartz und Sagiv (1995), Schwartz, Lehmann et al. (1999), Fontain (2003), Bardi und Schwartz (2003) und Hinz et al. (2005) verwendet. Im letztgenannten Artikel findet sich ebenfalls eine Analyse auf Basis einer EFA. Neben diesen exploratorischen Analysen wurden auch einige neuere konfirmatorische Analysen, hauptsächlich *konfirmatorische Faktorenanalysen* (CFA) durchgeführt, um die dimensionale Struktur des Schwartz'schen Modells zu testen. Beispiele finden sich unter anderem in Schwartz und Boehnke (2004), Iser und Schmidt (2005), Schmidt et al. (2007), Davidov (2008) und Steinmetz et al. (2009). Insgesamt zeigen diese exploratorischen Studien, dass die zehn postulierten Wertetypen den real existierenden Werteraum durchaus zusammenfassend beschreiben. Auch die faktorenanalytische Befundlage bezüglich der Items, die die Wertetypen messen, kann international als sehr robust angesehen werden. Darüber hinaus zeigen Korrelationsanalysen, dass die Struktur der Wertetypen durchaus als kreisförmig beschrieben werden kann. Eine Studie, die hingegen zu einem kritischen Urteil über die postulierte Kreisstruktur kommt, findet sich bei Hinz et al. (2005). Den vorgestellten positiven Befunden muss allerdings entgegengehalten werden, dass alle genannten Analyseverfahren keinen strengen Test der Kreisstruktur ermöglichen. Außerdem werden lediglich durchschnittliche (Un-)Ähnlichkeiten der individuellen Wertepräferenzen auf Grundlage durchschnittsbasierter Ähnlichkeitsmaße analysiert (zum Beispiel Korrelationen). Wirkliche Tests der kreisförmigen Struktur wären – neben der CFA – mit den folgenden, von Gurtman und Pincus (2003) aufgelisteten Analyseverfahren für kreisförmige Daten möglich: *Covariance and Structural Equation Modeling* (SEM), *Circular Order Modeling* (Tracey und Rounds 1993), *Distribution Tests* (Upton und Fingleton 1989) und *Cosine Curve Modeling* (Gurtman 1994; Gurtman und Balakrishnan 1998). Bislang sind solche Verfahren allerdings noch nicht zur Analyse des Schwartz'schen Wertekreises eingesetzt worden, so dass ein strenger empirisch-statistischer Test der Strukturannahmen noch aussteht.

1.5 Sinus-Milieus und Werte

Werte können auch dazu genutzt werden, um soziale Ungleichheit zu beschreiben. Grundsätzlich unterscheidet man in der Sozialstrukturanalyse grob zwischen zwei verschiedenen Möglichkeiten der Gesellschaftsbeschreibung:[11] die klassischen Theorien der *Klassen* und *Schichten* und die neueren Modelle der *sozialen Lagen* und *sozialen Milieus* (vgl. Hradil 2005; Geißler 2011). Im Rahmen dieser neueren Modelle, genauer den Milieu- und Lebensstilansätzen, werden nicht so sehr die Gemeinsamkeiten der äußeren Lebensbedingungen (zum Beispiel Einkommen, Beruf, Bildung) bestimmter Gruppen von Menschen in den Fokus genommen, sondern es stehen eher Gemeinsamkeiten im Denken und Verhalten im Vordergrund (vgl. Hradil 2005, S. 425). In diesem Zusammenhang können dann auch Werte bzw. Gruppierungen von Menschen mit gleichen oder ähnlichen Werthaltungen zur Beschreibung der Sozialstruktur herangezogen werden. Die oben vorgestellten Wertegruppierungen Materialisten und Postmaterialisten bei Inglehart (siehe Abschnitt 1.2) oder die Klages'schen Wertetypologien Konventionalisten, Resignierte, Realisten, Hedo-Materialisten und Idealisten (siehe Abschnitt 1.3) sind diesbezügliche Beispiele. Ein sehr bekannt gewordener Ansatz dieser »neueren« Modelle ist der Milieuansatz des Sinus-Instituts. Soziale Milieus werden in diesem, aus der kommerziellen Marktforschung stammenden Modell, vereinfacht als gesellschaftliche Subgruppen verstanden, deren Mitglieder sich in Lebensweise und Lebensauffassung ähneln (vgl. Becker und Nowack 1985, S. 14; Flaig et al. 1997, S. 55). Die Autoren postulieren in diesem Zusammenhang (Becker und Nowack 1985, S. 14): »Der hier verwendete Milieubegriff nimmt also Bezug auf soziale Syndrome, bestehend aus sozialer Lage einerseits und Wertorientierungen sowie lebensweltlichen Sinn- und Kommunikationszusammenhängen andererseits.« In diesem sogenannten »Lebenswelt-Ansatz« spielen

11 Geißler (2011) unterscheidet drei Ansätze, indem er soziale Lagen und Milieus getrennt betrachtet.

Werte, hier Wertorientierungen genannt, eine bedeutsame Rolle. So wird in dem wahrgenommenen gesellschaftlichen Wandel, insbesondere dem Wertewandel, gar der Grund gesehen, warum die Milieukonzeption zur Gesellschaftsbeschreibung nötig sei. Speziell die »Erosion traditioneller Wertesysteme« und die damit einhergehenden Veränderungen des Alltagsbewusstseins und Alltagshandelns der Menschen (oder hier: Verbraucher) wird als treibende Kraft für die Entwicklung des Sinus-Ansatzes genannt (vgl. ebd., S. 13). Im weiteren historischen Verlauf wird der Wandel des Wertesystems der Nachkriegsgesellschaft vereinfacht in vier Phasen beschrieben (vgl. Barth und Flaig 2013, S. 16 f.): 1) eine Phase des Wiederaufbaus, die durch traditionelle Werte und Werte der Stabilität (Pflicht- und Akzeptanzwerte) gekennzeichnet ist, 2) eine Phase des wirtschaftlichen Aufschwungs, geprägt durch Werte der Modernisierung (konsum- bzw. postmaterialistische Werte), 3) eine Phase der Globalisierung und Individualisierung mit postmodernen Werten (Hedonismus) und schließlich 4) seit der Jahrtausendwende eine Phase des »Regrounding« mit gesteigertem Sicherheitsbedürfnis und pragmatischem Realismus und daraus resultierend neuen Wertsynthesen. Hier wird der Bezug zu den Wertewandel-Theorien von Inglehart und Klages deutlich und zeigt die enge Verbundenheit dieser Form der Gesellschaftsbeschreibung mit dem Konzept der Werte. Dieser Umstand schlägt sich, wie im weiteren Verlauf noch zu sehen sein wird, dann auch sehr deutlich in der empirischen Umsetzung nieder.

Im Ergebnis werden mit den Sinus-Milieus die Gesellschaftsmitglieder auf Grundlage ihrer Lebensweise und Lebensauffassung in Gruppen zusammengefasst, die in einem Koordinatensystem, welches durch die Achsen »soziale Lage« und »Grundorientierung« aufgespannt wird, verortet werden (siehe Abbildung 1.2 auf der nächsten Seite). Die Achse der Grundorientierung nimmt dabei explizit Bezug auf Werte, indem sie den Wertewandel von traditionellen zu postmateriellen Werten abbildet, obwohl im Laufe der Zeit durchaus unterschiedliche Beschriftungen verwendet werden (vgl. bspw. Becker und Nowack 1985, S. 14; Flaig et al. 1997, S. 144). Die so visualisierten, sich teils überlappenden und durchlässigen sozialen Milieus, deren Anzahl sich im Laufe der Zeit mehrfach ändert, werden mit griffigen Titeln belegt: 1) »Liberal-Intellektuelle«, 2) »Performer«, 3) »Konservativ-Etablierte«, 4) »Expeditive«, 5) »Sozialökologische«, 6) »Adaptiv-Pragmatische«, 7) »Bürgerliche Mitte«, 8) »Traditionelle«, 9) »Hedonisten« und 10) »Prekäre«. Zum Teil greifen diese Titel direkt die in diesen Milieus vorherrschenden Werthaltungen bzw. Wertorientierungen auf:

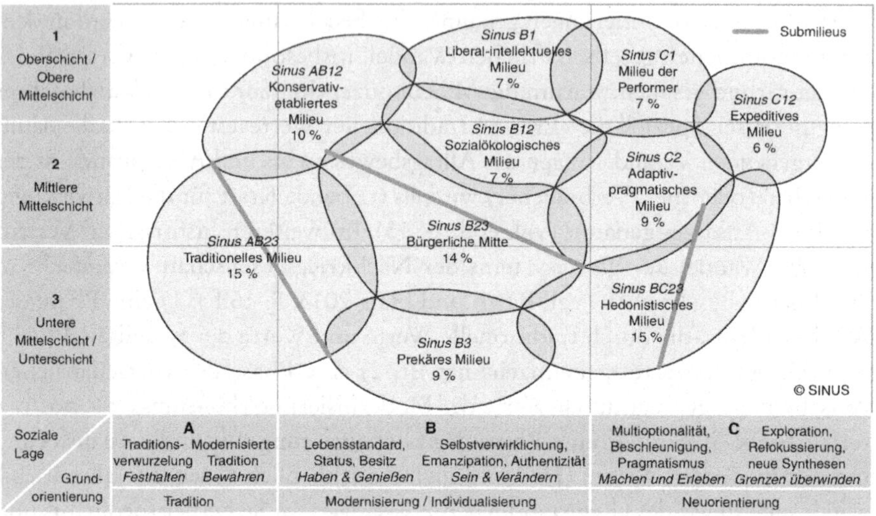

(Quelle: Barth und Flaig 2013, S. 25)

Abbildung 1.2: Sinus-Milieus in Deutschland

Hedonisten, Traditionelle, zum Teil werden aber auch andere Eigenschaften in den Vordergrund gerückt: Expeditive, Sozialökologische, Bürgerliche Mitte usw. Die Entwicklung der Sinus-Milieus wird zunächst auf der Basis von umfangreichen qualitativen Untersuchungen vorangetrieben, denen eine Vielzahl an sogenannten »Lebenswelt-Explorationen« zugrunde liegt und die fortlaufen weitergeführt werden (vgl. Barth und Flaig 2013, S. 21). Im Rahmen von qualitativen, narrativen Interviews werden »die für ein Individuum bedeutsamen Erlebnisbereiche (Arbeit, Familie, Freizeit etc.) und gelebte[n] Alltagskontexte, seine Einstellungen, Werthaltungen, Wünsche, Ängste und Träume« (ebd., S. 19) erhoben und für die Konstituierung der Milieus verwendet. Eine quantitativ-empirische Umsetzung wird erstmalig 1982 durchgeführt, die eine Statementbatterie mit einer unterschiedlichen Anzahl an Items (ca. 40 bis 50) verwendet (siehe Tabelle A.4 auf Seite 464). Dieser sogenannte »Milieu-Indikator« misst nach eigenen Angaben »milieuspezifische Wertorientierungen«, die sich besonders gut eignen, soziale Milieus zu identifizieren und systematisch zu trennen. »Sie prägen die charakteristischen Lebensphilosophien und Lebensziele, die der gesamten ›strategischen Lebensplanung‹ eines Menschen zugrunde liegen.« (Flaig et al. 1997,

S. 69). Wie bei Klages sind hier für die Milieubildung nicht Ausprägungen von Einzelwerten relevant, sondern die Kombinationen. Sie allein sind für die Einteilung großer Stichproben ausschlaggebende aktive Variablen (»milieuindizierend«) und werden mit Hilfe spezieller Clusteranalysen analysiert (vgl. ebd., S. 70). Die methodischen Einzelheiten des Verfahrens sind allerdings aus urheberrechtlichen Gründen unbekannt. Auch wenn die Lebensstil- und Milieuansätze teils heftiger Kritik unterzogen wurden und überwiegend negativ bilanziert werden (vgl. im Überblick Pöge 2007c, S. 31 ff.; Otte 2005), erfreuen sich dennoch speziell die Sinus-Milieus nachhaltiger Beliebtheit. Ihrem Selbstverständnis nach sind die Sinus-Milieus ein »wissenschaftlich fundiertes Gesellschaftsmodell mit breiter kommerzieller und nichtkommerzieller Anwendung« (Barth und Flaig 2013, S. 27). Bekannte Anwendungsbeispiele finden sich unter anderem im Bereich der Politikforschung bei Walter (2008) oder in den Erziehungswissenschaften bei Tippelt et al. (2008) sowie bei Heitmeyer et al. (1995).

Betrachtet man den Sinus-Milieuindikator in der hier vorliegenden Form (siehe Tabelle A.4 auf Seite 464), wird schon bei den Einzelitems deutlich, dass hier nicht nur Werte operationalisiert werden. Zwar gibt es Einzelstatements wie »Wenn ich es mir richtig überlege, haben die alten Werte Sparsamkeit, Sauberkeit und Ordnung für mein Leben eine ziemlich große Bedeutung«, die direkt auf Werte abheben, dagegen ist aber auch eine ganze Reihe von Statements wie »Ständig dazulernen zu müssen – das wäre nichts für mich« vertreten, die erkennbar nicht mit einer Definition von Werten in Übereinstimmung zu bringen sind. Folgt man im Grundsatz den gängigen Definitionen von Werten als wünschenswerte Ziele, so lassen sich hier einige Items erkennen, die schon von der Grundausrichtung her dazu nicht passen. Dieser Sinus-Milieuindikator wird in jugendadäquat leicht modifizierter Form auch in der dieser Arbeit zugrunde liegenden Längsschnitt-Jugendstudie verwendet (siehe Kapitel 3). Exploratorische Dimensionsanalysen zeigen dabei leicht unterschiedliche Ergebnisse in den einzelnen Jahren (vgl. Pöge 2002, S. 71; Boers und Pöge 2003, S. 259 f.; Pöge 2007c, S. 115 ff.). Als stabile Faktoren finden sich aber ganz überwiegend »Hedonismus«, »Tradition«, »Technik«, »Deprivation« und »Religion«. Allerdings lassen sich auch bei den Dimensionen die schon bei den Einzelitems aufgetretenen inhaltlichen Diskrepanzen zur Definition von Werten deutlich feststellen. Während die Dimensionen »Hedonismus«, »Tradition« und »Religion« noch Wertedimensionen darstellen und zu den besprochenen Theorien von Inglehart und Klages anschlussfähig sind (vgl. auch Strack et al. 2008, S. 106), bildet der Faktor »Technik« eher technikorientierte bzw. technologiefreundliche Orientierungen ab. Auch die Dimension »Deprivation« lässt sich nicht als Wertedimension fassen. Hier kommen eher »Aussteigertendenzen« oder sogar anomische Einstellungen zum Ausdruck. Deshalb werden für die im Folgenden dargestellten Analysen lediglich die Teile der Fragebatterie verwendet, die zu den genannten Wertekonzepten anschlussfähig sind. Die dimensionsanalytischen Untersuchungen dieser Skala bzw. ihrer Teile werden in Abschnitt 6.1 noch sehr viel detaillierter besprochen.

1.6 Problemstellung

In den letzten Jahrzehnten wurde Werten in der sozialwissenschaftlichen Forschung breite Aufmerksam zuteil. Hitlin und Piliavin (2004, S. 384) weisen dennoch besonders auf vier grundlegende Forschungsfelder hin, die nach wie vor weiterer Grundlagenforschung bedürfen: 1) Die Beziehungen zwischen sozialer Struktur und individuellen Werthaltungen, 2) Wertetransmission zwischen den Generationen und relative Stabilität von »Nationalwerten«, 3) Wertveränderungen bzw. -stabilitäten im Lebensverlauf, 4) Homogenität bzw. Variation von Wertorientierungen in sozialen Gruppen. Die hier vorgelegte Arbeit soll zu den Punkten 1, 3 und 4, in durchaus unterschiedlichem Ausmaß, Forschungsbeiträge und Erkenntnisfortschritte liefern. Aufgrund der zur Verfügung stehenden großen Quer- und Längsschnittsdatensätze der von der DFG geförderten Panelstudie »Kriminalität in der modernen Stadt« (CRIMOC)[12] ergibt sich dabei eine Fokussierung auf die Phase der Jugend. Mit diesen Datensätzen liegen als empirische Basis die Befragungsdaten 13- bis 19-jähriger Jugendlicher vor, die in einjährigem Abstand zwischen 2002 und 2008 in Duisburg erhoben wurden (siehe Kapitel 3).

Mit Blick auf das erste genannte Forschungsfeld soll beleuchtet werden, wie bestimmte soziodemographische Faktoren in der Jugendphase mit Werten zusammenhängen (siehe Kapitel 6). Da sich in der Jugend nach einhelliger Meinung allerdings stabile individuelle Werthaltungen erst ausbilden (siehe dazu Kapitel 2), können und müssen entwicklungsbedingte Veränderungsprozesse berücksichtigt werden. Bestimmte Einflüsse und Zusammenhänge werden sich in dieser dynamischen Phase möglicherweise erst mit der Zeit ergeben, stärker oder schwächer werden, bestimmte Einflüsse dagegen in der hier beobachteten Lebenspanne

12 Projektleitung: Prof. Dr. Klaus Boers, Institut für Kriminalwissenschaften, Westfälische Wilhelms-Universität Münster und Prof. Dr. Jost Reinecke, Fakultät für Soziologie, Universität Bielefeld.

eventuell noch gar nicht zu beobachten sein. Beispielsweise könnte man vermuten, dass ein Geschlechtseffekt im Hinblick auf individuelle Werthaltungen erst nach Eintritt der Pubertät verstärkt zutage tritt. Sozialstrukturelle, mit dem Einkommen verknüpfte Zusammenhänge sind möglicherweise dagegen in der Jugend gar nicht auffindbar, da die Jugendlichen zum größten Teil noch gar kein eigenes Einkommen haben. Der inhaltliche Schwerpunkt dieser Arbeit liegt auf dem dritten der oben genannten Forschungsfelder: Die Analyse von Wertveränderung und Wertestabilität im Rahmen des beobachteten Lebensabschnitts. Die zur Verfügung stehenden einzigartigen Paneldaten bieten einen Einblick in die für den Werteerwerb zentrale Phase der »formativen Jahre«. Gerade in der Jugend sind, wie im nachfolgenden Kapitel ausführlich dargelegt, Veränderungen der individuellen Werthaltungen sehr wahrscheinlich. Es steht aber ebenfalls zu vermuten, dass sie sich mit zunehmendem Lebensalter stabilisieren. Diese Veränderungen und Stabilitäten im Zeitverlauf werden sowohl auf der Aggregatebene intensiv untersucht (siehe Kapitel 6) als auch auf der Ebene individueller einzelner Werte und Werthaltungen (siehe Kapitel 7 und 9). Des Weiteren wird durch die Untersuchung von Wertetypologien und deren soziale Profile in dieser Arbeit ein Beitrag zum vierten genannten Forschungsfeld, der Analyse sozialer Gruppen, geleistet (siehe Kapitel 8).

Bei der Bearbeitung der dargestellten Forschungsfelder wird auf die Speyerer Werteforschung und die vor allem im deutschsprachigen Raum bekannte Wertekonzeption nach Klages zurückgegriffen. Trotz aller Kritik handelt es sich um eine wohlbegründete und in der Soziologie etablierte Weiterentwicklung der Inglehart'schen Wertetheorie, die auch zu den (sozial-)psychologischen Wertetheorien von Rokeach und Schwartz Anknüpfungspunkte bietet (vgl. Klages und Gensicke 2005; Iser und Schmidt 2005). Wie oben bereits erwähnt, wurde die Klages'sche Wertekonzeption mit dem Speyerer Werteinventar in den Shell-Jugendstudien 2002, 2006 und 2010 verwendet. Diese Studien stellen daher für diese Arbeit wichtige Referenzuntersuchungen dar. Um die oben umrissenen Fragen mit den vorliegenden Daten auf Basis der Speyerer Wertekonzeption bearbeiten zu können, müssen zunächst allerdings einige grundlegende Fragen beantwortet werden. Da in den Erhebungen des CRIMOC-Projekts die Sinus-Werteskala und nicht das Speyerer Werteinventar eingesetzt wurde, ist zu klären, ob eine ausreichend hohe inhaltliche Kongruenz zwischen beiden Messinstrumenten angenommen werden kann. Darüber hinaus muss geprüft werden, ob die Struktur des Werteraumes vergleichbar ist und ob die diesbezüglichen Erkenntnisse der

Speyerer Werteforschung mit den hier zur Verfügung stehenden Daten bestätigt werden können (siehe ebenfalls Kapitel 6). Im Rahmen der Bearbeitung der oben genannten grundsätzlichen Forschungsfelder werden in dieser Arbeit weitere inhaltliche Erkenntnisse der Speyerer Werteforschung überprüft, wozu auch verschiedene Aspekte des Alltagslebens Jugendlicher herangezogen werden. Präzise Ausführungen zu den forschungsleitenden Fragestellungen und dem genauen Arbeitsprogramm finden sich in Abschnitt 2.3.

2 Wertetypen, Wertentstehung, Wertänderung

Die Speyerer Werteforschung bildet mit den postulierten Wertedimensionen und Wertetypen die Grundlage für die hier dargelegte Arbeit. Daher soll diese Tradition in Abschnitt 2.1 ausführlich vorgestellt werden. Aufbauend auf den einführenden Erläuterungen in Abschnitt 1.3 erfolgt an dieser Stelle die systematische Darstellung der Theorie, deren Entstehung und Entwicklung historisch in drei Phasen aufgeteilt werden kann. Diese drei Phasen können an der Darstellungsweise der Dimensionalität des untersuchten Werteraumes und der jeweiligen Vorgehensweise zur Bildung der Wertetypen festgemacht werden, die sich im Laufe der Zeit mehrfach geändert hat. In den drei Abschnitten 2.1.1, 2.1.2 und 2.1.3 werden diese Phasen in ihrer chronologischen Abfolge besprochen. Die aktuelle Konzeption der dritten Phase ist auch die Basis für die wertebezogenen Analysen der Shell-Jugendstudien 2002, 2006 und 2010, die, wie oben bereits angesprochen, wichtige Referenzuntersuchungen für die hier vorgelegte Arbeit sind. Aus diesem Grund wird dem Themenbereich der Speyerer Werteforschung in der Jugendphase der eigene Abschnitt 2.1.4 gewidmet. Abgeschlossen wird der thematische Block mit einer Zusammenfassung der wichtigsten Befunde und einer ausführlichen kritischen Diskussion in Abschnitt 2.1.5. Ein inhaltlicher Schwerpunkt dieser Arbeit liegt, wie in Abschnitt 1.6 bereits angesprochen, auf der Analyse von Wertestabilität und -wandel in der Jugendphase. Daher werden in Abschnitt 2.2 grundlegende theoretische Erörterungen und empirische Befunde für diesen Problemkreis vorgestellt. Den Abschluss dieses Kapitels 2 bildet dann der Abschnitt 2.3, der mit der ausführlichen Darlegung der untersuchungsleitenden Fragestellungen den inhaltlichen Rahmen für die im weiteren Verlauf erörterten empirischen Analysen absteckt.

2.1 Die Speyerer Werteforschung

Erste Vorläufer der Speyerer Werteforschung finden sich bereits in einem Forschungsbericht von Klages und Herbert (1981) zu einem Projekt zur Analyse von »objektiver und subjektiver Staatseffektivität«, in dem auch die Lebensbefindlichkeiten der Bevölkerung untersucht werden. Im Rahmen der Untersuchung findet im August 1979 eine »kleine Repräsentativerhebung« (n = 311) von Personen im Alter ab 18 Jahren mit Wohnsitz in den alten Bundesländern statt. Auf dieser Datenbasis werden Faktorenanalysen einer siebenstufigen Skala zu staatsbürgerlichen Pflichten durchgeführt, die sieben Statements als Vervollständigung des Satzes »Ein guter Staatsbürger sollte ...« (vgl. ebd., S. 76) enthält:

A. korrekt und vollständig seine Steuern zahlen
B. Gesetz und Ordnung respektieren
C. der Polizei bei der Verbrechensbekämpfung helfen
D. sich selbst politisch engagieren
E. sich aktiv für seine Rechte und Interessen einsetzen
F. die ihm gesetzlich zustehenden staatlichen Leistungen, wie z. B. Arbeitslosengeld, in Anspruch nehmen
G. bereit sein, die Grenzen seines Vaterlandes notfalls auch mit der Waffe zu verteidigen

Die Skala erweist sich als zweidimensional, wobei die Items A, B, C und G »passiv-konventionelle« und die Items D, E und F »aktiv-konventionelle« Staatsbürgerpflichten repräsentieren. Auch wenn dies aus theoretischer Sicht strenggenommen nicht bzw. nicht für alle Items gerechtfertigt erscheint, sprechen die Autoren von (staatsbürgerlichen) *Wertorientierungen* und verwenden den Begriff synonym zu den eigentlich abgefragten staatsbürgerlichen Pflichten. Die passiv-konventionelle Dimension wird mit ihrem inhaltlichen Schwerpunkt auch als *Pflichttugend* interpretiert. Personen, die diesen Orientierungen zustimmen, stellen mit der zentralen Rolle dieser Tugenden die Gemeinschaft über das eigene Selbst. Dagegen stehen bei Personen, die eher die aktiv-konventionellen Orientierungen vertreten, die individuell geprägten Interessen im Vordergrund (vgl. ebd., S. 52). Diese Dimensionen werden zu zwei additiven Indizes zusammengerechnet, auf sieben Kategorien zurücktransformiert und für eine Typenbildung mit drei Gruppen verwendet: 1) »stärker passiv-konventionelle«, 2) »stärker aktiv-konventionelle« und 3) »beide Orientierungen gleich stark« (vgl. ebd., S. 76 f.). Wie Tabelle 2.1 zu entnehmen ist, finden sich die meisten Personen in der Gruppe derjenigen mit

Tabelle 2.1: Typen der Speyerer Werteforschung (Bevölkerungsanteile in Prozent, $n = 311$)

	Wertetyp		
Jahr	stärker aktiv-konventionelle	stärker passiv-konventionelle	beide Orientierungen gleichstark
1979	28	40	32

Quelle: Klages und Herbert (1981, S. 76 f.)

stärker passiv-konventionellen »Pflichttugenden« (40 Prozent). In der Gruppe der Individualisten versammeln sich 28 Prozent der Befragten und geringfügig mehr Personen (32 Prozent) vertreten beide Orientierungen in etwa gleich stark bzw. gleich schwach. Man kann auf Grundlage dieser Daten aus dem Jahr 1979 bereits erkennen, dass ein nicht unerheblicher Teil der Befragungsteilnehmerinnen und -teilnehmer Grundeinstellungen in Einklang bringt, die unterschiedliche Werte oder hier besser Staatsbürgerpflichten verkörpern. Insofern ist hier schon eine Vorform der späteren Klages'schen »Wertsynthese« auszumachen, wobei in der betreffenden Gruppe auch diejenigen zusammengefasst werden, die beide Orientierungsdimensionen ablehnen. Festzuhalten ist, dass voneinander unabhängige Dimensionen, die das Ergebnis exploratorischer Faktorenanalysen (und, aus methodischer Sicht besonders interessant, hier zusätzlich auch Korrelations- und Distanzanalysen; vgl. ebd., S. 76) sind, in erheblichem Ausmaß von Personen gleichermaßen befürwortet bzw. abgelehnt werden. Zwar muss man auch die Möglichkeit von nicht validem, akquieszentem Antwortverhalten zur Erklärung in Betracht ziehen – es wird mit Sicherheit einen gewissen Anteil an Personen geben, die durch inhaltslose Zustimmung bzw. Ablehnung zu den bzw. der Einzelitems in der Gruppe der kombinierten Orientierungen fallen. Bei dem hohen Stichprobenanteil von 32 Prozent dieser Gruppe aber scheint die tatsächliche inhaltliche Kombination der beiden Grundorientierungen hauptursächlich für das zu beobachtende Phänomen der Synthese zu sein.

In demselben Forschungsprojekt auf Basis der Daten einer »kleinen Repräsentativumfrage« führt Dittrich (1984) umfangreiche Untersuchungen zu Wertorientierungen durch, die mit Hilfe weiterer Items erhoben werden. Die Fragen, die sich mit Werten beschäftigen, werden auf Grundlage der »Facettentheorie« nach Guttman (1959a,b) im Sinne einer mehrdimensionalen Untersuchungsdefinition (»mapping sentence«) aufgefasst (vgl. Dittrich 1984, S. 4). Orientiert an einer sehr offenen Definition von Guttman, werden Werte als Zielzustände beschrieben, denen eine positive *oder* auch negative Erwartungshaltung entgegen gebracht wird (vgl. Dittrich 1984, S. 44). In einem der Hauptuntersuchung vorgeschalteten Pretest ($n = 50$) werden bei der Entwicklung von »Zielkategorien der persönlichen Lebensführung« vier Listen mit insgesamt 100 Items erstellt, die 35 »Lebensziele«, 29 »Lebensprobleme« und 36 »politische Ziele« enthalten, von denen letztere zweifach, im Hinblick auf ihre Wichtigkeit und normative Einschätzung, einbezogen werden (vgl. ebd., S. 46 ff.). In diesem Pretest sollten die Befragten aus den vier Listen jeweils die sieben wichtigsten Items heraussuchen und in eine Rangreihenfolge bringen. Da die Erhebungsmethode über Rangreihenfolgen allerdings schwerwiegende Probleme aufwirft, wird für die Hauptuntersuchung auf Rankingfragen verzichtet, und es werden stattdessen Rating-Items bzw. Auswahlfragen verwendet. Für die Hauptuntersuchung entwickelt der Autor mit dem facettentheoretischen Verfahren nach Guttman (1959a,b) fünf Hauptdimensionen (Facetten) von Wertorientierungen (vgl. Dittrich 1984, S. 4 f.), die dann in »Leitorientierungen« als Leitfragen und »Wertethemen« als Listenvorgaben aufgeteilt werden:

- Leitorientierungen
  1. Wertmaßstäbe (z. B. Wichtigkeit)
  2. Zeitperspektiven (z. B. Gegenwart)
  3. Situationsbezüge (z. B. persönliche Lebensgestaltung)
- Wertethemen
  4. Zielkriterien (z. B. Sicherheit, Leistung)
  5. Objektbereiche (z. B. Arbeit, Staat)

Aus den in den vier verschiedenen Listen abgefragten 100 Items des Pretests werden dann auf Grundlage der Verknüpfung der Facetten »Zielkriterien« und »Objektbereiche« 48 Wertethemen herausgefiltert. Die Verknüpfung dieser beiden Facetten bezieht sich mit den Zielkriterien auf den Inhalt (»was wird gewünscht?«) und mit den Objektbereichen auf die Ausrichtung (»wo wird etwas angestrebt?«). Beispielsweise führt die Verknüpfung der beiden Facetten mit ihren Ausprägungen »Moral« (Zielkrierium) und »Verhalten« (Objektbereich) zu dem

1 Weitere Beispiele: Verknüpfung von »Leistung« und »Bildung« führt zu dem Wertethema »Gute Allgemeinbildung«, die Verknüpfung von »Ansehen« mit »Sozialen Beziehungen« führt zum Wertethema »Anerkennung durch Andere«, die Verknüpfung von »Freiheit« und »Wirtschaft« zu »Freier Marktwitschaft« etc.

Tabelle 2.2: Zielkategorien der persönlichen Lebensgestaltung (48 Items, Version1)

1	Zuverlässigkeit der Menschen	25	Verfügbare Freizeit
2	Sichere Zukunft	26	Naturverbundene Lebensweise
3	Meinungs- und Redefreiheit	27	Handlungsfähige Regierung
4	Wohlstand	28	Funktionierende Wirtschaft
5	Erfüllung beruflicher Pflichten	29	Verantwortung für gefährdete Menschen
6	Betriebliche Mitbestimmung	30	Zusammenleben mit einem Partner
7	Gleichberechtigung der Frau	31	Politische Information durch Zeitung und Fernsehen
8	Anerkennung durch Andere	32	Kinderfreundliche Umwelt
9	Gute Allgemeinbildung	33	Sexuelle Freiheit
10	Menschliche und leistungsfähige Krankenhäuser	34	Fortschritt der Demokratie
11	Familienleben	35	Wirtschaftliches Wachstum
12	Öffentliche Sicherheit	36	Menschliche Arbeitsbedingungen
13	Sicherung der Menschenrechte	37	Soziale Sicherheit
14	Freisein von Streß	38	Gesunde Lebensweise
15	Freunde	39	Christliche Moral
16	Persönliche Unabhängigkeit	40	Lärmschutz
17	Harmonisches Zusammenleben	41	Sichere Arbeitsplätze
18	Gepflegtes Erscheinungsbild	42	Ehrlichkeit
19	Weltpolitische Entspannung	43	Steuerentlastung
20	Persönliches Eigentum	44	Saubere Umwelt
21	Möglichkeiten der Einflußnahme auf die Politik	45	Stabile Preise
22	Niedrige Lebenshaltungskosten	46	Beruflicher Erfolg
23	Sinnvolle und befriedigende Arbeit	47	Hilfsbereitschaft der Menschen
24	Gute Fachkenntnisse	48	Freie Marktwirtschaft

Quelle: Dittrich (1984, S. 309 ff.)

Wertethema »Zuverlässigkeit der Menschen« (vgl. ebd., S. 54 ff.).[1] Damit decken die Wertethemen objekt- und situationsspezifische Aspekte ab (»was wird gefragt?«). Die so entwickelten 48 Zielkategorien der persönlichen Lebensgestaltung aus verschiedenen Lebensbereichen sind in Tabelle 2.2 aufgelistet. Um darüber hinaus die objekt*unspezifischen* und situations*übergreifenden* Aspekte ebenfalls berücksichtigen zu können, werden die drei Facetten der oben genannten Leitorientierungen kombiniert, um daraus fünf verschiedene Frageformulierungen zu entwickeln (»wie wird bewertet?«). Beispielsweise führt die Verknüpfung der Ausprägungen »Stabilität von Wichtigkeit« (Wertmaßstab) mit »Vergangenheit«

(Zeitperspektive) und »persönlicher Lebensgestaltung« (Situationsbezug) zu einer Frageformulierung, die sich auf die Stabilität persönlicher Prioritäten bezieht: »Vergleich der Wichtigkeit des jeweiligen Wertethemas für die persönliche Lebensgestaltung von vor fünf Jahren zu heute«. Die sich ergebenden fünf Leitfragen werden auf die entwickelte Liste der 48 Wertethemen als Antwortvorgaben angewendet. Die Befragten müssen damit fünfmal die vorgegebenen 48 Wertethemen im Hinblick auf unterschiedliche Aspekte beantworten. Dabei sind die Antwortmöglichkeiten bzw. die Skalierung der Fragen unterschiedlich. Die fünf verschiedenen Leitfragen lauten (vgl. Dittrich 1984, S. 307 ff.):

- Wichtigkeit für die persönliche Lebensgestaltung (7er-Skala)
- Vergleich der Wichtigkeit für die persönliche Lebensgestaltung von vor fünf Jahren zu heute (3er-Skala)
- Erwartung (Hoffnung) auf Verbesserungen in den genannten Bereichen (Nennung der Listenvorgaben)
- Befürchtung von Verschlechterungen in den genannten Bereichen (Nennung der Listenvorgaben)
- In welchen Bereichen sollte dringend etwas getan werden (Ansprüche)? (Nennung der Listenvorgaben)

Die Items werden dabei, aufgrund der problematischen Erfahrungen mit Ranking-Skalen im Pretest, mit Rating-Skalen oder, aus erhebungstechnischen Zeitgründen, durch Auswahlfragen erfasst (vgl. ebd., S. 68). Gleichwohl bringt der Autor die 48 Zielkategorien je nach Fragestellung in fünf Rangordnungen (auf Basis der Mittelwerte oder Prozenthäufigkeiten) und vergleicht diese (vgl. ebd., S. 59 ff.). Dabei stellt er fest, dass der Grad an Gemeinsamkeit zwischen den Rangordnungen sehr gering ist. Dieser Befund wird als Argument gegen die klassische Erhebungstechnik in der Werteforschung, das Antwort-Ranking, angeführt. Es existiere keine grundlegende, umfassende Präferenzordnung, wie beispielsweise von Inglehart oder Rokeach behauptet (vgl. ebd., S. 6). Insbesondere seien persönliche und gewünschte gesellschaftliche Wertprioritäten nicht identisch, vielmehr müssten sie für jede Beurteilungsdimension gesondert erfasst werden. Unabhängig von dem Vergleich der Rangordnungen stellt der Autor fest, dass alle 48 Wertethemen von den Befragten für persönlich wichtig oder sogar sehr wichtig gehalten werden, keine der Themenbereiche für unwichtig. Dies wird als Bestätigung für die Auswahl der Themen angesehen. Die Zielkategorien werden in Abhängigkeit der fünf verschiedenen Fragestellungen fünf Faktorenanalysen (mit jeweils acht Faktoren) unterzogen, deren Einzelergebnisse allerdings leider nicht berichtet werden. Auf Grundlage der Ergebnisse dieser undokumentierten fünf Faktorenanalysen werden aber die 48 Items in zwölf Wertebereiche aufgeteilt: 1) Beruf, 2) Arbeitsbedingungen, 3) Freizeit, 4) Moral, 5) Gesundheit und Umweltschutz, 6) Soziale Sicherung, 7) Wirtschaft, 8) öffentliche Ordnung, 9) Soziale Harmonie, 10) soziale Anerkennung, 11) Politik und 12) Bürgerrechte, die durch jeweils drei bis sechs Items gemessen werden (vgl. ebd., S. 138 ff.). Diese Aufteilung ist mit den in Dittrich (ebd.) genannten »Indikatoritems« zwar inhaltlich plausibel, aufgrund der unterschiedlichen Frageformulierungen der Einzelitems und den daraus resultierenden achtdimensionalen Faktorlösungen erscheint die methodische Herangehensweise jedoch recht fragwürdig.

Die Untersuchung von Dittrich (ebd.) ist trotz der methodischen Kritikpunkte insgesamt gesehen deshalb dennoch besonders bemerkenswert, weil sie tatsächlich versucht, den Werteraum in vielen Facetten möglichst exhaustiv zu erfassen. Auch wenn einige Aspekte unklar bleiben (wie wurden beispielsweise die 100 Wertefragen des Pretests entwickelt?), stellt sie doch den lobenswerten Versuch dar, sich der Vielzahl menschlicher Werte umfassend zu nähern. Teile des entwickelten Erhebungsintrumentes gehen später in den Ansatz von Klages ein, so dass diese frühe Untersuchung auch in dieser Hinsicht eine gewichtige Rolle spielt.

2.1.1 Phase 1: zwei Dimensionen, vier Wertetypen

Auf Basis der in Klages und Herbert (1981) und Dittrich (1984) dargestellten Ergebnisse führt die Speyerer Forschungsgruppe im August und September 1981 eine erneute Erhebung ($n \approx 300$) in den alten Bundesländern mit Personen ab 18 Jahren durch (vgl. Klages und Herbert 1983, S. 5, 23). In dieser zweiten Untersuchung werden neue, zentrale Konzepte im Bereich der Wertorientierungen operationalisiert und daher ergänzende Variablenbereiche hinzugenommen. Die Autoren folgen dabei dem Grundgedanken, dass die Prognosekraft bei der Analyse von Wertorientierungen mit zunehmender Anzahl der einbezogenen Komponenten steigt. Hierbei beziehen sie sich sowohl auf affektive und kognitive Komponenten als auch auf Motivationsfaktoren bezüglich infrage stehender Situationen und Objekte (vgl. ebd., S. 29). Mit diesem Gedanken wird versucht, Werte multidimensional zu fassen, indem drei unterschiedliche Itembatterien eingesetzt und analysiert werden.

Entwicklung der Erhebungsinstrumente

Die erste Fragesammlung dieser zweiten Umfrage umfasst »Selbstzuschreibungen von insgesamt zwölf Persönlichkeitsmerkmalen«, deren Zutreffen auf einer siebenstufigen Rating-Skala angegeben werden kann (vgl. Klages und Herbert 1983, S. 127 f.):

A. Ich bemühe mich, immer zufrieden zu sein und mich nach der Decke zu strecken
B. Ich bin bestrebt, möglichst »nicht aus der Reihe zu tanzen«
C. Ich gehe Auseinandersetzungen grundsätzlich aus dem Weg
D. Ich tue, was verlangt wird und überlasse es anderen, sich den Kopf zu zerbrechen
E. Pünktlichkeit und Pflichtbewußtsein gehören für mich zu den wichtigsten Dingen der Welt
F. Ich kann sehr ausdauernd und zäh sein, wenn es darauf ankommt
G. Es macht mir nichts aus, Durststrecken auf mich zu nehmen, um ein Ziel zu erreichen
H. Ich bin über Aufgaben glücklich, die mich ganz und gar ausfüllen
I. Ich bin stolz auf mich, wenn ich durch eigenes Können zum Erfolg gelangt bin
J. In schwierigen Situationen kann ich mich gut auf meine eigene Kraft verlassen
K. Ich nehme gern neue Aufgaben auf mich, auch wenn dies mit zusätzlicher Arbeit verbunden ist
L. Ich bin guten Mutes, wenn ich an das denke, was in der Zukunft auf mich zukommt

Diese Itemsammlung wird mit Hilfe einer Faktorenanalyse mit orthogonaler Rotation als zweidimensional identifiziert. Die erste Dimension wird durch die Items A bis D gebildet und als »Anpassungsbereitschaft« (ebd., S. 128) bzw. »Pflicht/Anpassung« (ebd., S. 31) bezeichnet. Die zweite Dimension bilden die Items F bis M, sie wird inhaltlich allerdings nicht näher benannt. Das Item E lädt auf beiden Faktoren mit einer Tendenz zur ersten Dimension.

Eine weitere Itembatterie in der genannten zweiten Umfrage beschäftigt sich mit den »Rechten und Pflichten eines Staatsbürgers«. Diese Fragesammlung ist ebenfalls in der ersten Umfrage vorhanden (siehe Abschnitt 2.1), wird hier jedoch in modifizierter Form vorgelegt. Im Unterschied zur ersten Befragung wird der Selbstbezug der Frage stärker in den Vordergrund gerückt, indem nach der persönlichen Wichtigkeit der nachfolgenden, um ein Item gekürzten staatsbürgerlichen Rechte und Pflichten gefragt wird, die auf einer siebenstufigen Skala angegeben werden kann. Der genaue Fragewortlaut ergibt sich über die vorgegebenen Vervollständigungen des Satzes »Es ist mir persönlich wichtig ... « (vgl. ebd., S. 138 ff.):

A. korrekt und vollständig meine Steuern zu zahlen
B. Gesetz und Ordnung zu respektieren
C. bereit zu sein, die Grenzen meines Vaterlandes notfalls auch mit Waffengewalt zu verteidigen
D. mich selbst aktiv politisch zu engagieren
E. für meine Rechte und Interessen zu kämpfen
F. ohne Hemmungen staatliche Leistungen in Anspruch zu nehmen

Eine Korrelationsanalyse der sechs Variablen ergibt die Zusammengehörigkeit der ersten drei (A bis C) und der letzten drei (D bis F) Items. In der oben genannten ersten Untersuchung waren diese beiden Dimensionen als »passiv-konventionelle« und »aktiv-konventionelle« staatsbürgerliche Wertorientierungen bezeichnet worden. Die Autoren wählen aus dieser Skala nun die beiden Items (B und D) aus, die zueinander in beiden Untersuchungen die höchste negative Korrelation aufweisen, damit also die stärksten inhaltlichen Gegenpole darstellen. Diese beiden Variablen werden dann im Hinblick auf ihre Beziehungen zu den Faktoren der ersten Skala der Selbstzuschreibung der genannten zwölf Persönlichkeitsmerkmale analysiert. Dabei kann als Ergebnis festgehalten werden, dass der erste Faktor (»Pflicht/Anpassung«) mit beiden Items in inhaltlicher Übereinstimmung fassbar ist. Die Indikatoritems dieses Faktors (Items A bis E der ersten Skala) korrelieren alle deutlich positiv mit dem Item B der zweiten Skala (»Gesetz und Ordnung respektieren«) und deutlich negativ mit dem Item D der zweiten Skala (»sich selbst aktiv politisch engagieren«).

Als dritte Itemsammlung, die für die Entwicklung der Speyerer Werteforschung besondere Bedeutung hat, finden sich in dieser zweiten Untersuchung Teile der in Abschnitt 2.1 vorgestellten 48 »Zielkategorien der persönlichen Lebensgestaltung aus verschiedenen Lebensbereichen« (siehe Tabelle 2.2 auf Seite 31). Im Gegensatz zur Untersuchung von Dittrich (1984) werden hier allerdings nicht mehr fünf verschiedene Fragestellungen auf die Zielkategorien angewandt, sondern nur noch die Frage nach der Wichtigkeit der Zielkategorien für die persönliche Lebensführung (siebenstufig skaliert) verwendet. Die Sammlung wird auf 25

Tabelle 2.3: Zielkategorien der persönlichen Lebensgestaltung (25 Items, Version 2)

1	Soziale Sicherheit	14	Persönliche Unabhängigkeit
2	Sichere Zukunft	15	Freisein von Streß
3	Funktionierende Wirtschaft	16	Anerkennung durch Andere
4	Handlungsfähige Regierung	17	Harmonisches Zusammenleben mit einem Partner
5	Persönliches Eigentum	18	Zuverlässige Freunde
6	Meinungs- und Redefreiheit	19	Ungestörtes Familienleben
7	Sinnvolle und befriedigende Arbeit	20	Demokratie in allen Lebensbereichen
8	Gleichberechtigung der Frau	21	Schutz vor Ungerechtigkeiten
9	Betriebliche Mitbestimmung	22	Ordnung, Disziplin und Sauberkeit im öffentlichen Leben
10	Sexuelle Freiheit	23	Leistungsgerechter Arbeitsverdienst
11	Saubere Umwelt	24	Hoher Lebensstandard
12	Gesunde Lebensweise	25	Aufregendes, spannendes Leben
13	Hilfsbereitschaft der Menschen		

Quelle: Klages und Herbert (1983, S. 132 f.)

Items gekürzt, wobei 16 Zielkategorien beibehalten, 4 Items in vergleichbarer Form übernommen und 5 Items neu hinzugenommen werden (vgl. Klages und Herbert 1983, S. 132 f.). Basis für diese Kürzungen bzw. Veränderungen ist eine in Abschnitt 2.1 bereits angesprochene Faktorenanalyse der ursprünglichen 48 Items, mit einer achtfaktoriellen, orthogonalen Lösung (vgl. ebd., S. 134 f.). Jeder der acht Faktoren wird »mit zwei identischen ähnlichen oder zusammengefaßten Variablen berücksichtigt« (ebd., S. 135). Zusätzlich zu den somit ausgewählten 16 Items werden vier Variablen, die nicht eindeutig zuordenbar sind und fünf neue Zielkategorien »aufgrund zusätzlicher theoretischer Erwägungen« (ebd.) hinzugenommen, womit sich die Anzahl von insgesamt 25 Zielkategorien (siehe Tabelle 2.3) in der zweiten Umfrage ergibt. Präsentiert wird neben den zunächst angenommenen acht Dimensionen eine dreifaktorielle Lösung einer orthogonalen Faktorenanalyse, die die folgenden Dimensionen enthält: 1) Lebensziele mit »instrumentell-materiellem Charakter« und solchen, die ein »Sicherheits- und Harmoniebedürfnis im persönlichen Umfeld« sowie ein »Sicherheitsbedürfnis im Sinne eines Funktionierens von Staat und Wirtschaft« ausdrücken (ebd.), 2) »nicht-materielle, politisch-ideell bestimmte Lebensziele« (ebd., S. 136) und 3) Restfaktor, mit Variablen, die mit keiner anderen Dimension in deutlicher Beziehung stehen (vgl. ebd.).

Diese verbleibenden 25 Variablen der Zielkategorien der persönlichen Lebens-

Tabelle 2.4: KON-Werte und non-KON-Werte

KON-Werte	non-KON-Werte
Selbstkontrolle	Selbstaktualisierung
Pflicht/Anpassung (Konventionalität)	partizipatives Engagement
instrumentelle Daseinssicherung	idealistische Daseinsgestaltung

Quelle: Klages und Herbert (1983, S. 32)

gestaltung werden ebenfalls mit den beiden oben genannten gegenpoligen Items der zweiten Skala (»Gesetz und Ordnung respektieren« und »sich selbst aktiv politisch engagieren«) im Hinblick auf ihre korrelativen Beziehungen analysiert. Die Autoren stellen fest, dass die inhaltliche Passung insbesondere bei den Items »Ordnung, Disziplin und Sauberkeit im öffentlichen Leben«, »funktionierende Wirtschaft«, »ungestörtes Familienleben«, »sichere Zukunft«, »soziale Sicherheit« und »persönliches Eigentum« sehr gut gegeben ist, da diese Items hoch positiv mit »Gesetz und Ordnung respektieren« und negativ mit »sich selbst politisch engagieren« zusammenhängen. Auch für die gegenläufige Beziehung machen Klages und Herbert (ebd.) einige gut passende Items der dritten Itemsammlung aus: »sexuelle Freiheit«, »aufregendes, spannendes Leben«, »betriebliche Mitbestimmung« und »Gleichberechtigung der Frau« korrelieren deutlich positiv mit »sich selbst politisch engagieren« und positiv mit »Gesetz und Ordnung respektieren« (vgl. ebd., S. 31 f.). Diese empirischen Befunde verdichten die Autoren zu den bekannt gewordenen Dimensionen »KON-Werte« und »non-KON-Werte« (vgl. ebd., S. 32; siehe Tabelle 2.4). Als Indikatoritems für diese beiden Dimensionen verwenden die Autoren 17 Items aus den oben genannten drei unterschiedlichen Sammlungen. Dieses sind die Items A, B, C, D und E der ersten Skala zu Selbstzuschreibungen von Persönlichkeitsmerkmalen, die Items B und D der oben genannten Skala zu staatsbürgerlichen Rechten und Pflichten sowie die Items 1, 2, 3, 5, 8, 9, 10, 19, 22 und 25 der Zielkategorien der persönlichen Lebensgestaltung (siehe Tabelle 2.3). Der Vermutung, bei den ermittelten Dimensionen handele es sich um Äquivalente zu den Ausprägungen der Inglehart'schen Materialismus- und Postmaterialismus-Dimension, treten die Autoren entgegen, indem sie auf die Mehrdimensionalität und den Merkmalsreichtum ihres Erhebungsinstrumentes verweisen (vgl. ebd.). Der eingeschränkte Werteraum von Inglehart werde mit den vorgestellten Ergebnissen deutlich erweitert. Dennoch konstatieren sie auf der Ebene der Einzelitems eine Reihe von inhaltlichen Überlappungen (vgl. ebd.).

Für die weiteren Analysen und damit auch die Wertetypenkonstruktion werden die Items einer nochmaligen Überprüfung auf Grundlage ihrer korrelativen Beziehungen zueinander unterzogen und wiederum gekürzt. Im Bereich der Zielkategorien der persönlichen Lebensgestaltung sind nämlich einige Items enthalten, die der Dichotomie der KON- und der non-KON-Werte nicht entsprechen. Diese Items (Item 1, 2, 3, 5, 19 und 22 in Tabelle 2.3 auf Seite 36) werden ebenso wie das Item 8, welches auf die Gleichstellung der Frau abzielt, aus den weiteren Analysen ausgeschlossen. Darüber hinaus entfallen aus »Symmetriegründen« die Variablen A und C aus der oben aufgelisteten Itemsammlung der Selbstzuschreibungen von Persönlichkeitsmerkmalen (vgl. Klages und Herbert 1983, S. 35). Letztendlich verbleiben damit von der sehr großen Anzahl an ursprünglich analysierten Items nur acht übrig, die die zwei grundlegenden Dimensionen der KON- und der non-KON-Werte messen (siehe Tabelle 2.5). Aus diesen vier siebenstufig skalierten Items pro Dimension werden zwei Indizes gebildet und für die weiteren Untersuchungen verwendet. Dazu wird zunächst je ein Mittelwertindex aus den Items 1 bis 3 (KON-Dimension) und 4 bis 6 (non-KON-Dimension) berechnet, zu denen dann der Score der Items 7 (KON-Dimension) bzw. 8 (non-KON-Dimension) hinzuaddiert wird. Durch diese Vorgehensweise entstehen zwei Dimensionsvariablen mit einem Wertebereich von 2 bis 14. Die Autoren beschreiben diese beiden (negativ korrelierten) Dimensionen als »grundlegende Polaritäten im Wertgefüge« (ebd., S. 36) der bundesrepublikanischen Gesellschaft und messen ihnen enorme Erklärungskraft zu. Entlang dieser Grund-Trennungslinie verorten sie gar einen »Riß« bzw. »Hauptspannungslinie«, die die politische Kultur in durchgängiger Weise charakterisiere (ebd.). Im Vorgriff auf die im weiteren Verlauf vorgenommene Typisierung der Bevölkerung stellen sie als Grundergebnis ihrer Forschungen allerdings heraus, dass es einen gewissen Teil an Bürgern gibt, der imstande sei, den skizzierten Riss zu überbrücken. Gemeint ist hier bereits das Konzept der Wertsynthese, da die Bürger, die die KON- und non-KON-Dimension gleichermaßen vertreten, diesen privilegierten Bevölkerungsteil darstellen. Der Großteil der Bevölkerung jedoch hat seinen Schwerpunkt entweder im Bereich der KON- oder der non-KON-Dimension, wobei ersterer überwiegt (vgl. ebd., S. 36 f.).

Konstruktion der Wertetypen

Um Wertetypen zu konstruieren und die befragten Personen anhand ihrer Wertekombinationen auf diese Typen aufzuteilen, verwenden die Autoren die beiden Grunddimensionen KON und non-KON, die, wie im vorausgegangenen Ab-

Tabelle 2.5: Indikatoritems der KON- und non-KON-Werte

KON-Werte		non-KON-Werte	
Selbstzuschreibung von Persönlichkeitsmerkmalen			
1	In bin bestrebt, möglichst nicht aus der Reihe zu tanzen		
2	Ich tue, was verlangt wird, und überlasse es anderen, sich den Kopf zu zerbrechen		
3	Pünktlichkeit und Pflichtbewußtsein gehören für mich zu den wichtigsten Dingen der Welt		
Gewichtung von Zielkategorien der persönlichen Lebensgestaltung			
		4	sexuelle Freiheit
		5	aufregendes, spannendes Leben
		6	betriebliche Mitbestimmung
staatsbürgerliche Wertorientierungen			
7	Gesetz und Ordnung respektieren		
		8	sich selbst politisch engagieren

Quelle: Klages und Herbert (1983, S. 35 f.)

schnitt ausführlich dargestellt, jeweils eine Skalierung von 2 bis 14 Punkten aufweisen. Recht ungewöhnlich bilden die Autoren nun jeweils die Differenz der Scores der Grunddimensionen sowie deren Summe und tragen sie in einem Schaubild gegeneinander ab. Die Differenz der beiden Dimensionsskalen (je 2 bis 14 Punkte) hat dabei einen Wertebereich von insgesamt 25 Skalenpunkten (von −12 bis +12, einschließlich der 0), die Summe der Dimensionsskalen reicht von 4 bis 28 Skalenpunkte. Nun wird die Differenz als Horizontalachse und die Summe als Vertikalachse visualisiert, und die Befragten werden nach Häufigkeit in unterschiedlich starker Einfärbung in die Grafik eingetragen (vgl. ebd., S. 72). Auf Grundlage dieser stark grafisch orientierten Analyse erfolgt die Berechnung von vier durchnummerierten Typen bzw. unbenannten Gruppen (vgl. ebd., S. 75):

1. stark überwiegende KON-Disposition (21 %)
2. deutlich bis kräftige KON- und non-KON-Disposition (15 %)
3. mäßige bis schwache Ausprägung KON- und non-KON-Disposition (10 %)
4. überwiegende non-KON-Disposition (8 %).

Die Autoren klassifizieren mit dieser als Kontrastgruppenanalyse bezeichneten Vorgehensweise nicht alle Befragten, sondern lediglich rund 54 Prozent (vgl. ebd.,

S. 72 ff.). Die genannten Wertetypen werden mit Hilfe von zahlreichen deskriptiven Auswertungen beleuchtet und dann vor dem Hintergrund der Inglehart'schen These des Wertewandels interpretiert. Der oben schon erwähnten »Riss« durch die Gesellschaft, der sich im konträren Verhältnis der KON und non-KON-Werte ausdrückt, wird von Klages trotz der oben angesprochenen selbst betonten Unterschiede in eine Linie mit der Materialismus-Postmaterialismus-Debatte von Inglehart gerückt. Klages geht von einem langfristigen Wertewandel aus, der »seinen Ausgangspunkt bei den KON-Dispositionen hat« (Klages und Herbert 1983, S. 113). Er konstatiert, dass diese KON-Disposition als Wertkomplex in der historischen Vergangenheit dominierte und mittlerweile (also Anfang der 1980er Jahre) in reiner Form lediglich noch bei einem kleineren Bevölkerungsteil ausgeprägt ist (siehe Wertetypus 1). Klages beschreibt einen Wertveränderungsvorgang, der dazu führt, dass die Stärke und innere Konsistenz der KON-Disposition geschwächt wird. Daher gibt es noch größere Bevölkertungsteile, die sich im Umfeld dieser Disposition bewegen, wenn sie sie auch nicht mehr in reiner Form vertreten. Insofern werden die Typen 2, 3 und 4 als Repräsentanten eines zu beobachtenden Wertewandels angesehen, die »konkurrierende Pfade« dieses Wandlungsprozesses verdeutlichen. Gemein ist allen diesen drei Typen die sinkende Wichtigkeit traditioneller Wertemuster. Klages beschreibt die Phänomene, die seiner Meinung nach zur Ausprägung der drei genannten Wertetypen führen, als »Wertverlust«, »Wertumsturz« und »Wertsynthese« (vgl. ebd.). Den Wertewandel Inglehart'scher Prägung verortet Klages am ehesten bei Personen des Typus 4, da sich hier Personen versammeln, die non-KON-Dispositionen aufweisen und gleichzeitig eine geringe Ausprägung der KON-Werte haben. Diesem Typus wird darüber hinaus ein »heftiges Werteengagement« zugesprochen (ebd., S. 114). Die Entdeckung der Typen 2 und 3, die als Ergebnisse der Wertewandlungsprozesse »Wertsynthese« und »Wertverlust« beschrieben werden, reklamiert Klages für sich und zeigt sich erstaunt, dass diese Phänomene in der Forschung bis dahin unentdeckt geblieben seien. Wertverlust zeigt sich nach seiner Ansicht in dem Herausfallen von Menschen aus jeglicher eindeutigen Wertbindung. Er behauptet, dass die Handlungen der Personen, die in diesem Typus versammelt sind, nicht mehr durch Wertedispositionen gesteuert werden, sondern vielmehr durch situationsbedingte Einflüsse. Er vermutet eher reflexhafte Handlungen, impulsives Reagieren und flexible Anpassungen an wechselnde Bedingungen, die bei einer Orientierung an Wertedispositionen nicht denkbar sind (vgl. ebd.). Die Wertsynthese, verkörpert durch den Typus 2, stellt eine Form des Wertewandels

Tabelle 2.6: Indikatoritems der KON- und non-KON-Werte, Version 2

Selbstverwirklichung	(non-KON)
Geborgenheit	
Ehrlichkeit, Offenheit	
Unabhängigkeit/Selbstbestimmung	
Soziales Engagement	(non-KON)
Lust, Spaß haben	
Familiensinn	
Bildung	
Disziplin	(KON)
Erfolg/Anerkennung	
Sex/Erotik	
Durchsetzungsvermögen	
Besitz, Eigentum	(KON)
Phantasie, Kreativität	(non-KON)
Freundschaftssinn	
Sicherheit	(KON)
Heimatverbundenheit	
Kulturinteresse	
Glaube an Gott	

Quelle: Franz und Herbert (1984, S. 86)

dar, bei der nicht eine Wertedimension durch die andere abgelöst oder verdrängt sondern vielmehr erweitert wird. Der Einstellungs- und Verhaltensspielraum der Menschen werde hierdurch deutlich größer (vgl. ebd., S. 113 f.).

Empirische Analysen mit den Wertetypen

Die gewonnenen Erkenntnisse werden dann genutzt, um die Daten einer großen Repräsentativumfrage (Lebenszielstudie) aus der zweiten Hälfte (August/September) von 1980 ($n = 1945$, Alter zwischen 14 und 54) sekundär zu analysieren, die von »Gruner + Jahr Marktforschung« durchgeführt wurde (vgl. Franz und Herbert 1984, S. 86, 1986; Klages, Franz et al. 1987). In der Untersuchung von Franz und Herbert (1984) wird auf die oben dargestellten Faktorenanalysen der Primäruntersuchung mit »einer Vielzahl unterschiedlicher Wertbereiche« (ebd., S. 73) verwiesen, die die bekannten Dimensionen KON und non-KON zum Ergebnis hatten. Diesen inhaltlichen Befund übertragen die Autoren auf eine in den Gruner-und-Jahr-Daten enthaltene Wertitembatterie (siehe Tabelle 2.6), deren Items im Hinblick auf ihre Bedeutung für das eigene Leben vierstufig skaliert beantwortet werden sollten. Nicht näher erläutert, vermutlich aufgrund der inhaltlichen Passung, werden jeweils 3 der 19 Items den beiden Wertedimensionen zugeordnet. Die Dimensionen werden dann auch sehr ähnlich zu den in Tabelle 2.4 auf Seite 37 berichteten Beschreibungen dargestellt, wobei als KON-Werte »Selbstkontrolle«, »Pflicht/Anpassung« und »Instrumentelle Daseinsberechtigung« und als non-KON-Werte »Selbstverwirklichung«, »Gesellschaftliches Engagement« und »Idealistische Lebensgestaltung« genannt werden (vgl. Franz und Herbert 1984, S. 73). Beide Wertedimensionen bzw. die sie repräsentierenden Items werden genutzt, um eine Typologisierung der Stichprobe vorzunehmen, indem sie als Summenindizes zusammengerechnet und jeweils (vermutlich) per Mittelwertsplit dichotomisiert zu einer Klassifizierung in vier Typen herangezogen werden (vgl. ebd., S. 86 f.). In dieser Veröffentlichung werden starke Bezüge zu der Wertetypologie von Inglehart hergestellt, indem der Klages'sche Typ 1 bzw. »KON-Typ« als Pendant zu dem Inglehart'schen »Materialisten« dargestellt wird. Beide Typen charakterisiert ein starkes materielles Sicherheitsbedürfnis, der KON-Typ ist allerdings zusätzlich durch Selbstkontrolle und Anpassungsbereitschaft gekennzeichnet (vgl. ebd., S. 73). Ebenfalls starke Parallelen werden in dem Typ 4 bzw. »non-KON-Typ« mit dem kennzeichnenden starken Selbstverwirklichungsbedürfnis und dem »Postmaterialisten« von Inglehart gesehen (vgl. ebd., S. 74). Auch mit diesen Daten werden die beiden Mischtypen der »Wertsynthese« bzw. Typ 2 und des »Wertverlusts« bzw. Typ 3 identifiziert (siehe Tabelle 2.7) und ähnlich charakterisiert wie in der Ursprungsanalyse von Klages und Herbert (1983). Die gleichermaßen hohen Ausprägungen der KON- und non-KON-Werte bei der Wertsynthese werden hier in der Rokeachen Lesart durchaus als Problemquellen für Entscheidungen in spezifischen Situationen gesehen. Da gegensätzliche leitende Handlungsziele gleichermaßen verankert sind, können Spannungen entstehen, wenn die betreffenden Personen in bestimmten Situationen die Verhaltensrelevanz der Werte nicht als klare Hierarchie verinnerlicht hätten. Andererseits kommt diesem besonderen Umstand der Wertsynthese durchaus auch ein höheres Maß an Verhaltensflexibilität zu, welches nur durch die Fähigkeit zu »›feinfühliger‹ Situationsdeutung« (Franz und Herbert 1984, S. 74) erschlossen werden kann. Schon in dieser frühen Veröffentlichung wird also deutlich, dass die Wertsynthese sehr positiv gedeutet und die sie kennzeichnende »Wertekonkurrenz« als Chance für Erweiterung bzw. Flexibilität des Verhaltensrepertoires gesehen wird. Gegensätzlich bewertet wird, wie bei Klages und Herbert (1983), der Wertetyp des »Wertverlusts« bzw. Typ 3. Ihm wird auch

Tabelle 2.7: Typenbildung der Speyerer Werteforschung (Phase 1, Version 1)

		non-KON-Dimension	
		unterdurchschn.	überdurchschn.
KON-Dimension	überdurchschn.	Typ 1 (20 %)	Typ 2 (27 %)
	unterdurchschn.	Typ 3 (32 %)	Typ 4 (22 %)

Quelle: Franz und Herbert (1984, S. 87)

nach Franz und Herbert (1984, S. 74) eine Neigung zu Apathie und interner Antriebslosigkeit bei gleichzeitiger Abhängigkeit von situativen Einflüssen und eine Neigung zu impulshaften Reaktionen zugeschrieben. Im Hinblick auf Verhaltensdispositionen werden die Typen des Weiteren so charakterisiert, dass der konservative Typ 1 (KON-Werte) und der Typ 3 (Wertverlust) durch eine hohe Anpassungsbereitschaft im Sinne des Bestrebens, gesellschaftlichen Normen und Rollenerwartungen zu genügen, geprägt ist. Die Autoren führen dies im Typ 1 vor allem auf eine internalisierte Bereitschaft zur Selbstkontrolle und im Typ 3 auf reinen Pragmatismus zurück (vgl. ebd., S. 79). Im Typ 2 (Wertsynthese) findet sich ebenfalls eine hohe Anpassungsneigung, die allerdings mit der Bereitschaft gekoppelt ist, gesellschaftliches Engagement zu übernehmen. Dies wird in Richtung eines mündigen Staatsbürgers gedeutet, eine weitergehende Analyse der möglichen Gründe wird allerdings nicht geliefert (vgl. ebd.). Der Typ 4 (non-KON-Werte) ist hingegen durch eine idealistische Lebensgestaltung und gesellschaftliches Engagement gekennzeichnet, ohne dabei gänzlich auf die Anpassungsneigung zu verzichten. Die Autoren führen dies eher auf Pragmatismus als auf die Verinnerlichung von Pflichtwerten zurück, konstatieren jedoch auch, dass, wenig überraschend, die non-KON-Werte bzw. idealistischen Maßstäbe, die diesen Typus prägen, nicht die alleinigen Maximen der Lebensführung sind (vgl. ebd.). Auch bevorzugte Freizeitaktivitäten werden in der Veröffentlichung kurz angerissen: Der Typ 3 (Wertverlust) neigt zu einer eher passiven, visuellen Freizeitgestaltung und der Typ 1 (KON-Werte) zu familiären Aktivitäten, wohingegen die Typen 2 (Wertsynthese) und 4 (non-KON-Werte) durch einen hohen Aktivitätsgrad charakterisiert werden können. Dem Typus der Wertsynthese sind auch im Freizeitbereich breit gefächerte Aktivitäten wichtig (vgl. ebd., S. 83).

Bereits in seinem als Erstauflage 1984 erschienenen Buch führt Klages seine inhaltlichen Überlegungen zu einem Konzept der Wertsynthese weiter aus. Er stellt Pflicht- und Akzeptanzwerte in Zusammenhang mit einer deutlichen und verhältnismäßig hohen Zufriedenheit, einen allgemein gedämpften Ehrgeiz, einer günstigen Bewertung von Umweltangeboten und -leistungen und einer zugunsten der Umwelt verlaufenden Gewichtung der individuellen Kosten-Nutzenabwägungen. Selbstentfaltungswerte hingegen stellt er in Verbindung zu einer gedämpften Zufriedenheit, einem gesteigerten Ehrgeiz, einer gedämpften Bewertung von Umweltangeboten und -leistungen und einer eher zu Ungunsten der Umwelt verschobenen Gewichtsverteilung bei der individuellen Kosten-Nutzenabwägung (vgl. Klages 1985, S. 51). Als grundlegende Kritik an Inglehart wird vorgetragen, dass die Kontrastgruppen der Personen, die Pflicht- und Akzeptanzwerten auf der einen und Selbstentfaltungswerten auf der anderen Seite zustimmen und die jeweils anderen ablehnen, lediglich eine Bevölkerungsminderheit darstellen. Gleiches gilt analog für die Materialisten und Postmaterialisten in der Inglehart'schen Darstellung. Insofern greife man zu kurz, wenn man Wertewandel lediglich im Hinblick auf diese Personengruppen analysiere (vgl. ebd., S. 89). Eine Untersuchung, die auf die breite Bevölkerung abhebt, müsse auch die Werte-Mischtypen im Fokus behalten. Die Wertsynthese wird in eine Reihe von aus seiner Sicht möglichen Fortentwicklungen des Wertewandels gestellt. Dieser Szenarien sind die 1) »Status-quo-Prognose«, 2) »Rückkehr zur Tradition«, 3) »Durchbruch nach vorn« und eben die 4) »Wertsynthese« (vgl. ebd., S. 147). Mit der Status-quo-Prognose sagt Klages unter der Bedingung fortdauernder gesellschaftlicher Gegebenheiten und Einwirkungen voraus, dass das zur Zeit (gemeint ist Anfang/Mitte der 1980er Jahre) dominierende gemischte Wertmuster, welches situativ bedingte Schwankungen der Wertausprägungen mit einschließe, weiter bestehen bleibt (vgl. ebd.). Mit dem Szenario einer Rückkehr zur Tradition beschreibt der Autor die Möglichkeit des wieder Zurückgedrängtwerdens der Selbstentfaltungswerte bei gleichzeitiger Aufwertung der Pflicht- und Akzeptanzwerte. Neben einigen positiven Aspekten solch einer gesellschaftlichen Entwicklung (zum Beispiel Stärkung der Solidarität, psychisches Klima der Gesundheit und Spannungsentlastung, Wiedererstarken der Ehe etc.) stehen aus der Sicht des Autors doch eher negative Konsequenzen wie beispielsweise eine autoritärer werdende Gesellschaft, Regeneration des Nationalgefühls, Einschränkung der Medienfreiheit zu befürchten. Er hält diesen Weg allerdings für sehr unwahrscheinlich (vgl. ebd., S. 153 ff.). Das Szenario mit genau gegenläufiger gesellschaftlicher Wertentwicklung wird von Klages als »Durchbruch nach vorn« bezeichnet. Hier steht die Realisierung bzw. dauerhafte Durchsetzung der Selbstentfaltungswerte im Vordergrund, bei gleichzeitigem Zurückweichen der Pflicht- und Akzeptanzwerte. Diese Variante wird als unwahrscheinliche aber durchaus positiv besetzte utopische Denkperspektive angesehen, die er zu den Besonderheiten der europäischen Geistesentwicklung zählt (vgl. ebd., S. 163). Den Szenarien der »Rückkehr zur Tradition« und des »Durchbruchs nach vorn« spricht der Autor auch deshalb die Verwirklichungsmöglichkeiten ab, weil sie einen »nach der einen oder anderen Seite ausschlagenden Wertradikalismus« (ebd., S. 164) verkörpern. Für eher wahrscheinlich hält er ein »Sowohl-als-auch« beider Werte und dies nicht nur im Sinne einer Wert*mischung* sondern einer tatsächlichen Wert*synthese*, der grundsätzlich andere Eigenschaften zugeschrieben werden müssen. Der grundlegende Unterschied sei darin zu sehen, dass sich bei der Mischung zwischen den Werten eine intrapersonale Spannung mit nachfolgenden psychischen Problemen ergebe, während hingegen bei der Synthese ein fruchtbares Mit- bzw. Nebeneinander der Werte möglich sei.

> Im Zustand der Wertsynthese treten, mit anderen Worten, die beiden Werte-Gruppen nicht mehr als unvereinbare Gegenkräfte in Erscheinung, sondern als das, was sie in Wirklichkeit sind, als einander sinnvoll ergänzende Steuerungs- und Orientierungskräfte des menschlichen Handelns nämlich. (ebd., S. 165).

Klages führt die beobachtbaren Spannungen zwischen den Werten und ihren Verwirklichungsmöglichkeiten im Wesentlichen auf gesellschaftliche Subsysteme zurück, die die Entwicklung dieser Werte fördern oder deren Verwirklichung ermöglichen. Als Beispiel wird das Verhältnis zwischen Bildungseinrichtungen, den Medien und der Arbeitswelt genannt. Während nach Ansicht des Autors die Bildungseinrichtungen und die Medien zunehmend abgekoppelt von der Arbeitswelt eher die Selbstentfaltungswerte fördern, geht die Arbeitswelt von der Notwendigkeit und dem Vorhandensein der Pflicht- und Akzeptanzwerte aus. Dieser Zustand führt bei Eintritt in das Arbeitsleben zu einer Verschärfung der Binnenkonfliktsituation der Menschen, die durch die Wertspannungen ohnehin im Grundsatz vorhanden seien (vgl. ebd., S. 166). Als Ausweg sieht er gewissermaßen die Aussöhnung der gesellschaftlichen Subsysteme, indem die Eliten der Kultursphäre, die er als Verfechter der Selbstentfaltungswerte sieht und die Arbeitswelt, als Verkörperung der Pflicht- und Akzeptanzwerte, zusammenwirken. Es müssen sich beide Systeme mit dem Ziel einer »Gesamtsystemvernunft« aufeinander zubewegen, was der Autor in Ansätzen unter anderem durch die Prozesse oder Reformen, die stichpunktartig mit »Entbürokratisierung«, »Bürgernähe«,

»Organisationsnähe«, »kooperativer Führung« etc. bezeichnet werden können, für möglich hält (vgl. Klages 1985, S. 169).

Während diese Prozesse die gesellschaftlichen Rahmenbedingungen stellen, unter denen eine positive Wertsynthese ermöglicht werden kann, umreißt Klages auch die nach seiner Sichtweise intrapersonalen Voraussetzungen dafür. Aus seiner Sicht ist nämlich nicht davon auszugehen, dass sich die gesellschaftlichen Subsysteme in der Zukunft so verändern, dass sie die Menschen von systembedingten Irrationalitäts- und Unstimmigkeitserlebnissen gänzlich verschonen. Daher stelle sich die Frage, wie es im psychischen Binnenzustand der Menschen trotz der gesellschaftlichen Rahmung zu neuen Wertegleichgewichtslagen kommen könne (vgl. ebd., S. 170). Da der Autor unter einer wahrhaften Wertsynthese das gleichermaßen Präsentsein beider Wertkomplexe in jedem Umweltbezug meint, ohne das eine Relativierung oder Verdrängung des jeweils anderen Wertbereichs stattfindet, muss eine gewisse intrapersonale Moderierung der Wertausstattung geschehen (vgl. ebd.). Möglich sei dies nur dann, wenn auf den beiden grundlegenden Wertbereichen der Selbstentfaltungs- auf der einen sowie Pflicht- und Akzeptanzwerten auf der anderen Seite keine Extrempositionen bezogen werden (vgl. ebd.). Das Zusammenspiel der beiden, oftmals als gegensätzlich betrachteten Wertebereiche nimmt der Autor als ergänzend an. Personen verspüren nicht nur Bedürfnisse nach Selbstverwirklichung, wie sie durch die Selbstentfaltungswerte zum Ausdruck kommen, sie würden durch die Pflicht- und Akzeptanzwerte auch in die Lage versetzt, deren Befriedigung zu erreichen. Hier wirken Selbstkontrolle und Selbstzwang sowie eine flexible Situationsauswertung zusammen. Die Wirkung von Werten bei der Wertsynthese beschreibt Klages so, dass sie auf der einen Seite dem Selbstentfaltungsstreben Richtung, Zielstrebigkeit und Energie geben, auf der anderen Seite aber gleichzeitig auch die Kraft der Selbstkontrolle freisetzen können, die Widerstände der realen Welt zu überwinden (vgl. ebd., S. 170 f.). Menschen, die Selbstentfaltung- und Pflicht- und Akzeptanzwerte synthetisch verbinden können, haben die Fähigkeit, Ziele gegenüber der Umwelt auszubilden und gleichzeitig die Fähigkeit, Kompetenzen zum erfolgreichen Umgang mit den Realitäten zu entwickeln (vgl. ebd., S. 171). Der Autor schreibt den Trägerinnen und Trägern der Wertsynthese die positive Eigenschaft zu, mit der Wirklichkeit in ein realistisches Wechselspiel eintreten, ihr die »guten Seiten« abgewinnen und »das Beste aus ihr herausholen« zu können (vgl. ebd.).

In dem 1986 von Franz und Herbert veröffentlichten Buch werden die oben bereits vorgestellten Gruner-und-Jahr-Daten der Lebenszielstudie von 1980 noch deutlich tiefergehender analysiert. Die Bildung der Wertetypen erfolgt, wie oben beschrieben, über Summenindizes von je drei Variablen pro Dimension (vgl. Franz und Herbert 1986, S. 129, siehe auch Tabelle 2.6 auf Seite 41), einer anschließenden Dichotomisierung an den Mittelwerten und einer theoriegeleiteten Klassifikation über ein Vier-Felder-Schema der möglichen Ausprägungskombinationen (vgl. ebd., S. 129 f.). Im Vergleich zu Klages und Herbert (1983) werden für die Wertetypen statt Typ 1 bis Typ 4 aber nun aussagekräftigere, plakative Bezeichnungen verwendet (vgl. Franz und Herbert 1986, S. 9): 1) »ordnungsliebende Konventionalisten«, 2) »aktive Realisten«, 3) »perspektivenlos Resignierte« und 4) »nonkonforme Idealisten« (siehe auch Tabelle 2.8 auf der nächsten Seite). Die Autoren legen ein »heuristisches Prozessmodell der Wertsteuerung« dar, welches als theoretischer Bezugsrahmen dienen soll. Es integriert verschiedene theoretische Ansätze, ohne dass die Autoren den Anspruch erheben, eine umfassende Theoriebildung zu betreiben (vgl. ebd., S. 14 ff.). Ganz allgemein verstehen Franz und Herbert unter diesem Prozessmodell alle diejenigen psychischen Abläufe, die »bei der Auseinandersetzung des Individuums mit seiner Umwelt auftreten und sich – wenn Spielräume vorhanden sind – in Handlungen oder Verhalten niederschlagen« (ebd., S. 14). Sie nehmen an, dass sich die genannten Wertetypen in der verschiedenen Bevorzugung von »innerem« und »äußerem Handeln« unterscheiden, welches nötig ist, um Wertverwirklichungsdefizite abzubauen. Dies sollte sich in einem unterschiedlichem Ausmaß an Aktivität bzw. Passivität in den einzelnen Wertetypen nachweisen lassen (vgl. ebd.). Die Autoren nehmen unter anderem Bezug auf die Theorien der »kognitiven Dissonanz« (vgl. Festinger 1957, 2012) und der »rationalen Entscheidungen« (vgl. bspw. Opp 1983). Zusammenfassend finden demnach in der Psyche eines Menschen fortwährend Soll-Ist-Vergleiche in Bezug auf die verinnerlichten Werte statt. Das heißt, dass Individuen beständig prüfen, ob ihre tatsächlich erreichten Ziele zu den Zielvorstellungen – mit anderen Worten zu ihren Werten – passen bzw. ob Wertverwirklichung vorliegt oder nicht. Personen nutzen dazu ihre individuellen Informationsverarbeitungskapazitäten; und Kontextkonstellationen wie unter anderem lebenszyklische Existenzlagen oder soziodemographische Umwelteinflüsse stellen die Rahmenbedingungen dar (vgl. Franz und Herbert 1986, S. 16). Kommt es nun zu Zuständen, in denen eine Diskrepanz bzw. Dissonanz wahrgenommen wird, weil Wertverwirklichungsdefizite vorliegen, führt dies zur Ausbildung von Bedürfnissen und zielgerichteten Spannungszuständen, die konkrete Wunsch- und Sollvorstellungen umfassen. Auf diese Zustände können Menschen unter-

Tabelle 2.8: Typenbildung der Speyerer Werteforschung (Phase 1, Version 2)

	non-KON-Dimension	
KON-Dimension	unterdurchschn.	überdurchschn.
überdurchschn.	ordnungsliebende Konventionalisten (traditionelles Wertesystem) 20 %	aktive Realisten (Wertsynthese) 27 %
unterdurchschn.	perspektivenlos Resignierte (Wertverlust) 31 %	nonkonforme Idealisten (Wertumsturz) 21 %

Quelle: Franz und Herbert (1986, S. 130)

schiedlich reagieren: Mit »innerem Handeln«, indem beispielsweise Bedürfnisse aufgeschoben, verlagert oder zurückgenommen oder aber Bedürfnisziele abgewertet werden. Menschen können natürlich auch mit »aktivem Handeln« reagieren und versuchen, die Bedürfnisse tatsächlich zu befriedigen. Als Zielzustand wird dabei »Konsonanz« angestrebt, das heißt ein innerer Gleichgewichtszustand zwischen Soll und Ist, der eine als angenehm wahrgenommene Spannungsintensität beinhaltet. Sinkt diese Intensität ab und werden Möglichkeiten zur Bedürfnisbefriedigung wahrgenommen, wachsen gleichsam Bedürfnisse nach. Insofern kann ein Mangel an Bedürfnissen ebenso als dissonant wahrgenommen werden. Ist eine Bedürfnisbefriedigung, die sich aus den Werten als Zielzuständen ergibt, längerfristig nicht möglich, erscheint auch eine Wandlung der Werte wahrscheinlich, die vermutlich mit Frustrationserleben zusammenhängt (vgl. Franz und Herbert 1986, S. 17). Andersherum erscheint auch die Möglichkeit einer Werteexpansion plausibel, wenn über einen längeren Zeitraum hinweg gute Chancen zur einer breiten Bedürfnisbefriedigung gegeben sind (vgl. ebd.). In ihrer Untersuchung konzentrieren sich Franz und Herbert allerdings nicht auf die Bedingungen zum intraindividuellen Wertewandel und seine Ursachen, sondern vielmehr auf die Konsequenzen bzw. Handlungen, die aus dem Vergleich der Soll- und Ist-Zustände resultieren. Sie gehen von unterschiedlichen »Normalspannungspegeln« in den verschiedenen Wertetypen aus, die, wenn sie nach oben oder unten ausschlügen, Regelungsvorgänge nach sich ziehen. Konkret gehen sie der Frage nach, ob sich in den Wertetypen unterschiedliche Gleichgewichtslagen der Bedürfnisspannungen nachweisen lassen und ob diese von situativen Kontexten beeinflusst werden (vgl. ebd., S. 18 ff.).

In einem ersten Schritt werden die angestrebten psychischen Gleichgewichtslagen mit mehr oder weniger Bedürfnisspannungen der Wertetypen und die wahrgenommene Selbstdurchsetzungsfähigkeit gegenüber der Umwelt untersucht. Die Wahrnehmung der Selbstdurchsetzungfähigkeit spielt dabei für die Autoren eine große Rolle, da sie als Hinweis auf das Selbstbewusstsein gedeutet wird, welches die entscheidende Triebfeder für die aktive Lebensbewältigung ist (vgl. ebd., S. 20). Um die Fragestellung zu bearbeiten, verwenden sie abgeleitete Variablen, die aus zwei Fragen zur derzeitigen und zukünftig geplanten Bedürfnisbefriedigung gebildet werden (vgl. ebd., S. 131 f.). Die Analysen der Häufigkeitsverteilungen dieser abgeleiteten Variablen zeigen, dass sich die Realisten selbst deutlich durchsetzungsfähiger und die Resignierten deutlich weniger durchsetzungsfähig einschätzen als die übrigen Wertetypen.[2] Der hohe Wert in der Gruppe der Realisten wird auf die Erfahrung zurückgeführt, dass sich diese häufiger als Gewinner erleben und daher sehr überzeugt von ihrer Selbstdurchsetzungsfähigkeit sind. Gleichzeitig stellen die Autoren ein Bedürfnis nach einer noch höheren Durchsetzungsfähigkeit fest, welches durch die im Vergleich zu den anderen Typen stärkste Bedürfnisspannung angezeigt wird. Des Weiteren seien Realisten in der Lage mit einer großen Bedürfnisspannung zu leben, wenn in der Vergangenheit erfolgreich Bedürfnisse befriedigt wurden. Dies erkläre sich durch ein Vertrauen der Realisten in ihre eigenen Möglichkeiten zur erfolgreichen zukünftigen Bedürfnisbefriedigung. Im umgekehrten Fall liegen bei den Realisten nach negativer Bedürfnisbefriedigungserfahrung in der Vergangenheit deutlich niedrigere Bedürfnispegel vor. Die Vertreter dieses Wertetypus scheinen damit ein höheres Reaktionsvermögen aufzuweisen als die anderen Wertetypen und eher in der Lage zu sein, psychische Gleichgewichtslagen in Einklang mit den Umweltbedingungen zu bringen. Dieser Befund wird von den Autoren als gesundes Selbstbewusstsein ohne Hang zur Selbstüberschätzung gedeutet, was wohl maßgeblich zu der Namensgebung »aktive Realisten« beigetragen haben dürfte (vgl. ebd., S. 22 f.). Idealisten mit einer ebenfalls erhöhten Selbstdurchsetzungsfähigkeitswahrnehmung weisen im Vergleich zu den Realisten keine so hohe Bedürfnisspannung auf, obwohl dies durch ihre Zuwendung zu Selbstentfaltungswerten bei gleichzeitiger Ablehnung von Pflicht- und Akzeptanzwerten

2 Bei einem Anteil der Gesamtstichprobe von rund 65 Prozent, der ein hohes Niveau der selbst wahrgenommenen Durchsetzungsfähigkeit aufweist, liegen die Realisten mit rund 77 Prozent deutlich höher und die Resignierten mit 53 Prozent deutlich niedriger (vgl. Franz und Herbert 1986, S. 21).

ebenfalls vermutet werden kann. Franz und Herbert führen den Umstand darauf zurück, dass bei den Idealisten der Umweltdruck wohl als Selbstverwirklichungshindernis gesehen wird und die Protagonisten ihre Bedürfnisse entweder gänzlich durchsetzen oder diese anderenfalls zurücknehmen. Die Realisten sehen Auseinandersetzungen mit ihrer Umwelt eher als Herausforderung und sind durch ihre vorhandene Akzeptanzbereitschaft eher in der Lage, mögliche Niederlagen zu verarbeiten (vgl. Franz und Herbert 1986, S. 22). Idealisten gingen bei drohenden Misserfolgen Konflikten eher aus dem Weg, da aufgrund der weniger stark ausgeprägten Akzeptanzwerte solche Misserfolge zu starker Dissonanz führen, die eine große psychische Belastung nach sich zieht (vgl. ebd.). Der Wertetyp der Resignierten ist durch ein niedriges Bedürfnis nach Selbstdurchsetzung geprägt und solche Bedürfnisse, die noch bestehen, werden in die Zukunft verschoben. Ursache hierfür sei, dass dieser Wertetyp Dissonanzen nur schwer ertragen könne. Bei dem Typus des Konventionalisten liegt ebenfalls nur ein niedriges Spannungsniveau vor, im Gegensatz zu den Resignierten werde diese Gleichgewichtslage aber dadurch erzeugt, dass vergangene Bedürfnisse befriedigt seien und keine weiteren Selbstdurchsetzungsdefizite vorliegen: Der Konventionalist sei mit dem Erreichten zufrieden (vgl. ebd.).

Zusammenfassend verorten die Autoren die Steuerungswirkung von Werten im Bereich der Selbstwahrnehmung der aktuellen Bedürfnisbefriedigungspegel. Dort, wo bestimmte Werte stark ausgeprägt sind, wird auch das Befriedigungsniveau als besonders hoch angenommen. Die Steuerung von Werten zeigt sich an diesem Befund, da somit psychische »Gleichgewichtsfindungsprozesse« begünstigt werden. Zu starke Abweichungen von als angenehm empfundenen Bedürfnisspannungszuständen werden nach Ansicht der Autoren nämlich hierdurch vermieden (vgl. ebd., S. 28). Werden Bedürfnisse als befriedigt wahrgenommen, führe dies allerdings nicht zu einer Zurücknahme dieser Bedürfnisse, sondern im Gegenteil zu einem verstärkten »Nachwachsen« und einem dadurch mehr oder weniger konsistenten Spannungslevel. Innerhalb der einzelnen Wertetypen finden die Autoren diesbezüglich typische Besonderheiten. Während Resignierte geringe Bedürfnisse haben oder diese in die Zukunft verschieben, kann insbesondere der Realist mit starken Bedürfnissen leben ohne sie zurücknehmen zu müssen. Im ersteren Fall liege eine Gleichgewichtslage auf niedrigem Bedürfnisniveau vor, im zweiten auf einem hohem Niveau. Besonders zwei Fähigkeit der Realisten werden von Franz und Herbert herausgestellt: Erstens die Fähigkeit, die eigene Durchsetzungsfähigkeit realistisch einordnen zu können um Frustrationserfahrungen und Selbstüberschätzung zu vermeiden. Und zweitens die Fähigkeit, auf spätere materielle Belohnungen hinzuarbeiten, womit eine besonders hohe Leistungsmotivation einhergehen kann (vgl. ebd.). Idealisten neigen zu einem Ausleben hedonistischer Bedürfnisse in der Gegenwart und der Verschiebung von Standardbedürfnissen in die Zukunft, während die Konventionalisten wiederum die hedonistischen Bedürfnisse in die Zukunft vertagen. Konventionalisten sind materielle Bedürfnisse wichtiger und sie zeigen aufgrund befriedigter Engagementbedürfnisse in der Vergangenheit ein eher passives gegenwärtiges Verhalten (vgl. ebd.).

Weitere deskriptive Befunde der Untersuchung sind bei den Realisten ein Nachlassen des Wunsches nach stärkerer Umsetzung der eigenen Bedürfnisse im Alter, das aber schwächer ausgeprägt ist als bei den anderen Typen sowie ein mit zunehmendem Alter deutliches Absinken der hedonistischen Bedürfnisse (vgl. ebd., S. 29, 33). Realisten sind überdurchschnittlich bereit, ihr Leben zu ändern und haben ein überdurchschnittliches Informationsinteresse an vielfältigen Lebensbereichen (vgl. ebd., S. 39 ff.). Darüber hinaus haben sie auch im Freizeitbereich ein aktives und ausgeprägtes Profil mit breit gefächerten Aktivitäten (vgl. ebd., S. 77). Im Gegensatz dazu lässt der Wunsch nach stärkerer Umsetzung der eigenen Bedürfnisse bei den Idealisten im Alter nicht nach (vgl. ebd., S. 29), hier sind allerdings Abschwächungen bei prägenden Lebensereignissen festzustellen: Berufstätigkeit, Heirat, Geburt von Kindern, da »Realitätsschocks« nicht durch Akzeptanzfähigkeit abgemildert werden (vgl. ebd., S. 31). Idealisten weisen auch ein hohes Bedürfnis nach einem hohen Lebensstandard bzw. der Verwirklichung von materiellen Werte auf, dieses wird nach prägenden Lebensereignissen sogar stärker. Die Autoren vermuten, dass sich die Idealvorstellungen auch auf materielle Bereiche auswirken, die Steigerung nach den angesprochenen prägenden Lebensereignissen kann als Frustrationskompensation gedeutet werden (vgl. ebd., S. 31 ff.). Mit zunehmendem Alter sinken aber bei diesem Wertetypus hedonistische Bedürfnisse (vgl. ebd., S. 33). Idealisten weisen das höchste Bedürfnisniveau bezüglich der Eigeninitiative auf, das aber gleichermaßen durch prägende Lebensereignisse zurückgenommen wird (vgl. ebd., S. 35). Sie wenden von allen Wertetypen außerdem das höchste Maß an Zeit für sich selbst auf – ein möglicher Hinweis auf Selbstzweifel. Idealisten neigen außerdem zu einer intensiven Beschäftigung mit sich selbst und haben die stärkste grundsätzlich Bereitschaft zu einer Veränderung des eigenen Lebens (vgl. ebd., S. 37 ff.). Idealisten zeigen vor allem Interesse im Freizeitbereich, sind aufgrund ihrer idealistischen Einstel-

Tabelle 2.9: Typenbildung der Speyerer Werteforschung (Phase 1, Version 3)

		Selbstverwirklichungs- und Engagementwerte	
		schwach	stark
Pflicht-, Akzeptanz- und Sicherheitswerte	stark	Konventionalist (traditionelles Wertesystem)	Realist (Wertsynthese)
	schwach	Resignierter (Wertverlust)	Idealist (Wertumsturz)

Quelle: Franz und Herbert (1987a, S. 64)

lungen generell aber auch am unzufriedensten in allen abgefragten Lebens- und Erfahrungsbereichen (vgl. Franz und Herbert 1986, S. 46 ff.). Idealisten haben, ebenso wie die Realisten, auch im Freizeitbereich ein aktives und ausgeprägtes Profil mit breit gefächerten Aktivitäten (vgl. ebd., S. 77). Konventionalisten wiederum verlieren im Alter den Wunsch nach stärkerer Umsetzung der eigenen Bedürfnisse, aber hedonistische Bedürfnisse bleiben gleich (vgl. ebd., S. 29, 33). Sie lehnen am stärksten ab, ihr eigenes Leben zu verändern, in erster Linie, weil es ihnen gut geht (vgl. ebd., S. 39 ff.). Konventionalisten neigen daneben im Freizeitbereich zu Aktivitäten im Familienkreis (vgl. ebd., S. 77). Bei den Resignierten lässt der Wunsch nach stärkerer Umsetzung der eigenen Bedürfnisse im Alter nach und es sinken hedonistische Bedürfnisse (vgl. ebd., S. 33). Diese Gruppe nimmt sich am wenigsten Zeit für sich selbst, was die Autoren als einen Ausdruck »innerer Leere« deuten (vgl. ebd., S. 37). Sie sind außerdem im Durchschnitt nicht bereit, ihr eigenes Leben zu ändern, hauptsächlich aber nicht, weil es ihnen so gut geht, sondern am stärksten deshalb, weil es ihnen an Phantasie, Mut oder Zeit mangelt (vgl. ebd., S. 39 ff.). Resignierte weisen in dieser Studie ein unterdurchschnittliches Informationsinteresse an vielfältigen Lebensbereichen auf und haben im Freizeitbereich kaum ausgeprägten Interessen (vgl. ebd., S. 46, 77).

In den Veröffentlichungen von Franz und Herbert (1987a,b), die als Einzelkapitel in Klages, Franz et al. (1987) erschienen sind, wird auf dieselbe Datengrundlage – die Gruner-und-Jahr-Lebenszielstudie von 1980 – zurückgegriffen. Zusätzlich zu den bereits eingängiger bezeichneten Wertetypen werden nun auch die zwei bekannten Wertedimensionen durchgängig griffiger benannt. Die »KON«-Dimension wird zu »Pflicht-, Akzeptanz- und Sicherheitswerten« und die »non-

KON«-Dimension zu »Selbstentfaltung, gesellschaftliches Engagement«. Die bereits bekannten Typen aus der Lebensziel-Studie werden tabellarisch nur marginal abweichend dargestellt (siehe Tabelle 2.9) und überblicksartig inhaltlich folgendermaßen charakterisiert:[3] Konventionalisten zeichnen sich durch ein traditionelles Wertesystem aus, sind vorwiegend ältere Menschen aus Arbeiter- und Facharbeiterkreisen mit Volksschulbildung oder abgeschlossener Lehre, haben Kinder und Familie und wohnen im eigenen Haus. Realisten sind Träger der sogenannten Wertsynthese (Kombination beider Wertedimensionen), mittleren Alters, gehobener Schicht, weisen einen Realschulabschluss auf, haben Familie, Kinder, ein eigenes Haus und ein hohes Einkommen. Resignierte sind, bezogen auf die Wertedispositionen, das genaue Gegenteil, da sie Träger des sogenannten Wertverlustes (Ablehnung beider Dimensionen) sind. Sie sind entweder überdurchschnittlich jung oder überdurchschnittlich alt, Arbeiter- oder Facharbeiter, haben einen Volksschulabschluss oder eine abgeschlossene Lehre, ein niedriges Einkommen und wohnen in einer Mietwohnung. Die Idealisten haben ausgeprägte Selbstentfaltungs- und Engagementwerte, sind vorwiegend jung und ledig mit hohem Schulabschluss oder befinden sich noch in der Ausbildung, gehören zu den oberen sozialen Schichten und wohnen entweder bei ihren Eltern oder allein in einer Mietwohnung (vgl. Franz und Herbert 1987b, S. 41 f.). Während in Franz und Herbert (1987a) im Großen und Ganzen eine Zusammenfassung der in Franz und Herbert (1986) dargelegten Ergebnisse erfolgt (siehe obige Ausführungen), führen die Autoren in Franz und Herbert (1987b) ihre Überlegungen zu Stabilität und Veränderung von Werten aus (siehe dazu auch Abschnitt 2.2). Insgesamt lassen zahlreiche deskriptive Analysen der einzelnen Wertetypen die Autoren zu einer sehr positiven und hoffnungsvollen Bewertung der Realisten mit dem Profil der Wertsynthese kommen:

> Im abschließenden Rückblick auf alle Bedürfnis-, Einstellungs- und Verhaltensaspekte der vier Werttypen scheint sich in der Wertsynthese des Realisten eine Persönlichkeitsstruktur anzudeuten, die in der Lage ist, eigene Bedürfnisse und Systemerfordernisse zum Nutzen von Individuum und Gesellschaft in Einklang zu bringen. Es wird eine zukunftsweisende gesellschaftspolitische Aufgabe sein, Entwicklungen, die zum Typus des Realisten führen, bewußt zu förden. (ebd., S. 53).

In Klages (1988) wird der Wertetypus des »aktiven Realisten«, der durch die Wertsynthese bestimmt ist, als

3 Die angegebenen Merkmale sind jeweils Abweichungen vom Bevölkerungsdurchschnitt.

> Produkt einer gewissermaßen *evolutionären sozialen Selbstentwicklung* im Prozeß eines ganz offenbar *positive Kräfte entfaltenden gesellschaftlichen Wandels* (Klages 1988, S. 131)

angesehen. Der Wertewandel bzw. die gleichermaßen natürliche Fortentwicklung der Gesellschaft im Hinblick auf ihre Werte lasse sich nicht, wie landläufig behauptet, als die Verschiebung von Pflicht- und Akzeptanzwerten hin zu Selbstentfaltungswerten annehmen. Auch die gegenläufige Bewegung der Rückkehr »alter« Werte verkenne das Potential, welches im Wertewandel liege und das von ihm gar als evolutionäre Vernunft bezeichnet wird (vgl. ebd., S. 131 f.). Er beschreibt den »optimalen« Weg der Problemlösung als »Wertverstärkung nach allen Seiten hin« also im Zustand der Wertsynthese verwirklicht, nicht über den Verzicht von Werten, seien es Pflicht- und Akzeptanz- oder Selbstentfaltungswerte (vgl. ebd., S. 132). Die Empirie bestätigt seiner Meinung nach die prinzipielle Möglichkeit des Verschmelzens der beiden – sich eigentlich gegenüberstehenden – Wertedimensionen und die damit verbundenen positiven Auswirkungen. Klages räumt allerdings selbst ein, dass die intrapsychischen Vorgänge und Kausalitäten dieser synthetischen Wertebeziehung oder -verschränkung nicht klar sind bzw. ein diesbezügliches Theoriedefizit vorliegt. Ihm zufolge überwiegt jedoch die »Evidenz der Fakten«, so dass von der tatsächlichen Existenz der Wertsynthese auszugehen sei (vgl. ebd., S. 132 f.).

2.1.2 Phase 2: drei Dimensionen, acht Wertetypen

In den Jahren 1987 und 1988 führt die Speyerer Forschungsgruppe mehrere Datenerhebungen durch, deren Ergebnisse eine Zäsur in der Speyerer Werteforschung darstellen. Auf Grundlage der vergangenen Arbeiten und inspiriert durch andere Marktforschungsstudien wird eine Reihe von Fragen entwickelt, die als »Speyerer Werteinventar« bekannt geworden sind. Diese 23, im Vergleich zu den vorigen Arbeiten um- oder neuformulierten Wertitems erfragen auf einer siebenstufigen Skala persönliche Wertewichtigkeit mit der Fragestellung »Wenn Sie nun einmal von dem ausgehen, was Sie eigentlich in Ihrem Leben anstreben: Wie wichtig sind dann die auf den Kärtchen stehenden Aussagen für Sie persönlich?« (vgl. Herbert 1988, S. 140 ff.). Als Antwortmöglichkeiten sind die in der Spalte »Formulierungen« der Tabelle 2.10 auf Seite 56 aufgelisteten Statements vorgegeben.[4] Dieses Erhebungsinstrument kommt in der Ausgangsstichprobe

4 Die Antwortkategorien lauten: 1 »unwichtig« bis 7 »außerordentlich wichtig«.

einer Panelbefragung in Westberlin und der BRD im Mai 1987 (n = 1523)[5], einer ersten »Wertebus«-Befragung, ebenfalls in Westberlin und der BRD im Mai 1987 (n = 2013), einer zweiten Buseinschaltung im November 1987 (n = 2021) sowie einer dritten Buseinschaltung im Mai 1988 (n = 1943) zum Einsatz (vgl. Herbert 1988, 1992a,b).

Herbert (1988) analysiert zunächst die Ausgangsstichprobe und die ersten beiden Wertebus-Datensätze. Faktorenanalysen zeigen in allen drei Datensätzen nun nicht mehr wie bisher zwei- sondern dreifaktorielle Lösungen an, was erhebliche Konsequenzen für die Speyerer Werteforschung nach sich zieht. Die Dimensionen sind die aus den vorherigen Studien bekannten KON- und non-KON-Dimensionen bzw. Pflicht- und Akzeptanzwerte auf der einen und Selbstentfaltungs- und Engagementwerte auf der anderen. Diese Faktoren werden hier allerdings mit »Tradition und Konvention« (TradKon) bzw. »Selbstentfaltung und idealistisches Engagement« (non-Kon) neu bezeichnet (ebd., S. 148 f.). Neu ermittelt wird die Dimension »Hedonismus und Materialismus« (HedoMat). Bemerkenswert ist, dass der Autor, im Gegensatz zu späteren Arbeiten, auch die Beziehungen der Faktoren zueinander betrachtet. Er führt bei den Faktorenanalysen nämlich eine schiefwinklige Rotation durch, wobei er relevante Faktorenkorrelationen feststellt: Zwischen den Dimensionen TradKon und HedoMat ermittelt er einen Korrelationskoeffizienten von r = 0,19, zwischen HedoMat und non-Kon von r = 0,12 und zwischen TradKon und non-Kon von r = −0,12 (vgl. Herbert 1988, S. 151, 1992b, S. 75). Der entscheidende Unterschied im Vergleich zu den vorangegangenen Arbeiten liegt in der Entdeckung einer zusätzlichen Wertedimension »Hedonismus und Materialismus«, die sich zwar in den vorausgegangenen Studien schon angedeutet hatte, aber noch nie eigenständig ermittelt werden konnte (vgl. Herbert 1988, S. 151). In allen späteren Analysen der Speyerer Werteforschung wird sie weiterhin eine gewichtige Rolle spielen. Diese Dimension wird beschrieben als eine Orientierung an individuellem Wohlergehen und Spaß am Leben, die allerdings auf einer materiell abgesicherten Grundlage existiert. Nicht zu verwechseln sei dies mit einem auf Konsumverzicht basierendem und damit gesellschaftspolitsch legitimierten Hedonismus, der im alternativen Milieu zuhause ist (vgl. ebd., S. 152). Herbert interpretiert diese neue Wertedimension als Phänomen des Zeitgeistes der 1980er Jahre. Er berichtet von einem »Abbröckeln« des alternativen Segmentes unter Jugendlichen, welches klassischerweise durch idealistische Selbstentfaltungswerte gekennzeichnet sei. Gleichzeitig sei die Zunahme

5 Eine zweite Welle folgte in sechsmonatigem Abstand mit einer verringerten Stichprobengröße.

Tabelle 2.10: Das »Speyerer Werteinventar« (Version 1988)

Wertkomplex	Einzelitem	Formulierung
Konformismus		Das tun, was die anderen auch tun
Traditionalismus	Konservatismus	Am Althergebrachten festhalten
	Nationalstolz	Stolz sein auf die deutsche Geschichte
Religösität		An Gott glauben
Konventionalismus	Akzeptanz	Gesetz und Ordnung respektieren
	Sicherbeitsorientierung	Nach Sicherheit streben
	Konventionelle Leistungsethik	Fleißig und ehrgeizig sein
Materialismus	Lebensstandard	Einen hohen Lebensstandard haben
	Macht	Macht und Einfluß haben
Harmonie	Familie	Ein gutes Familienleben führen
	Partnerschaft	Einen Partner haben, dem man vertrauen kann
Unversehrtheit	Gesundheit	Gesundheitsbewußt leben
	Umweltbewußtsein	Sich unter allen Umständen umweltbewußt verhalten
Kommunikativität	Freundschaft	Gute Freunde haben, die einen anerkennen und akzeptieren
	Kontaktfreude	viele Kontakte zu anderen Menschen haben
Emotionalität		Bei Entscheidungen sich auch von seinen Gefühlen leiten lassen
Autonomie		Von anderen Menschen unabhängig sein
Hedonismus	Hedonismus	Die guten Dinge des Lebens in vollen Zügen genießen
	Individualismus	Sich und seine eigenen Bedürfnisse besser gegen die anderen durchsetzen
Selbstentfaltung		Seine eigene Phantasie und Kreativität entwickeln
Idealist. Engagement	Soziale Hilfsbereitschaft	Sozial Benachteiligten und gesellschaftlichen Randgruppen helfen
	Toleranz	Auch solche Meinungen tolerieren, denen man eigentlich nicht zustimmen kann
	Politisches Engagement	sich politisch engagieren

Quelle: Herbert (1988, S. 145)

eines Menschentypus zu verzeichnen, der sorglos materialistischen Neigungen fröne und wenig Interesse an ideellen Zielen habe. Dieser Menschentypus mache sich wenig Gedanken um die Probleme der Zeit, ein Phänomen, welches ebenfalls charakteristisch für den betrachteten Zeitraum (Mitte der 1980er Jahre) sei (vgl. Herbert 1988, S. 152). Die Gründe für das Auftreten dieser neuen hedonistisch-materialisitschen Wertedimension werden in der schubweise verlaufenden gesellschaftlichen Werteentwicklung und den sich verändernden sozialen Umständen gesehen. Nach dem zweiten Weltkrieg hätten die Pflicht-, Akzeptanz- und materiellen Werte aus historischen Gründen einen Aufschwung erfahren, weil mit dem wirtschaftliche Wachstum eine Erfahrung des zunehmenden individuellen Wohlergehens verbunden war, die zu einer eher passiven Hinnahme des politischen Systems geführt habe (»Ohne-mich«-Vertrauen). Die darauffolgende »68er-Generation« habe dann gleichsam als Reaktion einen aufklärerisch-antiinstitutionellen, asketischen und antimateriellen Charakter gehabt, der zur Stärkung der idealistischen Selbstentfaltungswerte bei Schwächung der gegensätzlichen Werte führte (vgl. ebd., S. 152 f.). Herbert argumentiert nun zum einen lebenszyklisch, dass die idealistische Generation der 68er erwachsen wird und die materiellen Dinge durch aufkommenden Wohlstand wieder mehr in den Vordergrund rücken. Zum anderen kann das Abflauen der idealistischen Selbstentfaltungswerte wiederum als »normaler« Verlauf dieses Wertewandelschubs angesehen werden, da solche Reaktionstrends mit der Zeit abkühlen und milder werden. Als dritte Möglichkeit zieht er in Betracht, dass die zurückgehende Konjunktur und Expansion der Ökonomie zu einem verstärkten Beschäftigen mit materiellen Dingen bei gleichzeitigem Schwinden des Interesses für gesellschaftspolitische Fragen geführt hat (vgl. ebd., S. 153). Im letzten Argument scheint allerdings ein gewisser Widerspruch zu liegen, da einerseits in der Nachkriegsgeneration wirtschaftliche Prosperität das Ansteigen materieller Werte verursacht hätten, andererseits der wirtschaftliche Abschwung seit den 1970er Jahren denselben Effekt gehabt haben soll. In der Analyse von Herbert (ebd.) findet sich neben diesen Ausführungen ein weiterer, sehr interessanter Aspekt, da Paneldaten (Sechs-Monats-Abstand) erhoben und untersucht wurden. Im Vordergrund steht dabei die Frage nach Wertstabilität auf Aggregat- und Individualebene. Um diese Frage zu bearbeiten, werden in den Daten der Ausgangsstichprobe jeweils 120 Befragte den bekannten vier Wertetypen (Konventionelle, Idealisten, Realisten und Resignierte) und einem zusätzlichen »mittleren« Typ als Kontrollgruppe zugeordnet (vgl. ebd., S. 149 f.). Als Ergebnis berichtet der Autor in Bezug auf die Werte grundsätzlich von einer hohen Aggregatstabilität aber einer geringeren Individualstabilität. Im Schnitt der 23 Einzelwertitems antworten ca. drei Viertel der ausgewählten Befragten wertstabil. Bei den abgeleiteten Dimensionsvariablen liegt die Quote sogar noch etwas darüber. Als positiven Einfluss auf diese Wertstabilität auf individueller Ebene nennt der Autor einen hohen Bildungsabschluss (vgl. Herbert 1988, S. 149 f.).

Um wie in den vorangegangenen Arbeiten Typen bilden zu können, geht Herbert (ebd.) prinzipiell analog vor, nur dass nun als Grundlage drei statt wie früher zwei Wertedimensionen berücksichtigt werden. Leider wird die genaue Vorgehensweise nicht ganz exakt beschrieben. Ersichtlich ist, dass für die Typenbildung die Einzel-Indikatoritems der drei Dimensionen zusammengefasst (vermutlich über Summenindizes) und die entstehenden Dimensionsvariablen dichotomisiert (vermutlich über den Mittelwert) werden. Da nun jedoch nicht mehr nur zwei, sondern drei Dimensionen mit jeweils zwei Ausprägungen (hoch/tief) Ausgangspunkt der Typenbildung sind, ergeben sich nicht mehr nur 4, sondern $2^3 = 8$ Ausprägungskombinationsmöglichkeiten. Im Gegensatz zu vielen späteren Arbeiten werden diese acht kombinatorischen Typen hier auch gebildet (vgl. ebd., S. 154): 1) »Konservative«, 2) »konservative Hedonisten«, 3) »integrierte Staatsbürger«, 4) »Pluralisten«, 5) »Resignierte«, 6) »hedonistische Materialisten«, 7) »progressive Idealisten« und 8) »New Age« (siehe Tabelle 2.11a). Bei der Betrachtung der acht Wertetypen und soziodemographischen Merkmalen kommt der Autor zu dem Ergebnis, dass diejenigen Typen, die durch die hedonistisch-materialistische Wertedimension geprägt sind, tendenziell männlich besetzt sind. Des Weiteren ist ein Alterseffekt dergestalt sichtbar, dass diese Gruppen, ebenso wie die Typen, die durch Selbstentfaltung geprägt sind, tendenziell jünger sind. Gedeutet werden diese Befunde in Richtung eines weiteren Wertewandelvorgangs, der als Ablöseprozess von älteren konventionellen, tradierten Werten hin zu hedonistisch-materialistischen spürbar sei. Ein Bildungseffekt ist demgegenüber aber im Gegensatz zum Wertewandel von Pflicht- und Akzeptanz- hin zu Selbstentfaltungswerten nicht nachweisbar (vgl. ebd., S. 154 ff.). Im Typ 6 (hedonistische Materialisten oder später HedoMats) findet, wie Klages etwas später schreibt, eine »kleine« Wertsynthese statt, da einzelne Teile der Selbstentfaltungswerte, nämlich diejenigen mit hedonistischem Anteil, und der Pflicht- und Akzeptanzwerte vereinigt werden (vgl. Klages 1993, S. 33).

Tabelle 2.11: Typenbildung der Speyerer Werteforschung (Phase 2)

(a) Version 1

	Anteil in %	TradKon	non-Kon	HedoMat
Konservativer	13	hoch	tief	tief
konservativer Hedonist	11	hoch	tief	hoch
integrierter Staatsbürger	10	hoch	hoch	tief
Pluralist	20	hoch	hoch	hoch
Resignierter	11	tief	tief	tief
hedonistischer Materialist	7	tief	tief	hoch
Progressiver Idealist	13	tief	hoch	tief
New Age	11	tief	hoch	hoch

Quelle: Herbert (1988, S. 154)

(b) Version 2

	Anteil Ost (%)	Anteil West (%)	Pflicht u. Akzept.	Ideal. u. Engagem.	Hedon./ Material.
Konservativer	17	11	hoch	tief	tief
hedo-mat. Konservativer	10	12	hoch	tief	hoch
entf.-orient. Konservativer	10	7	hoch	hoch	tief
aktiver Realist	18	21	hoch	hoch	hoch
Resignierter	10	15	tief	tief	tief
hedonistischer Materialist	9	9	tief	tief	hoch
entfaltungsorient. Idealist	8	11	tief	hoch	tief
aktiver Hedo-Materialist	18	15	tief	hoch	hoch

Quelle: Klages und Gensicke (1993, S. 223)

(c) Version 3

Werttyp-Ost	Anteil in %	Werttyp-West	Anteil in %
Konservativer	15	Konservativer	11
Politisierter Konservativer	12	Materialistischer Hedokonservativer	12
Entfaltungsorientierter Hedokonservativer	12	Integrierter Staatsbürger	7
Aktiver Realist	20	Aktiver Realist	21
Resignierter	10	Resignierter	15
Politisierter Materialist	7	Hedo-Materialist	9
Anspruchsvoller Hedonist	8	Progressiver Idealist	11
Engagierter Hedo-Materialist	17	Engagierter Hedo-Materialist	15

Quelle: Gensicke (1992b, S. 691); Werteausprägungen für Werttyp-West wie in Tabelle 2.11b.

Neben Untersuchungen der eigenen Daten führt die Speyerer Forschungsgruppe auch Sekundäranalysen eines von der *Forschungsstelle für gesellschaftliche Entwicklungen e. V.* (FGE) der Universität Mannheim im März/April 1990 in der DDR und BRD erhobenen Datensatzes (n = 808 bzw. n = 1700) durch (vgl. Klages und Gensicke 1993; Gensicke 1992b). Mit Hilfe von Faktorenanalysen ermitteln die Autoren wie Herbert (1988) sowohl für die DDR als auch die BRD drei Wertedimensionen. Sie benennen diese kongruenten Dimensionen leicht abweichend zu Herbert (ebd.) mit »Selbstentfaltung/Engagement«, »Konservativismus/Leistung« und »Hedonismus/Materialismus«. Eine leider nicht genauer beschriebene Quick-Cluster-Analyse mit dem Softwarepaket SPSS/PC auf Grundlage der Verknüpfungen hoher und tiefer Ausprägungen auf den drei Dimensionen ergibt zunächst die vier bekannten Typen (vgl. Klages und Gensicke 1993, S. 236): 1) »Konservative«, 2) »Resignierte«, 3) »Aktive Realisten«, 4) »Junge Modernisten« (siehe Tabelle 2.12). Darüber hinaus wird jedoch auch eine Acht-Cluster-Lösung, die ebenfalls über das SPSS/PC-Quick-Cluster-Verfahren berechnet wurde, dargestellt. Die Typen werden im Vergleich zu der Acht-Gruppen-Typologie von Herbert (1988) zwar anders benannt, repräsentieren im Prinzip aber die gleichen Ausprägungskombinationen der Wertedimensionen (vgl. Klages und Gensicke 1993, S. 223): 1) »Konservative«, 2) »Resignierte«, 3) »Enfaltungsorientierte Konservative«, 4) »Hedo-materialistische Konservative«, 5) »Aktive Realisten«, 6) »Hedonistische Materialisten«, 7) »Entfaltungsorientierte Idealisten«, 8) »Aktive Hedo-Materialisten« (siehe Tabelle 2.11b auf der vorherigen Seite). Inhaltlich beschäftigen sich die Autoren mit der Fraqe nach der Werteentwicklung in Ost- und Westdeutschland vor und nach der Wende (siehe dazu auch Gensicke 1992a). Im Ergebnis zeigen Klages und Gensicke, dass es auch in der DDR einen Wertewandel hin zu erstarkenden Selbstentfaltungswerten gab, der ähnlich zum westdeutschen Wandel verlief, und dass zwischen den in West- und Ostdeutschland aufzufindenden Wertetypen zum Zeitpunkt der Untersuchung eine große Übereinstimmung herrschte (vgl. Klages und Gensicke 1993, S. 222). Auch der Typus des »aktiven Realisten« mit der charakteristischen Wertsynthese, dem von Klages und seinen Kollegen sehr positive Eigenschaften zugeschrieben wird, lässt sich in Ost- und Westdeutschland in ähnlicher Größe finden (vgl. ebd., S. 236).

In Gensicke (1992b) wird auf Grundlage desselben FGE-Datensatzes ebenfalls eine Vier- und eine Acht-Cluster-Lösung präsentiert (SPSS/PC -Quick-Cluster). Sehr ähnlich wie bei Klages und Gensicke (1993) lauten die Typenbezeichnungen der Vier-Cluster-Lösung (vgl. Gensicke 1992b, S. 691): 1) »Modernisten«, 2)

Tabelle 2.12: Typenbildung der Speyerer Werteforschung (Rückgriff auf vier Wertetypen)

(a) Version 1

	West	Ost
Konservative	21	25
Resignierte	25	16
Aktive Realisten	30	30
Junge Modernisten	24	29

Quelle: Klages und Gensicke (1993, S. 236)

(b) Version 2

	West	Ost
Konventionalisten	20	25
Resignierte	15	10
Aktive Realisten	33	30
Modernisten	32	34

Quelle: Gensicke (1992b, S. 691)

»Aktive Realisten«, 3) »Resignierte«, 4) »Konventionalisten«. Die Prozentanteile der jeweils vier Wertetypen in der Stichprobe des FGE -Datensatzes unterscheiden sich allerdings in den Publikationen erstaunlicherweise zum Teil sehr deutlich, obwohl sie auf derselben Datengrundlage beruhen (siehe Tabelle 2.12). Vor allem die Anteile in Westdeutschland weisen gravierende Differenzen auf. Dieser Umstand wird jedoch nicht weiter thematisiert oder gar interpretiert. Auch bei einer sehr toleranten Betrachtungsweise erscheinen Größenunterschiede von um die zehn Prozentpunkte bei den Resignierten und Modernisten desselben Datensatzes doch inhaltlich und methodisch erklärungsbedürftig. In der publizierten Acht-Cluster-Lösung werden etwas andere Typenbezeichnungen als in Klages und Gensicke (1993), die außerdem zwischen Ost und West differieren, gewählt. Sie lauten (vgl. Gensicke 1992b, S. 691): 1) »Konservative«, 2) »Resignierte«, 3) »Integrierte Staatsbürger« (West) / »Entfaltungsorientierte Hedokonservative« (Ost), 4) »Materialistische Hedokonservative« (West) / »politisierte Konservative« (Ost), 5) »Aktive Realisten«, 6) »Hedo-Materialisten« (West) / »Politisierte Materialisten« (Ost), 7) »Progressive Idealisten« (West) / »Anspruchsvolle Hedonisten« (Ost) und 8) »Engagierte Hedo-Materialisten« (siehe Tabelle 2.11c auf Seite 59). Die Prozentanteile für Westdeutschland entsprechen bei dieser Acht-Cluster-Lösung exakt denen aus Klages und Gensicke (1993), die Anteile aus Ostdeutschland weichen wiederum trotz derselben Datengrundlage von ihren Pendants ab. Vermutlich ist dies der Tatsache geschuldet, dass als Grundlage für die Typenbildung für Ost und West *separate* Faktorenanalysen gerechnet werden, deren jeweils dreidimensionale Lösungen inhaltlich andere Schwerpunkte aufweisen – aus der Darstellung wird dieses leider nicht ganz deutlich (vgl. Gensicke 1992b, S. 690 ff.). Hinweise darauf ergeben sich aus den unterschiedlichen Dimensionsbenennungen. Die Dimensionen für Westdeutschland werden hier bezeichnet als: 1) »Selbstentfaltung, Engagement«, 2) »Konventionalismus« und 3) »Hedonismus, Materialismus«. Die Dimensionsbezeichungen für die Ost-Stichprobe lauten: 1) »Selbstentfaltung, Soziales Engagement, Hedonimus«, 2) »Konventionalismus« und 3) »Politisches Engagement, Materialismus« (vgl. Gensicke 1992b, S. 694). Als Grund für die dimensionalen Besonderheiten in der Ost-Stichprobe werden unterschiedliche Ausprägungsstärken von jungen Frauen und Männern bei Hedonismus und »Sozialer Hilfsbereitschaft« sowie Materialismus und »Politischem Engagement« benannt (vgl. ebd.). Dass durch die Verwendung inhaltlich unterschiedlich geprägter Dimensionen bei der Klassifikation die ermittelten Typen inhaltlich schwer vergleichbar sind, wird bedauerlicherweise nicht thematisiert oder näher beschrieben. Als inhaltliches Ergebnis der vergleichenden Studien zwischen Ost und West wird dagegen sogar die grundlegende Ähnlichkeit der Wertstrukturen und deren Verteilungen gesehen. Wertverlust trete allerdings eher in Westdeutschland, Konventionalismus eher in Ostdeutschland auf, wobei sich diese Aussagen auf die Vier-Cluster-Wertetypologie stützen (vgl. ebd., S. 691). Bezogen auf die Acht-Cluster-Typologie beschreibt der Autor eine stärkere Veranlagung der jungen Generation im Osten zu einer Wertsynthese von Idealismus, Engagement, Hedonismus und Materialismus. Insgesamt ist das Phänomen der Wertsynthese im Osten breiter vertreten als im Westen. Summa summarum werden allerdings eher die Ähnlichkeiten in Ost und West in den Mittelpunkt des Fazits der Untersuchung gestellt (vgl. ebd., S. 692 f.).

2.1.3 Phase 3: drei Dimensionen, fünf Wertetypen

In demselben Sammelband, in dem Gensicke (ebd.) auf Grundlage des FGE-Datensatzes die Vier- und die Acht-Cluster-Lösung präsentiert, wird von Herbert (1992b) eine alternative Fünf-Typen-Lösung vorgestellt, die auf den schon bekannten Datensätzen der 1987/88er Befragung basiert und die Speyerer Wertetypologie bis heute nachhaltig beeinflussen sollte. Dieselbe Lösung wird ebenfalls im zusammenfassenden Ergebnisbericht über das gesamte Speyerer Werte-Forschungsprojekt von 1986 bis 1989 beschrieben (Herbert 1992a). Faktorenanalysen von 16 Wertitems des »Speyerer Werteinventars« (siehe Tabelle 2.10 auf Seite 56) in der Ausgangsstichprobe der Panelbefragung im Mai 1987 und der jetzt vollständig untersuchten drei Wertebus-Befragungen aus dem Mai und November 1987 bzw. Mai 1988 (siehe Abschnitt 2.1.2), ergeben datensatzübergreifend die drei

Dimensionen »Tradition/Konvention/Religion«, »Hedonismus/Materialismus« und »Selbstentfaltung/Engagement«.[6] Bei den Faktorenanalysen werden drei Wertkomplexe weggelassen, die sich nicht als geeignet erwiesen, Personen im Hinblick auf die spätere Typenbildung zu unterscheiden. Der Autor spricht in diesem Zusammenhang von einer hohen Konsensualität, das heißt der generellen Tendenz aller Personen zur Zustimmung zu diesen Wertbereichen. Es handelt sich dabei um die Komplexe »Harmonie« (Familie Partnerschaft), »Unversehrtheit« (Gesundheit, Umweltbewusstsein) und »Kommunikativität« (Freundschaft, Kontaktfreude). Ebenfalls nicht berücksichtigt wurde der Wertkomplex »Autonomie« (vgl. Herbert 1992b, S. 73 f., 1992a, S. 7 ff.). Eine oblique Faktorenrotation zeigt nicht unerhebliche Korrelationen zwischen Hedonismus/Materialismus und Traditionalismus/Konventionalismus ($r = 0{,}19$), Hedonismus/Materialismus und Selbstentfaltung/Engagement ($r = 0{,}12$) sowie Selbstentfaltung/Engagement und Traditionalismus/Konventionalismus ($r = -0{,}12$). Diese Zusammenhänge werden interpretiert als Beleg für die Geschichte der Hedonismus/Materialismus-Dimension. Sie ist aus den »alten« Wertedimensionen entstanden und weist dementsprechend noch Beziehungen zu diesen auf, kann aber mittlerweile als eigenständige Dimension angenommen werden (vgl. Herbert 1992b, S. 75, 1992a, S. 24).

Für die Wertetypenbildung werden die Indikatorvariablen der Dimensionen mit Hilfe einfacher Summenindizes zusammengefasst. Die Traditionalismus/Konventionalismus-Dimension (vormals auch Pflicht- und Akzeptanzwerte) wird gemessen durch die drei Werteitems »Akzeptanz« (»Gesetz und Ordnung respektieren«), »Sicherheitsorientierung« (»Nach Sicherheit streben«) und »Konventionelle Leistungsethik« (»Fleißig und ehrgeizig sein«), die Selbstentfaltung/Engagement-Dimension durch die zwei Werteitems »Selbstentfaltung« (»Seine eigene Phantasie und Kreativität entwickeln«) und »Politisches Engagement« (»Sich politisch engagieren«) und schließlich die Hedonismus/Materialismus-Dimension durch die zwei Werteitems »Lebensstandard« (»Einen hohen Lebensstandard haben«) und »Hedonismus« (»Die guten Dinge des Lebens in vollen

6 Im Unterschied dazu berichtet Herbert (1991) auf derselben Datengrundlage von fünf Dimensionen, die darüber hinaus auch noch zwischen der BRD und der DDR differieren. Während die Fünf-Dimensionen-Lösung für die BRD eine klare Struktur zeigt, seien die Ergebnisse für die DDR weit weniger eindeutig und durch abweichende inhaltliche Strukturen gekennzeichnet (vgl. ebd., S. 130 f.). In der Publikation wird allerdings auch von der im weiteren Verlauf dieses Abschnitts näher beschriebenen Drei-Dimensionen-Lösung mit den daraus clustaranalytisch gebildeten fünf Wertetypen berichtet (vgl. ebd., S. 121 ff.).

Zügen genießen«) (vgl. Herbert 1992b, S. 76 f., 1992a, S. 34). Danach erfolgt eine Z-Standardisierung dieser Dimensionsvariablen, die dadurch nun alle einen Mittelwert von null und eine Standardabweichung von eins aufweisen. Eine tiefgreifende Neuerung erfolgt im nachfolgenden Klassifizierungsschritt: Statt wie bisher alle kombinatorisch möglichen Wertetypen über die logischen Ausprägungskombinationen der dichotomisierten Wertedimensionen zu bilden, werden lediglich fünf Typen nach inhaltlichen Kriterien ausgewählt und die Fälle diesen Typen möglichst optimal zusortiert. Als Datengrundlage wird bei der Typenbildung ein zusammengesetzter Datensatz aus allen drei Wertebus-Datensätzen ($n \approx 6000$) verwendet. Zum Einsatz kommt ein in SPSS implementiertes K-Means-Verfahren, das mit dem Startwerte-Verfahren »Quick-Cluster« durchgeführt wird. Bei diesem Clusteranalyseverfahren muss der Anwender die Anzahl der Cluster (hier fünf) vorgeben und kann Startwerte der Ausprägungskombinationen als Startkonfiguration vorgeben. Alle Fälle eines Datensatzes werden dann möglichst optimal auf die vorgegebene Anzahl an Clustern verteilt, so dass eine möglichst große Ähnlichkeit der in einem Cluster befindlichen Fälle erreicht wird. Die Startkonfiguration mit den vorgegebenen Clusterzentren kann sich im Laufe des Verfahrens ändern. Bei Herbert (1992a,b) werden die z-standardisierten Dimensionsvariablen zur Clusterung herangezogen und eine Startwertekonfiguration mit extrem positiven bzw. negativen Werten (+2 und −2) gewählt, die sich aus der Kombination der Merkmalsausprägungen der bekannten vier Typen (siehe Abschnitt 2.1.1), ergänzt durch den Typus des »HedoMats« ergibt (vgl. Herbert 1992b, S. 77; vgl. Herbert 1992a, S. 34 f., 130 f.). Die einzelnen Fälle werden diesen Typen computergestützt möglichst optimal zusortiert. In Herbert (1992b,a) erfolgen leider keine Darstellungen der Gütekriterien, anhand derer die Gültigkeit der ermittelten Clusterstruktur beurteilt werden könnte, kein Vergleich mit anderen Lösungen mit differierender Clusteranzahl und anscheinend auch kein Einsatz multipler Startwertekonfigurationen, so wie es bei der Durchführung des K-Means-Verfahrens ratsam ist (vgl. Bacher et al. 2010, S. 347 f.). Daher ist nicht ersichtlich, ob die dargestellte Clusterstruktur formalstatistisch den Daten überhaupt angemessen ist. Die ermittelten bzw. vorgegebenen fünf Wertetypen werden folgendermaßen benannt: 1) »Konventionalist«, 2) »Idealist«, 3) »HedoMat«, 4) »Realist« und 5) »Resignierter« (siehe Tabelle 2.13 auf Seite 66).

Im Vergleich zu der ersten Phase mit zwei Wertedimensionen und vier Wertetypen (siehe Abschnitt 2.1.1) findet sich als neuer Wertetypus der »HedoMat«, der durch Zustimmung zur Hedonismus/Materialismus-Dimension bei gleichzeitiger

Ablehnung der beiden übrigen Dimensionen gekennzeichnet ist. Insgesamt kann man zusammenfassen, dass dieser neue Ansatz mit fünf Typen nun das Profil der Realisten und Resignierten um die Zustimmung bzw. Ablehnung der im Vergleich zur Vier-Typen-Klassifikation neu hinzugekommenen Hedonismus/Materialismus-Dimension erweitert. In die Gruppe der Realisten fallen jetzt diejenigen Personen, die eine Wertsynthese aller drei Dimensionen verwirklicht haben. Das heißt, dass nicht nur die in der Tradition der Materialismus-Postmaterialismus-Debatte als gegensätzliche angesehenen Werte Tradition/Konvention und idealistische Selbstentfaltung/Engagement in Einklang gebracht werden, sondern zusätzlich auch noch hedonistisch-materialistische Werte. Tiefergehende theoretische Begründungen für diesen Befund werden leider nicht gegeben. Als einziger Erklärungsversuch wird auf die Tatsache verwiesen, dass sich die neue Wertedimension aus den alten Dimensionen abgespalten hat und in den früheren Untersuchungen gleichsam in den ursprünglichen Dimensionen und Wertetypen – und damit auch im Typus der Wertsynthese – enthalten war. Bei den »neuen« Resignierten ist der gegensätzliche Fall zu verzeichnen, da dieser Wertetypus nun konsequent alle Wertedimensionen ablehnt. Zusätzlich zu den extremen Wertetypen der Realisten und Resignierten werden in dieser Fünfer-Typologie nur diejenigen Wertegruppen gebildet, die durch die Zustimmung zu jeweils einer Wertedimension bei Ablehnung der anderen beiden Dimensionen bestimmt sind. Die Typen der Idealisten und Konventionalisten sind daher ähnlich zu ihren Pendants aus der Vierer-Typologie, nur dass als bestimmendes Merkmal zusätzlich die Ablehnung der neuen Hedonismus/Materialismus-Dimension hinzukommt. Neu ist, wie gesagt, der Typus des »HedoMats«, der, analog zu den Idealisten und Konventionalisten, durch die Zustimmung zu der neuen Dimension Hedonismus/Materialismus bei gleichzeitiger Ablehnung der anderen beiden Dimensionen gekennzeichnet ist. Im Vergleich zu der Acht-Gruppen-Typologie der Phase 2 (siehe Abschnitt 2.1.2) entfallen in dieser Fünfer-Typologie die Mischtypen, die sich rein kombinatorisch durch die Zustimmung zu zwei Dimensionen und der Ablehnung von lediglich einer ergeben. An dieser Stelle muss man sich fragen, warum die übrigen drei Wertetypen, wie sie in den Acht-Typen-Lösungen (siehe Abschnitt 2.1.2) ausgewiesen wurden, hier nicht berücksichtigt werden. Es bleibt offen (und nicht recht nachvollziehbar), warum die betreffenden drei Wertemuster anscheinend inhaltlich nicht als relevant erachtet werden, obwohl sie auch nach den ausgewiesenen Anteilsgrößen (siehe bspw. Tabelle 2.11 auf Seite 59) in nicht unerheblichem Ausmaß in der Bevölkerung auftreten.

Tabelle 2.13: Typenbildung der Speyerer Werteforschung (Phase 3, Version 1)

(a) Startwertekonfiguration

	Konventionalismus	Hedonismus und Materialismus	Selbstentf. und Engagement
Konventionalist	+2,00	−2,00	−2,00
Idealist	−2,00	−2,00	+2,00
HedoMat	−2,00	+2,00	−2,00
Realist	+2,00	+2,00	+2,00
Resignierter	−2,00	−2,00	−2,00

Quelle: Herbert (1992a, S. 131)

(b) Prozentanteile und Mittelwerte auf z-standardisierten Dimensionsvariablen

	Anteile				Konventionalismus	Selbstentf. und Engagement	Hedonism. und Materialism.
	%[a)]	%[b)]	%[c)]	%[d)]			
Konventionalist	20	15	21	23	0,67	−0,77	−0,63
Idealist	22	22	19	20	−0,93	0,86	−0,60
HedoMat	—	15	13	13	−0,35	−0,58	0,82
Realist	27	35	33	32	0,64	0,62	0,79
Resignierter	32	13	14	12	−0,94	−0,93	−0,84

Quelle: Herbert (1992b, S. 77 ff.)

a) Lebenszielstudie von 1980 (n = 1945, Alter: 14 bis 54 Jahre)
b) Wertebusdatensätze von 1987/1988 (n = 5784, Alter: 14 bis 54 Jahre)
c) Wertebusdatensätze von 1987/1988 (n = 5784, Alter: 14 bis 95 Jahre)
d) Ausgangsstichprobe Panelbefragung 1987 (n = 1523, Alter: 14 bis 95 Jahre)

Recht ausführlich wird in Herbert (1992a, S. 40 ff.) geprüft, ob sich die bekannte Vierer-Typologie der Lebenszielstudie von 1980 (im Text verwirrenderweise 1979; siehe Abschnitt 2.1.1) mit der neuen Fünfer-Typologie auf Grundlage der neueren Wertebus-Datensätze vergleichen lässt und die alten Typen stabil bzw. in der erweiterten Lösung erhalten bleiben. Zur Überprüfung werden die vier alten und die fünf neuen Typen im Hinblick auf ihre Soziodemographie (Geschlecht Familienstand, Schulbildung etc.) miteinander verglichen. Erwartungsgemäß zeigen sich Unterschiede zwischen den Lösungen, trotz denen der Autor alles in allem zu einem positiven Ergebnis kommt. Als Gründe für die Unterschiede sind unter anderem Zeitgeist-, Methoden- und Alterseffekte zu vermuten, die mit der zur Verfügung stehenden Datengrundlage natürlich nicht getrennt analysiert werden können. Im Ergebnis wird aber von der Gültigkeit der neuen fünf Typen ausgegangen, da die alten vier Typen grundsätzlich wiederzufinden sind (vgl. ebd.). *Dies ist für die gesamte spätere Speyerer Werteforschung enorm folgenreich, da bis zu den jüngsten Publikationen keine größeren Veränderungen mehr an dem Wertetypenmodell vorgenommen werden.* Sehr zu bedauern ist, dass Herbert (ebd.) keine Prüfung der Fünfer-Typologie im Vergleich mit der oben vorgestellten Achter-Typologie vornimmt. Dies ist deshalb so erstaunlich, da sie in der Logik der bisherigen Vorgehensweise eigentlich die stringentere Variante ist und alle Kombinationsmöglichkeiten der Wertedimensionen ausschöpft. Es lassen sich nach meiner Kenntnis nirgendwo Hinweise darauf finden, weshalb dieser Weg nicht weiter verfolgt wurde. Man kann vermuten, dass die Vierer-Typologie inhaltlich so fundiert und etabliert war, dass lediglich mit dem Auftauchen der eigenständigen Hedonismus-Materialismus-Dimension ein neuer Typus (»HedoMat«) hinzugenommen werden sollte bzw. unumgänglich hinzugenommen werden musste. Möglicherweise sollten keine noch weiter gehenden Veränderungen, wie sie die Hinzunahme weiterer Typen bedeutet hätte, vorgenommen werden – dies bleibt allerdings Spekulation.

Die in Tabelle 2.13 ausgewiesenen Prozentanteile für die einzelnen Wertetypen im Zeitvergleich werden von Herbert (1992b) als Zunahme der Träger des Wertewandels (Realisten und Idealisten) gedeutet. Der weitere Schwerpunkt der Analysen von Herbert (ebd.) liegt im Bereich der deskriptiven Darstellung der Wertetypen. So wird der neu entdeckte Typus »HedoMat« unter anderem als egoistisch, nur teilweise selbstbewusst charakterisiert, der ohne klares Lebensziel und unbedingte Selbstbehauptung durchs Leben geht (vgl. Herbert 1992b, S. 94 ff., 1992a, S. 124 ff.). Dieser Wertetypus neigt zu leichter Unzufriedenheit mit seiner wirtschaftlichen Situation und positiv überhöhten Zukunftserwartungen bei gleichzeitiger politisch-konservativer Grundhaltung ohne Protestengagement und gesellschaftlichem Problembewusstsein. Zu beobachten ist darüber hinaus eine Abkehr von Institutionen und im gesellschaftlichen Bereich die nur geringe Zustimmung zu formalen Bindungen wie Religion und Kirche sowie Ehe und Familie (vgl. Herbert 1992b, S. 95 f., 1992a, S. 126 f.). Des Weiteren wird dieser Wertetypus durch eine hohe Freizeitorientierung bei gleichzeitig sehr geringem Arbeits-Motivationsniveau beschrieben. Gemäß der hedonistisch-materialistischen Grundorientierung bei fehlender konservativer Pflichtorientierung wird die berufliche Tätigkeit in erster Linie als Mittel zum Geldverdienen gesehen (vgl. Herbert 1992b, S. 96 f., 1992a, S. 127). Insgesamt zieht Herbert (1992b,a) aus seinen Befunden den Schluss eines weiteren Wertewandelschubs, der, anders als der Schub der 1960er/1970er Jahre, nicht durch aktives Engagement gegen herrschende Institutionen gekennzeichnet ist, sondern durch Hinwendung zu hedonistisch-materialistischen Werten. Möglicherweise könne der HedoMat Nachfolger der aussterbenden Konventionalisten werden, da bestimmte konservative Positionen und der eher niedrige Bildungs- und Sozialstatus übereinstimmen (vgl. Herbert 1992b, S. 96 f., 1992a, S. 127 f.).

Gensicke (1995) übernimmt das beschriebene Klassifizierungsschema und wendet es auf die Fragestellung einer sich ausbreitenden »Ego-Gesellschaft« an. Im Hinblick auf den gesellschaftlichen Wertewandel plädiert der Autor dafür, statt die eingebürgerten Begriffe *Werteverfall* und *Werteverlust* zu verwenden, eher von einer *Anpassungs- und Normalisierungshypothese* zu sprechen. Den Befund der – vom Zeitpunkt der Mitte der 1990er Jahre aus betrachtet – abnehmenden traditionellen und zunehmenden hedonistischen Werte stellt Gensicke in den gesamtgesellschaftlichen Entwicklungskontext einer Wohlstands- und Freizeitexplosion. Aus einer sozialökonomischen Perspektive, die einfache Grenznutzenüberlegungen einbezieht, ließe sich von dem stark gestiegenen Wohlstandsniveau auf einen psychischen Sättingungseffekt hinsichtlich der Bewertung schließen. Dadurch, dass es mehr zu konsumieren gebe, würde die vormals in Deutschland eher negativ besetzte Konsumneigung aufgewertet. Außerdem besteht nach Gensicke, im Gegensatz zu früher, in Zeiten großen Wohlstandes und Überflusses nicht mehr die Notwendigkeit, Verhalten zu überhöhen, welches eben diesen Wohlstand fördert. Insofern lässt sich die oben genannte Anpassungshypothese so fassen, dass die Mentalität bzw. die Werte der Menschen sich den äußeren Gegebenheiten anpassen, womit in diesem Zusammenhang das Absinken der Leistungsethik bei einem hohen gesellschaftlichen Wohlstandsniveau gemeint ist. Unter Normalisierung versteht der Autor das Zurückgehen einer aus seiner Sicht übertriebenen kulturellen Abneigung der Deutschen gegenüber hedonistischen Konsumwerten (vgl. ebd., S. 14 f.).

Zusätzlich zu den schon bekannten Wertebus-Daten von 1987/88 ($n \approx 6000$) und dem FGE -Datensatz von 1990 ($n = 1700$) werden von Gensicke (ebd.) SOEP-Daten ($n = 6800$) aus Westdeutschland aus dem Frühjahr 1993, in die das Wertinstrument eingeschaltet wurde, untersucht. Die oben vorgestellte Vorgehensweise der Clusterung mit den bekannten fünf Wertetypen wird auch hier angewandt, allerdings werden den einzelnen Clustern weitere Eigenschaften zugeschrieben.

Tabelle 2.14: Typenbildung der Speyerer Werteforschung (Phase 3, Version 2)

	Pflicht- und Akzeptanzwerte[a)]	Hedonistisch-materialistische Selbstentfaltung[b)]	Idealistische Selbstentfaltung[c)]
Ordnungsliebende Konventionalisten	hoch	tief	tief
Nonkonforme Idealisten	tief	tief	hoch
Hedonistische Materialisten	tief	hoch	tief
Aktive Realisten	hoch	hoch	hoch
Perspektivenlos Resignierte	tief	tief	tief

Quelle: Gensicke (1995, S. 25)
a) auch »Konventionalismus« (Klages und Gensicke 1999, S. 63)
b) auch »Hedonismus & Materialismus« (Klages und Gensicke 1999, S. 63)
c) auch »Selbstenfaltung & Engagement« (Klages und Gensicke 1999, S. 63)

Die ermittelten bzw. vorgegebenen Typen, mit den ihnen zugeschriebenen Reaktionen auf sozialen Wandel, lauten (ebd., S. 24 ff., 56; siehe Tabellen 2.14 und 2.17 auf Seite 77): 1) »Konventionalist« (Der konventionelle Mensch: Verweigerung), 2) »Idealist« (Der konfliktorientierte Mensch: Kulturutopismus), 3) »HedoMat« (Der egoistische Mensch: Mitnahmeverhalten), 4) »Realist« (Der pragmatische Mensch: flexible Anpassung) und 5) »Resignierter« (Der überrollte Mensch: Verlierer). Die Typen werden inhaltlich zusammenfassend so charakterisiert, dass der Konventionalist mit seiner Folgsamkeit, Konformität und geringen Selbstorientierung dem idealen Persönlichkeitsprofil eines »guten Untertanen« der traditionellen Gesellschaft entspricht. Den Resignierten gelingt hingegen nicht einmal unter dem Druck der sich wandelnden Gesellschaft die Aufrechterhaltung ihrer konventionellen Werte. Wie in den vorangegangenen Untersuchungen auch, werden die aktiven Realisten sehr positiv beschrieben, da sie konventionelle und moderne Werte kombinieren können und somit nach Gensicke die besten Voraussetzungen für die Anforderungen der Zeit aufweisen. Hedonistische Materialisten sind die typischen Vertreter einer »Ego-Gesellschaft« mit ihrer materialistischen und hedonistischen Bedürfnismaximierung und -befriedigung und die nonkonformen Idealisten schließlich die kritischen (Protest-)Bürger, die hochgespannte utopische und damit auch enttäuschungsanfällige Erwartungen an die moderne Gesellschaft haben (vgl. Gensicke 1995, S. 25 f.). Auf Basis der drei genannten Datensätze wird auch die Entwicklung der Wertetypen-Bevölkerungsanteile in Westdeutschland analysiert. Der Autor kommt dabei zu dem Schluss, dass für alle Befragten der Wertetyp des Realisten leicht zunimmt, HedoMats aber die größten Zuwächse zu verzeichnen haben (siehe Tabelle 2.17 auf Seite 77). Die Anteile von Konventionalisten gehen zurück, diejenigen von Idealisten bleiben konstant, ebenso wie die der Resignierten. Die Analyse von Substichproben von Befragten zwischen 18 und 30 Jahren zeigen aber in besorgniserregender Weise, dass HedoMats bei jüngeren Menschen viel weiter verbreitet und Konventionalisten weniger vertreten sind (siehe ebenfalls Tabelle 2.17 auf Seite 77). Beruhigend ist nach Gensicke der in etwa gleich hohe Anteil der Pragmatiker und der niedrigere Anteil der Resignierten (vgl. ebd., S. 26). Der Autor diagnostiziert auf Grundlage dieser Befunde einen mit der Wende verbundenen »Werteschock« zu ungunsten der idealistischen Werte in Westdeutschland zwischen 1990 und 1993 (vgl. ebd.). Der Begriff Ego-Gesellschaft sei gerade für die jüngere Generation nicht gänzlich von der Hand zu weisen, allerdings vermutet er bereits ab 1993 ein Wiederabklingen der »hedomaterialistischen Wertemode« (vgl. ebd., S. 27 ff.). Auf Grundlage derselben Datensätze berichtet Gensicke (1998, S. 77 ff.) im Vergleich dazu von leicht abweichenden Prozentanteilen für Ost- und Westdeutschland (siehe Tabelle 2.17 auf Seite 77). Vermutlich ist dies einer geringfügig abweichenden Klassifizierungsmethode zuzurechnen (ebd., 83, Fn. 74).

Zwischen Mai und Juli 1997 wird von Infratest/Burke München im Auftrag der Speyerer Forschungsgrupe der »Wertesurvey 1997« erhoben. Das Erhebungsgebiet erstreckt sich auf Ost- (n = 1000) und Westdeutschland (n = 2000), wobei die deutschsprachige Bevölkerung ab 18 Jahren befragt wird. Eingeschaltet ist das Speyerer Werteinventar (siehe Tabelle 2.10 auf Seite 56), ergänzt um ein zusätzliches Item »Eigenverantwortlich leben und handeln« (vgl. Gensicke 1999, S. 141 ff.). Auf Grundlage dieser nun 24 Werteitems (siehe Tabelle 2.15 auf Seite 72) werden die bekannten 5 Wertetypen gebildet, ohne auf die genaue Vorgehensweise näher einzugehen (vgl. Gensicke 1999, S. 36; Klages und Gensicke 1999, S. 63). Man kann vermutlich davon ausgehen, dass dieselbe Methodik angewendet wurde wie in den vorangegangenen Untersuchungen (orthogonale Faktorenanalysen, z-standardisierte Dimensionsvariablen und Clusteranalysen nach dem Quick-Cluster-Verfahren mit fünf inhaltlich vorgegebenen Clusterschwerpunkten als Startwerte). Der Autor beschreibt die Wertetypen erneut und streicht wiederum die positiven Eigenschaften der »aktiven Realisten« und deren charakteristische Wertsynthese heraus: Die Verknüpfung von individuellen Selbstentfaltungswerten mit Akzeptanz von sozialen Regeln und Normen und dem Aufschub von Bedürfnisbefriedigung sei möglich und könne sogar zu einer wechselseitigen Befruchtung der Persönlichkeitskomponenten führen. Diese Kombination sei sogar ideal für die Ausbildung einer produktiven Persönlichkeit, da intellektuelle Selbstentfaltung generell einen Ordnungsrahmen benötige, um produktiv zu sein (vgl. Gensicke 1999, S. 34). Der Autor beschreibt, dass dieses Persönlichkeitsmuster durch verschiedene Gründe verfehlt werden kann. Beispielsweise in experimentellen Lebensphasen wie der Jugend oder durch ideologische Protesthaltungen, missglückte Sozialisationsprozesse oder durch instabile persönliche Zustände. Als gegensätzlichen Negativzustand sieht er die in der Typologie der Resignierten versammelte Haltung der Werteablehnung. Diese Werte-Resignation ist vor allem in Ostdeutschland seit 1990 angestiegen und vorwiegend in der Gruppe der älteren Menschen zu finden (siehe Tabelle 2.17 auf Seite 77). Auslöser für derartige Resignationseffekte werden in einem niedrigen Bildungs- und Berufsniveau gesehen (vgl. ebd., S. 35). Der Typus der »Nonkonformen Idealisten« ist insbesondere in Westdeutschland vertreten und durch eine grundsätzliche Gesellschaftskritik geprägt, die zu einer besonders starken ideologischen Abwertung sozialer Regeln und Normen führt (vgl. ebd., S. 34). Die »Hedomaterialisten« kommen in der Erhebung sowohl in Ost- als auch in Westdeutschland in ähnlicher Größenordnung vor. Die Regel- und Normakzeptanz ist bei diesem Personentypus durch eine konsumistische Egozentrik und nicht so sehr durch Sozialkritik reduziert (vgl. ebd., S. 35). Die Analysen von Gensicke beziehen sich darüber hinaus auf eine Substichprobe der jüngeren Befragten im Alter zwischen 18 und 30 Jahren. Bei diesem Personenkreis sind besonders die Unterschiede in den Prozentanteilen der aktiven Realisten und nonkonformen Idealisten gravierend (siehe Tabelle 2.18 auf Seite 84). Während im Osten deutlich mehr jüngere Menschen zu den aktiven Realisten zählen, sind die Idealisten im Westen stärker vertreten. Der Autor führt diesen Umstand auf unterschiedliche Sozialisationsmuster in Ost und West zurück (vgl. ebd., S. 37).

Umfangreiche und tiefgehende Analysen des Wertesurvey 1997 werden von Gensicke (2000) im Abschlussbericht des zugehörigen Forschungsprojektes vorgelegt. Zunächst werden die 24 oben genannten Wertitems (siehe Tabelle 2.15

Tabelle 2.15: Das »Speyerer Inventar zur Messung von Wertorientierungen« (24-Item-Version 2000)

1	Einen Partner haben, dem man vertrauen kann
2	Ein gutes Familienleben führen
3	Gute Freunde haben, die einen anerkennen und akzeptieren
4	Gesetz und Ordnung respektieren
5	Sich unter allen Umständen umweltbewusst verhalten
6	Gesundheitsbewusst leben
7	Von anderen Menschen unabhängig sein
8	Viele Kontakte zu anderen Menschen haben
9	Nach Sicherheit streben
10	Fleißig und ehrgeizig sein
11	Seine eigene Phantasie und Kreativität entwickeln
12	An Gott glauben
13	Sich bei seinen Entscheidungen auch nach seinen Gefühlen richten
14	Sozial Benachteiligten und gesellschaftlichen Randgruppen helfen
15	Auch solche Meinungen tolerieren, denen man eigentlich nicht zustimmen kann
16	Die guten Dinge des Lebens in vollen Zügen genießen
17	Einen hohen Lebensstandard haben
18	Sich und seine Bedürfnisse gegen andere durchsetzen
19	Stolz sein auf die deutsche Geschichte
20	Am Althergebrachten festhalten
21	Sich politisch engagieren
22	Macht und Einfluss haben
23	Das tun, was die anderen auch tun
24	Eigenverantwortlich leben und handeln

Quelle: Gensicke (2000, S. 97)

auf der nächsten Seite) – bzw. 19 verbleibenden validen Items – einer nicht näher spezifizierten Faktorenanalyse unterzogen, die eine nun vierfaktorielle Lösung aufweist. Die hier genannten vier Faktoren lauten »Mainstream«[7], »Idealismus & Engagement«[8], »Materialismus und Hedonismus«[9] und »Tradition«[10] (vgl. Gensicke 2000, S. 84 f.). Ein Vergleich der Dimensionalität des durch das Speyerer

7 Die Indikatoritems sind »Gutes Familienleben führen«, »Gesetz und Ordnung respektieren«, »Nach Sicherheit streben«, »Vertrauensvolle Partnerschaft« und mit Einschränkungen auch »Fleißig und ehrgeizig sein« sowie »Eigenverantwortlich leben und handeln«.

8 Indikatoritems dieser Dimension sind »Sozial Benachteiligten helfen«, »Phantasie und Kreativität entwickeln«, »Sich politisch engagieren«, »Andere Meinungen tolerieren« und mit Einschränkungen auch »Viele Kontakte haben«.

9 Hier lauten die Indikatoritems »Macht und Einfluss haben«, »Hohen Lebensstandard haben«, »Leben voll genießen« sowie mit Einschränkungen »Seine Bedürfnisse durchsetzen«.

10 Als Indikatoritems fungieren bei dieser Dimension »Am Althergebrachten festhalten«, »Stolz

Werteinventar aufgespannten Werteraumes zwischen Ost- und Westdeutschland zeigt neben kleineren Differenzen grundsätzlich ähnliche Wertstrukturen. Die Betrachtung sozialer Gruppen im Hinblick auf ihre Bewertung der genannten vier Wertedimensionen bringt unter anderem eine Ablehnung der Mainstream-Dimension durch Ledige, junge Leute, höhere Beamte, Angehörige der Oberschicht, Selbständige sowie Grünen- und Republikanerwählerinnen und -wähler. Idealismus und Engagement wird vor allem vertreten von Anhängerinnen und Angängern der Grünen, Teilzeitbeschäftigten, Beamten, Auszubildenden, Angehörigen der Mittelschicht und oberen Bildungsgruppen. Abgelehnt wird diese Dimension von Landwirten, Arbeiterinnen und Arbeitern, unteren Schichten und Wählerinnen und Wählern der Republikaner. Bei dem Faktor Materialismus und Hedonismus ist die Unterscheidung nach dem Alter der Befragten relevant. Besonders die jüngeren (und ledigen) Menschen stimmen hier zu, während die älteren (und verwitweten) Personen dieser Dimension eher ablehnend gegenüberstehen. Insbesondere Auszubildende, Freiberufler und Arbeitslose, Angehörige der Oberschicht, und Anhänger der FDP oder der Republikaner stehen diesem Wertmuster nahe. Gewissermaßen im Umkehrschluss ist die Wertedimension Tradition geprägt. Hier sind es vor allem die älteren (und verwitweten) im Gegensatz zu den jüngeren (und ledigen) Menschen, die diese Haltung bejahen. Dieser Dimension stimmen darüber hinaus auch die höheren Beamten, Landwirte sowie Anhängerinnen und Anhänger der CDU und CSU zu, während Freiberufler, Personen mit den höchsten Bildungsabschlüssen sowie Anhängerinnen und Anhänger der Grünen und der PDS sie eher ablehnen (vgl. ebd., S. 89 ff.). Mit einem Rückgriff auf die Wertebus-Datensätze von 1987/88 vergleicht Gensicke (ebd.) die Wertorientierungen auch im Zeitvergleich. Ganz grundsätzlich kommt er zu dem Ergebnis, dass ein hohe Stabilität dieser Wertorientierungen im betrachteten Zehn-Jahres-Verlauf vorliegt. Dies wird als Beleg für die Grundannahme eines stabilen und persönlichkeitsstiftenden Charakters von Werten gesehen. Dennoch zeigen einige Wertitems im Zeitvergleich Unterschiede. So ist beispielsweise die Wichtigkeit des Glaubens an Gott rückläufig, ebenso wie der Stolz auf die deutsche Geschichte. In ihrer Wichtigkeit gestiegen sind dagegen die Items »Sich bei Entscheidungen auch nach seinen Gefühlten richten«, »Seine eigene Phantasie und Kreativität entwickeln«, »Seine Bedürfnisse gegen andere durchsetzen«, »Lebensgenuss in vollen Zügen«, »Am Althergebrachten festhalten« sowie »Von

---

sein auf die deutsche Geschichte«, »An Gott glauben« sowie wiederum mit Einschränkungen »Tun, was die anderen auch tun«.

Tabelle 2.16: Typenbildung der Speyerer Werteforschung (Startwertekonfiguration für die Clusteranalyse, Phase 3, Version 3)

	Pflicht und Konvention	Kreativität und Engagement	Hedonismus und Materialismus
Ordnungsliebende Konventionalisten	+1	−1	−1
Nonkonforme Idealisten	−1	+1	−1
Hedonistische Materialisten	−1	−1	+1
Aktive Realisten	+1	+1	+1
Perspektivenlos Resignierte	−1	−1	−1

Quelle: Klages und Gensicke (2005, S. 288)

anderen Menschen unabhängig sein«. Ebenfalls auffällig ist der Rückgang der Wichtigkeit eines unter allen Umständen umweltbewussten Lebenswandels (vgl. Gensicke 2000, S. 93 ff.).

In einer groß angelegten Studie zur Untersuchung des ehrenamtlichen Engagements in Ost- und Westdeutschland, dem »Freiwilligensurvey 1999«, bei der von Mai bis Ende Juli 1999 insgesamt rund 15 000 Personen ab 14 Jahren (West: $n = 9517$, Ost: $n = 5405$) befragt wurden, kommt ebenfalls das Speyerer Werteinventar zum Einsatz (von Rosenbladt 2001, S. 214 f.; Braun und Klages 2001). Ohne Darstellung oder Diskussion der Methode, vermutlich also der oben beschriebenen üblichen, werden die bekannten fünf Wertetypen ausgewiesen (siehe Tabelle 2.17 auf Seite 77) und mit den schon mehrfach erwähnten Eigenschaften charakterisiert (vgl. Gensicke 2001a, S. 54 ff.). Im Hinblick auf die Grundfragestellung der Befragung, der Untersuchung des freiwilligen Engagements in Deutschland, erweisen sich besonders die Realisten und Idealisten als überdurchschnittlich aktiv. Insbesondere die nonkonformen Idealisten erreichten auffällig hohe Quoten freiwilliger Aktivitäten, da ihre Selbstentfaltungs- und Engagementwerte nicht mit anderen Werten konkurrieren. Besonders wenig in freiwilligem Engagement involviert sind mit den Konventionalisten diejenigen, die allein die Pflicht- und Akzeptanzwerte bevorzugen (vgl. ebd., S. 57 ff.). Diese Befunde können kaum überraschen, da Werte des Engagements bei den Idealisten schon in der Typenbildung verwendet werden bzw. die Zustimmung zu diesen Werten typenbildend sind. Das sich diese Konstruktionsweise dann auch in entsprechenden Engagements-Quoten niederschlägt erscheint fast schon tautologisch.

Klages (2001) verwendet ebenfalls die Daten des Freiwilligensurvey und beschreibt eine Lösung mit fünf Wertetypen für Gesamtdeutschland und alle Befragten des Samples (siehe Tabelle 2.17 auf Seite 77). Hier werden nochmals die Charaktereigenschaften der »Aktiven Realisten« als Träger der Wertsynthese herausgestellt. Dieser zahlenmäßig stärkste Typus sei durch die verinnerlichte Werteverknüpfung hochgradig modernisierungstüchtig. Die Personen dieser Gruppe seien mit ihrer Wertausstattung in der Lage, pragmatisch auf verschiedenste Anforderungen zu reagieren. Darüber hinaus seien sie durch ein hohes Maß an rationaler Eigenaktivität und Eigenverantwortung geprägt, welches durch eine hohe Erfolgsorientierung hervorgerufen würde. Sie werden vom Autor weiterhin als konstruktiv-kritikfähig und flexibel-institutionenorientiert beschrieben und hätten wenig Schwierigkeiten, sich im schnellen Gesellschaftswandel selbstbewusst zurechtzufinden (vgl. ebd., S. 10). Klages (ebd.) lässt sich gar zu der Aussage verleiten, dieser Wertetypus verkörpere am ehesten das menschliche Handlungs-Sollprofil in einer modernen Gesellschaft. Neben diesen Untersuchungen des gesamten Samples wird eine Substichprobe mit jungen Menschen des Datensatzes verwendet, um Fragen nach der Entwicklung des Typus der Wertsynthese im Rahmen des gesellschaftlichen Wertewandels zu bearbeiten. Deshalb werden die fünf Wertetypen der 18 bis 30-Jährigen (alte Länder) für die drei Datensätze von 1987, 1993 und 1999 (Wertebus, SOEP und Freiwilligensurvey) gegenübergestellt (siehe Tabelle 2.18 auf Seite 84). Ohne auf die methodischen Probleme näher einzugehen, die sich aus der mangelnden Vergleichbarkeit der Anteilswerte wegen der Typologisierung auf Basis von z-standardisierten Faktorwerten[11] ergeben, wird für die Entwicklung der Konventionalisten und der Resignierten ein Verharren auf einem gleichbleibend niedrigem Prozentanteilsniveau diagnostiziert. Bei den Hedonisten liegt ein Anwachsen bis Mitte der 1990er Jahre, gefolgt von einem deutlichen Absinken vor, bei den Idealisten ein Absinken, gefolgt von einem Wiederanstieg, der nicht wieder das Ausgangsniveau erreicht. Der Typus der Realisten ist der einzige, der fortgesetzte Zuwächse erlebt und die deutlich stärkste Gruppierung darstellt (vgl. ebd., S. 11). Aus der behaupteten Tatsache, dass sich die Realisten im Vergleich zu den Hedonisten als am nachhaltigsten wachsender Typus etabliert haben, schließt der Autor auf eine grundsätzlich positive Wirkung

11 Die Verwendung von abgeleiteten Dimensionsvariablen als z-standardisierte Faktorwerte bei der Klassifikation führt zu kaum mehr im Zeitvergleich interpretierbaren Clustern, wenn nicht zwingend eine gleichzeitige Überprüfung der Mittelwertverläufe stattfindet (siehe dazu ausführlich Abschnitt 2.1.5).

des Wertewandels. Dieser Wandel stärkt die Zukunftsfähigkeit der Menschen quasi von ganz alleine durch die Bedingungen der gesellschaftlichen Modernisierung. Um darüber hinaus gesellschaftspolitisch positiv auf die Stärkung der Realisten-Bevölkerungsanteile hinwirken zu können, sieht er vor allem die Erziehung in der Verantwortung. Da aber auch die Wirkung kritischer Lebensereignisse, wie Übernahme beruflicher oder familiärer Verpflichtung, auf die Ausprägung der Wertsynthese nachgewiesen werden können, hält er die Förderung und Schaffung von Verantwortungsrollen für breitere Kreise der Bevölkerung für sinnvoll, um den gesellschaftlichen Leittypus des Realisten weiter zu stärken (vgl. Klages 2001, S. 12 ff.). Bedauerlicherweise geht der Autor in seinen interessanten Trendanalysen nicht auf die methodischen Bedingungen und Probleme ein, die für diese Art von Untersuchungen kennzeichnend sind. So stellt sich die Frage, ob für die Subsamples mit jungen Menschen der einzelnen Datensätze getrennte Faktorenanalysen gerechnet wurden? Falls das Verfahren der Klassifizierung mit Hilfe von z-standardisierten Dimensionsvariablen gewählt wurde, sind die Ergebnisse und die ausgewiesenen Prozentanteile im Zeitvergleich so nicht interpretierbar (siehe dazu genauer Abschnitt 2.1.5). Da keine Ausführungen zur Methodik vorgestellt werden, bleibt dies aber Spekulation.

Im Rahmen eines Forschungsprojektes von Schumann (2005c) zur »Persönlichkeit« wurden im Herbst 2003 von MARPLAN mündliche ($n = 2508$) und schriftliche ($n = 1491$) Interviews der wahlberechtigten Bevölkerung in Ost- und Westdeutschland durchgeführt (vgl. Schumann 2005b, S. 22 ff.). In der schriftlichen Befragung kommt auch das Speyerer Werteinventar mit einer auf zwölf Items verkürzten Werteliste zum Einsatz (vgl. Schumann 2005c, S. 375). Enthalten sind die elf Items 4, 9, 10, 11, 14, 15, 16, 17, 18, 21, 22, des in Tabelle 2.15 auf Seite 72 aufgelisteten kompletten Inventars, ergänzt um das neue Item »Immer seine Pflicht erfüllen« (siehe Tabelle 6.1 auf Seite 233).[12] Klages und Gensicke (2005) benutzen ein Subsample ($n = 1131$) dieses Datensatzes, bei dem die Zuordnung der schriftlichen und mündlichen Interviews zweifelsfrei möglich war und verwenden die bekannte, oben erläuterte Vorgehensweise (Hauptkomponentenanalyse, SPSS-Quick-Cluster-Verfahren mit z-standardisierten Factorscores und vorgegebenen Startwerten für fünf Wertecluster, siehe Tabelle 2.16 auf Seite 74),

12 Der genaue Fragewortlaut ist: »Wenn Sie einmal daran denken, was Sie in Ihrem Leben eigentlich anstreben. Wie wichtig sind dann die folgenden Dinge für Sie persönlich?«. Geantwortet werden konnte auf einer siebenstufigen Skala von »unwichtig« bis »außerordentlich wichtig«.

Tabelle 2.17: Wertetypen in Ost-, West- und Gesamtdeuschland ab 1987 (Prozentanteile)

Jahr		Konventionalisten	Idealisten	HedoMats	Realisten	Resignierte
1987[a)]	West	23	20	13	32	12
1987/88[b)]	West	21	19	13	33	14
1987/88[c)]	West	24	17	13	32	14
1987/88[d)]	West	24	20	18	28	10
1990[e)]	West	20	17	15	33	15
1990[f)]	West	22	22	15	29	12
	Ost	25	12	24	32	7
1993[g)]	West	17	17	17	34	15
1993[h)]	West	16	21	16	29	18
	Ost	20	13	18	36	13
1997[i)]	West	16	21	14	30	19
	Ost	19	12	14	35	20
1997[j)]	West	23	20	21	27	9
1999[k)]	gesamt	18	17	15	34	16
1999[l)]	West	17	19	15	33	16
	Ost	23	11	17	36	13
2003[m)]	gesamt	24	17	20	27	12
2005[n)]	West	23	20	17	30	10

a) Ausgangsstichprobe Panel, 14 bis 95, n = 1523, Herbert (1992b, S. 77 ff.)
b) kumulierter Wertebus, 14 bis 95, n = 5784, Herbert (1992b, S. 77 ff.)
c) kumulierter Wertebus, 14 bis 95, n = 5784, Gensicke (1995, S. 56)
d) kumulierter Wertebus, 18 bis 69 (sic!), n = 5784, Klages und Gensicke (2006, S. 342)
e) FGE, 18 bis 90, n = 1700, Gensicke (1995, S. 56)
f) FGE, 18 bis 90, n = 1700 (West), n = 808 (Ost), Gensicke (1998, S. 89)
g) SOEP, 18 bis 65, n = 6800, Gensicke (1995, S. 56, 93)
h) SOEP, 18 bis 65, n = 6800, Gensicke (1998, S. 89)
i) Wertesurvey, ab 18, n = 2000 (West), n = 1000 (Ost), Gensicke (1999, S. 49)
j) Wertesurvey, 18 bis 69, n = 3000 (alte Bundesländer sic!), Klages und Gensicke (2006, S. 342)
k) Freiwilligensurvey, ab 14, n = 14 922, Klages (2001, S. 10)
l) Freiwilligensurvey, ab 14, n = 9517 (West), n = 5405 (Ost), Gensicke (2001a, S. 55)
m) Persönlichkeitsbefragung, ab 18, n = 1088 , Klages und Gensicke (2005, S. 289)
n) TNS -Survey, 18 bis 69, n = 2400, Klages und Gensicke (2006, S. 342)

um die fünf beschriebenen Wertetypen zu bilden (zu den Bevölkerungsanteilen siehe Tabelle 2.17 auf der vorherigen Seite). In dieser Veröffentlichung findet sich auch eine Begründung von Klages und Gensicke für die Frage, warum nur fünf und nicht acht Wertetypen ausgewählt werden:

> Wir haben Quick-Cluster nur 5 exemplarische Typen vorgegeben [...] und nicht 8 Typen, welche den Raum der Differenzierung vollständig ausgeschöpft hätten. Wir weisen somit 3 »Wertespezialisten« aus, deren eigene Dimension hoch und die anderen Dimensionen niedrig ausgeprägt sind. Dazu kommen 2 »Werte-Generalisten«, und zwar die Realisten in dem Sinne, dass bei ihnen alle Wertedimensionen hoch, die Resignierten, dass alle niedrig ausgeprägt sind. Gegenüber einer 8er- Lösung fehlen also die Typen mit »mittlerer Werte-Generalisierung«, die jeweils 2 hoch ausgeprägte Wertedimensionen und eine niedrige haben. Diese weitere Differenzierung ist sehr interessant, für den Darstellungsraum hier jedoch zu unübersichtlich und aufwändig. (Klages und Gensicke 2005, S. 288, Fn. 12).

In dieser Arbeit werden die fünf Wertetypen in der bekannten Art und Weise beschrieben. Darüber hinaus werden Verbindungen zu dem Werteinventar von Schwartz (Schwartz 1994a) untersucht und die Wertetypen im Hinblick auf die mit dem »Big-Five-Inventar« (McCrae und Costa jr. 1987; Borkenau und Ostendorf 1993; Lang und Lüdtke 2005) und der »ASKO-Skala« (Schumann 2005a) gemessenen psychischen Eigenschaften analysiert. In Bezug auf die ASKO-Skala, die Rigidität und Flexibilität des Denkens misst, stellen sich die Konventionalisten als am rigidesten, also am wenigsten flexibel dar. Im Durchschnitt am flexibelsten und am wenigsten rigide sind hingegen die Idealisten. Zwischen diesen Extrempolen befinden sich die übrigen drei Wertetypen, wobei der besonders im Fokus stehende Typus der Realisten einen mittleren Platz einnimmt – der Mittelwert unterscheidet sich kaum von dem der Gesamtstichprobe (vgl. Klages und Gensicke 2005, S. 292 ff.). Die Erkenntnisse aus den Korrelationsanalysen zwischen den drei Wertedimensionen von Klages und den fünf Persönlichkeitsdimensionen der Big-Five (Kurz-BFI)[13] sind ein deutlicher Zusammenhang zwischen den »Pflicht- und Konvention« und »Gewissenhaftigkeit« ($r = 0{,}48$) und der zweitstärkste Zusammenhang zwischen »Kreativität und Engagement« und »Offenheit für Erfahrungen« ($r = 0{,}35$), »Hedonismus und Materialismus« korreliert am stärksten mit »Extraversion« ($r = 0{,}29$). Weitere bedeutsame und signifikante Zusam-

13 Korrelationsanalysen mit den über die Alternativinstrumente NEO-FFI und BFI gemessenen Dimensionen zeigen sehr ähnliche Ergebnisse.

menhänge bestehen zwischen »Pflicht- und Konvention« und »Verträglichkeit« (r = 0,29) sowie in negativer Richtung »Offenheit für Erfahrung« (r = −0.20) und »Neurotizismus« (r = −0,24). Die Wertedimension »Hedonismus und Materialismus« hängt des Weiteren positiv mit »Offenheit für Erfahrung« (r = 0,14) und negativ mit »Verträglichkeit« (r = −0,11) zusammen, die Dimension »Kreativität und Engagement« noch positiv mit »Extraversion« (r = 0,25), »Verträglichkeit« (r = 0,12) und negativ mit »Neurotizismus« (r = −0,10) (vgl. ebd., S. 294 ff.). Aus diesen Befunden schließen die Autoren ganz grundsätzlich, dass deutliche Zusammenhänge zwischen den Werten und den über die ASKO-Skala gemessenen psychischen Eigenschaften und den Big-Five-Dimensionen vorliegen. Es existieren mit den Ergebnissen der Untersuchungen deutliche empirische Hinweise, dass die Wertsynthese auch einer »Psychosynthese« entspricht. Dies wird im Vorliegen von normkonformen, soziablen und persönlichkeitsexpansiven Merkmalen bei den aktiven Realisten gesehen, was wiederum als Beleg für das Zutreffen der These des besonders gut gerüsteten Wertetypus der Realisten für die Herausforderungen der modernen Gesellschaft angeführt wird (vgl. ebd., S. 298).

In Klages und Gensicke (2006) wird unter Zuhilfenahme der empirischen Grundlage des oben schon beschriebenen kumulierten Wertebus' 1987/88, des Wertesurveys 1997 sowie eines weiteren Datensatzes »TNS-Survey 2005« ein zusammenfassender Überblick über die Entstehung und Entwicklung der Speyerer Werteforschung gegeben. Die Autoren verweisen nochmals auf ihre Vorstellung der gesellschaftlichen Werteentwicklung als Werteschübe, die vor allem zwischen den 1960er und 1980er Jahren stattgefunden hätten. Sie nehmen für sich in Anspruch, die einzige Theorie ausgearbeitet zu haben, die die Kombination verschiedener Wertorientierungen beinhaltet. Nach ihrer Auffassung können diese Wertorientierungen ein konfligierendes Verhältnis eingehen, sie können aber eben auch synthetisch vereinigt werden. Findet dies in Form der Wertsynthese statt, so sind die entsprechenden Personen besonders gut für die Anforderungen der modernen Gesellschaft gerüstet (vgl. ebd., S. 332). Aktive Realisten seien starke und modernitätsfähige Persönlichkeiten mit einer ausgeprägten Zielstrebigkeit, einem hohen Selbstbewusstsein, einem besonderen Maß an Lernbereitschaft, Selbstbeherrschung und Belastbarkeit sowie einem niedrigen Anomie-Niveau mit hoher Zufriedenheit in allen Lebensbereichen und überdurchschnittlichem Glücksempfinden (vgl. ebd., S. 340). Sie stellen dabei heraus, dass ihr Verständnis einer Wertsynthese nicht die Annahme umfasst, alle Werte seien gleich wichtig. Zwar kann dies bei einigen Werten der Fall sein, zwischen anderen Werte wiederum können durchaus Rangabstufungen vorhanden sein. So werden bei den aktiven Realisten beispielsweise hedonistische und materialistische Werte bei weitem nicht so hoch eingeschätzt wie soziale Konventionen (vgl. Klages und Gensicke 2006, S. 333 f.). In der Frage der intrapersonalen Rangordnung von Werten, die von einer Reihe von Wertetheoretikern vertreten wird, stützen sich Klages und Gensicke auf Parsons (1951). Dieser geht von einer Integration und Koexistenz verschiedener Wertemuster mit Wertespannungen und Wertekonflikten aus. In unterschiedlichen Situation können laut Parsons durchaus unterschiedliche Wertemuster aktiv sein, die übrigen bleiben dann latent. Eine eindeutige, stabile Rangordnung zwischen Werten ist also nicht immer und zwingend vorhanden (vgl. Klages und Gensicke 2006, S. 335 f.). Im Hinblick auf eine Hierarchie der Werte untersuchen die Autoren die Mittelwertprofile der einzelnen Wertetypen. Da die Typen mit Hilfe der bekannten Vorgehensweise, Hauptkomponentenanalyse, SPSS-Quick-Cluster-Verfahren mit z-standardisierten Factorscores und vorgegebenen Startwerten für fünf Wertecluster (siehe Tabelle 2.16 auf Seite 74), gebildet wurden, können die dargestellten Ergebnisse allerdings kaum überraschen. Dass die Konventionalisten und die Idealisten mit der angegebenen methodischen Vorgehensweise den höchsten Grad an interner Wertehierarchie aufweisen, ist augenscheinlich klar, wenn man bedenkt, dass die verwendete Clusteranalyse nichts anderes »tut«, als die empirischen Fälle aufgrund von Ähnlichkeiten den vorgegebenen Mustern zuzusortieren. Die vorgegebenen Muster (siehe Tabelle 2.16 auf Seite 74) der Idealisten und Konventionalisten sind am stärksten hierarchisch, daher ist recht naheliegend, dass auch das Ergebnis der Clusterung für die Idealisten und Konventionalisten das am stärksten hierarchische Mittelwert-Werteprofil aufweist. Der einzige Punkt, der hier verwundern kann, ist der abweichende Befund bei den Hedo-Materialisten. Diese befinden sich von ihren Startwerten auf demselben Hierarchielevel wie die Idealisten und Konventionalisten, das Ergebnis der Clusterung führt aber zu dem geringsten Grad an Werte-Hierarchisierung in dieser Gruppe (vgl. ebd., S. 343). Warum dieser Typus aus der Clusterung am wenigsten »rein« hervorgeht, wird allerdings nicht thematisiert. Augenscheinlich liegt hier, wie bei den Realisten, ebenfalls eine Wertsynthese zwischen Pflicht- und Akzeptanzwerten sowie hedonistischen und materiellen Werten vor. Der einzige Unterschied ist die tendenzielle Ablehnung idealistischer und Engagementwerte, denen von den Realisten eher zugestimmt wird. Dass Resignierte und Realisten bei den vorgegebenen Startwerten für die Clusteranalyse auch im Endergebnis wieder einen relativ niedrigen Grad an Werte-Hierarchisierung besitzen, ist einleuchtend. Die Autoren weisen allerdings darauf hin, dass trotzdem immer noch ein gewisses Maß an Hierarchie übrig bleibt. Bei den Realisten ist diesbezüglich ein Schwerpunkt im Bereich der Pflicht- und Akzeptanzwerte zu beobachten (vgl. ebd., S. 344). Auf Basis der oben schon angesprochen und bereits vorgestellten Datensätze (kumulierter Wertebus 1987/88 und Wertesurvey 1997) werden erneut die bekannten fünf Wertetypen beschrieben. Hier allerdings mit leicht divergierenden Verteilungszahlen (siehe Tabelle 2.17 auf Seite 77), da augenscheinlich aus Vergleichsgründen eine Substichprobe für Westdeutschland mit abweichender Altersstruktur (18 bis 69 Jahre) untersucht wurde. Darüber hinaus werden die Anteilswerte der Wertetypen einer Analyse eines weiteren Datensatzes »TNS-Survey 2005« für Westdeutschland (n = 2400) berichtet. Zur Frage nach der Anzahl der Wertetypen wird hier Folgendes bemerkt:

> Die Tabelle schöpft aus Gründen der Vereinfachung nur 5 von 8 möglichen Typenbildungen aus, drei exemplarische, typisch für jeweils eine Dimension, sowie zwei exemplarische Kombinationen aller drei Dimensionen, bei Resignierten mit durchweg unterdurchschnittlichen Ausprägungen, bei Realisten mit durchweg überdurchschnittlichen. (ebd., S. 341, Fn. 12).

Die in Tabelle 2.17 auf Seite 77 ausgewiesenen Bevölkerungsanteile, die auf die jeweiligen Wertetypen entfallen, sind augenscheinlich im Zeitvergleich zwischen 1987 und 2005 überwiegend stabil. Auch wenn in der Tabelle deutlich wird, dass die Datensätze unterschiedliche Altersstrukturen aufweisen, und dass zum Teil mit denselben Daten unterschiedliche Besetzungszahlen berechnet wurden, scheint der Befund zu halten. Folgt man diesen Ergebnissen, scheint sich die Wertestruktur in Deutschland und mit ihr auch die Wertsynthese rein quantitativ in den letzten 20 Jahren einem stabilen Dauerzustand zu befinden.

2.1.4 Die Speyerer Wertetypen für die Jugendphase

Wie in Abschnitt 2.1.3 ausgeführt, ist das »Speyerer Inventar zur Messung von Wertorientierungen« in den letzten rund 25 Jahren in mehreren großen, repräsentativen Erhebungen zum Einsatz gekommen. Im Überblick zeigt sich eine sehr stabile Verteilungsstruktur der Klages'schen Wertetypen unter Erwachsenen im betrachteten Zeitraum (siehe Tabelle 2.17 auf Seite 77), wenn man den jeweiligen Autoren folgt (zur ausführlichen Kritik dazu siehe Abschnitt 2.1.5). Spezielle

Untersuchungen unter Kindern oder Jugendlichen wurden zunächst nicht durchgeführt, allerdings finden sich in den Veröffentlichungen einige altersbezogene Auswertungen der vorhandenen Datensätze.

Gensicke (1999) verweist auf Grundlage des Wertesurveys 1997 auf einen deutlich stärkeren Anteil der Realisten in Ostdeutschland und der Idealisten in Westdeutschland bei jungen Erwachsenen (18 bis 30 Jahre; siehe Tabelle 2.18 auf Seite 84). Er führt diesen Umstand auf die unterschiedlichen Sozialisationsbedingungen zurück und beschreibt das »ostdeutsche Sozialisationsmuster« auch unter den Bedingungen der Transformation als positiv wirksam für die Ausbildung einer Wertsynthese (vgl. ebd., S. 37). Der Autor untersucht die Erziehungsstile in Ost- und Westdeutschland und stellt eine Verbindung zwischen einem im Osten stärker aktivierenden und leicht harmonischerem Erziehungmuster und einer höheren Bedeutung der konventionellen Pflicht- und Akzeptanzwerte her. Sowohl in Ost- als auch in Westdeutschland gilt ihm zufolge allerdings, dass Realisten in stabileren und geordneteren Familienverhältnissen aufwachsen, die gleichzeitig eine frühere Selbstständigkeit und Verantwortungsübernahme fördern und durch Anregung und Lob aktivierend wirken. Dies gilt im Osten sogar noch stärker als im Westen (vgl. ebd., S. 38 f.). Als Ursache für die stärkeren Bevölkerungsanteile der Idealisten der jungen Erwachsenen in Westdeutschland sieht Gensicke die längere Verweildauer der Westdeutschen in Bildungseinrichtungen. Während im Osten eher eine praxisorientierte, berufsnahe Bildung vermittelt wird, ist im Westen eher ein geisteswissenschaftliches Ideal mit einer Entkopplung von der Berufs- und Arbeitswelt prägend. Zusammen mit der im Vergleich zum Osten durchschnittlich deutlich späteren Verantwortungsübernahme durch Familiengründungen hätte dies eine »ziemlich praxisferne allgemein-humanistische Wertrationalität« begünstigt, die mit der daraus leicht folgenden Protesthaltung dem Typus des nonkonformen Idealisten entspricht (vgl. ebd., S. 39). Durch Krisenerfahrungen und Verengungen auf dem Arbeitsmarkt würde aber auch im Westen später eine Hinwendung zur Wertsynthese zunehmend erfolgen.

Klages (2001, S. 11) berichtet zusammenfassend über die fünf Wertetypen bei der Gruppe der Unter-30-Jährigen in den drei großen Datensätzen Wertebus 1987, SOEP 1993 und Freiwilligensurvey 1999, die den Zeitraum von 1987 bis 1999 abdecken. Er bezeichnet diese Altersgruppe selbst als besonders trendsensibel und analysiert vorwiegend die Entwicklung der prozentualen Typenanteile (siehe Tabelle 2.18 auf Seite 84). Konstatiert wird eine schon länger andauernde geringe Bedeutsamkeit der Traditionellen, die an der zahlenmäßig geringen Besetzung dieses Wertetyps festgemacht wird (lediglich um die zehn Prozent der jungen Befragten). Auch die benachteiligten Resignierten spielen kaum eine Rolle (ebenfalls stabil um die zehn Prozent im genannten Zeitraum), wohingegen die Realisten in dieser Altersgruppe zwischen 1987 und 1999 deutliche und kontinuierliche Zuwächse vorzuweisen haben (von 32 auf 36 Prozent). Die Gruppe der Realisten ist damit auch die am stärksten besetzte Wertegruppe insgesamt. Die Hedonisten zeigen in der Zeitspanne von 1987 bis 1999 ein deutliches An- und Absteigen (von 21 über 31 auf 27 Prozent), was mit den Schlagworten der Diagnose einer »Egoisten-Gesellschaft«, »Spaßgesellschaft« und »Ellenbogen-Gesellschaft« Mitte der 1990er Jahre in Zusammenhang gebracht wird. Nahezu umgekehrt zeigt sich der Verlauf der Anteilswerte der jungen Idealisten, der zunächst ab- und dann leicht wieder ansteigt (von 25 über 15 auf 18 Prozent). Als entscheidende Frage in der jungen Altersgruppe macht Klages die Konkurrenz der Wertetypen der Realisten und Hedo-Materialisten aus. Er spricht in diesem Zusammenhang von einem »Kopf-an-Kopf-Rennen« der beiden Wertetypen bis zur Mitte der 1990er-Jahre, bei dem sich letztlich nur der Typus des Realisten als nachhaltiger Wachstumsbereich erwiesen hat (vgl. ebd., S. 11 f.). In den jüngeren Bereichen der Gesellschaft habe es zwar eine Tendenz in Richtung hedonistisch-materialistischer Werte gegeben, diese sei aber letztlich nicht von Dauer gewesen. Diese Entwicklungen führen Klages gar zu dem Schluss, der Wertewandel verlaufe von selbst in die »richtige« Richtung. Die Entstehungsbedingungen für die Ausbildung des Wertetypus des Realisten vermutet Klages nicht in genetischer Disposition oder Vererbung sondern in der Sozialisation. Hier spielen vor allem familiäre Einflüsse eine bedeutsame Rolle. Aus seiner Sicht sind die Erfahrung stabiler familiärer Ordnungsstrukturen und eine intensive emotionale Zuwendung entscheidend (vgl. ebd., S. 12). Dies trifft zwar beides ebenfalls auf die Konventionalisten zu, der Unterschied ist in der Erfahrung geistiger und kultureller Anregung sowie des Ansporns und Lobes durch die Eltern zu sehen, der die Entwicklung zum Realisten begünstigt. Ein grundlegendes Element des Realisten-Typus ist die produktive Aktivität, die besonders durch eine Leistungserziehung im Elternhaus begünstigt werden kann. Auch die Übernahme von Verantwortung in späteren Lebensjahren, wobei sowohl berufliche als auch familiäre Verantwortungsübernahmen gemeint sind, ist für die Hinwendung zur Wertsynthese förderlich (vgl. ebd., S. 13).

Mit dem Ziel einer umfassenden und empirischen Bestandsaufnahme und Deutung der Wertesituation der Jugend in Deutschland (vgl. Gensicke 2002, S. 140),

Tabelle 2.18: Wertetypen in der Jugend und jungem Erwachsenenalter 1987 bis 1999 (Prozentanteile)

	1987[a)] 14 bis 17 West	1987[a)] 14 bis 23 West	1987[a)] 14 bis 30 West	1993[b)] 18 bis 30 West	1997[c)] 18 bis 30 Ost	1997[c)] 18 bis 30 West	1999[d)] 14 bis 30 West
Konventionalisten	8	6	10	10	8	9	9
Idealisten	20	27	25	15	12	24	18
HedoMats	33	22	21	31	27	23	27
Realisten	29	32	32	34	38	30	36
Resignierte	10	13	12	10	15	16	10

Quellen: Herbert (1992b, S. 81), Gensicke (1999, S. 49) und Klages (2001, S. 11)
a) Wertebus (14 bis 23: $n = 741$; 14 bis 17: $n = 187$)
b) SOEP
c) Wertesurvey
d) Freiwilligensurvey

wird das Speyerer Werteinventar auch in die Shell-Jugendstudien 2002, 2006 und 2010 aufgenommen. Als Datengrundlage dienen in allen drei Studien repräsentative Stichproben von jeweils 2500 Jugendlichen im Alter zwischen 12 und 25 Jahren. Während in der vorhergegangenen, 13. Shell-Jugendstudie noch von einer neuen Unübersichtlichkeit und »Inflation am Wertehimmel« die Rede war – allerdings mit Hilfe eines alternativen Erhebungsinstruments gemessen – (vgl. Fritzsche 2000a, S. 93; siehe auch Tamke 2008, S. 197), konstatiert Gensicke in der 14. Shell-Jugendstudie auf Grundlage der 2002er Daten, dass das »Negativszenario des Wertewandels« nicht eingetreten ist (Gensicke 2002, S. 144). Er berichtet von einer neuen pragmatischen Haltung der Jugendlichen, die sich im Vergleich zum Ende der 1980er Jahre vor allem in den in Richtung Leistungsorientierung und -erfolg verschobenen Prioritäten zeigt (vgl. ebd., S. 152). Dieser Trend wird als *Pragmatisierung* bezeichnet und mit der Entwicklung von übergreifenden Zielen der Gesellschaftsreform hin zur Priorität von persönlicher Bewältigung konkreter und praktischer Ziele beschrieben. Als weitere Trends beobachtet Gensicke eine Aufwertung der Gefühle, eine zunehmende Hedonisierung und fortschreitende Säkularisierung (vgl. ebd., S. 153 f.). Im Jahr 2002 sind die Jugendlichen demnach vor allem gekennzeichnet durch die *Gleichzeitigkeit* von Leistungs- und Sicherheitsorientierung (vgl. ebd., S. 140 f.). Die dimensionsanalytische Untersuchung (Faktorenanalye mit Varimax-Rotation) zeigt im Vergleich zur Referenzuntersuchung von 1987/88 eine deutlich unübersichtlichere Struktur, da mehr Überlappungen festzustellen sind. Wertorientierungen des damaligen

Musters Kreativität/Engagement laden nun auf Konvention/Leistung, weshalb eine Umbenennung in Konvention/Kreativität erfolgt. Die drei ursprünglichen Klages-Dimensionen heißen damit nun »Konvention/Kreativität«, »Materialismus/(Hedonismus)« und »Politikengagement« (ebd., S. 156 f.). Auch wenn dies durch die Varimax-Rotation unterdrückt wird, ist auf Grundlage der dargestellten Fehlladungen stark zu vermuten, dass erhebliche Faktorkorrelationen vorlägen, wenn ein schiefwinkliges Rotationsverfahren benutzt worden wäre. Auf der Ebene der Wertedimensionen findet sich eine starke Verknüpfung zwischen Werten der Selbstkontrolle/Selbstbeherrschung, bei Klages ursprünglich als Pflicht- und Akzeptanzwerte bezeichnet, und Selbstentfaltung/Selbstverwirklichung, bei Klages als Idealismus und Engagement benannt (vgl. ebd., S. 158). Gensicke schließt mit der Befundlage auf ein neues Verständnis bestimmter Werte unter Jugendlichen und interpretiert diesen Umstand mit der Annahme einer pragmatischen Grundhaltung, die Werte im Hinblick auf deren Nützlichkeit bewertet. Die Daten der befragten Jugendlichen werden einer Clusteranalyse auf Grundlage einer zweifaktoriellen Lösung der Faktorenanalyse[14] unterzogen. Dies führt zu der Bildung von vier Wertetypen, die prinzipiell den von Klages vorgestellten Typen entsprechen (siehe oben), hier aber zum Teil anders benannt werden: »pragmatische Idealisten« (Klages: Idealisten), »zögerliche Unauffällige« (Klages: Resignierte), »selbstbewusste Macher« (Klages: aktive Realisten, Träger der Wertynthese) und »robuste Materialisten« (Klages: Hedo-Materialisten). Der Klages'sche Typus der Konventionalisten fällt nach Gensicke bei den Jugendlichen weg, da er in vorangegangenen Untersuchungen nur extrem niedrig besetzt und auf Grundlage der Faktorenanalysen 2002 nicht sinnvoll zu bilden gewesen war (vgl. ebd., S. 160 f.). Die vier Gruppen sind in der untersuchten Gesamtpopulation der Jugendlichen annähernd gleichstark besetzt (Anteile zwischen 24 und 26 Prozent; siehe Tabelle 2.19 auf Seite 87), weisen aber intern eine unterschiedliche demographische Struktur auf. Grob zusammengefasst kann man sagen, dass Idealisten eher weiblich und jung, Materialisten eher männlich und jung sind. Bei den sogenannten Machern ist das Geschlechtsverhältnis annähernd ausgeglichen, die Unauffälligen sind eher männlich. Bezogen auf die Altersstruktur sind die Idealisten eher unter den älteren und weniger unter den jüngeren Befragten zu verorten, bei den Unauffälligen ist es genau andersherum, sie sind unter den jüngeren etwas stärker vertreten. Die besonders interessanten Macher sind eher bei den älteren, die Materialisten eher bei den jüngeren Befragten zu finden. Werte-Minimalismus

14 Der »erklärungsschwache« Politikfaktor wird einfach weggelassen.

wird hier nicht als Zeichen der Unreife interpretiert, da die Unauffälligen bei den jüngsten Probanden kaum häufiger auftreten. Analog kann man schließen, dass auch kein Zusammenhang zwischen Reife und Wertsynthese besteht, da die Macher nicht wesentlich stärker unter den älteren Probanden vertreten sind (vgl. Gensicke 2002, S. 165 f.).

Nach umfangreichen Analysen wird zusammenfassend festgestellt, dass die Gruppe der selbstbewussten Macher, als Pendant der erwachsenen aktiven Realisten und damit also die jugendlichen Träger der Wertsynthese, am besten für die Bewältigung der vielfältigen Lebensaufgaben gerüstet sind. Auch die pragmatischen Idealisten werden positiv charakterisiert, dabei in die Tradition des Postmaterialismus gestellt, jedoch mit stärker ausgeprägtem Sicherheitsbewusstsein. Beide Gruppen werden als »Leistungs- und Engagementelite« identifiziert und im Gegensatz zu den beiden anderen Gruppierungen auf der »Gewinnerseite« der gesellschaftlichen Entwicklung verortet (vgl. Deutsche Shell 2002, S. 20 f.). Ein Teilaspekt der Analysen soll hier kurz angedeutet werden: Die Macher waren beispielsweise in der Studie nach eigenen Angaben in den letzten zwölf Monaten deutlich weniger häufig in gewaltsame Auseinandersetzungen verwickelt als die Materialisten (vgl. Gensicke 2002, S. 178).

In der 15. Shell-Jugendstudie 2006 werden wieder die vier, bereits aus der vorhergehenden Studie bekannten Wertegruppierungen ausgewiesen: »Idealisten«, »Materialisten«, »Macher« und »Unauffällige«. Bezüglich der Typenanzahl und -profile wird konstatiert, dass sie nur vereinfachte Charakterdarstellungen sind. Sie treten in vielfältiger Variation auf und die Jugendlichen wechseln zwischen diesen Typen hin und her (vgl. Shell Deutschland Holding 2006, S. 25). Die Klassifizierung mit dem Ergebnis der genannten Wertetypen basiert auf einer dreidimensionalen Struktur des Werteraumes. Die relevanten Dimensionen sind »Idealismus/Engagement«, »Materialismus/Hedonismus« und »Sekundärtugenden«. Auch wenn nicht genau beschrieben wird, wie die Typenbildung vorgenommen wurde, fußt sie, wie in der Speyerer Werteforschung üblich, prinzipiell auf unterschiedlichen Kombinationen der Ausprägungen der genannten drei Dimensionen (vgl. Gensicke 2006, S. 187). Wie genau der Autor zu den Wertedimensionen kommt, bleibt noch unklarer als in der vorangegangenen 2002er-Studie. Anhand der Ausführungen steht zu vermuten, dass eine ursprünglich fünffaktorielle Struktur mit den Dimensionen »Sekundärtugenden«, »Toleranz und Kreativität«, »Öffentliches Engagement«, »Macht und Selbstdurchsetzung« und »Lebensstandard und Lebensgenuss« weiter zusammengefasst wurde. Die

Tabelle 2.19: Wertetypen nach ausgewählten demographischen Merkmalen in den Shell-Jugendstudien 2002 und 2006 (Stichprobenanteile in Zeilenprozenten)

	Idealisten		Unauffällige		Macher		Materialisten	
	2002	2006	2002	2006	2002	2006	2002	2006
alle Jugendlichen	25	26	25	25	26	27	24	22
ausländische Herkunft	25	–	25	–	27	–	24	–
Geschlecht								
männlich	20	21	28	24	25	28	27	27
weiblich	30	30	25	26	26	27	19	17
Altersstruktur								
12–14 Jahre	21	–	31	–	22	–	26	–
15–17 Jahre	25	–	26	–	25	–	24	–
12–17 Jahre	23	23	28	23	25	27	24	27
18–21 Jahre	24	–	24	–	27	–	25	–
22–25 Jahre	28	–	26	–	26	–	20	–
18–24 Jahre	26	28	24	26	28	27	22	29
Sozialer Status								
Hauptschüler	16	18	33	21	22	27	27	34
Realschüler	22	21	31	24	22	29	25	27
Gymnasiasten	26	26	25	24	28	27	21	23
Studierende	36	31	26	26	22	28	15	15
Auszubildende	24	27	21	27	32	23	23	23
Erwerbstätige	23	30	25	23	27	29	25	18

Quellen: Zusammenfassende Darstellung nach Gensicke (2002, S. 165, 2006, S. 194)

Dimensionen»Toleranz und Kreativität« sowie »Öffentliches Engagement« bilden offenbar eine Dimension höherer Ordnung »Idealismus«. »Macht und Selbstdurchsetzung« sowie »Lebensstandard und Lebensgenuss« bilden ebenfalls anscheinend eine Dimension zweiter Ordnung »Materialismus« (vgl. ebd., S. 190 f.). Alles in allem bleibt die Darstellung aus methodischer Sicht schwierig nachvollziehbar. Eigene Faktorenanalysen der mittlerweile öffentlich zugänglichen Daten zeigen, dass in der Gesamtstichprobe keine eindeutige Faktorstruktur vorliegt. Die Grundlage der Typenbildung muss unter diesem Aspekt in der 2006er-Studie als recht problematisch eingeschätzt werden. Folgt man dem Autor in der Klassifizierung dennoch, ist eine relativ große Stabilität in der Verteilung der Wertetypen zwischen den Jahren 2002 und 2006 erkennbar (vgl. ebd., S. 194;

siehe Tabelle 2.19). Bezogen auf die demographische Struktur zeigen sich im Vergleich zwischen den Jahren 2002 und 2006 ebenfalls nur geringe Unterschiede. Die Verteilung nach Geschlecht differiert in allen vier Wertegruppen maximal um drei Prozentpunkte zwischen den genannten Jahren. Auch die Verteilung nach Alter bleibt relativ konstant (vgl. Gensicke 2006, S. 194). Die grundsätzliche Beschreibung des Typus der Macher, mithin der Wertsynthese, ist auch in der Shell-Jugendstudie 2006 sehr positiv und wird mit Schlagworten wie Tatkraft, Lebensfreude, positives Werteverhältnis, aktive und vielseitige Lebensgestaltung beschrieben – bei den Machern wird außerdem sehr zielgerichtete Aktivität festgestellt (vgl. Shell Deutschland Holding 2006, S. 25). Auch im Jahr 2006 waren nach eigenen Angaben in den letzten zwölf Monaten die Jugendlichen der Gruppe der Macher deutlich weniger häufig in gewaltsame Auseinandersetzungen verwickelt als die der Gruppe der Materialisten (vgl. Gensicke 2006, S. 197). Gensicke (2009) selbst fasst die Ergebnisse der Shell-Jugendstudien 2002 und 2006 zusammen, indem er als Grundtenor eine Ablösung der eher hedonistisch eingestellten Generation durch eine neue ernsthafte und pragmatische Generation herausstellt (vgl. ebd., S. 583). Er argumentiert gegen die These des »Wandels des Wertewandels«, mit der behaupteten Umkehr des Wertewandels von postmaterialistischen zurück zu materialistischen Werten, und bestärkt die Klages'sche Position der Wertsynthese. Sie gelte eben auch für Jugendliche, da »neue« und »alte« Werte vereinbart werden könnten und Jugendliche dies empirisch nachweisbar auch täten (vgl. ebd., S. 585). Im Vergleich zu Erwachsenen sieht Gensicke einen generellen Konsens zwischen dem, was die Jugend und was die Gesamtbevölkerung für wichtig hält (zum Beispiel private Harmonie, persönliche Profilierung und gesellschaftliche Spielregeln), deutliche Unterschiede existierten allerdings beim »Glauben an Gott« und umweltbewusstem Handeln – Jugendlichen sei beides deutlich weniger wichtig als Erwachsenen. Hedonismus bzw. die Befriedigung materieller Bedürfnisse ist nach Gensicke hingegen Jugendlichen wichtiger, wobei insbesondere die Einflussfaktoren Bildungsferne, soziale Herkunft und Geschlecht, gerade in Bezug auf den Konsumismus, wichtig sind (vgl. ebd., S. 587 ff.).

Auch wenn das Speyerer Werteinventar im Jahr 2010 erneut in der 16. Shell-Jugendstudie zum Einsatz kam, weicht die dargestellte Vorgehensweise der Datenanalyse deutlich von den zwei vorangegangenen Studien ab (vgl. Gensicke 2010). Es finden sich leider keine Darstellungen mehr zu dimensionsanalytischen Ergebnissen und zur Typenbildung, so dass kein Vergleich zu den Ergebnissen der vorangegangenen Erhebungen durchgeführt werden kann.

Eine weitere, neuere Studie, die sich mit den Werten von Jugendlichen beschäftigt, ist die Längsschnittuntersuchung »Jugend in Brandenburg« des Instituts für angewandte Familien-, Kindheits- und Jugendforschung an der Universität Potsdam. Im Rahmen der Untersuchung werden auch die Veränderungen der Werthaltungen unter Brandenburger Jugendlichen im Zeitraum zwischen 1993 und 2005 analysiert. Als Erhebungsinstrument bzw. zur Operationalisierung von Werten kommen die Items: »Eine erfüllte Arbeit«, »Das Leben genießen«, »Eine Familie gründen«, »Für andere da sein«, »Viel Geld verdienen«, »Ohne Anstrengung angenehm leben«, »Aktiv am politischen Leben teilnehmen« zum Einsatz.[15] Auf der Grundlage von quotierten Stichproben mit ca. 1150 Jugendlichen im Alter zwischen 13 und 18 Jahren können sie zunächst einen Anstieg hedonistischer Werte beobachten. Zwischen 1999 und 2005 kehrt sich dieser Trend jedoch um, so dass ein leichter Rückgang des Hedonismus' berichtet wird. Dies wird in den Zusammenhang des deutschlandweit zu beobachtenden Wiedererstarken traditioneller bzw. materialistischer Wertorientierungen gestellt. Über den gesamten Zeitraum hinweg haben hedonistische Werte allerdings die höchste Bedeutsamkeit unter den befragten Jugendlichen (vgl. Burkert und Sturzbecher 2010, S. 50 f.). Die Bedeutsamkeit von sozialer und politischer Engagementwerte steigt im untersuchten Zeitraum kontinuierlich an (vgl. ebd., S. 56 f.). Die Autoren reproduzieren auf Grundlage ihrer Daten auch die Wertetypen der Shell-Jugendstudie 2006. Dazu verwenden sie als Faktorenanalyseverfahren Hauptkomponentenanalysen mit Varimax-Rotation (zur Kritik siehe Abschnitt 2.1.5), die eine zweifaktorielle Struktur mit den Dimensionen »Hedonismus/Materialismus« und »Idealismus/Engagement« zum Ergebnis haben. Daraufhin werden abgeleitete Faktorwerte separat pro Erhebungszeitpunkt dichotomisiert (hoch/niedrig) und als Basis für eine nicht näher beschriebene Clusteranalyse verwendet. Analog zu den Shell-Jugendstudien werden die vier Wertetypen »Robuste Materialisten«, »Selbstbewusste Macher«, »Pragmatische Idealisten« und »Zögerliche Unauffällige« gebildet (vgl. ebd., S. 57 f.). Inhaltlich stellen sie fest, dass, ähnlich wie in den Shell-Jugendstudien, Idealisten und Macher stärker an Fleiß und Ehrgeiz orientiert sind als Materialisten und Unauffällige (vgl. ebd., S. 58). Trotz der offenkundigen Unterschiede in den Stichprobenanteilen (siehe im Vergleich die Tabellen 2.19 auf Seite 87 und 2.20 auf der nächsten Seite) interpretieren die Autoren die zeitlichen

15 Die genaue Fragestellung lautet: »Wie bedeutsam ist jedes der unten genannten Ziele für Ihr persönliches Leben?« und konnte auf einer vierstufigen Skala von »überhaupt nicht bedeutsam« bis »sehr bedeutsam« beantwortet werden.

Tabelle 2.20: Wertetypen in der Studie »Jugend in Brandenburg« 1993 bis 2005 (Stichprobenanteile in Spaltenprozenten)

	1993	1996	1999	2005
robuste Materialisten	35	26	25	19
selbstbewusste Macher	17	26	29	35
pragmatische Idealisten	26	24	26	30
zögerliche Unauffällige	22	23	21	16

Quelle: Burkert und Sturzbecher (2010, S. 57 f.)

Entwicklungen der Anteile ebenfalls als Übereinstimmungen der grundlegenden Befunde. Insbesondere das Abnehmen der Größenordnung der Materialisten und die Zunahme der Macher zeigen dieselbe Richtung und Größenordnung wie die Ergebnisse der Shell-Jugendstudien in den neuen Bundesländern (vgl. Burkert und Sturzbecher 2010, S. 58).

2.1.5 Zusammenfassung und Kritik

Die Speyerer Werteforschung kann auf eine mittlerweile rund 35-jährige Tradition zurückblicken. Der Ansatz basiert dabei auf Erkenntnissen, die mit einem Erhebungsinstrument gewonnen werden, welches als Forschungsdesiderat aus umfangreichen Voruntersuchungen mit teils erheblichem Aufwand hervorgegangen ist. Es wurde gezeigt, dass hier in der Frühphase tatsächlich eine umfassende Vermessung des Werteraumes vorgenommen wurde (siehe vor allem Abschnitt 2.1.1). Der aktuelle Forschungsstand ist das Ergebnis einer jahrelangen inhaltlichen Beschäftigung mit dem Wertethema und der schrittweisen Reduzierung des Umfangs und auch der inhaltlichen Anpassung des Erhebungsinstrumentes. Die Erkenntnisse im Hinblick auf den Werteraum lassen sich so zusammenfassen, dass zunächst zwei (KON- vs. non-KON- bzw. Selbstentfaltung und Engagement vs. Pflicht und Akzeptanz) eigenständige Dimensionen im Mittelpunkt stehen, seit Mitte der 1980er Jahre werden diese ergänzt durch eine dritte Wertedimension (Hedonismus und Materialismus). Diese Dimensionen bilden den Kern der Speyerer Werteforschung, wobei natürlich auch Analysen der Einzel-Wertitems vorgenommen werden.

Die ursprüngliche Ausgangsfragestellung bezieht sich auf die Gestalt und Struktur des Wertewandels und knüpft damit an die Arbeiten von Inglehart an (siehe Abschnitt 1.2). Im Vergleich zu dessen Theorie sind die Erkenntnisse zur Struktur des Werteraumes zunächst eine deutliche inhaltliche Differenzierung bzw. Erweiterung, die hochplausibel erscheint und mit den angeführten empirischen Belegen als sehr abgesichert gelten kann. Das Inglehart'sche Argument, für die Bearbeitung der Frage des Wertewandels sei aus theoretischer Sicht ein mehrdimensionaler Werteraum überflüssig, da die Beschäftigung mit einer Dimension ausreiche, greift zu kurz. Klages kann tatsächlich empirisch nachweisen, dass Wertewandel auf verschiedenen und inhaltlich abgrenzbaren Wertedimensionen stattfindet. Vergleicht man allerdings den Klages'schen Ansatz mit den Arbeiten von Schwartz (siehe Abschnitt 1.4), so finden sich bei Schwartz über die drei Klages'schen Dimensionen hinaus noch weitere. Natürlich kann das Speyerer Werteinventar grundsätzlich nicht in Anspruch nehmen, eine exhaustive Erfassung des Werteraumes zu ermöglichen, und dies ist in der aktuellen Version offenkundig auch nicht der Anspruch. Vermutlich auch aus forschungspragmatischen Gründen liegt der Schwerpunkt auf der Abbildung der mit vertretbarem Erhebungsaufwand erfassbaren und inhaltlich relevanten Dimensionen. Nun kann man einwenden, dass sich zwar unmittelbar einleuchtend der Wertewandelprozess bzw. Wertewandelschübe auf drei Dimensionen realitätsnäher darstellen lassen als auf einer. Die Frage jedoch, ob nicht noch weitere Wertedimensionen relevant sind (oder vielleicht andere?), beantworten Klages und Kollegen mit dem Verweis auf die weitere Zielsetzung ihrer Arbeit: Es sollen die Wertedimensionen abgebildet werden, die ein hohes Maß an Diskriminierungskraft aufweisen und helfen, aussagekräftige Wertetypen bilden zu können. Daher entfallen »konsensuale« Wertkomplexe wie Harmonie (Familie, Partnerschaft), Unversehrtheit (Gesundheit, Umweltbewusstsein) und Kommunikativität (Freundschaft, Kontaktfreude), da sie bei der Typenbildung aufgrund weitverbreiteter und relativ unterschiedsloser, großer Zustimmung nicht hilfreich sind (vgl. Herbert 1992a, S. 14 ff., 21 f., 1992b, S. 73 f.; siehe auch Abschnitt 2.1.3). Klar ist aber natürlich auch eines: Vom empirischen Standpunkt her gesehen bestimmt die Variablenauswahl in nicht unerheblichem Ausmaß die Gestalt des empirischen Werteraumes mit. Werden andere Ansätze mit anderen Operationalisierungen verwendet, werden sich andere Ergebnisse finden lassen. Die von Klages vorgelegten Studien lassen die Dimensionalität des Werteraumes für die untersuchten Fragestellungen zweckmäßig und plausibel erscheinen, endgültige Sicherheit können sie dennoch nicht liefern. Die Verwendung eines standardisierten Instrumentes, wie des Speyerer Werteinventars, wird eben auch nur die Wertedimensionen hervorbringen, die »in ihm stecken«. Um hier eine größere Offenheit zu bewahren, müssten von Zeit zu Zeit, ähnlich offen wie in der Anfangsphase, breitere Fragenkataloge eingesetzt werden, um die Reduktion auf 24 standardisierte Items immer wieder neu zu rechtfertigen. Aus angewandt-statistischer Sicht lässt sich noch anführen, dass exploratorische Faktorenanalysen, so wie sie in der Speyerer Werteforschung eingesetzt werden, sicherlich gut geeignet sind, um die dimensionale Struktur des durch die Werteskala abgedeckten Werteraumes zu erforschen. Wünschenswert ist an dieser Stelle aber auch eine statistische Überprüfung der Dimensionalität mittels konfirmatorischer Faktorenanalysen (CFA). Gerade da Hypothesen im Hinblick auf die Dimensionalität vorliegen, wäre eine Strukturprüfung bei der Anwendung des Speyerer Werteinventars mit jeweils neuen Daten hilfreich und gewinnbringend.

Ein weiterer, ganz grundlegender Punkt betrifft die Frage der Wertehierarchie, die eine Grundfrage der Wertetheorie an sich ist. Inwieweit ist eine intrapersonale Ordnung der Wichtigkeit verschiedener Werte nötig, damit Menschen überhaupt handlungsfähig sein können, und inwiefern wirkt sich das eventuelle Fehlen einer solchen Werteordnung auf die psychische Stabilität aus? Folgt man Rokeach (siehe Abschnitt 1.1) oder Inglehart (siehe Abschnitt 1.2), so sind Werteprioritäten für die Auswahl von Handlungsoptionen in bestimmten Situationen nötig, um überhaupt handeln zu können. Ein Kennzeichen stabiler und reifer Persönlichkeit sei das Vorhandensein einer solchen mehr oder weniger festen Wertewichtigkeitsrangfolge. Im Umkehrschluss gelte dann auch, dass Unsicherheit und Hilflosigkeit auftritt, wenn in entsprechenden Situationen kein festes Werteprioritätenprofil zur Verfügung steht, an dem Handlungen ausgerichtet werden können. Als Dauerzustand habe dies erhebliche negative Konsequenzen und führe auf der Individualebene zu gewichtigen persönlichen Problemen und als Gesellschaftsphänomen zu Anomie. Klages setzt dieser Vorstellung seine Idee einer »wahrhaften Wertsynthese« als ergänzendes Zusammenspiel verschiedener Wertkomplexe entgegen. Dabei ist tatsächlich das Verschmelzen und gleichermaßen Präsent-Sein unterschiedlicher Wertkomplexe in jedem Umweltbezug gemeint und nicht nur das Nebeneinander der entsprechenden Werte. In der »tatsächlichen« Wertsynthese, als Wertverstärkung nach allen Seiten hin, sieht Klages den optimalen Weg der Problemlösung. Personen, die Träger der Wertsynthese sind, bei Klages meist als sogenannte »aktive Realisten« bezeichnet, treten mit der Wirklichkeit in ein realistisches Wechselspiel, können ihr die guten Seiten abgewinnen und gleichsam »das Beste aus ihr herausholen«. Er geht sogar noch weiter, indem er dem Auftreten des Wertetypus der Realisten quasi-evolutionären Charakter beimisst.

Der gesellschaftliche Wandel setzt ihm zufolge »von selbst« derart positive Kräfte frei, die zur sozialen Selbstentwicklung und letztlich der Wertsynthese führen. Nun scheint tatsächlich das intrapersonale, gleich wichtige Nebeneinander verschiedener Zielvorstellungen bzw. Wertkomplexe zumindest denkbar, wobei auf der Hand liegt, dass dies, zumindest was das Ausmaß anbetrifft, vom Inhalt der Werte abhängt. Denkt man dabei an Schwartz und den Wertekreis (siehe Abschnitt 1.4), rückt der Gedanke ins Blickfeld, dass es Werte gibt, die sich stärker ähneln und solche, die sich stärker unähnlich sind. Die Vermutung liegt dabei sehr nahe, dass eine Synthese von Werten umso wahrscheinlicher ist, je ähnlicher sich die Werte sind. Eine Synthese sich gegenseitig ausschließender Werte, sich also gänzlich komplementär gegenüberstehender Ziele, erscheint hingegen aus theoretischer Sicht bei einer stabilen Persönlichkeitsstruktur sehr fraglich. Klages räumt tatsächlich ja selbst ein, dass die intrapsychischen Vorgänge und Kausalitäten dieser synthetischen Wertebeziehung oder -verschränkung nicht klar sind bzw. ein diesbezügliches Theoriedefizit vorherrscht (vgl. Klages 1988, S. 132 f.; Schlöder 1993, S. 192 ff.; Kadishi-Fässler 1993, S. 359 ff.). Er führt dagegen vor allem empirische Belege als Gegenargumente an (»Evidenz der Fakten«), und tatsächlich kann die soziale Tatsache der gleichzeitigen Priorisierung unterschiedlicher Werte bei einem nicht unerheblichen Bevölkerungsanteil mit der schieren Menge an vorgelegten Untersuchungen nicht geleugnet werden. Die Empirie bestätigt insofern tatsächlich die prinzipielle Möglichkeit des Verschmelzens auch sich gegenüberstehender Wertedimensionen ohne negative Folgen. Im Gegenteil legen Klages und Kollegen ja umfangreiche Belege für durchaus positive Folgen der Wertsynthese vor. Klages schränkt in Bezug auf die Entstehung ein, dass die Wertsynthese nur möglich ist, wenn bei den betreffenden Wertkomplexen keine Extrempositionen bezogen werden (vgl. Klages 1985, S. 170). Er streicht außerdem heraus, dass innerhalb der Wertsynthese zwar einzelne Werte eine gleiche Wichtigkeit aufweisen können, aber bei anderen wiederum Rangabstufen vorliegen.

Nimmt man die Existenz einer solchen Wertsynthese als gegeben an, sind dennoch durchaus abweichende Interpretationen bzw. unterschiedliche Bewertungen dieses Phänomens möglich. So führt Schlöder (1993, S. 192 ff.) aus, dass das Erstarken der Selbstentfaltungswerte im Zuge des Wertewandels der 1960er und 1970er Jahre auch als negatives Phänomen gedeutet werden kann, da als Ursache Kritik an und Abkehr von traditionellen Normen und Autoritätsstrukturen infrage kommt. Damit stelle dies Phänomen eher einen Wertverlust dar, der aus der Abgrenzung von den althergebrachten Werten herrühre. Diese »neue« selbstbezogene, individualistische Strömung sei durch eine Schmälerung der Gruppenorientierung, der Bindungsfähigkeit und einem Verlust des Vertrauens in traditionelle Ideale gekennzeichnet. Da sich aber auch der Subjektivismus nicht als verbindlicher Bezugspunkt des Handelns und Denkens habe durchsetzen können, sei eine eher zustimmende Haltung zu beiden Wertebereichen »übrig geblieben«. Insofern könne die Wertsysnthese eben nicht als »Glücksfall« aufgefasst werden, sondern als logische Konsequenz und Anpassungsleistung (vgl. Schlöder 1993, S. 192 ff.). Ebenso bezweifelt Roßteutscher (2004) nicht die Existenz, wohl aber die positive Bewertung der Wertsynthese. Sie kommt mit eigenen Daten und Analysen zu dem Ergebnis, dass die Wertsynthese kein erstrebenswerter Zustand ist, sondern besetzt mit Anomie, Verunsicherung und extern motivierter Anpassung. Sie streicht, ganz im Sinne der »klassischen« Wertetheorie, die Notwendigkeit der Fähigkeit zur Hierarchisierung von Werten im Hinblick auf die Möglichkeit von nonkonformistischen Verhaltensweisen heraus (vgl. ebd., S. 428 f.). Auch Thome (2005) legt eigene empirische Befunde vor, die einem Teil der Klages'schen Wertsynthese-Zuschreibungen widersprechen. Er bezweifelt mit seinen Analyseergebnissen ebenfalls die positive Charakterisierung in Bezug auf Anomiefestigkeit (vgl. ebd., S. 340).

Bei der Frage, ob eine Wertsynthese theoretisch möglich und wie sie zu bewerten ist, spielt, wie oben angedeutet, auch der Charakter der in der Wertsynthese verschmolzenen Werte eine Rolle. Damit rücken wieder die Einzelwerte und die aus ihnen extrahierten Wertedimensionen in den Fokus. Wie oben dargestellt, wird in der Speyerer Werteforschung in den frühen Arbeiten zunächst von der Existenz zweier Wertedimensionen ausgegangen, auf denen sich ein Wertewandel vollzieht: (KON- vs. non-KON-Werte bzw. Selbstentfaltung und Engagement vs. Pflicht und Akzeptanz). Auch wenn diese Dimensionen nicht deckungsgleich zu materialistischen und postmaterialistischen Werten bei Inglehart sind, so weisen sie doch große Ähnlichkeiten auf. Das Verhältnis der beiden Wertedimensionen wird als gegensätzlich beschrieben und entlang dieser Dimensionen von Klages gar ein »Riss durch die Gesellschaft« ausgemacht. Insofern ist die von Klages untersuchte Wertsynthese in ihrer frühen Form in der Tat die Verschmelzung gegensätzlicher Wertepositionen. Allerdings wird im zeitlichen Überblick der Entwicklung des Verhältnisses beider Dimensionen offensichtlich zu wenig Beachtung geschenkt. Dies hängt auch mit der statistischen Vorgehensweise zusammen, die überwiegend in der Annahme orthogonaler Wertefaktoren besteht. Man kann vermuten, dass die beiden Ursprungsdimensionen im Laufe der Jahre näher zusammenrücken, und wir finden heute deutliche Zusammenhänge zwischen traditionellen sowie Selbstentfaltungs- und Engagement-Werten. Deutliche Hinweise darauf liefern, insbesondere für die Jugendphase, die Shell-Jugendstudien und auch die Ergebnisse dieser Arbeit. Wenn nun aber Zusammenhangs- bzw. Korrelationsanalysen zeigen, dass bereits die Wertedimensionen miteinander verbunden sind oder inhaltlich zusammenhängen, erscheint eine Wertsynthese zumindest dieser Ursprungsdimensionen nicht mehr so überraschend oder ungewöhnlich. Im Gegenteil ist sie sogar wahrscheinlich, da die zugrunde liegenden Werte in der Wahrnehmung der Menschen anscheinend mittlerweile als ähnlich und nicht etwa gegensätzlich aufgefasst werden. Die Ursache für dies Phänomen ist ungeklärt: Möglicherweise hat sogar die von Klages beschriebene Wertsynthese den nachhaltigen Effekt des Näherrückens der Werte, möglicherweise ist es aber auch umgekehrt und die zunehmende wahrgenommene Ähnlichkeit der Werte führt zur Wertsynthese. Nicht unterschlagen werden darf bei dieser Betrachtungsweise die »neue« Dimension Hedonismus/Materialismus, die Klages seit Mitte der 1980er Jahre beschreibt. Es gibt zahlreiche Hinweise darauf, dass die Trennungslinie in der Gesellschaft heutzutage nicht mehr zwischen traditionellen Werten und Selbstentfaltungswerten verläuft sondern zwischen hedonistisch-materialistischen Werten auf der einen und den beiden genannten ursprünglichen Wertedimensionen auf der anderen Seite. Wenn man diesen Umstand auf der Ebene der Dimensionskorrelationen findet, erscheint eine Synthese der beiden Ursprungsdimensionen mit der neuen Dimension unwahrscheinlicher, eine Synthese aller drei Dimensionen gar am unwahrscheinlichsten. Es erscheint sinnvoll, die unterschiedlichen Wertsynthesen voneinander getrennt zu betrachten. Thome (ebd., S. 338) spricht in diesem Zusammenhang von »idealistischer Synthese« (Synthese aus Tradition und Idealismus vs. Hedo-Materialismus), »hedonistischer Synthese« (Synthese aus Tradition und Hedo-Materialismus vs. Idealismus) und »anti-traditionalistischer Synthese« (Synthese aus Idealismus und Hedo-Materialismus vs. Tradition).[16] Daneben existiert aber auch bei Thome die Synthese aller drei Dimensionen.[17]

Verfolgt man diesen, bei Klages nur wenig erörterten, Gedanken der Zusam-

16 In seinen eigenen Daten ermittelt er Anteilswerte von 12,3 Pozent für die idealistische Synthese, 10,4 Prozent für die hedonistische Synthese und 8,5 Prozent für die anti-traditionalistische Synthese.

17 Hier mit einem Bevölkerungsanteil von 17,5 Prozent.

menhänge der Werte und deren Einfluss auf Synthesen weiter, so liegt auf der Hand, dass Wertsynthesen umso wahrscheinlicher werden, je ähnlicher die Werte sind. Eine idealistische Synthese ist dann am wahrscheinlichsten, wenn sich bereits traditionelle und idealistische Werte ähneln. Auch eine hedonistische Synthese ist dann wahrscheinlich, wenn traditionelle Werte, die ja wiederum in der Tradition des Materialismus stehen, Ähnlichkeiten zu Hedonismus/Materialismus aufweisen. Am unwahrscheinlichsten (neben einer Synthese aller Werte) erscheint die anti-traditionalistische Synthese, da idealistische Werte vermutlich am wenigsten mit hedonistisch-materialistischen Werten zusammenhängen. Als Kritikpunkt kann man also formulieren, dass sich bislang zu wenig um die Beziehungen auf der dimensionalen Ebene gekümmert wurde. Dieses Argument hängt auch mit der gewählten Methode zusammen, da eine erzwungen orthogonale Faktorenstruktur eine differenziertere Betrachtung der Faktorenkorrelationen nicht mehr zulässt. Wünschenswert sind hier schiefwinklige Rotationsverfahren, die Korrelationen zwischen den Faktoren zulassen (aber dazu später). Auch den unterschiedlichen Synthesen ist bislang zu wenig Beachtung geschenkt worden, da in den aktuellen Speyerer Wertetypen lediglich die Gesamtsynthese, verkörpert im Typus der Realisten, ausgewiesen wird. Auf die Ausnahme der kurzen Zwischenphase mit acht Wertetypen ist oben hingewiesen worden (siehe Abschnitt 2.1.2). Um die einzelnen Synthesen analysieren zu können, ist bei drei Wertedimensionen die Bildung von nicht nur fünf sondern acht Wertetypen notwendig. Auch hier schließt sich ein Methodenargument an: Wenn ohne ausreichende Begründung auf die fraglichen Wertetypen verzichtet wird, müsste zumindest die Angemessenheit von fünf Werteclustern zur Beschreibung der Bevölkerung statistisch getestet werden. Daneben sollte auch ein Vergleich der jeweiligen Fünf- und Acht-Clusterlösungen erfolgen. Die Clusteranalyse bietet prinzipiell durchaus diesbezügliche Verfahren an (vgl. Bacher et al. 2010). Das in der Speyerer Werteforschung angewandte Quick-Cluster-Verfahren bzw. besser K-Means-Verfahren bietet jedoch lediglich eine möglichst optimale Sortierung der Fälle eines Datensatzes auf eine vorgegebene Anzahl an Clustern. Wird darüber hinaus noch ohne multiple Startwerte gerechnet, wie dies eigentlich angebracht ist, sondern die Startwerte aufgrund inhaltlicher Überlegungen vorgegeben, erzeugt das Verfahren eine Verteilung der Fälle auf eine inhaltlich vorgegebene Struktur bei einer vorgegebenen Anzahl an Clustern. Weder die Struktur (Clusterprofile) noch die Anzahl der Cluster können mit solch einer Vorgehensweise geprüft werden. Entfällt auch noch der Vergleich mit anderen Lösungen (andere

Profil-Struktur über unterschiedliche Startwerte, unterschiedliche Anzahlen an Clustern), so hängt das Ergebnis zum größten Teil von den a priori vorgegebenen Annahmen ab. Zusammenfassend lässt sich damit in Bezug auf das ab Phase 2 (siehe Abschnitt 2.1.2) eingesetzte Klassifizierungsverfahren sagen, dass es statistisch gesehen weder wirklich *exploratorisch* bzw. strukturentdeckend ist, da es die Zahl und die Grundprofile der Cluster vorgibt, noch *konfirmatorisch* bzw. strukturprüfend, da dem interessierten Leser keine Maßzahlen zur Gültigkeit der Clusterlösungen präsentiert werden. Sind fünf oder acht Typen den Daten angemessen oder eine gänzlich andere Anzahl? Wie »gut« sind die dargestellten Lösungen wirklich? Dazu wird keine statistische Antwort geliefert, nötig wäre in jedem Fall eine kritische Diskussion mehrerer Lösungen.

Nehmen wir dennoch einmal die Struktur der Speyerer Wertetypen als gegeben an und betrachten die Bevölkerungsanteile im Zeitvergleich zwischen 1987 und 2005, die jeweils auf die Speyerer Wertetypen entfallen. So wie sie von Klages und Kollegen veröffentlicht werden (siehe Tabelle 2.17 auf Seite 77), zeigt sich bis auf wenige Ausnahmen eine sehr große Stabilität im Zeitvergleich. Dieser Befund scheint Bestand zu haben, auch wenn man der Tabelle entnehmen kann, dass die Datensätze durchaus differierende Altersstrukturen aufweisen, und dass zum Teil auf Basis derselben Daten unterschiedliche Besetzungszahlen berechnet wurden. Folgt man diesen Ergebnissen, scheint sich die Wertestruktur in Deutschland und mit ihr auch die Wertsynthese rein quantitativ in den letzten 20 Jahren in einem stabilen Dauerzustand zu befinden. Aber ist das wirklich plausibel? Kann es möglich sein, dass in solch einer langen Zeitspanne kaum nennenswerte Veränderungen oder Schwankungen der Wertetypenanteile auftreten? Dies erscheint bei allem, was wir über die Entwicklung der Werte wissen, sehr unwahrscheinlich. Es müssten vielmehr deutlich größere Schwankungen erkennbar sein. Unbestritten hat die Speyerer Werteforschung, bei allen berechtigten Kritikpunkten, in *Querschnittsanalysen* plausible und erkenntnisreiche Ergebnisse zu bieten. Bezogen auf *Längsschnittanalysen* aber erweist sich die seit den 1990er Jahren angewandte Strategie zur Bildung der Wertetypen als kontraproduktiv: Die hier suggerierte zeitliche Stabilität ist mit großer Wahrscheinlichkeit ein methodologisches Artefakt. Maßgeblich verantwortlich dafür sind zwei Punkte:

1) Postulat der Orthogonalität der Wertedimensionen

Die in den oben angeführten Studien angewandten Faktorenanalysen, die fast ausnahmslos die orthogonale Varimax-Rotation verwenden, unterstellen ungeprüft unkorrelierte Faktoren. In der sozialwissenschaftlichen Praxis wird leider überwiegend die orthogonale Varimax-Rotation verwendet, die unkorrelierte Faktoren erzwingt. Meist ist dieses Vorgehen *nicht gerechtfertigt*, da nur in sehr seltenen Fällen von tatsächlich unkorrelierten Faktoren ausgegangen werden kann (vgl. Costello und Osborne 2005, S. 3; Bacher et al. 2010, S. 144). Sind aber tatsächlich empirische Zusammenhänge bzw. Korrelationen vorhanden, die sich auch in den Korrelationen der Faktoren niederschlagen, worauf es deutliche Hinweise gibt (siehe Abschnitt 2.1.2 und 2.1.4), können sie ein Hinweis auf eine vorhandene Clusterstruktur sein, die durch eine Orthogonalisierung verzerrt oder sogar zerstört wird. Daher ist diese Vorgehensweise in der Speyerer Werteforschung sehr kritisch zu beurteilen (Klages und Gensicke 2005, S. 288, 2006, S. 388 f.; Gensicke 2002, S. 157 und vermutlich auch Gensicke 2006, S. 186 f.; siehe dazu auch Reinders 2006, S. 65 f.)[18]. Werden dann im Anschluss Clusteranalysen mit abgeleiteten Variablen (zum Beispiel Faktorwerten) gerechnet, die aus orthogonalisierten Faktoren gewonnen wurden, kann dies zu fehlerhaften bzw. unangemessenen Ergebnissen führen (vgl. Bacher et al. 2010, S. 193 f.). Theoretisch ist zwar denkbar, dass die drei Dimensionen in 20 Jahren in keinem Datensatz nennenswerte Korrelationen aufweisen, wahrscheinlich ist das jedoch nicht. Zwingend nötig wären hier Überprüfungen der Korrelationen mithilfe von schiefwinkligen Rotationsverfahren und die Dokumentation der relevanten Maßzahlen. Verwendet man ungeprüft Faktorwerte von erzwungenermaßen unkorrelierten Faktoren, wird die Datenstruktur möglicherweise zerstört und eine anschließende Clusteranalyse produziert ungüngstigstenfalls überhaupt keine sinnvoll verwertbaren Ergebnisse mehr.

2) Verwendung von z-standardisierten Faktorwerten für die Clusteranalysen

Direkt an den ersten Punkt schließt sich der zweite gravierende Kritikpunkt an: Die Verwendung von z-standardisierten Faktorwerten führt zu kaum mehr im Zeitvergleich interpretierbaren Clustern. Z-standardisierte, das heißt auf einen Mittelwert von null sowie eine Varianz und Standardabweichung von eins ($\bar{x} = 0$, $s^2 = 1$) standardisierte Faktorwerte sind schon im Querschnitt schwierig zu interpretieren, da hohe und niedrige Wertausprägungen immer in Bezug auf den Mittelwert zu sehen sind und die ursprüngliche Skalierung verloren geht. Im Trend- oder Längsschnitt ist ein Vergleich der Werte zwischen den

18 Ähnlich kritikwürdig gehen Burkert und Sturzbecher (2010, S. 56 ff.) auf Grundlage von Brandenburger Daten vor.

Daten anschaulich kaum mehr möglich, da die Mittelwertentwicklung über die Zeit gleichzeitig berücksichtigt werden muss! Daher sind Analysen der Verteilungen im Zeitvergleich irreführend, wenn nicht zwingend eine gleichzeitige Überprüfung der Mittelwerteniveaus stattfindet. Und selbst wenn die Mittelwertverläufe dargestellt werden, sind inhaltliche Interpretationen sehr schwer möglich. Als Beispiel werden in den 1987er Daten diejenigen Personen mit hoher Wahrscheinlichkeit dem Cluster der Realisten zugeordnet, die in ihren Faktorwerten auf allen drei Wertedimensionen hohe z-standardisierte Werte aufweisen. Das sind diejenigen Personen, die auf eben diesen Dimensionen *überdurchschnittliche* Ausprägungen haben. Gleiches gilt für diejenigen, die im 2005er-Datensatz *überdurchschnittliche* Werte auf den drei Dimensionen aufweisen. Für sich genommen erscheint dieser Umstand noch nicht problematisch, aber wenn man die Anteile dann über die Zeit vergleicht, stellt man, stark vereinfacht gesprochen, den Anteil der »Überdurchschnittlichen« 1987 den »Überdurchschnittlichen« 2005 gegenüber. Ohne Information über die Höhe des *Durchschnitts* ist diese Gegenüberstellung allerdings, gelinde gesagt, wenig aussagekräftig. Dass der Anteil der »Überdurchschnittlichen« immer stabil bleibt, kann deshalb auch nicht verwundern, sondern ist stark durch die Methode induziert. Ausdrücklich soll allerdings darauf hingewiesen werden, dass die Typenbeschreibungen bzw. die inhaltlichen Clusterprofile davon zumindest nicht unmittelbar betroffen sind. Hauptsächlich sind zeitpunktübergreifende Anteils*vergleiche* tangiert, die ohne Ausweisungen der Mittelwertsstrukturen wenig bis gar nicht aussagekräftig sind. Vor allem die Ergebnisse der Zeitvergleiche der Wertetypen-Bevölkerungsanteile und deren vermeintliche Stabilität (siehe Tabelle 2.17 auf Seite 77) sind stark zu bezweifeln. Als Alternative bieten sich statt der Verwendung von z-standardisierten Faktorwerten Mittelwertindizes bzw. mittlere Gesamtpunktwerte der zusammengehörenden Indikatoritems an, die einfach zu berechnen und zu interpretieren sind sowie die korrelative Struktur der Faktoren erhalten (vgl. Bacher et al. 2010, S. 125 ff.; DiStefano et al. 2009; Grice 2001b). Es bleibt darauf hinzuweisen, dass in der Anfangsphase der Speyerer Werteforschung (siehe Abschnitt 2.1.1), in der noch keine Varimax-Faktorenanalysen und z-standardisierte Faktorwerte für eine anschließende Clusteranalyse verwendet wurden, eine deutlich unanfälligere Vorgehensweise angewandt worden ist.

2.2 Wertentstehung und Wertänderung

Die bislang vorgestellten soziologischen Theorien nehmen vorwiegend den gesellschaftlichen Wertewandel in den Blick. Werte werden unter dem Blickwinkel der gesamtgesellschaftlichen Entwicklung und der Entwicklung gesellschaftlicher Subgruppen mit ähnlichen Werteprofilen betrachtet. Während diese Phänomene auf der Makroebene zu beobachten sind, lässt sich daneben auch fragen, welche Faktoren Werte auf der Individualebene beeinflussen und wie die Entstehung und die eventuelle Änderung von Werten auf der Mikroebene stattfindet. Neben nicht auszuschließenden biologischen Einflüssen hängen Werte vermutlich von einer Reihe soziodemographischer Einflussfaktoren ab. Es existiert eine Reihe von Belegen, dass Ethnizität und Geschlecht sowie sozialstrukturelle Merkmale wie Klasse, Beruf, Bildung, Familiencharakteristik, Religion und Nationalität mit spezifischen Wertemustern zusammenhängen (vgl. im Überblick Hitlin und Piliavin 2004, S. 368 ff.). Nimmt man die zeitliche Perspektive in den Blick, so scheint es plausibel zu sein, dass gerade in jungen Jahren auch das Lebensalter – und damit verknüpft Reifungsprozesse – einen Einfluss auf die Entwicklung intrapersoneller Werte haben. Wie oben bereits dargestellt, gehen Inglehart und Klages von der Ausbildung von Werten in jungen, formativen Jahren aus, vermuten darüber hinaus aber auch Änderungen der persönlichen Werte und Wertemuster in späteren Jahren, wenn auch Inglehart eher eine überwiegende Stabilität der einmal erworbenen Werte annimmt. Neben diesen Alters- bzw. Lebenszykluseffekten, hervorgerufen beispielsweise durch Reifungsprozesse (siehe dazu unten später mehr), können wir aber auch Generationen- bzw. Kohorteneffekten erwarten, die in Bezug auf Werte wirksam sind. Insbesondere Inglehart baut seine Wertewandel-Theorie ja auf der Annahme solcher Generationeneffekte auf. Auch die dritte generelle Art zeitlicher Effekte, die Periodeneffekte, sind als wirksam anzunehmen. Man kann stark vermuten, dass bestimmte prägende Ereignisse (zum Beispiel die Katastrophe von Tschernobyl im Hinblick auf umweltbezogene Werte) einen deutlichen Effekt auf individuelle Werthaltungen haben. Bei Analysen im Rahmen von Längsschnittforschungen, und damit auch in der empirischen Werteforschung unter zeitlicher Perspektive, die sich mit individuellen Werthaltungen beschäftigt, ist immer zu berücksichtigen, dass Generationen-, Lebenszyklus- und Periodeneffekte eng miteinander verflochten und selbst mit Hilfe von elaborierten statistischen Verfahren kaum voneinander zu trennen sind (Kaina und Deutsch 2006, S. 161). Mit Hofer et al. (2010, S. 27) können ganz allgemein fünf Fälle von Wertveränderung unterschieden werden, bei denen zeitliche Effekte eine Rolle spielen: 1) Wertentstehung, 2) altersabhängige Wertänderung, 3) individueller Wertewandel aufgrund persönlicher nicht-normativer kritischer Lebensereignisse, 4) Wertveränderung durch kollektive kritische Lebensereignisse und 5) Wertewandel als Kohorteneffekte.[19]

2.2.1 Wertenstehung

In der Theorie des gesellschaftlichen Wertewandels von Inglehart spielt die Entstehung und spätere Stabilität von Werten eine zentrale Rolle (siehe Abschnitt 1.2). Er geht nämlich davon aus, dass Werte tief verwurzelte und stabile Bestandteile der Persönlichkeit sind, die sich als Grundstruktur im Persönlichkeitsbild bis zum Erreichen des Erwachsenenalters herauskristallisieren und danach kaum noch verändern (sogenannte *Sozialisationshypothese*). Diese Grundannahme ist eine Voraussetzung für einen wichtigen Schluss in der Inglehart'schen Theorie, dass nämlich aus den Werthaltungen von Erwachsenen abgeleitet werden kann, welche Umweltbedingungen zur Zeit ihrer Sozialisation vorherrschten und zur Entstehung der Werthaltungen beitrugen. Nach Inglehart sind zwar spätere Veränderungen nicht völlig ausgeschlossen, würden allerdings erheblich unwahrscheinlicher. Er vermutet hier ein logarithmisches Verhältnis (vgl. Inglehart 1979, S. 280). Diese Annahmen sind gerade in der neueren Forschung stark bezweifelt worden, und es existieren deutliche Hinweise auf gravierende Änderungen der Werte im Erwachsenenalter. Im Hinblick auf die Zeitspanne der Ausbildung von Werten geht Inglehart etwas vage davon aus, dass diese als sogenannte *formative Phase* in den ersten 20 Lebensjahren zu verorten ist (ebd., S. 297). Pfeiffer und Côté (1991) weisen in diesem Zusammenhang darauf hin, dass der Begriff bzw. der zugrundeliegende Zeitraum zu weit gefasst und wenig einheitlich ist. Man kann davon ausgehen, dass in den ersten 20 Lebensjahren zumindest drei unterschiedliche Entwicklungsphasen zusammengefasst werden: Kindheit, Jugend und junges Erwachsenenalter. Vieles spricht dafür, dass in jeder dieser Phasen ganz spezifische Einflüsse auf die Ausbildung von Werten wirken. Insbesondere bei der Ausbildung von postmaterialistischen Werten dürfte zumindest die Kindheit deutlich weniger bedeutsam sein (vgl. ebd., S. 226 f.).

---

19 Die Fälle 1 und 5 sind hierbei allerdings miteinander verknüpft, da Kohorteneffekte auf unterschiedlichen Wertentstehungen basieren, die durch unterschiedliche Bedingungen des Aufwachsens begründet sind. Wertänderung kann erklärt werden durch kulturelle Besonderheiten (Fall 1) bzw. durch Wandel der kulturellen Bedingungen (Fall 5) (vgl. Hofer et al. 2010, S. 28).

Einig sind sich die meisten Wissenschaftler allerdings zumindest in der grundsätzlichen Einschätzung, dass stabile Werthaltungen vorwiegend in der Jugendphase ausgebildet werden (vgl. Helmken 2008, S. 52). Aber auch wenn über den fraglichen Zeitraum im Großen und Ganzen Einigkeit besteht, existiert bislang kein allgemeines gesichertes Modell der Entstehung von Werthaltungen (ebd.). Die Theoriebildung ist deshalb besonders problematisch, da zum einen Abhängigkeit vom Zeitgeschehen besteht und zum anderen die Zugehörigkeit eines Individuums zu einer bestimmten Gruppe einen Einfluss auf die Ausbildung von Werthaltungen hat. Beide Einflüsse können aus forschungspraktischer Sicht kaum kontrolliert und voneinander getrennt werden. Prinzipiell ist es aber möglich und hilfreich, lerntheoretische, sozialisationstheoretische, kognitivistische und konstruktivistische Ansätze heranzuziehen, um den Prozess der Entstehung von Werthaltungen zu beschreiben (vgl. ebd.). Bei den ersten beiden Ansätzen steht der Umwelteinfluss (Eltern, Freunde, Schule, Kultur, Gesellschaft als Ganzes etc.) im Vordergrund. Lerntheorien beschreiben Wertsozialisation hingegen eher als Lernprozess, der im sozialen Sinne entweder direkt durch Vorbilder oder über indirekte oder direkte Verstärkungswirkungen entfaltet wird (vgl. Schubarth 2010, S. 30). Bindungstheorien und kognitive Theorien begründen eine moralische Entwicklung des Kindes mit dem Vorhandensein eines sicheren Entwicklungsumfeldes. In diesem Zusammenhang ist auch das bekannte Stufenmodell der moralischen Entwicklung von Kohlberg (1976) zu sehen (siehe auch Trautner 1997; Eckensberger 1998). Kognitivistische Ansätze gehen von einer Wechselwirkung zwischen Individuum und Umwelt aus: Die soziale Umwelt kann die Entwicklung zwar in Maßen beeinflussen, aber nicht in ihrer grundsätzlichen Struktur verändern. Im Konstruktivismus wird die Entstehung von Werthaltungen als individuelle Konstruktion gedacht, die zwar von der sozialen Umwelt angeregt werden kann, aber keine reine Übernahme von vorhandenen Werthaltungen ist (vgl. Helmken 2008, S. 52). Ganz allgemein kann man nach Schubarth (2010) vermuten, dass Moralentwicklung ein kumulativer Prozess ist. In diesem Prozess spielen individuelle Faktoren eine Rolle, aber in starkem Ausmaß auch die Auseinandersetzung mit der sozialen Umwelt. Von der gesellschaftlichen Kultur, der Familie, den Peers, Kindergarten und der Schule gehen, neben anderen, bedeutende Einflüsse aus (vgl. ebd., S. 31), auch das Geschlecht hat in vielen Studien einen Einfluss (vgl. Helmken 2008, S. 67 f.).

Individuelle Einflüsse

In der Entwicklungspsychologie existieren wenig gesicherte Erkenntnisse über die Entstehung und die typischen Verläufe der Entwicklung von Werten und Lebenszielen (vgl. Schmuck und Kruse 2005, S. 193).[20] Bei der Analyse ist zunächst zu berücksichtigen, wie genau Werte definiert werden. Sind sie mit großem Abstraktionsgrad gefasst, muss offenkundig für die Entstehung von Werten bei Kindern auch ein entsprechendes Maß an Abstraktionsfähigkeit vorhanden sein (vgl. Helmken 2008, S. 65). Bei der Frage, welche Werte wann entwickelt werden und sich ändern, sehen einige Theorien Kleinkinder als zunächst vorwiegend an der egoistischen Triebbefriedigung interessiert an. Allerdings gibt es auch Hinweise, dass bereits junge Kinder gesellschaftsbezogene Werthaltungen zeigen können (vgl. ebd., S. 61). Jüngere Kinder haben nach Adelson (1975) vermutlich zunächst eher Vorstellungen von konkreten Dingen und daher strenggenommen nur Bezüge zu *Einstellungen* und nicht zu Werten. Werden dagegen etwas weniger strenge Maßstäbe angesetzt, können nach Schmuck und Kruse (2005, S. 199 ff.) auch für Kinder zwei grundsätzliche Klassen von Werthaltungen und Lebenszielen unterschieden werden, die beide als ethisch und legitim angesehen werden: 1) *selbstfokussierte Werte* (zum Beispiel Lebenserhaltung, Förderung des Wohlbefindens, Hedonismus) und 2) *selbsttranszendierte Werte* (zum Beispiel Altruismus, Freundschaft, Gleichheit). Die zweite Klasse kann wiederum in zwei Untergruppen aufgeteilt werden: zum einen soziale und zum anderen umweltbezogene Werte. Die bekannte entwicklungstheorische Konzeption von Piaget (1948) legt nahe, dass nach dem zweiten Lebensjahr die Fähigkeit zur Ausbildung erster, selbstfokussierter Werte gegeben ist. Erst zu Beginn des Jugendalters und der Ausbildung der Fähigkeit zu formal-operativem Denken, der Basis für kognitive Reflexion, entsteht nach dieser Denkweise die Grundlage für die Ausbildung selbsttranszendierter Werte. Schmuck und Kruse (2005, S. 202 f.) führen allerdings eine Reihe von Studien an, die diesen Annahmen entgegenstehen. Sie schlussfolgern, dass in den ersten Lebensjahren zunächst zwar fast ausschließlich selbstfokussierte Werte bei Kindern vorliegen, jedoch bereits im Vorschulalter Empathiefähigkeit erworben werden kann, die die offenkundige Voraussetzung zur Entwicklung selbsttranszendierter Werte darstellt. Die Bedeutsamkeit sozialer Werte nimmt dann im Jugendalter ab, möglicherweise rücken Entwicklungsauf-

20 Die Unterteilung in instrumentelle und terminale Werte von Rokeach (1973) gilt nach Schwartz (1992) als widerlegt (vgl. Schmuck und Kruse 2005, S. 198).

gaben, die mit Selbstfindung zu tun haben in den Vordergrund (vgl. Schmuck und Kruse 2005, S. 204). Bezieht man sich weiter auf die Abstraktionsfähigkeit als Kriterium, so lässt sich festhalten, dass ab einem Alter von circa 11 bis 13 Jahren die Fähigkeit des Verständnisses abstrakterer Konzepte wie eben auch Werthaltungen entwickelt wird (vgl. Adelson 1975; Helmken 2008, S. 65). Die Entstehung von Werthaltungen im eigentlichen, engeren Sinn kann demnach unter kognitiven Gesichtspunkten frühestens ab dem 10. Lebensjahr stattfinden (vgl. Helmken 2008, S. 66).

Bubeck und Bilsky (2004, S. 38 ff.) fanden allerdings heraus, dass sich, basierend auf den Schwartz'schen Werten, im Jugendalter (10 bis 17 Jahre) bei jüngeren Befragten *keine* weniger komplexen Wertstrukturen fanden als bei älteren. Die Struktur ist hingegen sogar der von Erwachsenen sehr ähnlich, wobei deutliche Unterschiede zwischen Jungen und Mädchen vorliegen. Nach Mienert (2002) sind die Werthaltungen dann bereits mit 16 Jahren schon recht stabil,[21] so dass nach dessen Erkenntnissen die Wertentstehungsphase auf die Zeitspanne zwischen 10 und 16 Jahren eingegrenzt werden kann (siehe auch Helmken 2008, S. 66). Es existieren allerdings auch abweichende Befunde: Nach der genannten Untersuchung von Bubeck und Bilsky (2004) kann eine stabile Wertestruktur schon früher, nämlich bereits mit 10 bis 12 Jahren beobachtet werden. Der Entstehungsprozess müsste dann schon früher stattfinden. Darmody (1991) belegt in Bezug auf den Endpunkt dieses Prozesse hingegen auch noch spätere, gravierende Veränderungen. Im weiteren Entwicklungsverlauf kann dann vermutet werden, dass bei Jugendlichen zunächst eine empathische und unkritische Übernahme der Werthaltungen des sozialem Umfeldes erfolgt und im weiteren Verlauf eine Differenzierung, Integration und Neustrukturierung stattfindet (vgl. Helmken 2008, S. 59). So gibt es Anzeichen dafür, dass in der zweiten Lebensdekade egozentrierte Werthaltungen zunehmen (vgl. ebd., S. 60). Dies mag daran liegen, dass junge Erwachsene eher dazu tendieren, Werte für wichtig zu halten, die ihren eigenen Interessen dienen. Mehrere Befunde zeigen eine Abnahme der Bedeutsamkeit gesellschaftlicher Werte im Laufe der Jugend (vgl. ebd., S. 61).

21 Der Autor bezieht sich auf recht stabile Beurteilungen von Wertdimensionen im Längsschnitt (1995–1999) von Jugendlichen ($n = 217$) zwischen 16 und 20 Jahren. Positional besonders stabile Werte im Längsschnitt sind: »Partnerschaft«, »Konformität/Reziprozität«. Berichtet wird aber auch von einer Abnahme der Wichtigkeit des Wertes »Sicherheit in/mit Gruppe« und einer zunehmende Wichtigkeit des Wertes »Individuelle Macht«. In der Untersuchung zeigten sich Geschlechtsunterschiede und Unterschiede zwischen den in der BRD und der DDR Geborenen (Mienert 2002, S. 111).

Prinzipiell einschränkend muss diesen Überlegungen hinzugefügt werden, dass die Entwicklung aufgrund verschiedener Bedingungen interindividuell schon früh sehr unterschiedlich verläuft, so dass ein allgemeines und universelles Stufenmodell so vermutlich nicht haltbar ist (vgl. Schmuck und Kruse 2005, S. 209). Die Autoren gehen trotz alledem davon aus, dass in der Regel Kindheit und Jugend die prägenden Phasen für die im weiteren Lebensverlauf vorherrschenden Werte sind. Inbesondere selbsttranszendierte Werte erscheinen in der frühen und mittleren Kindheit formbar (vgl. ebd.).

Soziale Umwelteinflüsse

In Bezug auf soziale Einflussfaktoren bei der Entstehung von Werten wird häufig der Blick auf die intergenerationale Übertragung bzw. Transmission von Werten gelegt. Sieht man von reinen biogenetischen Theorien ab, wird bei dieser Frage der Sozialisation bzw. dem sozialen Lernen große Bedeutung beigemessen. Werte sind bedeutsam für die Identitätsentwicklung und Aspekte der (sozialen) Identität und werden daher auch in der gesellschaftlichen Interaktion entwickelt (vgl. Tamke 2008, S. 194 f.). Besonderes Augenmerk liegt häufig auf der Frage nach erfolgreicher Werteübertragung von Eltern auf ihre Kinder (vgl. Hofer et al. 2010, S. 28). Bei diesem Wertetransfer kann vermutet werden, dass Eltern und die Familie als primäre Sozialisationsinstanz natürlich generell eine zentrale Rolle spielen. Einige Forscher sehen die Richtung der Wertevermittlung unidirektional von den Eltern auf die Kinder, andere bidirektional. Ebenfalls bedeutsam ist in diesem Zusammenhang die Einbettung in die Tradierung kultureller Werte über Generationen (vgl. Dickmeis 1997, S. 54 f.). In der Praxis zeigen sich bei Dickmeis (ebd.) allerdings keine hohen Korrelationen zwischen Werthaltungen von Eltern und Kindern (vgl. ebd., S. 55) – am ehesten werden wohl noch die Werte weitergegeben, die die Eltern schon ablehnen (vgl. Boehnke 2004, S. 124). Als Elterneinfluss auf Werte von Kindern konnte dagegen von Hitlin (2006, S. 35) gezeigt werden, dass eine höhere elterliche Bildung einen Effekt auf altruistisch-institutionelle Werte (bspw. Wohlätigkeit, Bewahrung des Bestehenden), nicht aber auf selbstbezogene Werte (bspw. Macht, Leistung) hat (vgl. Tamke 2008, S. 209). Die Verläufe von Wertentwicklungen bis ins früher Erwachsenenalter werden nach Johnson (2002, S. 1326) und Tamke (2008, S. 208) durch die elterliche Bildung, schulische und Arbeitserfahrungen hingegen eher nicht beeinflusst, man kann davon ausgehen, dass der Prozess der Wertevermittlung sehr viel komplizierter abläuft.

Schubarth (2010) führt aus, dass der Prozess der Herausbildung von Werten und Normen zwar allgemein im Zusammenhang mit der Identifikation mit den Eltern gesehen wird, ein Wertetransfer von der älteren an die jüngere Generation aber nicht als Wertevermittlung im Sinne der Übertragung bzw. Vorgabe von Werten beispielsweise von Eltern an ihre Kinder funktioniert (vgl. ebd., S. 28). Er verwendet den Begriff der Wertebildung, der die aktivische Komponente der Jugendlichen betont und den Prozess der Entstehung und Entwicklung von Werten als Teil der Persönlichkeitsentwicklung sieht. Er nennt eine Vielzahl von Faktoren, die einen Einfluss auf die Wertebildung haben können: psychische Dispositionen, Familie, Bildungsinstanzen, Peergruppe, Medien, Freizeitorganisationen, gesellschaftliche Bedingungen etc. (vgl. ebd., S. 28 f.). Als mächtigsten »Werteerzieher« sieht er das Leben selbst an, mit den Alltagserfahrungen in unterschiedlichsten Lebensbereichen. Geschlechtseinflüsse sind dabei ebenfalls wichtig, wobei ein generell stärkerer Einfluss der Mütter zu verzeichnen ist (vgl. Boehnke 2004, S. 124). Hofer et al. (2010) wiederum postulieren, dass elterliche Werte mit ziemlicher Sicherheit Einfluss auf die Entwicklung der Wertorientierungen von Kindern und Jugendlichen haben, daneben aber bei den Prozessen des Modelllernens, Verstärkungslernens und situierten Lernens prinzipiell *alle Sozialisationsinstanzen* in der Kindheits- und Jugendphase relevant sind (vgl. ebd., S. 28). Soziale Einflüsse auf Werthaltungen sind durch die Gesellschaft und Kultur (darunter politische Elite, wirtschaftliche Ordnung etc.), Familie und Freundeskreis (mit uneinheitlichen bzw. zum Teil auch widersprüchlichen Forschungsergebnissen in Bezug auf den Grad des Einflusses), Schule, Nachbarn und Medien und andere gesellschaftliche Institutionen gegeben (vgl. zusammenfassend Dickmeis 1997, S. 55 ff.; Helmken 2008, S. 62 ff.).

Bei der Diskussion um die generationale Werteübertragung muss darüber hinaus berücksichtigt werden, dass gesellschaftlicher Wertewandel und innerfamiliale Wertetransmission zwei unterschiedliche Prozesse sind, deren Einflüsse aber schwer voneinander zu trennen sind. Hohe Stabilitäten über die Generationen hinweg zeigen nicht unbedingt die Werte, die von Eltern an die Kinder weitergegeben werden. Auch der Zeitgeist hat einen nicht zu unterschätzenden Einfluss auf die Wertetransmission, er entspricht nach Boehnke (2004, S. 124) in etwa der Stärke des Einflusses der Mutter. Gleiches gilt für die soziale Schicht, die wohl insbesondere für die Transmission der Werte mit geringem Ansehen bedeutsam ist (vgl. ebd.).

2.2.2 Wertänderung

Im Allgemeinen wird heutzutage kaum mehr bestritten, dass es auch im Verlauf des späteren Lebens zu Änderungen einmal verinnerlichter Werthaltungen kommen kann. Dabei können wiederum sowohl soziale Umweltfaktoren, als auch Faktoren, die in der Persönlichkeit begründet sind, als ursächlich angenommen werden. Ingleharts prominente Sozialisationsthese (siehe Abschnitt 1.2) besagt zwar, dass sich die individuelle persönliche Werte-Grundstruktur in der Zeit bis zum Erwachsenwerden (formative Phase) herausbildet und danach kaum noch verändert. Aber auch seiner Meinung nach sind Veränderungen im Erwachsenenalter nicht völlig ausgeschlossen (vgl. Inglehart 1979, S. 280). Es ist bekannt, dass individuelle Wertänderungen auch im Alter, beispielsweise häufig im Zuge der Menopause oder der sogenannten »Midlife-Crisis«, stattfinden können (vgl. Schmuck und Kruse 2005). Auch bei anderen prägenden Lebensereignissen kann ein Einfluss auf die Änderung von Werthaltungen angenommen werden: Partnerschaft, Familiengründung, Berufswechsel etc. Die These einer lebenslangen Stabilität von Werten muss daher stark bezweifelt werden (vgl. Franz und Herbert 1984; zusammenfassend Franz und Herbert 1987a). Im Vergleich zur Werteenstehung in der Kindheits- und Jugendphase ist nach Glenn (1980) und Alwin (1994) allerdings festzuhalten, dass als bedeutend wahrgenommene Lebensereignisse im Lebensverlauf von ihrer Häufigkeit her eher abnehmen. Außerdem sind Personen mit steigendem Alter zunehmend eingebunden in soziale Netzwerke von Gleichgesinnten und die geographische und soziale Mobilität nimmt ab, was eher Wert*stabilität* unterstützt. Dazu kommt, dass neue Erfahrungen im Alter einen zunehmend geringeren Anteil an den kumulierten Gesamterfahrungen eines Menschen ausmachen und dementsprechend weniger Einfluss auf Änderungen der Werthaltungen haben. Außerdem können Individuen Wertänderungen besser widerstehen, wenn sie eine Persönlichkeitsstruktur entwickelt haben, die Verständnis und die Fähigkeit zum Umgehen mit der Realität ermöglicht. Menschen haben also mit steigendem Alter alles in allem weniger Möglichkeiten und weniger Fähigkeiten zum Wechsel ihrer Werthaltungen. Man nimmt insofern an, dass sich Werthaltungen im Altersverlauf eher stabilisieren (vgl. Glenn 1980; Alwin 1994). Diese Überlegungen sind unter der Bezeichnung *Aging-Stability-These* bekannt geworden. Die grundsätzliche Idee, dass Werte dazu tendieren, im Alter stabiler zu werden, geht indessen schon auf Mannheim (1928) zurück, und Eingang in das Volkswissen hat sogar die inhaltlich verwandte Beobachtung gefunden, dass jüngere Menschen stärker als ältere Menschen zu Veränderungen neigen

(»Was Hänschen nicht lernt, lernt Hans nimmermehr«). Der Prozess wird im Allgemeinen monoton aber nichtlinear angenommen (vgl. Glenn 1980, S. 602). Fraglich ist hingegen, wann genau die Stabilisierung im Lebenslauf einsetzt – möglicherweise erst in der Mitte des Lebens. Alwin (1994) berichtet allerdings von der höchsten Wertestabilität bereits im jungen Erwachsenenalter.

Auch wenn angenommen werden kann, dass in der Jugend ein stärkerer Wechsel von Werten vorherrscht als im Alter, gibt es Gründe, warum sich manche Werte in bestimmten Lebensphasen stärker ändern als andere (vgl. Glenn 1980, S. 605). So ist recht früh die sogenannte *Aging-Conservatism-These* formuliert (aber auch kritisiert) worden. Jüngere Menschen sind demnach liberaler, ältere Menschen hingegen konservativer und altersweiser. Begründet wird dieser Umstand damit, dass Kinder zunächst konservative Werte ihrer Eltern übernehmen, um manche oder alle von ihnen in der Jugendphase zur Abgrenzung wieder abzulehnen. Im Erwachsenenalter kommt es demnach dann zu einer Rückbesinnung und der erneuten Annahme der konservativen Werte (vgl. ebd., S. 619). Gegen diese These wurden allerdings schon von Mannheim (1928) Gegenbeispiele vorgebracht und auch Glenn (1980, S. 623) bezweifelt ihre generelle Gültigkeit. Als Grundproblem sieht Glenn (ebd., S. 634) die Schwierigkeit, Alters- und Kohorteneffekte auseinanderzuhalten.

Eine weitere, interessante Überlegung im Hinblick auf Wertänderungen ist die Frage, wieso sich Werte unter bestimmten Umständen bei Erwachsenen überhaupt ändern. Rokeach (1973) schreibt dazu, dass Menschen generell ein Bedürfnis nach einem positivem Selbstkonzept haben. Handlungen und Einstellungen werden in dem Zusammenhang auch danach bewertet, ob sie mit der Eigenwahrnehmung übereinstimmen. Eine diesbezügliche Übereinstimmung wird ihm zufolge als positiv wahrgenommen, eine geringe Übereinstimmung führt zu Unzufriedenheit. Diese kann dann eine Anpassungleistung nach sich ziehen und zu einer Wertänderung führen. Kognitive Konflikte können demnach Wertänderungen auslösen. Rokeach folgert, dass die Übereinstimmung zwischen Einstellungen und der eigenen Vorstellung von sich selbst dagegen zu Wertstabilität führen, Wertänderungen also nur bei Konflikten entstehen (vgl. Hofer et al. 2010, S. 29). Gegen diese Schlussfolgerung ist Kritik vorgebracht worden, beispielsweise bezweifeln Erpenbeck und Weinberg (1993) explizit, dass es zu Ausbildung bzw. Änderung von Werten nur während persönlicher Krisen kommen kann. Dieser Kritik folgend, gehen Hofer et al. (2010, S. 29) davon aus, dass sich auch ohne die geschilderten Diskrepanzen Werte ändern können. Sie nennen als Beispiel ein Ansteigen von entsprechenden Werten bei harmonischer Einschätzung von Handlungen und Selbst-Ideal.

Franz und Herbert (1984) sprechen ebenfalls die Thematik der Wertentwicklung an und gehen in Abgrenzung zu Inglehart von lebenszyklisch bedingten Umständen aus, die eine Ausdifferenzierung der Wertemuster verursachen (vgl. ebd., S. 74 f.). Mit Hilfe des GSK -Ansatzes (vgl. Andreß et al. 1997) untersuchen sie kausalanalytisch die Wirkung des Lebensalters und weiterer lebenszyklischer Bedingungen auf die vier Ausprägung der (frühen) Speyerer Wertetypen. Sie stellen zusammenfassend fest, dass eine höhere Bildung in entscheidendem Maße zu geringeren traditionellen Wertstrukturen und stärkeren »neuen« Selbstverwirklichungswerten führt. Dies gilt allerdings nur, solange nicht »lebenszyklische Anpassungszwänge« dem entgegenwirken. Gemeint sind hier familiäre (Elternschaft) und berufliche Zwänge (Berufstätigkeit), die in der Untersuchung auch bei jungen Menschen mit höherem Bildungsniveau zu einer stärkeren Ausbildung konservativer Wertestrukturen führen (vgl. Franz und Herbert 1984, S. 75 ff.). Begründet wird dieser Befund durch die sogenannte »hinausgeschobene Praxis«, womit der Umstand gemeint ist, dass die zunehmend späte Übernahme von Erwachsenenrollen gerade bei Jugendlichen mit höherem Bildungsniveau zu mehr Freiräumen in der Jugendphase führt. Diese Freiräume ermöglichen erst die Ausbildung der Selbstverwirklichungswerte. Insofern ist auch das Phänomen der konservativeren Werte bei jüngeren Menschen mit familiären oder beruflichen Pflichten vor diesem Hintergrund zu sehen, da diese ja gerade nicht ihre Rollenübernahme hinausschieben. Als zweite Ursache für das genannte Phänomen werden die Bildungsinhalte selbst vermutet – ein Teil der höheren Bildung sei eben auch die Vermittlung von non-KON-Werten wie Selbstverwirklichung, gesellschaftlichem Engagement und idealistischer Lebensgestaltung (vgl. ebd., S. 78). Auch für die Ausbildung der Wertsynthese wird ein hohes Bildungsniveau als ursächlich angesehen. In die gleiche Richtung wirken dabei eine Berufsausbildung und ein höheres Lebensalter. Im Umkehrschluss steigt das Risiko eines Wertverlustes durch eine niedrige Schulbildung, das Fehlen einer Berufsausbildung und ein niedriges Lebensalter (vgl. ebd.). Von der Seite der Erklärgrößen her betrachtet, stellen die Autoren fest, dass ein höheres Lebensalter allgemein zu stärker konservativen Werten und weniger starken Selbstentfaltungswerten führt. Im letzteren Fall trifft dies jedoch nur dann zu, wenn nicht schon vorher durch die oben genannten lebenszyklischen Zwänge eine Schwächung der diesbezüglichen Werte stattgefunden hat (vgl. ebd.). Die Befunde ihrer Analysen führen die Autoren zu dem Schluss, dass Wertstrukturen zwar in den Freiräumen der Adoleszenzphase entwickelt werden, sie danach aber keinesfalls unverrückbar stabil bestehen bleiben. Vielmehr muss von einem lebenslangen Prozess der »Wertformierung« und »Wertdifferenzierung« ausgegangen werden, der durch lebenszyklische Ereignisse, situative Konstellationen und biographische Entwicklungen beeinflusst wird (vgl. Franz und Herbert 1984, S. 78).

Auch Klages (1985, S. 42) beschreibt den Befund, dass Pflicht- und Akzeptanzwerte vor allem bei jungen und bei hochgebildeten Menschen absinken. Gleichzeitig ist bei ihnen ein Ansteigen von Selbstentfaltungswerten zu beobachten. Der Zusammenhang zwischen bestimmten Werten und Lebensalter kann als Generationeneffekt gedeutet werden, aber zum anderen auch von Lebenszykluseffekten abhängen (vgl. ebd., S. 43). Im Laufe des Lebens werden Menschen mit unterschiedlichen Problemen, Anforderungen und Chancen konfrontiert, die Auswirkungen auf die Veränderungen der individuellen Werthaltungen haben können. Klages (ebd.) spricht hier von einem möglichen zweiten, dritten oder sogar vierten (individuellen) Wertewandel, der nach der Sozialisationsphase eintreten kann aber nicht muss. Konfrontationen mit der »Härte des Lebens«, Reifungsprozesse durch Verantwortungsübernahme werden als Beispiele genannt, die zu Änderungen in Richtung von stärkeren Pflicht- und Akzeptanzwerten führen können. Im Extremfall kann dies sogar zu Wertänderungen führen, die den Idealen der Jugend zuwiderlaufen. Der Autor räumt aber auch ein, dass es Lebensverläufe geben kann, die nicht davon betroffen sind. Klages (ebd., S. 44) macht deutlich, dass es für ihn keine »Erwachsenen-« und »Jugendwerte« gibt und auch die Selbstentfaltungswerte keine ausschließlich mit dem Jugendalter verknüpften Werte sind. Er verweist auf die Erkenntnisse von Franz und Herbert (1984), die den Zusammenhang zwischen Selbstentfaltungswerten und einem jungen Lebensalter auf ein unverheiratetes Leben ohne Kinder zurückführen konnten. Eine »Rückbesinnung« von Selbstentfaltungs- zu Pflicht- und Akzeptanzwerten kann also zum einen durch einen bewussten Entschluss der Familiengründung herbeigeführt oder durch einen langsameren Prozess der Älterwerdens und des damit verbundenen »Abschleifens der Werte« ausgelöst werden. Die Empfindungen können dabei durchaus unterschiedlich sein, da im einen Fall ein selbstgewollter Entschluss mit einer positiv empfundenen Wertänderung einhergehen kann und im anderen Fall möglicherweise schmerzhafte Empfindungen durch eine eher widerstrebende Anpassung an nicht beeinflussbare äußere Umstände gemacht werden (vgl. Klages 1985, S. 45). Besonders interessant ist an den Ausführungen, dass hier Wertänderungen explizit mit lebenszyklischen Einflüssen in Verbindung gebracht werden.

Auch Franz und Herbert (1987a) greifen die Kritik an der Inglehart'schen Stabilitätsannahme von Werten nach der formativen Phase auf und verweisen auf eine Vielzahl gesellschaftlicher Momente, die die Stabilität von Werten einschränken können. Darunter fassen sie neben anderen Einflüssen sowohl wechselnde individuelle Anforderungen, die einen psychischen Mobilitätsdruck entfalten können als auch wertebeeinflussende Zeitgeisteffekte auf der Makroebene (vgl. ebd., S. 55 ff.). Sie tragen die bisherigen Ergebnisse erneut zusammen und resümieren im Hinblick auf lebenszyklische Wertänderungsbedinungen, dass Wertrukturen im »Verlauf individueller, biographischer Entwicklung keinesfalls als änderungsresistent zu betrachten [sind]« (ebd., S. 69). Sie können zurückgenommen werden, um Dissonanzen zwischen Psyche und Umwelt zu vermeiden, wenn ihre Verwirklichung nicht erreichbar ist. Sie können aber auch »nachwachsen«, wenn dauerhafte Chancen zur Realisierung der mit ihnen verbundenen Bedürfnisse bestehen. Insofern ist eine *lebenslange* Wertformierung und -änderung anzunehmen (vgl. ebd.). Des Weiteren analysieren Franz und Herbert (ebd.) die Bildungsabhängigkeit der Speyerer Werte bzw. Wertetypen. Sie nennen eine hohe Bildung als Ursache für die Ausbildung von Selbstverwirklichungswerten und umgekehrt eine niedrige Bildung als Grund für hohe Konventionswerte. In Bezug auf die Typologien arbeiten sie den Unterschied zwischen Idealisten und Realisten heraus, die zwar beide eine hohe Ausprägung von Selbstentfaltungswerten aufweisen, sich aber in den Konventionswerten unterscheiden. Demnach sind Idealisten eher unter Abiturienten und Akademikern, Realisten eher unter Personen mit Realschulabschluss zu finden (vgl. ebd., S. 70). Insgesamt gehen sie von einer zentralen Bedeutung schulspezifischer Erfahrungen im Hinblick auf die Werteentwicklung aus. Niedrige Bildungsabschlüsse sind auf Pflicht- und Akzeptanzwerte wirksam, da sie einschließen, dass Personen möglicherweise mit ihrem Platz im Leben zufrieden sind, auch wenn dieser sozial niedrig angesiedelt ist (wie bei den Konventionalisten). Sie können aber, wie bei den Resignierten, auch zu enttäuschten Erwartungen und Resignation nach Berufseintritt führen (vgl. ebd., S. 71). Als Hypothesen für die Wirkung einer hohen Schulbildung auf die Ausbildung erhöhter Selbstentfaltungswerte führen die Autoren an, dass durch erhöhte berufliche Ansprüche auch eine innere Ablösung von der Herkunftsfamilie einhergehen kann. Des Weiteren kann familiäres Alltagswissen kognitiv abgewertet werden, wenn verwissenschaftlichtes Wissen erworben wird. Damit geht möglicherweise ein Autoritätsverlust der Familie und ein Infragestellen der Legitimation von familiär vermittelten Pflicht- und Akzeptanzwerten einher. Die Vermittlung von theoretischem Wissen im Rahmen der höheren Schulbildung umfasst nicht die Vermittlung von Regeln und Erfordernissen der Arbeitswelt, die wiederum mit Pflicht- und Akzeptanzwerten verknüpft sind. Außerdem gibt es in Bildungsintitutionen keine Zwänge zur arbeitsteiligen Kooperation. Und schließlich ist das Lernen selbst »selbstbezogen«, die eigene Persönlichkeit ist Bezugssystem der Handlung (vgl. Franz und Herbert 1987a, S. 71). Auf Grundlage ihres Querschnittsdatenmaterials folgern Franz und Herbert, dass eine längere Verweildauer in höheren Bildungsinstitutionen Selbstenfaltungswerte fördert und dass diese dann mit länger andauernder Berufs- und Lebenserfahrung eine Synthese mit Pflicht- und Akzeptanzwerten eingehen können. Idealisten können also mit zunehmendem Alter und unter bestimmten Umständen (Gymnasial- oder Hochschulbildung) zu Realisten werden (vgl. ebd., S. 74 f.). Die zu beobachtende Beziehung zwischen beruflichem Erfolg und dem Wertetypus des Realisten beschreiben die Autoren als einen »Spiralprozess wechselseitiger Verstärkung« (ebd., S. 80). Durch die Wertsynthese sind Realisten gut gerüstet für die beruflichen Anpassungs- und Disziplinzwänge bei gleichzeitigen Eigenengagement-Erfordernissen. Treten dann berufliche Erfolge ein, führt dies zu der Verstärkung der Werthaltungsmuster (vgl. ebd.). Im Hinblick auf familiäre Einflussfaktoren zeigen sie, dass Verantwortungsübernahme in Familie und Beruf die Ausprägung von Selbstentfaltungswerten negativ beeinflusst. Sie führen diesen Umstand darauf zurück, dass bei fehlenden beruflichen oder familiären Verpflichtungen schlicht mehr Möglichkeiten zur Auslebung von Selbstentfaltung und Engagement vorhanden sind. Idealisten sind dementsprechend deutlich häufiger ledig und kinderlos, sie planen allerdings durchaus Kinder in der Zukunft – ein Umstand, der mit dem jungen Durchschnittsalter im Einklang steht. Im Gegensatz dazu sind Konventionalisten deutlich häufiger verheiratet und haben Kinder. Resignierte weisen einen erhöhten Anteil an verwitweten und geschiedenen Personen auf, was die Autoren als mit ursächlich für den Wertverlust dieses Typus ansehen (vgl. ebd., S. 75).

Zu dem Themenkomplex der Änderung der Wertetypen bzw. der Möglichkeit zum Wechsel der Zugehörigkeiten stellen Franz und Herbert (ebd.) ebenfalls Überlegungen an. Die Autoren sprechen in diesem Zusammenhang von einer biographischen Wanderungsbilanz zwischen den Wertetypen, die durch individuelle Veränderungen bei Möglichkeiten und Restriktionen in Bezug auf die

Werteverwirklichung beeinflusst werden (vgl. ebd., S. 89). Diese Möglichkeiten zur Werteverwirklichung wirken sich allerdings eher langsam, mit deutlich zeitverzögertem Effekt auf die Werthaltungen aus. Daneben schließen die Autoren allerdings auch die Variante einer durch besonders einschneidende Lebenserfahrungen bewirkten unmittelbare Wertänderung in ihre Überlegungen ein. Als mögliches Werttypus-Änderungsmuster nehmen sie an, dass Idealisten mit niedriger Schulbildung und damit kurzer Verweildauer im Bildungssystem die Selbstentfaltungswerte noch nicht so stark verinnerlicht haben. Daher kann insbesondere dieser Personenkreis nach familiären und beruflichen Veränderungen, die mit Verantwortungsübernahme verknüpft sind, zu Konventionalisten werden. Materielle und akzeptanzorientierte Werte werden dann aus Gründen der Daseinsvorsorge und der gezwungenermaßen erforderlichen Anpassung an berufliche Einschränkungen wichtiger. Außerdem reicht die Zeit, die zur Verwirklichung der Selbstentfaltungsziele nötig ist, schlicht nicht mehr aus (vgl. ebd., S. 90). Der Teil der Idealisten, der über eine hohe Schulbildung und erfolgreichere berufliche Erfahrungen verfügt, hat aber auch die Chance, zum Realisten »aufzusteigen«. Dies kann dann gelingen, wenn die vorhandenen Selbstentfaltungswerte durch die Pflicht- und Akzeptanzwerte ergänzt werden bzw. im Zeitverlauf zu einer Synthese verschmelzen. Typischerweise ist das nach den Autoren bei Idealisten mit Abitur und Hochschulausbildung zu erwarten (vgl. ebd.). Realisten mit für diesen Typus unterdurchschnittlichem Volksschulabschluss sind nicht generell davor gefeit, besonders in jungen Jahren in resignativen Wertverlust abzugleiten. Die Autoren vermuten als Ursachen für diesen, aus ihrer Sicht aber doch eher unwahrscheinlichen Fall, zumeist berufliche Misserfolgserfahrungen. Resignierte mit Realschulabschluss können den Wertverlust auch wieder auffangen, besonders, wenn sie in der zweiten Lebenshälfte Erfolge sammeln. Sie neigen dann allerdings eher zum Konventionalismus als zum Realismus, da vor allem Pflicht- und Akzeptanzwerte des Berufslebens aufgebaut werden (vgl. ebd.).

Im Gegensatz zu diesen Werttypus-Änderungsmustern, die in relativ frühen Lebensphasen, zumeist in der Übergangsphase von der Schule in das Berufsleben und der Phase der Familiengründung vonstatten gehen, sind auch Änderungen in späteren Lebensphasen möglich. Realisten können in fortgeschrittenem Lebensalter bei beruflicher Absicherung, wie sie im Berufsbeamtentum vorkommt, materielle Pflicht- und Akzeptanzwerte abbauen und zu Idealisten werden. Die Autoren vermuten, dass dies vorwiegend auf Personen zutrifft, die vor dem Eintritt ins Berufsleben schon eine ausgeprägt idealistische Werthaltung gehabt haben und diese beim Einstieg in das Berufsleben um die Akeptanzwertedimension erweitern. Nach den erreichten beruflichen Erfolgen kann man sich dann wieder Idealismus »leisten« (vgl. Franz und Herbert 1987a, S. 90 f.). Die Phase der Zugehörigkeit zu den Realisten mit der Wertsynthese wäre in diesem Fall eher eine Haltung des Konformismus. Ein anderer Teil der Realisten macht eventuell in der zweiten Lebenshälfte negative berufliche Erfahrungen, möglicherweise mit einem Karriereknick. Denkbar ist in diesem Fall auch das Gefühl des Ausgebrannt-Seins in Verbindung mit der Einsicht, beruflich keine weiteren Ziele mehr erreichen zu können. In diesen Fällen kann daraus ein Abbau der idealistischen Selbstentfaltungswerte erfolgen, so dass im Endergebnis aus diesen Realisten dann späte Konventionalisten werden (vgl. ebd., S. 91). Als letzte typische Änderungsmöglichkeit in späteren Lebensphasen beschreiben die Autoren die Wandlung von Idealisten zu Resignierten. Diese kann insbesondere bei schweren persönlichen Krisen auftreten, da Idealisten durch ihre fehlenden Akzeptanzwerte eine niedrige Hinnahmebereitschaft haben und deshalb Krisen schlechter verarbeiten können (vgl. ebd.).

2.2.3 Zusammenfassung

Die Gesamtschau der in den vorangegangenen Abschnitten vorgetragenen Erkenntnisse im Bereich der Entstehung bzw. des Erwerbs und der Änderung der individuellen Werthaltungen im Lebensverlauf offenbart eine große Unübersichtlichkeit und widersprechende Befunde. Einigkeit scheint darüber zu bestehen, dass in beiden Bereichen sowohl individuelle als auch soziale Einflussfaktoren eine bedeutende Rolle spielen. Bei der Entstehung individueller Werthaltungen ist man sich prinzipiell auch im Großen und Ganzen darüber einig, dass diese in den ersten beiden Lebensdekaden stattfindet. Unter diesem Aspekt scheint die Inglehart'sche Annahme des Werteerwerbs in den »formativen Jahren« nach wie vor recht plausibel zu sein. Zu berücksichtigen ist allerdings, dass in diesem Lebensabschnitt häufig zumindest drei spezifische Entwicklungsphasen, Kindheit, Jugend und frühes Erwachsenenalter, zusammengefasst werden, die im Hinblick auf Wertentstehung durchaus unterschiedliche Charakteristika aufweisen. Darüber, was genau in diesen formativen Jahren passiert und wie bzw. wann genau sich welche Werte entwickeln, ist in der Forschung bislang nicht hinreichend geklärt. Weder existiert ein gesichertes Modell der Entstehung von Werthaltungen, noch lassen sich einheitliche empirische Erkenntnisse finden, die ein bestimmtes, übergreifendes zeitliches Muster stützen. Die oben angeführte grobe Einteilung von Werten in selbstfokussierte und selbsttranszendierte Werte scheint im Hinblick auf die Entwicklung bei Kindern und Jugendlichen plausibel zu sein, ebenfalls die Annahme, dass in früher Kindheit zunächst selbstfokussierte Werte ausgebildet werden und im späteren Verlauf selbsttranszendierte, da hier bestimmte Voraussetzungen wie Empathiefähigkeit und formal-operatives Denken und Abstraktionsfähigkeit erfüllt sein müssen. Allerdings zeigt sich die zeitliche Eingrenzung dieser Entwicklungsphasen sehr schwierig und es existieren kaum einheitliche, sondern sich eher widersprechende empirische Befunde. Es ist anzunehmen, dass die Entwicklung der Werte interindividuell schon früh sehr unterschiedlich verläuft, und dass daher ein festes Stufenmodell empirisch schwer zu belegen ist. Wenn man die sozialen Umwelteinflüsse betrachtet, die bei der Wertentstehung eine Rolle spielen, so werden in der Forschung im Prinzip alle relevanten Sozialisationsinstanzen genannt, mit zum Teil ebenfalls widersprüchlichen Befunden. Als Einflussgröße mit besonderer Bedeutung werden häufig die elterlichen Werthaltungen genannt, allerdings auch hier mit uneinheitlichen empirischen Befunden. Insbesondere die (elterliche) Bildung und das Geschlecht scheinen einflussreich zu sein, wenngleich in diesem Bereich ebenfalls differierende Forschungsergebnisse vorliegen.

Wertänderungen im weiteren Lebensverlauf werden von den meisten Forscherinnen und Forschern für möglich und wahrscheinlich gehalten, aber gemeinhin doch in weniger starkem Ausmaß als in den ersten Lebensdekaden. Diese Auffassung ist zum einen bereits in der Konzeption von Werten angelegt, da sie zu allermeist als dauerhafte Grundüberzeugungen bzw. Ziele mit einer tiefen Verankerung in der Persönlichkeitsstruktur definiert werden (siehe Abschnitt 1), zum anderen wird sie durch eine Reihe von Entwicklungsannahmen gestützt. Zusammengefasst lässt sich sagen, dass relativ große Einigkeit darin besteht, dass jüngere Menschen aus verschiedenen Gründen stärker zu Veränderung neigen als ältere. Bezogen auf Werte mündet dies in der sogenannten *Aging-Stability-Thesis*, die eine (im allgemeinen monoton aber nicht-linear) zunehmende Wertstabilität im Altersverlauf postuliert. Über den genauen Zeitpunkt des Einsetzens der Stabilisierung im Erwachsenenalter hingegen herrscht wiederum Uneinigkeit. Wenn es unter bestimmten Umständen doch zu Wertänderungen nach den formativen Jahren kommt, so wird häufiger von einer Zunahme konservativer Werte gesprochen. Allerdings scheint auch diese *Aging-Conservativism-These* nicht hinreichend belegt zu sein, um allgemeine Gültigkeit beanspruchen zu können. Als

Umstände, unter denen es zu Wertänderungen kommen kann, werden zum einen kognitive Konflikte zwischen Handlungen, Einstellungen und Selbstwahrnehmung angeführt. Zum anderen werden auch bei Übereinstimmungen zwischen Handlungen und Selbst-Ideal Wertänderungen aufgrund von Verstärkungsprozessen für möglich gehalten. Einigkeit scheint wiederum darin zu bestehen, dass einschneidende Lebensereignisse als Auslöser für Wertänderungen nach der Jugendphase sehr wahrscheinlich sind. Beispielhaft seien Reifungsprozesse durch Verantwortungsübernahme (Familiengründung oder Berufseinstieg) genannt.

Die empirischen Untersuchungen der Speyerer Werteforschung lassen insgesamt den Schluss zu, dass Wertstrukturen zwar in der Jugendphase ausgebildet werden aber danach keinesfalls unverrückbar stabil bleiben. Eine höhere Bildung trägt in entscheidendem Ausmaß zu geringeren traditionellen Werten und stärkeren Selbstverwirklichungswerten bei. Dieser Effekt wird allerdings durch prägende Lebensereignisse, die mit familiären bzw. beruflichen Zwängen einhergehen, verhindert. Eine frühe Familiengründung bzw. der frühe Einstig in die Berufstätigkeit führt auch bei Menschen mit hoher Bildung zu stärkeren traditionellen bzw. konservativen Werten. Auch die Ausbildung einer Wertsynthese wird durch eine hohe Bildung positiv beeinflusst, wenn die in früheren Jahren erworbenen und durch Bildung begünstigten Selbstentfaltungswerte über positive Erlebnisse im Berufsleben mit Pflicht- und Akzeptanzwerten verknüpft werden. Eine niedrige Bildung erhöht dagegen das Risiko des Wertverlustes. Beruflicher Misserfolg wird gerade bei den Realisten mit geringerer Schulbildung als Risikofaktor für einen Wertverlust beschrieben. Auch das Gegenteil, die Auflösung des Wertverlustes durch berufliche Erfolge, wird für möglich gehalten. Die betroffenen Resignierten tendieren in diesem günstigen Fall durch die Ausbildung von berufsbezogenen Pflicht- und Akzeptanzwerten zum Konventionalismus. Des Weiteren kann auch die berufliche bzw. finanzielle Absicherung ein Auftreten von Idealisten begünstigen, indem bei vormaligen Realisten die Pflicht- und Akzeptanzwerte abgebaut werden, weil man es sich dann wieder leisten kann. Auch hier wird der gegenteilige Fall beschrieben, wenn durch negative berufliche Erfahrungen im Lebensverlauf bei Realisten und dem damit verbundenen Abbau idealistischer Werte lediglich Pflicht- und Akzeptanzwerte übrigbleiben und Wanderungsbewegungen zum Wertetyp der Konventionalisten verursachen. Auch die Idealisten sind nicht vor dem Werteverlust gefeit – dieser kann dann auftreten, wenn schwere persönliche Krisen auftreten und die Verarbeitung durch die bei den Idealisten fehlenden Akzeptanzwerte erschwert werden.

2.3 Untersuchungsleitende Fragestellungen und Arbeitsprogramm

Aus den in den vorangegangenen Abschnitten vorgestellten theoretischen Konzepten und empirischen Untersuchungen ergeben sich eine Reihe von Schlussfolgerungen und Befunden, die in dieser Arbeit überprüft werden sollen. Insbesondere die Erkenntnisse der Shell-Jugendstudien sind in diesem Zusammenhang bedeutsam, da sie die am besten vergleichbare Datengrundlage im Hinblick auf die Altersstruktur der befragten Personen verwenden. Nach einer Vorstellung der hier verwendeten Querschnitts- und Paneldaten, die Duisburger Jugendbefragungen entstammen (siehe Kapitel 3), einer Erläuterung der zur Anwendung kommenden statistischen Methoden (siehe Kapitel 4) und einer Darstellung der zumeist deskriptiven Ergebnisse von Grundauswertungen der verwendeten beschreibenden Merkmale im Bereich des Alltagslebens Jugendlicher (siehe Kapitel 5), erfolgt die inhaltliche Abhandlung in vier analytischen Kapiteln: Fragen nach der Struktur des Werteraumes wird in Kapitel 6 nachgegangen, die Analyse individueller Wertänderungen im Zeitverlauf erfolgt in Kapitel 7, die Untersuchungen unterschiedlicher Wertetypen in der Jugendphase werden in Kapitel 8 und die Analyse deren zeitlicher Entwicklung in Kapitel 9 vorgenommen.

Als leitende Fragestellung des Kapitels 6 steht zunächst die dimensionale Struktur des Werteraumes bzw. des Wertesystems bei Jugendlichen im Vordergrund. Die Speyerer Werteforschung postuliert in diesem Zusammenhang drei grundlegende relevante Wertedimensionen sowohl für Erwachsene als auch für Kinder und Jugendliche in Deutschland (siehe Abschnitt 2.1, insbesondere 2.1.3 und 2.1.4), die mit dem Speyerer Werteinventar gemessen werden können. Diese drei Dimensionen »Pflicht und Konvention«, »Kreativität und Engagement« sowie »Hedonismus und Materialismus« sind zu den Wertedimensionen und Arbeiten anderer Forscher anschlussfähig (vgl. Klages und Gensicke 2005), beispielsweise zu der Materialismus-Postmaterialismus-Dimension von Inglehart (1979) oder zu dem Wertekreis von Schwartz (1992). Auf der Basis eines alternativen Erhebungsintrumentes (Sinus-Items; siehe Abschnitt 6.1) und mit geeigneten Analysemethoden (konfirmatorische Faktorenanalysen; siehe Abschnitt 4.1.1) soll in dieser Arbeit daher zunächst überprüft werden, ob eine inhaltlich vergleichbare, dreifaktorielle Wertestruktur auch für die hier vorliegenden Daten angenommen werden kann (siehe Kapitel 6.2). In Bezug auf die Gestalt des Werteraumes bei Jugendlichen stellen die Autoren der Shell-Jugendstudien weiterhin die These auf, dass die Leitwerte des Lebens insgesamt für Jugendliche und Erwachsene gleich sind (Gensicke 2002, S. 146; siehe dazu auch Meulemann 1996, S. 59). Allerdings wird eingeschränkt, dass Jugendliche normative Orientierungen, Respekt vor Gesetz und Ordnung sowie Streben nach Sicherheit geringer, dagegen Selbstentfaltung, Kreativität und Lebensgenuss sowie Macht und Selbstdurchsetzung höher bewerten als Erwachsene, bei Fleiß und Ehrgeiz dagegen nur geringe Unterschiede existieren (Gensicke 2002, S. 146). Insbesondere das wieder größere Bekenntnis zur Leistung unter Jugendlichen wird in der Shell-Jugendstudie von 2002 als Zeichen der Annäherung an die Gesamtbevölkerung gedeutet (ebd., S. 147). Bei der dimensionalen Gestalt wird festgestellt, dass der Wert »Kreativität« nicht (mehr) auf dem Engagement-Faktor lädt, sondern auf dem Konventions-Faktor (ebd., S. 156 ff.). Insofern wird hier bereits auf der Ebene der Einzelwerte bzw. Wertedimensionen eine generelle Synthese von Konventionswerten mit Kreativitäts- und Engagementwerten angenommen (ebd., S. 159 f.), die sich nicht nur in einem Wertetyp widerspiegelt, sondern als Leitmotiv der gesamten Jugend gesehen wird. Diese Synthese zwischen Idealismus und Konventionalismus wird schon von vornherein angenommen und mit dem Schlagwort belegt: »Der soziale Idealismus ist pragmatisch geworden« (ebd., S. 160 f.). Die Scheidelinie liegt bei den Jugendlichen demnach also mittlerweile zwischen Hedonismus und Engagement, nicht mehr, wie in der »klassischen« Klages'schen Lesart zwischen Tradition und Engagement (ebd., S. 158 f.). Diese Befunde sollen ebenfalls mit Hilfe geeigneter dimensionsanalytischer und deskriptiver Methoden überprüft werden: Faktorenstruktur und -korrelationen sowie Ausmaß der Zustimmung zu den bzw. Ablehnung der Wertedimensionen werden herausgearbeitet (siehe Abschnitt 6.3).

Im Hinblick auf die zeitliche (Trend-)Entwicklung von Werten in der Jugend sprechen die Autoren der Shell-Jugendstudien von einer »Pragmatisierung« in dem Sinne, als dass leistungs-, macht- und anpassungsbezogene Wertorientierungen zu-, engagementsbezogene dagegen abnehmen (ebd., S. 152). Die Prioritäten der Jugendlichen verschieben sich hin zur Bewältigung konkreter und praktischer Probleme, weg von gesellschaftlichen Reformen, so wie es in den vorangegangenen Jahren eher der Fall gewesen ist. Das politisches Engagement wird aus dem jugendlichen Lebenskonzept gleichsam herausgedrängt (ebd.), daneben findet eine zunehmende Hinwendung zu hedonistischen Werten statt (ebd., S. 154). Nimmt man auf der Individualebene das Alter der Jugendlichen in den Blick, so lässt sich aber ein Reifungsprozess im Hinblick auf das Zunehmen von »Fleiß und Ehrgeiz« und »Sicherheit« mit zunehmendem Alter erkennen. Diesbezüglich wird in der Literatur von der Aging-Conservativism-These gesprochen, die allerdings bislang nicht zweifelsfrei nachgewiesen werden konnte. Auch diese Befunde sollen mit Hilfe zumeist deskriptiver Analysen im Trendvergleich nachgeprüft werden (siehe Kapitel 6.3).

Eine weitere grundlegende Erkenntnis der Shell-Jugendstudien ist, dass die Herkunft fast nichts über die Werthaltungen der Jugendlichen aussagt. Dagegen unterscheiden sie sich sehr wohl nach Geschlecht, Alter und nach sozialen Gruppen, wie zum Beispiel Schultypen und Berufsgruppen (ebd., S. 164 f.). Zwar ähneln sich die Werte zwischen den Geschlechtern eher als dass sie sich unterscheiden (ebd., S. 148), Frauen finden Respekt vor Gesetzt und Ordnung allerdings wichtiger als Männer (ebd.). Zwischen 2002 und 2006 haben sich die typischen Geschlechtsunterschiede sogar verstärkt, Frauen neigen eher den Sekundärtugenden zu, Männer eher dem Hedonismus (Gensicke 2006, S. 183). Auch bei der Frage nach dem sozialen Engagement ist ein Geschlechtsunterschied vorhanden. Allerdings kommen hier auch andere Aspekte zum Tragen: Der besser gestellte und besser gebildete Teil der Bevölkerung tendiert stärker zum Engagement für andere, der weniger gut gestellte Teil eher zum Materialismus (Gensicke 2002, S. 159). Eine höhere Bildung hat nach Franz und Herbert (1984, S. 75 ff.) einen negativen Effekt auf die Ausbildung traditioneller Werte und einen positiven Effekt auf die Ausbildung von Selbstverwirklichungswerten (siehe auch Klages 1985, S. 42). Bezogen auf die Wertetypen, deren Chrakteristika unten näher dargestellt werden, lässt sich an dieser Stelle bereits festhalten, dass unter den Idealisten vermehrt Mädchen zu finden sind, unter den Materialisten dagegen vermehrt Jungen (Gensicke 2006, S. 193). Diese Erkenntnisse sollen ebenfalls behandelt werden, indem Geschlechtsunterschiede in den vorliegenden Daten unter anderem mit Hilfe von *t*-Tests herausgearbeitet werden (Abschnitt 6.3). Darüber hinaus werden die Einflüsse weiterer soziodemographischer Merkmale (Schulbildung, Staatsangehörigkeit, soziale Lage) auf die Bewertung der Wertedimensionen mit Hilfe linearer Strukturgleichungsmodelle untersucht und ausgeführt (Abschnitt 6.4).

In Kapitel 7 wird die individuelle Stabilität und Änderung von Werten in der Jugendphase behandelt. Trotz der zum Teil widersprüchlichen und unzureichenden Befundlage soll von der weit verbreiteten und grundlegenden Annahme ausgegangen werden, dass sich Werte bzw. Werthaltungen erst im Laufe der Jugend herausbilden. Es sollte daher eine zunehmende Stabilisierung beobachtet werden können. Ebenfalls trotz unzureichender empirischer Befunde wird in dieser Arbeit darüber hinaus zunächst angenommen, dass die Entwicklung der Stabilität dabei je nach Wert unterschiedlich sein kann. Nach den oben angeführten Hinweisen scheint bei selbstfokussierten Werten eine frühere, bei selbsttranszendierten Werten eine spätere Stabilisierung erwartbar zu sein. Prinzipiell sollten eher gegen Ende der Jugendphase Werte als stabile Persönlichkeitsmerkmale nachzuweisen sein. In Abschnitt 7.2 werden dazu Latent-Stait-Trait-Modelle berechnet, die eine Überprüfung ermöglichen. Da von den meisten Forscherinnen und Forschern zwar eine prinzipiell zunehmende Stabilität bei Werten vermutet wird (Aging-Stability-Thesis), aber auch spätere Wertänderungen für wahrscheinlich gehalten werden, kann man von schwankenden Stabilitäten in der späteren Jugendphase – auf einem höheren Niveau als zu Beginn – ausgehen. Nach den obigen Ausführungen sind Auffälligkeiten im Verlauf der Stabilitäten bei einschneidenden Lebensereignissen zu vermuten. In der Jugend kommt dabei möglicherweise dem Altersabschnitt, in dem ein Übergang von der Schule in das Berufsleben stattfindet, eine besondere Bedeutung zu.

Die Untersuchung von Wertetypen im Jugendalter wird als zentrale Problemstellung des Kapitels 8 behandelt. In den Shell-Jugendstudien 2002 und 2006 werden, anders als in der klassischen Speyerer Werteforschung, lediglich vier relevante Wertetypen gebildet, die unter Weglassung des Politikfaktors auf den verbleibenden zwei Speyerer Wertedimensionen basieren: *pragmatische Idealisten* (Klages: Idealisten), *zögerliche Unauffällige* (Klages: Resignierte), *selbstbewusste Macher* (Klages: aktive Realisten, Träger der Wertynthese) und *robuste Materialisten* (Klages: Hedo-Materialisten). Der Typus der Konventionalisten, in der klassischen Speyerer Werteforschung ein Grundstein der Typologie, entfällt damit bei den Jugendlichen (vgl. Gensicke 2002, S. 160 f.). In beiden Untersuchungen werden die gleichen Typen gebildet (Gensicke 2006, S. 187) und deren Stichprobenanteile bleiben zwischen 2002 und 2006 mit maximal zwei Prozentpunkten Abweichung sehr konstant (ebd., S. 194). In der Shell-Jugendstudie von 2006 ist auf der Ebene der Wertetypen ein Rückgang der Unauffälligen bei der Gruppe der Jüngeren und eine Zunahme der Macher und Materialisten festzustellen. Die erwachsenen Jugendlichen hingegen präsentieren sich idealistischer und weniger materialistisch (ebd., S. 193). Neben den Fragen, welche Wertetypen in welcher Zahl und in welcher Größe bei Jugendlichen gefunden werden können (siehe Abschnitt 8.1), soll hier ebenfalls eine Überprüfung der zentralen Charakteristika der aus der Literatur bekannten Typen erfolgen, die mit den in unserer Untersuchung verwendeten deskriptiven Merkmalen vergleichbar sind (siehe Kapitel 8.2).

Für die *Konventionalisten*, die durch eine Hinwendung zu Pflicht- und Akzeptanzwerten bei unterdurchschnittlicher Ausprägung hedonistisch-materialistischer sowie idealistischer Engagementwerte gekennzeichnet sind, ist die Überprüfung bzw. der Vergleich aufgrund des Fehlens dieser Gruppe in den Shell-Jugendstudien schwieriger als bei den anderen vier Typen. Ganz allgemein lassen sich aber die folgenden Eigenschaften benennen, die hier ebenfalls analysiert werden sollen: Den Konventionalisten sind auch materielle Bedürfnisse wichtig, hedonistische Bedürfnisse werden dagegen eher in die Zukunft vertagt (vgl. Franz und Herbert 1986, S. 28). Sie lehnen es unter den Wertetypen am stärksten ab, ihr eigenes Leben zu verändern, überwiegend, da es ihnen gut geht (vgl. ebd., S. 39 ff.). Im Freizeitbereich neigen sie zu Aktivitäten im Familienkreis (vgl. Franz und Herbert 1984, S. 83, 1986, S. 77).

Idealisten, mit ihrer charakteristischen Zustimmung zu idealistischen Engagementwerten bei gleichzeitiger Ablehnung von hedonistisch-materialistischen Werten und Pflicht- und Akzeptanzwerten, neigten in frühen Untersuchungen durchaus zu einem Ausleben hedonistischer Bedürfnisse in der Gegenwart, dagegen aber zu der Verschiebung von Standardbedürfnissen in die Zukunft (vgl. Franz und Herbert 1986, S. 28). Idealisten weisen auch ein großes Bedürfnis nach einem hohen Lebensstandard bzw. der Verwirklichung von materiellen Werte auf, dieses wird nach prägenden Lebensereignissen sogar noch stärker. Die Autoren vermuten, dass sich die Idealvorstellungen auch auf materielle Bereiche auswirken, die Steigerung nach den angesprochenen prägenden Lebensereignissen kann als Frustrationkompensation gedeutet werden (vgl. ebd., S. 31 ff.). Idealisten wenden von allen Wertetypen das höchste Maß an Zeit für sich selbst auf und neigen zu einer intensiven Beschäftigung mit sich selbst, was von den Autoren als ein möglicher Hinweis auf Selbstzweifel gedeutet wird (vgl. ebd., S. 37). Sie haben im Vergleich die stärkste grundsätzliche Bereitschaft zu einer Veränderung des eigenen Lebens (vgl. ebd., S. 39 ff.). Idealisten zeigen vor allem Interesse an und einen hohen Aktivitätsgrad im Freizeitbereich mit einem ausgeprägten aktiven Profil und breit gefächerten Aktivitäten (vgl. Franz und Herbert 1984, S. 83, 1986, S. 77). Sie sind aufgrund ihrer idealistischen Einstellungen generell aber auch am unzufriedensten in vielen Lebens- und Erfahrungsbereichen (vgl. Franz und Herbert 1986, S. 46 ff.). Idealisten sind eher weiblich und unter Abiturienten und Akademikern zu finden (vgl. Franz und Herbert 1987a, S. 70; Gensicke 2002, S. 165 f.). Diesbezüglich folgern Franz und Herbert auf Grundlage ihres Querschnittsdatenmaterials, dass eine längere Verweildauer in höheren Bildungsinstitutionen Selbstentfaltungswerte fördern und dass diese dann mit länger andauernder Berufs- und Lebenserfahrung eine Synthese mit Pflicht- und Akzeptanzwerten eingehen können. Bei Idealisten besteht also mit zunehmendem Alter und unter bestimmten Umständen (Gymnasial- oder Hochschulbildung) die Möglichkeit, zu Realisten zu werden (vgl. Franz und Herbert 1987a, S. 74 f.). Als zweite Ursache für die Bildungsabhängigkeit werden die Bildungsinhalte selbst vermutet – ein Teil der höheren Bildung ist eben auch die Vermittlung von non-KON-Werten wie Selbstverwirklichung, gesellschaftliches Engagement und idealistische Lebensgestaltung (vgl. Franz und Herbert 1984, S. 78). Auch in den Shell-Jugendstudien ist ein positiver Einfluss der Schulbildung auf Idealisten zu beobachten (vgl. Gensicke 2002, S. 166, 2006, S. 194) – die ideellen Werte gehen mit Lernfreude einher (Gensicke 2006, S. 197), Idealisten weisen den zweithöchsten Wert bei Fleiß auf (Gensicke 2002, S. 162). Vermutlich ein Grund für diese Auffälligkeit ist der vergleichsweise hohe Bildungsstatus des Elternhauses bei Idealisten (ebd., S. 167). Die eigene Durchsetzungsfähigkeit ist ihnen hingegen nicht so wichtig (ebd., S. 162) und diese Wichtigkeit nimmt zwischen 2002 und 2006 sogar noch ab (Gensicke 2006, S. 192 f.). Idealisten erreichen in den Shell-Jugendstudien ihren höchsten Anteil bei den ältesten Jugendlichen (Gensicke 2002, S. 166), sind eher materiell begünstigt (ebd., S. 167) und am wenigsten in gewaltsame Auseinandersetzungen verwickelt (ebd., S. 178).

Die *Resignierten* bzw. *Unauffälligen* zeichnen sich durch eine unterdurchschnittliche Zustimmung zu allen Wertedimensionen aus. Da sie nur geringe Bedürfnisse haben oder diese in die Zukunft verschieben, liegt nach Franz und Herbert (1986, S. 28) eine Gleichgewichtslage auf einem niedrigem Bedürfnisniveau vor. Resignierte bzw. Unauffällige nehmen sich am wenigsten Zeit für sich selbst, was die Autoren als einen Ausdruck »innerer Leere« deuten (vgl. ebd., S. 37). Sie sind im Durchschnitt nicht bereit, ihr eigenes Leben zu ändern, hauptsächlich aber nicht, weil es ihnen so gut geht, sondern im Vergleich zwischen den Wertetypen am stärksten deshalb, weil es ihnen an Phantasie, Mut oder Zeit mangelt (vgl. ebd., S. 39 ff.). Sie weisen ein unterdurchschnittliches Informationsinteresse an vielfältigen Lebensbereichen auf (vgl. ebd., S. 46) und haben im Freizeitbereich keine ausgeprägten Interessen (vgl. ebd., S. 77), neigen hier gar zu einer eher passiven, visuellen Freizeitgestaltung (vgl. Franz und Herbert 1984, S. 83). In den Jugendstudien haben Unauffällige den niedrigsten Fleiß-Wert der untersuchten Gruppen (Gensicke 2002, S. 164) und die höchsten Anteile bei Schülerinnen und Schülern der Haupt- und Realschule (ebd., S. 166). Sie haben auffallend wenig Selbstvertrauen in die eigene Leistungsfähigkeit (ebd., S. 188) und ihre Durchsetzungsfähigkeit ist ihnen ebenfalls nicht wichtig (ebd., S. 162). Bei den Jugendlichen finden sich in dieser Gruppe vermehrt Männer (ebd., S. 165 f.) und jüngere Jugendliche, ihr Anteil nimmt im Vergleich der Altersgruppen allerdings kontinuierlich ab (bei der ältesten Gruppe dagegen wieder zu; ebd., S. 166). Dies wird als Reifungsprozess gedeutet, der Anstieg der Unauffälligen jedoch auch als Hinweis auf eine Reaktion älterer Jugendlicher auf bestimmte Lebenssituationen interpretiert, die sie als wenig chancenreich erleben und deshalb zum inneren »Rückzug« veranlasst.

Die *aktive Realisten*, in den Shell-Jugendstudien *selbstbewusste Macher* genannt, vereinen als Trägerinnen und Träger der Wertsynthese die Zustimmung zu Pflicht- und Akzeptanzwerten, hedonistisch-materialistischen Werten sowie idealistischen Engagementwerten. Sie werden prinzipiell als fähig beschrieben, mit starken Bedürfnissen leben zu können, ohne sie zurücknehmen zu müssen. Dies wird als Gleichgewichtslage auf einem hohen Bedürfnisniveau gesehen (vgl. Franz und Herbert 1986, S. 28). Besonders zwei Fähigkeit der Realisten werden von Franz und Herbert herausgestellt: Erstens die Fähigkeit, die eigene Durchsetzungsfähigkeit realistisch einordnen zu können, um Frustrationserfahrungen und Selbstüberschätzung zu vermeiden. Und zweitens die Fähigkeit, auf spätere materielle Belohnungen hinzuarbeiten, womit eine besonders hohe Leistungsmotivation einhergehen kann (vgl. ebd.). Dieser Wertetyp ist durch einen hohen Aktivitätsgrad charakterisiert, dem auch im Freizeitbereich breit gefächerte Aktivitäten wichtig sind (vgl. Franz und Herbert 1984, S. 83, 1986, S. 77). Realisten sind außerdem überdurchschnittlich bereit, ihr Leben zu ändern (vgl. Franz und Herbert 1986, S. 39 ff.) und haben ein überdurchnittliches Informationsinteresse an vielfältigen Lebensbereichen (vgl. ebd., S. 46). Zumindest im Erwachsenenbereich werden aktive Realisten unter anderem mit einem hohen Selbstbewusstsein, einem besonderen Maß an Lernbereitschaft sowie einem niedrigen Anomie-Niveau mit hoher Zufriedenheit in allen Lebensbereichen charakterisiert (vgl. Klages und Gensicke 2006, S. 340). Die Ergebnisse der Jugendstudien zeigen, dass auch die jugendlichen Träger der Wertsynthese, hier selbstbewusste Macher genannt, die Kluft zwischen Materialismus und Idealismus überwinden (Gensicke 2002, S. 161). Ihnen ist sowohl Fleiß als auch Genuss wichtig (ebd., S. 163) und sie haben ein großes Selbstvertrauen in die eigene Leistungsfähigkeit (ebd., S. 188) sowie eine positive Zukunftssicht (ebd., S. 189). Den Jugendlichen dieses Typus ist besonders ihre

Durchsetzungsfähigkeit, aber auch ihre Toleranz wichtig (Gensicke 2002, S. 162) und sie streben als Ziel die Übernahme verantwortlicher sozialer Rollen an (ebd., S. 187). Ideelle Werte gehen bei ihnen mit Lernfreude einher, materialistisch-hedonistische Werte mit vermehrter Wettbewerbsorientierung (Gensicke 2006, S. 197). Selbstbewusste Macher sind in der Schulform Gymnasium stark vertreten, aber auch bei den Auszubildenden (Gensicke 2002, S. 166), wohingegen in früheren Untersuchungen in dieser Gruppe eher Personen mit Realschulabschluss zu finden gewesen sind (vgl. Franz und Herbert 1987a, S. 70).

Die männlich geprägten *Hedo-Materialisten* weisen als charakteristisches Wertprofil die Hinwendung zu hedonistisch-materialistischen Werten bei gleichzeitiger Ablehnung von Pflicht- und Akzeptanzwerten sowie Werten des idealistischen Engagements auf. Gemäß dieser hedonistisch-materialistischen Grundorientierung bei fehlender konservativer Pflichtorientierung zeigt sich schon in den frühen Untersuchungen, dass die berufliche Tätigkeit in erster Linie als Mittel zum Geldverdienen gesehen wird (vgl. Herbert 1992b, S. 96 f., 1992a, S. 127). Auch in der Shell-Jugendstudie von 2006 wird festgestellt, dass materialistisch-hedonistische Werte bei den Materialisten mit vermehrter Wettbewerbsorientierung einhergehen (Gensicke 2006, S. 197). Hedo-Materialisten neigen zu Unzufriedenheit mit ihrer wirtschaftlichen Situation und positiv überhöhten Zukunftserwartungen bei gleichzeitiger politisch-konservativer Grundhaltung ohne Protestengagement und gesellschaftlichem Problembewusstsein (vgl. Herbert 1992b, S. 95 f., 1992a, S. 126 f.). Des Weiteren wird dieser Wertetypus durch eine hohe Freizeitorientierung bei gleichzeitig sehr geringem Arbeitsmotivationsniveau beschrieben (vgl. Herbert 1992b, S. 96 f., 1992a, S. 127). Dies zeigt sich auch in den Jugendstudien, denn Materialisten ist Hedonismus wichtig, nicht Fleiß (Gensicke 2002, S. 164). Folgerichtig haben die jugendlichen Materialisten vermehrt Schulstress, müssen häufig zur Nachhilfe, um ihre Versetzung bangen oder ein Schuljahr nachholen und können wegen schlechter Schulleistungen häufiger nicht den Ausbildungsplatz und ihre berufliche Perspektive erreichen (ebd., S. 167). Sie haben in der Schule ebenfalls Schwierigkeiten, mit den Leistungsanforderungen Schritt zu halten (ebd., S. 188 f.). Sowohl 2002 als auch 2006 findet sich besonders bei den Materialisten ein negativer Bildungseinfluss (vgl. Gensicke 2002, S. 166, 2006, S. 194). Materialisten sind daneben auch sonst in der im Vergleich sozial ungünstigsten Situation, Idealisten bilden dazu ihr Gegenstück (Gensicke 2002, S. 167). Die Autoren gehen sogar so weit, die robusten Materialisten als Gegenpol zu den pragmatischen Idealisten zu beschreiben, deren Distanz im Zeitvergleich eher noch zunimmt (vgl. Gensicke 2002, S. 161, 2006, S. 192 f.). Es liegen außerdem deutliche Hinweise vor, dass Materialisten von allen Wertetypen die höchsten Neigungen haben, soziale und legale Normen zu überschreiten, um materielle Bedürfnisse und Machtbedürfnisse zu befriedigen. Das schließt kriminelle Handlungen ein, ebenso den Einsatz von psychischer und physischer Gewalt (Gensicke 2002, S. 188 f.); die männlichen Materialisten sind von allen Wertetypen am häufigsten in gewaltsame Auseinandersetzungen verwickelt (Gensicke 2006, S. 197).

Analog zu der Frage der Entwicklung von Werten im Lebensverlauf, die, wie oben bereits angeführt, in Kapitel 7 behandelt wird, soll auch die Entwicklung von Werte*typen* und die sie bestimmenden Wertorientierungen bzw. individuellen Werthaltungen im Lebensverlauf untersucht werden. In Kapitel 9 steht dabei zunächst die Frage nach der Wertespezialisierung oder -generalisierung bzw. -synthese im Vordergrund, so wie sie sich über die Zugehörigkeit zu Wertegruppen auf verschiedenen Generalisierungsstufen ausdrückt. Im zeitlichen Trend-Vergleich der Querschnittsdaten kann überprüft werden, ob Wertetypen mit zunehmendem Alter Zulauf erfahren, die für Wertespezialisierung oder solche, die für Wertegeneralisierung bzw. Wertsynthese stehen (siehe Abschnitt 9.1). Zwar existieren keine vergleichbaren Untersuchungen und die von Klages vorgetragene These der zunehmenden Verbreitung der Wertsynthese, und damit der Realisten, muss nicht zwingend mit einer entsprechenden Entwicklung im Altersverlauf einhergehen. Dennoch steht eher zu vermuten, dass eine zunehmende gesellschaftliche Verbreitung der diesbezüglichen Wertetypen auch mit einer parallelen Zunahme im Altersverlauf korrespondiert. Man kann schließen, wenn die überaus positive Charakterisierung der Wertsynthese zutrifft, so sollten aus Sicht der Speyerer Werteforschung auch Reifungsprozesse im Altersverlauf eher zu einer Wertsynthese führen als zu dem Gegenteil einer Wertespezialisierung. Als Gegenhypothese lässt sich allerdings formulieren, dass mit der Herausbildung einer stabilen Werte-Persönlichkeit während der formativen Jahre auch eine fortschreitende Spezialisierung plausibel erscheint. Vermutet man zu Beginn der Jugendphase noch eher unbestimmte Werthaltungen, sind möglicherweise auch noch unterschiedliche oder sogar gegensätzliche Lebensziele bzw. Werte vorhanden. Mit einer zunehmenden entwicklungspsychologischen Stabilisierung könnte auch eine durch zunehmende Bewusstwerdung beeinflusste Schärfung und damit auch Spezialisierung des individuellen Werteprofils einhergehen. Auf Basis der Panel-Daten werden diese Fragen der individuellen Stabilität und des

Wandels von Werten behandelt, an dieser Stelle wird insbesondere auf die Frage der Entwicklung individueller Werte*kombinationen* bzw. Werthaltungen und die dadurch bedingten Zugehörigkeiten zu den Wertetypen abgehoben (siehe Abschnitt 9.2). Wie stabil sind die individuellen Wertetypenzugehörigkeiten im Längsschnitt? Geht man auch hier von der These einer im Verlauf der Jugendphase zunehmenden Stabilisierung aus, so sollten die Zugehörigkeiten stabiler werden. Im Rahmen von so genannten Mover-Stayer-Analysen können wir genau diese Fragestellungen bearbeiten. Daneben ist ebenfalls zu überprüfen, ob es bestimmte Muster in den Wanderungsbewegungen gibt, wenn Wertegruppenzugehörigkeiten im Laufe der Jugend wechseln. Von welchen Wertetypen wird in welche Wertetypen gewechselt? Zu vermuten steht, dass die korrelativen Beziehungen der Werte einen Einfluss haben, und dass Wanderungsbewegungen eher zwischen »benachbarten« Gruppen auftreten, Wechsel in inhaltlich »entfernte« Gruppen dagegen eher selten sind.

Abgeschlossen wird der Themenbereich der Wertetypenentwicklung in Abschnitt 9.3 mit einer Untersuchung dreier examplarischer Wertegruppen, die für die Entwicklungsprozesse der *Wertespezialisierung* (Konventionalisten), *Wertsynthese* (Realisten) und des *Werteverlusts* (Unauffällige) stehen. Mit Hilfe der Modellierung über die Latent-Transition-Analyse auf Basis der Paneldaten können die Einflüsse soziodemographischer Merkmale getestet und quantifiziert werden. Mit der Speyerer Werteforschung kann man vermuten, dass unter anderem eine hohe Bildung die Ausbildung der Wertsynthese positiv beeinflusst, eine niedrige Bildung das Risiko des Wertverlustes dagegen erhöht (vgl. Franz und Herbert 1987a, S. 74 f.). Daneben werden die Einflüsse der soziodemographischen Merkmale (Schulbildung, Staatsangehörigkeit, soziale Lage), die sich bereits in Abschnitt 6.4 als einflussreich erwiesen haben, überprüft. Im letzten Kapitel 10 der Arbeit erfolgt dann eine abschließende Gesamtbetrachtung und kritische Diskussion der Ergebnisse.

3 Erhebungsdesign und Datengrundlage

Die Daten für die hier vorgestellten Analysen stammen aus der von der DFG geförderten Panelstudie »Kriminalität in der modernen Stadt« (CRIMOC)[1], bei der, neben weiteren Datenerhebungen, in einjährigen Abständen seit dem Jahr 2002 an Duisburger Schulen Fragebogeninterviews im Klassenverband durchgeführt wurden (siehe Abbildung 3.1). Die Befragungen strebten mit je zwei Kohorten in den Jahren 2002 und 2003 eine Vollerhebung der Duisburger Schülerinnen und Schüler der siebten und achten bzw. neunten und zehnten Jahrgangsstufen an, in den darauffolgenden Jahren 2004 und 2005 wurde allerdings nur die jüngere Kohorte 1 weitergeführt. Da nach neun Schuljahren bereits ein Teil der Schülerinnen und Schüler die Schulen verlässt – betroffen sind insbesondere Haupt- und Sonderschulen, aber auch Gesamtschulen –, wurde im Jahr 2004 im Rahmen der Klassenraumbefragungen eine Adresserhebung der Befragten an den Schulen der genannten Schulformen durchgeführt, um die Erhebungen auch in den folgenden Jahren fortführen zu können. Im Jahr 2005 wurde diese Adresserhebung dann auf alle Schulen ausgeweitet und im weiteren Verlauf jährlich wiederholt. Auf Grundlage der realisierten Adresslisten bzw. deren Differenzen wurden die Jugendlichen, die 2005 nicht in den Schulen befragt werden konnten, wobei die Klassenraumbefragung immer noch die überwiegende Methode blieb, zu Befragungsterminen in verschiedene Jugendzentren eingeladen. Da trotz Incentivierung der Rücklauf noch nicht zufriedenstellend war, wurden nach dieser Maßnahme die bislang nicht erreichten Jugendlichen postalisch-schriftlich nachbefragt.[2] Nach der zehnten Jahrgangsstufe verlassen dann zusätzlich viele Schülerinnen und Schüler die Schulen, weshalb im Jahr 2006 der Erhebungsmodus bei den entsprechenden Personen direkt auf eine postalisch-schriftliche

1 Projektleitung: Prof. Dr. Klaus Boers, Institut für Kriminalwissenschaften, Westfälische Wilhelms-Universität Münster und Prof. Dr. Jost Reinecke, Fakultät für Soziologie, Universität Bielefeld.

2 In der älteren Kohorte 2 wurde diese Nachfassaktion im Jahr 2003 nicht durchgeführt, was in einem Absinken der Fallzahlen deutlich wird (vgl. Hilfert 2005, S. 18). Diese Erfahrungen führten zu dem geschilderten Vorgehen für die jüngere Kohorte 1 und resultierten in einer deutlich verbesserten Ausschöpfung.

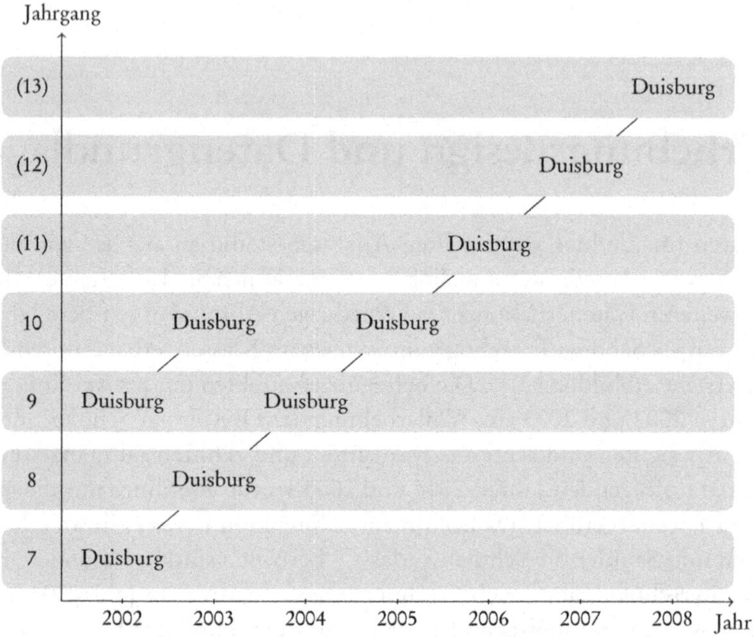

Abbildung 3.1: Erhebungen in Duisburg 2002 bis 2008

Befragung umgestellt wurde. Außerdem wurden in diesem Jahr einmalig Befragungen in den Kursen Duisburger Berufskollegs realisiert, in denen Abgänger aus den befragten Haupt- und Realschulen der vorhergehenden Wellen vermutet wurden. Da der Anteil der Jugendlichen, die noch eine Schule besuchten, weiter zurückging, wurden im Jahr 2007 deutlich mehr Personen postalisch befragt, daneben erfolgte in diesem Jahr erstmals eine zusätzliche Face-to-Face-Befragung als Nachfassaktion. Die darauffolgende Erhebung des Jahres 2008 fand dann ausschließlich schriftlich-postalisch, ergänzt durch einige Face-to-Face-Befragungen, statt. Detailliertere Darstellungen der einzelnen Erhebungen finden sich in den Berichten der Methodenreihe des Forschungsprojektes (vgl. Motzke und Brondies 2004; Brondies 2004; Hilfert 2005; Kunadt 2006; Bentrup 2007, 2009, 2010; siehe auch http://www.crimoc.org/).

3.1 Die Querschnittsdatensätze

An der ersten Erhebungswelle 2002 nahmen 40 von 56 infrage kommenden Duisburger Schulen teil (70 Prozent). In der realisierten Stichprobe ergaben sich für die jüngere Kohorte 1 (Jahrgangsstufe 7) 3411 verwertbare Interviews. Das entspricht einem Anteil von 87 Prozent der Schülerinnen und Schüler der teilnehmenden Schulen und 61 Prozent aller Duisburger Schülerinnen und Schüler der entsprechenden Alterskohorte. Der Datensatz der älteren Kohorte 2 (Jahrgangsstufe 9) beinhaltet 2627 verwertbare Interviews. Das entspricht 84 Prozent der Schülerinnen und Schüler, die eine der teilnehmenden Schulen besuchten und 50 Prozent aller Duisburger Neuntklässler. Die Fallzahlen der darauffolgenden Erhebungswellen liegen bei der jüngeren Kohorte 1 zwischen 3086 und 4548 mit Rücklaufquoten zwischen 84 und 92 Prozent, bezogen auf die Schülerinnen und Schüler der teilnehmenden Schulen.[3] Der 2003er Datensatz der älteren Kohorte 2 weist 2427 Fälle auf, was einer Rücklaufquote von 89 Prozent (bezogen auf die teilnehmenden Schulen) bzw. 52 Prozent (bezogen auf alle Duisburger Schülerinnen und Schüler der zehnten Jahrgangsstufe) entspricht (vgl. Motzke und Brondies 2004; Brondies 2004; Hilfert 2005; Kunadt 2006; Bentrup 2007, 2009, 2010).

In den genannten Querschnittsdatensätzen ist die Verteilung nach Geschlecht insgesamt annähernd ausgeglichen. Bei den Datensätzen der Jahre 2007 und 2008 lässt sich allerdings eine leichte Verzerrung bezüglich des Geschlechts bemerken: Die Bereitschaft, an der schriftlichen, postalischen Befragung teilzunehmen, war unter den weiblichen Befragten etwas höher (siehe Tabellen 3.1 auf der nächsten Seite und 3.2 auf Seite 131). Einen groben Überblick über den Migrationshintergrund der befragten Jugendlichen liefern die Antworten auf die Fragen nach dem Geburtsland und der Staatsangehörigkeit (genauer hierzu Pöge 2005a; Walburg 2007). Erwartungsgemäß zeigt sich im zeitlichen Verlauf besonders bei dem Geburtsland eine sehr hohe Stabilität. Da sich das Geburtsland mit der hier ausgewerteten Unterscheidung nach »Deutschland« und »nicht Deutschland« de facto nicht ändern konnte, sind die Antwortschwankungen (die sich nur durch fehlerhaftes Ausfüllen erklären lassen) sehr gering. Über alle Datensätze hinweg wurde demnach ein Anteil zwischen 86 und 89 Prozent der befragten Jugendli-

3 Die Quoten liegen zwischen 59 und 65 Prozent aller Duisburger Schülerinnen und Schüler. Die genannten Angaben beziehen sich nur auf die Datensätze der Erhebungszeitpunkte, in denen Erhebungen im Klassenverband durchgeführt wurden und mit Daten der offiziellen Schulstatistik verglichen werden konnten.

Tabelle 3.1: Querschnittsdatengrundlage (jüngere Kohorte 1, Duisburg 2002 bis 2008)

Erhebungsjahr	2002	2003	2004	2005	2006	2007	2008
Fallzahl (*n*)	3411	3392	3339	3405	4548	3336	3086
Jahrgangsstufe	7	8	9	10	(11)	(12)	(13)
Durchschnittsalter	13	14	15	16	17	18	19
Geschlecht							
Jungen (%)	50,7	50,2	49,0	50,4	49,8	47,0	47,1
Mädchen (%)	49,3	49,8	51,0	49,6	50,2	53,0	52,9
in Deutschland geboren							
ja (%)	89,1	88,0	87,8	87,2	86,3	87,7	88,0
nein (%)	10,9	12,0	12,2	12,8	13,7	12,3	12,0
Staatsangehörigkeit[a)]							
nur deutsch (%)	74,2	72,0	73,9	74,1	75,1	77,6	78,9
deutsch und türkisch (%)	—	2,3	1,5	0,9	0,9	0,8	0,8
deutsch und andere (%)	—	4,3	4,3	3,0	3,3	3,2	3,2
türkisch[b)] (%)	14,9	12,3	12,1	13,0	12,3	12,4	12,1
andere (%)	10,9	9,1	8,2	9,1	8,4	5,9	5,1
Schulform							
Gymnasium (%)	22,9	20,1	22,3	22,4	20,4	27,4	24,3
Gesamtschule (%)	31,3	31,6	32,0	33,3	16,4	18,8	14,9
Realschule (%)	23,7	23,7	23,0	22,2	—	—	—
Hauptschule (%)	22,0	24,7	22,7	22,1	—	—	—
Berufsschule (%)	—	—	—	—	63,2	39,8	40,1
keine Schule (%)	—	—	—	—	—	14,0	20,7

a) Erst ab 2003 gab es im Fragebogen die Aufforderung, bei zwei Staatsangehörigkeiten beide anzugeben.

b) Unter »türkisch« wurden auch die wenigen Fälle gefasst, die zusätzlich eine weitere nicht-deutsche Staatsangehörigkeit angegeben haben.

chen in Deutschland geboren. In der älteren Kohorte 2 liegt er dabei minimal und kaum interpretierbar unter dem der jüngeren Kohorte 1 (siehe Tabellen 3.1 und 3.2). Bei der Frage nach der Staatsangehörigkeit der befragten Personen ist zu berücksichtigen, dass erst ab dem Erhebungsjahr 2003 durch entsprechende Antwortvorgaben im Fragebogen die Möglichkeit eröffnet wurde, bei zwei vorhandenen Staatsangehörigkeiten auch beide angeben zu können. Insofern ist das Ergebnis des Jahres 2002 nicht direkt vergleichbar mit den übrigen Erhebungsjah-

Tabelle 3.2: Querschnittsdatengrundlage (ältere Kohorte 2, Duisburg 2002 bis 2003)

Erhebungsjahr	2002	2003
Fallzahl (*n*)	2627	2427
Jahrgangsstufe	9	10
Durchschnittsalter	15	16
Geschlecht		
Jungen (%)	49,7	48,5
Mädchen (%)	50,3	51,5
in Deutschland geboren		
ja (%)	85,7	85,6
nein (%)	14,3	14,4
Staatsangehörigkeit[a)]		
nur deutsch (%)	75,2	74,4
deutsch und türkisch (%)	—	1,2
deutsch und andere (%)	—	3,4
türkisch[b)] (%)	14,0	12,2
andere (%)	10,8	8,8
Schulform		
Gymnasium (%)	22,9	20,7
Gesamtschule (%)	33,0	37,4
Realschule (%)	16,5	15,9
Hauptschule (%)	27,7	26,0
Berufsschule (%)	—	—
keine Schule (%)	—	—

a) Siehe Anmerkung a) in Tabelle 3.1
b) Siehe Anmerkung b) in Tabelle 3.1

ren. Alles in allem liegt der Anteil der Jugendlichen mit ausschließlich deutscher Staatsangehörigkeit über alle Zeitpunkte hinweg zwischen 72 und 79 Prozent. Die größte Ausländergruppe kommt erwartungsgemäß aus der Türkei: In allen Jahren liegt der Anteil bei 12 bis 13 Prozent.[4] Im Jahr 2002 beträgt der Anteil rund 14 bzw. 15 Prozent, ist aber aufgrund der differierenden Abfrage nicht exakt zu vergleichen. In Bezug auf die nicht unkomplizierte Lage der doppelten Staatsbürgerschaften ist zu bemerken, dass lediglich 1 bis 2 Prozent der befragten

4 Aus Gründen der Vereinfachung wurden hier auch die sehr wenigen Personen erfasst, die die türkische und eine weitere, nicht-deutsche Staatsangehörigkeit besitzen.

Jugendlichen nach eigenen Angaben einen deutschen *und* einen türkischen Pass besitzen. Etwas höher, nämlich zwischen 3 und 4 Prozent, liegt der Anteil derjenigen, die eine deutsche und eine weitere, nicht-türkische Staatsangehörigkeit haben. Die restlichen 5 bis 9 Prozent (2002: 11 Prozent) entfallen auf befragte Jugendliche mit anderen Staatsangehörigkeiten. Betrachtet man die zeitliche Entwicklung, so lässt sich feststellen, dass von 2003 bis 2008 (jüngere Kohorte 1) der Anteil derjenigen mit ausschließlich deutscher Staatsangehörigkeit von 72 auf 79 Prozent ansteigt, während die Anteile derjenigen mit doppelten und anderen Staatsangehörigkeiten zurückgehen. Der Anteil derjenigen mit türkischem Pass bleibt konstant (siehe Tabellen 3.1 auf Seite 130 und 3.2 auf der vorherigen Seite). Hier steht zu vermuten, dass ein nicht unerheblicher Teil der Jugendlichen mit vormals anderer Staatsangehörigkeit eingebürgert wurde. Darüber hinaus scheinen sich einige der Jugendlichen mit doppelter Staatsangehörigkeit, vermutlich im Rahmen des sogenannten Optionsmodells, schon vor dem 23. Lebensjahr unter Aufgabe der nicht-deutschen für die deutsche Staatsangehörigkeit entschieden zu haben.

Bei einer Betrachtung der Verteilungen im Hinblick auf die Schulformen ist es sinnvoll, zumindest zwei Phasen zu unterscheiden: Zum einen die Phase der überwiegenden Klassenraumbefragungen im Zeitraum 2002 bis 2005 (siebte bis zehnte Jahrgangsstufe) und zum anderen die Phase der gemischten Erhebungsmethoden und schriftlich-postalischen Befragungen im Zeitraum 2006 bis 2008. Da im erstgenannten Zeitraum bis auf eine Ausnahme stets in denselben Schulen Daten erhoben wurden, ist die Stichprobenverteilung nach Schulform sehr stabil (siehe Tabellen 3.1 auf Seite 130 und 3.2 auf der vorherigen Seite). In der jüngeren Kohorte 1 entfällt von 2002 bis 2005 auf die Schulform Gymnasium ein Anteil von 20 bis 23 Prozent, auf die Schulform Gesamtschule ein Anteil von 31 bis 33 Prozent, auf die Realschule ein Anteil von 22 bis 24 Prozent und auf die Hauptschule ein Anteil von 22 bis 25 Prozent. Die Anteile aller weiteren Schulformen liegen unter je einem Prozent und sind daher in den Tabellen nicht ausgewiesen. Die Verteilungen in der älteren Kohorte 2 weichen leicht bis mittelstark von denen der jüngeren Kohorte 1 ab. Im Hinblick auf das Gymnasium sind sie mit Anteilen von 21 und 23 Prozent vergleichbar, der Anteil der Schülerinnen und Schüler der Gesamtschulen ist mit 33 und 37 Prozent erhöht, der Anteil der Realschülerinnen und Realschüler mit 16 bzw. 17 Prozent merklich geringer. Der Anteil der Hauptschülerinnen und Hauptschüler mit 26 und 28 Prozent ist wiederum im Vergleich leicht höher. Der gravierendste Unterschied im Bereich der Realschule ist hauptsächlich dadurch zu erklären, dass zum einen durch Entscheidungen der Schulleitungen teilweise in den Schulen aus organisatorischen Gründen nur die jeweils siebten und achten Klassen, nicht aber die neunten und zehnten befragt werden durften, zum anderen diese Klassen in Einzelfällen wegen Schulneugründungen noch nicht besetzt waren. In der zweiten Phase (2006 bis 2008), in der nur noch Daten der Kohorte 1 vorliegen, ist eine Betrachtung nach Schulform problematisch, da die Jugendlichen aus dem schulpflichtigen Alter herausgewachsen sind und in erheblichem Umfang die Schulen verlassen haben. Der Anteil derjenigen, die die gymnasiale Oberstufe auf einem Gymnasium oder einer Gesamtschule absolvieren, liegt zusammengenommen zwischen 37 und 46 Prozent. Das Erhebungsjahr 2006 kann dabei als Ausreißer betrachtet werden, da durch die einmalige Erhebung einer sehr großen Anzahl an Berufskollegs die Proportionen der Schulformverteilungen in diesem Erhebungsjahr deutlich verschoben sind. Der Umstand wird ebenfalls in der merklich erhöhten Fallzahl deutlich. So beträgt der Anteil der Jugendlichen, die ein solches Berufskolleg besuchen, im Jahr 2006 denn auch 63 Prozent, in den beiden Folgejahren dagegen lediglich 40 Prozent. Die übrigen Schulformen spielen so gut wie keine Rolle mehr. Erwartungsgemäß steigt der Anteil der Jugendlichen, die keine Schule mehr besuchen, zum Ende des betrachteten Zeitraumes an. Im Jahr 2007 liegt dieser Anteil bei 14, im Jahr 2008 schon bei 21 Prozent.

Um die Qualität der Daten zu beurteilen, werden in den oben bereits erwähnten Methodenberichten Analysen der Stichprobenzusammensetzungen vorgestellt. Dazu werden die Querschnittsdatensätze im Hinblick auf die zentralen Merkmale Alter, Geschlecht und Schulform mit den Daten der Schulstatistik verglichen, um eventuelle Verzerrungen aufzudecken. Dieser Vergleich ist für die Daten des Erhebungszeitraums 2002 bis 2005 realisierbar, danach entfällt die Möglichkeit, da viele Schülerinnen und Schüler wegen ihres Schulabgangs nicht mehr in der amtlichen Schulstatistik erfasst sind. Im Datensatz des Jahres 2002 zeigen die Untersuchungen in der Kohorte 1, also der siebten Jahrgangsstufe, dass im Vergleich zur amtlichen Schulstatistik die Realschulen leicht über- und die Gymnasien, Gesamtschulen und Sonderschulen leicht unterrepräsentiert sind. In Kohorte 2, der neunten Jahrgangsstufe, finden sich ebenfalls kleinere Differenzen. Die Gesamtschulen sind etwas unterrepräsentiert, die Hauptschulen überrepräsentiert. In beiden Jahrgängen liegen ebenfalls insgesamt nur sehr geringe Abweichungen vor, wenn man die Geschlechtsverteilungen, differenziert nach Schulform, zwischen der realisierten Stichprobe und der Schulstatistik vergleicht (vgl. Motzke und Brondies 2004, S. 18). In der Kohorte 1 (achte Jahrgangsstufe) des Jahres 2003 sind Haupt- und Realschülerinnen und -schüler leicht überrepräsentiert, Gymnasiastinnen und Gymnasiasten sowie Gesamtschülerinnen und -schüler leicht unterrepräsentiert. In Kohorte 2 (Jahrgangsstufe zehn) finden sich ebenfalls nur kleinere Differenzen: Es wurden in den Daten etwas mehr Haupt- und Realschülerinnen und -schüler und dafür etwas weniger Gymnasiastinnen und Gymnasiasten sowie Gesamtschülerinnen und -schüler erfasst. Im Hinblick auf Geschlecht und Schulform unterscheiden sich die Daten nicht wesentlich von der amtlichen Schulstatistik, lediglich die Gymnasien in der Stichprobe haben einen etwas höheren Mädchenanteil (vgl. Brondies 2004, S. 17 ff.). Auch im Querschnittsdatensatz aus dem Jahr 2004 sind im Vergleich zur amtlichen Schulstatistik nur geringfügige Verzerrungen in den untersuchten Variablenverteilungen zu beobachten. Die Haupt- und Realschulen sind etwas stärker vertreten, die Gymnasien und Gesamtschulen etwas schwächer. Im Hinblick auf Geschlecht und Schulform sind in diesem Jahr ebenfalls nur geringfügige Abweichungen, nämlich bei den Realschulen und den Gymnasien, festzustellen. Der Anteil der Mädchen ist in den genannten Schulformen im Vergleich zur Schulstatistik leicht erhöht (vgl. Hilfert 2005, S. 14 ff.). Der letzte Erhebungszeitpunkt, in dem ein Vergleich mit der amtlichen Schulstatistik sinnvoll stattfinden kann, ist das Jahr 2005, weil hier noch so gut wie alle Schülerinnen und Schüler in ihren Schulen befragt wurden. Die Daten dieses Jahres zeigen die Haupt- und Realschulen leicht über- und die Gymnasien sowie die Gesamtschulen leicht unterrepräsentiert. Die Verteilungen des Geschlechts und der Schulform weichen wie schon in den vorausgehenden Datensätzen nicht wesentlich von der amtlichen Schulstatistik ab. Leicht erhöht ist der Anteil der Jungen, die eine Hauptschule, der Anteil der Mädchen, die ein Gymnasium oder eine Realschule und der Anteil der Jungen, die eine Gesamtschule besuchen (vgl. Kunadt 2006, S. 22 ff.). Alles in allem kann man, bezogen auf die betrachteten Merkmale, von einer großen Übereinstimmung zwischen den Querschnittsdatensätzen der Jahre 2002 bis 2005 und den Daten der amtlichen Schulstatistik ausgehen. Für tiefergehende Analysen sei auch hier auf die einzelnen Berichte der Methodenreihe des Forschungsprojektes verwiesen (vgl. Motzke und Brondies 2004; Brondies 2004; Hilfert 2005; Kunadt 2006; Bentrup 2007, 2009, 2010; siehe auch http://www.crimoc.org/).

3.2 Der Paneldatensatz

Das Erhebungsdesign der Studie mit den jährlichen Wiederbefragungen derselben Kohorte (siehe Abbildung 3.1 auf Seite 128) verfolgt das Ziel, neben den Querschnittsdaten der einzelnen Erhebungszeitpunkte, auch längsschnittliche Paneldaten zu realisieren. Die Zuordnungen der zusammengehörigen Bögen zwischen den Erhebungswellen wurden dabei unter Zuhilfenahme eines Codeverfahrens realisiert, bei dem die Jugendlichen in jeder Welle erneut einen aus den Antworten zu verschiedenen Fragen gebildeten Code erstellen mussten (hierzu siehe ausführlich Pöge 2005b, 2008, 2011). Aus den mittels des Codes verbundenen Querschnittsdatensätzen lassen sich eine Reihe von Paneldatensätzen konstruieren, die sich durch die Anzahl ihrer »Lücken« pro Person unterscheiden. Gemeint sind hier komplett fehlende Werte einer Person (*unit nonresponse*) zu einem oder mehreren Erhebungszeitpunkten. Nicht in jedem Jahr konnte es nämlich gelingen, alle Personen aus dem Vorjahr wiederzubefragen oder über den Code zuzuordnen. Ursächlich ist dafür eine Vielzahl von Gründen. Beispielsweise nahmen, wiederum aus unterschiedlichsten Gründen, nicht alle Schülerinnen und Schüler an jeder Befragungswelle teil, so dass diese Daten in manchen Erhebungszeitpunkten fehlen. Auch fehlerhafte oder fehlende Angaben im jeweiligen Code machten eine Zuordnung zum Teil unmöglich, obwohl die Daten prinzipiell zur Verfügung gestanden hätten (siehe dazu genauer Pöge 2007a; Pollich 2010a). Insgesamt war es bei 1189 Fällen möglich, einen durchgehenden, siebenwelligen Paneldatensatz zu erstellen. Mit durchgehend ist hier gemeint, dass in diesem Datensatz nur vollständige und lückenlose Fälle enthalten sind. Diese Fallzahl entspricht einer Quote von knapp 35 Prozent der Ausgangserhebung im Jahr 2002. Deutlich sichtbar ist damit eine nicht unerhebliche Panelmortalität. Dieser Datensatz ist im Vergleich zu den Querschnittsdaten deutlich verzerrt: Der Anteil der weiblichen Personen ist beispielsweise zu jedem Erhebungszeitpunkt deutlich höher als der vergleichbare Anteil in den Querschnitten. Es steht darüber hinaus stark zu vermuten, dass auch andere Variablenverteilungen von den Verteilungen in den Querschnitten und der Grundgesamtheit abweichen (zum Sechs-Wellen-Paneldatensatz siehe dazu Pollich 2010a).

Aus den genannten Gründen wird in dieser Arbeit nicht der durchgehende, lückenlose Paneldatensatz mit lediglich 1189 Fällen verwendet, sondern ein Paneldatensatz, in dem jeder enthaltene Fall *mindestens an vier Erhebungszeitpunkten* teilgenommen haben muss bzw. diesen zuzuordnen ist. Diese Forderung ist

Tabelle 3.3: Paneldatengrundlage (Duisburg 2002 bis 2008)

Erhebungsjahr	2002	2003	2004	2005	2006	2007	2008
Fallzahl (*n*)	2957	2957	2957	2957	2957	2957	2957
Jahrgangsstufe	7	8	9	10	(11)	(12)	(13)
Durchschnittsalter	13	14	15	16	17	18	19
Geschlecht							
Jungen (%)	45,5	45,6	45,4	46,1	44,7	43,0	43,6
Mädchen (%)	54,5	54,5	54,6	53,9	55,3	57,0	56,4
in Deutschland geboren							
ja (%)	89,9	88,7	88,8	88,4	87,8	88,6	88,8
nein (%)	10,1	11,3	11,2	11,6	12,2	11,4	11,2
Staatsangehörigkeit[a)]							
nur deutsch (%)	77,0	74,7	76,1	76,9	78,8	79,2	80,9
deutsch und türkisch (%)	—	2,2	1,4	0,8	0,6	0,8	0,6
deutsch und andere (%)	—	4,2	4,0	2,9	3,1	3,5	3,2
türkisch[b)] (%)	13,0	11,6	11,3	12,0	11,6	11,3	10,7
andere (%)	10,1	7,3	7,3	7,3	6,0	5,3	4,6
Schulform							
Gymnasium (%)	25,7	22,5	23,6	24,1	30,0	29,3	27,5
Gesamtschule (%)	32,2	33,3	32,6	33,1	20,3	17,5	15,1
Realschule (%)	23,1	23,0	23,0	22,2	—	—	—
Hauptschule (%)	19,0	21,2	20,9	20,7	—	—	—
Berufsschule (%)	—	—	—	—	49,8	41,2	39,4
keine Schule (%)	—	—	—	—	—	11,9	17,9

a) Erst ab 2003 gab es im Fragebogen die Aufforderung, bei zwei Staatsangehörigkeiten beide anzugeben.

b) Unter »türkisch« wurden auch die wenigen Fälle gefasst, die zusätzlich eine weitere nichtdeutsche Staatsangehörigkeit angegeben haben.

geleitet von der Überlegung, dass nur die Fälle verwendet werden sollen, bei denen zumindest für die Hälfte der Zeitpunkte Daten zur Verfügung stehen. Der Datensatz, der sich dadurch ergibt, enthält $n = 2957$ Fälle (siehe Tabelle 3.3). Im Vergleich zu dem durchgehenden, lückenlosen Datensatz ist die Fallzahl erheblich größer und die Verzerrungen in den Verteilungen deutlich geringer. Trotzdem sind im Vergleich zu den Querschnittsdaten (siehe Tabelle 3.1 auf Seite 130) noch deutliche Differenzen zu erkennen. Während sich das Durchschnittsalter zu den einzelnen Erhebungszeitpunkten erwartbar nicht unterscheidet, sind bei der Geschlechtsverteilung Abweichungen feststellbar. Im Paneldatensatz sind zu allen Erhebungszeitpunkten weniger Jungen vertreten als in den korrespondierenden Querschnittsdaten. Die Unterschiede betragen dabei zwischen vier und fünf Prozentpunkte. Die Hauptursache für dieses Phänomen liegt vermutlich in der Tatsache, dass den Mädchen die Reproduktion des Codes, der für die Zuordnung elementar wichtig ist, deutlich besser gelang als den Jungen (siehe hierzu auch Pöge 2005b, 2008, 2011). Im vorliegenden Paneldatensatz geringfügig erhöht ist der Anteil der Jugendlichen, die in Deutschland geboren wurden, allerdings betragen die Unterschiede lediglich zwischen ein und zwei Prozentpunkte. Entsprechend fallen die Differenzen im Hinblick auf die Staatsangehörigkeit der befragten Personen aus. Der Anteil derjenigen mit alleiniger deutscher Staatsangehörigkeit ist in allen Zeitpunkten im Paneldatensatz leicht erhöht, die Differenz übersteigt hierbei jedoch nicht einen Wert von vier Prozentpunkten. Die Anteilswerte der weiteren Staatsangehörigkeiten bzw. ihrer Kombinationen weichen nur leicht, das heißt maximal zwei Prozentpunkte, von denen der Querschnittsdaten ab. Möglicherweise ist auch hier der Effekt zu erkennen, dass es den deutschen Jugendlichen geringfügig besser gelang, den Zuordnungscode zu reproduzieren. Bei der Betrachtung der Verzerrungen im Bereich der Schulform ist es wiederum sinnvoll, die Erhebungszeiträume 2002 bis 2005 und 2006 bis 2008 getrennt zu betrachten, da hier Unterschiede in den Befragungsdurchführungen vorliegen. Während des ersten Zeitraumes, in dem eine ausschließliche Befragung in den Schulen erfolgte, sind nur geringfügige Differenzen der Schulformanteile zwischen Panel- und Querschnittsdatensätzen zu beobachten. Im Panel etwas überrepräsentiert ist die Schulform Gymnasium und zwischen 2002 und 2004 auch die Schulform Gesamtschule, wobei die Abweichungen in allen Fällen unter einer Marke von drei Prozentpunkten liegen. Bei den Realschulen gibt es kaum Unterschiede, die Hauptschulen sind leicht unterrepräsentiert, wobei hier ebenfalls nur leichte Differenzen von maximal vier Prozentpunkten feststellbar sind. In diesem ersten Erhebungszeitraum lassen sich die dargestellten leichten Verzerrungen vermutlich ebenfalls über die unterschiedliche Fähigkeit zur korrekten Reproduktion des Zuordnungscodes erklären, die auch von kognitiven Fähigkeiten beeinflusst ist (vgl. Pöge 2005b, 2008, 2011). Betrachtet man nun den zweiten Erhebungszeitraum 2006 bis 2008, in dem der Befragungsmodus aufgrund des Schulabgangs vieler Jugendlicher umgestellt werden musste, so finden sich gerade im Bereich der Schulformen die insgesamt stärksten Verteilungsunterschiede zwischen Panel- und

Querschnittsdaten. Am gravierendsten stellt sich dies zum Erhebungszeitpunkt 2006 dar, der wegen der einmaligen Nacherhebung an Duisburger Berufsschulen als Ausreißer zu betrachten ist (siehe auch Abschnitt 3.1). Der Anteil der Jugendlichen, die eine Berufsschule besuchen, ist im Querschnittsdatensatz des Jahres 2006 deutlich höher als im korrespondierenden Zeitpunkt des Paneldatensatzes – die Differenz beträgt rund 13 Prozentpunkte. Dementsprechend höher sind dann die Anteile der beiden anderen verbliebenen Schulformen Gymnasium und Gesamtschule im Paneldatensatz. In den Jahren 2007 und 2008 stellen sich die Abweichungen wiederum deutlich geringer dar. Die Jugendlichen, die ein Gymnasium besuchen, sind im Panel leicht stärker, diejenigen, die eine Gesamtschule besuchen, im Jahr 2007 leicht geringer vertreten. Gleiches gilt für die Jugendlichen, die bereits von der Schule abgegangen sind und nun keine Schule mehr angeben – auch sie sind im Panel etwas weniger stark vertreten als in den Querschnittsdatensätzen. Die Anteile der Berufsschülerinnen und Berufsschüler unterscheiden sich in den Jahren 2007 und 2008 ebenfalls kaum noch zwischen Panel- und Querschnittsdatensätzen. Alle Differenzen betragen maximal drei Prozentpunkte. Der Grund für die Auffälligkeiten zum Erhebungszeitpunkt des Jahres 2006 ist vermutlich die Nachfassaktion an den Berufsschulen, die in den späteren Jahren nicht wiederholt wurde. Durch diesen Umstand sind wohl einige Jugendliche der Berufsschulen im Querschnittsdatensatz zusätzlich vorhanden (was auch an der deutlich erhöhten Fallzahl zu erkennen ist), die später nicht mehr an den postalischen Befragungen teilnahmen.

4 Statistische Methoden

In dieser Arbeit werden in den nachfolgend ausgeführten Untersuchungen zahlreiche statistische Analyseverfahren eingesetzt. In diesem Kapitel sollen die komplexeren multivariaten Verfahren mit den maßgeblichen Kennzahlen vorgestellt werden, auf die wiederholt Bezug genommen wird. In den Analysen der Kapitel 6 und 7 werden *lineare Strukturgleichungsmodelle* verwendet. Dieses variablenorientierte Verfahren wird deshalb in seinen Grundzügen in Abschnitt 4.1 vorgestellt, wobei neben der Behandlung des mathematischen Grundmodells ein besonderer Schwerpunkt auf der für den praktischen Einsatz besonders wichtigen Modellevaluation und den dazu nötigen Gütekriterien liegt. Daneben erfolgen in Kapitel 7 Betrachtungen, die sich auf die *Messinvarianz* der Konstrukte beziehen. Auch dort wird auf die Modellierung mit linearen Strukturgleichungsmodellen zurückgegriffen. Die Darstellung der verschiedenen Formen der Messinvarianz und der Möglichkeiten ihrer Überprüfung erfolgt in Abschnitt 4.2. Eine andere Richtung der Datenanalyse wird in Kapitel 8 verfolgt. Hier stehen Untersuchungen von Gruppen bzw. Typen im Vordergrund und als objektorientiertes Verfahren wird, neben anderen, die *Latent Transition Analysis* eingesetzt. Erläutert wird dieses Klassifizierungsverfahren in Abschnitt 4.3, wobei auch hier sowohl auf die mathematischen Grundlagen als auch besonders auf die Maßzahlen zur Modellbewertung eingegangen wird. Insgesamt werden für die unterschiedlichen statistischen Analysen die Statistik-Programme Stata 13 (StataCorp 2013), Mplus 6.12 (Muthén und Muthén 2010), Latent Gold 5.0 (Vermunt und Magidson 2005, 2013a) und das R-Paket Lavaan 0.5-15 (Rosseel 2012) eingesetzt. Die ausgewiesenen Versionsnummern entsprachen zum Zeitpunkt ihres Einsatzes dabei jeweils den aktuellen Programmversionen.

4.1 Lineare Strukturgleichungsmodelle

Mit Hilfe von linearen Strukturgleichungsmodellen können Hypothesen zu Ursache-Wirkungsbeziehungen zwischen Merkmalen geprüft werden. Die Ursprünge der linearen kausalen Modellierung gehen bis auf die 1960er Jahr zurück, die Grundzüge sogar bis auf die 1930er Jahre. Zunächst wurden vorwiegend noch sogenannte *Pfadmodelle* analysiert, die auf der Annahme von perfekten Messungen beruhen. Kurz darauf wurden jedoch Modelle entwickelt, die diese Annahme aufgaben, und es wurde eine Unterscheidung zwischen manifester Mess- und latenter Strukturebene eingeführt. Entscheidende Impulse erhielt die Entwicklung durch die Arbeiten von Jöreskog (1973), der ein wegweisendes Strukturgleichungsmodell und die Analysesoftware LISREL entwickelte (vgl. Reinecke 2014, S. 7 f.). Verallgemeinert ausgedrückt werden mit Hilfe dieser Modelle die Beziehungen zwischen Variablen auf *manifester* und auf *latenter* Ebene analysiert. Unterschieden wird hier zwischen abhängigen bzw. *endogenen* und unabhängigen bzw. *exogenen Variablen*. In der LISREL-Notation werden die endogenen manifesten Variablen mit y, die endogenen latenten Variablen mit η bezeichnet – die manifesten exogenen Variablen mit x, die latenten exogenen Variablen mit ξ (zur Notation siehe Tabelle A.5 auf Seite 466). Allgemein dienen bei der linearen kausalen Modellierung mit Strukturgleichungsmodellen die Populations-Varianzen (σ_i^2) und -Kovarianzen (σ_{ij}) der Variablen x und y als Grundlage, die in der Matrix $\boldsymbol{\Sigma}$ zusammengefasst und notiert werden:

$$\boldsymbol{\Sigma} = \begin{pmatrix} \sigma_{11} & \cdots & \cdots & \sigma_{1q} \\ \sigma_{21} & \sigma_{22} & \cdots & \sigma_{2q} \\ \vdots & & \ddots & \vdots \\ \sigma_{q1} & \cdots & \cdots & \sigma_{qq} \end{pmatrix} = \begin{pmatrix} \sigma_1^2 & \cdots & \cdots & \sigma_{1q} \\ \sigma_{21} & \sigma_2^2 & \cdots & \sigma_{2q} \\ \vdots & & \ddots & \vdots \\ \sigma_{q1} & \cdots & \cdots & \sigma_q^2 \end{pmatrix} . \tag{4.1}$$

4.1.1 Modellspezifikation

Messmodelle

Die Beziehungen zwischen den latenten und den manifesten Variablen werden in den sogenannten *Messmodellen* spezifiziert. Sie lassen sich im Rahmen der linearen Modellierung folgendermaßen beschreiben: Jede manifeste Variable x_{ji} bzw. y_{ji} mit j als Index der Variablenanzahl ($j = 1, \ldots, p$) und i als Index der Personen- bzw Fallzahl ($i = 1, \ldots, N$) lässt sich als Linearkombination aus einer oder mehreren latenten Variablen ξ_k bzw. η_k mit k als Index der Variablenanzahl ($k = 1, \ldots, m$) und einem Fehlerterm δ_{ji} bzw. ε_{ji} darstellen. Sowohl die x- bzw. y- als auch die ξ- bzw. η-Variablen werden im Grundmodell zunächst als standardisiert angenommen, das heißt, dass die Ausprägungen die Abweichungen zum jeweiligen Mittelwert repräsentieren. Für die exogenen Variablen x und ξ

gilt

$$x_{ji} = z_{ji} = \lambda_{j1}\xi_{1i} + \lambda_{j2}\xi_{2i} + \cdots + \lambda_{jm}\xi_{mi} + \delta_{ji} \tag{4.2}$$

$$= \sum_{k=1}^{m} \lambda_{jk}\xi_{ki} + \delta_{ji} , \tag{4.3}$$

wobei λ_{jk} die Regressionskoeffizienten bzw. Faktorladungen darstellen. In Matrizen- bzw. Vektorschreibweise gilt dann vereinfacht für das exogene Messmodell (vgl. Bollen 1989, S. 233)

$$\boldsymbol{x} = \boldsymbol{\Lambda}_x \boldsymbol{\xi} + \boldsymbol{\delta} , \tag{4.4}$$

mit $\boldsymbol{x}$ als Vektor der Ausprägungen der manifesten standardisierten x-Variablen eines Falles, $\boldsymbol{\Lambda}_x$ als Matrix der x-Faktorladungen, $\boldsymbol{\xi}$ als Vektor der Ausprägungen der latenten ξ-Variablen eines Falles und $\boldsymbol{\delta}$ als Fehlervektor bzw. Vektor der Residuen eines Falles. Betrachtet man die endogene Seite, gelten die Gleichungen 4.2 bis 4.3 für y, η und ε analog (siehe Gleichungen 4.52 bis 4.53 auf Seite 166). Vereinfacht wird notiert

$$\boldsymbol{y} = \boldsymbol{\Lambda}_y \boldsymbol{\eta} + \boldsymbol{\varepsilon} , \tag{4.5}$$

mit $\boldsymbol{y}$ als Vektor der manifesten y-Variablen, $\boldsymbol{\eta}$ als Vektor der latenten η-Variablen, $\boldsymbol{\Lambda}_y$ als Matrix der y-Faktorladungen und $\boldsymbol{\varepsilon}$ als Messfehlervektor bzw. Vektor der Residuen. Es gelten für beide Messmodelle die für Regressionsmodelle üblichen Annahmen, dass die Messfehler (δ und ε) einen Erwartungswert von null haben und die Faktoren (ξ und η) nicht mit den Messfehlern (δ und ε) korrelieren.

Konfirmatorische Faktorenanalyse

Werden auf der latenten Ebene keine weiteren Beziehungen zwischen den ξ- bzw. η-Variablen angenommen, so spricht man von *konfirmatorischen Faktorenmodellen* (CFA). Konfirmatorische Faktorenanalysen können als Strukturgleichungsmodelle betrachtet werden, bei denen lediglich die kausalen Beziehungen zwischen manifesten (*Indikatoren*) und latenten Variablen (*Faktoren*) beschrieben werden. Auf der latenten Strukturebene, das heißt zwischen den Faktoren, existieren zwar Kovarianzen bzw. Korrelationen, kausale Beziehungen zwischen ihnen werden jedoch nicht spezifiziert. Da die Variablen im Grundmodell standardisiert sind, enthalten die Varianz-Kovarianzmatrizen (siehe Gleichungen 4.1 und 4.11 auf Seite 143) deshalb die *Korrelationen* zwischen den entsprechenden Variablen. Für die Korrelationsmatrix R gilt

$$R = \frac{1}{n} Z'Z , \tag{4.6}$$

mit Z als Matrix der standardisierten Variablen bzw. *Standardwertematrix*. In Kombination mit der in den Gleichungen 4.4 auf der vorherigen Seite und 4.5 auf der vorherigen Seite dargestellten Beziehungen lässt sich das sogenannte *Fundamentaltheorem der Faktorenanalyse* herleiten: Die Kovarianzen bzw. Korrelationen der manifesten Variablen werden dergestalt zerlegt, dass sie sich über die Faktorladungen, Kovarianzen bzw. Korrelationen der Faktoren und Kovarianzen bzw. Korrelationen der Residuen folgendermaßen ausdrücken lassen

$$\boldsymbol{\Sigma}_{yy} = \boldsymbol{\Lambda}_y \boldsymbol{\Psi} \boldsymbol{\Lambda}'_y + \boldsymbol{\Theta}_\varepsilon . \tag{4.7}$$

Hier stellt $\boldsymbol{\Lambda}_y$ die Matrix der Faktorladungen, $\boldsymbol{\Psi}$ die Matrix der Kovarianzen bzw. Korrelationen zwischen den Faktoren und $\boldsymbol{\Theta}_\varepsilon$ die Matrix der Kovarianzen bzw. Korrelationen zwischen den Residuen dar. Für die exogene Seite gilt nach wie vor analog

$$\boldsymbol{\Sigma}_{xx} = \boldsymbol{\Lambda}_x \boldsymbol{\Phi} \boldsymbol{\Lambda}'_x + \boldsymbol{\Theta}_\delta , \tag{4.8}$$

wobei $\boldsymbol{\Sigma}_{xx}$ die Matrix der Kovarianzen bzw. Korrelationen zwischen den manifesten x-Variablen, $\boldsymbol{\Phi}$ die Matrix der Kovarianzen bzw. Korrelationen zwischen den Faktoren ξ und $\boldsymbol{\Theta}_\delta$ die Matrix der Kovarianzen bzw. Korrelationen zwischen den Messfehlern bzw. Residuen auf der exogenen Seite darstellen. Die weiteren Bezeichnungen gelten wie oben beschrieben.

Strukturmodell

Von vollwertigen Strukturgleichungsmodellen wird üblicherweise erst dann gesprochen, wenn zu der Formulierung der Messmodelle die Spezifikation von Beziehungen zwischen den latenten Variablen vorgenommen wird. Diese Beziehungen auf der latenten Ebene werden im sogenannten *Strukturmodell* beschrieben. Es hat die allgemeine Form

$$\boldsymbol{\eta} = \boldsymbol{B}\boldsymbol{\eta} + \boldsymbol{\Gamma}\boldsymbol{\xi} + \boldsymbol{\zeta} , \tag{4.9}$$

mit $\boldsymbol{B}$ als Matrix der Strukturkoeffizienten β, die die Beziehungen zwischen den latenten endogenen η-Variablen ausdrücken sowie $\boldsymbol{\Gamma}$ als Matrix der Strukturkoeffizienten γ, die die Beziehungen zwischen den latenten endogenen und exogenen η- und ξ-Variablen beschreiben. Der Vektor ζ enthält die Residuen der endogenen latenten Variablen ζ. Auch hier gelten die oben erwähnten Annahmen der Regressionsrechung, dass die Messfehler (ζ) einen Erwartungswert von null haben und nicht mit den Faktoren korrelieren. Die Varianzen bzw. Kovarianzen der Messfehler bzw. Residuen ζ werden als ψ, die der latenten unabhängigen ξ-Variablen als ϕ bezeichnet. Sie werden jeweils in den (hier nicht aufgeführten) Matrizen $\boldsymbol{\Psi}$ und $\boldsymbol{\Phi}$ angegeben.

4.1.2 Parameterschätzung

Wie oben bereits angeführt, sind die Populations-Varianzen und -Kovarianzen, die in der Matrix $\boldsymbol{\Sigma}$ zusammengefasst werden, die Grundlage für die Modellierung:

$$\boldsymbol{\Sigma} = \begin{pmatrix} \sigma_{11} & \cdots & \cdots & \sigma_{1q} \\ \sigma_{21} & \sigma_{22} & \cdots & \sigma_{2q} \\ \vdots & & \ddots & \vdots \\ \sigma_{q1} & \cdots & \cdots & \sigma_{qq} \end{pmatrix} = \begin{pmatrix} \sigma_1^2 & \cdots & \cdots & \sigma_{1q} \\ \sigma_{21} & \sigma_2^2 & \cdots & \sigma_{2q} \\ \vdots & & \ddots & \vdots \\ \sigma_{q1} & \cdots & \cdots & \sigma_q^2 \end{pmatrix}. \tag{4.10}$$

Da diese Populations-Varianz-Kovarianzmatrix $\boldsymbol{\Sigma}$ in der Regel unbekannt ist, wird sie über die bekannte *empirische* Varianz-Kovarianzmatrix $\boldsymbol{S}$ geschätzt (vgl. Reinecke 2014, S. 112 f.). In dieser Matrix sind die empirischen Varianzen (s_i^2) und Kovarianzen (s_{ij}) der bzw. zwischen den manifesten Variablen enthalten. Liegen in einem Modell q manifeste Variablen vor, so lässt sie sich folgendermaßen schreiben

$$\boldsymbol{S} = \begin{pmatrix} s_{11} & \cdots & \cdots & s_{1q} \\ s_{21} & s_{22} & \cdots & s_{2q} \\ \vdots & & \ddots & \vdots \\ s_{q1} & \cdots & \cdots & s_{qq} \end{pmatrix} = \begin{pmatrix} s_1^2 & \cdots & \cdots & s_{1q} \\ s_{21} & s_2^2 & \cdots & s_{2q} \\ \vdots & & \ddots & \vdots \\ s_{q1} & \cdots & \cdots & s_q^2 \end{pmatrix}. \tag{4.11}$$

Auf Grundlage dieser empirischen Matrix werden alle unbekannten Modellparameter (Faktorladungen, Messfehler, Varianzen der latenten Variablen usw.) geschätzt, was unter bestimmten Bedingungen möglich ist.[1] Man kann die zu

1 Zum einen muss die Anzahl der manifesten Variablen groß genug sein und zum anderen muss durch bestimmte Fixierungen eine Skalierung der latenten Variablen ermöglicht werden (vgl. Reinecke 2014, S. 94). Sind diese Bedingungen nicht erfüllt, ist das Modell unteridentifiziert.

schätzenden Parameter in Form eines Vektors $\boldsymbol{\pi}$[2] zusammenfassen.

Unter den oben angeführten Beziehungen lässt sich die Varianz-Kovarianzmatrix Matrix $\boldsymbol{\Sigma}$ als Funktion der Modellparameter ausdrücken ($\boldsymbol{\Sigma}(\boldsymbol{\pi})$). Differenziert man zwischen den Varianzen und Kovarianzen der x- und y-Variablen, enthält diese Matrix vier Teilmatrizen: $\boldsymbol{\Sigma}_{yy}$, $\boldsymbol{\Sigma}_{yx}$, $\boldsymbol{\Sigma}_{xy}$ und $\boldsymbol{\Sigma}_{xx}$, jeweils in Abhängigkeit der zu schätzenden Parameter bzw. des Parametervektors $\boldsymbol{\pi}$. Zusammengesetzt kann man sie notieren als

$$\boldsymbol{\Sigma}(\boldsymbol{\pi}) = \begin{pmatrix} \boldsymbol{\Sigma}_{yy}(\boldsymbol{\pi}) & \boldsymbol{\Sigma}_{yx}(\boldsymbol{\pi}) \\ \boldsymbol{\Sigma}_{xy}(\boldsymbol{\pi}) & \boldsymbol{\Sigma}_{xx}(\boldsymbol{\pi}) \end{pmatrix} . \tag{4.12}$$

Die Teilmatrizen, die die Varianzen und Kovarianzen zwischen den manifesten Variablen enthalten, können als Funktion der Parameter folgendermaßen ausgedrückt werden (für eine Herleitung siehe bspw. Bollen 1989; Reinecke und Pöge 2010, S. 787 f.):

$$\boldsymbol{\Sigma}(\boldsymbol{\pi}) =$$
$$\begin{pmatrix} \boldsymbol{\Lambda}_y(\boldsymbol{E}-\boldsymbol{B})^{-1}(\boldsymbol{\Gamma\Phi\Gamma}' + \boldsymbol{\Psi})[(\boldsymbol{E}-\boldsymbol{B})^{-1}]'\boldsymbol{\Lambda}_y' + \boldsymbol{\Theta}_\varepsilon & \boldsymbol{\Lambda}_y(\boldsymbol{E}-\boldsymbol{B})^{-1}\boldsymbol{\Gamma\Phi\Lambda}_x' \\ \boldsymbol{\Lambda}_x\boldsymbol{\Phi\Gamma}'[(\boldsymbol{E}-\boldsymbol{B})^{-1})]'\boldsymbol{\Lambda}_y' & \boldsymbol{\Lambda}_x\boldsymbol{\Phi\Lambda}_x' + \boldsymbol{\Theta}_\delta \end{pmatrix}, \tag{4.13}$$

mit $\boldsymbol{E}$ als Einheitsmatrix[3] und $\boldsymbol{\Theta}_\delta$ bzw. $\boldsymbol{\Theta}_\varepsilon$ als Varianz-Kovarianzmatrizen der Messfehler und allen weiteren Bezeichnungen wie oben angegeben. Häufig werden die Messfehler als unkorreliert vorausgesetzt, dies ist formal jedoch nicht nötig.

Ist das Modell bzw. sind die Modellparameter identifizierbar, ist das Ziel, sie möglichst »gut« oder »passend« zu bestimmen bzw. zu schätzen (siehe dazu Abschnitt 4.1.2). Liegt eine Lösung des Schätzproblems vor, so werden die sich ergebenden Parameter, das heißt, die tatsächlich geschätzen Parameter, in einem Vektor zusammengefasst und als $\hat{\boldsymbol{\pi}}$ notiert. Mit Hilfe dieser geschätzten Parameter bzw. auf Grundlage des geschätzten Parametervektors $\hat{\boldsymbol{\pi}}$ kann eine Varianz-Kovarianzmatrix »zurückgerechnet« werden. Diese *modellimplizite* Matrix wird

2 Die Bezeichnung entspricht der Mplus-Konvention. Andere Bezeichnungen sind ebenfalls üblich, so spricht beispielsweise Bollen (1989) vom Parametervektor $\boldsymbol{\theta}$, Reinecke (2014) von $\boldsymbol{\Theta}$.

3 Die Einheitsmatrix wird im angelsächsischen Bereich als *identity matrix* bezeichnet und mit $\boldsymbol{I}$ abgekürzt.

als $\boldsymbol{\Sigma}(\hat{\boldsymbol{\pi}})$ notiert und häufig mit $\hat{\boldsymbol{\Sigma}}$ abgekürzt. Ihre Gestalt ist folgendermaßen

$$\boldsymbol{\Sigma}(\hat{\boldsymbol{\pi}}) = \hat{\boldsymbol{\Sigma}} = \begin{pmatrix} \hat{\sigma}_{11} & \cdots & \cdots & \hat{\sigma}_{1q} \\ \hat{\sigma}_{21} & \hat{\sigma}_{22} & \cdots & \hat{\sigma}_{2q} \\ \vdots & & \ddots & \vdots \\ \hat{\sigma}_{q1} & \cdots & \cdots & \hat{\sigma}_{qq} \end{pmatrix} = \begin{pmatrix} \hat{\sigma}_{1}^{2} & \cdots & \cdots & \hat{\sigma}_{1q} \\ \hat{\sigma}_{21} & \hat{\sigma}_{2}^{2} & \cdots & \hat{\sigma}_{2q} \\ \vdots & & \ddots & \vdots \\ \hat{\sigma}_{q1} & \cdots & \cdots & \hat{\sigma}_{q}^{2} \end{pmatrix}. \tag{4.14}$$

Die Differenz zwischen der vorliegenden empirischen und der zurückgerechneten modellimpliziten Varianz-Kovarianzmatrix $(\boldsymbol{S} - \hat{\boldsymbol{\Sigma}})$ ermöglicht eine Beurteilung der Modellgüte[4]

$$\boldsymbol{S} - \hat{\boldsymbol{\Sigma}} = \begin{pmatrix} (s_{1}^{2} - \hat{\sigma}_{1}^{2}) & \cdots & \cdots & (s_{1q} - \hat{\sigma}_{1q}) \\ (s_{21} - \hat{\sigma}_{21}) & (s_{2}^{2} - \hat{\sigma}_{2}^{2}) & \cdots & (s_{2q} - \hat{\sigma}_{2q}) \\ \vdots & & \ddots & \vdots \\ (s_{q1} - \hat{\sigma}_{q1}) & \cdots & \cdots & (s_{q}^{2} - \hat{\sigma}_{q}^{2}) \end{pmatrix}, \tag{4.15}$$

Die einzelnen Einträge in der Matrix $\boldsymbol{S} - \hat{\boldsymbol{\Sigma}}$ werden auch als Residuen bezeichnet. Es gilt nun ganz allgemein: Ist die genannte Differenz gering, passt das Modell gut zu den Daten; je größer die Differenz ist, desto schlechter ist der Modellfit.

Je nach Komplexität des spezifizierten Strukturgleichungsmodells, müssen alle Modellparameter oder nur eine Teilmenge geschätzt werden. Das Ziel der Parameterschätzung besteht darin, den Parametervektor $\boldsymbol{\pi}$ so zu bestimmen, dass eine möglichst gute Modellanpassung gewährleistet wird. Es liegt nahe, dazu das oben schon erwähnte Kriterium der möglichst geringen Diskrepanz zwischen Populations-Varianz-Kovarianzmatrix, geschätzt über die empirische Varianz-Kovarianzmatrix, und der auf Schätzparameterbasis zurückgerechneten modellimpliziten Varianz-Kovarianzmatrix heranzuziehen $(\boldsymbol{S} - \hat{\boldsymbol{\Sigma}})$. Um dieses Ziel zu erreichen, wurden eine Reihe von *Diskrepanzfunktionen F* entwickelt, die das genannte Kriterium der Differenz zwischen $\boldsymbol{S}$ und $\hat{\boldsymbol{\Sigma}}$ in unterschiedlicher Weise bestimmen bzw. berücksichtigen. Grundsätzlich basieren diese Diskrepanzfunktionen $F(\boldsymbol{S}, \boldsymbol{\Sigma}(\boldsymbol{\pi}))$ auf der empirischen $\boldsymbol{S}$ und der modellimpliziten Varianz-Kovarianzmatrix in Abhängigkeit der Parameter $\boldsymbol{\Sigma}(\boldsymbol{\pi})$. Betrachtet man eine bestimmte Lösung mit Schätzungen des Parametervektors $\hat{\boldsymbol{\pi}}$, so kann man

4 Auch hier ist eigentlich die Differenz zwischen der Populations-Varianz-Kovarianzmatrix und der modellimpliziten Matrix $(\boldsymbol{\Sigma} - \hat{\boldsymbol{\Sigma}})$ zu betrachten, wenn eine inferenzstatistische Absicherung erfolgen soll (vgl. Reinecke 2014, S. 112 f.).

$\Sigma(\pi)$ durch $\Sigma(\hat{\pi})$ bzw. $\hat{\Sigma}$ ersetzen. Um konsistente Schätzer für π zu erhalten, werden folgende Anforderungen an die Funktionen gestellt (vgl. Bollen 1989, S. 106):

1. $F(S, \Sigma(\pi))$ ist ein Skalar,
2. $F(S, \Sigma(\pi)) \geq 0$,
3. $F(S, \Sigma(\pi))$ ist nur dann gleich null wenn $\Sigma(\pi) = S$ und
4. $F(S, \Sigma(\pi))$ ist kontinuierlich in S und $\Sigma(\pi)$.

Bekannte Diskrepanzfuntionen sind die *Unweighted-Least-Squares-* (ULS)[5], *Generalized-Least-Squares-* (GLS)[6], *Weighted-Least-Squares-* (WLS)[7] und die *Maximum-Likelihood-Diskrepanzfunktion* (ML)[8]. Diese Diskrepanzfunktionen müssen in der Praxis iterativ minimiert werden – häufig kommt dabei der *Expectation-Maximization-Algorithmus* (EM-Algorithmus) zum Einsatz (Dempster et al. 1977). Die wohl bekannteste und am häufigsten verwendete Diskrepanzfunktion ist die *Maximum-Likelihood-Funktion* (ML-Funktion; siehe bspw. Gautschi 2010), die von Jöreskog (1979, S. 47) folgendermaßen angegeben wird (siehe auch Reinecke 2014, S. 101; Bollen 1989, S. 107)

$$F_{\text{ML}}(\pi) = \ln|\Sigma(\pi)| + \text{tr}\left(S\Sigma^{-1}(\pi)\right) - \ln|S| - (p+q)\,, \tag{4.16}$$

mit den Bezeichnungen $\text{tr}(\cdot)$ für die *Spur* (Summe der Hauptdiagonalelemente einer quadratischen Matrix) und $|\cdot|$ für die *Determinante* einer Matrix und $(p + q)$ als Anzahl der x- und y-Variablen. Diese Funktion liefert genau dann null als Funktionswert, wenn die empirische mit der modellimpliziten Varianz-Kovarianzmatrix übereinstimmt ($\hat{\Sigma} = S$). In Gleichung 4.16 substituieren wir

5 Die ULS-Schätzung minimiert die Hälfte der Quadratsumme jedes Elements der Residualmatrix $S - \hat{\Sigma}$. Hier bestehen deutliche Ähnlichkeiten zum bekannten Verfahren der OLS-Schätzung aus der Regressionsrechnung, bei der die Quadratsumme der Residuen minimiert wird.

6 Die GLS-Schätzung ist ähnlich zur ULS-Schätzung, nur dass hier die Elemente der Residualmatrix $S - \hat{\Sigma}$ auf Grundlage ihrer Varianzen und Kovarianzen mit den anderen Elementen gewichtet werden.

7 Die WLS-Schätzung berücksichtigt ebenfalls eine Gewichtung, die aber auf den höheren Momenten der multivariaten Verteilungen der Elemente von S beruhen und somit die Verteilungen der Variablen stärker einbezieht.

8 Die ML-Schätzung basiert auf der Strategie, mit der Bestimmung der Schätzparameter die Wahrscheinlichkeit zu maximieren, dass die Verteilungen der Parameter möglichst gut mit den Verteilungen der beobachteten Werte übereinstimmen. Anders ausgedrückt sollen die Parameter gefunden werden, deren Anwendung zu Schätzwerten führt, die die Wahrscheinlichkeit der Beobachtungsvariablen maximieren (vgl. Gautschi 2010, S. 207).

zunächst $\boldsymbol{\Sigma}(\boldsymbol{\pi})$ durch $\boldsymbol{\Sigma}(\hat{\boldsymbol{\pi}})$ bzw. $\hat{\boldsymbol{\Sigma}}$. Unter der Annahme $\hat{\boldsymbol{\Sigma}} = \boldsymbol{S}$ gilt dann zum einen $\ln|\hat{\boldsymbol{\Sigma}}| - \ln|\boldsymbol{S}| = \ln|\boldsymbol{S}| - \ln|\boldsymbol{S}| = 0$ und zum anderen $\mathrm{tr}(\boldsymbol{S}\hat{\boldsymbol{\Sigma}}^{-1}) = \mathrm{tr}(\boldsymbol{S}\boldsymbol{S}^{-1}) = \mathrm{tr}(\boldsymbol{E}) = (p+q)$. Die genannte Einheitsmatrix hat in diesem Fall nämlich ebenso viele Elemente (Einsen) auf der Hauptdiagonalen, wie Variablen $(p+q)$ vorhanden sind.

Für den Fall von G multiplen Gruppen und der Berücksichtigung der Mittelwerte kann Gleichung 4.16 erweitert werden zu (vgl. Muthén 2004, S. 17)

$$F_{\mathrm{ML}}(\boldsymbol{\pi}) = {}^1\!/\!_2 \sum_{g=1}^{G} \frac{1}{n} \left\{ n_g [\ln|\boldsymbol{\Sigma}_g| + \mathrm{tr}(\boldsymbol{\Sigma}_g^{-1}\boldsymbol{T}_g) - \ln|\boldsymbol{S}_g| - (p+q)] \right\} \tag{4.17}$$

mit

$$\boldsymbol{T}_g = \boldsymbol{S}_g + (\bar{\boldsymbol{v}}_g - \boldsymbol{\mu}_g)(\bar{\boldsymbol{v}}_g - \boldsymbol{\mu}_g)' \,. \tag{4.18}$$

Hierbei bezeichnet $\bar{\boldsymbol{v}}_g$ den Gruppen-Mittelwertvektor der manifesten x- und y-Variablen, die in einem Vektor zusammengefasst werden: $\boldsymbol{v}_{gi} = (\boldsymbol{y}'_{gi}, \boldsymbol{x}'_{gi})'$. Der Erwartungswert von $\boldsymbol{v}_{gi}$ entspricht dabei dem wahren Gruppenmittelwert $\boldsymbol{\mu}_g$; es gilt $\boldsymbol{\mu}'_g = E(\boldsymbol{v}_{gi})$. Werden in einem Modell keine Annahmen bezüglich der Struktur des Mittelwertvektors $\boldsymbol{\mu}$ getroffen, können die entsprechenden Terme in Gleichung 4.17 weggelassen werden. Sie verkürzt sich dann zu der oben angeführten Gleichung 4.16 (Browne und Arminger 1995, S. 191). Allgemein ist F_{ML} eine Transformation der logarithmierten Likelihood-Funktion (L), bezeichnet als *Log-Likelihood-Funktion* ($\ln(L)$ oder LL). Die Likelihood-Funktion ergibt sich unter den in der Praxis unrealistischen Annahmen der multivariaten Normalverteilung und Unabhängigkeit der Variablen als Produkt der einzelnen Wahrscheinlichkeitsdichten (vgl. bspw. Kaplan 2009, S. 24 ff.). Die Beziehung der Maximum-Likelihood- zur Log-Likelihood-Funktion lässt sich unter der Nullhypothese ($\mathrm{H_0}$: $\boldsymbol{\Sigma} = \boldsymbol{\Sigma}(\boldsymbol{\pi})$ bzw. $\boldsymbol{\Sigma} - \boldsymbol{\Sigma}(\boldsymbol{\pi}) = 0$), das heißt, dass die Populations-Varianz-Kovarianz $\boldsymbol{\Sigma}$ die Struktur des spezifizierten Modells besitzt und der Alternativhypothese ($\mathrm{H_A}$: $\boldsymbol{\Sigma} \neq \boldsymbol{\Sigma}(\boldsymbol{\pi})$ bzw. $\boldsymbol{\Sigma} - \boldsymbol{\Sigma}(\boldsymbol{\pi}) \neq 0$), dass $\boldsymbol{\Sigma}$ irgendeiner beliebigen symmetrischen und positiv definiten Matrix entspricht (Modell mit unrestringiertem Mittelwertvektor $\boldsymbol{\mu}$ und unrestringierter Varianz-Kovarianzmatrix), wie folgt angegeben[9]

$$F_{\mathrm{ML}}(\boldsymbol{\pi}) = -\frac{\ln(L_0)}{n} + \frac{\ln(L_\mathrm{A})}{n} \,. \tag{4.19}$$

Die Parameterschätzung selbst ist dabei – im Gegensatz zu den Standardfehlern

9 Genauer hierzu und zur Herleitung der Formel 4.17 siehe Muthén (2004, S. 21)

und den unten näher besprochenen χ^2-Tests – bei hinreichend großen Stichproben relativ robust gegenüber Verletzungen der Annahmen (vgl. Boomsma 1988). Es existieren zwar keine exakten Schwellenwerte für hinreichend große Stichproben, als Faustregel kann jedoch $n = 200$ gelten.

Enthält der Vektor $\boldsymbol{\pi}$ nach der Minimierung der Funktion die Schätzungen der Parameter unter Gültigkeit der Nullhypothese, wird er durch einen Zirkumflex gekennzeichnet ($\hat{\boldsymbol{\pi}}$). Bei hinreichend großen Fallzahlen (Faustregel: $n = 200$) kann dann aus dem Minimum der Funktion (Gleichungen 4.17 bis 4.18 auf der vorherigen Seite) mit dem geschätzten Parametervektor $\hat{\boldsymbol{\pi}}$ eine χ^2-Statistik für die Modellevaluation konstruiert werden. Es ist prinzipiell möglich, damit zu prüfen, ob die Populations-Varianz-Kovarianzmatrix $\boldsymbol{\Sigma}$ die Struktur des spezifizierten Modells besitzt (Nullhypothese). Als Alternativhypothese gilt dann wiederum, dass $\boldsymbol{\Sigma}$ irgendeine beliebige symmetrische und positiv definite Matrix ist. Aufgrund der Konstruktion der Maximum-Likelihood-Diskrepanzfunktion (Gleichung 4.17 auf der vorherigen Seite) lässt sich die Teststatistik direkt aus dem Funktionswert des Minimums dieser Funktion bestimmen[10]

$$2 \cdot n \cdot F_{\text{ML}}(\hat{\boldsymbol{\pi}}) = \chi^2_0 \,. \tag{4.21}$$

Die zugehörigen Freiheitsgrade (df_0) werden über die Differenz zwischen der Anzahl der Einträge der empirischen Varianz-Kovarianzmatrix und der Anzahl der frei zu schätzenden Parameter (*free parameters*) r_0 ermittelt: $\text{df}_0 = \frac{1}{2} \cdot (p + q)(p + q + 1) - r_0$, bei $p + q$ Variablen.[11] Liefert der Test einen signifikanten χ^2-Wert als Differenz, so muss die Nullhypothese abgelehnt werden. Die Populations-Varianz-Kovarianzmatrix $\boldsymbol{\Sigma}$ hat dann nicht exakt die Struktur des spezifizierten Modells. Insgesamt spielt diese χ^2-Statistik bei der Bewertung der Modellgüte ein zentrale Rolle. Da sie aber, im Gegensatz zu den geschätzten Parametern selbst, nicht robust gegen Verletzung der Annahmen, insbesondere der

10 Verwendet man die einfachere Formel 4.16 auf Seite 146, so berechnet sich der χ^2-Wert mit (vgl. Jöreskog 1979, S. 47; Reinecke 2014, S. 113)

$$(n - 1) \cdot F_{\text{ML}}(\hat{\boldsymbol{\pi}}) = \chi^2 \,. \tag{4.20}$$

Für nähere Erläuterungen, weshalb in Formel 4.21 n statt $n - 1$ verwendet wird, siehe Muthén (2004, S. 21 f.) und Browne und Arminger (1995, S. 191 f.).

11 Bei Modellen, die die Mittelwertstrukturen berücksichtigen, werden nochmals $p + q$ Mittelwerte der manifesten Variablen hinzugezählt ($\text{df}_0 = \frac{1}{2} \cdot (p + q)(p + q + 3) - r_0$; Mplus-Standard). Die Anzahl der frei zu schätzenden Parameter erhöht sich dann allerdings auch um die Zahl der zu schätzenden Mittelwerte bzw. Intercepts.

Multinormalverteilungsannahme ist (Jöreskog 1979, S. 48), und darüber hinaus von der Stichprobengröße abhängt, kann sie in der Praxis häufig nur beschränkt eingesetzt werden (siehe dazu genauer die Ausführungen in Abschnitt 4.1.3).

Die Standardfehler für die geschätzten Parameter, die für Signifikanztests der einzelnen Parameter wichtig sind, werden bei der Maximum-Likelihood-Schätzung über die sogenannte *Fisher Information Matrix* berechnet (vgl. Jöreskog 1979, S. 48; Muthén 2004, S. 32) und sind ebenfalls empfindlich gegenüber Verletzungen der Multinormalverteilungsannahme. Um bei kleineren Verletzungen dieser Annahme dennoch möglichst unverzerrte Standardfehler zu erhalten, wurden verschiedene Ansätze entwickelt. Im Rahmen der Maximum-Likelihood-Methode beispielsweise (neben anderen) das *MLM*, das *MLMV* und das *MLR-Verfahren* (vgl. Reinecke 2014, S. 109 ff.). Das MLM-Verfahren stellt Standardfehler und eine mittelwertkorrigierte χ^2-Statistik zur Verfügung, die robust gegen die oben genannten Verletzungen sind. Dieser MLM-χ^2-Test entspricht dem *Satorra-Bentler-χ^2-Test* (vgl. Muthén 2004, S. 19 f.; Muthén und Muthén 2012, S. 603). Mit Hilfe des MLMV-Verfahrens kann der χ^2-Wert zusätzlich noch mittels Informationen über die Varianz korrigiert werden, um ebenfalls Verletzungen der Multinormalverteilungsannahme zu überwinden (Muthén und Muthén 2012, S. 603). Das sogenannte robuste Maximum-Likelihood-Verfahren (MLR-Verfahren) berechnet die Standardfehler mit Hilfe eines *Sandwich-Schätzers* und liefert Ergebnisse die robust gegen Verletzungen der Multinormalverteilungsannahme und der Annahme der Unabhängigkeit der Beobachtungen sind. Die MLR-χ^2-Test-Statistik ist asymptotisch äquivalent zur *Yuan-Bentler-T_2^*-Teststatistik* (vgl. Yuan und Bentler 2000, S. 177; Muthén und Muthén 2012, S. 603). Das MLR-Verfahren stellt eine Erweiterung des MLM-Verfahrens dar, mit dem Vorteil, dass fehlende Werte imputiert werden können und nicht listenweise ausgeschlossen werden müssen.

Neben der Maximum-Likelihood-Diskrepanzfunktion existieren, wie oben schon genannt, mit den GLS-, ULS- und WLS-Diskrepanzfunktionen als Grundlage, weitere Verfahren, um die gesuchten Parameter zu schätzen. Auch für diese Funktionen wurden Verbesserungen entwickelt, um die genannten Limitationen zu beheben. Insbesondere die WLS-Schätzung mit einer mittelwert- und varianzkorrigierten χ^2-Statistik (WLSMV-Verfahren) stellt eine gute Alternative zur ML-Methode dar (vgl. Muthén 2004, S. 17 f.; Flora und Curran 2004). Bei großen Stichproben und ab fünf Kategorien der manifesten Variablen scheint die Maximum-Likelihood-Methode jedoch trotzdem die beste Wahl (vgl. Beauducel und Herzberg 2006; Hox et al. 2010; Rhemtulla et al. 2012).

4.1.3 Modellevaluation

Die Bewertung der Modellgüte beruht, wie in den Abschnitten 4.1.1 und 4.1.2 schon ausgeführt, auf einem Vergleich der auf Basis der geschätzten Modellparameter zurückgerechneten modellimpliziten Varianz-Kovarianzmatrix ($\hat{\Sigma}$) mit der Populations-Varianz-Kovarianzmatrix (Σ), geschätzt durch die empirische Varianz-Kovarianzmatrix S. Ganz allgemein gilt für die Differenz $S - \hat{\Sigma}$: Ist diese Differenz gering, passt das Modell gut zu den Daten. Je größer sie dagegen ist, desto schlechter ist auch der Modellfit. Mit Hilfe des *Likelihood-Quotienten-Tests* (LRT) und der χ^2-Statistik kann, wie oben schon beschrieben, geprüft werden, ob die Modellstruktur grundsätzlich zutrifft. Des weiteren können mit dieser Technik unterschiedliche, geschachtelte Modelle miteinander verglichen werden. Oftmals werden bei der Bewertung der Modellgüte sogenannte *Fit-Indizes* herangezogen. Dabei lassen sich zwei Gruppen an Indizes unterscheiden: zum einen die absoluten Fit-Indizes (*Absolute Fit Indizes*) und zum anderen die inkrementellen Fit-Indizes (*Incremental Fit Indizes*). Weit verbreitete Maßzahlen aus der Gruppe der absoluten Fit-Indizes sind der *Root-Mean-Square-Error-of-Approximation* (RMSEA; Steiger und Lind 1980) und das *Standardized-Root-Mean-Square-Residual* (SRMR; Bentler 1995). Zur Gruppe der Incremental Fit Indizes gehören beispielsweise der *Tucker-Lewis-Index* (TLI; Tucker und Lewis 1973) und der *Comparative-Fit-Index* (CFI; Bentler 1990; McDonald und Marsh 1990). Besonders bei dem Vergleich nicht-geschachtelter Modelle haben sich die sogenannten *Informationskriterien* durchgesetzt. Weit verbreitete Maßzahlen in diesem Bereich sind *An Information Criterion* (AIC; Akaike 1973, 1974) und *Bayesian Information Criterion* (BIC; Schwarz 1978) oder auch *Sample-Size Adjusted BIC* (SABIC; Rissanen 1978; Sclove 1987). Eine besondere Form der Modellevaluation wird mit Hilfe der *Lagrange-Multiplier-* und *Wald-Tests* ermöglicht. Mit ihnen kann die Aufnahme einzelner Parameterrestriktionen bzw. deren Freisetzung im Hinblick auf die Auswirkungen bezüglich des Modellfits und der zu erwartenden Parametergrößenänderung untersucht werden. Der Langrange-Multiplier-Test ist auch als *Modification Index* (MI; Sörbom 1989) bekannt und steht, im Gegensatz zu dem Wald Test (W), in den meisten SEM-Software-Paketen zur Verfügung.

χ^2-Tests

Von zentraler Bedeutung bei der Modellevaluation ist die Likelihood-Funktion bzw. die logarithmierte Likelihood-Funktion ($\ln(L)$ bzw. LL), die als Produkt der

Wahrscheinlichkeitsdichten der einzelnen Variablen bestimmt werden und direkt aus der Maximum-Likelihood-Funktion bei der Parameterschätzung abgeleitet werden kann (siehe Abschnitt 4.1.2). Ein wichtiger inferenzstatistischer Test ist der sogenannte *Likelihood-Quotienten-* bzw. *Likelihood-Ratio-Test* (LR-Test oder LRT). Dieser Test setzt die Likelihood eines restringierten (*constrained*) Nullmodells L_0 bzw. L_c ins Verhältnis zu der eines weniger restringierten (*less constrained*) oder am wenigsten restringierten Alternativmodells L_A bzw. L_{lc} und ist *unter bestimmten Bedingungen* χ^2-verteilt mit $df_0 - df_A$ Freiheitsgraden. Die Modelle müssen dabei geschachtelt sein, das heißt, das komplexere Modell muss durch eine Parameterrestriktion in das einfachere Modell überführbar sein. Grundidee des Tests ist, dass das weniger restringierte Alternativmodell mit mehr frei zu schätzenden Parametern mindestens ebenso gut zu den Daten passt, wie das Nullmodell mit weniger frei zu schätzenden Parametern. Es hat daher eine größere Log-Likelihood (oder zumindest gleich große). Der Test prüft, ob das Alternativmodell auch signifikant besser bzw. ob das Nullmodell signifikant schlechter passt. Wird ein signifikanter χ^2-Wert ermittelt, ist dies der Fall und das Nullmodell muss abgelehnt werden. Der Test kann angewendet werden, um den *absoluten* Modellfit zu testen, indem als Nullhypothese das zu prüfende Modell und als Alternativhypothese das am wenigsten restringierte Modell überhaupt angenommen wird. Aber auch der *relative* Modellfit kann untersucht werden, indem ein spezifiziertes Modell (Nullhypothese) gegen ein weniger restringiertes Modell (Alternativhypothese) getestet wird. Die Testlogik unterscheidet sich hier von anderen bekannten Signifikanztests, da als Nullhypthese immer das Modell formuliert wird, welches ja eigentlich angenommen werden soll. Ein signifikanter Test bedeutet in diesem Zusammenhang immer das unerwünschte Ergebnis, dass das zu überprüfende und eigentlich erwünschte Modell abzulehnen ist.

Absoluter Modellfit Mit Hilfe der χ^2-Statistik und eines LR-Tests kann zunächst, wie in Abschnitt 4.1.2 schon angeführt, der *absolute Modellfit* getestet werden. Als zu testende Nullhypothese wird dazu angenommen, dass die modellimplizite Varianz-Kovarianzmatrix ($\boldsymbol{\Sigma}(\boldsymbol{\pi})$) der Populations-Varianz-Kovarianzma-

12 Der Test prüft, anders ausgedrückt, ob die Populations-Varianz-Kovarianz $\boldsymbol{\Sigma}$ die Struktur des spezifizierten Modells besitzt, ausgedrückt über die zurückgerechnete modellimplizite Varianz-Kovarianzmatrix $\boldsymbol{\Sigma}(\boldsymbol{\pi})$, die unter den Modellformulierungen zustande kommt (Nullhypothese). Die Alternativhypothese bedeutet in der Praxis, dass $\hat{\boldsymbol{\Sigma}}$ mit S gleichgesetzt wird. Insofern ist der Test gleichzeitig ein simultaner Test, ob alle Residuen in $\boldsymbol{\Sigma} - \hat{\boldsymbol{\Sigma}}$ gleich null sind (vgl. Bollen 1989, S. 263).

trix ($\boldsymbol{\Sigma}$), geschätzt über die empirische Varianz-Kovarianzmatrix (S), entspricht (H_0: $\boldsymbol{\Sigma} = \boldsymbol{\Sigma}(\boldsymbol{\pi})$). Als Alternativhypothese H_A wird das *am wenigsten restringierte Modell überhaupt* angenommen, was beinhaltet, das $\boldsymbol{\Sigma}$ *irgendeine* positiv definite Matrix ist. Dies bedeutet im allgemeinen die Annahme eines unrestringierten Mittelwertvektors $\boldsymbol{\mu}$ und einer völlig unrestringierten Varianz-Kovarianzmatrix.[12] In diesem Modell müssen alle Parameter frei geschätzt werden, daher ist jedes andere Modell mit diesem Alternativmodell geschachtelt. Die χ^2-Prüfgröße kann bei hinreichend großen Fallzahlen (Faustregel: $n > 200$) aufgrund der Konstruktion der Maximum-Likelihood-Diskrepanzfunktion direkt aus dem Funktionswert bei ihrem Minimum unter dem geschätzten Parametervektor $\hat{\boldsymbol{\pi}}$ bestimmt werden (siehe Gleichung 4.19 auf Seite 147):[13]

$$\begin{aligned}
\text{LR} &= -2 \cdot \ln\left(\frac{L_0}{L_A}\right) \\
&= -2 \cdot \ln(L_0) + 2\ln(L_A) \\
&= 2 \cdot n\left(-\frac{\ln(L_0)}{n} + \frac{\ln(L_A)}{n}\right) \\
&= 2 \cdot n \cdot F_{\text{ML}}(\hat{\boldsymbol{\pi}}) \\
&= \chi_0^2 \,.
\end{aligned} \tag{4.23}$$

Die zugehörigen Freiheitsgrade (df_0) werden über die Differenz zwischen der Anzahl der Einträge der empirischen Varianz-Kovarianzmatrix und der Anzahl der frei zu schätzenden Parameter (*free parameters*) r_0 ermittelt: $\text{df}_0 = 1/2 \cdot (p + q)(p + q + 1) - r_0$, bei $p + q$ Variablen.[14] Es kann dann direkt die Irrtumswahrscheinlichkeit ($p(\chi^2)$) für die Zurückweisung der Nullhypothese bestimmt werden. Liegt ein signifikanter χ^2-Wert vor, so muss die Nullhypothese abgelehnt werden, es existiert ein signifikanter Unterschied zwischen den Modell- und Populationsdaten – die Populations-Varianz-Kovarianzmatrix $\boldsymbol{\Sigma}$ hat

---

13 Verwendet man Formel 4.16 auf Seite 146, so berechnet sich der χ^2-Wert mit (vgl. Jöreskog 1979, S. 47; Reinecke 2014, S. 113)

$$(n - 1) \cdot F_{\text{ML}}(\hat{\boldsymbol{\pi}}) = \chi_0^2 \,. \tag{4.22}$$

Nähere Erläuterungen, weshalb in Formel 4.23 n statt $n - 1$ verwendet wird, gibt Muthén (2004, S. 21 f.) und Browne und Arminger (1995, S. 191 f.).

14 Bei Modellen, die die Mittelwertstrukturen berücksichtigen, werden nochmals $p + q$ Mittelwerte der manifesten Variablen hinzugezählt ($\text{df}_0 = 1/2 \cdot (p + q)(p + q + 3) - r_0$; Mplus-Standard). Die Anzahl der frei zu schätzenden Parameter erhöht sich dann allerdings auch um die Zahl der zu

nicht exakt die Struktur des spezifizierten Modells. Das gesamte Modell muss in diesem Fall strenggenommen abgelehnt werden. Darüber hinaus wird häufig versucht, bei der Modellevaluation zusätzlich zum χ^2-Wert die Parameteranzahl mitzuberücksichtigen, indem das Verhältnis des χ^2-Wertes zu den Freiheitsgraden df betrachtet wird. Dieses Verhältnis χ^2/df wird auch als *normed chi-square* bezeichnet (Wheaton et al. 1977). Allerdings existieren hier keine allgemein anerkannten absoluten Schwellenwerte, ab wann ein Modell abzulehnen ist. Nach einer Faustregel sollte das Verhältnis χ^2/df unter einem Wert von 3,0 liegen.

Insgesamt spielt diese χ^2-Statistik bei der Modellevaluation ein zentrale Rolle. Der LR-Test liefert allerdings nur unter bestimmten Bedingungen χ^2-verteilte Werte. Im Gegensatz zu der Parameterschätzung selbst, ist die χ^2-Statistik dabei *nicht robust* gegen Verletzung ihrer Annahmen. Die in der Praxis wohl bedeutendste Annahme ist die der Multinormalverteilung der Variablen, die so gut wie nie erfüllt ist. Daher wird die χ^2-Statistik oftmals korrigiert, beispielsweise mit der MLR-Schätzung, dem *Satorra-Bentler-χ^2-Test* und der *Yuan-Bentler-T_2^*-Teststatistik* (vgl. Satorra und Bentler 1988, 1994; genauer siehe Abschnitt 4.1.2). In verschiedenen Simulationsstudien hat sich solch eine Korrektur bewährt (vgl. Bryant und Satorra 2012, S. 373). Ein weiteres Problem, welches mit der χ^2-Statstik zur Modellevaluation verknüpft ist, betrifft die Abhängigkeit der Statistik von der Stichprobengröße und die Rigidität der Nullhypothese. Bei großen Stichproben führt die strenge Nullhypothesenforderung des exakten Zutreffens von $\boldsymbol{\Sigma} = \boldsymbol{\Sigma}(\boldsymbol{\pi})$ nämlich so gut wie immer zu einer Modellablehnung, auch wenn die Modellabweichungen eher trivial sind (vgl. Marsh, Balla et al. 1988; Reinecke 2014, S. 110 ff.). Durch die genannten Einschränkungen sind alle auf der χ^2-Statistik basierenden Tests lediglich bedingt brauchbar (vgl. Brannick 1995; Kelloway 1995; Chen 2007, S. 465). Für die Evaluation des absoluten Modellfits wurde daher eine Vielzahl weiterer Maßzahlen entwickelt, die die Limitationen überwinden sollen (siehe die folgenden Abschnitte).

Relativer Modellfit Bei geschachtelten Modellen (*nested models*), das heißt solchen Modellen, die sich lediglich durch Parameterrestriktionen oder -freisetzungen unterscheiden, können LR-Tests und die χ^2-Statistik auch eingesetzt werden, um sie miteinander zu vergleichen bzw. ihre relative Gültigkeit zu prüfen. Der grundlegenden Logik der LR-Tests folgend, wird das Verhältnis der Likelihoods zweier zu vergleichender Modelle betrachtet. Aufgrund der Schachtelung wird ein

schätzenden Mittelwerte bzw. Intercepts.

Modell dabei als restringiertes (*constrained*) und ein Modell als weniger restringiertes (*less constrained*) bezeichnet. Da das weniger restringierte Modell immer mindestens genauso gut passt, wie das restringierte, wird hier als Nullhypothese das restringierte Modell angenommen. So kann man formulieren

$$\begin{aligned} \text{LR} &= -2\ln\left(\frac{L_c}{L_{lc}}\right) \\ &= -2\ln(L_c) + 2\ln(L_{lc}) , \end{aligned} \tag{4.24}$$

mit L_c und L_{lc} als jeweilige Likelihood des restringierten und weniger restringierten Modells. Der Unterschied im Vergleich zum oben dargestellten absoluten LR-Test besteht darin, dass das Alternativmodell nun nicht das *am wenigsten* restringierte Modell sein muss, sondern lediglich ein *weniger* restringiertes. Um die Verbindung zur χ^2-Verteilung herzustellen, die für den inferenzstatistischen Schluss notwendig ist, macht man sich die χ^2-Werte für beide Modelle zunutze. Diese werden jeweils wiederum über einen absoluten LR-Test ermittelt, indem beide Male gegen dieselbe (absolute) Alternativhypothese getestet wird (siehe Gleichung 4.23 auf Seite 152). Die Likelihood dieses absoluten Alternativmodells (L_A) ist daher eine Konstante. Deshalb kann man folgendermaßen umformen, indem man $\pm 2\ln(L_A)$ ergänzt

$$\begin{aligned} \text{LR} &= -2\ln\left(\frac{L_c}{L_{lc}}\right) \\ &= -2\ln(L_c) + 2\ln(L_{lc}) + 2\ln(L_A) - 2\ln(L_A) \\ &= (-2\ln(L_c) + 2\ln(L_A)) - (-2\ln(L_{lc}) + 2\ln(L_A)) , \end{aligned} \tag{4.25}$$

unter Zuhilfenahme von Formel 4.23 folgt

$$= \chi^2_c - \chi^2_{lc} .$$

In der Praxis kann somit die Testgröße durch die Differenzbildung der χ^2-Werte der zu vergleichenden Modelle bestimmt werden. Daher wird dieser Test auch häufig *χ^2-Differenzentest* genannt. Die zugehörigen Freiheitsgrade ergeben sich

15 Die zugehörigen Freiheitsgrade df_c und df_{lc} werden jeweils über die Differenz zwischen der Anzahl der Einträge der empirischen Varianz-Kovarianzmatrix und der Anzahl der frei zu schätzenden Parameter (*free parameters*) r_c und r_{lc} ermittelt: $df_c = \frac{1}{2} \cdot (p+q)(p+q+1) - r_c$ bzw. $df_{lc} = \frac{1}{2} \cdot (p+q)(p+q+1) - r_{lc}$, bei $p+q$ Variablen.

ebenfalls durch die Bildung der Differenzen: $df_c - df_{lc}$.[15] Da der χ^2-Wert des immer mindestens gleich gut passenden, weniger restringierten Modells immer gleich groß oder kleiner ist als der des anderen, ergeben sich positive χ^2-Differenzwerte. Gleiches gilt für die Freiheitsgrade. Ergibt sich im Anwendungsfall bei der Durchführung des dargestellten Tests ein signifikanter χ^2-Wert, so passt das restringierte Modell (Nullhypothese) signifikant schlechter zu den Daten als das weniger restringierte. Es ist in dem Fall abzulehnen.[16]

Werden im praktischen Anwendungsfall nicht nur zwei Modelle gegeneinander getestet, sondern auf derselben Datengrundlage schrittweise eine Reihe von Alternativen (beispielsweise bei der Messinvarianztestung), existiert die Gefahr der *α-Fehler-Kumulation* (*Type I Error Inflation*). Das heißt, die Rate der fälschlicherweise abgelehnten Modellvarianten droht zu hoch auszufallen. Ein Möglichkeit zur Korrektur – insbesondere bei großen Fallzahlen ($n > 1000$) – ist die relativ simple, aber auch recht grobe *Bonferroni-Korrektur* (vgl. Rensvold und Cheung 1998; Stark et al. 2006; French und Finch 2008). Dabei wird der kritische Alphafehler durch die Anzahl der Tests m geteilt ($\alpha' = \alpha/m$). Da die Sensibilität der χ^2-Statistik allerdings zumeist von der Empfindlichkeit in Bezug auf kleine Modellverletzungen bei großen Stichproben herrührt und nicht von der Anzahl der Tests, die die Fehlerkumulation hervorrufen können, ist die Bonferroni-Korrektur, die nur die Testanzahl einbezieht, bei multiplen LR-Tests nicht ausreichend bzw. eine suboptimale Methode (vgl. Kim et al. 2012, S. 487 f.). Eine alternative Korrekturmöglichkeit wird von Oort (1998) vorgeschlagen. Diese *Oort-Korrektur* berücksichtigt über eine Senkung des kritischen α-Wertes hinaus die Höhe des χ^2-Basiswertes unter einer gegebenen Zahl an Freiheitsgraden. Diese Korrektur wurde ursprünglich für Modifikationsindizes entwickelt, da diese aber nichts anderes als LR-Tests mit nur einem Freiheitsgrad sind, empfehlen Kim et al. (2012, S. 475) diese Vorgehensweise auch für die allgemeineren LR-Tests. Sie berechnet sich (vgl. Kim et al. 2012, S. 476; Oort 1998, S. 116)

$$K' = \left(\frac{\chi_c^2}{K + df_c - 1}\right) \cdot K \,, \tag{4.26}$$

mit K' als korrigiertem kritischen Wert, K als ursprünglichem kritischen Wert der χ^2-Verteilung unter der Anzahl der Freiheitsgradedifferenz zwischen den geschachtelten Modellen, χ_c^2 als χ^2-Wert und df_c als Anzahl der Freiheitsgrade

16 Analog zu dem dargestellten absoluten Test können auch hier die Werte des Verhältnisses χ^2/df der einzelnen Modelle miteinander verglichen werden.

des restringierten Modells. K und K' sind dabei die kritischen Funktionswerte der χ^2-Verteilung bei einem zu wählenden α-Fehler und der Freiheitsgradedifferenz.[17] Sind die kritischen Werte überschritten, ist die χ^2-Differenz zwischen den zu vergleichenden Modellen signifikant. In einer Monte-Carlo-Simulationsstudie hat sich die Oort-Korrektur als sehr performant und der Bonferroni-Korrektur überlegen erwiesen (vgl. Kim et al. 2012).

Besondere Vorsicht ist darüber hinaus geboten, wenn robuste Schätzverfahren wie beispielsweise das MLR-Verfahren angewendet werden. Der LR-Test liefert ohne Korrektur dann keine χ^2-verteilte Prüfgrößen. Eine Möglichkeit der Korrektur auf Grundlage der χ^2-Werte besteht hier nach Satorra und Bentler (2001). Zunächst muss die *difference test scaling correction* (cd) bestimmt werden über

$$\mathrm{cd} = \frac{\mathrm{df_c} \cdot c_\mathrm{c} - \mathrm{df_{lc}} \cdot c_\mathrm{lc}}{\mathrm{df_c} - \mathrm{df_{lc}}}\,, \tag{4.27}$$

mit c_c als Korrekturfaktor für das restringierte Modell, c_lc als Korrekturfaktor für das weniger restringierte Vergleichsmodell und $\mathrm{df_c}$ bzw. $\mathrm{df_{lc}}$ als korrespondierende Freiheitsgrade. Dann kann der nach Satorra und Bentler korrigierte Testwert $\mathrm{TR_d}$ berechnet werden als

$$\mathrm{TR_d} = \frac{T_\mathrm{c} \cdot c_\mathrm{c} - T_\mathrm{lc} \cdot c_\mathrm{lc}}{\mathrm{cd}}\,, \tag{4.28}$$

mit T_c und T_lc als χ^2-Werte der entsprechenden Modelle. Alternativ kann der Test auf Grundlage der Log-Likelihoods der zu vergleichenden Modelle durchgeführt werden. Mit r_c und r_lc als Parameteranzahlen und c_c und c_lc als Korrekturfaktoren für die Log-Likelihoods der entsprechenden Modelle lässt sich bestimmen

$$\mathrm{cd} = \frac{r_\mathrm{c} \cdot c_\mathrm{c} - r_\mathrm{lc} c_\mathrm{lc}}{r_\mathrm{c} - r_\mathrm{lc}}\,. \tag{4.29}$$

Mit $\ln(L_\mathrm{c})$ und $\ln(L_\mathrm{lc})$ als Log-Likelihood-Werte der entsprechenden Modelle berechnet sich der korrigierte Testwert $\mathrm{TR_d}$ dann als

$$\mathrm{TR_d} = -2 \cdot \frac{\ln(L_\mathrm{c}) - \ln(L_\mathrm{lc})}{\mathrm{cd}}\,. \tag{4.30}$$

In der Praxis können die so bestimmten Differenzen unter bestimmten Umständen negative Werte annehmen. Satorra und Bentler haben auch für diesen Fall eine Lösung beschrieben und zeigen, wie dennoch ein streng positiver Wert erhalten werden kann (vgl. Satorra und Bentler 2010).

17 Beispielsweise beträgt für $\alpha = 0{,}05$ und $\mathrm{df} = 1$ der kritische Wert 3,84.

Auch bei der Anwendung der beschriebenen relativen LR-Tests auf Basis der χ^2-Statistik ist, ebenso wie bei den absoluten Tests, zu berücksichtigen, dass sie prinzipiell alle denselben Einschränkungen im Hinblick auf die Stichprobengröße und Verletzung der Normalverteilungsannahme unterliegen (vgl. Brannick 1995; Kelloway 1995; Chen 2007, S. 465). In der empirischen Praxis sind sie daher ebenfalls nur bedingt brauchbar. Auch für relative Tests geschachtelter Modelle können Fit-Indizes eingesetzt werden (siehe dazu die folgenden Abschnitte).

Absolute Fit-Indizes

Die absoluten Fit-Indizes quantifizieren in einer bestimmten Art und Weise, wie gut das aufgestellte Modell zu den Daten passt bzw. wie groß das Ausmaß der Abweichung zwischen modellimpliziter und Populations-Kovarianzmatrix ist. Im Gegensatz zu den inkrementellen Fit-Indizes wird dazu kein *Referenzmodell* herangezogen. Zu den absoluten Fit-Indizes gehören neben anderen der *Root-Mean-Square-Error-of-Approximation* (RMSEA; Steiger und Lind 1980), das *Standardized-Root-Mean-Square-Residual* (SRMR; Bentler 1995) sowie die nicht ganz so verbreiteten *Gamma Hat* ($\hat{\gamma}$; Steiger 1989) und der *Non-Centrality Index* (MC; McDonald 1989). Die beiden erstgenannten Maßzahlen sind so konstruiert, dass, je größer sie sind, desto größer auch die Abweichung und desto schlechter auch der Modellfit ist. Umgekehrt gilt für sie, je kleiner die Werte sind, desto besser passt das Modell: Ein Wert von null zeigt einen optimalen Modellfit an. Insofern kann man diese beiden Maßzahlen auch als *Badness-of-Fit-Indizes* bezeichnen – oftmals werden sie aber, wie die übrigen Indizes auch, unter der Bezeichnung *Goodness of Fit Indizes* (GOF) gefasst. Das Maß $\hat{\gamma}$ und der MC zeigen mit größeren Werten bessere Modellfits an. MC hat einen typischen Wertebereich von null bis eins, kann aber im Gegensatz zu $\hat{\gamma}$ auch eins überschreiten.

Der RMSEA (Steiger und Lind 1980) ist ein Maß für den approximativen Modellfit und wird berechnet über die χ_0^2-Werte und Freiheitsgrade (df_0) des zu bewertenden Modells (H_0: $\boldsymbol{\Sigma} = \hat{\boldsymbol{\Sigma}}$) unter Berücksichtigung der Fallzahl n (vgl. Hu und Bentler 1999, S. 3)

$$\text{RMSEA} = \sqrt{\frac{\chi_0^2 - df_0}{df_0(n-1)}}\,. \tag{4.31}$$

Der RMSEA drückt die Abweichung zwischen der empirischen und der modellimpliziten Kovarianzmatrix pro Freiheitsgrad aus und »bestraft« Modelle mit einem Mangel an Sparsamkeit. Die Maßzahl tendiert allerdings dazu, Modelle mit geringen Fallzahlen zu häufig abzulehnen (vgl. Hu und Bentler 1998). Für den Fall von multiplen Gruppen kann der RMSEA nach Steiger (1998) durch Korrekturparameter angepasst und als »adjusted RMSEA « bezeichnet werden. Er berechnet sich dann als Quadratwurzel des Quotienten aus der Populations-Diskrepanzfunktion und den Freiheitsgraden (vgl. Reinecke 2014, S. 118). Nach Steiger (1998, S. 416) wird folgende Formel verwendet (vgl. Muthén 2004, S. 22 f.)

$$\text{RMSEA} = \sqrt{\max\left[\frac{2 \cdot F_{\text{ML}}(\hat{\pi})}{\text{df}_0} - \frac{1}{n}, 0\right]}\sqrt{G}\,, \tag{4.32}$$

mit G als Gruppenanzahl. Die Funktion $\max(\cdot)$ bewirkt, dass der Radikand nicht negativ werden kann. Ist $\hat{\pi}$ der geschätzte Maximum-Likelihood-Parametervektor, so erhält man den korrespondierenden χ_0^2-Wert bei Mplus über $2 \cdot n \cdot F_{\text{ML}}(\hat{\pi})$ (siehe Gleichung 4.20 auf Seite 148; ebd., S. 21-22). Erweitert man dann passend in Gleichung 4.32, so ergibt sich die Beziehung zur χ^2-Statistik

$$\text{RMSEA} = \sqrt{\max\left[\frac{2 \cdot nF_{\text{ML}}(\hat{\pi})}{\text{df}_0 \cdot n} - \frac{1}{n}, 0\right]}\sqrt{G} = \sqrt{\max\left[\frac{\chi_0^2 - \text{df}_0}{\text{df}_0 \cdot n}, 0\right]}\sqrt{G}\,. \tag{4.33}$$

Der RMSEA hat die positive Eigenschaft, dass seine Verteilung bekannt ist und daher sogar Konfidenzintervalle berechnet werden können.

Das SRMR (Bentler 1995) ist ein standardisiertes Maß zur Gesamtbewertung der Residuen. Es berechnet sich wie folgt (vgl. Hu und Bentler 1999, S. 3)

$$\text{SRMR} = \sqrt{\frac{2\sum_{i=1}^{p}\sum_{j=1}^{i}[(s_{ij} - \hat{\sigma}_{ij})/(s_i^2 s_j^2)^{1/2}]^2}{p(p+1)}}\,, \tag{4.34}$$

mit s_{ij} als empirischer und $\hat{\sigma}_{ij}$ als modellimpliziter Kovarianz sowie s_i^2 und s_j^2 als empirische Varianzen der Variablen i und j sowie p als Anzahl der beobachteten Variablen. Muthén (2004, S. 23) gibt eine alternative Formel an, die in Mplus zur Anwendung kommt

$$\text{SRMR} = \sqrt{\frac{2\sum\limits_{i=1}^{p}\sum\limits_{j=1}^{i}\left[\frac{s_{ij}}{\sqrt{s_i^2}\sqrt{s_j^2}} - \frac{\hat{\sigma}_{ij}}{\sqrt{\hat{\sigma}_i^2}\sqrt{\hat{\sigma}_j^2}}\right]^2}{p(p+1)}}\,. \tag{4.35}$$

Im Fall von $s_i^2 = \hat{\sigma}_i^2$ und $s_j^2 = \hat{\sigma}_j^2$ entspricht diese Formel der Formel 4.34. Das SRMR ist ein Maß des Durchschnitts der standardisierten Residuen zwischen der empirischen und der modellimplizierten Varianz-Kovarianzmatrix und hat die Eigenschaft, relativ unabhängig von der Stichprobengröße zu sein.

Der Index $\hat{\gamma}$ (Steiger 1989) wird nach Hu und Bentler (1999, S. 3) mit folgender Formel angegeben und folgt ebenfalls einer bekannten Verteilung

$$\hat{\gamma} = p \bigg/ \left(p + 2 \left[\frac{\chi_0^2 - \mathrm{df}_0}{n - 1} \right] \right) , \tag{4.36}$$

wobei p die Anzahl der beobachteten Variablen darstellt, alle anderen Parameter wie oben beschrieben.

Der MC (McDonald 1989) lässt sich bestimmen als (McDonald 1989, S. 99; Hu und Bentler 1999, S. 3)

$$\mathrm{MC} = \exp \left(-\frac{1}{2} \left(\frac{\chi_0^2 - \mathrm{df}_0}{n - 1} \right) \right) . \tag{4.37}$$

Sowohl für RMSEA als auch für SRMR kann als Faustregel gelten, dass ein akzeptabler Modellfit durch Werte unter 0,08, ein guter Modellfit durch Werte unter 0,05 angezeigt wird (vgl. Browne und Cudeck 1993; Hu und Bentler 1999; zusammenfassend Geiser 2011, S. 60 f.; kritisch dazu Marsh, Hau et al. 2009). Für den RMSEA kann zudem noch ein Vertrauensintervall berechnet werden. Als Nullhypothese (»null hypothesis of close fit«) gilt dabei: $H_0 = \mathrm{RMSEA} \leq 0{,}05$, womit sich eine Irrtumswahrscheinlichkeit $p(\mathrm{RMSEA} \leq 0{,}05)$ bestimmen lässt (vgl. Browne und Cudeck 1993; Reinecke 2014, S. 117 f.). Bei dem MC sollten die Werte über 0,90 und bei $\hat{\gamma}$ über 0,95 liegen (vgl. Hu und Bentler 1999). Neben den genannten Maßzahlen existieren noch einige weitere absolute Fit-Indizes (vgl. ebd.).

Mittlerweile gibt es Ansätze, die absoluten Fit-Indizes auch in der vergleichenden Modellevaluation einzusetzen, da die in diesem Einsatzbereich ansonsten üblichen relativen χ^2-Tests aufgrund ihrer Einschränkungen problematisch sind (siehe die obigen Ausführungen). Insbesondere bei der Messinvarianztestung (vgl. Chen 2007; genauer dazu siehe auch Abschnitt 4.2.2), bei der geschachtelte Modelle verglichen werden, ist dies eine erfolgversprechende Strategie. Dazu werden die Differenzen der Indizes, beispielsweise ΔRMSEA, ΔSRMR, $\Delta\hat{\gamma}$ oder ΔMC zweier Modelle verglichen (vgl. Cheung und Rensvold 2002; Chen 2007).

Inkrementelle Fit-Indizes

Die inkrementellen Fit-Indizes verfolgen eine etwas andere Logik als die absoluten Fit-Indizes. Sie bemessen, wie viel besser das zu untersuchende Modell (H_0: $\Sigma = \hat{\Sigma}$) im Hinblick auf die reproduzierte Kovarianzmatrix zu den Daten passt als ein sehr schlecht passendes alternatives Referenzmodell (Baseline-Modell). Je größer die Werte dieser inkrementellen Fit-Indizes sind, desto besser ist auch der (relative) Modellfit. Diese Maßzahlen werden daher auch als *Goodness-of-Fit-Indizes* (GOF) bezeichnet.

Der *Tucker-Lewis-Index* (TLI; Tucker und Lewis 1973), auch bezeichnet als *Non-Normed Fit Index* (NNFI), setzt den χ_0^2-Wert und die Freiheitsgrade (df_0) des zu testenden Modells mit den entsprechenden Werten (χ_I^2 und df_I) eines solchen Basismodells in Beziehung. In diesem alternativen Modell werden alle Indikatorvariablen als unkorreliert angenommen, was in der Regel beinhaltet, dass sämtliche Beziehungen auf der Strukturebene auf null und in den Messmodellen die Faktorladungen auf eins fixiert werden (womit auch die Varianzen der latenten Variablen auf null fixiert werden). Dieses Modell wird daher auch als *independence* bzw. *baseline model* bezeichnet (vgl. Muthén 2004, S. 23). Für den TLI kann folgende Berechnungsformel angegeben werden (vgl. Muthén 2004, S. 23; Reinecke 2014, S. 124)

$$\text{TLI} = \frac{\chi_I^2/df_I - \chi_0^2/df_0}{\chi_I^2/df_I - 1} . \tag{4.38}$$

Als Basismodell kann prinzipiell auch ein anderes Modell dienen. Wichtig ist allerdings, dass beide Modell hierarchisch geschachtelt sind (vgl. Reinecke 2014, S. 123 f.).

Nach derselben Logik, jedoch mit einer anderen Berechnungsvorschrift, wird der *Comparative-Fit-Index* (CFI; Bentler 1990; McDonald und Marsh 1990) bestimmt

$$\text{CFI} = 1 - \frac{\chi_0^2 - df_0}{\chi_I^2 - df_I} . \tag{4.39}$$

Formel 4.39 ist eine von Bentler (1990) selbst vorgeschlagene Vereinfachung. Die ausführliche Formel lautet (Muthén 2004, S. 23; Bentler 2006, S. 361 f.):

$$\text{CFI} = 1 - \frac{\max\{(\chi_0^2 - df_0),0\}}{\max\{(\chi_I^2 - df_I),(\chi_0^2 - df_0),0\}} .$$

Der TLI und der CFI bestimmen, inwieweit sich ein zu testendes Modell von dem genannten Basismodell unterscheidet. Je größer die Werte, desto stärker ist auch die Modellverbesserung im Hinblick auf dieses Basismodell. Im Regelfall liegen die Werte dabei in einem Intervall zwischen null und eins, wobei zum Teil auch Werte über eins auftreten können.[18] Werden Modelle im Hinblick auf ihre Güte bewertet, so sollten als Faustregel der TLI und der CFI für ein gutes Modell über einem Wert von 0,95, besser über 0,97 liegen (vgl. Hu und Bentler 1999; zusammenfassend Geiser 2011, S. 60 f.; kritisch dazu neben anderen Marsh, Balla et al. 1988; Cheung und Rensvold 2002; Marsh, Hau et al. 2009). Insbesondere scheint fraglich, ob für Modelle mit unterschiedlicher Komplexität gleiche Schwellenwerte angemessen sind.

Neben den beiden genannten inkrementellen Fit-Indizes existiert eine Vielzahl von weiteren ähnlichen Maßzahlen, die sich in ihren Berechnungsvorschriften zum Teil nur unwesentlich unterscheiden. Für eine Übersicht siehe beispielsweise Haughton et al. (1997), die 18 verschiedene Fit-Indizes untersuchen. Auch die inkrementellen Fit-Indizes können in der vergleichenden Modellevaluation – besonders bei der Messinvarianztestung – bei geschachtelten Modellen eingesetzt werden (vgl. Chen 2007; genauer dazu siehe auch Abschnitt 4.2.2). Ebenso wie bei den absoluten Fit-Indizes werden dazu die Fit-Indizes-Differenzen zwischen den Modellen, beispielsweise ΔTLI oder ΔCFI, verglichen (vgl. Cheung und Rensvold 2002; Chen 2007).

Informationskriterien

Wenn nicht-geschachtelte Modelle verglichen werden sollen, bieten sich die sogenannten *Informationskriterien* an, die vor allem die Modellsparsamkeit im Blick haben. Das *Informationsmaß von Akaike* (AIC; Akaike 1973, 1974) verwendet die Log-Likelihood eines zu bewertenden Modells ($\ln(L_0)$) und führt die Parameterzahl r_0 als »Bestrafungsterm« ein (H_0: $\Sigma = \hat{\Sigma}$). Dies soll, dem Prinzip »Ockhams Rasiermesser« folgend, der Tatsache entgegenwirken, dass tendenziell Modelle bessere Anpassungen erzielen, wenn weitere Parameter aufgenommen werden. Das AIC ist definiert als

$$\text{AIC}_0 = -2\ln(L_0) + 2r_0\,. \tag{4.40}$$

18 Dies kann dann der Fall sein, wenn in einem Modell mehr Parameter spezifiziert werden als nötig (vgl. Reinecke 2014, S. 124).

Werden eine Reihe von Modellen verglichen, so passt dasjenige am besten, welches den niedrigsten AIC-Wert aufweist. Allerdings beinhaltet das Kriterium keinen statistischen Test, so dass prinzipiell auch ein Modell mit dem im Vergleich niedrigsten AIC-Wert den Daten, absolut betrachtet, dennoch unangemessen sein kann (vgl. Mulaik 2009, S. 348). Unabhängig davon lässt sich eine Verbindung zwischen AIC und der χ^2-Statistik herstellen. Unter der Nullhypothese H_0: $\boldsymbol{\Sigma} = \hat{\boldsymbol{\Sigma}}$ und der Alternativhypothese H_A: $\boldsymbol{\Sigma} \neq \hat{\boldsymbol{\Sigma}}$, kann man nämlich für das AIC formulieren

$$\text{AIC}_0 = -2\ln(L_0) + 2r_0\,, \tag{4.41}$$

$$\text{AIC}_A = -2\ln(L_A) + 2r_A\,. \tag{4.42}$$

Unter Zuhilfenahme des LR-Test (siehe Gleichung 4.23 auf Seite 152)[19] lässt sich für die Differenz der AIC-Werte folgern (vgl. Kaplan 2009, S. 118 f.)

$$\begin{aligned} \text{AIC}_0 - \text{AIC}_A &= (-2\ln(L_0) + 2r_0) - (-2\ln(L_A) + 2r_A) \\ &= -2\ln(L_0) + 2\ln(L_A) + 2r_0 - 2r_A \\ &= -2\ln(L_0) + 2\ln(L_A) - 2(r_A - r_0) \\ &= \chi_0^2 - 2\text{df}_0\,. \end{aligned} \tag{4.43}$$

Vergleicht man mehrere H_0-Modelle auf derselben Datengrundlage miteinander, so bleibt das Alternativmodell immer dasselbe. Die Log-Likelihood dieses Alternativmodells $\ln(L_A)$ ist deshalb eine Konstante und kann bei dem *Modellvergleich* weggelassen werden. Es lässt sich daher für das AIC_M irgendeines Modells in diesem Fall vereinfacht schreiben

$$\text{AIC}_M = \chi_M^2 - 2\text{df}_M\,. \tag{4.44}$$

Die absoluten exakten Werte unterscheiden sich natürlich von denen aus Formel 4.40 auf der vorherigen Seite. Da allerdings sowieso nur die relativen Werte bei dem Modellvergleich interessieren und sich die Ordnung durch die beschriebene Vereinfachung nicht ändert, bleibt das Resultat des Vergleichs identisch. Eine weitere verbreitete Variante der AIC-Berechnung (vgl. Reinecke 2014, S. 125) ergibt sich durch die Hinzunahme einer weiteren, die Endergebnisse nicht beeinflussenden Konstante. Addiert man nämlich zu Formel 4.44 den Term $2n(n+1)/2$, so erhält man (vgl. Mulaik 2009, S. 349)

$$\text{AIC}_M = \chi_M^2 + 2r_M\,, \tag{4.45}$$

19 Zur Erinnerung: $\text{LR} = -2 \cdot \ln(L_0) + 2\ln(L_A) = \chi^2$.

mit r_M als Anzahl der freien Parameter des getesteten Modells. Eine konstruktionsbedingte Einschränkung des AIC ist, dass die jeweilige Stichprobengröße nicht berücksichtigt wird, was zur Entwicklung weiterer Informationskriterien geführt hat.

Das *Bayesian Information Criterion* (BIC, Schwarz 1978) fügt dem bei der Konstruktion des AIC in Gleichung 4.40 auf Seite 161 bereits vorgestellten Strafterm die logarithmierte Stichprobengröße hinzu (Muthén 2004, S. 22)

$$\text{BIC}_0 = -2\ln(L_0) + r_0 \ln(n) \,. \tag{4.46}$$

Diese Berechnungsformel führt ab einer Stichprobengröße von $n > 8$ zu einer noch stärkeren Bestrafung zusätzlicher Parameter als beim AIC. Die oben beschriebenen Vereinfachungen für den reinen Modellvergleich lassen sich auch hier anwenden, so dass sich als alternative Berechnungsformeln ergeben

$$\text{BIC}_M = \chi^2_M - \text{df}_M \ln(n) \tag{4.47}$$

und

$$\text{BIC}_M = \chi^2_M + r_M \ln(n) \,. \tag{4.48}$$

Wird die Stichprobengröße in modifizierter Form einbezogen, erhält man das *Sample-Size Adjusted BIC* (SABIC; Rissanen 1978; Sclove 1987). Es berechnet sich wie folgt (Muthén 2004, S. 22)

$$\text{SABIC}_0 = -2\ln(L_0) + r_0 \ln\left(\frac{n+2}{24}\right) . \tag{4.49}$$

Auch hier können für den reinen Modellvergleich vereinfachte Formeln angegeben werden

$$\text{SABIC}_M = \chi^2_M - \text{df}_M \ln\left(\frac{n+2}{24}\right) \tag{4.50}$$

und

$$\text{SABIC}_M = \chi^2_M + r_M \ln\left(\frac{n+2}{24}\right) . \tag{4.51}$$

Neben den genannten Informationskriterien existieren noch andere (vgl. Reinecke 2005, S. 127 f.). Ihnen ist gemein, dass bei einem Modellvergleich verschiedener Modellvarianten, die nicht geschachtelt sein müssen, das Modell mit dem im Vergleich jeweils niedrigsten Informationskriterium zu bevorzugen ist. Bei größeren Stichproben hat sich der BIC als geeignet erwiesen und wird häufig verwendet. Möglicherweise tendiert dieses Maß allerdings dazu, zu sparsame und einfache Modelle zu bevorzugen (Weakliem 1999). So empfiehlt beispielsweise Kuha (2004), bei einem Modellvergleich sowohl AIC als auch BIC heranzuziehen.

Lagrange-Multiplier- und Wald-Test

Wenn im Anwendungsfall bei einem Modell zunächst nur ein unzureichender Modellfit erreicht wurde, kann der *Modification Index* (MI; Sörbom 1989), abgesichert durch theoretische Überlegungen, helfen, den Fit zu verbessern. Bei diesem Index handelt es sich um einen *Lagrange-Multiplier-Test*, der ein restriktiveres Modell gegen ein weniger restriktives Modell testet. Dabei wird jeweils eine einzelne Parameterrestriktion betrachtet – der Test ist damit ein approximativ χ^2-verteilter Test mit nur einem Freiheitsgrad. Gemessen wird damit, wie unzulänglich eine bestimmte Parameterrestriktion ist, und durch den MI wird der zu erwartende Abfall in der Likelihood-Quotienten-Statistik bei Aufgabe dieser Restriktion bzw. Freisetzung des Parameters ausgegeben (vgl. Muthén 2004, S. 24; Kaplan 2009, S. 30 ff.; Reinecke 2014, S. 121 ff.). Darüber hinaus kann der *Expected Parameter Change* (EPC; Saris et al. 1987) bestimmt werden. Er gibt Auskunft über die zu erwartende Veränderung in der Größe des Parameters nach dessen Freisetzung (vgl. Muthén 2004, S. 24; Kaplan 2009, S. 124 ff.; Reinecke 2014, S. 122). Der *Wald-Test* (W) geht in gewissem Sinne genau andersherum vor, da mit ihm die *Aufnahme* von Parameterrestriktionen getestet werden kann. Auch der Wald-Test ist approximativ χ^2-verteilt mit einem Freiheitgrad. Engle (1984) konnte zeigen, dass der Likelihood-Quotienten-, der Langrange-Multiplier- und der Wald-Test asymptotisch äquivalent sind. Der Einsatz des Wald-Tests wird allerdings durch seine mangelnde Verfügbarkeit in den meisten derzeitigen SEM-Programmen eingeschränkt.

4.2 Messinvarianz im multiplen Gruppen- und Zeitvergleich

Will man in Untersuchungen gleiche latente Konstrukte in mehreren Gruppen oder über mehrere Zeitpunkte hinweg miteinander vergleichen oder in Beziehung setzen, muss sichergestellt sein, dass diese Konstrukte auch tatsächlich vergleichbar sind. Das bedeutet insbesondere, dass die Messungen der latenten Variablen in gleicher Weise funktionieren. Sollen beispielsweise in längsschnittlichen Analysen

Stabilitätskoeffizienten analysiert werden, muss gewährleistet sein, dass eine beobachtete Veränderung im Zeitvergleich nicht durch eine bessere oder schlechtere bzw. schlicht andersartige Messung hervorgerufen wird, sondern durch tatsächliche Veränderung auf der latenten Ebene (vgl. Reinecke 2014, S. 199, 206 f.). Um zu tragfähigen Ergebnissen zu kommen, muss daher in der praktischen Anwendung, bevor Gruppenvergleiche oder längsschnittliche Modelle berechnet und interpretiert werden, zunächst die Frage der Messinvarianz geprüft bzw. der Grad an Messinvarianz ermittelt werden, der für die Daten und Modelle angenommen werden kann (vgl. im Überblick Vandenberg und Lance 2000). Ganz grundsätzlich wird von *Messinvarianz* bzw. *Invarianz auf der Ebene der Messmodelle* gesprochen, wenn die Beziehungen zwischen den latenten Variablen und ihren Indikatoren identisch sind. Beschäftigt man sich mit der Frage der Messinvarianz innerhalb von faktorenanalytischen Messmodellen, so ist die Bezeichnung *faktorielle Messinvarianz* üblich.[20] Es ist möglich, die zu allermeist unrealistische Forderung nach völlig identischen Messungen abzuschwächen und nach verschiedenen Formen der Messinvarianz bzw. einem unterschiedlich hohen Grad an Messinvarianz zu differenzieren. Diese verschiedenen Formen von Messinvarianz kann man zum größten Teil als hierarchisch strukturiert beschreiben. Um die Bedingungen für die unterschiedlichen Formen der Invarianz auf der Messmodellebene mathematisch spezifizieren zu können, muss man die allgemeine Logik der linearen Modellierung berücksichtigen und kann auf die in Abschnitt 4.1 vorgestellten Modelle zurückgreifen. Die unterschiedlichen Formen der Messinvarianz lassen sich durch Parameterrestriktionen spezifizieren. In diesem Zusammenhang ist es zweckmäßig, eine weitere Unterscheidung einzuführen. So können die *nichtmetrische* und die *metrische Messinvarianz* voneinander abgegrenzt werden. Nichtmetrische Messinvarianz lässt sich durch Festlegung *identischer Muster* von freien und fixierten Parametern der betreffenden Matrizen spezifizieren, ohne diese Parameter gruppen- bzw. zeitpunktübergreifend selbst auf bestimmte numerische Werte festzulegen oder gleichzusetzen. Metrische Messinvarianz indessen wird spezifiziert, indem Parameter gleichgesetzt oder numerisch auf gleiche Werte fixiert werden.

---

20 Davon kann noch der Bereich der Invarianz auf der Ebene des Strukturmodells abgegrenzt werden (sogenannte *strukturelle Invarianz*). Diese Form der Invarianz spielt für die hier durchgeführten Analysen jedoch keine Rolle und wird daher nicht weiter besprochen.

4.2.1 Formen der Messinvarianz

Um die Frage der Messinvarianz mathematisch spezifizieren zu können, greifen wir auf die Gleichungen 4.2 bis 4.8 auf den Seiten 141–142 zurück, in denen als allgemeines Grundmodell die Beziehungen zwischen manifesten und latenten Variablen, sowie die Zerlegung der Kovarianzen bzw. Korrelationen zwischen den manifesten Variablen in Faktorladungen, Kovarianzen bzw. Korrelationen der Faktoren und Kovarianzen bzw. Korrelationen der Residuen beschrieben werden. Es gilt

$$y_{ji} = z_{ji} = \lambda_{j1}\eta_{1i} + \lambda_{j2}\eta_{2i} + \cdots + \lambda_{jm}\eta_{mi} + \varepsilon_{ji} \tag{4.52}$$

$$= \sum_{k=1}^{m} \lambda_{jk}\eta_{ki} + \varepsilon_{ji} \, , \tag{4.53}$$

wobei y_j die manifesten standardisierten, η_k die latenten Variablen und λ_{jk} die Regressionskoeffizienten bzw. Faktorladungen darstellen. In Vektorschreibweise gilt

$$\boldsymbol{y} = \boldsymbol{\Lambda}_y\boldsymbol{\eta} + \boldsymbol{\varepsilon} \, , \tag{4.54}$$

mit $\boldsymbol{y}$ als Vektor der Ausprägungen der manifesten standardisierten y-Variablen eines Falles, $\boldsymbol{\Lambda}_y$ als Matrix der y-Faktorladungen, $\boldsymbol{\eta}$ als Vektor der Ausprägungen der latenten η-Variablen eines Falles und $\boldsymbol{\varepsilon}$ als Fehlervektor bzw. Vektor der Residuen eines Falles. Daraus lässt sich ableiten (siehe Abschnitt 4.1)

$$\boldsymbol{\Sigma}_{yy} = \boldsymbol{\Lambda}_y\boldsymbol{\Psi}\boldsymbol{\Lambda}_y' + \boldsymbol{\Theta}_\varepsilon \, , \tag{4.55}$$

mit $\boldsymbol{\Lambda}_y$ als Matrix der Faktorladungen, $\boldsymbol{\Psi}$ als Matrix der Kovarianzen bzw. Korrelationen zwischen den Faktoren und $\boldsymbol{\Theta}_\varepsilon$ als Matrix der Kovarianzen bzw. Korrelationen zwischen den Residuen. Werden nun nicht die standardisierten Werte der manifesten Variablen y, sondern die *unstandardisierten* Rohwerte y^* betrachtet, ändert sich Gleichung 4.52 zu

$$y^*_{ji} = \tau_j + \lambda_{j1}(\alpha_1 + \eta_{1i}) + \lambda_{j2}(\alpha_2 + \eta_{2i}) + \cdots + \lambda_{jm}(\alpha_m + \eta_{mi}) + \varepsilon_{ji} \, , \tag{4.56}$$

mit τ_j als Y-Achsenabschnitt bzw. *Intercept* einer manifesten y-Variablen und α_k als Mittelwerte einer latenten η-Variablen. Auch diese Gleichungen lassen sich in Matrizenform darstellen

$$\boldsymbol{y}^* = \boldsymbol{\tau}\boldsymbol{\mu}_\tau' + \boldsymbol{\Lambda}_y(\boldsymbol{\alpha}\boldsymbol{\mu}_\alpha' + \boldsymbol{\eta}) + \boldsymbol{\varepsilon} \, , \tag{4.57}$$

mit y^* als Vektor der unstandardisierten Variablen-Rohwerte einer Person i, τ als Vektor der Y-Achsenabschnitte bzw. Intercepts der manifesten Variablen, α als Mittelwertvektor der m Faktoren und μ'_τ sowie μ'_α als (1×1)-Matrizen, bestehend aus Einsen, für den i-ten Fall (vgl. Widaman und Reise 1997, S. 288). Analog zu oben lässt sich nun folgendermaßen umformulieren

$$M = \tau\tau' + \Lambda_y(\alpha\alpha' + \Psi)\Lambda'_y + \Theta_\varepsilon \,. \tag{4.58}$$

Die Matrix M ist im Gegensatz zu Σ (siehe Gleichung 4.55) keine Varianz-Kovarianzmatrix, sondern eine sogenannte *Momentenmatrix*. Sie enthält als Elemente die Ausdrücke $m_{jj'} = r_{jj'}s_js_{j'} + \bar{y}_j\bar{y}_{j'}$, mit $r_{jj'}$ als Korrelation zweier Variablen j und j', s_j und $s_{j'}$ als Standardabweichungen sowie $\bar{y}_j$ und $\bar{y}_{j'}$ als Mittelwerte der entsprechenden Variablen. Im Vergleich zu den Einträgen der Varianz-Kovarianzmatrizen, die als $\sigma_{jj'} = r_{jj'}s_js_{j'}$ beschrieben werden können, enthält sie zusätzlich Informationen über die Mittelwerte. Auch wenn diese Matrizen schwierig zu interpretieren sind, können glücklicherweise Modelle, die auf Momentenstrukturmatrizen basieren, in derselben Weise evaluiert werden, wie Modelle, die auf Varianz-Kovarianzmatrizen basieren (vgl. ebd., S. 290). Wie oben beschrieben, wird dazu die modellimplizite Matrix $\hat{M}$ mit der empirischen Matrix M verglichen und beurteilt. Um dies zu verdeutlichen, wird die Gleichung 4.58 entsprechend angepasst

$$\hat{M} = \hat{\tau}\hat{\tau}' + \hat{\Lambda}_y(\hat{\alpha}\hat{\alpha}' + \hat{\Psi})\hat{\Lambda}'_y + \hat{\Theta}_\varepsilon \cong M \,. \tag{4.59}$$

Die modellimplizite Matrix $\hat{M}$ besteht dabei aus den Schätzparametern, die jeweils durch einen Zirkumflex gekennzeichnet sind. Im Falle von multiplen Gruppenvergleichen, beispielsweise in längsschnittlichen Untersuchungen, wird Gleichung 4.59 folgendermaßen angepasst, indem die entsprechenden Parameter mit einem Index (hier t) versehen werden, um die Zugehörigkeit zu einer Gruppe bzw. einem bestimmten Zeitpunkt zu kennzeichnen. Es gilt dann

$$\hat{M}_t = \hat{\tau}_t\hat{\tau}'_t + \hat{\Lambda}_{yt}(\hat{\alpha}_t\hat{\alpha}'_t + \hat{\Psi}_t)\hat{\Lambda}'_{yt} + \hat{\Theta}_{\varepsilon t} \cong M_t \,. \tag{4.60}$$

Diese Gleichung stellt die Grundlage für die nachfolgend geschilderten Untersuchungen der Messinvarianz dar. An dieser Stelle sei nochmals darauf hingewiesen, dass der Übersichtlichkeit halber bislang in diesem Abschnitt nur die endogenen Variablen aufgeführt wurden. Die Ausführungen gelten aber natürlich analog auch für die Messmodelle der exogenen x- bzw. ξ-Variablen (insbesondere auch das Grundmodell in Gleichung 4.60).

Konfigurale Messinvarianz

Als schwächste Form der Messinvarianz wird üblicherweise die (nichtmetrische) sogenannte *konfigurale Messinvarianz* angesehen. Sie fordert als grundlegende und direkt einleuchtende Bedingung für die Vergleichbarkeit latenter Konstrukte, dass die Faktorenstruktur (Ladungsstruktur und Anzahl der Faktoren) in allen Zeitpunkten gleich bleibt (Widaman und Reise 1997, S. 292 f.; Geiser 2011, S. 108; Christ und Schlüter 2012, S. 59).[21] Das bedeutet, dass ein und derselbe latente Faktor bzw. ein und dasselbe latente Konstrukt in jedem Zeitpunkt bzw. jeder Gruppe auch von denselben Indikatoren gemessen wird.[22] Formal kann dies dergestalt ausgedrückt werden, dass die *Form* der jeweiligen Faktorladungsmatrizen ($\hat{\Lambda}$) gleich ist, also das Muster der Nullladungen und der von null verschiedenen Einträge identisch ist. Die Höhe der Ladungen hingegen kann durchaus unterschiedlich sein.

Wäre diese Bedingung nicht erfüllt, würden in jedem Zeitpunkt unterschiedliche Indikatoren die latenten Faktoren messen und man könnte daher nicht davon ausgehen, dass die latenten Konstrukte inhaltlich dasselbe repräsentieren. Somit wären sie inhaltlich auch nicht vergleichbar. Insofern ist die konfigurale Invarianz die grundlegende Bedingung, um überhaupt Vergleiche durchführen zu können. Ist sie gegeben, können die latenten Konstrukte zumindest in ähnlicher Weise interpretiert werden. Vorherrschende konfigurale Invarianz ermöglicht jedoch noch nicht, Konstrukte in gleicher Weise zu interpretieren. Insbesondere können zeitpunkt- bzw. gruppenübergreifende Unterschiede in den *Mittelwerten* oder *Varianzen* der latenten Variablen sowie die *Kovarianzen* zwischen ihnen nicht sinnvoll interpretiert werden, wenn nicht über die Anforderungen der konfiguralen Invarianz hinausgehende Parameterrestriktionen spezifiziert werden. Werden solche, über die konfigurale Messinvarianz hinausgehende, Restriktionen eingeführt, spricht man von verschiedenen Formen der *metrischen faktoriellen Messinvarianz*. Unterschieden werden kann, hierarchisch strukturiert, nach *schwacher*, *starker* und *strikter* faktorieller Messinvarianz (vgl. Meredith 1993; Widaman und Reise 1997, S. 293).

---

21 Man kann unter dieser Invarianzstufe noch die *dimensionale Messinvarianz* formulieren, die als einzige Bedingung dieselbe Dimensionalität der Messmodelle voraussetzt.

22 Reinecke (2014, S. 99) bzw. Engel und Reinecke (1994, S. 41) sprechen in dem Fall, in dem keine Gleichheitsrestriktionen bezüglich der Reliabilitäten bzw. Faktorladungen und Messfehlervarianzen spezifiziert werden, auch von einem *kongenerischen Modell*.

Schwache faktorielle Messinvarianz

Bei der *schwachen faktoriellen Messinvarianz* wird zusätzlich zu den Bedingungen der konfiguralen Messinvarianz gefordert, dass die Höhen der Faktorladungen der entsprechenden Indikatoritems über die Zeit bzw. die Gruppen gleich sind. Es müssen nun also nicht nur prinzipiell die gleichen Indikatoren die latenten Konstrukte messen, sondern die Messungen müssen darüber hinaus auch noch gleichstark sein. Formal ausgedrückt müssen die $\hat{\boldsymbol{\Lambda}}$-Matrizen nicht nur von ihrer Form, sondern auch von der Höhe ihrer Einträge her identisch sein. Mathematisch kann dies über den Wegfall der Indizes (t) an den $\hat{\boldsymbol{\Lambda}}$-Matrizen gekennzeichnet werden, die die Zugehörigkeit zu einem bestimmten Zeitpunkt kennzeichnen. Gleichung 4.60 auf Seite 167 wird somit abgewandelt zu

$$\hat{\boldsymbol{M}}_t = \hat{\boldsymbol{\tau}}_t \hat{\boldsymbol{\tau}}_t' + \hat{\boldsymbol{\Lambda}}_y (\hat{\boldsymbol{\alpha}}_t \hat{\boldsymbol{\alpha}}_t' + \hat{\boldsymbol{\Psi}}_t) \hat{\boldsymbol{\Lambda}}_y' + \hat{\boldsymbol{\Theta}}_{\varepsilon t} \cong \boldsymbol{M}_t \,. \tag{4.61}$$

Während die übrigen Parameter noch als zeitpunkt- bzw gruppenspezifisch gekennzeichnet sind, sind die $\hat{\boldsymbol{\Lambda}}$-Matrizen mit den Faktorladungen in allen Zeitpunkten identisch. Insbesondere die Fehlervarianzen und -kovarianzen sowie die Varianzen und Kovarianzen der latenten Variablen können auf dieser Messinvarianzstufe zwischen den Gruppen unterschiedlich sein.

Dass schwache faktorielle Messinvarianz für Gruppenvergleiche unverzichtbar ist, leuchtet unmittelbar ein, wenn man sich vergegenwärtigt, dass die Interpretation der Faktoren von der Stärke der Faktorladungen abhängt. Sind diese Stärken zwischen verschiedenen Gruppen unterschiedlich und ist möglicherweise sogar die Rangreihenfolge der Items nach Ladungsstärke divergierend, so müssen auch die Faktoren inhaltlich unterschiedlich gefasst bzw. benannt werden. Bei gleichen Ladungen kann diese Interpretation ebenfalls gleich erfolgen. Eine weitere Eigenschaft bei gegebener schwacher faktorieller Messinvarianz ist, dass Gruppenunterschiede in den Varianzen und Kovarianzen der latenten Variablen nicht durch Umskalierungen der manifesten Variablen (beispielsweise durch Standardisierungen) beeinflusst werden (vgl. Widaman und Reise 1997, S. 294).

Starke faktorielle Messinvarianz

Die *starke faktorielle Messinvarianz* beinhaltet darüber hinaus die Gleichsetzung der *Intercepts*[23] der manifesten Variablen. Diese Form von Messinvarianz ist er-

23 Die Intercepts (bzw. Y-Achsenabschnitte) entsprechen den geschätzten Ausprägungen der mani-

forderlich, wenn zeitliche Veränderungen der Mittelwerte der latenten Variablen untersucht werden sollen. Um diese Parameterrestriktionen formal darzustellen, kann Gleichung 4.61 auf der vorherigen Seite dergestalt modifiziert werden, dass die gruppen- bzw. zeitpunktspezifischen Indizes (t) der entsprechenden $\hat{\boldsymbol{\tau}}$-Vektoren weggelassen werden

$$\hat{\boldsymbol{M}}_t = \hat{\boldsymbol{\tau}}\hat{\boldsymbol{\tau}}' + \hat{\boldsymbol{\Lambda}}_y(\hat{\boldsymbol{\alpha}}_t\hat{\boldsymbol{\alpha}}_t' + \hat{\boldsymbol{\Psi}}_t)\hat{\boldsymbol{\Lambda}}_y' + \hat{\boldsymbol{\Theta}}_{\varepsilon t} \cong \boldsymbol{M}_t \,. \tag{4.62}$$

Liegt starke faktorielle Messinvarianz vor, folgt unmittelbar, dass über die Gruppen bzw. Zeitpunkte hinweg, Werte der latenten Variablen gleiche Werte der manifesten Variablen erzeugen. Umgekehrt kann damit bei Vorliegen von Gruppenunterschieden in den Mittelwerten der manifesten Variablen auf Gruppenunterschiede in den latenten Variablen geschlossen werden. Abstrakt formuliert liegt der Vorteil von starker gegenüber schwacher Messinvarianz darin, dass die gesamten linearen Messmodelle, das heißt sowohl die Rohwerte der Regressionsgewichte als auch die Intercepts, gruppen- bzw. zeitinvariant sind, wenn die Bedingungen der starken faktoriellen Messinvarianz erfüllt sind. Nur unter dieser Voraussetzung kann man Differenzen in den beobachteten Werten auf tatsächliche Unterschiede in den latenten Variablen zurückführen und latente Mittelwertsdifferenzen interpretieren. Auch die Analyse von Varianzunterschieden der latenten Variablen und der Beziehungen zwischen ihnen ist nur unter der Maßgabe der erfüllten starken faktoriellen Messinvarianz möglich (vgl. Widaman und Reise 1997, S. 295).[24]

Strikte faktorielle Messinvarianz

Die *strikte faktorielle Messinvarianz* schließt neben den genannten Bedingungen zusätzlich ein, dass die entsprechenden Messfehlervarianzen bzw. Residuen der manifesten Variablen über die Zeit bzw. die Gruppen gleich bleiben (vgl. Widaman und Reise 1997, S. 293; Christ und Schlüter 2012, S. 59; Geiser 2011,

---

festen Indikatorvariablen unter der Bedingung, dass die von ihnen gemessene latente Variable null ist (vgl. Christ und Schlüter 2012, S. 59).

24 Es sei aus formaler Sicht noch darauf hingewiesen, dass die Spezifizierung der Parameterrestriktionen für die starke faktorielle Messinvarianz das Modell nach den Gleichungen 4.59 bis 4.60 auf Seite 167 erfordert. Die Formulierung nach Gleichung 4.7 auf Seite 142 bzw. die Einschränkung auf eine Analyse der reinen Kovarianzmatrizen ermöglicht die Überprüfung nicht, da die nötigen Restriktionen der τ-Parameter nicht vorgenommen werden können (vgl. Widaman und Reise 1997, S. 295).

S. 108 f.).[25] Formal spezifiziert werden kann sie durch Fallenlassen der gruppen- bzw. zeitpunktspezifischen Indizes (t) der $\hat{\boldsymbol{\Theta}}$-Matrizen, die die Messfehlerkovarianzen ($\hat{\theta}$) enthalten. Gleichung 4.62 wird damit folgendermaßen modifiziert

$$\hat{\boldsymbol{M}}_t = \hat{\boldsymbol{\tau}}\hat{\boldsymbol{\tau}}' + \hat{\boldsymbol{\Lambda}}_y(\hat{\boldsymbol{\alpha}}_t\hat{\boldsymbol{\alpha}}_t' + \hat{\boldsymbol{\Psi}}_t)\hat{\boldsymbol{\Lambda}}_y' + \hat{\boldsymbol{\Theta}}_\varepsilon \cong \boldsymbol{M}_t \,. \tag{4.63}$$

Der Vorteil von gegebener strikter faktorieller Messinvarianz liegt zunächst in einer größeren Sparsamkeit und weiter vereinfachten Interpretation der zugehörigen Modelle. Je weniger gruppen- bzw. zeitpunktspezifische Parameter interpretiert werden müssen, desto einfacher ist natürlich ganz allgemein die Interpretation. Speziell gilt im Fall der erfüllten strikten faktoriellen Messinvarianz, dass alle Unterschiede in den Mittelwerten und Varianzen der manifesten Variablen ausschließlich auf Unterschiede in den Mittelwerten und Varianzen der latenten Konstrukte zurückzuführen sind. Dies ermöglicht damit eine sparsame und einfache Interpretation. Demgegenüber ist in Betracht zu ziehen, dass in der empirischen Praxis diese Form der Messinvarianz aus verschiedenen Gründen oft nicht erreicht werden kann (vgl. Widaman und Reise 1997, S. 296). Ein Aspekt ist die Einschätzung der Fehler bzw. Residuen und ihre Varianzen bzw. Kovarianzen. Geht man davon aus, dass Fehlervarianzen und -kovarianzen stichprobenspezifisch zufällig sind, ist nicht anzunehmen, dass eine Forderung nach strikter Gleichheit in den Stichproben begründet werden kann. Die strikte faktorielle Invarianz ist in der Forschungspraxis daher häufig nicht relevant (vgl. Christ und Schlüter 2012, S. 59) bzw. wird als zu exzessive Forderung angesehen, die für eine sinnvolle Interpretation der Modelle auch nicht zwingend nötig ist. Widaman und Reise (1997, S. 296) bezeichnen folgerichtig die Restriktionen der $\hat{\boldsymbol{\Theta}}$-Matrizen auch als »nice but not necessary«. Eine gegenteilige Meinung vertreten allerdings beispielsweise Wu et al. (2007), die auch auch die strikte Messinvarianz für notwendig erachten.

Invarianz der Kovarianzen und Mittelwerte der latenten Konstrukte

Die bislang dargestellten Formen der Messinvarianz betreffen formal gesehen die $\hat{\boldsymbol{\tau}}$-Vektoren, $\hat{\boldsymbol{\Lambda}}$- und $\hat{\boldsymbol{\Theta}}$-Matrizen. Selbstverständlich können ebenfalls die in Gleichung 4.60 auf Seite 167 dargestellten, bislang noch nicht betrachteten, gruppenspezifischen Parameter der $\hat{\boldsymbol{\alpha}}$-Vektoren und $\hat{\boldsymbol{\Psi}}$-Matrizen restringiert werden.

25 Reinecke (2014, S. 98) spricht bei gleichen Fehlervarianzen der Indikatoritems von einem τ-*äquivalentem* und bei zusätzlich gleichen Faktorladungen von einem *parallelen Messmodell*.

Dazu können die jeweiligen Indizes (t) weggelassen werden, die die Gruppenzugehörigkeit anzeigen. Inhaltlich bedeutet dies die Annahme gruppenunabhängiger Intercepts bzw. Mittelwerte der latenten Konstrukte $(\hat{\boldsymbol{\alpha}})$[26] und/oder die Gleichsetzung der Kovarianzen zwischen ihnen $(\hat{\boldsymbol{\Psi}})$[27]. Die genannten Restriktionen können im Hinblick auf die Modellsparsamkeit wünschenswert sein, sie sind allerdings weit weniger wichtig für die Interpretierbarkeit von Längsschnittmodellen (vgl. Widaman und Reise 1997, S. 297 f.).

Alles in allem muss festgehalten werden, dass das Vorliegen von starker Messinvarianz, also Parameterrestriktionen der Faktorladungen und Intercepts der manifesten Variablen ($\hat{\boldsymbol{\Lambda}}$-Matrizen und $\hat{\boldsymbol{\tau}}$-Vektoren), für die Analyse längsschnittlicher Modelle unverzichtbar ist. Darüber hinausgehende Restriktionen der Residuen ($\hat{\boldsymbol{\Theta}}$-Matrizen), der Mittelwerte ($\hat{\boldsymbol{\alpha}}$-Vektoren) und Kovarianzen ($\hat{\boldsymbol{\Psi}}$-Matrizen) der latenten Variablen können wünschenswert sein, spielen allerdings insgesamt eine deutlich untergeordnete Rolle. Eine Überprüfung des Niveaus der (zeitlichen) Messinvarianz ist in jedem Fall nötig, um substanzielle Interpretationen längsschnittlicher Modelle überhaupt erst zu ermöglichen (vgl. ebd., S. 298). Für die empirische Praxis folgt im Hinblick auf die Analyse von Längsschnittmodellen, dass Modelle, bei denen starke Messvarianz nicht angenommen werden kann, kaum ausreichend interpretierbar sind. In solchen Fällen kann eine Lösung in der Prüfung und Annahme der *partiellen metrischen Invarianz* liegen. Möglicherweise können nicht alle Parameter der $\hat{\boldsymbol{\Lambda}}$-Matrizen und $\hat{\boldsymbol{\tau}}$-Vektoren restringiert werden, sondern nur ein Teil von ihnen (vgl. Byrne et al. 1989; Reinecke 2014, S. 145). Bei der Interpretation muss dies dann gegebenenfalls entsprechend berücksichtigt werden.

4.2.2 Prüfung der Messinvarianz

Um Messinvarianz zu prüfen, können verschiedene Strategien verfolgt werden.[28] Am weitesten verbreitet sind zwei *sequentielle* Vorgehensweisen (vgl. Mann, Rutstein et al. 2009, S. 604 ff.):

---

26 Zu beachten ist, dass diese Restriktionen nur bei gleichzeitiger Gleichsetzung der $\hat{\boldsymbol{\Lambda}}$-Matrizen *und* $\hat{\boldsymbol{\tau}}$-Vektoren sinnvoll ist.

27 Diese Restriktionen sind ebenfalls nur bei gleichzeitiger Gleichsetzung der $\hat{\boldsymbol{\Lambda}}$-Matrizen sinnvoll.

28 Eine immer noch sehr lesenswerte Literaturübersicht findet sich bei Vandenberg und Lance (2000).

1. Von einem *stark restringierten* Basismodell, in dem alle theoretisch interessierenden Parameter restringiert sind, ausgehende schrittweise Lösung der Restriktionen (*Step-Down-Ansatz, backward approach* bzw. *sequential constraint release approach*)
2. Von einem *möglichst unrestringierten* Basismodell ausgehende schrittweise Einführung von Invarianz-Parameterrestriktionen (*Step-Up-Ansatz, forward approach* bzw. *sequential constraint imposition approach*)

Darüber hinaus existieren Ansätze zur *simultanen* Invarianzprüfung, auf die hier jedoch nicht weiter eingegangen werden soll (vgl. ebd., S. 605).

Beim *Step-Down-Ansatz* (vgl. bspw. Horn und McArdle 1992; Reinecke 2014, S. 148) wird, ausgehend von dem sehr restriktiven Basismodell, die schrittweise Modellverbesserung betrachtet, die sich durch das Lösen der Parameterrestriktionen ergibt. Es werden so lange Parameter freigesetzt, bis ein adäquater Modellfit erreicht ist. Ein Vorteil dieser populären Vorgehensweise besteht darin, dass die sogenannten Modifikationsindizes (*Lagrange-Multiplikator-Test-Statistiken*) genutzt werden können, die von vielen SEM-Software-Programmen zur Verfügung gestellt werden. Daneben werden häufig χ^2-Differenzentests eingesetzt, um den Grad an Modellverbesserung zu untersuchen. Als Nachteil dieser Strategie muss angesehen werden, dass die schrittweise Lösung der Parameterrestriktionen unter der *ungeprüften Annahme* weiterer Restriktionen evaluiert wird. Es kann dabei nicht ausgeschlossen werden, dass die ungeprüfte Annahme nicht zutreffender Parameterrestriktionen die Testergebnisse der schrittweisen Modellevaluation verfälscht (vgl. Mann, Rutstein et al. 2009, S. 604 f.). Darüber hinaus ist bei einem nicht passenden Modell nicht unmittelbar klar, welche der Restriktionen zu dem schlechten Modellfit führen bzw. ursächlich zur Ablehnung des Modells führen. Dies kann insbesondere bei komplexen Modellen problematisch sein (vgl. Dimitrov 2010, S. 125).

Der *Step-Up-Ansatz* (vgl. bspw. Jöreskog 1971; Byrne et al. 1989) geht umgekehrt vor, indem von dem sparsamsten, unrestringierten und am besten passenden Basismodell (Baseline-Modell) ausgegangen wird (vgl. Dimitrov 2010, S. 137). Es werden dann schrittweise Parameterrestriktionen eingeführt, bis der Modellfit nicht mehr adäquat ist. Das letzte Modell mit passendem Fit kann dann angenommen werden. Dieses Vorgehen unterliegt nicht dem oben genannten Nachteil, denn hier werden keine Parameterrestriktionen ungetestet angenommen und können daher auch nicht die weiteren Testergebnisse beeinflussen (vgl. Mann, Rutstein et al. 2009, S. 605). Ein weiteres, eher praktisches Argument ist, dass manche Invarianzbedingungen das Vorliegen anderer Invarianzrestriktionen erfordern. Dies lässt sich besser in einem Step-Up-Ansatz realisieren. Als Nachteil kann demgegenüber allerdings eingewendet werden, dass die Step-Up-Strategie von einem wenig sparsamen Modell zu sparsameren Modellen gelangt. Dies birgt prinzipiell die Gefahr der potentiellen Überparametrisierung – gemeinhin wird dieser Umstand allerdings nicht als besonders kritisch eingeschätzt (vgl. Mann, Rutstein et al. 2009, S. 605 f.).

Identifizierbarkeit der Modelle

Ein grundlegendes Problem bei der Invarianzüberprüfung stellt die Identifizierbarkeit der Modelle im Multigruppenfall dar. Es existieren zwei häufig angewendete Möglichkeiten, ein identifizierbares Baseline-Model (konfigurale Invarianz) aufzustellen (vgl. Reise et al. 1993): 1) eine Faktorladung wird für die Gruppen auf eins fixiert, die anderen Ladungen und Faktorvarianzen werden freigesetzt, 2) die Faktorvarianzen in den Gruppen werden auf eins fixiert und alle Ladungen werden freigesetzt. Bei den meisten SEM-Software-Programmen ist die erste Vorgehensweise voreingestellt. Daneben sind weitere Kombinationen verschiedener Restriktionen möglich, um eine Modellidentifizierung zu ermöglichen. Reise et al. (ebd., S. 555) geben für ein Modell mit zwei Gruppen und einem Faktor, gemessen durch fünf Indikatorvariablen, die Möglichkeit 3) an: In der ersten Gruppe wird die Faktorvarianz auf eins fixiert, eine Faktorladung wird über die Gruppen invariant gesetzt und die Faktorvarianzen in der anderen Gruppe und die übrigen Ladungen werden separat geschätzt. Die genannten Restriktionen beeinflussen natürlich die Invarianztestung, da nicht von vornherein klar ist, ob sie im Hinblick auf die Frage der Invarianz passen (vgl. Sass 2011, S. 350). Falsche Vorannahmen können daher zu verzerrten Ergebnissen führen, beispielsweise wenn ungeprüft Faktorladungen über alle Gruppen hinweg auf eins fixiert werden ohne dies vorher zu prüfen. Auf Grundlage einer Simulationsstudie[29] empfehlen Yoon und Millsap (2007, S. 441 f.), um eine Modellidentifikation bei einem Test auf metrische Invarianz zu ermöglichen, eine Vorgehensweise in Anlehnung an Modell 3: Fixierung der Faktorvarianz auf eins in einer Gruppe, Invariantsetzung aller Faktorladungen über beide Gruppen, keine weiteren Restriktionen in der zweiten Gruppe.

---

29 Ihre Simulationsstudie basiert auf einem Modell mit einem Faktor und zwei Gruppen.

Vergleichende Modellevaluation

Da es sich bei den zum Vergleich stehenden Modellen um hierarchisch ineinander geschachtelte Modelle, sogenannte *nested models*, handelt, sind prinzipiell die Voraussetzungen für Likelihood-Quotienten- bzw. χ^2-Differenzentests (LR-Tests) gegeben (siehe Abschnitte 4.1.2 und 4.1.3). Diese Tests finden daher weite Verbreitung in der Literatur zur Messinvarianzüberprüfung. Sie unterliegen allerdings, wie oben beschrieben, generell denselben Einschränkungen wie die absoluten χ^2-Tests im Hinblick auf die Empfindlichkeit in Bezug auf Stichprobengröße und Verletzung der Normalverteilungsannahme und sind deshalb ebenso wie diese nur bedingt praxistauglich (vgl. Brannick 1995; Kelloway 1995; Chen 2007, S. 465). Setzt man die LR-Tests trotz der Einschränkungen bei der Messinvarianztestung ein, so wird nach Gleichung 4.25 die Differenz der χ^2-Werte zweier geschachtelter Modelle bestimmt ($\chi^2_c - \chi^2_{lc}$). Der Index c bezeichnet das restringierte, der Index lc das weniger restringierte Modell. Ist der sich ergebende χ^2-Differenz-Wert mit $df_c - df_{lc}$ Freiheitsgraden auf Grundlage der gewählten Irrtumswahrscheinlichkeit signifikant, passt das restringierte Modell signifikant schlechter zu den Daten und sollte daher abgelehnt werden. Wird mit einem robusten Schätzverfahren gerechnet, beispielsweise mit dem MLR-Verfahren, so muss per Hand die sogenannte Satorra-Bentler-Korrektur (vgl. Satorra und Bentler 2001) berücksichtigt werden (siehe bspw. Christ und Schlüter 2012, S. 46 f.). Da bei der Invarianztestung häufig mehrere Modelle auf derselben Datengrundlage sequentiell analysiert werden, besteht die Gefahr der Alphafehlerkumulation (siehe Abschnitt 4.1.3). Das heißt, die Rate der fälschlicherweise abgelehnten Invarianzannahmen ist meist zu hoch und es sollte daher eine Korrektur verwendet werden. Eine einfache, aber auch sehr konservative Möglichkeit ist besondere bei großen Fallzahlen ($n > 1000$) die Bonferroni-Korrektur (vgl. Rensvold und Cheung 1998; Stark et al. 2006; French und Finch 2008), bei der der kritische Alphafehler durch die Anzahl der Tests m geteilt wird ($\alpha' = \alpha/m$). Da die Sensibilität der χ^2-Statistik allerdings zumeist von der Empfindlichkeit in Bezug auf kleine Modellverletzungen bei großen Stichproben herrührt und nicht von der Anzahl der Tests, wird von Oort (1998) eine alternative Korrektur vorgeschlagen, die über eine Senkung des kritischen Wertes hinaus die Höhe des χ^2-Baseline-Wertes berücksichtigt. Sie berechnet sich wie in Gleichung 4.26 auf Seite 155 vorgestellt. Auf Grundlage einer Monte-Carlo-Simulationsstudie empfehlen Kim et al. (2012, S. 490) diese Korrektur und halten sie der Bonferroni-Korrektur für deutlich überlegen.

Da die beschriebenen χ^2-Tests dennoch die genannten Probleme aufweisen (vgl. Chen 2007, S. 465), würde ihr *ausschließlicher* Einsatz bei der Invarianzüberprüfung einen nicht zu rechtfertigenden doppelten Standard bedeuten (vgl. Vandenberg und Lance 2000, S. 45): Bei der generellen Modellevaluation werden ja gerade deshalb viele Fit-Indizes zusätzlich zu χ^2-Tests verwendet, um die Limitierungen der Statistik zu umgehen. Daher sollten auch bei der Invarianztestung weitere Fit-Indizes einbezogen werden (vgl. Chen 2007, S. 465). Aufgrund der Unzulänglichkeiten der LR-Tests schlagen Cheung und Rensvold (2002) vor, alternativ Differenzen der Fit-Indizes zu betrachten:

$$\Delta\text{GOF} = \text{GOF}_c - \text{GOF}_{lc} , \tag{4.64}$$

mit GOF_c als Goodness-of-Fit-Index des restringierten Modells (*constrained*) und GOF_{lc} als GOF des weniger restringierten (*less constrained*) Modells (vgl. ebd., S. 239). Der Ausdruck GOF steht dabei für beliebige Goodness-of-Fit-Indizes (siehe Abschnitt 4.1.3). Das Problem bei dem Einsatz dieser Indizes liegt darin, dass Schwellenwerte für die vergleichende Modellbewertung nicht vorliegen, sondern durch Simulationsstudien ermittelt werden müssen. Cheung und Rensvold (ebd., S. 240) untersuchen mit Hilfe einer Monte-Carlo-Simulation 20 unterschiedliche GOF und stellen übergreifend fest, dass das Kriterium ΔGOF dem Kriterium $\Delta\chi^2$ überlegen ist, da die Ergebnisse nicht so stark von der Stichprobengröße abhängen. In dieser Studie erwiesen sich ΔCFI, $\Delta\hat{\gamma}$ und ΔMC als am geeignetsten. Als Schwellenwerte für die Invarianztestung geben sie an (ebd., S. 251):

$$\Delta\text{CFI} \leq -0{,}010, \qquad \Delta\hat{\gamma} \leq -0{,}001, \qquad \Delta\text{MC} \leq -0{,}020 .$$

Chen (2007) baut auf die genannte Studie auf und führte zwei Monte-Carlo-Studien durch, um die Performanz von fünf Goodness-of-Fit-Indizes (ΔCFI, ΔRMSEA, ΔSRMR, $\Delta\hat{\gamma}$ und ΔMC) zu untersuchen (vgl. ebd., S. 469). Im Ergebnis kommt die Autorin zu dem Schluss, dass ΔSRMR empfindlicher auf Nicht-Invarianz bei Faktorladungen als bei Nicht-Invarianz bei Intercepts oder Residualvarianzen reagiert (vgl. ebd., S. 498). ΔCFI, ΔRMSEA und ΔMC und $\Delta\hat{\gamma}$ sind, ebenso wie bei Cheung und Rensvold (2002), gleichermaßen empfindlich auf die genannten drei Invarianztypen. Als negativer Effekt auf die Erkennung von Nicht-Invarianz können unterschiedliche Gruppengrößen ausgemacht werden. Daneben zeigt sich eine Tendenz aller Maßzahlen, bei größeren Fallzahlen zu stark die Ablehnung von Invarianz anzuzeigen. Allerdings ist dies wesentlich weniger deutlich ausgeprägt als bei den alternativen LR-Tests (vgl. Chen 2007, S. 499). Eine weitere

Erkenntnis der Studie ist eine hohe Korrelation zwischen $\Delta\hat{\gamma}$ und ΔCFI, die aus Sicht der Autorin für eine Redundanz beider Kriterien spricht. Empfohlen wird im Vergleich der Einsatz von ΔCFI. Das Kriterium ΔMC erweist sich im Vergleich zu ΔSRMR und ΔRMSEA als weniger performant und wird daher nicht weiter empfohlen (vgl. ebd., S. 501). Zusammenfassend lauten die Erkenntnisse bzw. Empfehlungen aus dieser Studie: 1) Verwendung von ΔRMSEA, ΔSRMR und ΔCFI, 2) Hauptkriterium sollte dabei ΔCFI sein, da ΔRMSEA und ΔSRMR bei kleineren Stichprobengrößen sensitiver reagieren und ΔRMSEA stärker von der Stichprobengröße und Modellkomplexität abhängt (vgl. ebd.). Als Schwellenwerte (Nicht-Invarianz) werden für Stichprobengrößen $n > 300$ und gleichen Größen in den verschiedenen Gruppen angegeben (vgl. ebd.):

Ladungs-Invarianz ($n > 300$):

$$\Delta\text{CFI} \leq -0{,}010, \text{unterstützt von } \Delta\text{RMSEA} \geq 0{,}015 \text{ oder } \Delta\text{SRMR} \geq 0{,}030\ .$$

Intercept- und Residuums-Invarianz ($n > 300$):

$$\Delta\text{CFI} \leq -0{,}010, \text{unterstützt von } \Delta\text{RMSEA} \geq 0{,}015 \text{ oder } \Delta\text{SRMR} \geq 0{,}010\ .$$

Bei Stichprobengrößen $n \leq 300$, ungleichen Größen in den verschiedenen Gruppen und gleichem Nicht-Invarianzmuster werden folgende Schwellenwerte empfohlen (vgl. ebd.):

Ladungs-Invarianz ($n \leq 300$):

$$\Delta\text{CFI} \leq -0{,}005, \text{unterstützt von } \Delta\text{RMSEA} \geq 0{,}010 \text{ oder } \Delta\text{SRMR} \geq 0{,}025\ .$$

Intercept- und Residuums-Invarianz ($n \leq 300$):

$$\Delta\text{CFI} \leq -0{,}005, \text{unterstützt von } \Delta\text{RMSEA} \geq 0{,}010 \text{ oder } \Delta\text{SRMR} \geq 0{,}005\ .$$

4.3 Latent Transition Analysis

Im Gegensatz zu den in den vorangegangenen Abschnitten vorgestellten variablenorientierten Analyseverfahren soll in diesem Abschnitt das objektorientierte Verfahren der *Latent Transition Analysis* (LTA) vorgestellt werden. Es gehört als probabilistisches Klassifizierungsverfahren (vgl. Bacher et al. 2010, S. 349 ff.) zur Gruppe der latenten Klassenanalysen (LCA; vgl. Lazarsfeld und Henry 1968) und hat damit als primäres grundsätzliches Ziel die Zusammenfassung von Klassifikationsobjekten in homogene Gruppen. Als *Latent Transition Models* (vgl. Collins und Lanza 2010) bzw. *latente Markov-Modelle* (vgl. Vermunt 2010) werden solche längsschnittlichen latenten Klassenmodelle bezeichnet, bei denen die Klassifizierungsobjekte (meist Personen) in den verschiedenen Messzeitpunkten die Klassenzugehörigkeit *wechseln* dürfen (vgl. Vermunt und Magidson 2013b, S. 89). Sie gehen zurück auf Arbeiten von van de Pol und de Leuw (1986), Langeheine (1988), Langeheine und van de Pol (1990), van de Pol und Langeheine (1990) und Langeheine (1994). Um dynamische von statischen Klassenzugehörigkeiten unterscheiden zu können, werden die dynamischen Klassen im Rahmen dieser Modellierung als *latent states* bezeichnet (vgl. Vermunt und Magidson 2013b, S. 89). In der hier verwendeten Notation bezeichnet x_t^d einen solchen dynamischen latenten State zum Zeitpunkt t, wobei t Werte zwischen 0 und T_i (dem letzten Messzeitpunkt der entsprechenden Person) annehmen kann. Besonders interessant ist bei den LTA-Modellen die Möglichkeit, die Einflüsse von Kovariaten auf die Wahrscheinlichkeiten des State-Übergangs von Personen zwischen zwei zeitlich benachbarten Zeitpunkten analysieren zu können. Damit eignen sich diese Modelle besonders für die Untersuchung zeitlicher Stabilität und zeitlichem Wandel von Gruppenzugehörigkeiten.

4.3.1 Modellspezifikation

Im einfachsten Fall, bei dem nur eine kategoriale Anwortvariable y_{it} und K latente States vorliegen, bezeichnet $\boldsymbol{y}_i$ den Vektor der Antwortausprägungen einer Person i zu allen Zeitpunkten t. Das zugehörige latente Markov-Modell ist dann definiert als

$$P(\boldsymbol{y}_i) = \sum_{x_0^d=1}^{K^d} \sum_{x_1^d=1}^{K^d} \cdots \sum_{x_T^d=1}^{K^d} P(x_0^d) \prod_{t=1}^{T_i} P(x_t^d | x_{t-1}^d) \prod_{t=0}^{T_i} P(y_{it} | x_t^d) \,. \tag{4.65}$$

Hierbei sind die drei angegebenen Wahrscheinlichkeiten von besonderer Bedeutung: Die Wahrscheinlichkeit des anfänglichen latenten States x_0^d zum Zeitpunkt $t = 0$ (*initial state probability*) $P(x_0^d)$, die Übergangswahrscheinlichkeit $P(x_t^d | x_{t-1}^d)$ zwischen den States von Zeitpunkt $t - 1$ auf Zeitpunkt t und die Antwortwahrscheinlichkeiten der kategorialen Variablen $P(y_{it} | x_t^d)$. In Gleichung 4.65 finden sich zwei Grundannahmen von Markov-Modellen: Zum einen in dem Produkt der Wahrscheinlichkeiten $\prod_{t=1}^{T_i} P(x_t^d | x_{t-1}^d)$, welches ausdrückt, dass die Zugehörigkeit zu einem latenten State zum Zeitpunkt t nur von der State-Zugehörigkeit zu dem vorhergegangenen Zeitpunkt $t - 1$ abhängt und nicht von denen der früheren Zeitpunkte. Zum anderen drückt das Wahrscheinlichkeitsprodukt $\prod_{t=0}^{T_i} P(y_{it}|x_t^d)$ aus, dass die Antwortwahrscheinlichkeit zu einem Zeitpunkt t zwar von dem latenten State des Zeitpunktes abhängt, jedoch nicht von den latenten States oder den Antwortwahrscheinlichkeiten zu anderen Zeitpunkten. In Erweiterung des in Gleichung 4.65 spezifizierten, einfachen latenten Markov-Modells, können zusätzliche Variablen eingebaut werden (vgl. ebd., S. 90 ff.). Durch die Einführung einer Mixture-Variablen x lassen sich nicht-dynamische Klassen bestimmen, darüber hinaus ist es möglich, verschiedene Kovariaten z_i einzuführen. Das allgemeine Modell wird mit diesen Erweiterungen wie folgt notiert

$$f(\mathbf{y}_i|\mathbf{z}_i) = \sum_{x=1}^{K} \sum_{x_0^d=1}^{K^d} \sum_{x_1^d=1}^{K^d} \ldots \sum_{x_T^d=1}^{K^d} P(x|\mathbf{z}_i)P(x_0^d|x,\mathbf{z}_i) \prod_{t=1}^{T_i} P(x_t^d|x_{t-1}^d, x, \mathbf{z}_{it}) \prod_{t=0}^{T_i} f(\mathbf{y}_{it}|x_t^d, x, \mathbf{z}_{it}) \,. \quad (4.66)$$

In diesem Modell werden nun zusätzlich die Anteile der Klassenzugehörigkeit $P(x|\mathbf{z}_i)$ in Abhängigkeit der zeitkonstanten Kovariaten $\mathbf{z}_i$ ausgewiesen. Die initial state probabilities aus Gleichung 4.65 stehen nun in Abhängigkeit der Klassenzugehörigkeit x und ebenfalls der zeitkonstanten Kovariaten $\mathbf{z}_i$: $P(x_0^d|x,\mathbf{z}_i)$. Die Übergangswahrscheinlichkeiten $P(x_t^d|x_{t-1}^d, x, \mathbf{z}_{it})$ der States zwischen den States zu $t - 1$ nach t hängen von der Klassenzugehörigkeit x und zeitpunkt*spezifischen* Kovariaten $\mathbf{z}_{it}$ ab. In diesem Modell sind multiple Indikatoren unterschiedlicher Skalentypen $\mathbf{y}_{it}$ möglich und deren Verteilung $f(\mathbf{y}_{it}|x_t^d, x, \mathbf{z}_{it})$ wird in Abhängigkeit der latenten States x_t^d, der Klassen x und der zeitpunkt*spezifischen* Kovariaten $\mathbf{z}_{it}$ beschrieben. Die Indikatoren sind in diesem Modell unabhängig von der Klasse x und den Kovariaten $\mathbf{z}_{it}$, sowie gegenseitig unabhängig unter der Bedingung eines gegebenen States x_t^d. Klasse, Ursprungsstate und Übergangswahrscheinlichkeiten werden mit Hilfe der logistischen Regression geschätzt, wobei für die Klassen und Ursprungsstates Standardmodelle verwendet werden. Bei den Übergangswahrscheinlichkeiten kann zwischen einem Standard-Logit-Modell und einem sogenannten *transition logit model* gewählt werden. Dieses lautet

$$\log \frac{P(x_t^d = s | x_{t-1}^d = r, x, \mathbf{z}_{it})}{P(x_t^d = r | x_{t-1}^d = r, x, \mathbf{z}_{it})} = \gamma_{xrs0} + \sum_{p=1}^{P} \gamma_{xrsp} \cdot z_{itp} , \tag{4.67}$$

für $r \neq s$. Hier wird die Wahrscheinlichkeit des Wechselns von State r nach State s in das Verhältnis gesetzt zu der Wahrscheinlichkeit des Verbleibens in State r. Dieses Verhältnis wird dann logarithmiert und als *transition logit* bezeichnet. Für jedes transition logit existiert ein Koeffizient γ, wobei die Parameter für $r = s$ aus Identifikationsgründen auf null fixiert werden. Es ist darüber hinaus möglich, die γ-Koeffizienten von der Klassenzugehörigkeit abhängig sein zu lassen; Gleiches gilt für die Parameter der initial state probabilities, die über die Klassen hinweg variieren können (vgl. Vermunt und Magidson 2013b, S. 90 ff.).

Mögliche, wichtige Restriktionen des Modells betreffen einerseits die Übergangswahrscheinlichkeiten, die so gesetzt werden können, dass die erste Klasse eine sogenannte *stayer class* wird. Die Übergangswahrscheinlichkeiten in dieser ersten Klasse sind dann null: $P(x_t^d = s | x_{t-1}^d = r, x = 1, \mathbf{z}_{it}) = 0$ für $r \neq s$. Durch diese Restriktion ist die Analyse sogenannter *Mover-Stayer-Modelle* möglich. Andererseits können die States perfekt einem kategorialen Indikator zugeordnet werden (dem ersten, für den gilt $K^d = M$): $P(y_{it} = m | x_t^d = s) = 0$ für $m \neq s$. Durch diesen »Trick« ist es möglich, einfache manifeste Markov-Modelle zu schätzen. Weitere Restriktionen sind in Bezug auf die Skalenniveaus der latenten State-Variablen möglich (vgl. ebd., S. 92).

4.3.2 Modellwahl

Das Programmpaket Latent GOLD stellt zur Betrachtung der Modellgüte unter anderem die *Likelihood-Ratio-χ^2-Statistik* zur Verfügung, die dort mit (L^2) bezeichnet wird (vgl. ebd., S. 66 ff.):

$$L^2 = 2 \sum_{i^*=1}^{I^*} n_{i^*} \ln \left(\frac{n_{i^*}}{\widehat{m}_{i^*}} \right) , \tag{4.68}$$

mit n_{i^*} als empirische Auftrittshäufigkeiten aller eindeutigen Datenmuster und $\widehat{m}_{i^*}$ als erwartete Zellhäufigkeiten für die Datenmuster i^*. Die Likelihood-Ratio-χ^2-Statistik L^2 beschreibt das Ausmaß der durch das Modell *nicht* erklärten Beziehungen zwischen den Variablen. Ein Modell passt umso schlechter zu den

Daten, je größer L^2 ist. Eine Faustregel besagt, dass ein Modell als gut passend angesehen werden kann, wenn L^2 nicht wesentlich höher ist als die Anzahl der Freiheitsgrade df (vgl. Vermunt und Magidson 2000, S. 61). Mit Hilfe der χ^2-verteilten L^2-Werte und den entsprechenden Freiheitsgraden (vgl. Vermunt und Magidson 2013b, S. 66 ff.) können asymptotische p-Werte bestimmt werden, die Aufschluss darüber geben, ob ein Modell insgesamt zu den Daten passt. *Nicht signifikante* Ergebnisse zeigen dabei einen guten Modellfit an, weswegen der ausgewiesene p-Wert den vorgegebenen Schwellenwert (zum Beispiel 0,05) *überschreiten* sollte.

Basierend auf der Likelihood-Ratio-χ^2-Statistik (Gleichung 4.68), berechnet Latent GOLD unter anderem die oben in einem anderen Zusammenhang und mit differierender Berechnungsweise schon genannten Informationskriterien BIC und AIC3. Sie berücksichtigen als Erweiterung die Anpassungsgüte und – über die Freiheitsgrade bzw. Anzahl der Modellparameter – die *Sparsamkeit* eines Modells, wobei auch hier gilt: Je niedriger die jeweiligen Werte sind, desto besser ist das Modell. Die Maßzahlen bestimmen sich folgendermaßen (siehe auch Gleichung 4.47 auf Seite 163; vgl. ebd., S. 67)

$$\text{BIC}_{L^2} = L^2 - \text{df} \cdot \ln(n) \,, \tag{4.69}$$

$$\text{AIC3}_{L^2} = L^2 - 3 \cdot \text{df} \,. \tag{4.70}$$

Um ein passendes Modell zu finden, kann so vorgegangen werden, dass die Güte einer Spannbreite an verschiedenen Modellen verglichen wird, wobei ein Nullmodell enthalten sein sollte (vgl. Bacher et al. 2010, S. 425 f.). Auf Grundlage des Minimums des BIC und AIC3 kann die Klassenzahl bestimmt werden (zum AIC3 siehe Andrews und Currim 2003; Dias 2004), der jeweils niedrigste Wert zeigt das am besten passende Modell an. Die Entscheidung sollte dann zusätzlich durch die L^2-Statistik abgesichert werden.

5 Alltagsleben im Jugendalter

Eines der zentralen Ziele dieser Arbeit ist die Identifizierung und Untersuchung jugendlicher Werte und Wertetypologien (siehe Kapitel 6, 7 und 8). Mit bestimmten einzelnen Werten oder ihrer Kombination, die für einzelne Wertetypologien charakteristisch sind, verknüpfen sich unterschiedliche Vermutungen und Erwartungen, die auch Bereiche des Alltagslebens Jugendlicher betreffen (siehe zusammenfassend Abschnitt 2.3). Daher wird in den genannten analytischen Kapiteln fortlaufend auf Merkmale aus dem jugendlichen Alltagsleben zurückgegriffen. In diesem Kapitel werden deshalb zunächst die Ergebnisse zumeist deskriptiver Analysen verschiedener Alltagsbereiche auf Grundlage der in Abschnitt 3.1 vorgestellten Querschnittsdatensätze der Gesamtstichproben dargelegt. Die große Breite des Datenmaterials ermöglicht dabei umfangreiche Trendanalysen, um die Lebenswelten der befragten Jugendlichen auch im Zeitverlauf näher zu beleuchten. Das Forschungsprojekt »Kriminalität in der modernen Stadt« (CRIMOC), dem die hier verwendeten Daten entstammen, ist eine kriminologisch-soziologische Studie und erhebt in den jährlich durchgeführten Befragungen (siehe Kapitel 3) eine Vielzahl unterschiedlicher soziologischer und kriminologischer Konzepte. Neben Fragen zur Opferwerdung, zu selbstberichteter Delinquenz, Erziehungserfahrungen, Konfliktverhalten, Kriminalitätseinstellungen und Werten wird auch eine Vielzahl von Fragen zu den Lebensumständen sowie dem Freizeit- und Konsumverhalten der Jugendlichen gestellt. Von diesen Themenbereichen wird eine große Anzahl im weiteren Verlauf dieser Arbeit verwendet und aus diesem Grund in diesem Kapitel zunächst beschreibend ausgewertet: Die hier verwendeten Bereiche umfassen die soziale Lage (siehe Abschnitt 5.1), das Freizeitverhalten (siehe Abschnitt 5.2), Probleme, Selbstwirksamkeits- und Zukunftseinschätzung (siehe Abschnitt 5.3) sowie das abweichende Verhalten (siehe Abschnitt 5.4) der befragten Jugendlichen.

5.1 Soziale Lage

Ergänzend zu den bereits in Abschnitt 3.1 dargestellten demographischen Stichprobenmerkmalen Jahrgangsstufe, Alter, Geschlecht, Herkunft, Staatsangehörigkeit und Schulform (siehe Tabellen 3.1 bis 3.3 auf den Seiten 130–136), erfolgt hier eine grobe Einschätzung der soziale Lage der Jugendlichen. Bei Analysen der sozialen Lage Erwachsener wird in empirischen Untersuchungen oftmals der *Sozioökonomische Status*, bestehend aus verschiedenen Merkmalen der Lebensumstände, verwendet. Bei der theoretischen Rahmung lehnt man sich dabei häufig an die Idee der drei ineinander überführbaren Kapitalarten *ökonomisches, kulturelles* und *soziales Kapital* an (vgl. Bourdieu 1987). Zur Operationalisierung werden unter anderem Bildung, Beruf und Einkommen, Besitz von Kulturgütern (beispielsweise Bücher), Wohnverhältnisse – manchmal aber auch Elemente der Lebensführung – verwendet. Die hier untersuchte Population ist aber wegen des sehr jungen Alters im Hinblick auf die soziale Lage nicht unproblematisch. Bei Erwachsenen stellen Beruf und Einkommen zumindest in den klassischen sozialstrukturellen Ansätzen zentrale Elemente der Differenzierung dar. Diese Merkmale sind jedoch entweder, wie bei den hier vorliegenden jungen Jahrgängen, noch gar nicht vorhanden oder, wie bei den älteren Jahrgängen, nicht stabil. Die Ursache liegt darin begründet, dass die hier untersuchte Zeitspanne nicht über das Schulalter, die Ausbildungsphase bzw. zu einem ganz geringen Teil nicht über die Berufseingangsphase hinausreicht. Als Alternative wurde bei der Konzeption der Studie versucht, die Ausbildung bzw. die berufliche Situation der Eltern über die Jugendlichen zu erfassen. In der Praxis erwies sich dies jedoch als problematisch, da die befragten Jugendlichen die entsprechenden Fragen häufig schlicht nicht valide beantworten konnten. Auf die genaue Erfassung des elterlichen Einkommens wurde aus Datenschutzgründen verzichtet, da so eine Vorgehensweise sensible Auskünfte über dritte Personen betroffen hätte, die weitere schriftliche Zustimmungen erforderlich gemacht hätten.[1] Das Taschengeld oder die im Monat zur Verfügung stehende Geldsumme der befragten Kinder und Jugendlichen wurde zwar erhoben, stellte sich bei Analysen jedoch als kaum vergleichbar heraus. Zum Teil steht den Jugendlichen dieses Geld über die elterliche »Grundversorgung« hinaus zur freien Verfügung, zum Teil müssen von diesem Geldbetrag aber auch Anschaffungen des täglichen Lebens getätigt werden. Diese

1 Neben den praktischen Überlegungen ist natürlich auch theoretisch nicht zweifelsfrei klar, ob die soziale Lage der Eltern in jedem Fall mit der sozialen Lage der Kinder übereinstimmt.

Merkmale erwiesen sich daher als nicht brauchbar. Die Bildung als Merkmal einzubeziehen ist ebenfalls nicht unproblematisch, da rund ein Drittel der Jugendlichen die Gesamtschule besucht (siehe Abschnitt 3.1 und Tabellen 3.1 bis 3.3 auf den Seiten 130–136), unter deren Dach unterschiedliche Schulformen firmieren. Es ist daher von 2002 bis 2005 nicht zu unterscheiden, welcher Schulform die Jugendlichen zuzuordnen sind, die eine Gesamtschule besuchen. Darüber hinaus liefert die Kenntnis der jeweiligen Schulform alleine noch keine hinreichenden Informationen über den schulischen Erfolg, da mögliche Schulabbrüche nicht berücksichtigt werden. Eine retrospektive Erfassung des höchsten Schul- bzw. Ausbildungsabschlusses ist ebenfalls nicht im beobachteten Zeitraum möglich, da diese Phase bis 2008 nicht für alle Probanden beendet war. Insofern kann die besuchte Schulform zwar als ein grober Hinweis auf die Höhe der Bildung verstanden werden, allzu genau ist dieser Indikator nicht, weshalb bei der Interpretation mit Vorsicht vorgegangen werden muss.

Um die ökonomische Situation dennoch abschätzen zu können, wurde nach der subjektiven finanziellen Selbsteinschätzung (Familienvermögen) gefragt. Erhoben wurde dies mit der aus den ALLBUS-Befragungen bekannten zehnstufigen *Wohlstandstreppe*. Zusätzlich wird die Frage ausgewertet und dargestellt, in der die Jugendlichen das Ausreichen des ihnen monatlich zur Verfügung stehenden Geldes bewerten sollten. Mit dieser Frage verknüpfte sich bei der Studienkonzeption die Idee, eine Einschätzung der finanziellen Lage zu erhalten, unabhängig von der tatsächlichen Höhe des – wie oben erläutert – kaum zu vergleichenden jugendlichen monatlichen »Einkommens«. Mit dem Ziel, das kulturelle Kapital zu erfassen, wurde mit der Erhebung im Jahr 2003 begonnen, auch nach der Anzahl der im Haushalt befindlichen Bücher zu fragen.

5.1.1 Finanzielle Situation

Wie oben erläutert, ist die Analyse der Einkommensverhältnisse bei Jugendlichen problematisch. Die hier dargelegten Befunde basieren deshalb auf der subjektiven Einschätzung des Familienvermögens und der Bewertung der eigenen finanziellen Situation, unabhängig davon, wie viel Geld tatsächlich zur Verfügung steht

2 Die Fragestellung lautet dabei: »Es gibt Familien, die sind finanziell vermögend und es gibt Familien, die sind finanziell nicht so vermögend. Wenn du deine Familie mit anderen Familien vergleichst, wo ordnest du deine Familie auf der Treppe von arm nach reich an?«. Als Antworten sind dabei möglich: »10 reich … arm 1«. Für die Auswertung wurden die Kategorien 1 und 2, 3 und 4, 5 und 6, 7 und 8 sowie 9 und 10 zusammengefasst.

(Wohlstandstreppe).[2] Die Auswertung des in Vergleich mit anderen Familien eingeschätzten Familienvermögens offenbart dabei zunächst eine selbst wahrgenommene »Mittelstandsgesellschaft«. Der überwiegende Teil der Jugendlichen (rund 85 Prozent) in allen Datensätzen schätzt das Familienvermögen mittel bis eher reich ein (Ursprungskategorien 5 bis 8; siehe Tabelle 5.1). Als tatsächlich »arm« (Kategorien 1 und 2) schätzt so gut wie niemand die Vermögensverhältnisse ein und auch der Anteil derjenigen, die die eigene Familie als »reich« (Kategorien 9 und 10) bezeichnen, ist mit zwei bis acht Prozent sehr überschaubar. Alles in allem bleibt der Gesamtbefund über die Erhebungsjahre hinweg sehr stabil. Fasst man das zehnstufige Merkmal als metrisch skaliert auf und berechnet die Mittelwerte, so ist zwischen 2002 und 2008 ein leichter Abfall (von 6,34 auf 6,04) zu konstatieren. In den Kategorien ist dies vorwiegend im Ansteigen des Anteils von fünf auf dreizehn Prozent derjenigen zu beobachten, die die Familie als »eher arm« (Kategorien 3 und 4) beschreiben. Gleichzeitig sinkt der Anteil der reichen Familien von sechs (über acht) auf zwei Prozent im beobachteten Zeitraum. Diese Bewegungen finden allerdings auf einem recht niedrigen Niveau statt. Will man diese Entwicklung interpretieren, so könnte sich hier ein tatsächlicher leichter Vermögensverlust der Familien zwischen 2002 und 2008 abbilden. Zum anderen ist auch davon auszugehen, dass die Jugendlichen mit fortschreitendem Alter in Bezug auf finanzielle Fragen sensibler und kompetenter werden. Möglicherweise lernen sie erst im beobachteten Zeitraum, eine realistische Einschätzung der Vermögensverhältnisse vorzunehmen. Der Kohortenvergleich legt – mit aller Vorsicht interpretiert – dies eher nahe, da sich die Angaben der älteren Kohorte eher im Hinblick auf das Alter bzw. die Jahrgangsstufe der Befragten als auf das Erhebungsjahr ähneln.

Sehr interessant ist darüber hinaus die Betrachtung der subjektiven Einschätzung, inwieweit das monatlich zur Verfügung stehende Geld ausreicht.[3] Wie oben ausgeführt, ist das genaue »Einkommen« der Jugendlichen zwar nicht exakt vergleichbar, die wahrgenommene Zufriedenheit mit den eigenen finanziellen Ressourcen ermöglicht dennoch einen Einblick in die finanzielle Situation der Befragten. Auffällig ist, dass die Zufriedenheit über die Jahre streng monoton abfällt (siehe Tabelle 5.2 auf Seite 188). Sind im Jahr 2002 noch 71 Prozent

3 Die genaue Fragestellung lautet: »Reicht dieses Geld für dich aus?«. Die Antwortkategorien sind: 1 »sehr gut«, 2 »gut«, 3 »mittelmäßig«, 4 »schlecht« und 5 »sehr schlecht«. Für die Auswertung wurden die Kategorien 1 und 2 sowie 4 und 5 zusammengefasst, außerdem wurde die Polung umgekehrt.

Tabelle 5.1: Einschätzung des Familienvermögens in Duisburg 2002 bis 2008 (Prozentangaben der zusammengefassten Kategorien sowie Mittelwerte und Standardabweichungen; Ursprungsskala von 1 »arm« bis 10 »reich«; Querschnittsdatensätze siehe Abschnitt 3.1)

	(a) Kohorte 1							(b) Kohorte 2	
Jahr	2002	2003	2004	2005	2006	2007	2008	2002	2003
Jahrgang	7	8	9	10	(11)	(12)	(13)	9	10
Alter	13	14	15	16	17	18	19	15	16
arm	0	1	1	1	1	1	1	1	0
eher arm	5	6	7	7	10	12	13	6	7
mittel	52	48	45	45	47	46	46	47	47
eher reich	37	38	40	40	37	38	38	40	39
reich	6	8	8	7	5	3	2	7	6
Mittelwert	6,34	6,43	6,45	6,37	6,17	6,10	6,04	6,42	6,36
Std.-abw.	0,02	0,03	0,03	0,03	0,02	0,03	0,03	0,03	0,03

der befragten Jugendlichen der Meinung, das Geld reiche gut aus, so sind im Jahr 2008 nur noch 47 Prozent dieser Meinung. Der Anteil derjenigen, die das Ausreichen mit schlecht bewerten, steigt analog von 8 Prozent auf 21 Prozent an. Der Kohortenvergleich zeigt, dass dieser Effekt höchstwahrscheinlich mit dem Älterwerden und nicht mit dem Erhebungsjahr zusammenhängt. Die ältere Kohorte 2 zeigt eine sehr ähnliche Verteilung im Vergleich mit den gleichaltrigen Jugendlichen der jüngeren Kohorte 1. Es steht zu vermuten, dass die Jugendlichen erst im Laufe der Zeit eine realistische Einschätzung ihrer finanziellen Situation abgeben können. Die ersten Erhebungszeitpunkte lassen mit der sehr hohen Bewertung möglicherweise auch auf eine relativ undifferenzierte Zufriedenheit ihrer Lage schließen. Hinzu kommt, dass im Laufe der Jugend immer höhere Konsumbedürfnisse entwickelt werden, die nicht gleichermaßen durch die Ausstattung mit finanziellen Ressourcen gedeckt werden und die Unzufriedenheit daher steigt. Ob dies tatsächlich mit der zur Verfügung stehenden *Geldsumme* in Zusammenhang steht, lässt sich hier nicht beantworten. In Bezug auf einen eventuellen Geschlechtsunterschied bei der Bewertung der Frage ist zu bemerken, dass in den jüngeren Jahren die Jungen ihre finanzielle Situation (noch) positiver bewerten als die Mädchen. Mit zunehmendem Alter kehrt sich das Verhältnis dann um, nun sind es eher die Mädchen, die im Verhältnis etwas häufiger angeben, gut mit ihrem Geld auszukommen (siehe Tabelle A.6 auf Seite 467).

Tabelle 5.2: Ausreichen des zur Verfügung stehenden Geldes in Duisburg 2002 bis 2008 (Prozentangaben sowie Mittelwerte und Standardabweichungen; Skala von 1 »sehr schlecht« bis 5 »sehr gut«; Querschnittsdatensätze siehe Abschnitt 3.1)

	(a) Kohorte 1							(b) Kohorte 2	
	2002	2003	2004	2005	2006	2007	2008	2002	2003
	7	8	9	10	(11)	(12)	(13)	9	10
	13	14	15	16	17	18	19	15	16
gut	71	61	55	55	49	48	47	58	53
mittel	22	26	27	29	31	35	33	28	28
schlecht	8	14	17	16	20	17	21	14	19
Mittelwert	4,00	3,72	3,57	3,58	3,43	3,42	3,34	3,64	3,49
Std.-abw.	1,05	1,16	1,19	1,15	1,18	1,07	1,10	1,11	1,18

Zwischen beiden erhobenen Bereichen, das heißt dem selbst eingeschätzten Familienvermögen und dem Ausreichen des zur Verfügung stehenden Geldes, besteht ein positiver Zusammenhang, der im Laufe der Erhebungsphase in seiner Stärke zunimmt (siehe Tabelle 5.3). Es erscheint einleuchtend, dass damit die Jugendlichen umso zufriedener mit ihren finanziellen Ressourcen sind, je wohlhabender das eigene Familienvermögen eingeschätzt wird. Im Umkehrschluss gilt damit natürlich auch, dass die befragten Personen umso unzufriedener sind, je schlechter die finanzielle Familiensituation bewertet wird. Als Hauptursache für diesen Befund wird man wohl annehmen können, dass Jugendliche aus finanziell wohlhabenderen Familien tendenziell auch mehr Geld zu ihrer persönlichen Verfügung haben. Vermutlich ist das dann auch der Grund für eine höhere Zufriedenheit mit den finanziellen Ressourcen. Die Entwicklung dieses positiven Zusammenhangs lässt ein deutliches Ansteigen der Korrelationskoeffizienten erkennen (von 0,08 auf 0,36). Hier ist ein Alterseffekt zu verzeichnen, der vermutlich damit zusammenhängt, dass die Jugendlichen erst im Laufe der Zeit ihre eigene finanzielle Lage sensibel und differenziert wahrnehmen. Möglicherweise tritt der Zusammenhang auch deshalb im Laufe der Erhebungen immer stärker auf, da das von den Eltern zur Verfügung gestellte Geld, welches vermutlich mit dem wahrgenommenen Familienvermögen korrespondiert, in seiner Höhe und seiner Streuung zunehmen dürfte. Der Großteil der jungen Jugendlichen wird vermutlich relativ wenig Geld bekommen, im Laufe der Jahre wird dies sicherlich zunehmen und immer mehr vom Wohlstand der Familien abhängen.

Tabelle 5.3: Korrelationen zwischen dem eingeschätzten Familienvermögen und dem Ausreichen des zur Verfügung stehenden Geldes in Duisburg 2002 bis 2008 (alle ausgewiesenen Korrelationen signifikant mit $p < 0{,}001$; Querschnittsdatensätze siehe Abschnitt 3.1)

	(a) Kohorte 1							(b) Kohorte 2	
	2002	2003	2004	2005	2006	2007	2008	2002	2003
	7	8	9	10	(11)	(12)	(13)	9	10
	13	14	15	16	17	18	19	15	16
Korrelation	0,08	0,07	0,12	0,20	0,17	0,30	0,36	0,11	0,18

5.1.2 Kulturelles Kapital

Das kulturelle Kapital, welches über die Anzahl der zuhause vorhandenen Bücher erhoben wurde, nimmt über die Erhebungsjahre hinweg leicht zu (siehe Tabelle 5.4 auf der nächsten Seite).[4] In allen Erhebungszeitpunkten ist die Kategorie »26–100 Bücher« dabei am stärksten besetzt (rund 30 Prozent). Der Anteil der bildungsfernen Haushalte, in denen nach Einschätzung der Jugendlichen lediglich bis zu zehn Bücher vorhanden sind, beträgt immerhin 12 bis 17 Prozent der Gesamtstichprobe. Demgegenüber wird gegen Ende des Beobachtungszeitraumes angegeben, dass fast in einem Viertel aller Haushalte sogar mehr als 200 Bücher stehen. Während die Mittelkategorie im Zeitverlauf stabil bleibt, nehmen die Anteilswerte der ersten beiden Kategorien fortlaufend ab, die Anteilswerte der oberen beiden Kategorien hingegen zu. Von der Tendenz her ist solch ein Verlauf durchaus erwartbar, da im zeitlichen Ablauf ein kumulativer Anstieg der vorhandenen Bücherzahlen plausibel ist. Bücher werden in der Regel aufbewahrt und nicht entsorgt, weshalb die Anzahl im Zeitverlauf tendenziell ansteigt.

5.2 Freizeitverhalten

Einen sehr wichtigen Bereich in der Lebenswelt Jugendlicher stellt die Gestaltung der Freizeit dar. Mit Hilfe von verschiedenen Fragestellungen wurden in den

4 Die genaue Fragestellung lautet: »Wie viele Bücher habt ihr zu Hause? Zähle Zeitschriften, Zeitungen und deine Schulbücher nicht dazu!«. Die Antwortkategorien hier sind: 1 »keine oder sehr wenige (0–10 Bücher)«, 2 »genug um ein Regalbrett zu füllen (11–25 Bücher)«, 3 »genug um ein Bücherregal zu füllen (26–100 Bücher)«, 4 »genug um zwei Bücherregale zu füllen (101–200 Bücher)« und 5 »genug um drei oder mehr Bücherregale zu füllen (mehr als 200 Bücher)«.

Tabelle 5.4: Anzahl der zuhause vorhandenen Bücher in Duisburg 2002 bis 2008 (Prozentangaben; Querschnittsdatensätze siehe Abschnitt 3.1)

	(a) Kohorte 1							(b) Kohorte 2	
	2002	2003	2004	2005	2006	2007	2008	2002	2003
	7	8	9	10	(11)	(12)	(13)	9	10
Bücherzahl	13	14	15	16	17	18	19	15	16
0–10	—	17	17	17	13	12	12	—	17
11–25	—	27	25	22	21	19	19	—	24
26–100	—	32	30	30	30	30	30	—	29
101–200	—	11	13	14	16	17	16	—	14
mehr als 200	—	13	16	18	20	23	23	—	16

hier untersuchten Schülerbefragungen die Freizeitbeschäftigungen erhoben. Zum einen wurde mit offenen Zeitabfragen sehr genau der wöchentliche Zeitaufwand für eine Reihe von beliebten Freizeitaktivitäten bestimmt (siehe Abschnitt 5.2.1). Zum anderen wurde die Konsumhäufigkeit beliebter Film- und Video- sowie Computer- und Konsolespielgenres erfragt (siehe Abschnitte 5.2.2 und 5.2.3). Schließlich wurde noch die Häufigkeit weiterer Freizeitaktivitäten mit Hilfe einer geschlossenen Fragestellung erhoben (siehe Abschnitt 5.2.4).

5.2.1 Zeitaufwand für ausgewählte Freizeitaktivitäten

Um etwas über das Freizeitverhalten der Jugendlichen zu erfahren, wurden die Befragungsteilnehmerinnen und -teilnehmer gebeten, bei der Beantwortung des Fragebogens ihren durchschnittlichen täglichen Zeitaufwand in Minuten für einige weitverbreitete Freizeitbeschäftigungen anzugeben (siehe Tabelle 5.5 auf Seite 192).[5] Zunächst wurden dabei die Aktivitäten »Fernsehen gucken«, »im Internet surfen und E-Mails schreiben«, »Video gucken«, »Bücher lesen«, »Zeitschriften lesen«, »Computer spielen« und »Konsole spielen« unterschieden. Nach der ersten Erhebungswelle wurden die Aktivitäten »Bücher und Zeitschriften lesen« sowie »Computer und Konsole spielen« zusammengefasst. Darüber hinaus wurde die Aktivität »Hausaufgaben machen« neu hinzugenommen, auch wenn

5 Die genaue Fragestellung lautete: »Bei den folgenden Fragen geht es darum, wie viel Zeit du mit verschiedenen Beschäftigungen verbringst. Bitte trage die jeweiligen Zeiten in die Kästchen ein. Es reicht, wenn du die Zeit auf 15 Minuten genau angibst: [. . .]. Wie viel Zeit verbringst du normalerweise [mit] . . . am Tag . . . «.

sie strenggenommen nicht zu den Freizeitaktivitäten zu zählen ist. Da die offene Zeitabfrage einige unplausible Zeitangaben hervorbrachte, wurden die Antworten (sehr großzügig) bei 16 Stunden trunkiert.[6] Dies betraf allerdings nur eine sehr kleine Zahl von Personen der späteren Erhebungszeitpunkte und hauptsächlich die Angaben zum Fernseh- und Computer- bzw. Konsolespielkonsum.

Im Durchschnitt wenden die befragten Personen die meiste Zeit für die Aktivität »Fernsehen gucken« auf. Bei den jüngeren Schülerinnen und Schülern ist dies die mit Abstand zeitintensivste Freizeitbeschäftigung, mit zunehmendem Alter entfällt dann aber auch auf das Internetsurfen und das Schreiben von E-Mails annähernd gleich viel Zeitaufwand. Im Schnitt werden rund zwei Stunden täglich ferngesehen (110 bis 140 Minuten)[7], wobei die Zeitdauer geringfügig, dafür aber monoton über den beobachteten Zeitraum hinweg abnimmt (siehe Tabelle 5.5 auf der nächsten Seite). Der Fernsehkonsum nimmt also mit zunehmendem Alter leicht ab, verbleibt aber immer noch auf einem recht ähnlichen Niveau. Unterscheidet man nach Geschlecht, so sind zunächst beträchtliche Differenzen auszumachen, die im Altersverlauf verschwinden. Zwischen der siebten und der elften Jahrgangsstufe (2002 bis 2006) schauen die Jungen deutlich länger fern. Die durchweg signifikanten Unterschiede ($p < 0{,}05$) bewegen sich dabei im Durchschnitt zwischen zehn und fünfzehn Minuten. In den letzten beiden Erhebungsjahren ist dieser Geschlechtsunterschied dann nicht mehr existent – Mädchen gucken in etwa genauso lange fern wie Jungen (siehe Tabelle A.9 auf Seite 470).

Eine gegenläufige Bewegung zur generellen Abnahme mit steigendem Alter lässt sich beim Internetsurfen bzw. dem Schreiben von E-Mails (Online-Zeit) beobachten. Die Angaben für den *durchschnittlichen Zeitaufwand aller Befragten* steigen von einer dreiviertel Stunde im Jahr 2002 auf rund eindreiviertel Stunden im Jahr 2008 an. Dieser Effekt wird stark dadurch beeinflusst, dass ein erheblicher Teil der Jugendlichen erst mit zunehmendem Alter überhaupt Zeit im Internet verbringt bzw. online aktiv wird. In der 7. Jahrgangsstufe geben 43 Prozent an, überhaupt nicht online zu sein. Dieser Anteil geht dann im Laufe der Jahre kontinuierlich sehr stark zurück, so dass im Jahr 2008 nur noch 8 Prozent überhaupt keine Zeit im Internet verbringen (siehe Tabelle A.8 auf Seite 469). Betrachtet

6 Dieser Wert wurde deshalb gewählt, da eine ansonsten beschäftigungslose Person bei durchschnittlich 8 Stunden Schlaf täglich höchstens noch 16 Stunden Fernsehen gucken und/oder Computer spielen kann.

7 Der Anteil derjenigen, die überhaupt kein Fernsehen schauen, liegt dabei recht stabil bei maximal zwei Prozent aller Befragten (siehe Tabelle A.8 auf Seite 469).

Tabelle 5.5: Durchschnittlicher täglicher Zeitaufwand für verschiedene Aktivitäten in Duisburg 2002 bis 2008 (auf fünf Minuten gerundete Angaben; Querschnittsdatensätze siehe Abschnitt 3.1)

	(a) Kohorte 1							(b) Kohorte 2	
	2002	2003	2004	2005	2006	2007	2008	2002	2003
	7	8	9	10	(11)	(12)	(13)	9	10
	13	14	15	16	17	18	19	15	16
Fernsehen gucken	140	130	130	125	125	115	110	145	135
Internetsurfen/E-Mail	45	65	75	95	110	110	105	60	75
Hausaufgaben machen	–	65	65	65	65	65	65	–	65
Video gucken	50	65	60	50	50	45	40	45	60
Computer/Konsole spielen	–	75	70	75	65	50	45	–	70
Computer spielen	65	–	–	–	–	–	–	60	–
Konsole spielen	55	–	–	–	–	–	–	45	–
Bücher/Zeitschriften lesen	–	45	40	40	45	45	45	–	45
Bücher lesen	50	–	–	–	–	–	–	40	–
Zeitschriften lesen	40	–	–	–	–	–	–	35	–

man die Online-Nutzungszeit ausschließlich der Personen, die überhaupt im Internet aktiv sind, so findet sich hier mit zunehmendem Alter zwar ein ähnliches Muster, nämlich eine ansteigende Nutzungsdauer, der Anstieg fällt aber mit durchschnittlichen Werten von eineinviertel auf rund zwei Stunden nicht annähernd so stark aus (siehe Tabelle A.7 auf Seite 468). Daraus lässt sich schließen, dass sich die Nutzungsgewohnheiten bzw. -dauer derjenigen, die überhaupt das Internet nutzen, mit zunehmendem Alter nicht stark verändern. In Bezug auf die Gesamtpopulation verlängert sich die durchschnittliche Dauer, da immer mehr Personen überhaupt das Internet verwenden. Auch hier zeigt sich ein beträchtlicher signifikanter Unterschied zwischen Jungen und Mädchen, der mit zunehmendem Alter stärker zu werden scheint. In der ersten Welle verbringen die Jungen durchschnittlich zehn Minuten länger im Internet, in den letzten Wellen wächst sich dieser Unterschied auf rund eine halbe Stunde aus (siehe Tabelle A.9 auf Seite 470).

Der Kohortenvergleich zeigt in diesem Zusammenhang eine weitere interessante Auffälligkeit. Vergleicht man die Angaben für »Fernsehen gucken« sowie die Online-Zeit der Neunt- und Zehntklässler der Jahre 2002 und 2003 (ältere Kohorte 2) mit denen der Jahre 2004 und 2005 (jüngere Kohorte 1), so zeigt sich, dass die jüngere Kohorte 1 im Gesamtdurchschnitt rund fünfzehn bzw. zehn Minuten weniger Fernsehen schaut und fünfzehn bzw. zwanzig Minuten länger im Internet verbringt. Anscheinend ist hier vor allem im Hinblick auf die Internetnutzung ein Zeiteffekt zu beobachten, denn der Anteil der Internetnutzer steigt um zehn bzw. sieben Prozent an (siehe Tabelle A.8 auf Seite 469). Dies erscheint insofern plausibel, als ganz generell der Anteil der Personen, die das Internet nutzen, in Deutschland im betreffenden Zeitverlauf zugenommen hat. Der Unterschied zeigt sich noch stärker bei den Mädchen als bei den Jungen (siehe Tabelle A.9 auf Seite 470), so dass man vorsichtig interpretieren kann, dass Mädchen bei der Online-Nutzung aufholen. Des Weiteren scheinen die Zahlen eine Verdrängung der Fernsehdauer durch die Zunahme der Online-Zeit nahezulegen, auch wenn bekannt ist, dass immer häufiger verschiedene Medien parallel genutzt werden (vgl. für den hier relevanten Zeitraum beispielsweise Oehmichen und Schröter 2008).

Nach diesen beiden Tätigkeiten verbringen die Jugendlichen im Durchschnitt die meiste Zeit mit Computer bzw. Konsole spielen. Dies gilt dabei sowohl für die Gesamtpopulation als auch für diejenigen, die überhaupt mit den angegebenen Geräten spielen (siehe Tabellen 5.5 und A.7 auf Seite 468). Mit zunehmendem

Alter ist jedoch ein rückläufiger Effekt zu beobachten. Zwischen 2002 und 2008 steigt der Anteil derjenigen, die überhaupt nicht Computer/Konsole spielen kontinuierlich von 21 bzw. 23[8] auf 46 Prozent an (siehe Tabelle A.8 auf Seite 469). Auch die dafür aufgewendete Zeit nimmt mit zunehmendem Alter ab: Im Gesamtdurchschnitt fällt sie von 75 bzw. 60[9] auf 45 Minuten mit einem »Zwischenhoch« von 75 Minuten im Jahr 2005. Betrachtet man nur die aufgewendete Zeit derjenigen Jugendlichen, die überhaupt Computer oder Konsole spielen, ergibt sich ein ähnlicher Verlauf auf etwas höherem Niveau: Die durchschnittlich täglich aufgewendete Zeit steigt zwischen 2002 und 2008 von 90 bzw. 100[10] zunächst leicht an (110 Minuten im Jahr 2005), um dann auf 85 Minuten abzusinken (siehe Tabelle A.7 auf Seite 468). Der Kohortenvergleich zeigt hier keinen interpretierbaren Befund. Gravierend ist in diesem Zusammenhang der Geschlechtsunterschied. Dieser beträgt über den gesamten Zeitraum hinweg zwischen einer und eineinhalb Stunden, die die Jungen länger Computer bzw. Konsole spielen als die Mädchen (siehe Tabelle A.9 auf Seite 470). Das ist für sich genommen schon daher relevant, da es der größte Geschlechtsunterschied ist, der überhaupt bei den erhobenen Zeitangaben der Freizeitaktivitäten zu beobachten ist. Des Weiteren ist zu konstatieren, dass zwar im Durchschnitt für die Gesamtpopulation der Zeitaufwand für Computer bzw. Konsole spielen an dritter Stelle steht, allein für die Mädchen betrachtet, rangiert diese Aktivität jedoch an letzter Stelle (zwischen 20 und 35 Minuten). Insofern lässt sich festhalten, dass das Spielen am Computer oder der Konsole ein in hohem Maße »männliches Freizeitvergnügen« ist. Allerdings trifft auch für die Jungen der geschilderte Verlauf zu, der durch einen im Altersverlauf abnehmenden Zeitaufwand gekennzeichnet ist. Dieser findet bei den Jungen eben nur auf einem wesentlich höheren Niveau statt.

Täglich etwas weniger Zeit, dafür im Verlauf vergleichbar, wird in der Gesamtpopulation durchschnittlich für das Anschauen von Videos aufgewendet. Der Höhepunkt ist mit etwas über einer Stunde in der 8. Klasse im Jahr 2003 erreicht,

---

8 Im Jahr 2002 wurde »Computer und Konsole spielen« getrennt erfragt, in den darauffolgenden Jahren zusammen. Daher sind die Ergebnisse des Jahres 2002 nicht exakt mit denen der übrigen Jahre zu vergleichen.

9 Im Jahr 2002 wurde »Computer und Konsole spielen« getrennt erfragt, in den darauffolgenden Jahren zusammen. Daher sind die Ergebnisse des Jahres 2002 nicht exakt mit denen der übrigen Jahre zu vergleichen.

10 Im Jahr 2002 wurde »Computer und Konsole spielen« getrennt erfragt, in den darauffolgenden Jahren zusammen. Daher sind die Ergebnisse des Jahres 2002 nicht exakt mit denen der übrigen Jahre zu vergleichen.

um dann kontinuierlich auf einen Wert von 40 Minuten im Jahr 2008 abzusinken (siehe Tabelle 5.5 auf Seite 192). Werden nur die Jugendlichen in Betracht gezogen, die überhaupt Videos gucken (dürfen), so ist zwar der durchschnittliche Zeitaufwand deutlich größer, der Verlauf aber sehr ähnlich. Auch hier ist der Höhepunkt in der 7. und 8. Klasse mit 85 Minuten erreicht, danach sinken die Zeitangaben auf 70 Minuten im Jahr 2008 ab (siehe Tabelle A.7 auf Seite 468). Der Anteil derjenigen, die überhaupt keine Videos schauen, ist dementsprechend in der 8. Klasse mit 27 Prozent am niedrigsten und im Jahr 2008 mit 39 Prozent am höchsten (siehe Tabelle A.8 auf Seite 469). Auch für das Anschauen von Videos wird von den Jungen tendenziell mehr Zeit aufgewendet als von den Mädchen (zwischen fünf und fünfzehn Minuten), wobei hier ein ähnlicher Altersverlauf wie beim Fernsehen zu beobachten ist: in den letzten Erhebungswellen verringert sich der Unterschied, bis er zuletzt fast verschwindet (siehe Tabelle A.9 auf Seite 470).

Der durchschnittliche zeitliche Aufwand pro Tag ist bei dem Lesen von Zeitschriften und Büchern zwar von den abgefragten Aktivitäten am niedrigsten, dafür im Zeitverlauf aber sehr stabil. Bezogen auf den Gesamtdurchschnitt entfällt auf das Lesen im gesamten betrachteten Zeitraum rund eine dreiviertel Stunde pro Tag (siehe Tabelle 5.5 auf Seite 192). Nimmt man die Jugendlichen heraus, die überhaupt nicht lesen, so erhöht sich der Zeitaufwand auf 55 Minuten, ist aber genauso zeitstabil (siehe Tabelle A.7 auf Seite 468). Ebenso stabil ist auch der Anteil derjenigen, die überhaupt keine Bücher oder Zeitschriften lesen: er liegt zwischen 19 bzw. 18[11] und 25 Prozent (siehe Tabelle A.8 auf Seite 469). Auch hier ist ein Unterschied zwischen Mädchen und Jungen festzustellen, allerdings in gegenläufiger Richtung als die bislang vorgestellten. Mädchen lesen im Durchschnitt rund eine viertel Stunde länger Bücher bzw. Zeitschriften pro Tag als Jungen (siehe Tabelle A.9 auf Seite 470). Für Hausaufgaben wird pro Tag im gesamten Beobachtungszeitraum[12] bezogen auf alle Jugendlichen stabil rund eine Stunde (65 Minuten) investiert (siehe Tabelle 5.5 auf Seite 192). Schränkt man die Population auf diejenigen ein, die überhaupt Zeit in Hausaufgaben investieren, erhöht sich der Aufwand zunächst um lediglich rund 5 Minuten (siehe Tabelle A.7 auf Seite 468). Da im Laufe der Jahre der Anteil derjenigen (deutlich)

11 Im Jahr 2002 wurde »Bücher und Zeitschriften lesen« getrennt erfragt, in den darauffolgenden Jahren zusammen. Daher sind die Ergebnisse des Jahres 2002 nicht exakt mit denen der übrigen Jahre zu vergleichen.

12 Im Jahr 2002 wurde der Aufwand für Hausaufgaben nicht erhoben.

ansteigt, die keine Schule mehr besuchen (siehe Abschnitt 3.1), steigt auch der Anteil derjenigen, die keine Hausaufgaben mehr machen. Er beträgt im Jahr 2006 schon 11, im Jahr 2007 dann 13 und im letzten hier betrachteten Erhebungsjahr 2008 schließlich 17 Prozent (siehe Tabelle A.8 auf Seite 469). Diejenigen, die in der 13. Klasse noch Hausaufgaben machen (müssen), wenden dann auch mit durchschnittlich 80 Minuten etwas mehr Zeit auf, als in den Jahren zuvor. Ebenso wie bei dem Lesen von Büchern und Zeitschriften lässt sich beobachten, dass Mädchen für Hausaufgaben mehr Zeit aufwenden. Der Unterschied fällt mit 10 bis 25 Minuten über alle Erhebungsjahre hinweg betrachtet allerdings noch deutlicher aus und scheint mit zunehmendem Alter eher stärker zu werden (siehe Tabelle A.9 auf Seite 470).

Fasst man die hier vorgestellten Ergebnisse zusammen, so lässt sich sagen, dass Fernsehkonsum und später dann die Onlineaktivitäten die zeitintensivsten Freizeitbeschäftigungen sind. Während mit zunehmendem Alter allen anderen Aktivitäten konstant gleich viel oder sogar weniger Zeit gewidmet wird, so sind die Onlineaktivitäten die einzigen Beschäftigungen, die mit einem deutlich steigenden Zeitaufwand betrieben werden.[13] In diesem Zusammenhang findet sich ein gleichgerichteter Alters- und Kohorten- bzw. Zeiteffekt. Da zu vermuten steht, dass mit Ausscheiden aus der Schule und dem Einstieg in das Berufsleben generell knappere Zeitressourcen für Freizeitaktivitäten zur Verfügung stehen, ist dies umso gravierender. Im Hinblick auf die Unterschiede zwischen Mädchen und Jungen ist zu konstatieren, dass die Jungen deutlich mehr Zeit als die Mädchen mit Online-Aktivitäten und Computer- bzw. Konsole spielen verbringen. Die Mädchen investieren mehr Zeit in Hausaufgaben und das Lesen von Büchern und Zeitschriften (siehe auch Kanz 2013). Im Bereich des Fernsehens und des Anschauens von Videos sind bei den jüngeren Jahrgängen ebenfalls Geschlechtsunterschiede zu beobachten (Jungen verwenden auch für diese Aktivitäten mehr Zeit), diese verschwinden aber mit zunehmendem Alter, so dass in den letzten Erhebungswellen von relativ gleichen Zeitaufwendungen gesprochen werden kann. Für eine noch umfassendere und abschließende Bewertung der Freizeitaktivitäten müssen allerdings noch weitere häufig vorkommende Freizeitaktivitäten berücksichtigt werden, die in Abschnitt 5.2.4 vorgestellt werden.

---

13 Vergleiche hierzu auch die analogen Befunde aus den Shell-Jugendstudien 2002 bis 2010 (vgl. Leven et al. 2010, S. 96). Die Jugendlichen konnten in diesen Untersuchungen ihre jeweils fünf häufigsten Freizeitaktivitäten angeben. Der Anteil der Nennungen für »Im Internet surfen« stieg dabei im genannten Zeitraum von 28 über 38 auf 59 Prozent im Jahr 2010.

5.2.2 Film- und Videovorlieben

Wie in Abschnitt 5.2.1 dargestellt, nimmt der Fernseh- und Videokonsum mit einem durchschnittlichen täglichen Zeitaufwand zwischen 150 und knapp 190 Minuten (bezogen auf den gesamten Untersuchungszeitraum) einen beträchtlichen Freizeitanteil des jugendlichen Tagesablaufes ein. In diesem Zusammenhang ist allerdings nicht nur die Frage relevant, wie viel Zeit durchschnittlich aufgewendet wird, sondern auch, *welche* Filme und Videos angesehen werden. Um diesen Sachverhalt näher beleuchten zu können, wurde in den Fragebögen eine Frage nach der Konsumhäufigkeit bestimmter Film- und Videogenres gestellt.[14] Zur Beantwortung konnte bei 14 Genres[15] die Häufigkeit auf einer fünfstufigen Skala angegeben werden. Bei der Auswertung ist zu berücksichtigen, dass die im Jahr 2002 »Kung-Fu- oder Kampfsportfilme, Kriegsfilme« lautende Antwortkategorie aus inhaltlichen Gründen in allen darauffolgenden Jahren in zwei Kategorien aufgeteilt wurde: »Kung-Fu- oder Kampfsportfilme« sowie »Kriegsfilme«.

Betrachtet man den gesamten Beobachtungszeitraum, so sind »Musikvideos« und »Comedy« die mit Abstand am häufigsten konsumierten Film- und Videogenres (siehe Tabelle 5.6 auf der nächsten Seite). Allerdings fällt die Häufigkeit in Bezug auf die Musikvideos im Gegensatz zu Comedy in den letzten beiden Erhebungsjahren deutlich ab. In den ersten vier Jahren geben zwischen 74 und 82 Prozent der Jugendlichen an, Musikvideos oft bzw. sehr oft zu sehen, danach sinken die Prozentangaben auf 47 Prozent im letzten Erhebungsjahr. Betrachtet man die Beliebtheit dieses Genres in Bezug auf das Geschlecht der Befragten, so erkennt man einen deutlichen Unterschied: In allen Erhebungsjahren werden Musikvideos deutlich häufiger von Mädchen konsumiert als von Jungen. Der Unterschied beträgt dabei stabil rund 15 Prozent (siehe Tabelle A.10 auf Seite 471). Comedy-Sendungen werden von 62 Prozent aller Jugendlichen im Jahr 2002 häufig angesehen, danach steigen die Werte an und pendeln sich auf einem Niveau um die 70 Prozent ein. Die Häufigkeit des Konsums dieses Genres scheint also im Altersverlauf anzusteigen und sich dann auf einem im Vergleich sehr hohen Niveau zu stabilisieren. Im Gegensatz zu den Musikvideos ist hier kein starker Geschlechtsunterschied auszumachen (siehe Tabelle A.10 auf Seite 471). Im Niveau und Verlauf der Konsumhäufigkeit vergleichbar, folgen die Genres der

14 Die genaue Fragestellung lautete: »Welche Filme oder Videos guckst du am häufigsten?«. Die Antwortkategorien waren 1 »nie«, 2 »selten«, 3 »manchmal«, 4 »oft« und 5 »sehr oft«. Für die Auswertungen wurden die Kategorien 4 und 5 zusammengefasst.

15 Zusätzlich gab es eine offene Kategorie.

Tabelle 5.6: Film- und Videovorlieben in Duisburg 2002 bis 2008 (Prozentangaben der zusammengefassten Nennungen »oft« und »sehr oft«; Querschnittsdatensätze siehe Abschnitt 3.1)

	(a) Kohorte 1							(b) Kohorte 2	
	2002	2003	2004	2005	2006	2007	2008	2002	2003
	7	8	9	10	(11)	(12)	(13)	9	10
Genre	13	14	15	16	17	18	19	15	16
Musikvideos (MTV, VIVA etc.)	74	82	79	76	67	55	47	80	79
Comedy	62	67	72	72	73	71	70	68	71
Horrorfilme	51	59	63	59	61	54	51	56	56
Actionfilme	51	57	59	55	54	48	50	54	59
Unterhaltungsserien/Soaps	36	40	39	36	38	39	39	34	40
Sport	34	38	35	37	36	32	29	35	38
Kung-Fu-/Kampfsportfilme[a]	36	38	37	35	34	29	25	36	36
Shows/Quiz/Talkshows	39	34	30	30	31	30	28	35	35
Kriegsfilme[b]	–	30	33	34	31	25	23	–	32
Love Stories	22	25	27	27	28	27	27	25	26
Kriminalfilme	20	25	24	25	26	27	25	19	23
Science-Fiction/Fantasy	24	24	24	23	24	20	22	23	28
Dokumentationen/politische Magazine	7	9	11	15	20	21	22	9	14
Natur-/Tier-/Heimatfilme	16	13	13	14	13	13	13	9	11

a) In 2002 lautete die Kategorie »Kung-Fu- oder Kampfsportfilme, Kriegsfilme«
b) Erst ab 2003 wurde die Kategorie »Kriegsfilme« gesondert erhoben, daher keine Angabe in 2002

»Horror-« und »Actionfilme«. Im ersten Erhebungjahr gibt ungefähr die Hälfte der Jugendlichen an, die beiden Genres oft bzw. sehr oft anzusehen. Danach steigen die Anteile in den Jahren 2003 bis 2006 auf eine Höhe zwischen 59 und 63 Prozent (Horrorfilme) bzw. 54 und 59 Prozent (Actionfilme) an, um bis zum letzen Erhebungsjahr 2008 wieder auf das Ursprungsniveau zurückzufallen. Da beide Genres zu den gewalthaltigen Medien gerechnet werden müssen, erscheinen diese hohen Werte besorgniserregend. Zu berücksichtigen ist in diesem Zusammenhang ebenfalls ein deutlicher Geschlechtsunterschied. Insbesondere die Actionfilme werden in allen Datensätzen zu einem übergroßen Anteil von Jungen konsumiert (siehe auch Kanz 2013). Der Unterschied zwischen den Geschlechtern macht dabei zwischen 40 und 50 Prozentpunkte aus (siehe Tabelle A.10 auf Seite 471)! Das ist der größte Geschlechtsunterschied, der überhaupt bei den untersuchten Filmgenres zu beobachten ist. »Unterhaltungsserien/Soaps« weisen über die Zeit hinweg stabile Anteile von knapp unter 40 Prozent an Jugendlichen auf, die diese Sendungen oft oder sehr oft anschauen. Auch hier findet sich ein sehr deutlicher Geschlechtseffekt, denn diese Filme werden sehr viel häufiger von Mädchen angesehen (siehe ebd.). Der Unterschied macht dabei um die 30 bis 35 Prozentpunkte aus (siehe Tabelle A.10 auf Seite 471). Mit Werten zwischen 13 und 16 Prozent werden »Natur-/Tier-/Heimatfilme« am wenigsten häufig konsumiert. Zumindest in weiter fortgeschrittenem Alter etwas beliebter scheinen »Dokumentationen und politische Magazine« zu sein. Deren Konsumhäufigkeit wird kontinuierlich über den gesamten Erhebungszeitraum hinweg ansteigend von Anteilen zwischen 7 und 22 Prozent als hoch eingestuft. Nebenbei bemerkt ist dies das einzige der abgefragten Genres, dessen Konsumhäufigkeit so deutlich und kontinuierlich ansteigt. Bei den »Natur-/Tier-/Heimatfilme« lässt sich im Hinblick auf die Geschlechtsverteilung kein bedeutsamer Unterschied feststellen, bei den Dokumentationen hingegen schon. Bei den Jungen wird diese Kategorie häufiger angegeben und der Unterschied scheint mit zunehmendem Alter (von 2 auf 10 bzw. 8 Prozentpunkte) eher noch zuzunehmen (siehe Tabelle A.10 auf Seite 471).

Neben den genannten Genres existiert eine Gruppe von Film- bzw. Videotypen, deren Häufigkeit auf einem mittleren Niveau angegeben wird und die im Altersverlauf weiter abnimmt. Zu ihnen zählen »Sportsendungen«, »Kung-Fu-/Kampfsportfilme«, »Shows/Quiz/Talkshows« und »Kriegsfilme«. Bei allen letztgenannten Genres sind deutliche Geschlechtsunterschiede festzustellen. Am deutlichsten fallen diese Unterschiede erwartungsgemäß bei »Kung-Fu-/Kampfsportfilmen« und »Kriegsfilmen« aus, die eindeutig männlich dominiert sind. Er liegt, mit den Jahren abnehmend, zwischen 40 und 30 Prozentpunkten. Die zu beobachtende Abnahme der Unterschiede ist in beiden Fällen darin begründet, dass die Jungen diese Filmgenres proportional deutlich weniger konsumieren, je älter sie werden – bei den Mädchen nimmt die sowieso schon geringe Häufigkeit im Altersverlauf ebenfalls weiter ab, aber nicht ganz so stark (siehe Tabelle A.10 auf Seite 471). Auch bei der Häufigkeit des Konsums von Sportsendungen unterscheiden sich die Geschlechter (ebenfalls erwartungsgemäß) stark: die Differenz »zugunsten« der Jungen beträgt relativ stabil rund 35 Prozentpunkte (siehe Tabelle A.10 auf Seite 471). Etwas weniger stark, aber mit rund 15 bis 20 Prozentpunkten in allen Jahren immer noch deutlich, fällt der Geschlechtsunterschied bei »Shows/Quiz/Talkshows« aus – ein Genre, das bei Mädchen deutlich beliebter ist (siehe Tabelle A.10 auf Seite 471).

Eine weitere Gruppe von Film- und Fernsehgenres liegt in der mittleren Konsumhäufigkeit noch unter der letztgenannten Gruppe, wobei die Häufigkeit im Zeitverlauf gleichbleibt oder leicht zunimmt. Zu dieser Klasse zählen »Love Stories«, »Kriminalfilme« und »Science-Fiction/Fantasy«. Im Hinblick auf das Geschlecht der Jugendlichen ist in dieser Genregruppe der Unterschied bei den »Love Stories« am größten. Nicht ganz unerwartet sind diese Filme bei den Mädchen viel beliebter als bei den Jungen. Der im Alter tendenziell noch zunehmende Unterschied von 25 bis 40 Prozentpunkten rührt auch daher, dass dieses Genre bei den Jungen zeitpunktübergreifend und gleichbleibend das unbeliebteste ist (siehe Tabelle A.10 auf Seite 471). Erwartbar umgekehrt, aber nicht ganz so stark, stellt sich der Geschlechtsunterschied bei »Science-Fiction/Fantasy« dar – ein Genre, das wiederum eher männlich besetzt ist. Der Unterschied beträgt hier leicht abnehmend rund 20 bis 10 Prozentpunkte (siehe Tabelle A.10 auf Seite 471). Etwas anders liegt der Fall bei den »Kriminalfilmen«. Dort lässt sich bei den jüngeren Schülerinnen und Schülern noch ein Unterschied von fast 10 Prozentpunkten ausmachen – die Jungen konsumieren dieses Genre häufiger –, im Laufe der Zeit verschwindet diese Differenz jedoch und kehrt sich sogar leicht um (siehe Tabelle A.10 auf Seite 471).

5.2.3 Computer- und Konsolespielpräferenzen

Um – analog zu den Film- und Videopräferenzen – etwas über die inhaltlichen Computer- und Konsolespiel-Vorlieben der Jugendlichen zu erfahren, wurden die

Befragten gebeten, diesbezügliche Angaben zu machen. In der ersten Welle 2002 sollten jeweils drei Lieblingsspiele offen angegeben werden. Die Abfrage führte zu einer schier unübersehbaren Vielzahl von genannten Spielen und war zudem durch nicht unerhebliche Erfassungsschwierigkeiten gekennzeichnet. Da viele Computer- und Konsolespiele englische Titel haben und die Siebtklässlerinnen und Siebtklässler erhebliche Schwierigkeiten mit den korrekten Schreibweisen hatten, war die Transkription zum Teil hochproblematisch. Ab der zweiten Erhebungswelle wurde die Frage dann geschlossen und zehn Spielegenres inklusive Beispielen auf Grundlage der verwertbaren Antworten der 2002er Welle vorgegeben, deren Spielhäufigkeit auf einer fünfstufigen Skala angegeben werden konnte.[16] Zusätzlich blieb die Möglichkeit erhalten, das eigene Lieblingsspiel offen anzugeben. Die hier dargelegten Befunde stützen sich im Weiteren auf die Antworten zu der geschlossenen Frage.

Aus Tabelle 5.7 auf Seite 203 wird zunächst einmal ersichtlich, dass der grundlegende Befund aus Abschnitt 5.2.1 auch hier vorliegt: Der im genannten Abschnitt dargelegte, generell abnehmende Zeitaufwand bei zunehmendem Alter, lässt sich hier ebenfalls beobachten. Alle aufgeführten Spielegattungen werden immer seltener gespielt, je älter die Befragten sind. Diese Abnahme lässt sich spätestens ab der zehnten Jahrgangsstufe (2005) beobachten, bei den meisten Spielegenres auch schon früher. Auch der gleichermaßen zentrale Befund des starken Geschlechtseffektes (siehe Abschnitt 5.2.1) wird hier bestätigt. Mit Ausnahme der »Jump-'n'-Run«-Spiele werden alle Genres von den Jungen beträchtlich häufiger gespielt als von den Mädchen (siehe Tabelle A.11 auf Seite 474).

Nach den eigenen Angaben der Befragten werden im genannten Zeitraum am häufigsten »Rennspiele« gespielt. Zwischen 2003 und 2005 steigen die Häufigkeitsanteile der Nennungen »oft« und »sehr oft« von 29 über 39 auf 40 Prozent, um danach stetig auf zuletzt 17 Prozent abzusinken (siehe Tabelle 5.7 auf Seite 203). Der Kohortenvergleich zeigt, dass dieses Genre zwischen 2003 und 2005 deutlich beliebter geworden ist. Der oben schon erwähnte deutliche Unterschied zwischen Jungen und Mädchen beträgt zwischen 23 und 44 Prozentpunkte. Rennspiele werden von Jungen also deutlich häufiger gespielt als von Mädchen. Trotzdem liegen die Angaben der Mädchen – zumindest im jungen Alter – auf einem vergleichsweise hohen Niveau. Dieses Genre gehört damit bei den Mädchen

16 Der Original-Fragewortlaut war »Wie häufig spielst du folgende Computer- und Konsole-Spiele?« Die Antwortkategorien lauteten 1 »nie«, 2 »selten«, 3 »manchmal«, 4 »oft« und 5 »sehr oft«. Für die Auswertungen wurden die Kategorien 4 und 5 zusammengefasst.

noch zu den beliebtesten bzw. am häufigsten gespielten (siehe Tabelle A.11 auf Seite 474). An zweiter Stelle, bezogen auf den Gesamtdurchschnitt, rangieren die »Ego-Shooter, Ballerspiele«. Im hier untersuchten Zeitraum werden sie mit 35 Prozent der Nennungen »oft« und »sehr oft« im Jahr 2004 am häufigsten gespielt. Der Höhepunkt liegt damit um ein Jahr früher und 5 Prozentpunkte niedriger als bei den Rennspielen. Der weitere Verlauf ist ähnlich – es folgt ein monotones Absinken auf 18 Prozent im Jahr 2008. Der Kohortenvergleich zeigt dabei eine gleichbleibende Beliebtheit (siehe Tabelle 5.7). Wie nicht anders zu erwarten, ist der Geschlechtsunterschied bei diesem Genre besonders stark ausgeprägt. Über den gesamten Zeitraum hinweg geben lediglich zwei bis acht Prozent der Mädchen an, diese Spiele oft bzw. sehr oft zu spielen. Damit gehört diese Spielekategorie zu den bei Mädchen unbeliebtesten. Bei den Jungen hingegen wird es mit Anteilen von 34 bis 62 Prozent sogar noch ein wenig häufiger gespielt als die Rennspiele. Der Unterschied liegt dementsprechend zwischen 32 bis 56 Prozentpunkten. Allerdings ist auch bei den Jungen mit dem Älterwerden ein sehr starker Rückgang (von 62 auf 34 Prozent) der Spielhäufigkeit zu konstatieren (siehe Tabelle A.11 auf Seite 474). Den dritten Platz in der Rangfolge der am häufigsten gespielten Spiele belegen die »Sportspiele«. Der größte Anteilswert ist hier mit 32 Prozent der Nennungen »oft« bzw. »sehr oft« schon im Jahr 2003 erreicht. Es folgt ein kontinuierlicher Abfall der Häufigkeiten auf 16 Prozent im Jahr 2008. Der Kohortenvergleich zeigt keinen großen Unterschied (siehe Tabelle 5.7), der Geschlechtsunterschied hingegen ist mit 28 bis 40 Prozentpunkten sehr deutlich ausgeprägt. Die Jungen erreichen mit 51 Prozent im Jahr 2003 (danach abfallend auf 31 Prozent) einen im Vergleich sehr hohen Wert, die Werte der Mädchen liegen zwischen 3 und 11 Prozent. Der nun schon mehrfach angesprochene Abfall der Häufigkeiten im Altersverlauf ist auch hier, insgesamt und getrennt nach Geschlecht, deutlich zu beobachten (siehe Tabelle A.11 auf Seite 474).

Im Mittelfeld, und alles in allem recht vergleichbar, lassen sich »Rollenspiele« und »Militärstrategie« sowie »Sportsimulationen« und »Aufbauspiele« verorten. Die beiden erstgenannten werden dabei insgesamt ein bisschen häufiger gespielt und erreichen ihren Höhepunkt im Jahr 2004 mit 26 bzw. 25 Prozent, um danach auf 16 bzw. 14 Prozent abzufallen. Die beiden letztgenannten haben ihren Häufigkeitshöhepunkt bereits im Jahr 2003 mit jeweils 22 Prozent und fallen danach ebenfalls deutlich auf jeweils 9 Prozent ab. Im Kohortenvergleich lässt sich am ehesten ein Rückgang der Häufigkeit von Militärstrategie- und Aufbauspielen erkennen (siehe Tabelle 5.7). Der Geschlechtsunterschied ist in

Tabelle 5.7: Häufigkeit des Computer- und Konsolespielens in Duisburg 2002 bis 2008 (Prozentangaben der zusammengefassten Nennungen »oft« und »sehr oft«; Querschnittsdatensätze siehe Abschnitt 3.1)

	(a) Kohorte 1							(b) Kohorte 2	
	2002a)	2003	2004	2005	2006	2007	2008	2002a)	2003
	7	8	9	10	(11)	(12)	(13)	9	10
Spiel	13	14	15	16	17	18	19	15	16
Rennspiele	—	29	39	40	31	22	17	—	26
Ego-Shooter/Ballerspiele	—	32	35	34	27	20	18	—	32
Sportspiele	—	32	29	24	20	17	16	—	26
Rollenspiele	—	21	26	20	18	18	16	—	20
Militärstrategie	—	24	25	16	16	13	14	—	24
Sportsimulationen	—	22	18	15	13	10	9	—	18
Aufbauspiele	—	22	18	14	14	10	9	—	19
Jump 'n' Run	—	18	12	11	8	7	8	—	13
Adventure	—	16	12	9	9	7	6	—	13
Wirtschaftssimulationen	—	8	5	8	6	5	5	—	7

a) In 2002 wurden die Computerspiele nicht geschlossen erhoben

allen vier Spielegenres sehr deutlich ausgeprägt, erwartungsgemäß allerdings bei den Militärstrategiespielen mit Werten zwischen 23 und 41 Prozentpunkten am höchsten. Dieses Genre, mit Werten zwischen zwei und fünf Prozent, gehört, zusammen mit den Sportsimulationen, mit Werten zwischen einem und sieben Prozent, zu den bei den Mädchen unbeliebtesten bzw. am seltensten gespielten Spielen insgesamt. Die Spielhäufigkeiten bei Rollen- und Aufbauspielen werden von den weiblichen Befragten etwas höher angegeben (zwischen acht und dreizehn Prozent bei den Rollenspielen, zwischen fünf und dreizehn Prozent bei den Aufbauspielen), im Vergleich zu den Werten bei den Jungen sind dies aber immer noch sehr geringe Anteile (siehe Tabelle A.11 auf Seite 474).

Die im Gesamtdurchschnitt am wenigsten häufig gespielten Spiele sind »Jump-'n'-Run«-Spiele, »Adventures« und, mit deutlichem Abstand auf dem letzten Platz rangierend, »Wirtschaftssimulationen«. Während die ersten beiden Spielegruppen im Jahr 2003 zunächst noch von 18 bzw. 16 Prozent oft bzw. sehr oft gespielt werden, sinken die Werte im Verlauf monoton auf 8 bzw. 6 Prozent im Jahr 2008 ab. Die Wirtschaftssimulationen erreichen schon im Jahr 2003 mit acht Prozent keinen zweistelligen Wert mehr und fallen dann weiter auf fünf Prozent ab. Im Kohortenvergleich sind allenfalls minimale Unterschiede festzustellen (siehe Tabelle 5.7 auf der vorherigen Seite). Der Vergleich der beiden Geschlechter deckt hier allerdings das bei Mädchen beliebteste Spielegenre auf: »Jump 'n' Run«. Dieses Genre weist als einziges Anteilswerte auf, die einen häufigeren Spielkonsum der Mädchen gegenüber den Jungen anzeigen. Im Jahr 2003 geben 22 Prozent der Mädchen an, Jump-'n'-Run-Spiele oft bzw. sehr oft zu spielen. Das ist der höchste Wert bei den Mädchen überhaupt. Allerdings sinkt auch die Spielhäufigkeit dieses Genres bei Jungen und Mädchen mit zunehmendem Alter ab. Bei den Adventures sind die Geschlechtsunterschiede mit Werten zwischen einem und sechs Prozent im Vergleich ebenfalls sehr gering. Die Jungen spielen aber auch diese Spiele häufiger als die Mädchen (siehe Tabelle A.11 auf Seite 474).

5.2.4 Weitere Freizeitaktivitäten

Neben den in Abschnitt 5.2.1 vorgestellten und im Hinblick auf die aufgewendete Zeit ausgewerteten Freizeitaktivitäten konnten die befragten Jugendlichen

17 Die genaue Fragestellung lautete: »Was machst du sonst noch in deiner Freizeit?«. Die Antwortkategorien waren 1 »nie«, 2 »selten«, 3 »manchmal«, 4 »oft« und 5 »sehr oft«. Für die Auswertungen wurden die Kategorien 4 und 5 zusammengefasst.

aus einer umfangreichen Liste die Häufigkeit weiterer Freizeitbeschäftigungen angeben.[17] Im ersten Erhebungsjahr 2002 konnten zunächst sieben geschlossen abgefragte Aktivitäten auf einer fünfstufigen Skala beantwortet werden. Ergänzt waren diese geschlossenen Kategorien durch die Möglichkeit, eine weitere Aktivität offen anzugeben. Auf Grundlage der Auswertungen dieser offenen Kategorie wurde die Liste der geschlossenen Antwortkategorien ab dem Erhebungsjahr 2003 mit der Hinzunahme von neun Aktivitäten deutlich erweitert. Die Kategorie »Musik machen« wurde dabei aufgeteilt in »am PC Musik machen«, »in einer Band Musik machen«, »ein klassisches Musikinstrument spielen« und »im Chor singen«. Des Weiteren ist für die Auswertung zu berücksichtigen, dass die von 2003 bis 2005 erhobene Kategorie »zu Hause rumhängen, weil ich nicht raus darf« in »zu Hause rumhängen« geändert wurde.

Die Ergebnisse in diesem Bereich machen deutlich, dass es zwei Freizeitaktivitäten gibt, die mit Abstand am häufigsten wahrgenommen werden: »Musik hören« und »Freunde treffen« (siehe Tabelle 5.8 auf der nächsten Seite). Das Hören von Musik wird dabei in allen Erhebungsjahren, mit Ausnahme des letzten, stabil von mehr als 80 Prozent mit oft bzw. sehr oft angegeben. Im letzten Jahr liegt der Anteil mit 78 Prozent ebenfalls nur knapp darunter – keine andere Freizeitaktivität erreicht diese hohen Werte.[18] Bei den jüngeren befragten Mädchen ist die Beliebtheit bzw. die Häufigkeit noch deutlich größer als bei den Jungen (an die 20 Prozentpunkte Differenz), mit zunehmendem Alter nimmt der Unterschied (auf rund 10 Prozentpunkte) ab, ohne jedoch ganz zu verschwinden. Dieser Rückgang scheint aber hauptsächlich daran zu liegen, dass die Mädchen im Altersverlauf auf einem immer noch sehr hohen Niveau dann etwas seltener Musik hören (Rückgang von 93 auf 83 Prozent der Nennungen »oft« und »sehr oft«; siehe Tabelle A.13 auf Seite 476). Mit in Bezug auf alle Probanden zunächst leichtem – im weiteren Zeitverlauf dann deutlichem – Abstand folgt das »Treffen mit Freun-

18 In fast allen Studien, die sich mit dem Freizeitverhalten Jugendlicher auseinandersetzen, gehört das Musikhören seit langem zu den beliebtesten Beschäftigungen (vgl. Lange 1997, S. 92 ff.). Eine Befragung im Raum Stuttgart von Jugendlichen im Alter von 14 bis 18 ergab, dass »Musik hören« (mit 87 Prozent Nennungen »oft/sehr oft«) die liebste Freizeitbeschäftigung der Jugendlichen war (vgl. Döbler et al. 1999, S. 66). In einer im Jahr 2001 von der Stadt Münster durchgeführten Jugendumfrage mit 2782 Jugendlichen im Alter von 14 bis 20 Jahren finden sich vergleichbare Ergebnisse (vgl. Münster 2001, S. 29, 86). Trotz der größeren Altersspanne und der Tatsache, dass nicht nur Schülerinnen und Schüler befragt wurden, vermitteln die häufigsten Nennungen ein ähnliches Bild: »Radio hören, Musik hören« (91 Prozent). In der Shell-Jugendstudie 2000 gaben nur 4 Prozent der Befragten zwischen 15 und 24 an, überhaupt keine Musik zu hören (vgl. Fritzsche 2000b, S. 206).

Tabelle 5.8: Weitere Freizeitaktivitäten in Duisburg 2002 bis 2008 (Prozentangaben der zusammengefassten Nennungen »oft« und »sehr oft«; Querschnittsdatensätze siehe Abschnitt 3.1)

	(a) Kohorte 1							(b) Kohorte 2	
	2002[a)]	2003	2004	2005	2006	2007	2008	2002[a)]	2003
	7	8	9	10	(11)	(12)	(13)	9	10
Aktivität	13	14	15	16	17	18	19	15	16
Musik hören	—	83	85	86	85	83	78	—	88
Freunde treffen	76	80	83	82	79	72	70	80	81
abhängen	35	48	53	51	48	43	39	43	47
shoppen/einkaufen	—	42	42	43	42	39	36	—	44
auf Partys gehen	15	20	32	38	44	43	41	26	35
zu Hause rumhängen[b)]	—	—	—	—	28	31	31	—	—
Familienangehörige treffen	—	20	21	25	31	30	33	—	20
Musik machen	25	—	—	—	—	—	—	21	—
ins Kino gehen	30	27	22	19	17	15	19	25	23
am PC Musik machen	—	20	20	19	17	11	9	—	20
zeichnen, malen	24	19	17	15	15	12	11	18	18
Jugendzentrum	10	11	10	9	7	5	3	9	8
klassisches Musikinstrument spielen	—	7	7	8	8	6	6	—	7
in Band Musik machen	—	4	5	7	7	5	4	—	4
zu Hause rumhängen/darf nicht raus[b)]	—	5	4	4	—	—	—	—	3
im Chor singen	—	3	3	3	2	3	2	—	3
Theater spielen	—	3	2	3	2	2	1	—	2

a) In 2002 wurden nicht alle Freizeitaktivitäten erhoben

b) 2003 bis 2005 lautete die Aktivität »zu Hause rumhängen, weil ich nicht raus darf«, 2006 bis 2008 »zu Hause rumhängen«.

den«. Die Anteilswerte der Nennungen oft und sehr oft steigen von 76 auf 83 Prozent als Höhepunkt im Jahr 2004, um danach kontinuierlich abzusinken – auf einen Wert von immer noch 70 Prozent im Jahr 2008. Der Vergleich der beiden Alterskohorten sowie der Geschlechter ist hier unauffällig (siehe Tabelle A.13 auf Seite 476). Die Anteile der weiteren erhobenen Aktivitäten folgen mit Abständen von mindestens 30 Prozentpunkten und werden demzufolge also deutlich seltener unternommen. Zu den in der Gesamtschau noch häufigsten Aktivitäten gehören dabei das Abhängen, das Einkaufen/Shoppen, das Besuchen von Partys, das Rumhängen in den eigenen vier Wänden[19] und das Treffen von Familienangehörigen. Während dabei das Abhängen und das Shoppen ihren Häufigkeitshöhepunkt bereits bis zum Jahr 2005 bzw. der zehnten Jahrgangsstufe erreicht haben und danach wieder absinken, liegt dieser bei den Partybesuchen tendenziell später, das heißt im etwas weiter fortgeschrittenen Alter. Aber auch diese Aktivität wird im Altersverlauf dann seltener wahrgenommen. Eine Ausnahme stellt das Treffen von Familienangehörigen dar: Diese Aktivität scheint mit zunehmendem Alter auch an Häufigkeit tendenziell eher zuzunehmen. Dieser Umstand ist mit Abstrichen und auf deutlich niedrigerem Niveau auch für Kinobesuche festzustellen.

Im Hinblick auf etwaige Geschlechtsunterschiede ist beim Abhängen zu beobachten, dass diese Aktivität in den ersten Erhebungswellen häufiger von Mädchen angegeben wird, in den späteren Wellen häufiger von Jungen (siehe Tabelle A.13 auf Seite 476). Beim Shoppen/Einkaufen ist der Geschlechtseffekt erwartbar sehr viel eindeutiger und auch deutlicher. Er beträgt im Altersverlauf abnehmend zwischen rund 40 und rund 30 Prozentpunkten, wobei die Mädchen sehr viel häufiger shoppen bzw. einkaufen als die Jungen. Die Abnahme der Unterschiedsstärke ist auf die deutliche Abnahme im Zeitverlauf bei den Mädchen zu erklären, bei den Jungen verharrt die Aktivität auf recht niedrigem Niveau (siehe Tabelle A.13 auf Seite 476). Bei der Häufigkeit von Partybesuchen ist in jüngeren Jahren kein großer Unterschied zwischen den Geschlechtern zu erkennen, mit zunehmendem Alter entwickelt sich allerdings ein solcher: Jungen geben in den späteren Erhebungswellen deutlich häufiger an, auf Partys zu gehen (siehe Tabelle A.13 auf Seite 476). Die Aktivität »zu Hause rumhängen« wird mit einem Unterschied von rund 6 Prozentpunkten häufiger von Mädchen angegeben. Auch geben Mädchen

19 Diese Aktivität wurde nur zwischen 2006 und 2008 erhoben. Zwischen 2003 und 2005 war die Fragestellung verknüpft mit einem Ausgehverbot und wurde in der Häufigkeit deutlich geringer angegeben.

häufiger an, Familienangehörige oft oder sehr oft zu treffen. Der Unterschied beträgt rund 5 bis 20 Prozentpunkte und nimmt im Altersverlauf deutlich zu. Diese Differenzenzunahme lässt sich in erster Linie durch die überproportionale Steigerung bei den Mädchen erklären (siehe Tabelle A.13 auf Seite 476). Auch die Häufigkeit von Kinogängen bei Mädchen ist größer, allerdings sind die Unterschiede in den einzelnen Erhebungsjahren relativ niedrig (zwischen 2 und 7 Prozentpunkte; siehe Tabelle A.13 auf Seite 476). Die weiteren Aktivitäten spielen im Vergleich nur eine untergeordnete Rolle. Als Zusammenfassung kann festgehalten werden, dass die hier erhobenen Freizeitaktivitäten von Musik hören und Freunde treffen beherrscht werden. Im Altersverlauf ist allerdings zu beobachten, dass so gut wie alle Aktivitäten mit zunehmendem Alter weniger häufiger unternommen werden. Die beiden einzigen Ausnahmen sind Kinobesuche und Treffen mit Familienangehörigen.

Auch in den Shell-Jugendstudien spielen Freizeitaktivitäten eine Rolle. Die drei Shell-Jugendstudien 2002, 2006 und 2010, die auch den von uns beobachten Zeitraum abbilden, verwenden allerdings eine alternative Erhebungsform. Die Befragten sollen aus einer Liste von 18 Aktivitäten die jeweils 5 heraussuchen, die sie in der Woche am häufigsten ausüben (vgl. Leven et al. 2010, S. 96 f.). Alles in allem stellen die Autoren fest, dass es im Vergleich der untersuchten Jahre kaum Veränderungen im Freizeitverhalten der Jugendlichen gab. Die einzige Ausnahme stellt die Internetnutzung dar. Sie ist die einzige Aktivität, die über den Beobachtungszeitraum hinweg deutlich zunimmt. Von den Befragten zählen 26, 38 und 59 Prozent »im Internet surfen« zu den fünf häufigsten Freizeitaktivitäten (vgl. ebd., S. 96). Somit zählt diese Aktivität im Jahr 2010 mit zu den häufigstgenannten. Ebenfalls zu den häufigsten Beschäftigungen zählen »sich mit Leuten treffen«(62, 57 und 59 Prozent), »Musik hören« (66, 63 und 56 Prozent) und »fernsehen« (59, 58 und 54 Prozent). Diese letztgenannten Freizeitbeschäftigungen nehmen ihre vorderen Plätze in allen drei untersuchten Jahren ein (vgl. Linssen et al. 2002, S. 78; Langness et al. 2006, S. 78; Leven et al. 2010, S. 96 f.). Diese Ergebnisse sind sehr ähnlich zu den in den Abschnitten 5.2.1 und 5.2.4 vorgestellten Befunden. Auch wenn sich die Erhebungsmethode unterscheidet und die Datengrundlage der Untersuchungen nicht gänzlich vergleichbar sind (Paneluntersuchung vs. Trenddesign), lassen sich die Erkenntnisse in Beziehung setzen. Auch in unserer Population gehören zu den vier häufigsten Freizeitbeschäftigungen bzw. denen, für die der höchste Zeitaufwand betrieben wird, »fernsehen« , »im Internet surfen«, »Musik hören« und »Freunde treffen«. Auch der von den Shell-Studien als bedeutsam eingestufte Anstieg der Bedeutung von Online-Aktivitäten im Trend, konnte in unserer Untersuchung im Kohortenvergleich deutlich nachgewiesen werden (siehe Abschnitt 5.2.1).

5.3 Probleme, Selbstwirksamkeit und Zukunftseinschätzung

Neben der sozialen Lage und dem Freizeitverhalten spielen selbstverständlich auch negative Aspekte im Alltagsleben von Jugendlichen eine bedeutsame Rolle. Um auch diesen Bereich beschreiben zu können, sollen in dem folgenden Abschnitt 5.3.1 die Probleme beschrieben werden, die alltäglich auftreten können (sogenannte *daily hassles*). Wie solche Probleme und Anforderungen bewältigt werden, hängt unter anderem mit der wahrgenommen Selbstwirksamkeit zusammen, der wir uns in Abschnitt 5.3.2 widmen. Als letzter Themenkreis, der hier behandelt werden soll, erfolgt eine Betrachtung der generellen Zukunftseinschätzung der Jugendlichen. Man kann davon ausgehen, dass diese Einschätzung von einigen der hier bereits vorgestellten Bereiche des Alltagslebens abhängig ist. Eine Beschreibung und Analyse erfolgt in Abschnitt 5.3.3.

5.3.1 Alltagsprobleme

In der Studie, auf der die hier vorgestellte Arbeit basiert, wurden Alltagsprobleme, sogenannte »daily hassles«, erhoben, die ursprünglich zur Untersuchung von Stress- und Copingprozessen im Rahmen der *kognitiven Emotionstheorie* (vgl. Lazarus 1966) vorgesehen waren und analysiert wurden (vgl. Pollich 2007, 2010b). In Bezug auf die hier untersuchten Werte-Fragestellungen sollen die Alltagsprobleme im weiteren Verlauf vor allem dazu verwendet werden, um zu überprüfen, ob bestimmte Wertegruppierungen stärker oder weniger stark mit Alltagsproblemen zu tun haben als andere. Die eingesetzte Fragebatterie besteht aus 13 vorgegebenen Problemen des Alltagslebens, deren Zutreffen auf einer fünfstufigen Skala beantwortet werden konnte.[20]

20 Die genaue Fragestellung lautet: »Als Jugendlicher kann man manche Probleme haben. Inwieweit treffen die folgenden Probleme auf dich zu?«. Die Antwortkategorien sind: 1 »trifft gar nicht zu«, 2 »trifft eher nicht zu«, 3 »teils/teils«, 4 »trifft eher zu« und 5 »trifft völlig zu«. Für die deskriptiven Auswertungen wurden die Kategorien 4 und 5 zusammengefasst.

Tabelle 5.9: Alltagsprobleme in Duisburg 2002 bis 2008 (Prozentangaben der zusammengefassten Nennungen »trifft zu« und »trifft völlig zu«; Querschnittsdatensätze siehe Abschnitt 3.1)

	(a) Kohorte 1							(b) Kohorte 2	
	2002	2003	2004	2005	2006	2007	2008	2002	2003
	7	8	9	10	(11)	(12)	(13)	9	10
Probleme …	13	14	15	16	17	18	19	15	16
mit meinem Geld auszukommen	16	19	21	21	24	23	22	22	24
mit schulischen Leistungsanforderungen	21	17	17	18	19	16	12	25	16
mit einem oder mehreren Lehrern/innen	19	19	19	19	19	14	10	26	21
eine(n) feste(n) Freund/in zu finden	10	15	15	16	16	14	13	12	15
mit den Eltern oder einem Elternteil	12	13	14	14	15	12	12	17	15
mit anderen Jugendlichen (z. B. im Stadtteil)	14	13	13	12	11	7	6	14	12
mit meiner Zukunftsperspektive	5	6	8	11	13	12	12	10	11
mit Klassen- oder Schulkameraden/innen	12	10	9	9	6	5	5	11	9
meine Freizeit zu gestalten	8	7	6	8	9	9	9	10	8
mit meiner/m festen Freund/in auszukommen	6	6	5	6	8	7	6	6	6
mit Polizei/Staatsanw./Gericht wg. Straftat	4	5	6	6	6	4	3	7	7
eine Freundesgruppe (Clique) zu finden	6	4	4	5	5	5	4	6	4
mit meinen Freunden auszukommen	3	3	2	3	3	2	3	3	2

Wie Tabelle 5.9 zu entnehmen ist, bereitet das Auskommen mit Geld insgesamt gesehen die meisten Probleme. Im zeitlichen Verlauf der Anteilwerte zeigt sich hier eine leichte Glockenkurvenform, denn zu Beginn der Befragungen geben 16 Prozent der Jugendlichen an, diesbezügliche Probleme zu haben. Dieser Anteil steigt dann auf 24 Prozent im Jahr 2006, um danach wieder leicht abzusinken. Die Geschlechtsunterschiede bei diesem Problembereich sind zwar durchaus vorhanden, aber nicht sehr stark ausgeprägt (siehe Tabelle A.14 auf Seite 479). Zu Beginn des Erhebungszeitraumes scheinen die weiblichen Befragten etwas stärkere Probleme mit den eigenen finanziellen Ressourcen zu haben als die männlichen. Gegen Ende der Beobachtungsperiode dreht sich dieses Verhältnis dann um: Der Anteil der Jungen, die hier Probleme angeben, ist geringfügig größer als der der Mädchen. Auf den nachfolgenden zwei Plätzen sind schulische Probleme zu finden, das heißt Probleme mit den schulischen Anforderungen und Probleme mit Lehrerinnen und Lehrern. Dieser Problembereich wird von rund 17 bis 21 Prozent der befragten Schülerinnen und Schüler in den Erhebungsjahren 2002 bis 2006 als zutreffend angegeben. Danach sinken die Anteilswerte deutlich ab, was mit dem Ende der Schulpflicht und dem Ausscheiden aus der Schule zu tun hat. Im Hinblick auf einen Geschlechtsunterschied ist hier zu konstatieren, dass im Bereich der schulischen Anforderungen ein geringer Unterschied dergestalt vorliegt, als dass fast durchgehend etwas mehr weibliche Befragte Probleme angeben. Dieser Unterschied liegt allerdings nie über vier Prozentpunkten. Bei den Problemen mit Lehrerinnen oder Lehrern sind die Jungen dagegen durchweg stärker belastet, bis zu elf Prozentpunkte beträgt hier der maximale Unterschied. Auch in den Verläufen unterscheiden sich die Geschlechter, denn während der Anteil der Mädchen, die diesbezügliche Probleme angeben, kontinuierlich absinkt, steigt er bei den Jungen bis zu einem Alter von 17 Jahren kontinuierlich an. Danach kommt es aber auch bei den männlichen Befragten zu einem Absinken, was vermutlich auch mit dem Ausscheiden aus der Schule eines gewissen Anteils der Jugendlichen zusammenhängt.

Einen wiederum glockenförmigen Verlauf zeigen die Anteilswerte des Problems, einen festen Freund bzw. eine feste Freundin zu finden (siehe Tabelle 5.9). Die Anteile liegen im gesamten Beobachtungszeitraum zwischen 10 und 16 Prozent und erreichen ihren Höhepunkt im Alter von etwa 16 bis 17 Jahren. Dieser Befund steht vermutlich in Zusammenhang mit der Entwicklung der Jugendlichen und der Phase der Pubertät. Zunächst sind die Unterschiede zwischen Mädchen und Jungen hier marginal, ab einem Alter von etwa 17 Jahren ist das

Problem für die männlichen Jugendlichen jedoch erheblich größer als für die weiblichen (siehe Tabelle 5.9 auf Seite 210). Auch der Anteilswerteverlauf der Probleme mit den Eltern zeigt insgesamt eine glockenförmige Gestalt mit Werten zwischen 12 und 17 Prozent. Allerdings liegen hier ebenfalls deutliche Unterschiede zwischen Mädchen und Jungen vor. Zwischen den Jahren 2002 und 2006 berichten deutlich mehr Mädchen von Problemen mit ihren Eltern als Jungen. Die Unterschiede betragen bis zu acht Prozentpunkte. Nach 2006, also ab einem Alter von etwa 18 Jahren, nähern sich die Anteilswerte beider Geschlechter dann wieder an und das auf einem deutlich niedrigeren Niveau. Einen konstant und stetig abnehmenden Verlauf zeigen die Anteilswerte der Probleme mit anderen, etwa gleichaltrigen Personen. Der Anteil derjenigen Jugendlichen, die angeben, mit anderen Jugendlichen Probleme zu haben, geht insgesamt zwischen 2002 und 2008 monoton fallend von 14 auf 6 Prozent zurück. Hierbei geben, wie zu erwarten, durchgängig deutlich mehr Jungen an, solche Probleme zu haben, als Mädchen. Im Alter von etwa 16 Jahren beträgt der Unterschied sogar rund elf Prozentpunkte. Der Anteil derjenigen Befragten, die mit Klassen- oder Schulkameraden und -kameradinnen Probleme haben, fällt insgesamt ebenfalls monoton von 12 auf 5 Prozent zurück. Augenscheinlich hatten die Befragungsteilnehmerinnen und -teilnehmer hier eher harmlosere Schulhof- bzw. Nachbarschaftsstreitereien mit anderen Kindern im Auge, die in jüngeren Jahren eher an der Tagesordnung sind und im weiteren Lebensverlauf kaum noch eine Rolle spielen. Hier finden sich auch kaum Unterschiede zwischen Mädchen und Jungen.

Einen eher gegenteiligen Verlauf zeigt der Problembereich der Zukunftsperspektive. Während dieses Problem in den jüngeren Jahren kaum eine Rolle spielt (rund 5 Prozent), steigt der Anteil derjenigen, die Probleme mit den Zukunftsaussichten haben, zum Ende des Erhebungszeitraumes auf das Doppelte (12 bis 13 Prozent) an. Ab einem Alter von etwa 16 Jahren scheinen sich die Jugendlichen vermehrt über ihre Zukunft Gedanken zu machen, vermutlich im Zusammenhang mit dem (nahenden) Schulabschluss. Dies führt dann auch vermehrt zu einer diesbezüglichen Problemwahrnehmung. In diesem Problemfeld lassen sich nur leichte Geschlechtsunterschiede feststellen – die Jungen scheinen tendenziell etwas stärker mit der Zukunftsperspektive Probleme zu haben. Alle anderen abgefragten Problembereiche bleiben unter einer Schwelle von zehn Prozent der Anteilswerte. Auch gerade der Problembereich, der auf delinquentes Verhalten abzielt, nämlich Probleme mit der Polizei, Staatsanwaltschaft oder Gerichten wegen einer Straftat, wird lediglich von maximal 6 Prozent (7 Prozent in der älteren Kohorte) angegeben. Allenfalls in diesem letztgenannten Problembereich lassen sich noch stärkere Geschlechtsunterschiede zeigen. Jungen sind hier nicht unerwartet, gerade während der Hochphase der Pubertät, etwas stärker belastet als Mädchen.

5.3.2 Allgemeine Selbstwirksamkeitserwartung

Die Skala der allgemeinen Selbstwirksamkeitserwartung (SWE; vgl. Schwarzer und Jerusalem 1999) basiert auf dem Konzept der Selbstwirksamkeit (*perceived self-efficacy*) nach Bandura (1977a) im Kontext seiner sozial-kognitiven Lerntheorie (vgl. Bandura 1977b). Die Skala misst das Ausmaß der Einschätzung, ob sich die befragten Personen selbst eine erfolgreiche Bewältigung verschiedener Anforderungen und Probleme zutrauen. Die von ursprünglich 20 auf 10 Items verkürzte, eindimensionale und im Original vierstufige Skala (vgl. Schwarzer und Jerusalem 1999, S. 13) wird so verwendet, dass ein individueller Testwert durch das Aufsummieren aller zehn Antworten gebildet wird, der damit einen Wertebereich von 10 bis 40 erhält. Dabei werden verschiedene Lebensbereiche und Problemstellungen vorgegeben, die im Hinblick auf ihre subjektive Bewältigungsüberzeugung bewertet werden können (siehe Tabelle 5.10 auf der nächsten Seite). Es handelt sich hier also um eine Messung der »optimistischen Kompetenzerwartung« und damit des Vertrauens auf die eigene Bewältigung einer schwierigen Lage. Die Skala der allgemeinen Selbstwirksamkeitserwartung soll die konstruktive Lebensbewältigung vorhersagen. Die hier eingesetzte Fragenbatterie enthält lediglich eine Auswahl von sieben Items, die im Gegensatz zum Original auf einer fünfstufigen Antwortskala[21] beantwortet und als eindimensional modelliert werden können (vgl. Pollich 2007, S. 185 ff.). Für die Analysen in dieser Arbeit werden die Einzelitems bzw. die Zustimmungsanteile zunächst deskriptiv vorgestellt. Im Rahmen der weiteren Untersuchungen, bei denen die einzelnen Wertetypen auf Unterschiede hinsichtlich ihrer Selbstwirksamkeitserwartung geprüft werden sollen, wird dann ein Mittelwertindex verwendet.

Wie Tabelle 5.10 auf der nächsten Seite zu entnehmen ist, verändert sich der Mittelwert des Index im Laufe der Erhebungsjahre nur unwesentlich. Wenn überhaupt, so ist ein leichter Anstieg der Werte zwischen 2002 und 2004 zu

21 Die genaue Fragestellung lautet: »Auch hier geht es um deine persönlichen Einschätzungen und Gefühle. Inwieweit treffen die folgenden Aussagen auf dich zu?« Die Antwortkategorien sind: 1 »trifft gar nicht zu«, 2 »trifft eher nicht zu«, 3 »teils/teils«, 4 »trifft eher zu« und 5 »trifft völlig zu«. Für die deskriptiven Auswertungen wurden die Kategorien 4 und 5 zusammengefasst.

Tabelle 5.10: Allgemeine Selbstwirksamkeitserwartung in Duisburg 2002 bis 2008 (Prozentangaben der zusammengefassten Nennungen »trifft zu« und »trifft völlig zu«; Mittelwerte und Standardabweichungen des Mittelwertindex; Querschnittsdatensätze siehe Abschnitt 3.1)

	(a) Kohorte 1							(b) Kohorte 2	
	2002	2003	2004	2005	2006	2007	2008	2002	2003
	7	8	9	10	(11)	(12)	(13)	9	10
	13	14	15	16	17	18	19	15	16
Wenn sich Widerstände auftun, finde ich Mittel und Wege, mich durchzusetzen	33	38	42	40	45	46	44	41	47
Die Lösung schwieriger Probleme gelingt mir immer, wenn ich mich darum bemühe	47	48	52	53	59	57	58	54	56
In unerwarteten Situationen weiß ich immer, wie ich mich verhalten soll	36	34	35	33	35	31	31	34	36
Schwierigkeiten sehe ich gelassen entgegen, weil ich meinen Fähigkeiten vertrauen kann	32	34	36	37	38	35	38	37	38
Was auch immer passiert, ich werde schon klarkommen	35	41	42	39	44	40	42	43	48
Für jedes Problem kann ich eine Lösung finden	35	38	41	43	44	41	43	39	44
Wenn ein Problem auf mich zukommt, habe ich meist mehrere Ideen, wie ich damit umgehen kann	38	37	36	35	38	35	35	39	40
Mittelwert (Mittelwertindex)	3,20	3,24	3,33	3,32	3,38	3,34	3,35	3,35	3,40
♂	3,22	3,27	3,37	3,39	3,46	3,31	3,43	3,41	3,45
♀	3,18	3,21	3,29	3,26	3,31	3,27	3,28	3,28	3,35
Std.-abw. (Mittelwertindex)	0,73	0,75	0,71	0,71	0,69	0,66	0,67	0,67	0,68

verzeichnen, danach sind sie sehr stabil. Das bedeutet, dass die allgemeine Selbswirksamkeitserwartung im Jugendalter insgesamt sehr stabil ausfällt. Betracht man die Einzelitems, bei denen die Anteile der zusammengefassten Zustimmungskategorien aufgeführt werden, so ist insgesamt zwar auch eine große zeitliche Stabilität erkennbar, es lassen sich aber auch Unterschiede ausmachen. So steigt die Zustimmung zu den Aussagen »Wenn sich Widerstände auftun, finde ich Mittel und Wege, mich durchzusetzen« und »Die Lösung schwieriger Probleme gelingt mir immer, wenn ich mich darum bemühe« mit jeweils insgesamt rund elf Prozentpunkten im beobachteten Zeitraum besonders deutlich. Auch die Zustimmung zu den Aussagen »Schwierigkeiten sehe ich gelassen entgegen, weil ich meinen Fähigkeiten vertrauen kann«, »Was auch immer passiert, ich werde schon klarkommen« und »Für jedes Problem kann ich eine Lösung finden« steigt mit den Jahren deutlich, wenn auch nicht ganz so stark an. Die beiden einzigen Aussagen, deren Zustimmungsanteile dagegen sogar sinken, sind »In unerwarteten Situationen weiß ich immer, wie ich mich verhalten soll« sowie »Wenn ein Problem auf mich zukommt, habe ich meist mehrere Ideen, wie ich damit umgehen kann«. Auffällig ist, dass im gesamten Beobachtungszeitraum Jungen eine insgesamt (leicht) höhere allgemeine Selbstwirksamkeitserwartung aufweisen als Mädchen.

5.3.3 Zukunftseinschätzung und Anomia

Ein weiterer Bereich des Alltagslebens, welcher in den hier vorgelegten Ausführungen kurz dargestellt werden soll, ist die generelle Zukunftseinschätzung der untersuchten Jugendlichen. Eine entsprechende Frage war als Einstiegsfrage zu Beginn des Fragebogens platziert.[22] Man kann vermuten, dass diese Zukunftseinschätzung nicht unabhängig von der sozialen Lage, der Ausstattung mit finanziellen Ressourcen bzw. der Einschätzung dieser Ressourcen und der Selbsteinschätzung, wie gut man mit Problemen umgehen kann, ist. Daher soll sie in diesem Abschnitt zunächst univariat ausgewertet und in einem zweiten Schritt auch der Zusammenhang mit den weiteren, hier vorgestellten Merkmalen dargestellt werden. Die Einschätzung der Zukunft ist im beobachteten Zeitraum

22 Die genaue Fragestellung lautet: »Manche sehen ihre Zukunft sehr zuversichtlich, andere eher düster. Wie ist das bei dir? Ich sehe meine Zukunft ... (bitte das Zutreffende ankreuzen)«. Die Antwortkategorien sind: 1 »sehr zuversichtlich«, 2 »zuversichtlich«, 3 »unterschiedlich«, 4 »düster« und 5 »sehr düster«. Auch hier wurden für die Auswertungen die Kategorien 1 und 2 sowie 4 und 5 zusammengefasst und die Polung umgekehrt.

Tabelle 5.11: Einschätzung der Zukunft in Duisburg 2002 bis 2008 (Prozentangaben sowie Mittelwerte und Standardabweichungen; Skala von 1 »sehr düster« bis 5 »sehr zuversichtlich«; Querschnittsdatensätze siehe Abschnitt 3.1)

	(a) Kohorte 1							(b) Kohorte 2	
	2002	2003	2004	2005	2006	2007	2008	2002	2003
	7	8	9	10	(11)	(12)	(13)	9	10
	13	14	15	16	17	18	19	15	16
zuversichtl.	65	63	65	67	62	64	67	66	66
unterschiedl.	33	34	32	29	33	32	29	32	31
düster	2	3	3	4	5	5	4	2	3
Mittelwert	3,81	3,75	3,77	3,78	3,70	3,71	3,78	3,79	3,77
Std.-abw.	0,75	0,77	0,78	0,82	0,82	0,79	0,78	0,74	0,77

sehr stabil und überwiegend positiv (siehe Tabelle 5.11). Zwischen 2002 und 2008 geben zwischen 62 und 67 Prozent der Jugendlichen an, sie sähen die eigene Zukunft zuversichtlich. Ein leichter An- und Abstieg ist auf sehr niedrigem Niveau bei der Gruppe derjenigen zu konstatieren, die die eigene Zukunft düster sehen. Im Jahr 2002 entfallen auf diese Jugendlichen 2 Prozent, der Höhepunkt wird mit 5 Prozent im Jahr 2006 erreicht, um im letzten Erhebungsjahr 2008 schon wieder auf 4 Prozent abzusinken. Da die Unterschiede allerdings sehr gering ausfallen, kann diese Entwicklung nur mit großer Zurückhaltung interpretiert werden. Der Vergleich der beiden Kohorten offenbart auch hier eine große Ähnlichkeit. Die Jugendlichen der jeweils neunten und zehnten Jahrgangsstufe unterscheiden sich zwischen den Erhebungsjahren 2004/2005 und 2002/2003 kaum. Auch Geschlechtsunterschiede sind bei der Beantwortung dieser Frage so gut wie nicht vorhanden (siehe Tabelle A.15 auf Seite 482).

In Zusammenhang mit der Werthaltung von Personen werden oftmals auch anomische bzw. nicht-anomische Gesellschaftszustände betrachtet (siehe Kapitel 2). Der soziologische Anomiebegriff geht auf Durkheim (1893) zurück und bezeichnet im Ursprung einen gesellschaftlichen Zustand der Regel- bzw. Normlosigkeit. Neugefasst wurde der Begriff dann von Merton (1938), der zu seiner weiten Verbreitung bei der Gesellschaftsanalyse wesentlich beigetragen hat. Während Anomie eine (negative) Eigenschaft der Gesellschaft beschreibt, spricht man von »Anomia«, wenn psychische Zustände auf der Individualebene gemeint sind, die sich beispielsweise in Gefühlen der Einsamkeit, Isoliertheit, Fremdheit,

Orientierungslosigkeit oder Macht- und Hilflosigkeit ausdrücken. In den hier vorliegenden Daten sind einige Items enthalten, die sich, wenn man die Definition etwas weiter fasst, als Reaktionen auf anomische Gesellschaftszustände interpretieren lassen. Die Items sind Bestandteile der oben besprochenen Sinus-Skala (siehe Abschnitt 1.5) und können unter dimensionsanalytischen Gesichtspunkten als validiert gelten (vgl. Pöge 2002, S. 71; Boers und Pöge 2003, S. 259 f.; Pöge 2007c, S. 115 ff.). Tabelle 5.12 auf der nächsten Seite listet die drei Indikatoritems auf, die hier zunächst im Hinblick auf die Zustimmungsanteile beschrieben und darüber hinaus als Mittelwertindex verwendet werden. Insgesamt bewegt sich die Zustimmung zu den entsprechenden Items im gesamten Zeitraum auf einem relativ niedrigem Niveau. Am häufigsten wird von den befragten Jugendlichen noch die Unzufriedenheit geäußert, sich nicht alles leisten zu können (rund 14 bis 20 Prozent; siehe Tabelle 5.12 auf der nächsten Seite). Die beiden anderen Aspekte, die deprivative Aussteigertendenzen zum Ausdruck bringen, bewegen sich mit rund 8 bis 14 Prozent Zustimmung in einem noch niedrigerem Bereich. Betrachtet man den Altersverlauf, so ist zunächst eine leicht ansteigende Kurve zu erkennen, die nach einem Maximum mit ungefähr 17 Jahren, wieder leicht abzufallen scheint. Das Maximum fällt zusammen mit dem Ende der Schulzeit bzw. dem Berufseinstieg eines nicht unerheblichen Teils der Jugendlichen. Möglicherweise fällt deshalb in diesen Zeitraum eine Phase der Unsicherheit, die mit anomischen Gefühlen verbunden ist und die sich danach mit fortschreitender Zeitdauer wieder stabilisiert. Auch bei dem gebildeten Mittelwertindex lässt sich die beschriebene Zeitentwicklung nachvollziehen (siehe Tabelle 5.12 auf der nächsten Seite). Auch hier ist allerdings zu berücksichtigen, dass die beobachteten Unterschiede zwischen den Erhebungszeitpunkten sehr gering ausfallen. Im Bezug auf einen Geschlechtsunterschied ist festzustellen, dass zunächst nur marginale Differenzen des Mittelwertindex auftreten. Wiederum ab etwa dem 16./17. Lebensjahr nehmen die Geschlechtsunterschiede zu und Jungen weisen dann höhere Werte auf als Mädchen. Allerdings sind diese Mittelwertunterschiede ebenfalls als sehr gering einzustufen. Der Kohortenvergleich weist eher auf einen Effekt des Lebensalters hin, denn die Werte der 15- bzw. 16-Jährigen ähneln sich stärker als sich die Werte der Erhebungszeitpunkte ähneln. Aber auch in diesem Zusammenhang ist das geringe Niveau der Unterschiede zu berücksichtigen, das lediglich eine sehr vorsichtige Interpretation zulässt.

Dass die Zukunftseinschätzung mit dem ökonomischen Kapital in Zusammenhang steht, zeigen Korrelationsanalysen (siehe Tabelle 5.13 auf Seite 220). In allen

Tabelle 5.12: Anomia in Duisburg 2002 bis 2008 (Prozentangaben der zusammengefassten Nennungen »trifft eher zu« und »trifft völlig zu«; Mittelwerte und Standardabweichungen des Mittelwertindex; Querschnittsdatensätze siehe Abschnitt 3.1)

	(a) Kohorte 1							(b) Kohorte 2	
	2002	2003	2004	2005	2006	2007	2008	2002	2003
	7	8	9	10	(11)	(12)	(13)	9	10
	13	14	15	16	17	18	19	15	16
Ich überlege mir oft, wie ich aus dieser Gesellschaft aussteigen kann	8	8	9	11	14	13	11	11	13
Ich bin unzufrieden, weil ich mir nicht alles leisten kann, was ich will	14	14	15	15	20	18	19	18	17
Am liebsten würde ich alles hinschmeißen und abhauen	9	11	12	12	14	12	11	11	13
Mittelwert (Mittelwertindex)	1,95	2,07	2,11	2,12	2,28	2,21	2,19	2,13	2,19
♂	1,96	2,05	2,10	2,14	2,38	2,33	2,27	2,14	2,22
♀	1,94	2,09	2,12	2,09	2,18	2,11	2,11	2,12	2,16
Std.-abw. (Mittelwertindex)	0,81	0,82	0,84	0,86	0,90	0,89	0,88	0,85	0,88

untersuchten Datensätzen liegen signifikante positive Korrelationen zwischen den beiden oben vorgestellten Teilbereichen (siehe Abschnitt 5.1.1), Einschätzung des Familieneinkommens und Ausreichen des zur Verfügung stehenden Geldes auf der einen Seite und der Zukunftseinschätzung auf der anderen Seite, vor. Je besser die wahrgenommene finanzielle Lage ist, desto zuversichtlicher wird auch die Zukunft gesehen. Im Umkehrschluss gilt dabei auch, dass die Zukunft umso düsterer gesehen wird, je geringer die finanziellen Ressourcen sind bzw. eingeschätzt werden. Diese jeweiligen nicht unerwarteten Effekte scheinen im Zeitverlauf noch zuzunehmen, was auch hier darauf schließen lässt, dass erst mit zunehmendem Alter der befragten Jugendlichen eine differenziertere Beschäftigung mit den eigenen finanziellen Umständen einsetzt. Auch die allgemeine Selbstwirksamkeitserwartung (siehe Abschnitt 5.3.2), hier operationalisiert als Mittelwertindex, zeigt einen positiven Zusammenhang mit der Einschätzung der Zukunft (siehe Tabelle 5.13 auf der nächsten Seite). Je höher die eigene Selbstwirksamkeit eingeschätzt wird, desto positiver ist auch der Blick in die Zukunft. Die Wahrnehmung der eigenen Fähigkeit im Hinblick auf das Bewältigen von Problemen und Anforderungen scheint also mit einer zuversichtlichen Zukunftssicht zu korrespondieren. Auch dieser, wiederum erwartbare Effekt nimmt mit zunehmendem Lebensalter an Stärke zu. Der Zusammenhang zwischen der Zukunfts-Zuversicht und dem Mittelwertindex der anomischen Wahrnehmungen ist im gesamten Erhebungszeitraum negativ und vom Betrag her der stärkste aller betrachteten Zusammenhänge (siehe Tabelle 5.13 auf der nächsten Seite). Je positiver die Zukunft eingeschätzt wird, desto geringer sind auch die anomischen Gefühle und Wahrnehmungen oder, umgekehrt formuliert, je stärker die anomische Wahrnehmung ist, desto negativer ist auch die Zukunftssicht. Dieser Zusammenhang ist ebenfalls erwartbar und steigt im Zeitverlauf deutlich an.

5.4 Abweichendes Verhalten

Während in den vorangegangenen Abschnitten dieses Kapitels fast ausschließlich konforme Verhaltensweisen und Einstellungen des Alltagslebens behandelt wurden, sollen hier nun auch einige nonkonforme Verhaltensmuster Jugendlicher beleuchtet werden. Zunächst werden Ausführungen zum Konsum von Alkohol und Drogen vorgestellt. Es ist bekannt, dass der Rauschmittelkonsum gerade in der Jugendphase weit verbreitet ist und Jugendliche, auch wenn sie nicht selbst Rauschmittel konsumieren, in ihrem Alltagsleben in der einen oder anderen

Tabelle 5.13: Korrelationen zwischen der Zukunftseinschätzung, dem eingeschätzten Familienvermögen, dem Ausreichen des zur Verfügung stehenden Geldes, der allgemeinen Selbstwirksamkeitserwartung und Anomia in Duisburg 2002 bis 2008 (alle ausgewiesenen Korrelationen signifikant mit $p < 0{,}001$; Querschnittsdatensätze siehe Abschnitt 3.1)

Korrelation der Zukunfts- einschätzung mit	(a) Kohorte 1							(b) Kohorte 2	
	2002	2003	2004	2005	2006	2007	2008	2002	2003
	7	8	9	10	(11)	(12)	(13)	9	10
	13	14	15	16	17	18	19	15	16
Familienvermögen	0,13	0,12	0,13	0,17	0,16	0,21	0,22	0,11	0,17
Ausreichen des Geldes	0,16	0,16	0,18	0,23	0,19	0,25	0,25	0,17	0,20
SWE (MW-Index)	0,16	0,22	0,22	0,20	0,21	0,23	0,24	0,16	0,20
Anomia (MW-Index)	−0,21	−0,25	−0,28	−0,27	−0,28	−0,28	−0,32	−0,28	−0,30

Form in Kontakt mit Alkohol und Drogen kommen. Der zweite Bereich, der hier kurz erörtert werden soll, betrifft strafrechtlich relevantes Verhalten. Auch diesbezüglich ist durch viele Studien zweifelsfrei belegt, dass gerade in der Phase der Jugend delinquentes Verhalten weit verbreitet ist. Neben der Erkenntnis der weiten Verbreitung, der sogenannten *Ubiquität*, abweichenden Verhaltens während der Jugend, spielt ein zweiter Befund eine maßgebliche Rolle: die sogenannte *Spontanbewährung*. Viele abweichende Verhaltensmuster »wachsen sich« nämlich gleichsam »aus«. Das bedeutet, dass viele Jugendliche, die sich in der Jugend phasenweise abweichend verhalten, von sich aus, also ohne Intervention durch formale Kontrollinstanzen (Polizei, Gerichte, etc.), auf den »Pfad der Tugend« zurückkehren. Auch diese Entwicklung soll in den folgenden Abschnitten gezeigt werden.

5.4.1 Alkohol- und Drogenkonsum

Im Bereich des Alkoholkonsums wurde versucht, durch die Frageformulierung auf intensiven Konsum einzugehen. Daher wurde danach gefragt, wie häufig die Jugendlichen im letzten Jahr betrunken waren bzw. regelmäßig sind.[23] Insofern lassen die hier dargestellten Befunde Rückschlüsse auf die Häufigkeit eines intensiven Alkoholkonsums bzw. eines Alkoholrausches zu. Insgesamt zeigt sich im beobachteten Zeitraum ein in der Häufigkeit ansteigender Alkoholkonsum (siehe Tabelle 5.14 auf Seite 223). Dieser Befund ist im Alter zwischen 13 und 19 Jahren so durchaus auch erwartbar. Der Anteil derjenigen Jugendlichen, die angeben, nie betrunken zu sein, sinkt im Erhebungszeitraum nicht überraschend sehr deutlich ab. Diese Entwicklung ist zunächst rapide und verlangsamt sich dann aber mit zunehmendem Alter deutlich. Zu Beginn der Befragungen, im Alter von etwa 13 Jahren, geben noch rund drei Viertel der Jugendlichen an, noch nie richtig betrunken gewesen zu sein. Dieser Anteil sinkt über den gesamten Beobachtungszeitraum hinweg bis auf einen Wert von unter einem Drittel (29 Prozent) im Alter von etwa 19 Jahren ab. Es überwiegt allerdings auch hier der moderate Konsum, denn die Raten derjenigen, die gelegentlich (das heißt seltener als einmal im Monat) betrunken sind, liegen am höchsten. Allerdings steigen sie auch über die Jahr von einem Ausgangswert von 17 auf zuletzt 36 Prozent an. Leicht darunter liegt die Rate derjenigen, die einmal im Monat betrunken sind. Auch diese Rate steigt im Laufe der Zeit von 4 im Jahr 2002 auf 18 Prozent

23 Die genaue Frageformulierung lautete: »Wie oft bist du betrunken?«

im Jahr 2008 deutlich und kontinuierlich an. Die nächsthöhere Kategorie, das heißt die Rate derjenigen, die mehrmals pro Monat betrunken sind, zeigt einen anderen Verlauf. Hier ist ein Anstieg bis zum Jahr 2006 von 3 auf 20 Prozent zu verzeichnen, danach erfolgt ein Absinken auf 14 Prozent. Die Raten der höchsten Konsumkategorie, das heißt derjenigen, die mehrmals pro Woche betrunken sind, übersteigt im Erhebungszeitraum ebenfalls nicht die Schwelle von fünf Prozent. Zusammenfassend lässt sich im Bereich des Alkoholkonsums festhalten, dass nicht überraschend zwar der generelle Konsum im Laufe des Alters ansteigt, aber auch hier der gelegentliche Konsum überwiegt. Im Falle des übermäßigen, intensiven Alkoholkonsums kann auch hier eine Abnahme mit dem Austritt aus dem Jugendalter beobachtet werden. Auch hier kann man insofern also von Spontanbewährung sprechen.

Im Hinblick auf die Geschlechter sind zum Teil deutliche Unterschiede erkennbar (siehe Tabelle A.16 auf Seite 483). Jungen geben über den gesamten Zeitraum hinweg an, häufiger betrunken zu sein als Mädchen. In der höchsten Konsumkategorie (»mehrmals pro Woche«) sind die Unterschiede zwar nicht sehr hoch aber trotzdem deutlich erkennbar. In den beiden nachfolgenden Kategorien (»mehrmals pro Monat« und »einmal im Monat«) lassen sich hingegen sehr deutliche Unterschiede von bis zu zwölf Prozentpunkten feststellen. Im Umkehrschluss sind die Raten der Mädchen in den Kategorien »ein- oder mehrmals im Jahr« bzw. »keinmal« deutlich höher als die der Jungen. Auch bei der getrennten Betrachtung zeigt sich aber für beide Geschlechter ein ähnliches Verlaufsmuster, welches dem Gesamtmuster gleicht: Der sehr intensive Konsum, der in den höchsten beiden Kategorien zum Ausdruck kommt, nimmt nach einer Hochphase während der Pubertät zum Ende des Erhebungszeitraumes hin deutlich wieder ab.

Beim Drogenkonsum[24] der Jugendlichen lässt sich eine vergleichbare Entwicklung beobachten, wenn auch auf einem sehr viel niedrigeren Niveau (siehe Tabelle 5.14). Während im ersten Erhebungsjahr 2002 noch 93 Prozent der Schülerinnen und Schüler angaben, keinmal Drogen konsumiert zu haben, nimmt dieser Anteil bis zum Jahr 2004 deutlich ab. In diesem und im folgenden Jahr sind demnach die höchsten Drogenkonsumraten zu verzeichnen, rund 20 Prozent der Stichprobe haben in diesem Alter (etwa 14 bis 16 Jahre) Kontakt mit Drogen. Nach dieser etwa zweijährigen Plateauphase sinken die Raten dann wieder ab

24 Die genaue Frageformulierung lautete: »Hast du jemals Drogen wie Ecstasy, Haschisch, Marihuana, Heroin, Kokain usw. genommen oder geraucht (Zigaretten und Alkohol sind hier nicht gemeint)?«

Tabelle 5.14: Alkohol- und Drogenkonsum in Duisburg 2002 bis 2008 (Prozentangaben; Querschnittsdatensätze siehe Abschnitt 3.1)

	(a) Kohorte 1							(b) Kohorte 2	
	2002	2003	2004	2005	2006	2007	2008	2002	2003
	7	8	9	10	(11)	(12)	(13)	9	10
	13	14	15	16	17	18	19	15	16
Alkoholkonsum (»... betrunken«)									
keinmal	75	56	42	35	28	31	29	40	31
ein- oder mehrmals im Jahr	17	26	29	29	32	33	36	31	32
einmal im Monat	4	9	13	16	16	17	18	12	16
mehrmals pro Monat	3	7	13	16	20	17	14	13	16
mehrmals pro Woche	1	2	4	4	4	2	2	4	5
Drogenkonsum									
keinmal	93	86	80	81	82	87	87	79	73
ein- oder zweimal im Jahr	3	4	5	5	4	4	3	7	7
bis zu einmal im Monat	3	5	7	6	6	4	4	8	11
mehrmals pro Monat	1	3	5	4	3	3	3	4	5
mehrmals pro Woche	0	1	3	4	4	3	3	2	4

und erreichen mit 87 Prozent an Nicht-Drogenkonsumenten fast wieder das Ausgangsniveau. Es überwiegt dabei der unregelmäßige Konsum mit einer Häufigkeit von »ein- bis zweimal im Jahr« bis maximal »einmal im Monat«. Die Drogenkonsumraten mit einer Häufigkeit von mehr als einmal in der Woche erreichen in keinem Erhebungszeitpunkt die Fünf-Prozent-Hürde. Insofern ist hier von gelegentlichem, wenig intensivem Drogenkonsum auszugehen. Man kann aufgrund der absinkenden Raten im Zeitverlauf von Spontanbewährung sprechen. Im Kohortenvergleich finden sich etwas höhere Raten, dies könnte auf einen generell rückläufigen Drogenkonsum hindeuten. Ähnlich wie beim Alkoholkonsum offenbart der Blick auf die Geschlechtsunterschiede einen etwas höheren Drogenkonsum der Jungen (siehe Tabelle A.16 auf Seite 483). In den drei mittleren Kategorien sind diese Unterschiede mit höchstens zwei Prozentpunkten nur minimal, in den beiden Extremkategorien »keinmal« und »mehrmals pro Woche« dagegen deutlich sichtbar. Bis zu sechs Prozent mehr Mädchen geben an, nie Drogen zu konsumieren und bis zu fünf Prozent mehr Jungen nehmen mehrmals in der Woche Drogen. Der generelle Verlauf, der oben für die Gesamtpopulation bereits beschrieben wurde, ist aber auch hier für Mädchen und Jungen gleich: Zum Ende des Beobachtungszeitraumes sinken die Konsumquoten wieder ab.

5.4.2 Straftaten

Die kriminologisch-kriminalsoziologische Studie, in deren Rahmen die hier verwendeten Daten erhoben wurden, legt naturgemäß einen großen Schwerpunkt auf die Erhebung und Untersuchung devianten und delinquenten Verhaltens Jugendlicher. Daher wurden eine Reihe von Delikten erhoben, die von den befragten Jugendlichen im Hinblick auf die *Lebens-* und *Jahresprävalenzen*[25], *Inzidenzen*[26] sowie weiteren Aspekten (Tatentdeckung, Strafverfolgung etc.) beantwortet werden sollten.[27] Im Zusammenhang der im späteren Verlauf dieser Arbeit untersuchten

25 Prävalenzen bzw. Prävalenzraten bezeichnen den relativen Anteil an delinquenten Personen einer Population. Dies kann auf einen bestimmten Zeitraum eingeschränkt sein (zum Beispiel Jahresprävalenz) oder sich auf das gesamte bisherige Leben beziehen (Lebens(zeit)prävalenz) und für einzelne Delikte oder Deliktsgruppen ausgewiesen werden.

26 Inzidenzen geben die Tathäufigkeiten in einem bestimmten Zeitraum an.

27 Der Einleitungstext zu den Straftaten-Fragen lautete: »Fast alle Menschen haben als Jugendliche schon einmal unerlaubte Dinge getan, zum Beispiel geklaut oder fremde Sachen kaputt gemacht. Einige haben auch schon mal jemanden verprügelt und verletzt. Wie ist das bei dir?« Danach sollten verschiedene Fragen zu unterschiedlichen Delikten beantwortet werden, die erste Frage lautete stets: »Hast du jemals [. . .]«

Wertetypen werden die Angaben zu den Jahresprävalenzen verwendet, um Aussagen über die Delinquenzbelastung einzelner Wertegruppen zu treffen und diese zu vergleichen. Zu diesem Zweck werden die Angaben zu den in Tabelle 5.15 auf der nächsten Seite aufgelisteten Einzeldelikten verwendet. Außerdem finden Deliktsindizes Eingang in die Analysen, die die Einzeltaten nach Deliktsgruppen zusammenfassen. Hier finden wir Indizes für Gewalt-, Sachbeschädigungs- und Eigentumsdelikte sowie einen Index der Gesamtprävalenz.[28]

Die Jahresprävalenzen der in Tabelle 5.15 auf der nächsten Seite[29] dargestellten Delikte und Indizes zeigen im Zeitverlauf die in der Forschung seit langem bekannte *age crime curve* (vgl. Hirschi und Gottfredson 1983): Nach einem sprunghaften Anstieg der Kriminalitätsraten gegen Ende der Kindheitsphase sinken diese Raten im Laufe der Jugend wieder deutlich ab. In den hier erhobenen Dunkelfelddaten lässt sich diese Entwicklung bereits ab dem 15. Lebensjahr (Erhebungsjahr 2003) beobachten, womit der kriminelle Höhepunkt und gleichzeitige Startpunkt der rückläufigen Bewegung deutlich früher einsetzt als im Hellfeld (vgl. Boers, Reinecke, Bentrup et al. 2014, S. 186 ff.). Dieser deutliche Rückgang der Kriminalitätsraten, der in den allermeisten Fällen ohne formelle Kontrollintervention durch Polizei oder Justiz geschieht, wird auch als *Spontanbewährung* bezeichnet, eines der Kennzeichen von Jugendkriminalität. Eine weitere Besonderheit der Jugenddelinquenz ist die relativ weite Verbreitung von Straftaten in der Jugend, ein Umstand, der besonders in den nicht aufgeführten Lebensprävalenzen zum Vorschein kommt und sich bei den Jahresprävalenzen des Gesamtdelinquenzindex hier nur andeutet. Dieses Phänomen wird als *Ubiquität* bezeichnet (vgl. ebd.).

Wenn man die einzelnen Deliktsraten betrachtet, fällt auf, dass die oben beschriebene Entwicklung der »Spontanbewährung« sowohl für die Gesamtprävalenz als auch die einzelnen Delinquenzindizes zutrifft. Des Weiteren wird die überwiegende Bagatellhaftigkeit der jugendlichen Delinquenz deutlich. Bei den Gewaltdelikten, deren Index im Jahr 2003 mit einer Täterrate von 20 Prozent den Höhepunkt erreicht, dominiert die einfache Körperverletzung ohne Waffe. Die übrigen, deutlich schwereren Straftaten übersteigen im gesamten Zeitraum

28 Zur Erläuterung: Der Wert von 15 Prozent bei dem Gewaltdelinquenzindex in Duisburg 2002 bedeutet beispielsweise, dass 15 Prozent der befragten Jugendlichen angaben, zumindest eines der genannten Gewaltdelikte im Vorjahr begangen zu haben.

29 Die dargestellten Anteilswerte basieren, wie alle anderen Analysen in dieser Arbeit auch, auf ungewichteten Daten und können daher geringfügig von den Zahlen in früheren Veröffentlichungen abweichen. Des Weiteren können Abweichungen durch unterschiedliche Rundungen auftreten.

Tabelle 5.15: Täteranteile in Duisburg 2002 bis 2008 (Jahresprävalenzen in Prozent; Querschnittsdatensätze siehe Abschnitt 3.1)

	(a) Kohorte 1							(b) Kohorte 2	
	2002	2003	2004	2005	2006	2007	2008	2002	2003
	7	8	9	10	(11)	(12)	(13)	9	10
Delikte	13	14	15	16	17	18	19	15	16
Drogenhandel	2	4	6	5	4	2	2	6	7
Raub	3	4	3	3	2	1	0	4	4
Handtaschenraub	1	1	1	1	0	0	0	1	1
Körperverletzung mit Waffe	2	3	3	2	2	1	1	3	4
Körperverletzung ohne Waffe	14	17	14	12	10	6	4	18	17
Gewaltdelikte gesamt	15	20	16	14	11	6	5	20	19
Scratching	11	13	10	7	5	2	1	12	11
Sachbeschädigung	10	14	11	8	5	3	1	15	14
Graffiti	10	10	8	6	4	2	1	13	9
Sachbeschädigungsdelikte gesamt	19	25	20	15	11	6	3	26	23
Einbruchsdiebstahl	3	4	3	2	1	1	0	5	3
Hehlerei	5	6	7	6	5	3	2	8	9
Kfz-Diebstahl	1	2	2	2	1	0	0	2	3
Kfz-Aufbruch	1	2	2	1	1	0	0	2	2
Automatenaufbruch	4	4	3	2	1	0	0	4	4
Fahrraddiebstahl	2	4	5	4	4	3	1	5	6
Ladendiebstahl	16	19	15	9	6	3	2	21	13
sonstiger Diebstahl	3	4	2	2	2	1	0	3	3
Eigentumsdelikte gesamt	21	26	23	18	14	9	6	30	24
Gesamtprävalenz	33	41	37	30	25	16	11	45	40

nie einen Anteilswert von fünf Prozent. Bei den Sachbeschädigungsdelikten, deren Indexanteile mit bis zu 25 Prozent (2003) deutlich höher liegen als die der Gewaltdelikte, sind die Einzeldelikte Scratching, Sachbeschädigung und Graffiti zu den jeweiligen Erhebungszeitpunkten in etwa gleichermaßen verbreitet. Der Index der Eigentumsdelikte liegt insgesamt auf einem vergleichbaren Niveau wie derjenige der Sachbeschädigungsdelikte. In diesem Bereich lässt sich aber wiederum die Dominanz eines einzigen, bagatellhaften Delikts ausmachen, welches die Raten des gesamten Index dominiert: der Ladendiebstahl. Alle anderen erhobenen Eigentumsstraftaten bleiben deutlich unter den Raten für den Ladendiebstahl.

Die Jahres-Gesamtprävalenz erreicht im Jahr 2003 mit einem Anteil von 41 Prozent ihren Höhepunkt, das heißt, dass 41 Prozent der Jugendlichen angaben, mindestens eines der aufgeführten Delikte im Vorjahr begangen zu haben. Auffällig ist, dass im Kohortenvergleich so gut wie alle Raten für die neunte und zehnte Jahrgangsstufe der zweiten Kohorte höher sind als die der ersten. Dies verdeutlicht einen Abfall der Jugendkriminalität, der in der Literatur gleichermaßen für das Hell- und Dunkelfeld berichtet wird (vgl. Baier 2013). Nicht unerwähnt bleiben soll an dieser Stelle ein Befund, der ebenfalls seit langem in der kriminologischen Forschung bekannt ist: Das Geschlecht spielt bei der Kriminalitätsbelastung eine bedeutende Rolle (siehe Tabelle A.17 auf Seite 484). Jungen sind in so gut wie allen Bereichen stärker belastet als Mädchen – sie verüben in allen Deliktsfeldern deutlich mehr Straftaten (vgl. Boers, Reinecke, Bentrup et al. 2014, S. 186 ff.). Für beide Geschlechter gilt aber gleichermaßen der oben angesprochene typische Verlauf der Täterraten (*age crime curve*). Auch für Jungen liegen die Prävalenzraten gegen Ende des hier beobachteten Zeitraumes sehr deutlich unter denen der Eingangsphase. In den betrachteten Deliktsindizes sind für beide Geschlechter nur noch einstellige Raten zu beobachten, lediglich der Gesamt-Jahresprävalenzindex liegt bei den Jungen mit 16 Prozent darüber. Für den Gegenstandsbereich dieser Arbeit ist darüber hinaus von Bedeutung, dass in Bezug auf Kriminalität delinquenzbegünstigende Einflüsse von hedonistischen und delinquenzhemmende Wirkungen von traditionellen Werten gerade im Jugendalter eine Rolle spielen können (vgl. Boers, Reinecke, Wittenberg et al. 2002; Boers und Pöge 2003; Pöge 2007c,b; Boers, Seddig et al. 2009; Boers, Reinecke, Seddig et al. 2010).

6 Wertedimensionen im Jugendalter

Die Gesamtheit aller theoretisch denkbaren Werte definiert, wie in Kapitel 2 dargelegt, nach Dickmeis (1997, S. 5 ff.) den allgemeinen abstrakten *Werteraum*, und die in einer Gesellschaft vorherrschende Wertbedeutsamkeitsstruktur bestimmt das *Wertesystem.* Sowohl der Werteraum als auch verschiedene Wertesysteme waren und sind Gegenstand vielfältiger Forschungsarbeiten. Um die grundlegende Beschaffenheit des Werteraumes zu bestimmen, wurden in der Vergangenheit eine Reihe von exploratorischen Untersuchungen durchgeführt. Mit Ausnahme vielleicht von Shalom Schwartz (siehe Abschnitt 1.4) erheben die meisten Autorinnen und Autoren allerdings nicht den Anspruch, dabei eine exhaustive Beschreibung des gesamten menschlichen Werteraumes leisten zu wollen, sondern sind in ihrem Geltungsbereich meist auf einzelne Gesellschaften oder Gesellschaftstypen (dabei fast ausschließlich westliche Gesellschaften) beschränkt (siehe Abschnitt 1). Häufig fanden bei den größeren Untersuchungen zwar zunächst exploratorische Sammlungen der verschiedenen Werte statt, im weiteren Verlauf wird diese Vielzahl dann aber meist statistisch zu Wertedimensionen zusammengefasst oder nach inhaltlichen Relevanzkriterien sortiert und reduziert. Beinhaltet die Forschungsfragestellung die Betrachtung gesellschaftlicher Phänomene oder Entwicklungen bzw. Prozesse, die mit Werten in Verbindung stehen, so ist diese Vorgehensweise oft auch pragmatisch und effizient. Findet beispielsweise Wertewandel, so wie ihn Inglehart begreift (siehe Abschnitt 1.2), lediglich im Hinblick auf materialistische versus postmaterialistische Werte statt, so ist es durchaus naheliegend, sich aus theoretischen Erwägungen heraus auf diese Werte zu konzentrieren und zu beschränken.

Auch in der Speyerer Werteforschung wurde in der Anfangszeit versucht, den Werteraum möglichst umfassend zu vermessen (siehe Abschnitt 2.1). Untersuchungen mit weit gefassten Variablenlisten brachten im Laufe der Jahre die als *Speyerer Werteinventar* bekannte und auf aktuell 24 Items reduzierte Itemliste (siehe Tabelle 2.15 auf Seite 72) als Ergebnis hervor.[1] Das Forschungs-

1 Daneben existiert eine Kurzversion mit zwölf Indikatoritems (siehe Tabelle 6.1 auf Seite 233).

desiderat aus 30 Jahren Speyerer Werteforschung in Bezug auf die Struktur des Werteraumes bzw. des Wertesystems in Deutschland kann auf Grundlage dieses Erhebungsinstrumentes im Postulat dreier grundlegender und theoretisch relevanter Wertedimensionen für Erwachsene sowie Kinder und Jugendliche gesehen werden (siehe Abschnitte 2.1.3 und 2.1.4; siehe auch Meulemann 1996, S. 59): »Pflicht und Konvention«, »Hedonismus und Materialismus« sowie »Kreativität und Engagement«. Diese Dimensionen sind, mit zum Teil natürlich größeren konzeptionellen Unterschieden, anschlussfähig oder in Teilen sogar deckungsgleich mit den Wertedimensionen und Arbeiten anderer Forscher (vgl. Klages und Gensicke 2005). Genannt seien hier die Materialismus-Postmaterialismus-Dimension von Inglehart (1979) oder der Wertekreis von Schwartz (1992). Auch das Speyerer Werteinventar erhebt in der vorliegenden Form nicht den Anspruch, eine umfassende Vermessung des *gesamten* Werteraumes zu ermöglichen, sondern die Zielsetzung besteht darin, Wertedimensionen abzubilden, die ein hohes Maß an Diskriminierungskraft aufweisen und die Bevölkerung Deutschlands in aussagekräftige Wertetypen einteilen helfen. Deshalb werden beispielsweise »konsensuale« Wertkomplexe wie Harmonie (Familie, Partnerschaft), Unversehrtheit (Gesundheit, Umweltbewusstsein) und Kommunikativität (Freundschaft, Kontaktfreude) in der Itembatterie und auch bei der späteren Typenbildung nicht berücksichtigt, obwohl dem überwiegenden Teil der befragten Personen diese Werte sehr wichtig sind (vgl. Herbert 1992a, S. 14 ff., 21 f., 1992b, S. 73 f.; siehe auch Abschnitt 2.1.3).

In diesem Kapitel steht die Frage nach der dimensionalen Struktur des Werteraumes und des Wertesystems von Jugendlichen im Vordergrund. Basierend auf den im Abschnitt 2.1 ausführlich dargelegten Erkenntnissen der Speyerer Werteforschung wird an dieser Stelle überprüft, ob eine dreidimensionale Wertestruktur auch für die hier vorliegenden Daten (siehe Kapitel 3) angenommen werden kann. Der Anspruch ist daher auch hier nicht die Erforschung des kompletten Werteraumes, sondern die Validierung der aus der Speyerer Werteforschung bekannten Befunde. In den Erhebungen des CRIMOC-Projekts wurde allerdings nicht das Speyerer Werteinventar eingesetzt, sondern die Sinus-Werteskala. Daher ist zunächst zu klären, ob eine ausreichend hohe inhaltliche Kongruenz zwischen beiden Messinstrumenten angenommen werden kann. Als Analyseverfahren empfiehlt sich für die Frage der Dimensionalität die *konfirmatorische Faktorenanalyse* (CFA, siehe Abschnitt 4.1.1). Nach einem inhaltlich-semantischen Vergleich der Messinstrumente (Abschnitt 6.1) und der Überprüfung der dimensionalen Struktur des Werteraumes (Abschnitt 6.2) erfolgen darüber hinaus weitere deskriptive Analysen der Wertedimensionen im Hinblick auf das Wertesystem der Jugendlichen. Dazu wird das Ausmaß der Zustimmung zu bzw. Ablehnung der Wertedimensionen im Trendvergleich dargestellt und es werden mit Hilfe von *t*-Tests Geschlechtsunterschiede herausgearbeitet (Abschnitt 6.3). Um diese Unterschiede multivariat zu kontrollieren und die Einflüsse weiterer soziodemographischer Merkmale zu prüfen, werden anschließend lineare Strukturgleichungsmodelle eingesetzt (Abschnitt 6.4).

6.1 Die Sinus-Werteskala und das Speyerer Werteinventar

Die Fragebögen der sieben Querschnitte aus Duisburg 2002 bis 2008 enthalten zur Messung von Werten die in Abschnitt 1.5 bereits kurz vorgestellte und besprochene fünfstufige Itembatterie[2], die auf dem Sinus-Indikator (vgl. Becker und Nowack 1985, S. 14; Flaig et al. 1997, S. 69 f.) basiert und sehr prominent in der kriminologischen Jugendstudie von Heitmeyer et al. (1995, S. 472 f.) eingesetzt wurde. Die ursprünglich 46 Items umfassende Batterie wurde jugendadäquat modifiziert und nach faktorenanalytischen Kontrollen im Laufe der Jahre reduziert (vgl. Boers und Reinecke 2007, S. 377). Untersucht man diese Sinus-Items exploratorisch im Hinblick auf die dimensionale Struktur, so lassen sich leicht unterschiedliche Ergebnisse in den einzelnen Jahren ermitteln (vgl. Pöge 2002, S. 71; Boers und Pöge 2003, S. 259 f.; Pöge 2007c, S. 115 ff.). Als stabile Faktoren finden sich ganz überwiegend »Hedonismus«, »Tradition«, »Technik«, »Deprivation« und »Religion«. Wie in Abschnitt 1.5 diskutiert, entsprechen der Definition nach nicht alle diese Faktoren Werten im eigentlichen Sinn, wenngleich auch von den Autoren der Skala die Messung von »Wertorientierungen« behauptet wird (Flaig et al. 1997, S. 69). Wir finden allerdings neben Werten im eigentlichen Sinn auch Aussteigertendenzen oder anomische Einstellungen und technikorientierte bzw. technologiefreundliche Orientierungen als Dimensionen dieser Skala. Für die hier vorgelegte Arbeit ist dieser Sachverhalt dennoch unkritisch,

2 Der genaue Wortlaut der Fragestellung lautet: »In dieser Liste findest du Meinungen zu verschiedenen Seiten des Lebens. Kreuze bitte an, inwieweit diese Meinungen für dich zutreffen.«. Die vorgegebenen Antwortkategorien sind: »trifft gar nicht zu« (1), »trifft eher nicht zu« (2), »teils/teils« (3), »trifft eher zu« (4) und »trifft völlig zu« (5).

da nur eine Teilmenge von Items, die auch tatsächlich Werte messen, verwendet wird. Der Fokus dieser Arbeit soll eben nicht auf der *exploratorischen* Ermittlung der Faktorenstruktur der kompletten Sinus-Skala liegen, sondern auf der *konfirmatorischen* Überprüfung der Befunde von Klages und Gensicke. Wie oben dargelegt, postulieren die Autoren drei besonders bedeutsame Wertedimensionen: »Pflicht und Konvention«, »Hedonismus und Materialismus« sowie »Kreativität und Engagement«.[3] Diese drei Dimensionen werden auch durch die Kurzversion des »Speyerer Inventars zu Erfassung von Wertorientierungen« operationalisiert, wobei die in Tabelle 6.1 aufgelisteten Indikatoritems verwendet werden und die genannten Dimensionen messen. Bei der Frageformulierung wird auf die *Wichtigkeit* der beschriebenen Werte abgehoben, die auf einer siebenstufigen Skala von »unwichtig« bis »außerordentlich wichtig« angegeben werden kann. Bedeutsam ist bei den aus den Indikatoritems abgeleiteten Wertedimensionen aus statistisch-technischer und inhaltlicher Sicht unter anderem, dass diese bei Klages und Gensicke durch exploratorische Faktorenanalysen mit Varimax-Rotation ermittelt werden. Die Faktoren sind damit erzwungenermaßen unkorreliert und bilden somit, ebenfalls erzwungenermaßen, auch inhaltlich unabhängige Konstrukte ab.

Betrachtet man die Sinus-Skala (siehe Tabelle A.4 auf Seite 464), so lassen sich auf der Ebene der Einzelitems deutliche inhaltliche Übereinstimmungen mit dem Instrument von Klages erkennen. In Tabelle 6.2 auf Seite 234 sind die in unserer Studie verwendeten Items der Sinus-Skala aufgelistet, die die von Klages und Gensicke beschriebenen drei Werte-Faktoren inhaltlich am ehesten erfassen. Zu beachten ist, dass die hier eingesetzte Sinus-Skala ein fünfstufiges Antwortformat vorgibt, welches ermöglicht, die vorformulierten Statements bzw. »Meinungen zu verschiedenen Seiten des Lebens« im Hinblick auf ihr Zutreffen auf die Befragungsteilnehmer zu bewerten (»trifft gar nicht zu« bis »trifft völlig zu«). Es ist denkbar, dass durch die Unterschiede bei der grundsätzlichen Frageformulierung und der Vorgabe der Antwortkategorien die Vergleichbarkeit der mit den jeweiligen Instrumenten erhobenen Daten eingeschränkt sein könnte. Das Speyerer Instrument zielt ja direkt und ausschließlich auf die eigene Wertewichtigkeit, die

3 Die Dimensionen werden in den unterschiedlichen Publikationen allerdings nicht immer gleich benannt. Zum Teil liegt dies an den leicht unterschiedlichen inhaltlichen Prägungen der Dimensionen durch Veränderungen im Laufe der Jahre (siehe Abschnitt 2.1). Aber auch in den neueren Veröffentlichungen werden nicht immer gleiche Bezeichnungen verwendet. Bei Gensicke (2000, 2001b) und Klages und Gensicke (2006, S. 342) ist beispielsweise die Rede von »Pflicht und Akzeptanz«, »Hedonismus und Materialismus« sowie »Idealismus und Engagement«.

Tabelle 6.1: Speyerer Inventar zur Erfassung von Wertorientierungen (Kurzversion) nach Klages und Gensicke (2005, S. 287)

(a) Pflicht und Konvention
Immer seine Pflichten erfüllen
Gesetz und Ordnung respektieren
Fleißig und ehrgeizig sein
Nach Sicherheit streben

(b) Hedonismus und Materialismus
Macht und Einfluss haben
Leben in vollen Zügen genießen
Hohen Lebensstandard haben
Sich gegen andere durchsetzen

(c) Kreativität und Engagement
Sozial Benachteiligten helfen
Andere Meinungen tolerieren
Sich politisch engagieren
Phantasie und Kreativität entwickeln

Sinus-Skala enthält dagegen weitere Aspekte, die bei der Beantwortung eine Rolle spielen, wie beispielsweise Erreichen des Lebensziels, Sinn des Lebens, Verständnis für bestimmte Haltungen usw. (siehe Tabelle 6.2 auf der nächsten Seite). Der Unterschied in der Breite der Antwortskala (siebenstufig vs. fünfstufig) erscheint dagegen eher vernachlässigbar. Bei genauer Betrachtung besteht bei den gewählten Sinus-Formulierungen aber ebenfalls eine große Nähe zu der Werte*wichtigkeit*. Zum Teil enthalten die Fragenformulierungen explizit ausformulierte Bezüge zu Wichtigkeit und/oder Bedeutung (L0066, L0083), zum Teil lassen sich diese Bezüge unmittelbar annehmen (L0061, L0088, L0053, L0076). So kann man direkt schließen, dass Pflichterfüllung auch eine hohe Wichtigkeit besitzt, wenn sie als Voraussetzung für das Erreichen des Lebensziels angesehen wird (L0061). Ebenso gilt dies für das politische Engagement: Wenn man sich engagieren *sollte*, kann man auch von einer hohen Wichtigkeit des zugehörigen Wertes ausgehen (L0088). Auch bei dem Indikatoritem L0053 lässt sich von der Formulierung auf Wichtigkeit schließen, denn wenn der zugehörige Wert bzw. das ausformulierte Statement als »Sinn des Lebens« angenommen wird, kann auf eine hohe

Tabelle 6.2: Indikatoritems der Sinus-Werteskala

(a) Pflicht und Konvention

L0061	Nur wer seine Pflichten erfüllt, erreicht sein Lebensziel.
L0066	In der Schule ist mir vor allem wichtig, mir nichts zu Schulden kommen zu lassen.
L0083	Wenn ich es mir richtig überlege, haben die alten Werte Sparsamkeit, Sauberkeit und Ordnung für mein Leben eine ziemlich große Bedeutung.

(b) Hedonismus und Materialismus

L0053	Der Sinn des Lebens besteht für mich darin, Spaß zu haben und mir kaufen zu können, was mir gefällt.
L0054	Ich habe großes Verständnis für Leute, die nur tun, wozu sie gerade Lust haben.
L0076	Meine Devise ist: Genießen und möglichst angenehm leben.

(c) Öffentliches Engagement

L0062	Ideal ist ein Berufsziel, in dem man sich politisch und sozial verwirklichen kann.
L0088	Man sollte sich politisch einsetzen, um Unterdrückung und Ausbeutung in unserer Welt zu bekämpfen.

Wichtigkeit geschlossen werden. Gleiches gilt für das Item L0076, das als »Lebensdevise« ausformuliert ist. Wenn die eigene Devise lautet, dass man genießen und angenehm leben sollte, dann kann auch ziemlich sicher geschlossen werden, dass dies eine hohe Wichtigkeit hat. Einzig bei den Items L0062 und L0054 liegt der unmittelbare Zusammenhang zwischen dem ausformulierten Statement und der Wichtigkeit nicht direkt auf der Hand. So könnte ein Berufsziel mit sozialer und politischer Verwirklichungsmöglichkeit zwar als ideal angesehen werden, aber dennoch keine besondere Wichtigkeit bei den Probanden haben (L0062). Ebenso könnte ein großes Verständnis für hedonistische Personen nicht automatisch gleichbedeutend mit einer eigenen hohen Wichtigkeit des zugehörigen Wertes sein (L0054). Gleichwohl ist auch hier stark davon auszugehen, dass die Beantwortung der Statements bzw. der Bewertung ihres Zutreffens für die Probanden mit der Wahrnehmung der Wichtigkeit korrespondiert.

Wenn wir von der oben genannten dreifaktoriellen Struktur der Skalen und der Zuordnung der Indikatoritems, die im weiteren Verlauf (Abschnitt 6.2) intensiv überprüft werden soll, zunächst einmal ungetestet ausgehen, so ist eine sehr große begrifflich-semantische Übereinstimmung der Items zu erkennen. Der Faktor

»Pflicht und Konvention« der Kurzskala ist bei Klages und Gensicke bestimmt durch vier Aspekte: »Pflichterfüllung«, »Konformismus«, »Fleiß und Ehrgeiz«, sowie »Sicherheitsstreben« (siehe Tabelle 6.1 auf Seite 233). In der Sinus-Skala finden wir bei dem gleich benannten Faktor die drei Aspekte »Pflichterfüllung«, »Konformismus« und »Traditionalismus« in Form der sogenannten »alten« Werte, die – etwas unscharf – weitere Einzelaspekte (Sparsamkeit, Sauberkeit, Ordnung) umfassen (siehe Tabelle 6.2). Im Vergleich der beiden Wertedimensionen enthält die Speyerer Version Fleiß, Ehrgeiz und Sicherheitsstreben, welche sich so explizit nicht in der Sinus-Version vorfinden lassen. Diese wiederum enthält die eben zitierten Aspekte Sparsamkeit, Sauberkeit und Ordnung, welche in der Speyerer Version nicht berücksichtigt sind. In der Gesamtschau ist jedoch eine große Gemeinsamkeit der Werte zu erkennen, die, mit den genannten unterschiedlichen Nuancen, in beiden Fällen augenscheinlich inhaltlich sehr nahe beieinander liegen und sich unter der Rubrik »Pflicht und Konvention« zusammenfassen lassen. Der zweite Faktor »Hedonismus und Materialismus« ist bei beiden Erhebungsinstrumenten durch seine Indikatoritems ebenfalls inhaltlich so ähnlich repräsentiert, dass eine gleiche Bezeichnung angemessen erscheint. Im Speyerer Kurz-Werteinventar ist er geprägt durch »Machtstreben«, »Genussstreben«, »hoher Lebensstandard« und »Durchsetzungsfähigkeit«. In der Sinus-Alternative durch »Spaß- und Konsumorientierung«, »Selbstzentrierung« und »Genussstreben«. In beiden Alternativen werden der hedonistische und der materialistische Aspekt deutlich repräsentiert. Während bei der Speyerer Dimension Durchsetzungsfähigkeit und Machtstreben hinzukommen, ist die Sinus-Dimension eher von Spaß- und Lustbetonung geprägt. Diese graduellen Unterschiede fallen allerdings bei der generellen inhaltlichen Ausrichtung der Dimensionen beider Erhebungsintrumente kaum ins Gewicht. Bei dem dritten Faktor ist die inhaltliche Übereinstimmung nicht ganz so frappierend wie bei den ersten beiden. Daher wird er bei dem Speyerer Inventar »Kreativität und Engagement« und bei der Sinus-Skala leicht abweichend »Öffentliches Engagement« genannt. Im ersten Fall vereint der Faktor die Aspekte »Soziale Hilfe«, »Meinungstoleranz«, »politisches Engagement« und »Kreativität«. Bei der Sinus-Skala stehen bedauerlicherweise nur zwei Indikatoritems zur Verfügung, die die Aspekte »politisch-soziales Berufsziel« und »politisches Engagement« verdeutlichen. Die Punkte der sozialen und politischen Verwirklichung und des Engagements stimmen in beiden Fällen gut überein. Der größte Unterschied liegt in der Facette der Kreativität und Phantasie, die in der Speyerer Dimension enthalten ist, während sie in der Sinus-Dimension komplett fehlt. Der inhaltliche Unterschied durch das Fehlen der Meinungstoleranz im Sinus-Instrument erscheint demgegenüber weniger gravierend, da dieser Punkt noch relativ nahe bei dem politischen und sozialen Engagement verortet werden kann. Die Facette Phantasie und Kreativität ist hingegen ein relativ unabhängiger Aspekt. Gleichwohl scheint der Kernpunkt dieser Dimension in der Speyerer Werteforschung durchgängig im öffentlichen sozialen und politischen Engagement zu liegen (siehe Abschnitt 2.1), der auch in der Sinus-Skala abgebildet wird, so dass man durchaus von einer hinreichenden inhaltlichen Vergleichbarkeit der Dimensionen ausgehen kann.

Alles in allem können wir also aus inhaltlich-semantischer Sicht von einer großen Übereinstimmung der drei Faktoren ausgehen. Die größte inhaltliche Differenz besteht beim dritten Faktor in dem Aspekt der Kreativität, der von dem hier verwendeten Sinus-Erhebungsinstrument nicht abgebildet wird. Bei den nachfolgenden Analysen sollte dies berücksichtigt werden, sofern inhaltliche Gründe diesen Aspekt betreffen. Ansonsten überwiegen bei Weitem die auffälligen Ähnlichkeiten der Indikatoritems, so dass eine inhaltliche Kongruenz der Faktoren bzw. Dimensionen angenommen werden kann. Zu berücksichtigen ist aus methodischer Sicht darüber hinaus, dass die Faktorenanalyse ein Instrument ist, welches die Abhängigkeit der Messung latenter Konstrukte von einzelnen Items vermindert. Daher ist zwar das Fehlen einer inhaltlichen Facette, die durch ein Indikatoritem abgebildet wird, nicht unproblematisch, verhindert aber noch nicht per se die Vergleichbarkeit. Nicht zuletzt sollte bei den inhaltlichen Vergleichen zudem berücksichtigt werden, dass auch innerhalb der Speyerer Werteforschung die Ausrichtung der Dimensionen (empirischen) Schwankungen unterlag bzw. unterliegt. Je nach Datenlage wurden in der Vergangenheit unterschiedliche Lösungen der Faktoranalysen präsentiert, die unter anderem auch in unterschiedlichen Benennungen der Dimensionen resultierten. Gleichwohl wurde und wird auch dort von einer großen inhaltlichen Übereinstimmung ausgegangen (siehe Abschnitt 2.1). Für die weiteren Analysen gehen wir daher von einer prinzipiellen inhaltlichen Vergleichbarkeit der hier präsentierten Dimensionen und ihren Pendants in der Speyerer Werteforschung aus. Die ausstehende Prüfung, ob solch eine dreifaktorielle Struktur den verwendeten Daten überhaupt angemessen ist, soll im folgenden Kapitel durchgeführt werden.

6.2 Die dimensionale Struktur des Werteraumes

In einem ersten Analyseschritt soll nun die in Abschnitt 6.1 vorgestellte dreifaktorielle Struktur mittels konfirmatorischer Faktorenanalysen (CFA; siehe Abschnitt 4.1.1) für jeden einzelnen Querschnittsdatensatz (siehe Abschnitt 3.1) überprüft werden. Im Gegensatz zur exploratorischen Faktorenanalyse (EFA), bei der strukturentdeckend vorgegangen wird, kann mit diesem Ansatz, neben anderen Restriktionen, die Anzahl der Faktoren und die Zuordnung der Indikatoritems zu diesen Faktoren vorgegeben und die Gültigkeit des sich ergebenden Gesamtmodells anhand vorliegender Daten getestet werden. Die inhaltliche Grundlage für die Überprüfung stellt die von Klages und Gensicke vorgegebene Wertestruktur dar, die hier aber mit den in Tabelle 6.2 auf Seite 234 aufgelisteten Indikatoritems des alternativen Instruments der Sinus-Skala operationalisiert wird (siehe auch Abbildung 6.1 auf Seite 243). Aus statistisch-technischer Sicht ist vorab zu bemerken, dass die Messung des Faktors »Öffentliches Engagement« mit lediglich zwei Indikatoritems nicht unproblematisch ist – üblicherweise sollten pro latenter Dimension drei Indikatoritems zu Verfügung stehen –, eine Modellidentifikation ist aber prinzipiell auch mit nur zwei Items möglich (vgl. bspw. Rindskopf 1984).

Für die in diesem Abschnitt durchgeführten konfirmatorischen Faktorenanalysen wird das Programm Mplus 6.12 eingesetzt (vgl. Muthén und Muthén 2010). Als Schätzverfahren kommt eine besonders geeignete, spezielle Maximum-Likelihood-Methode zur Anwendung, die robust gegenüber Verletzungen der Normalverteilungsannahme ist und keinen listenweisen Fallausschluss fehlender Werte erfordert (MLR-Schätzung; siehe ebd., S. 533). Wie allgemein üblich, werden bei den gerechneten CFA Korrelationen zwischen den Faktoren zugelassen. Dies entspräche im exploratorischen Fall der Verwendung eines schiefwinkligen Rotationsverfahrens. In der sozialwissenschaftlichen Praxis wird hingegen überwiegend die orthogonale Varimax-Rotation verwendet, die unkorrelierte Faktoren erzwingt. Meist ist dieses Vorgehen allerdings *nicht gerechtfertigt*, da nur in sehr seltenen Fällen von tatsächlich unkorrelierten Faktoren ausgegangen werden kann (vgl. Costello und Osborne 2005, S. 3; Bacher et al. 2010, S. 144). Dennoch wird diese Vorgehensweise auch in der Speyerer Werteforschung angewandt (zur Methodenkritik siehe Abschnitt 2.1.5). Werden, so wie dort üblich, im Anschluss Clusteranalysen mit abgeleiteten Variablen (zum Beispiel Faktorwerten) gerechnet, die aus orthogonalisierten Faktoren gewonnen wurden, kann dies zu fehlerhaften bzw. unangemessenen Ergebnissen führen (vgl. Bacher et al. 2010, S. 193 f.). Empirische Korrelationen, die sich auch in den Korrelationen der Faktoren niederschlagen, können ein Hinweis auf eine vorhandene Clusterstruktur sein, die durch eine Orthogonalisierung zerstört wird. Daher ist die Vorgehensweise (orthogonale Varimax-Faktorrotation, Verwendung daraus abgeleiteter z-standardisierter Faktorwerte als Variablen für eine Clusterung) bei Klages und Gensicke kritisch zu beurteilen (Klages und Gensicke 2005, S. 288, 2006, S. 388 f.; Gensicke 2002, S. 157 und vermutlich auch Gensicke 2006, S. 186 f.; siehe dazu auch Reinders 2006, S. 65 f.)[4]. Zumindest liegt auf der Hand, dass eine Entscheidung für oder gegen ein bestimmtes Rotationsverfahren und für oder gegen eine Standardisierung der abgeleiteten Faktorwerte die Eigenschaften der für eine Clusteranalyse eingesetzten Variablen und damit auch deren Ergebnis maßgeblich beeinflussen können. Aus den genannten Gründen wird für die hier präsentierten Analysen nicht davon abgewichen, Faktorenkorrelationen zuzulassen, auch wenn in der Speyerer Werteforschung eine andere Vorgehensweise üblich ist.

Die Ergebnisse der konfirmatorischen Faktorenanalysen der einzelnen Querschnittsdatensätze beider Kohorten zeigen in den Jahren 2002 bis 2007 eine angemessene bis gute formalstatistische Modellanpassung, bei dem 2008er Datensatz fällt die Modellgüte etwas ab (siehe Tabelle 6.3). Zwar weist der χ^2-Wert in jedem Datensatz auf signifikante Abweichungen der modellimpliziten Kovarianzmatrix zu den Populationsparametern hin, jedoch sind diese vermutlich den großen Stichproben geschuldet (siehe Abschnitt 4.1.3). Das Hauptaugenmerk soll daher auf den anderen oben angeführten Gütekriterien liegen. Sowohl RMSEA als auch SRMR bewegen sich in allen neun Datensätzen unter der Schwelle von 0,05. Der CFI nimmt, bis auf das Modell aus dem Jahr 2008, immer Werte über 0,95 an, mit Ausnahme der Datensätze 2006 und 2008 sogar Werte über 0,97. Der TLI liegt, bis auf die Modelle der Datensätze 2006 und 2008, immer über 0,95. Zusammenfassend kann für die Jahre 2002 bis 2007 (beide Kohorten) die Gültigkeit der Modelle sicher angenommen werden, für das Jahr 2008 ist sie hingegen etwas kritischer zu beurteilen. Immerhin zeigen hier zwei (RMSEA und SRMR) der vier herangezogenen Gütekriterien eine Passung an und der CFI liegt mit einem Wert von 0,944 nur knapp unter der Schwelle von 0,950. Aus diesen und aus Vergleichbarkeitsgründen soll auch für das Jahr 2008 das dreifaktorielle

4 Ähnlich kritikwürdig gehen Burkert und Sturzbecher (2010, S. 56 ff.) auf Grundlage von Brandenburger Daten vor.

Tabelle 6.3: Gütekriterien der konfirmatorischen Faktorenanalysen (MLR-Schätzung; Querschnittsdatensätze siehe Abschnitt 3.1)

(a) Kohorte 1

	2002	2003	2004	2005	2006	2007	2008
Jahrgang	7	8	9	10	(11)	(12)	(13)
Alter	13	14	15	16	17	18	19
χ^2	86,275	84,673	86,222	75,738	156,353	96,426	144,576
df	17	17	17	17	17	17	17
$p(\chi^2)$	0,000	0,000	0,000	0,000	0,000	0,000	0,000
RMSEA	0,035	0,034	0,035	0,032	0,043	0,038	0,049
$p(\text{RMSEA} \leq 0{,}05)$	1,000	1,000	1,000	1,000	0,974	0,997	0,535
CFI	0,971	0,973	0,974	0,980	0,960	0,970	0,944
TLI	0,953	0,956	0,958	0,968	0,934	0,950	0,909
SRMR	0,025	0,024	0,023	0,020	0,027	0,024	0,033

(b) Kohorte 2

	2002	2003
Jahrgang	9	10
Alter	15	16
χ^2	54,754	49,610
df	17	17
$p(\chi^2)$	0,000	0,000
RMSEA	0,029	0,028
$p(\text{RMSEA} \leq 0{,}05)$	1,000	1,000
CFI	0,976	0,982
TLI	0,961	0,970
SRMR	0,021	0,019

Modell angenommen werden. Neben den genannten formalstatistischen Kriterien zur Beurteilung der Modellgüte, ist auch die Höhe der Faktorladungen bedeutsam. Diesbezüglich kann übergreifend festgehalten werden, dass diese in allen Jahrgängen größtenteils über der Grenze von 0,5 liegen, die üblicherweise als untere Schwelle angesehen wird (siehe Tabelle 6.4). In den Datensätzen der Jahre 2002 und 2003 der älteren Kohorte 2 sind die Ladungen dabei nur geringfügig schlechter als in der jüngeren Kohorte 1. Das insgesamt schlechteste Item ist nach diesem Kriterium das Item L0088, welches jedoch aus inhaltlichen Gründen in der Analyse belassen wird.

Inhaltlich können wir somit annehmen, dass ein Modell mit den drei Faktoren 1) *Pflicht und Konvention*, 2) *Hedonismus und Materialismus* und 3) *Öffentliches Engagement* den Daten angemessen ist (siehe auch Abschnitt 6.1). Das Leititem (L0061) des ersten Faktors lautet »Nur wer seine Pflichten erfüllt, erreicht sein Lebensziel«, dasjenige (L0053) des zweiten Faktors »Der Sinn des Lebens besteht für mich darin, Spaß zu haben und mir kaufen zu können, was mir gefällt« und und das (L0062) des dritten Faktors »Ideal ist ein Berufsziel, in dem man sich politisch und sozial verwirklichen kann«. Bedeutsam bei der inhaltlichen Betrachtung ist darüber hinaus, dass zwischen den Faktoren »Pflicht« und »Enga« in allen Datensätzen signifikante und wegen ihrer Höhe auch relevante Korrelationen auftreten, die im Laufe der Jahre allerdings abnehmen (siehe Tabelle 6.4). Es scheint eine inhaltliche Nähe zwischen konservativen, pflichtbezogenen und solchen Werten, die Engagement und soziale Verantwortung repräsentieren, zu existieren. Dieser Befund wird ebenfalls in Gensicke (2002, S. 156 f.) beschrieben. Vergleicht man die beiden Alterskohorten diesbezüglich miteinander, so wird deutlich, dass es sich vermutlich um einen Alterseffekt handelt. Die Korrelationen der älteren Kohorte 2 (Jahre 2002 und 2003) befinden sich auf dem Niveau der entsprechenden Jahrgänge (9 und 10) der jüngeren Kohorte 1 (Jahre 2004 und 2005). Eine Vernachlässigung dieser signifikanten und hohen Faktorkorrelation durch eine Orthogonalisierung ist aus meiner Sicht nicht gerechtfertigt.

Diese signifikanten hohen und im Altersverlauf abnehmenden Korrelationen zwischen den traditionellen Pflicht- und Konventions- sowie Engagementwerten könnten darin begründet liegen, dass sich öffentliches Engagement erst im Laufe des Jugendalters als eigenständige Wertedimension herausbildet. Die zugehörigen Indikatoritems (siehe Tabelle 6.2 auf Seite 234) beziehen sich auf ein Berufsziel, welches mit Engagement und der politischen Einflussnahme verknüpft werden soll. Es erscheint nicht verwunderlich, dass diese beiden Aspekte in der siebten

Tabelle 6.4: Faktorladungen und -korrelationen der konfirmatorischen Faktorenanalysen (MLR-Schätzung, standardisierte Lösung; Querschnittsdatensätze siehe Abschnitt 3.1)

	(a) Kohorte 1							(b) Kohorte 2	
Jahrgang	2002	2003	2004	2005	2006	2007	2008	2002	2003
Alter	7	8	9	10	(11)	(12)	(13)	9	10
	13	14	15	16	17	18	19	15	16
Faktorladungen									
Pflicht by									
L0061	0,595	0,615	0,627	0,693	0,633	0,644	0,668	0,609	0,629
L0066	0,515	0,579	0,557	0,611	0,543	0,525	0,511	0,497	0,597
L0083	0,471	0,541	0,548	0,502	0,509	0,576	0,564	0,475	0,497
Hedo by									
L0053	0,727	0,722	0,696	0,703	0,750	0,769	0,730	0,764	0,761
L0054	0,556	0,539	0,620	0,612	0,552	0,567	0,573	0,494	0,556
L0076	0,535	0,524	0,568	0,582	0,575	0,542	0,527	0,535	0,499
Enga by									
L0062	0,651	0,608	0,661	0,774	0,751	0,723	0,709	0,646	0,700
L0088	0,510	0,483	0,497	0,459	0,395	0,454	0,455	0,428	0,474
signifikante Faktorkorrelationen									
Hedo with									
Pflicht	0,109	(n. s.)	(n. s.)	(n. s.)	(n. s.)	(n. s.)	−0,104	n. s.	0,079
Enga with									
Pflicht	0,800	0,822	0,728	0,620	0,635	0,558	0,456	0,694	0,660
Hedo	(n. s.)	(n. s.)	(n. s.)	(n. s.)	(n. s.)	(n. s.)	(n. s.)	−0,126	n. s.

Jahrgangsstufe bei einem durchschnittlichen Alter von etwa 13 Jahren noch nicht sonderlich relevant für die Lebenswelt sind. Bei dem überwiegenden Teil der Jugendlichen steht die Berufswahl noch nicht unmittelbar bevor, so dass vermutlich eine gedankliche Beschäftigung mit ihr und den mit dieser Wahl verbundenen Wünschen und Werten noch nicht allzu intensiv stattgefunden hat. Die Frage nach der politischen Einflussnahme ist vermutlich ebenfalls stark mit den tatsächlichen politischen Einflussmöglichkeiten verbunden. Es steht zu vermuten, dass das politische Bewusstsein und die politische Betätigung bei der Mehrzahl der Befragten erst im Laufe der Zeit in das Wahrnehmungsfeld gerät. Auch wenn, wie oben gezeigt, der Wertekomplex in den frühen Jahrgängen bereits als eigenständige Dimension modelliert werden kann, hängt er zunächst noch sehr stark mit den traditionellen Werten zusammen. Öffentliches Engagement wird also von den Jugendlichen in den Zusammenhang mit traditionell-konventionellen Werten gestellt. Erst im weiteren zeitlichen Verlauf gewinnen die zugehörigen Werte an Schärfe und können von den traditionellen Werten abgegrenzt werden. Hinweise auf ein erwachendes politisches Interesse lassen sich auch im Freizeitbereich bei dem Konsum von (Film-)Dokumentationen und politischen Magazinen finden, deren Konsumhäufigkeit als einziges Genre im Jugendalter kontinuierlich und deutlich ansteigt (siehe Abschnitt 5.2.2).

Um die Ergebnisse der konfirmatorischen Faktorenanalysen zusammenfassend anschaulich darstellen zu können, wurden die einzelnen Querschnittsdatensätze zu einem einzigen großen Datensatz verbunden, der alle Fälle aus den Einzeldatensätzen enthält ($n = 29\,261$). Mit diesen kombinierten Daten wurde dann ebenfalls eine konfirmatorische Faktorenanalyse, analog zu denen der Einzelanalysen, gerechnet. Das Ergebnis der Parameterschätzung stellt die Abbildung 6.1 dar. Alternativ können auch Durchschnittswerte der Parameter aus den Einzelanalysen (siehe Tabelle 6.4 auf der vorherigen Seite) gebildet werden. Wird diese Strategie gewählt, weichen die sich ergebenden durchschnittlichen Parameter allerdings lediglich in der dritten Nachkommastelle (maximale Differenz ist 0,006) von den im Schaubild dargestellten Werten ab. Auch für den zusammengefügten Datensatz zeigt sich eine gute Modellanpassung. Alles in allem bestätigen damit die konfirmatorischen Faktorenanalysen die dimensionsanalytischen Annahmen und Befunde von Klages und Gensicke. Es lassen sich auch mit Hilfe des hier verwendeten alternativen Messinstrumentes (Sinus-Werteitems) vergleichbare Dimensionen in den Datensätzen aller Jahre finden. Eine Überprüfung mit Hilfe

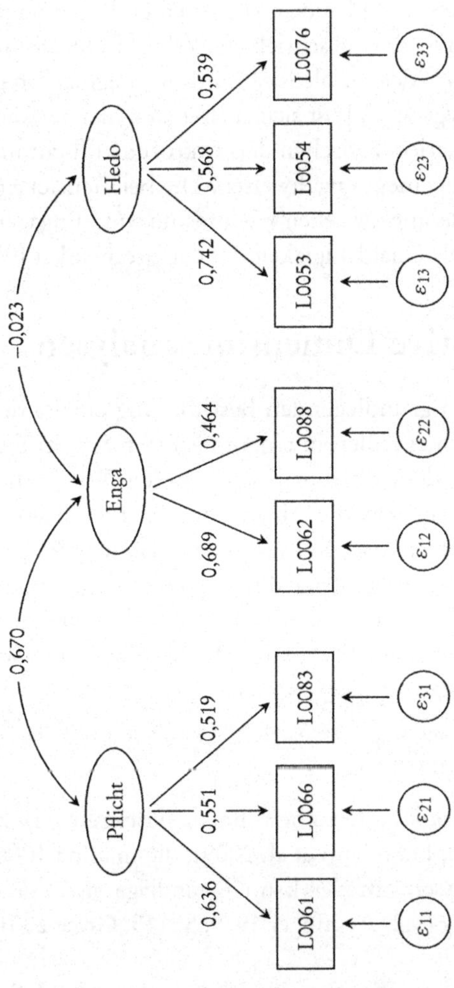

Abbildung 6.1: Zusammenfassende Darstellung der konfirmatorischen Faktorenanalysen der Werteinstellungen (standardisierte Lösung, kombinierte Datensätze, $n = 29\,261$, MLR-Schätzung, $\chi^2 = 595{,}001$, df = 17, $p(\chi^2) = 0{,}0000$, RMSEA = 0,034, $p(\text{RMSEA} \leq 0{,}05) = 1{,}000$, CFI = 0,974, TLI = 0,957, SRMR = 0,021)

der CFA belegt die Modellgültigkeit einer inhaltlich annähernd identischen dreifaktoriellen Struktur mit ausgewählten Items. In der ermittelten Struktur lassen sich auch die in den Shell-Jugendstudien vorgestellten Beziehungen zwischen den Werten wiederfinden. Die dort beschriebene Nähe von Idealismus und Tradition, die mit dem Schlagwort »der soziale Idealismus ist pragmatisch geworden« (Gensicke 2002, S. 160 f.) belegt wird, lässt sich auch in den hier verwendeten Daten anhand der starken Korrelation zwischen den Faktoren »Pflicht und Konvention« und »Öffentliches Engagement« nachweisen. Die bei Gensicke (ebd., S. 158 f.) angeführte neue Scheidelinie zwischen Hedonismus und Engagement präsentiert sich in unseren Daten als Unabhängigkeit der entsprechenden Faktoren voneinander.

6.3 Deskriptive Dimensionsanalysen

Nach der erfolgten grundlegenden Bestimmung der Dimensionalität des abgebildeten Werteraumes sollen in einem nächsten Schritt die drei Faktoren bzw. Wertedimensionen deskriptiv analysiert werden: Wie groß ist beispielsweise die Zustimmung zu den bzw. die Ablehnung der Dimensionen in den einzelnen Jahren? Um die aufgeworfenen Fragen bearbeiten zu können, müssen die latenten Dimensionen auf Grundlage der sie messenden manifesten Indikatoritems dergestalt »bestimmt« werden, dass eine deskriptive Analyse möglich ist. Es bietet sich zu diesem Zweck an, *Faktorwerte* für die einzelnen Wertedimensionen zu berechnen und auszuwerten.

6.3.1 Faktorwerte

Um sogenannte *Faktorwerte* zu berechnen, existieren verschiedene Ansätze (vgl. bspw. Grice 2001b; DiStefano et al. 2009), die man nach Grice (2001b) in zwei grundsätzliche Klassen aufteilen kann. Grundlage für beide Ansatzklassen ist die folgende Beziehung (vgl. Arminger 1979, S. 115; Grice 2001b, S. 433)

$$F_{ji} = w_{j1}z_{i1} + w_{j2}z_{i2} + \cdots + w_{jk}z_{ik} + \varepsilon_{ji} \,, \qquad (6.1)$$

in der der Faktorwert F eines Faktors j einer Person i als Linearkombination aus den (üblicherweise) standardisierten manifesten Variablen z beschrieben bzw. geschätzt wird. Die Regressionsgewichte w (*factor score coefficients*) kann man wegen der prinzipiellen Unbestimmtheit der Faktorwerte über viele verschiedene Arten bilden, indem die Fehler ε auf unterschiedliche Arten minimiert werden.

In der *ersten Klasse* der Ansätze werden die Regressionsgewichte *w* über anspruchsvollere mathematische Verfahren bestimmt, die versuchen, die Gemeinsamkeiten und Unterschiede zwischen Items und Faktoren (erklärte und unerklärte Varianzanteile) zu berücksichtigen und die Beziehungen zwischen den Faktoren zu reproduzieren. In diese Klasse gehören die drei wohl bekannten Ansätze von 1) Thurstone (1935), 2) Bartlett (1937) und 3) Anderson und Rubin (1956), die in vielen Statistik-Paketen für die exploratorische Faktorenanalyse implementiert sind. Alle drei Ansätze resultieren in standardisierten Faktorwerten mit einem Mittelwert von null. Ansatz 1) führt allerdings häufig zu korrelierten Faktorwerten, auch wenn die Faktoren unkorreliert sind sowie zu Faktorvarianzen ungleich eins. Ansatz 2) erzielt Faktorwerte, die hoch mit ihren korrespondierenden Faktoren korrelieren und nicht mit den übrigen (orthogonalen) Faktoren, wobei Interkorrelationen der Faktorwerte verschiedener orthogonaler Faktoren durchaus auftreten können. Ansatz 3) ist eine Variation des zweiten Ansatzes und verhindert Faktorwert-Interkorrelationen zwischen verschiedenen orthogonalen Faktoren (vgl. Grice 2001b, S. 433; DiStefano et al. 2009, S. 4 ff.).

Unter der *zweiten Klasse* der Ansätze können Berechnungsarten für Faktorwerte zusammengefasst werden, die eine vereinfachte Bestimmung der Regressionsgewichte *w* in Gleichung 6.1 vornehmen. Beispielsweise werden für diese Gewichte häufig nur Werte von null oder (plus/minus) eins vergeben. Dazu müssen die gültigen Items pro Faktor ermittelt werden, was häufig über die Inspektion der Struktur- und Patternmatrix mit den Faktorladungen und den oben schon genannten »factor score coefficients« selbst geschieht. Beispielsweise werden dann nur solche Items (z-standardisiert oder unstandardisiert) zusammengerechnet (also mit plus eins gewichtet), die hoch auf einen Faktor laden oder deren Regressionsgewichte einen bestimmten Wert überschreiten. Diese einfachen Berechnungsmethoden können ergänzend alternative Item-Gewichtungen enthalten (zum Beispiel ebenfalls über Ladungen oder »factor score coefficients«). Von einer Gewichtung der Items mit Hilfe der Faktorladungen wird allerdings abgeraten (vgl. Grice und Harris 1998; Grice 2001a).

Die Frage, welche Methode bei der Bestimmung von Faktorwerten am besten geeignet ist, lässt sich schwer beantworten. Im Allgemeinen führen die komplexeren Berechnungsmethoden zu valideren Faktorwerten als die vereinfachten. Außerdem können Restriktionen, wie Orthogonalität für unkorrelierte Faktoren etc. berücksichtigt werden. Allerdings müssen diese Restriktionen natürlich wohlbegründet sein, was nicht immer einfach ist und von dem geplanten weiteren

Einsatz der Faktorwerte abhängen kann. Vereinfachte Berechnungsmethoden sind eben wegen ihrer Einfachheit sehr beliebt und werden darüber hinaus für konsistenter in Bezug auf die Interpretation der Faktoren gehalten (vgl. Grice 2001b, S. 441 ff.). Daher haben sowohl die komplexeren als auch die einfacheren Berechnungsmöglichkeiten ihre Berechtigung.

Auf einen besonderen Umstand soll hier in Bezug auf den weiteren Einsatz von Faktorwerten bei *Klassifikationsanalysen* noch eingegangen werden: Eine oftmals verwendete Strategie besteht darin, mit Hilfe eines Verfahrens der ersten Ansatzklasse z-standardisierte, unkorrelierte Faktorwerte auf Grundlage von orthogonalen, varimax-rotierten Faktoren zu berechnen und diese dann für eine Typologisierung zu verwenden (vgl. bspw. Klages und Gensicke 2005, S. 288, 2006, S. 388 f.; Gensicke 2002, S. 157, 2006, S. 186 f.; Burkert und Sturzbecher 2010, S. 56 ff.). Problematisch ist bei dieser Vorgehensweise zum einen, dass unkorrelierte Faktoren unterstellt werden und somit die Datenstruktur bei tatsächlich vorliegenden Zusammenhängen verzerrt wird; auch die abgeleiteten Variablen weisen dann (je nach Verfahren) keine Korrelationen mehr auf. Zum anderen sind z-standardisierte Faktorwerte ($\bar{x} = 0$, $s^2 = 1$) schon im Querschnitt schwierig zu interpretieren, da hohe und niedrige Werte immer in Bezug auf den Mittelwert zu sehen sind und die ursprüngliche Skalierung verloren geht. Im Trend oder Längsschnitt ist ein Vergleich der Werte zwischen den Daten anschaulich kaum möglich, da die Mittelwertentwicklung über die Zeit gleichzeitig berücksichtigt werden muss. Als Alternative, gerade im Hinblick auf Klassifikationsanalysen, bietet es sich an, auf Grundlage der zweiten Ansatzklasse *Mittelwertindizes* bzw. *mittlere Gesamtpunktwerte* der Indikatoritems jedes Faktors zu berechnen und zu interpretieren. Dies bietet den Vorteil, dass die korrelative Struktur der Faktoren erhalten bleibt (Grice 2001b, vgl. DiStefano et al. 2009; Bacher et al. 2010, S. 125 ff.) und bei vergleichenden Analysen die eventuellen Mittelwertänderungen adäquat berücksichtigt werden. Werden diese Indizes auf die ursprüngliche Skala zurücktransformiert, ergibt sich darüber hinaus noch eine sehr anschauliche Interpretationsmöglichkeit. Informationen über die Messfehler und das unterschiedliche Ausmaß der inhaltlichen Beiträge der Einzelitems zu den Faktoren gehen mit dieser Berechnungsart allerdings verloren.

Unter Abwägung der genannten Argumente werden in dieser Arbeit *mittlere Gesamtpunktwerte* für die latenten Dimensionen berechnet. Sie lassen sich mit

Hilfe der folgenden Formel bestimmen (vgl. Bacher et al. 2010, S. 125):

$$F_{ji} = \frac{1}{m_j} \sum_{l \in j} x_{il} \,. \tag{6.2}$$

Hier bezeichnet F den mittleren Gesamtpunktwert eines Faktors j einer Person i als Mittelwert der Ausprägungen einer Person in den Variablen x, die den Faktor j messen. Die Zahl der Variablen l, die den Faktor j bilden, ist gleich m_l. Die resultierenden Faktorwerte können in Bezug auf ihre Mittelwertstruktur analysiert werden (siehe Tabelle 6.6 auf Seite 252).[5] Um darüber hinaus auch Häufigkeitsanteile zu untersuchen, werden die berechneten Faktorwerte in drei Kategorien (»Zustimmung«, »indifferent« und »Ablehnung«) umkodiert.[6]

6.3.2 Bewertung der Wertedimensionen

Mit Hilfe der über Formel 6.2 gebildeten Faktorwerte als mittlere Gesamtpunktwerte lassen sich die in Abschnitt 6.2 ermittelten drei Wertedimensionen »Pflicht und Konvention«, »Hedonismus und Materialismus« und »Öffentliches Engagement« nun deskriptiv auswerten. Wie oben erwähnt, werden dazu die Faktorwerte in drei Kategorien »Zustimmung«, »indifferent« und »Ablehnung« umkodiert, um eine anschauliche Darstellung und Interpretation zu ermöglichen. Die deskriptiven Ergebnisse der Häufigkeitsauszählungen im Trendvergleich sind in Tabelle 6.5 auf Seite 249 ausgewiesen und in Abbildung 6.2 auf Seite 250 visualisiert. Die nachfolgenden Interpretationen können ebenfalls auf Basis der Mittelwerte der Indikatoritems nachvollzogen werden, diese sind in Tabelle 6.6 auf Seite 252 dargestellt.

Die mit Abstand größte Zustimmung zu allen Erhebungszeitpunkten beider Kohorten erfährt die Wertedimension »Pflicht und Konvention«. In der jüngeren

5 Als alternative Strategie ist es auch möglich, direkt bei den konfirmatorischen Faktorenanalysen mit Mplus die Mittelwerte der latenten Variablen frei schätzen zu lassen. Aus Modell-Identifizierungsgründen müssen dann allerdings Restriktionen eingeführt werden. Eine häufig angewendete Vorgehensweise besteht darin, eine Indikatorvariable pro Faktor als »Marker-Variable« zu benutzen und deren Intercept auf null und deren Faktorladung auf eins zu fixieren. Dies resultiert allerdings in der wenig befriedigenden Gleichsetzung des Mittelwertes der Marker-Variablen mit dem Mittelwert der latenten Variablen (vgl. bspw. Geiser 2011, S. 116 ff.). Auch die weitere Möglichkeit, den Intercept der Marker-Variablen auf null und die Faktorvarianz auf eins zu fixieren, führt hier zu nicht brauchbaren Ergebnissen.

6 Faktorwerte größer 3 werden in »Zustimmung«, Faktorwerte gleich 3 in »indifferent« und

Kohorte 1 stimmen im ersten Jahr (2002) etwas mehr als zwei Drittel (68 Prozent) der Jugendlichen in der siebten Jahrgangsstufe dieser Dimension zu. In den darauffolgenden Jahren sinkt die Zustimmung zwar leicht ab, stagniert dann aber mit 59 bis 63 Prozent auf einem hohen Niveau (siehe Tabelle 6.5 und Abbildung 6.2 auf Seite 250). Im Umkehrschluss lehnt relativ stabil zwischen einem Fünftel und einem Viertel der Schülerinnen und Schüler (20 bis 26 Prozent) diese Wertedimension ab. Betrachtet man die ältere Kohorte 2, so ist ein paralleler Verlauf zu beobachten: Im ersten Jahr (2002) stimmen fast genauso viele Neuntklässler (66 Prozent) wie Siebtklässler dieser pflichtbezogenen Wertedimension zu. Der Zustimmungsabfall vom ersten auf den zweiten Erhebungszeitpunkt (2003) fällt bei der älteren Kohorte 2 ebenfalls ähnlich stark aus wie bei der jüngeren Kohorte 1 – nur noch rund 60 Prozent stimmen der Dimension zu. Ein analoges Bild zeigt sich bei der Betrachtung der Ablehnungswerte. Man kann daher schließen, dass der Rückgang der Zustimmungswerte kein reiner Alterseffekt ist, da sich beide Kohorten parallel entwickeln. Die Vermutung liegt nahe, dass hier ein Zeitgeisteffekt vorliegt, demzufolge die Zustimmung zu pflichtbezogenen Werten generell und unabhängig vom Alter zwischen den Erhebungsjahren 2002 und 2003 zurückgegangen ist. Auch der Verlauf des mittleren Gesamtpunktindex für den Faktor »Pflicht«, der nach der oben dargelegten Vorgehensweise berechnet wurde, stützt erwartungsgemäß diese Befunde (siehe Tabelle 6.6 auf Seite 252): Der höchste Mittelwert (3,54) ist bei der jüngeren Kohorte 1 im Jahr 2002 zu beobachten, danach sinken die Werte ab, bleiben aber auf einem im Vergleich recht hohen Niveau stabil (3,35 bis 3,43).

In der jüngeren Kohorte 1 im Jahr 2002 liegt der Zustimmungsanteil zu der Wertedimension »Hedonismus und Materialismus« bei etwas unter der Hälfte (46 Prozent) der Befragten (siehe Tabelle 6.5 und Abbildung 6.2 auf Seite 250). Im weiteren Verlauf der Erhebungen nimmt dieser Wert kontinuierlich ab, um im Jahr 2008 bei etwa einem Drittel (32 Prozent) anzugelangen. Der Anteil derjenigen, die diese Dimension ablehnen, steigt dementsprechend von 41 Prozent im Jahr 2002 auf rund die Hälfte (51 Prozent) der Befragten an. Zu Beginn der Erhebungen stimmt die Mehrheit der Schülerinnen und Schüler Hedonismus und Materialismus demnach zu, wohingegen sich diese Befundlage zum vorläufigen Ende der Befragungen umkehrt und die Mehrheit diesen Werten dann eher ablehnend gegenübersteht. Im Hinblick auf die ältere Kohorte 2 ist festzustellen, dass im Jahr 2002 ebenfalls etwas weniger als die Hälfte (48 Prozent) der Neuntklässler

Faktorwerte kleiner 3 in »Ablehnung« umkodiert.

Tabelle 6.5: Einstellungen zu den Wertedimensionen (Prozentangaben; 3er-kategorisierter mittlerer Gesamtpunktindex; Querschnittsdatensätze siehe Abschnitt 3.1)

	(a) Kohorte 1							(b) Kohorte 2	
	2002	2003	2004	2005	2006	2007	2008	2002	2003
	7	8	9	10	(11)	(12)	(13)	9	10
	13	14	15	16	17	18	19	15	16
Pflicht und Konvention									
Zustimmung	67,9	61,4	59,4	61,4	63,3	61,9	63,0	65,9	60,3
indifferent	12,0	14,3	15,0	14,6	14,6	15,5	15,3	12,8	14,5
Ablehnung	20,1	24,3	25,6	24,0	22,1	22,6	21,7	21,3	25,2
Hedonismus und Materialismus									
Zustimmung	45,9	45,9	42,7	40,5	39,6	32,0	31,5	47,5	43,9
indifferent	13,7	14,7	17,3	16,8	16,7	17,1	17,7	16,1	16,2
Ablehnung	40,5	39,4	40,1	42,7	43,7	50,9	50,8	36,5	39,9
Öffentliches Engagement									
Zustimmung	42,5	37,8	34,3	33,9	38,5	37,1	33,6	39,5	37,0
indifferent	22,6	24,5	25,2	24,4	25,0	26,4	27,0	25,3	26,4
Ablehnung	34,9	37,7	40,5	41,8	36,5	36,5	39,4	35,2	36,6

dieser Wertedimension positiv gegenübersteht. Ein Jahr später sind es noch etwas weniger, nämlich rund 44 Prozent. Im Gegensatz zu der Dimension »Pflicht und Konvention« scheint im Kohortenvergleich bei genauerer Betrachtung eher ein leichter Alters- als ein Kohorteneffekt eine Rolle zu spielen. Der Zustimmungsverlauf der älteren Kohorte 2 zwischen den ersten beiden Erhebungsjahren ähnelt eher dem Verlauf der jüngeren Kohorte 1 zwischen den Jahren 2004 und 2005. Insofern scheint die sinkende Zustimmung zu Hedonismus und Materialismus

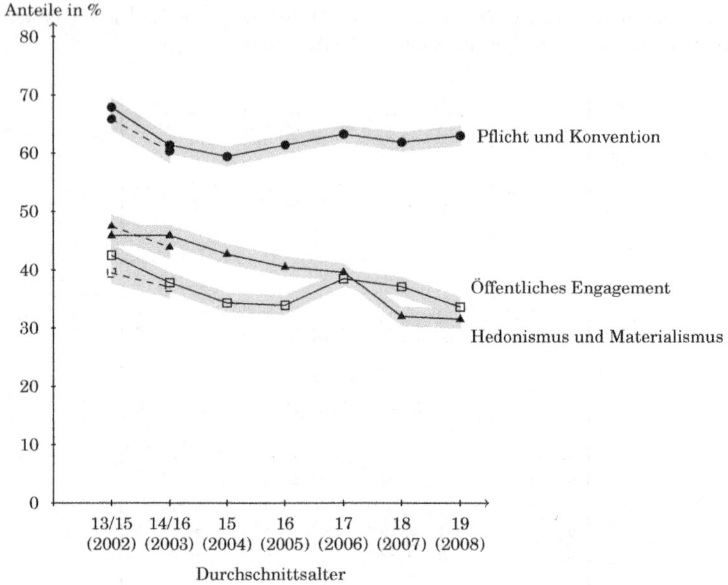

Abbildung 6.2: Zustimmung zu den Wertedimensionen (Prozentanteile und 95 %-Konfidenzintervalle; Querschnittsdatensätze siehe Abschnitt 3.1)

eher vom Alter abzuhängen, also im Alter von 15 bis 16 Jahren typisch zu sein, als vom Erhebungsjahr. Die Mittelwerte des mittleren Gesamtpunktindex »Hedo« zeigen, wie zu erwarten, ebenfalls einen deutlich abfallenden Verlauf (siehe Tabelle 6.6 auf Seite 252). Nachdem mit 3,09 der höchste Werte im Jahr 2003 erreicht ist, fallen die Werte im weiteren Verlauf monoton ab, um im Jahr 2008 mit 2,82 auf dem niedrigsten Stand zu landen. Bemerkenswerterweise ist dieser Wert im Gesamtvergleich der drei analysierten Dimensionen über alle Zeitpunkte hinweg der niedrigste Wert überhaupt. Keine Wertedimension erfährt damit so geringe Zustimmung wie »Hedonismus und Materialismus« bei den mit durchschnittlich 19 Jahren ältesten Jugendlichen aller untersuchten Datensätze.

Im Bereich der Wertedimension »Öffentliches Engagement« lässt sich ein im Großen und Ganzen ähnlicher, aber nicht ganz so kontinuierlicher Verlauf wie bei »Hedonismus und Materialismus« beobachten. In der jüngeren Kohorte 1 herrscht zunächst bei knapp 43 Prozent der Schülerinnen und Schüler Zustimmung vor (siehe Tabelle 6.5 auf der vorherigen Seite und Abbildung 6.2). Dieser Anteil sinkt bis zum Jahr 2005 auf knapp 34 Prozent ab, um ein Jahr darauf wieder auf 39

Prozent zu steigen und in den letzten beiden Erhebungszeitpunkten wieder auf 34 Prozent abzusinken. Betrachtet man die Endpunkte dieser Entwicklung, so herrscht zu Beginn der Erhebungen bei der Mehrheit der Befragten Zustimmung vor, zum Ende kehrt sich das Verhältnis hin zu überwiegender Ablehnung um. Der Kohortenvergleich ist bei dieser Dimension weniger eindeutig als bei den beiden anderen. Es scheint aber hier, ebenso wie bei Hedonismus und Materialismus, eher ein Alterseffekt als ein Kohorteneffekt vorzuliegen. Die Werte des mittleren Gesamtpunktindex »Enga« verdeutlichen die Beobachtungen (siehe Tabelle 6.6 auf der nächsten Seite). Zunächst sinken die Mittelwerte von 3,07 im Jahr 2002 auf 2,90 im Jahr 2005. Danach zeigt sich ein Anstieg auf 3,01 im Jahr 2006 und ein erneuter und deutlich Abfall auf 2,93 im Jahr 2008. Dieser sichtbare Bruch zwischen dem Erhebungsjahr 2005 und 2006 bzw. den Erhebungen der zehnten und elften Jahrgangsstufe könnte mit dem Übergang in das Berufsleben zusammenhängen. Ein nicht unerheblicher Anteil der Jugendlichen verlässt nach der zehnten Klasse die Schule und ist mit der Tatsche konfrontiert, sich über das Berufsleben Gedanken zu machen. Dies könnte die Antworten auf die Indikatoritems der Dimension »Öffentliches Engagement«, von denen sich eines explizit auf Berufe bezieht (siehe Tabelle 6.2 auf Seite 234), beeinflussen. So wäre denkbar, dass das Näherrücken der Berufsentscheidung die idealistische Zustimmung zu einem Beruf mit sozialer und politischer Verwirklichungsmöglichkeit geringer werden lässt. Eine Ursache könnte sein, dass der Wert als Zielvorstellung zunehmend an der Realität geprüft werden muss und eventuell auch zu scheitern droht bzw. nicht erfüllt werden kann. Dies könnte zu einem Absinken der Zustimmung führen. Möglicherweise hat man dann in den darauffolgenden Jahren Wunsch bzw. Zielvorstellung und Wirklichkeit wieder zur Deckung gebracht, was zu einem Anstieg der Zustimmung führen könnte. Das Absinken zum Ende der untersuchten Periode könnte wiederum an dem nahenden Schulzeitende des restlichen Teils der Jugendlichen liegen (siehe dazu auch Abschnitt 6.4.3).

Zusammenfassend kann man als Ergebnisse der deskriptiven Analysen festhalten: Die Zustimmung zu Pflicht- und Konventionswerten ist im gesamten Zeitraum in allen Datensätzen am weitesten verbreitet. Fast zwei Drittel der befragten Jugendlichen stimmen dieser Wertedimension zeitpunkt- und kohortenübergreifend zu. Die Zustimmungsanteile liegen damit durchgängig zwischen 15 und 20 Prozentpunkten über denen der übrigen Wertedimensionen. Auch in der Mittelwertstruktur der mittleren Gesamtpunktindizes wird dies deutlich, denn diese

Tabelle 6.6: Bewertung der Werte (Mittelwerte der Indikatoritems und der Dimensionsvariablen; Querschnittsdatensätze siehe Abschnitt 3.1)

	(a) Kohorte 1							(b) Kohorte 2	
	2002	2003	2004	2005	2006	2007	2008	2002	2003
	7	8	9	10	(11)	(12)	(13)	9	10
	13	14	15	16	17	18	19	15	16
Pflicht und Konvention									
L0061	3,72	3,54	3,51	3,53	3,59	3,56	3,58	3,73	3,50
L0066	3,56	3,43	3,37	3,40	3,41	3,38	3,39	3,43	3,35
L0083	3,33	3,25	3,18	3,24	3,28	3,26	3,31	3,23	3,22
Pflicht[a)]	3,54	3,41	3,35	3,39	3,43	3,40	3,42	3,47	3,36
Hedonismus und Materialismus									
L0053	3,20	3,19	3,09	3,04	3,03	2,84	2,85	3,24	3,11
L0054	2,92	2,93	2,88	2,80	2,74	2,54	2,50	2,98	2,93
L0076	3,13	3,16	3,11	3,12	3,19	3,10	3,10	3,22	3,20
Hedo[a)]	3,08	3,09	3,03	2,99	2,99	2,83	2,82	3,15	3,08
Öffentliches Engagement									
L0062	2,89	2,79	2,69	2,71	2,81	2,80	2,75	2,86	2,76
L0088	3,26	3,17	3,13	3,08	3,21	3,18	3,11	3,22	3,22
Enga[a)]	3,07	2,98	2,91	2,90	3,01	2,99	2,93	3,04	2,99

Anm.: Rohwerte der Items von 1 »trifft gar nicht zu« bis 5 »trifft völlig zu«
a) Mit Hilfe von Formel 6.2 auf Seite 247 berechnete Mittelwerte

sind in jedem Zeitpunkt für »Pflicht und Konvention« im Vergleich am höchsten. Will man die 13- bis 19-jährigen Jugendlichen der Jahre 2002 bis 2008 damit insgesamt pauschal charakterisieren, so kann man wohl zunächst konstatieren, dass sie in erster Linie durch traditionelle Werte geprägt sind. Im zeitlichen Verlauf ist zu beobachten, dass bis auf einen Zustimmungs- bzw. Mittelwertabfall zwischen 2002 und 2003 das Niveau der Zustimmung zu traditionellen Werten gleichbleibend stabil ist. Demgegenüber fallen die Zustimmungsanteile und Mittelwerte der beiden weiteren Wertedimensionen im Zeitverlauf deutlich ab. Zu Beginn der Befragungen im Jahr 2002 ist der Anteil derjenigen, die hedo-materialistischen

Tabelle 6.7: Shell-Jugendstudien 2002 und 2006: Wertedimensionen nach Geschlecht (Alter 12 bis 25; Mittelwerte der mittleren Gesamtpunktindizes; Skalenbereich von 1 »unwichtig« bis 7 »außerordentlich wichtig«)

	2002	2006
Pflicht und Konvention		
Jungen	5,37	5,47
Mädchen	5,53	5,63
Hedonismus und Materialismus		
Jungen	4,78	4,83
Mädchen	4,65	4,55
Öffentliches Engagement		
Jungen	4,53	4,50
Mädchen	4,73	4,63

Anm.: Eigene Berechnungen auf Grundlage von Gensicke (2006, S. 180) und Klages und Gensicke (2005, S. 287)

Werten zustimmen, noch deutlich höher als der Anteil derjenigen, die Werten des öffentlichen Engagements zustimmen. Gegen Ende des beobachteten Zeitraumes pendelt sich die Zustimmung bei beiden Dimensionen jedoch mit einem Anteil von etwa einem Drittel ungefähr auf dasselbe Niveau ein. Auch die Mittelwerte der latenten Konstrukte »Hedo« und »Enga« liegen dann eng beieinander.

Eine wichtige Erkenntnis zeigt der Kohortenvergleich. Der Verlauf der Anteile ähnelt sich bei der Wertedimension »Pflicht und Konvention« eher im Hinblick auf die Erhebungsjahre und nicht im Hinblick auf die Alterskohorten. So sind sich die jüngere und die ältere Kohorte der Jahre 2002 und 2003 ähnlich, obwohl die Datensätze Jugendliche der siebten und achten (Kohorte 1) bzw. neunten und zehnten (Kohorte 2) Jahrgangsstufe umfassen. Die jeweils entsprechenden Jahrgänge sind sich im Zeitvergleich folglich nicht ähnlich, sondern unterscheiden sich stark voneinander. Insofern muss man bei den beobachteten Wertänderungen eher von »Zeitgeist«-Effekten ausgehen, der reine Alterseinfluss scheint demgegenüber nicht so stark zu sein. Bei den beiden anderen Wertedimensionen »Hedonismus und Materialismus« sowie »Öffentliches Engagement« ist das Gegenteil zu beobachten. Hier scheint die Zustimmungsentwicklung eher vom Älterwerden abzuhängen.

Die geschilderten deskriptiven Befunde sind wegen der Besonderheiten der hier verwendeten Daten schwierig mit den Ergebnissen anderer Studien zu vergleichen. Am ehesten ist dies mit den Shell-Jugendstudien von 2002 und 2006 möglich, die einen Teil unseres Beobachtungszeitraums abdecken, die Daten von Jugendlichen im Alter zwischen 12 und 25 Jahren verwenden und das Speyerer Werteinventar erheben (vgl. Gensicke 2002, 2006; siehe Abschnitt 2.1.4). Im Unterschied zu den in Tabelle 6.1 auf Seite 233 aufgelisteten Indikatoritems für die drei bekannten Wertedimensionen fehlt hier allerdings das Item »Immer seine Pflichten erfüllen«. Rechnet man die in Gensicke (2006, S. 280) berichteten Mittelwerte der Indikatoritems (siehe Tabelle 6.1 auf Seite 233) als mittlere Gesamtpunktindizes zusammen (siehe Formel 6.2 auf Seite 247), ergeben sich die in Tabelle 6.7 auf der vorherigen Seite dargestellten Werte für die Shell-Jugendstudien 2002 und 2006. Auch wenn die Altersstruktur der Shell-Jugendstudien sehr viel heterogener ist als die in den hier verwendeten Daten, lassen sich die ausgewiesenen Dimensions-Mittelwerte zumindest ansatzweise und strukturell mit denen in Tabelle 6.6 auf Seite 252 vergleichen. Zu beachten ist bei dem Vergleich der Mittelwertindizes allerdings, dass die Skala des Erhebungsintrumentes in den Shellstudien von 1 bis 7 und in den hier verwendeten Daten von 1 bis 5 reicht. Es ist dennoch ersichtlich, dass in beiden Untersuchungen die Mittelwerte für die Dimension »Pflicht und Konvention« im Vergleich der drei Faktoren am höchsten sind. Insofern bestätigt sich auch im Vergleich mit den Shell-Studien der stabile Befund, dass Jugendliche im Beobachtungszeitraum vorwiegend traditionell orientiert sind. Im Vergleich dazu fällt auch bei den Shell-Jugendstudien 2002 und 2006 die Wichtigkeit der beiden anderen Wertedimensionen deutlich ab. Sowohl für »Hedonismus und Materialismus« als auch für »Öffentliches Engagement« liegen die Mittelwerte deutlich unter denjenigen der Pflichtwerte, sind aber untereinander in ihrer Höhe kaum zu unterscheiden. Im Kohorten-Zeitvergleich zwischen 2002 und 2006 liegen bei allen drei Dimensionen nur marginale Unterschiede vor. Im Vergleich der absoluten Höhen der Mittelwerte scheinen die Shell-Jugendstudien insgesamt gesehen eine stärkere Zustimmung zu zeigen. Zieht man die jeweiligen Skalenmittelpunkte hinzu (Shell-Studien: 4, hier verwendete Daten: 3), so liegen beispielsweise die Mittelwerte für Hedonismus und Materialismus sowie für das öffentliche Engagement in den Shell-Studien immer über dem Skalenmittelpunkt, während sie bei den hier verwendeten Daten zum Teil auch darunter liegen. Ob diese Höhenunterschiede durch die unterschiedliche Altersstruktur, das alternative Erhebungsinstrument oder durch sonstige Gründe hervorgerufen werden, lässt sich an dieser Stelle allerdings nicht klären.

Die in den Shell-Jugendstudien veröffentlichten Befunde einer ansteigenden Hinwendung zu leistungs-, macht- und anpassungsbezogenen Werten bei gleichzeitiger Abwendung von engagementbezogenen Werten (Gensicke 2002, S. 152 f.), lassen sich hier so nicht umfassend bestätigen. Es liegen hingegen auf Grundlage des hier durchgeführten Kohortenvergleichs Hinweise auf einen leichten Rückgang traditioneller Werte zwischen 2002 und 2003 vor, der vermutlich durch Zeitgeisteffekte hervorgerufen wurde. Relativierend muss darüber hinaus aber hinzugefügt werden, dass traditionelle Werte auch in unserer Untersuchung durchgehend die bestimmenden Werte unter Jugendlichen sind. Eine Abnahme der Zustimmung zu engagementbezogenen Werten findet sich auch in den hier vorgelegten Daten, sie stellt sich allerdings eher als ein Lebenszykluseffekt dar, der mit den Befunden aus den Shell-Jugendstudien kaum vergleichbar ist. Eine generelle Zunahme hedonistischer Werte, wie von Gensicke (ebd.) berichtet, findet sich in den durchgeführten Kohortenvergleichen nicht. Hier ist ebenfalls eher ein Alterseffekt zu vermuten. Da die Altersstruktur der Daten große Unterschiede aufweist, müssen die beschriebenen Abweichungen allerdings mit großer Vorsicht interpretiert werden. Eine weitere Hypothese, zu der hier (eingeschränkt) Stellung bezogen werden kann, ist die »Aging-Conservativism-These«, die einen Reifungsprozess mit zunehmenden traditionellen Werten bei zunehmendem Alter annimmt. Diesbezüglich ist in den vorliegenden Daten insgesamt gesehen eine leichte Unterstützung auszumachen. Während sich die Zustimmungsanteile der beiden übrigen Wertedimensionen mit zunehmendem Alter nach unten bewegen, bleibt die Zustimmung zu traditionellen Werten auf einem hohen Niveau konstant bzw. steigt sogar noch leicht an. In der beobachten Altersspanne von 13 bis 19 Jahren lassen sich also durchaus Hinweise für das Zutreffen der These finden. Allerdings ist der Beobachtungszeitraum doch zu kurz, um die präsentierten Ergebnisse als Beleg für ein generelles Zutreffen der Hypothese anzusehen.

6.3.3 Wertedimensionen und Geschlecht

Nachdem die Bewertungen der Wertedimensionen für die Querschnittsdatensätze des gesamten Samples im vorangegangenen Abschnitt 6.3.2 deskriptiv dargelegt wurden, soll in diesem Abschnitt eine Betrachtung nach Geschlecht erfolgen. Dazu werden zunächst die *Zustimmungsanteile* zu den drei Wertedimensionen differenziert nach Jungen und Mädchen beschrieben (siehe Tabelle 6.8 auf Seite 257 und die Abbildungen 6.3 bis 6.5 auf den Seiten 258–261). Um die Geschlechtsunterschiede weiter herauszuarbeiten und inferenzstatistisch abzusichern, werden für die Analysen *t*-Tests auf Basis der mittleren Gesamtpunktindizes gerechnet, deren Ergebnisse in Tabelle 6.9 auf Seite 262 dargestellt sind. Es bieten sich dabei einige interessante Erkenntnisse, die besonders im Trendvergleich der Datensätze über den gesamten Untersuchungszeitraum hinweg bedeutsame Muster aufweisen: Im Hinblick auf die prozentualen Zustimmungsanteile zu den Wertedimensionen existieren nämlich zum Teil deutliche Unterschiede zwischen Jungen und Mädchen. Insbesondere bei »Pflicht und Konvention« sowie »Hedonismus und Materialismus« übersteigen diese teilweise zehn Prozentpunkte. Die Unterschiede sind dabei grundsätzlich von ihrer Richtung her über die Zeit stabil, in ihrer Höhe jedoch variabel. Bei den genannten beiden Dimensionen lässt sich beobachten, dass diese Geschlechtsunterschiede mit zunehmendem Alter der Jugendlichen im Zeitverlauf tendenziell *zunehmen*, wenn man von einem geringen Wiederabsinken im letzten Zeitpunkt einmal absieht (siehe Abbildungen 6.3 auf Seite 258 und 6.4 auf Seite 259). Die inferenzstatistische Absicherung über die *t*-Tests der Mittelwerte der mittleren Gesamtpunktindizes bestätigen diese Ergebnisse. Bei »Pflicht und Konvention« liegen in allen Datensätzen ab dem Jahr 2003 und bei »Hedonismus und Materialismus« ab dem Jahr 2005 signifikante Mittelwertunterschiede mit zunehmend größer werdenden Geschlechtsdifferenzen vor (mit einer leichten Ausnahme im letzten Datensatz; siehe Tabelle 6.9 auf Seite 262). Die Zustimmungsanteile im Bereich »Öffentliches Engagement« unterscheiden sich dagegen zwischen den Geschlechtern so gut wie überhaupt nicht (siehe Abbildung 6.5 auf Seite 261) und es liegen (bis auf das Jahr 2005) auch keine signifikanten Mittelwertunterschiede vor (siehe Tabelle 6.9 auf Seite 262).

Betrachten wir den geschlechtsspezifischen Verlauf der Zustimmungsanteile und Mittelwerte des mittleren Gesamtpunktindex für »Pflicht und Konvention« noch etwas näher. Im vorangegangenen Abschnitt 6.3.2 war das Ergebnis ein im zeitlichen Verlauf (bis auf einen leichten Abfall zwischen 2002 und 2003) im Großen und Ganzen gleichbleibend stabiles Zustimmungs- und Mittelwertniveau für die gesamte Stichprobe. Differenziert nach Jungen und Mädchen zeigen sich unterschiedliche Verläufe: Die Zustimmungswerte der Mädchen sind neben einem generell und, im Vergleich zu den Jungen gleichbleibend, höheren Niveau von einem Abfall bis zu einem Zustimmungsminimum im Alter von 15 Jahren geprägt. Danach steigen die Werte wieder und erreichen im letzten Befragungsjahr wieder nahezu das Zustimmungs-Ausgangsniveau. Bei den Jungen präsentiert sich ein eher wellenförmiger Verlauf, der einen Zustimmungsabfall bis zum Alter

Tabelle 6.8: Zustimmung zu den Wertedimensionen nach Geschlecht (Prozentangaben; Querschnittsdatensätze siehe Abschnitt 3.1)

	(a) Kohorte 1							(b) Kohorte 2	
	2002	2003	2004	2005	2006	2007	2008	2002	2003
	7	8	9	10	(11)	(12)	(13)	9	10
	13	14	15	16	17	18	19	15	16
Pflicht und Konvention									
Jungen	66,5	59,8	57,4	59,2	59,0	54,7	56,9	65,9	57,4
Mädchen	69,4	63,0	61,4	63,6	67,5	68,3	68,3	65,9	63,0
gesamt	68,0	61,4	59,4	61,4	63,3	61,9	63,0	65,9	60,3
Hedonismus und Materialismus									
Jungen	45,6	46,5	43,2	44,0	45,5	38,5	37,2	51,2	49,3
Mädchen	46,0	45,3	42,1	37,1	33,7	26,1	26,6	43,8	38,9
gesamt	45,8	45,9	42,7	40,5	39,6	31,9	31,5	47,5	43,9
Öffentliches Engagement									
Jungen	42,4	40,1	35,0	35,9	38,5	38,4	33,8	41,0	38,9
Mädchen	42,6	35,5	33,6	31,9	38,4	35,8	33,4	38,0	35,2
gesamt	42,5	37,8	34,3	33,9	38,5	37,0	33,6	39,5	37,0

von 15 Jahren zeigt, dann ein leichtes Wiederansteigen bis zum 17. Lebensjahr und danach einen erneuten und deutlichen Abfall. Das Minimum liegt bei den Jungen im Alter von 18 Jahren. Während man also für beide Geschlechter einen zunächst leichten Abfall ohne große Unterschiede der Zustimmung zu Pflicht- und Konventionswerten bis zum 15. Lebensjahr konstatieren kann, der möglicherweise durch pubertätsbezogene Abgrenzungsphänomene von den Eltern hervorgerufen wird, entwickeln sich Jungen und Mädchen unterschiedlich weiter. Während bei den Mädchen in der Folge eine Rückbesinnung auf die traditions-

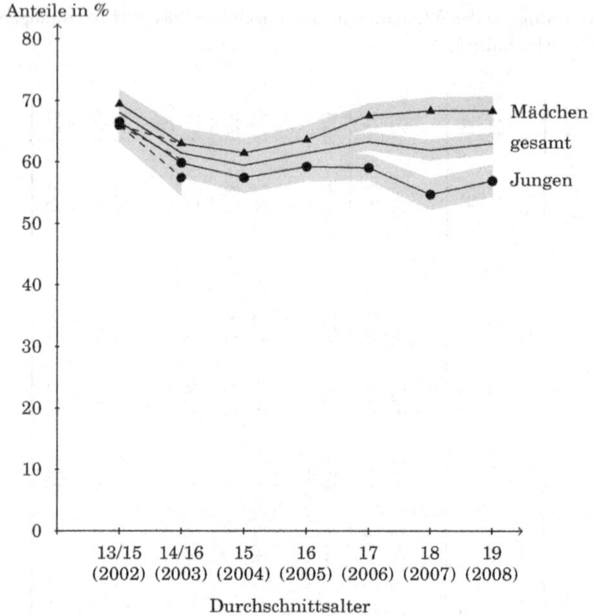

Abbildung 6.3: Zustimmung zur Wertedimension »Pflicht und Konvention« (Prozentanteile und 95 %-Konfidenzintervalle; Querschnittsdatensätze siehe Abschnitt 3.1)

bezogenen Werte stattfindet, verlieren sie bei den Jungen nach einem kurzen Wiederanstieg anscheinend eher dauerhaft an Zustimmung. Blickt man auf die mittleren Gesamtpunktindizes und berücksichtigt deren Wertebereich von eins bis fünf, so stellen sich die Geschlechtsunterschiede der Mittelwerte absolut betrachtet in allen Datensätzen als nicht übermäßig groß dar – die Differenz beträgt maximal −0,22. Das Grundschema ist aber auch bei den Indizes naturgemäß dasselbe. Das bedeutet, dass die vorherrschenden Geschlechtsunterschiede von der Richtung her sehr stabil sind und über alle Zeitpunkte hinweg gleichbleiben. Jungen sind im gesamten Untersuchungszeitraum auch im Hinblick auf die mittleren Gesamtpunktwerte weniger stark orientiert an »Pflicht und Konvention« als die Mädchen. Der Zeitpunkt, ab dem die Geschlechtsdifferenzen signifikant werden, ist bereits das Jahr 2003 (siehe Tabelle 6.9 auf Seite 262). Eine weitere Schwelle, die einen deutlichen Anstieg der Differenzen markiert, liegt beim Übergang von der zehnten zur elften Jahrgangsstufe (2005 zu 2006), der für viele Befragte den Austritt aus der Regelschule bedeutet. Trotz der aufgezeigten

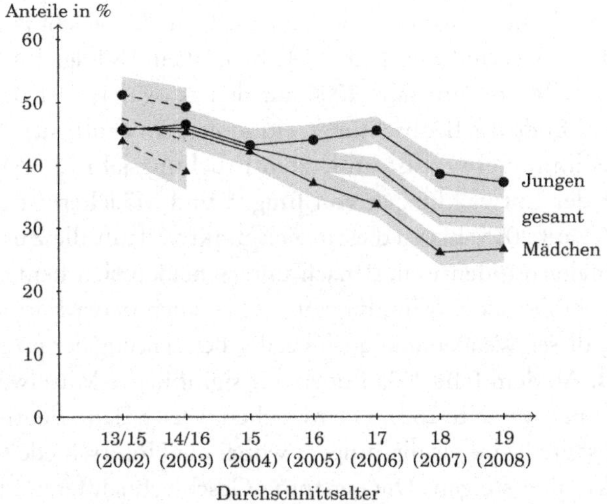

Abbildung 6.4: Zustimmung zur Wertedimension »Hedonismus und Materialismus« (Prozentanteile und 95 %-Konfidenzintervalle; Querschnittsdatensätze siehe Abschnitt 3.1)

Unterschiede zwischen Jungen und Mädchen bleiben die traditionellen Pflicht- und Konventionswerte die bestimmenden Werte aller Jugendlichen. Auch unter Berücksichtigung der Geschlechtsunterschiede ist »Pflicht und Konvention« die einzige der untersuchten Wertedimensionen, der zu allen Zeitpunkten und in beiden Geschlechtern mehr als die Hälfte der Befragten zustimmt.

Genau andersherum sehen die Geschlechtsunterschiede im Bereich »Hedonismus und Materialismus« aus. Hier weisen die Mädchen in allen Datensätzen geringere Zustimmungsanteile und niedrigere Einstellungsmittelwerte auf (siehe Abbildung 6.4 und Tabelle 6.8 auf Seite 257). Wie in Abschnitt 6.3.2 beschrieben, ist diese Wertedimension insgesamt durch eine deutlich abfallende Zustimmung im beobachteten Zeitraum gekennzeichnet. Allerdings erfolgt dieser Zustimmungsabfall bei den Mädchen kontinuierlicher und stärker als bei den Jungen. Bei den Mädchen können wir ein streng monotones Absinken der prozentualen Zustimmungsanteile ab dem ersten Erhebungszeitpunkt im Jahr 2002 bis zum vorletzten Zeitpunkt 2007 beobachten. Der darauffolgende Anstieg zum Jahr 2008 ist mit 0,5 Prozentpunkten nur marginal. Die Jungen entwickeln sich anders, obwohl auch sie insgesamt abfallende Zustimmungsanteile zeigen. Die Entwicklung verläuft deutlich wellenförmiger als bei den Mädchen: Die Zustimmung zu

Hedonismus und Materialismus steigt von 2002 auf 2003 leicht an, um dann auf einen vorläufigen Tiefpunkt im Jahr 2004 abzusinken. Es folgt ein Wiederanstieg der Prozentanteile bis zum Jahr 2006 auf den Ausgangswert des Jahres 2002 und dann, zum Ende des Beobachtungszeitraumes, ein deutliches Absinken. Der geringste Zustimmungswert ist im letzten Erhebungsjahr (2008) erreicht. Ein Wendepunkt der Entwicklungen von Jungen und Mädchen ist der Übergang vom Jahr 2004 auf 2005. Bis zu diesem Zeitpunkt verläuft die Zustimmungsentwicklung annähernd identisch, danach unterscheiden sich beide Geschlechter sowohl in der Höhe der Zustimmungsanteile als auch in der Form des Verlaufes. Sichtbar wird dieser Wendepunkt auch bei der Betrachtung der mittleren Gesamtpunktindizes: Ab dem Jahr 2005 finden wir signifikante Mittelwertdifferenzen (siehe Tabelle 6.9 auf Seite 262). Die Mädchen weisen dann deutlich niedrigere Zustimmungsanteile auf als die Jungen, wobei die Unterschiede teilweise zehn Prozentpunkte übersteigen. Die genannte Geschlechtsdifferenz bleibt danach bis zum Ende des Beobachtungszeitraumes bestehen. Möchte man es kurz zusammenfassen, so werden Hedonismus- und Materialismuswerte für Jugendliche im Alter zwischen 13 und 19 Jahren immer unattraktiver, die Zustimmung zu solchen Werten fällt mit zunehmendem Alter bei beiden Geschlechtern deutlich ab. Bei den Mädchen ist diese Entwicklung noch konsequenter und setzt früher ein als bei den Jungen. Deutliche geschlechtsspezifische Unterschiede treten etwa ab dem 16. Lebensjahr auf, ab dann sind Jungen, trotz einer ebenfalls rückläufigen Zustimmungsentwicklung, beständig hedonistischer und materialistischer eingestellt als die Mädchen.

Bei der Wertedimension »Öffentliches Engagement« sind im Gegensatz zu den anderen beiden Dimensionen keine nennenswerten Unterschiede festzustellen (siehe Abbildung 6.5 und Tabelle 6.8 auf Seite 257). Die in Abschnitt 6.3.2 dargelegte wellenförmige Abwärtsbewegung der prozentualen Zustimmungsanteile für die Gesamtstichprobe trifft für beide Geschlechter ohne deutliche Differenzen zu. Auch die Betrachtung der mittleren Gesamtpunktindizes lässt keine signifikanten Mittelwertunterschiede erkennen (siehe Tabelle 6.9 auf Seite 262). Für Jungen und Mädchen gilt demnach gleichermaßen, dass bis zu einem Alter von etwa 15 bis 16 Jahren die Zustimmung zu Engagementwerten abnimmt, um danach bis zum Alter von etwa 17 bis 18 Jahren wieder zuzunehmen. Gegen Ende der Beobachtungsphase sinken die Werte dann wieder für Jungen und Mädchen ab. Es liegt nahe, dass die in Abschnitt 6.3.2 vorgeschlagene Interpretation im Hinblick auf den Zusammenhang zwischen dem Zeitpunkt der tatsächlichen Berufswahl und

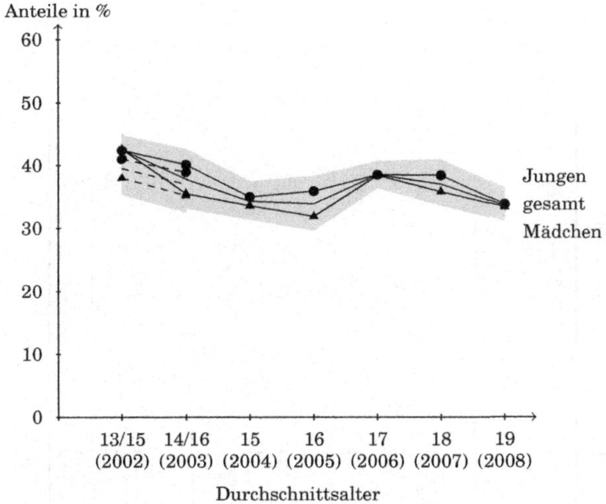

Abbildung 6.5: Zustimmung zur Wertedimension »Öffentliches Engagement« (Prozentanteile und 95 %-Konfidenzintervalle; Querschnittsdatensätze siehe Abschnitt 3.1)

den mit der Berufswahl verknüpften Engagementwerten für beide Geschlechter zutrifft.

Fassen wir die Erkenntnisse der Betrachtung der geschlechtsspezifischen Bewertungen der Wertdimensionen nochmals zusammen: Bei den Dimensionen »Pflicht und Konvention« sowie »Hedonismus und Materialismus« treten – im Gegensatz zu »Öffentlichem Engagement« – nennenswerte Geschlechtsunterschiede auf. Diese Differenzen zeigen sich in etwa ab dem 16. Lebensjahr und nehmen tendenziell im zeitlichen Verlauf weiter zu. Insgesamt deutet die Befundlage darauf hin, dass sich geschlechtsspezifische Werteunterschiede und damit wohl auch geschlechtsspezifische Werteidentitäten erst mit zunehmendem Alter in den genannten zwei Wertebereichen ausbilden. Vermutlich kann man darüber hinaus davon ausgehen, dass der Prozess in dem beobachteten Zeitraum noch nicht abgeschlossen ist, sondern sich mit zunehmendem Alter noch weiter fortsetzten dürfte. Mädchen sind im Vergleich zu den Jungen insgesamt und gleichbleibend stärker orientiert an Pflicht- und Konventionswerten, Jungen sind dagegen stärker hedonistischen und materialistischen Werten zugewandt. Die Gesamtbeurteilung, dass »Pflicht und Konvention« deutlich mehr Zustimmung erfährt als »Hedonimus und Materialismus«, bleibt allerdings geschlechtsübergreifend bestehen. Ebenfalls unberührt von

Tabelle 6.9: Wertedimensionen nach Geschlecht (t-Tests der Mittelwerte der mittleren Gesamtpunktindizes; Skalenbereich von 1 »trifft gar nicht zu« bis 5 »trifft völlig zu«; Querschnittsdatensätze siehe Abschnitt 3.1)

	(a) Kohorte 1							(b) Kohorte 2	
	2002	2003	2004	2005	2006	2007	2008	2002	2003
	7	8	9	10	(11)	(12)	(13)	9	10
	13	14	15	16	17	18	19	15	16
Pflicht und Konvention (Pflicht)									
Jungen	3,51	3,36	3,31	3,34	3,35	3,28	3,31	3,45	3,28
Mädchen	3,56	3,45	3,39	3,43	3,51	3,50	3,52	3,48	3,43
Differenz	−0,05	−0,09**	−0,08**	−0,09**	−0,16***	−0,22***	−0,21***	−0,02	−0,14***
Hedonismus und Materialismus (Hedo)									
Jungen	3,07	3,11	3,05	3,06	3,10	2,96	2,94	3,23	3,20
Mädchen	3,08	3,08	3,00	2,91	2,88	2,71	2,71	3,07	2,97
Differenz	−0,01	0,04	0,05	0,15***	0,22***	0,26***	0,23***	0,16***	0,24***
Öffentliches Engagement (Enga)									
Jungen	3,07	3,02	2,92	2,93	3,01	3,01	2,94	3,06	3,03
Mädchen	3,07	2,95	2,91	2,86	3,00	2,97	2,91	3,01	2,96
Differenz	0,00	0,07*	0,01	0,07*	0,01	0,04	0,03	0,05	0,06

*: $p < 0{,}05$; **: $p < 0{,}01$; ***: $p < 0{,}001$

etwaigen Geschlechtsdifferenzen ist der Befund, dass der Anteil der Zustimmung zu »Pflicht und Konvention« im Trendverlauf zwischen 2002 und 2008 in etwa erhalten bleibt, während er zu »Hedonismus und Materialismus« im beobachteten Zeitraum deutlich geringer wird. Der Bereich »Öffentliches Engagement« weist insgesamt keine nennenswerten Geschlechtsdifferenzen auf, die Zustimmung zu dieser Wertedimension fällt insgesamt zwar wellenförmig aber im Ergebnis für beide Geschlechter deutlich erkennbar ab.

Im Hinblick auf die Erkenntnisse der Shell-Jugendstudien, die, wie oben ausgeführt, wegen der unterschiedlichen Alterszusammensetzung der Stichproben (Shell-Jugendstudien: 12 bis 25 Jahre) nur bedingt vergleichbar sind, fallen in den Bereichen »Pflicht und Konvention« sowie »Hedonismus und Materialismus« deutliche generelle Übereinstimmungen auf (siehe Tabelle 6.7 auf Seite 253). Auch in den Jugendstudien sind in beiden Erhebungszeitpunkten (2002 und 2006) die Mädchen stärker an den Pflicht- und Konventionswerten orientiert als die Jungen. Ebenfalls in Übereinstimmung zu den hier vorgestellten Daten weisen die Jungen dagegen in beiden Erhebungsjahren der Shell-Studie höhere Durchschnittswerte bei hedonistisch-materialistischen Werten auf (vgl. Gensicke 2006, S. 183). Einzig im Bereich des öffentlichen Engagements zeigen sich Unterschiede: Während sich in der hier vorgestellten Untersuchung kaum nennenswerte Geschlechtsdifferenzen bei den diesbezüglichen Werten erkennen lassen, sind in den beiden Shell-Jugendstudien die Mädchen stärker orientiert an Engagementwerten als die Jungen.

6.4 Soziodemographische Einflüsse auf die Wertedimensionen

Es steht stark zu vermuten, dass im Hinblick auf die Beurteilung von Werten zwar Unterschiede zwischen den Geschlechtern vorliegen, aber nicht allein die Geschlechtszugehörigkeit einen Einfluss auf die Ausprägung der Werte hat. Daher sollen an dieser Stelle die Einflüsse weiterer soziodemographischer Merkmale untersucht werden, um die im vorangegangenen Abschnitt 6.3.3 gewonnenen und dargelegten Erkenntnisse zu erweitern und multivariat zu kontrollieren. Hierzu werden die in den Abschnitten 3.1 und 5.1 vorgestellten soziodemographischen Variablen »Schulform«, »Staatsangehörigkeit«, »Einschätzung des Familienvermögens« sowie »Bücheranzahl zuhause« verwendet. Als Analysestrategie wäre es möglich, einfache multiple lineare Regressionsanalysen der genannten Erklärgrößen auf die mit Hilfe von Formel 6.2 auf Seite 247 berechneten mittleren Gesamtpunktwerte der Wertedimensionen zu rechnen, die für das gesamte Sample bereits in Abschnitt 6.3 besprochen und in Tabelle 6.6 auf Seite 252 dargestellt wurden. Um aber die Effekte bzw. Koeffizienten nicht zu unterschätzen und Informationen über die Messqualität zu berücksichtigen, werden stattdessen lineare Strukturgleichungsmodelle verwendet, die als Messmodelle der abhängigen latenten drei Werte-Variablen die in Abschnitt 6.2 vorgestellten konfirmatorischen Faktorenanalysen verwenden. Mit diesem Analyseinstrument werden dann die Einflüsse von Geschlecht, Staatsangehörigkeit, Schulform, Einschätzung der finanziellen Familiensituation und des Bildungshintergrundes auf die Wertedimensionen simultan geprüft. Mit dieser Vorgehensweise ist es ebenfalls möglich, zu kontrollieren, ob die im vorangegangenen Abschnitt 6.3.3 berichteten Geschlechtsunterschiede als Effekte bestehen bleiben, wenn weitere Erklärgrößen in das Modell eingeführt werden oder ob sie durch deren Hinzunahme verdrängt werden. Es werden zu diesem Zweck lineare Strukturgleichungsmodelle der genannten Merkmale auf die drei Wertedimensionen gerechnet. Strenggenommen müssten, um Vermutungen hinsichtlich kausaler Einflüsse zu überprüfen, Paneldaten herangezogen werden, damit der zeitlichen Ursache-Wirkungs-Beziehung Rechnung getragen werden kann. Da hier allerdings fast ausschließlich zeitstabile, retrospektiv erhobene soziodemographische Merkmale betrachtet werden und der inhaltliche Schwerpunkt nicht so sehr auf der kausalen Interpretation liegt, fällt dieser Umstand nicht so schwer ins Gewicht. Daneben weisen die Querschnittsdatensätze (siehe Abschnitt 3.1) der einzelnen Jahre deutlich höhere Fallzahlen auf und sind im Hinblick auf die Soziodemographie weniger verzerrt als die Paneldaten (siehe Abschnitt 3.2). Aus diesen Gründen werden in diesem Abschnitt die Analysen auf Grundlage der Querschnittsdaten durchgeführt.

Zum Einsatz kommt bei den Untersuchungen das R-Paket »Lavaan« (vgl. Rosseel 2012). Zu beachten ist, dass bis auf die Einschätzung des Familienvermögens (arm/reich) und die zuhause vorhandene Bücheranzahl die Merkmale als nominalskalierte Variablen vorliegen. Diese können mit Hilfe der genannten Auswertungsmethode zwar analysiert werden, die Variablen müssen dazu aber dichotomisiert werden. Außerdem ist pro Variable die Angabe einer Referenzkategorie nötig, die nicht in das Modell aufgenommen wird. Als Referenzkategorie fungiert bei dem Geschlecht die Ausprägung »Jungen«, bei der Staatsangehörigkeit die Ausprägung »deutsch« und bei der Schulform die Ausprägung »Gymnasium«.

Die ausgewiesenen Regressionskoeffizienten sind dann relativ zur jeweiligen Referenzkategorie zu interpretieren. Da bei dichotomen Dummy-Variablen allerdings die Varianz von deren Mittelwert abhängig ist, ist, anders als sonst üblich, eine Interpretation der *standardisierten* Regressionskoeffizienten nicht zulässig (vgl. Urban und Mayerl 2014, S. 50). Darüber hinaus kann auch die Effektstärke einer kategorialen Variablen, die durch dichotome Dummy-Variablen in das Modell aufgenommen wurde, nicht an den einzelnen standardisierten Koeffizienten abgelesen werden. Um dennoch Aussagen über das Ausmaß des Einflusses der auf dem beschriebenen Weg einbezogenen nominalskalierten Variablen zu treffen und ihn zu quantifizieren, werden die Modelle jeweils mit und ohne die Dummy-Variablen gerechnet und die Differenzen der jeweiligen erklärten Varianzen (ΔR^2) ausgewiesen (vgl. Wolf und Best 2010, S. 632). Dieses Vorgehen ermöglicht es, die Varianzanteile abzuschätzen und zu vergleichen, die durch die einzelnen Dummy-Variablen erklärt werden. Je größer sie sind, desto stärker kann auch der Einfluss angenommen werden. Ergänzt werden die multivariaten Analysen durch Betrachtungen der Mittelwertverläufe der mittleren Gesamtpunktindizes, differenziert nach den Kategorien der soziodemographischen Merkmale. Diese Darstellungen sollen helfen, die Befunde zu veranschaulichen (siehe Tabellen 6.11 bis 6.15 auf den Seiten 269–277). In die Analysen werden jeweils nur Kategorien mit ausreichenden Fallzahlen einbezogen, daher können sich leichte Abweichungen zu den in den Tabellen 3.1 bis 3.2 auf den Seiten 130–131 ausgewiesenen Kategorien bzw. Merkmalsausprägungen ergeben.

6.4.1 Pflicht und Konvention

Die linearen Strukturgleichungsmodelle der genannten soziodemographischen Einflussvariablen auf die Wertedimension »Pflicht und Konvention« ergeben die in Tabelle 6.10 auf Seite 267 dargestellten unstandardisierten Regressionskoeffizienten und Varianzerklärungsanteile (zur Ergänzung siehe die standardisierte Lösung in Tabelle A.18 auf Seite 485). In der Gesamtbetrachtung fällt zunächst auf, dass die Erklärungskraft der Modelle bei gleichen Erklärgrößen mit den Jahren insgesamt zunimmt. Hier muss einschränkend allerdings das letzte Erhebungsjahr 2008 angeführt werden, in dem sie wieder deutlich absinkt. Da der Untersuchungszeitraum hier aber endet, lassen sich nur schwer weitergehende Schlüsse für den Beobachtungsendpunkt (und die weitere Entwicklung) ziehen. Abgesehen davon steigt die erklärte Varianz (R^2) kontinuierlich an. Das Niveau ist mit 2,1 bis maximal 10,9 Prozent allerdings relativ niedrig, wobei die Erklärkraft der Modelle in der älteren Kohorte 2 höher ist als in der jüngeren Kohorte 1. Diese Erkenntnis der insgesamt relativ geringen Erklärkraft kann indessen kaum verwundern, da nicht davon auszugehen ist, dass die genannten soziodemographischen Einflüsse eine erschöpfende Erklärung für die Beurteilung der Wertedimensionen bieten können. Gleichwohl haben sie unbestritten einen durchaus nennenswerten Einfluss, der im Folgenden näher beschrieben werden soll.

Im Einzelnen zeigt die Betrachtung der unstandardisierten Regressionskoeffizienten in Bezug auf das Geschlecht, dass der oben in Abschnitt 6.3.3 bereits beschriebene zunehmende Geschlechtseinfluss im Altersverlauf auf die Pflicht- und Konventionswerte auch dann erhalten bleibt, wenn man ihn über die Einflüsse der übrigen soziodemographischen Variablen kontrolliert. Die Regressionskoeffizienten sind allesamt positiv, was in diesem Fall bedeutet, dass die Mädchen höhere pflicht- und konventionsbezogene Einstellungen aufweisen als die Jungen (Referenzkategorie). Dieser Einfluss ist in etwa ab dem 14. Lebensjahr signifikant. Die Koeffizienten steigen dabei über den Beobachtungszeitraum hinweg deutlich sichtbar an, im letzten Erhebungsjahr ist ein minimales Absinken zu beobachten. Insofern bestätigt sich der oben schon bei den Zustimmungsanteilen und Mittelwertsdifferenzen beobachtete und dargestellte Verlauf, dass der geschlechtsspezifische Effekt bzw. Unterschied bei der Bewertung der Pflicht- und Konventionswerte im Beobachtungszeitraum entsteht und im zeitlichen Verlauf größer wird. Auch eine Betrachtung der Varianzerklärungsanteile, die auf das Geschlecht zurückzuführen sind (ΔR^2) macht deutlich, dass das Geschlecht über die Zeit maßgeblich an Einfluss gewinnt. Zunächst ist der Geschlechtseffekt kaum wahrnehmbar, etwa ab einem Alter von 17 bis 18 Jahren gewinnt er aber zunehmend an Bedeutung und entwickelt sich sogar zur insgesamt einflussreichsten der im Modell berücksichtigten Erklärgrößen. Die grundlegende Erkenntnis deckt sich mit der in den Shell-Jugendstudien von Mädchen berichteten stärkeren Hinwendung zu Sekundärtugenden (vgl. Gensicke 2006, S. 183).

Im Bereich der Staatsangehörigkeit liegen eine Reihe von signifikanten Regressionskoeffizienten vor. Zu beachten ist bei der Einordnung allerdings, dass es erst ab dem Jahr 2003 überhaupt möglich war, mehrere Staatsangehörigkeiten anzugeben (siehe Abschnitt 3.1). Daher ist bei der Betrachtung der Ergebnisse des Querschnittsdatensatzes aus 2002 interpretatorische Vorsicht geboten. Insbesondere in der Kategorie »türkisch« sind nennenswerte und durchweg signifikante

Tabelle 6.10: Strukturgleichungsmodelle »Pflicht und Konvention« (unstandardisierte Regressionskoeffizienten *b*; Querschnittsdatensätze siehe Abschnitt 3.1)

	(a) Kohorte 1							(b) Kohorte 2	
	2002	2003	2004	2005	2006	2007	2008	2002	2003
Geschlecht (Referenzkategorie »Jungen«)									
Mädchen	0,06	0,10**	0,12***	0,12***	0,20***	0,25***	0,24***	0,06	0,19***
ΔR^2 in Prozent	0,20	0,40	0,60	0,60	2,10	3,40	2,90	0,30	1,60
Staatsangehörigkeit (Referenzkategorie »deutsch«) a)									
deutsch und türkisch	—	0,28*	0,44**	0,39*	0,37**	0,02	0,25	—	0,43*
deutsch und andere	—	0,26**	0,19**	0,16	0,12	0,15	0,06	—	0,10
türkisch	−0,14**	0,36***	0,31***	0,39***	0,31***	0,37***	0,26***	0,27***	0,45***
andere	−0,01	0,08	0,18**	0,13*	0,25***	0,20**	0,18*	0,15**	0,13
ΔR^2 in Prozent	0,50	2,90	2,70	3,00	2,90	3,30	1,70	2,30	4,10
Schulform (Referenzkategorie »Gymnasium«)									
Gesamtschule	0,23***	0,26***	0,25***	0,22***	0,27***	0,24***	0,15**	0,29***	0,24***
Realschule	0,16***	0,12**	0,16***	0,18***	—	—	—	0,32***	0,33***
Hauptschule	0,24***	0,26***	0,29***	0,36***	—	—	—	0,42***	0,41***
Berufsschule/-kolleg	—	—	—	—	0,25***	0,21***	0,20***	—	—
keine Schule	—	—	—	—	—	0,14**	0,10	—	—
ΔR^2 in Prozent	1,80	1,80	1,90	2,10	2,00	1,80	1,20	5,80	3,30
Soziale Lage b)									
Familie arm/reich	0,01	−0,02	0,02	0,00	0,00	0,02	0,01	0,04**	0,03*
Anzahl Bücher zuhause	—	0,03	0,00	0,02	−0,03**	−0,03*	0,00	—	0,01
ΔR^2 in Prozent	0,10	0,40	0,20	0,10	0,30	0,30	0,00	0,80	0,50
Gesamt-R^2 in Prozent	2,10	5,90	6,30	6,50	8,60	9,90	5,80	10,40	10,90

*: $p < 0{,}05$; **: $p < 0{,}01$; ***: $p < 0{,}001$

a) Erst ab 2003 konnten bei zwei Staatsangehörigkeiten beide angegeben werden

b) Erst ab 2003 wurde nach der Anzahl der Bücher zuhause gefragt

Koeffizienten zu finden. Nicht völlig unerwartet sind diese Koeffizienten alle (mit Ausnahme von 2002) positiv und zeigen damit an, dass die Jugendlichen, die eine türkische Staatsangehörigkeit haben, im gesamten Beobachtungszeitraum höhere Pflicht- und Konventionswerte aufweisen als die deutschen Jugendlichen – sie sind mithin tendenziell traditioneller eingestellt. Die Koeffizienten sind, abgesehen vom ersten Erhebungszeitpunkt, in ihrer Höhe im Untersuchungszeitraum relativ stabil bzw. gleichbleibend. Der Einfluss scheint insofern nicht stark vom Alter abzuhängen, auch der Kohortenvergleich ist unauffällig. Betrachtet man den Verlauf der Mittelwerte (siehe Tabelle 6.11), so bestätigt sich dieser Befund, denn sowohl die Höhe der jeweiligen Mittelwerte ist im Zeitverlauf für beide Kategorien (»deutsch« und »türkisch«) relativ gleichbleibend als auch die deutlich sichtbare Differenz. Lediglich im letzten Erhebungsjahr sinkt diese leicht ab. Die Regressionskoeffizienten der übrigen Staatsangehörigkeitskategorien deuten zwar zum Teil auf signifikante Einflüsse hin, deren Größen schwanken jedoch und scheinen darüber hinaus im Laufe der Zeit insgesamt eher abzunehmen. Während zu Beginn der Untersuchung »deutsch und türkisch« noch einen relativ deutlichen signifikanten positiven Einfluss hat, sinkt dieser ab 2007 merklich. Bei den »anderen« Staatsangehörigkeiten finden sich hingegen gegen Ende des Beobachtungszeitraumes signifikante, aber im Vergleich recht niedrige Koeffizienten. Insgesamt gesehen ist der Varianzerklärungsanteil, der auf die Staatsangehörigkeit zurückzuführen ist, relativ gleichbleibend. Etwa bis zum Jahr 2006 scheint die Staatsangehörigkeit damit die bedeutsamste der betrachteten Erklärgrößen zu sein, danach wird sie in ihrer Erklärungskraft vom Geschlechtseffekt übertroffen. Festzuhalten bleibt somit, dass die türkische Staatsangehörigkeit einen stabilen, gleichbleibenden positiven Einfluss auf Pflicht- und Konventionswerte hat. Im Vergleich zu deutschen sind die türkischen Jugendlichen im Altersverlauf zwischen 14 und 19 Jahren durchgängig traditioneller eingestellt. Zu Beginn der Untersuchungsperiode ist dabei der Effekt der Staatsangehörigkeit stärker als der Einfluss des Geschlechts, ab einem Alter von etwa 17 bis 18 Jahren kehrt sich dies um und der Einfluss des Geschlechts ist bedeutsamer. Im Vergleich zu den Shell-Jugendstudien liegen gegenüber diesem Ergebnis deutliche Differenzen vor, da dort die Herkunft der Jugendlichen nichts über deren Werte aussagt (vgl. Gensicke 2002, S. 164 f.)

Auch die unterschiedlichen Schulformen haben in den Analysen alle einen signifikanten positiven Effekt auf die Pflicht- und Konventionswerte. Als Referenzkategorie fungiert hier die Schulform »Gymnasium«, womit man schließen

Tabelle 6.11: Mittelwerte »Pflicht und Konvention« (mittlere Gesamtpunktindizes nach soziodemographischen Merkmalen; Querschnittsdatensätze siehe Abschnitt 3.1)

	(a) Kohorte 1							(b) Kohorte 2	
	2002	2003	2004	2005	2006	2007	2008	2002	2003
Jahrgang	7	8	9	10	(11)	(12)	(13)	9	10
Durchschnittsalter	13	14	15	16	17	18	19	15	16
Staatsangehörigkeit a)									
deutsch	3,55	3,34	3,28	3,31	3,36	3,34	3,39	3,41	3,28
deutsch und türkisch	—	3,62	3,73	3,74	3,68	3,38	3,57	—	3,64
deutsch und andere	—	3,58	3,44	3,47	3,44	3,48	3,42	—	3,38
türkisch	3,47	3,68	3,60	3,71	3,68	3,69	3,61	3,73	3,75
andere	3,57	3,43	3,48	3,47	3,61	3,53	3,54	3,57	3,42
Schulform									
Gymnasium	3,39	3,24	3,16	3,19	3,20	3,24	3,32	3,19	3,10
Gesamtschule	3,59	3,49	3,43	3,43	3,52	3,51	3,48	3,49	3,36
Realschule	3,54	3,36	3,33	3,35	—	—	—	3,50	3,40
Hauptschule	3,60	3,49	3,46	3,57	—	—	—	3,65	3,54
Berufsschule/-kolleg	—	—	—	—	3,47	3,46	3,49	—	—
keine Schule	—	—	—	—	—	3,39	3,39	—	—
Pflicht b)	3,54	3,41	3,35	3,39	3,43	3,40	3,42	3,47	3,36

a) Erst ab 2003 gab es im Fragebogen die Aufforderung, bei zwei Staatsangehörigkeiten beide anzugeben
b) Mit Hilfe von Formel 6.2 auf Seite 247 berechnete Mittelwerte

kann, dass im Vergleich mit den Gymnasiastinnen und Gymnasiasten die Schülerinnen und Schüler aller anderen Schulformen traditioneller eingestellt sind. Die positiven Effekte im Vergleich zur Referenzkategorie zeigen sich ebenfalls bei der Betrachtung der schulformspezifischen Mittelwerte (siehe Tabelle 6.11 auf der vorherigen Seite), denn in jedem einzelnen Zeitpunkt ist der Mittelwert in der Kategorie Gymnasium der niedrigste im Schulformvergleich. Der zeitliche Verlauf dieser Mittelwerte ist in allen Schulformen dabei tendenziell ähnlich und u-förmig: Die Werte sinken bis zum Alter von etwa 15 bis 16 Jahren ab, um dann wieder anzusteigen, wobei sie nicht wieder ganz das Ausgangsniveau erreichen. Dieser Verlauf könnte insgesamt gesehen auf eine Abkehr von traditionell-konventionellen Pflichtwerten in der Phase der Pubertät hinweisen. Ist diese Phase überwunden, setzt möglicherweise eine umgekehrte Wertentwicklung mit erstarkenden traditionell-pflichtbewussten Werten ein, eventuell auch verstärkt durch den »drohenden« Schulabschluss und den einsetzenden »Ernst des Lebens«. Unabhängig vom Verlauf liegen bemerkenswerterweise in der Schulform Gymnasium die Mittelwerte dabei immer unter denen aller übrigen Schulformen. Gymnasiastinnen und Gymnasiasten weisen also grundsätzlich niedrigere Pflicht- und Konventionswerte auf – sie sind schlicht weniger traditionell als die Jugendlichen aller anderen Schulformen. Dies könnte möglicherweise auf einen *schulspezifischen* Bildungseffekt dergestalt hinweisen, als dass hier eher eine kritischere Haltung zu traditionellen Werten vertreten wird als in den übrigen Schulformen. Ein *genereller* Bildungseffekt über das Elternhaus ist demgegenüber nicht festzustellen, er müsste über einen positiven Einfluss der Variablen »Anzahl der Bücher zuhause« zum Ausdruck kommen, was hier nicht der Fall ist. Eventuell spielt auf den Gymnasien eine etwas stärker kritisch-reflexive Grundhaltung eine Rolle, die sich möglicherweise über das Eigenverständnis oder Selbstbild der jeweiligen Schulen auswirkt. Etwas problematisch damit in Einklang zu bringen sind die Befunde für die Gesamtschule, da dort ab der elften Jahrgangsstufe nur noch Schülerinnen und Schüler der gymnasialen Oberstufe vertreten sind, die sich eigentlich nicht von denjenigen unterscheiden sollten, die ein Gymnasium besuchen. Dennoch liegen hier deutlich positive Regressionskoeffizienten und Mittelwertunterschiede vor. Möglicherweise ist die Ursache dafür aber auch in den Selbstbildern der jeweiligen Schulen (und eben nicht Schulformen) zu suchen, bei denen sich dann eventuell eben doch Gymnasien von Gesamtschulen unterscheiden. Zusammenfassend kann im Bereich des Schulformeinflusses die durchgängig weniger traditionell-konventionell und pflichtbewusste Werthaltung der Gymnasiastinnen und Gymnasiasten im Vergleich mit den Schülerinnen und Schülern aller übrigen Schulformen konstatiert werden. Die Varianzaufklärung ist dabei über die Erhebungszeitpunkte hinweg relativ stabil aber immer niedriger als die der Staatsangehörigkeit. Im Vergleich zum Geschlecht ist der Effekt zunächst deutlich größer, gegen Ende der Befragung ist der Geschlechtseffekt dann deutlich stärker. Anschlussfähig ist diese Erkenntnis zur Speyerer Werteforschung durchaus, da bereits Franz und Herbert (1984, S. 172 ff.) und Klages (1985, S. 42) auf einen negativen Effekt der Schulbildung auf die Ausbildung traditioneller Werte hingewiesen haben. Wie schon erwähnt, hat der familiäre Bildungshintergrund, operationalisiert über die Bücheranzahl, die zuhause vorhanden ist, im gesamten Untersuchungszeitraum keinen nennenswerten Einfluss auf die Wertedimension »Pflicht und Konvention«. Gleiches gilt für das eingeschätzte Familienvermögen, das in diesem Wertebereich ebenfalls nicht nennenswert wirksam ist.

6.4.2 Hedonismus und Materialismus

Die Analysen der soziodemographischen Enflussvariablen auf die Wertedimension »Hedonismus und Materialismus« bringen zunächst zum Vorschein, dass die Erklärungskraft der Einflussgrößen relativ gering ist. Sie ist sogar noch etwas geringer als im Bereich der Wertedimension »Pflicht und Konvention«, denn lediglich zwischen 2,9 und 7,8 Prozent der Gesamtvarianz (R^2) können aufgeklärt werden (siehe Tabelle 6.12 auf der nächsten Seite; zur Ergänzung siehe die standardisierte Lösung in Tabelle A.19 auf Seite 486). Allerdings gilt auch hier, dass der Varianzaufklärungsanteil im Laufe der Zeit größer wird, man also insgesamt von einem generell zunehmenden Einfluss der genannten soziodemographischen Größen im Beobachtungszeitraum ausgehen kann.

Der Geschlechtseinfluss ist bei den hedonistisch-materialistischen Werten, neben dem familiären Bildungseinfluss, in den späteren Erhebungsjahren am größten und zeigt das mittlerweile bekannte und in Abschnitt 6.3.3 schon genauer beschriebene Bild der im Altersverlauf zunehmenden geschlechtsspezifischen Werteidentität. Ersichtlich ist dies an den steigenden Regressionskoeffizienten und den Δ-R^2-Werten. Bei den hier durchgeführten Analysen ist der Geschlechtseffekt in etwa ab einem Alter von 15 bis 16 Jahren signifikant – vor diesem Zeitpunkt sind die Koeffizienten auch in der Höhe nicht relevant. Ebenso bringen dies die jeweiligen Mittelwerte der mittleren Gesamtpunktindizes zum Ausdruck (siehe Tabelle 6.13 auf Seite 273). Insgesamt ist auf Basis der Mittelwerte eine Abnahme

Tabelle 6.12: Strukturgleichungsmodelle »Hedonismus und Materialismus« (unstandardisierte Regressionskoeffizienten *b*; Querschnittsdatensätze siehe Abschnitt 3.1)

	(a) Kohorte 1							(b) Kohorte 2	
	2002	2003	2004	2005	2006	2007	2008	2002	2003
Geschlecht (Referenzkategorie »Jungen«)									
Mädchen	0,06	0,02	–0,02	–0,15***	–0,24***	–0,31***	–0,26***	–0,16***	–0,22***
ΔR^2 in Prozent	0,10	0,00	0,00	0,70	1,70	3,10	2,60	0,60	1,50
Staatsangehörigkeit (Referenzkategorie »deutsch«) a)									
deutsch und türkisch	—	0,20	0,06	0,06	0,12	–0,16	–0,01	—	0,11
deutsch und andere	—	0,05	0,04	–0,15	–0,01	–0,16	–0,10	—	0,00
türkisch	–0,09	–0,01	–0,13*	–0,12*	–0,16**	–0,07	–0,09	–0,11	0,01
andere	0,02	–0,02	0,06	–0,03	–0,03	–0,06	0,01	–0,03	–0,13
ΔR^2 in Prozent	0,20	0,10	0,40	0,30	0,40	0,20	0,20	0,10	0,20
Schulform (Referenzkategorie »Gymnasium«)									
Gesamtschule	0,36***	0,18**	0,14*	0,09	0,10	0,00	0,06	0,19**	0,03
Realschule	0,31***	0,20**	0,16**	0,17**	—	—	—	0,03	–0,19**
Hauptschule	0,46***	0,09	0,04	–0,01	—	—	—	0,19**	–0,01
Berufsschule/-kolleg	—	—	—	—	0,14**	0,00	0,07	—	—
keine Schule	—	—	—	—	—	0,09	0,03	—	—
ΔR^2 in Prozent	2,90	0,60	0,60	0,70	0,30	0,20	0,10	0,70	0,80
Soziale Lage b)									
Familie arm/reich	0,08***	0,07***	0,04**	0,04***	0,05***	0,05**	0,04**	0,06***	0,08***
Anzahl Bücher zuhause	—	–0,11***	–0,10***	–0,10***	–0,11**	–0,10***	–0,10***	—	–0,12***
ΔR^2 in Prozent	1,40	2,80	2,20	2,30	2,80	2,00	2,40	0,90	4,00
Gesamt-R^2 in Prozent	4,00	4,40	3,80	4,70	6,40	6,20	6,40	2,90	7,80

*: $p < 0{,}05$; **: $p < 0{,}01$; ***: $p < 0{,}001$

a) Erst ab 2003 konnten bei zwei Staatsangehörigkeiten beide angegeben werden

b) Erst ab 2003 wurde nach der Anzahl der Bücher zuhause gefragt

Tabelle 6.13: Mittelwerte »Hedonismus und Materialismus« (mittlere Gesamtpunktindizes nach soziodemographischen Merkmalen; Querschnittsdatensätze siehe Abschnitt 3.1)

	(a) Kohorte 1							(b) Kohorte 2	
Jahrgang	2002 7	2003 8	2004 9	2005 10	2006 (11)	2007 (12)	2008 (13)	2002 9	2003 10
Durchschnittsalter	13	14	15	16	17	18	19	15	16
Staatsangehörigkeit a)									
deutsch	3,08	3,08	3,02	2,99	2,98	2,83	2,82	3,15	3,07
deutsch und türkisch	–	3,23	3,10	3,11	3,18	2,73	2,90	–	3,21
deutsch und andere	–	3,16	3,07	2,85	2,99	2,69	2,79	–	3,08
türkisch	3,04	3,15	2,97	2,94	2,96	2,87	2,81	3,11	3,15
andere	3,12	3,10	3,12	3,04	3,05	2,83	2,86	3,15	3,04
Schulform									
Gymnasium	2,89	2,95	2,90	2,87	2,84	2,78	2,71	3,07	3,03
Gesamtschule	3,13	3,14	3,08	3,01	2,99	2,79	2,80	3,22	3,15
Realschule	3,11	3,16	3,08	3,07	–	–	–	3,10	2,93
Hauptschule	3,18	3,09	3,02	2,96	–	–	–	3,15	3,12
Berufsschule/-kolleg	–	–	–	–	3,04	2,83	2,87	–	–
keine Schule	–	–	–	–	–	2,93	2,84	–	–
Hedo b)	3,08	3,09	3,03	2,99	2,99	2,83	2,82	3,15	3,08

a) Erst ab 2003 gab es im Fragebogen die Aufforderung, bei zwei Staatsangehörigkeiten beide anzugeben
b) Mit Hilfe von Formel 6.2 auf Seite 247 berechnete Mittelwerte

der hedonistisch-materialistischen Werte im Altersverlauf sowohl bei Jungen als auch bei Mädchen zu beobachten. Bei den Mädchen fällt diese Abnahme allerdings im Verlauf zunehmend stärker aus, so dass hier die Ursache für den immer stärkeren Geschlechtseinfluss zu sehen ist. Man kann sagen, dass Mädchen insgesamt weniger hedonistisch und materiell eingestellt sind als Jungen, und dass dieser Umstand mit zunehmendem Alter immer stärker wird. An dieser Stelle ist, wie auch bei den pflicht- und konventionsbezogenen Werten, bemerkenswert, dass der Geschlechtseffekt auch unter der simultanen Kontrolle der übrigen soziodemographischen Einflussgrößen bestehen bleibt. Auch hier stimmen die Ergebnisse mit denen der Shell-Jugendstudien überein, in denen die Jungen ebenfalls eine stärkere Hedonismus-Orientierung aufweisen (vgl. Gensicke 2006, S. 183).

Die Staatsangehörigkeit hat dagegen im gesamten Beobachtungszeitraum keinen nennenswerten und signifikanten Einfluss auf »Hedonismus und Materialismus«. Ob und in welchem Ausmaß Jugendliche hedonistisch und/oder materialistisch eingestellt sind, scheint insofern – unabhängig vom Alter – kaum von der Staatsangehörigkeit beeinflusst zu werden. Demgegenüber lässt sich ein Bildungseffekt durchgängig nachweisen. Im gesamten Zeitraum von 2002 bis 2008 wirkt sich die Anzahl der zuhause vorhandenen Bücher gleichbleibend negativ auf hedonistisch-materialistische Werte aus, die Effekte sind alle signifikant. Das heißt, je mehr Bücher zuhause vorhanden sind, je bildungsaffiner also das Elternhaus ist, desto weniger wichtig sind hedonistische und materialistische Werte. Dieser Bildungseffekt zeigt sich auch im Hinblick auf die Mittelwertsverteilung je Schulform (siehe Tabelle 6.13 auf der vorherigen Seite). Wie in Abschnitt 6.3.2 ausgeführt, gehen die Mittelwerte für »Hedonismus und Materialismus« im Zeitverlauf generell zurück, die Jugendlichen tendieren dazu, mit zunehmendem Alter weniger hedonistisch-materialistisch zu werden. Die Mittelwerte der Schulform Gymnasium liegen dabei in jedem Zeitpunkt unter denen aller anderen Schulformen. Den Schulform-Einfluss kann man am deutlichsten bei den linearen Strukturgleichungsmodellen im ersten Erhebungsjahr 2002 sehen, in dem die Frage nach der Bücheranzahl zuhause noch nicht gestellt wurde. In diesem Erhebungszeitpunkt sind signifikante positive Regressionskoeffizienten bei allen Schulformen im Vergleich mit der Referenzkategorie »Gymnasium« zu beobachten. Auch die Varianzaufklärung ist in diesem ersten Erhebungsjahr bei der Schulform am höchsten. Dieser Schulformeffekt wird allerdings in den darauffolgenden Erhebungszeitpunkten durch den Effekt des familiären Bildungshintergrundes (Bücherfrage) gleichsam »aufgesogen«. Im Gegensatz zum eigenständigen Schulformeffekt bei den Pflicht- und Konventionswerten (siehe oben) lässt sich der Einfluss eher durch den familiären Bildungshintergrund erklären. Je höher der Bildungshintergrund der Familien der untersuchten Jugendlichen ist, desto weniger wichtig werden hedonistische und materialistische Werte eingestuft. Dieser Befund ist dabei unabhängig von der Staatsangehörigkeit und im zeitlichen Verlauf konstant, das heißt unabhängig vom Alter: In bildungsnäheren Familien werden augenscheinlich andere als hedonistisch-materialistische Werte geschätzt und vermittelt.

Dass die Einschätzung des Familienvermögens dagegen bei hedonistisch-materialistischen Werten eine Rolle spielt, kann kaum überraschen. Es ist liegt nahe, dass die Werte, die unmittelbar mit Konsum zusammenhängen, auch mit den finanziellen Rahmenbedingungen verknüpft sind. Hier bieten sich im gesamten Untersuchungszeitraum geringe, aber durchweg signifikante positive Einflüsse des selbst eingeschätzten Familienvermögens auf die hedonistisch-materialistischen Werte dar. Dies deutet darauf hin, dass, je reicher die eigene Familie beschrieben wird, desto stärker auch die hedonistisch-materialistischen Werte vertreten werden. Je wohlhabender die Familien sind oder wahrgenommen werden, desto wichtiger scheinen auch konsumorientierte Werte zu sein. Dieser Befund steht allerdings im Widerspruch zu den Shell-Jugendstudien, da dort eher der schlechter gestellte Teil der Jugendlichen den materialistischen Werten zugeneigt ist (vgl. Gensicke 2002, S. 159).

6.4.3 Öffentliches Engagement

Bei der Wertedimension »Öffentliches Engagement« ist im Hinblick auf die linearen Strukturgleichungsmodelle allgemein die geringste Erklärungskraft der soziodemographischen Enflussvariablen zu beobachten. Sie ist mit Werten zwischen 1,1 und 6,9 Prozent erklärter Varianz (R^2) noch geringer als bei den beiden anderen Wertedimensionen (siehe Tabelle 6.14 auf der nächsten Seite; zur Ergänzung siehe die standardisierte Lösung in Tabelle A.20 auf Seite 487). Aber auch in diesem Bereich trifft der generelle Befund zu, dass die Erklärkraft der Modelle im Laufe der Jahre zunimmt. Auch bei dieser Wertedimension liegen Anzeichen dafür vor, dass eine differenzierte Werteidentität erst im Laufe der Jugendphase aufgebaut wird.

Alles in allem kann man aus den Analysen der untersuchten Einflussgrößen

Tabelle 6.14: Strukturgleichungsmodelle »Öffentliches Engagement« (unstandardisierte Regressionskoeffizienten *b*; Querschnittsdatensätze siehe Abschnitt 3.1)

	(a) Kohorte 1							(b) Kohorte 2	
	2002	2003	2004	2005	2006	2007	2008	2002	2003
Geschlecht (Referenzkategorie »Jungen«)									
Mädchen	–0,02	–0,09**	–0,01	–0,05	0,00	–0,06	–0,05	–0,07	–0,09*
ΔR^2 in Prozent	0,10	0,40	0,10	0,20	0,10	0,30	0,50	0,30	0,50
Staatsangehörigkeit (Referenzkategorie »deutsch«) a)									
deutsch und türkisch	—	0,08	0,43**	0,22	0,34*	0,14	–0,07	—	0,22
deutsch und andere	—	0,09	0,10	0,10	0,16	0,09	0,00	—	0,11
türkisch	–0,23***	0,15**	0,17**	0,24***	0,19***	0,09	0,11*	0,03	0,25***
andere	–0,13*	0,05	0,13	0,09	0,17**	0,21**	0,20**	0,13	0,11
ΔR^2 in Prozent	1,20	0,50	1,40	1,10	1,10	0,90	0,70	0,30	1,40
Schulform (Referenzkategorie »Gymnasium«)									
Gesamtschule	–0,04	–0,03	–0,05	–0,06	0,03	0,09	0,02	–0,11	–0,06
Realschule	–0,10	–0,06	–0,03	–0,08	—	—	—	–0,07	0,07
Hauptschule	–0,08	0,06	0,09	0,04	—	—	—	–0,14*	0,06
Berufsschule/-kolleg	—	—	—	—	–0,10*	–0,10*	–0,22***	—	—
keine Schule	—	—	—	—	—	–0,12*	–0,15**	—	—
ΔR^2 in Prozent	0,30	0,40	0,70	0,50	0,70	1,70	2,80	0,60	0,70
Soziale Lage b)									
Familie arm/reich	0,00	–0,02	–0,01	0,00	–0,01	0,01	0,01	0,01	–0,01
Anzahl Bücher zuhause	—	0,08***	0,08***	0,10***	0,07***	0,08***	0,06***	—	0,12***
ΔR^2 in Prozent	0,00	1,80	2,00	2,60	1,50	2,60	2,00	0,10	3,70
Gesamt-R^2 in Prozent	1,50	2,90	3,80	4,00	3,20	6,10	6,90	1,10	5,80

*: $p < 0{,}05$; **: $p < 0{,}01$; ***: $p < 0{,}001$

a) Erst ab 2003 konnten bei zwei Staatsangehörigkeiten beide angegeben werden

b) Erst ab 2003 wurde nach der Anzahl der Bücher zuhause gefragt

Tabelle 6.15: Mittelwerte »Öffentliches Engagement« (mittlere Gesamtpunktindizes nach soziodemographischen Merkmalen; Querschnittsdatensätze siehe Abschnitt 3.1)

	(a) Kohorte 1							(b) Kohorte 2	
	2002	2003	2004	2005	2006	2007	2008	2002	2003
Jahrgang	7	8	9	10	(11)	(12)	(13)	9	10
Durchschnittsalter	13	14	15	16	17	18	19	15	16
Staatsangehörigkeit a)									
deutsch	3,13	2,97	2,88	2,87	2,98	2,97	2,91	3,03	2,97
deutsch und türkisch	—	3,05	3,29	3,10	3,27	3,06	2,81	—	3,10
deutsch und andere	—	3,02	2,95	2,98	3,10	3,06	2,90	—	3,04
türkisch	2,89	3,05	2,99	3,01	3,04	2,98	2,97	3,01	3,11
andere	2,99	2,97	2,97	2,92	3,08	3,15	3,10	3,12	3,03
Schulform									
Gymnasium	3,17	3,05	2,98	3,02	3,13	3,09	3,08	3,13	3,08
Gesamtschule	3,07	2,95	2,85	2,85	3,11	3,14	3,08	3,01	2,92
Realschule	3,02	2,93	2,89	2,85	—	—	—	3,05	3,05
Hauptschule	3,02	3,02	2,95	2,90	—	—	—	2,98	2,98
Berufsschule/-kolleg	—	—	—	—	2,94	2,90	2,81	—	—
keine Schule	—	—	—	—	—	2,85	2,86	—	—
Enga b)	3,07	2,98	2,91	2,90	3,01	2,99	2,93	3,04	2,99

a) Erst ab 2003 gab es im Fragebogen die Aufforderung, bei zwei Staatsangehörigkeiten beide anzugeben

b) Mit Hilfe von Formel 6.2 auf Seite 247 berechnete Mittelwerte

schließen, dass bei Engagementwerten lediglich ein einziger nennenswerter Effekt zum Tragen kommt: der Bildungseffekt. Im Gegensatz zu den beiden anderen Wertedimensionen sind sowohl der Geschlechtseffekt, der Effekt der Staatsangehörigkeit und der Effekt des Familienvermögens nicht relevant, zum großen Teil auch nicht signifikant. In den genannten Einflussbereichen liegen die standardisierten Regressionskoeffizienten bis auf vereinzelte Ausnahmen in der Regel unter 0,10. Der Bildungseffekt jedoch lässt sich im gesamten Untersuchungszeitraum zu jedem Erhebungszeitpunkt nachweisen. Zwar sind die Koeffizienten bei dem familiären Bildungsniveau (Anzahl der zuhause vorhandenen Bücher), wie bei allen bislang vorgestellten Analysen, relativ niedrig, sie sind aber durchgängig signifikant und auf gleichbleibendem Niveau vorhanden. Auch die Varianzaufklärung ist hier am höchsten. Je bildungsaffiner das Elternhaus ist, desto größer ist auch die Hinwendung zu Werten des öffentlichen Engagements. Politische und soziale Verwirklichung im späteren Beruf und der Einsatz gegen Unterdrückung in der Welt scheinen Ziele zu sein, die eher in bildungsnahen Elternhäusern eine Rolle spielen. In diesem Zusammenhang ist der erst im späteren Verlauf der Erhebungen hinzukommende Einfluss der Schulform interessant. Bis zum Jahr 2005, in dem die Jugendlichen zu allermeist noch eine allgemeinbildende Schule besuchen, bestehen keine nennenswerten Einflüsse (siehe auch die kaum vorhandenen Mittelwertsdifferenzen in Tabelle 6.15 auf der vorherigen Seite). Jugendliche der verschiedenen Schulformen unterscheiden sich bis dahin also kaum in ihren Engagementwerten. Dies ändert sich zumindest ansatzweise ab dem Jahr 2006, ab dem zwar geringe, aber doch signifikante negative Einflüsse der Kategorien »Berufsschule/-kolleg« und »keine Schule« vorliegen. In diesen Kategorien sind nun diejenigen Jugendlichen versammelt, die häufig schon eine Berufswahl getroffen haben oder treffen mussten. Der Befund könnte darauf hinweisen, dass die idealistischen Vorstellungen zur Berufswahl, die in der Wertedimension zum Ausdruck kommen, dann verloren gehen, wenn sie auf die Realität treffen und möglicherweise nicht umzusetzen sind oder waren. Jedenfalls weisen diejenigen Jugendlichen, die noch die gymnasiale Oberstufe eines Gymnasiums oder einer Gesamtschule besuchen, höhere Engagementwerte auf (siehe Tabelle 6.15 auf der vorherigen Seite) als diejenigen, die schon eine Berufswahl treffen mussten. Der positive Bildungseinfluss auf Engagementwerte wurde bereits bei Klages (1985, S. 42) beschrieben und auch in den Shell-Jugendstudien aufgedeckt (vgl. Gensicke 2002, S. 159).

6.5 Zusammenfassung

In diesem Kapitel wurde zunächst gezeigt, dass das von uns verwendete Messinstrument, die Sinus-Werteskala, inhaltlich-semantisch durchaus vergleichbare Indikatoren zur Verfügung stellt wie das Speyerer Werteinventar. Auch wenn die Frageformulierungen und die Antwortvorgaben bei den Speyerer Werten auf die individuelle Wichtigkeit der vorgegebenen Items abzielen und im Unterschied dazu bei dem Sinus-Instrument das Zutreffen bestimmter vorformulierter Statements abgefragt wird, kann man, wie oben diskutiert, dennoch von einer hohen Vergleichbarkeit ausgehen. Durch die in diesem Kapitel durchgeführten dimensionsanalytischen Untersuchungen kann darüber hinaus belegt werden, dass die drei Faktoren »Pflicht und Konvention«, »Hedonismus und Materialismus« und »Öffentliches Engagement«, die für die aktuelle Speyerer Werteforschung eine zentrale Rolle spielen, auch in der hier verwendeten Datengrundlage den Werteraum bestimmen. Die inhaltliche Ausrichtung der Faktoren stimmt weitestgehend überein, die größte inhaltliche Differenz besteht beim Faktor »Öffentliches Engagement«, dessen Aspekt der Kreativität, der in der Speyerer Werteforschung auftritt, von dem hier verwendeten Sinus-Erhebungsinstrument nicht abgebildet wird. Es ist allerdings dargelegt worden, dass die auffälligen Ähnlichkeiten der Indikatoritems bei Weitem überwiegen, so dass wir alles in allem von einer sehr hohen Vergleichbarkeit, ja sogar von inhaltlicher Kongruenz der Faktoren bzw. Dimensionen ausgehen können.

Bei den weitergehenden deskriptiven Dimensionsanalysen wird aus methodischer Sicht ein anderer Weg gewählt als in der Speyerer Werteforschung üblich: Statt einer varimax-rotierten, orthogonalen Faktorstruktur mit nachfolgend gebildeten z-standardisierten Faktorwert-Variablen als Grundlage für die anschließenden Klassifikationsanalysen, werden hier mittels einer schiefwinkligen Rotation Korrelationen zwischen den Faktoren zugelassen und mittlere Gesamtpunktwerte zur Bildung abgeleiteter Faktorvariablen verwendet. Die Gründe dafür sind oben ausführlich dargelegt und diskutiert worden. Im Ergebnis zeigt sich ein breiter und im Zeitverlauf annähernd gleichbleibender Zustimmungsanteil der befragten 13- bis 19-jährigen Jugendlichen zu traditionellen Pflicht- und Konventionswerten. In jedem Erhebungsjahr und in beiden untersuchten Kohorten stimmen fast durchgängig zwei Drittel diesen Werten zu. Die Zustimmungsanteile für die beiden anderen Dimensionen sind im Unterschied dazu deutlich niedriger und fallen darüber hinaus im Laufe der Jahre immer weiter ab. Im Alter von

13 Jahren sind noch mehr Jugendliche hedonistisch-materialistisch eingestellt als öffentlich engagiert, zum Ende der Befragung hin, im Alter von 19 Jahren, liegen die Zustimmungsanteile dann in etwa gleichauf. Die zeitlichen Entwicklungen scheinen im Bereich der Pflicht- und Konventionswerte dabei eher von Zeitgeist-Effekten abzuhängen, im Bereich der hedonistisch-materialistischen Werten und denen des öffentlichen Engagements eher von Reifungsprozessen, die mit dem Älterwerden zusammenhängen.

Die Analysen der Wertedimensionen in Bezug auf Geschlechtsunterschiede und den Einfluss verschiedener soziodemographischer Merkmale bringen ebenfalls einige interessante Erkenntnisse zutage. Zunächst lassen sich lediglich bei den Dimensionen »Pflicht und Konvention« und »Hedonimus und Materialismus« nennenswerte Geschlechtsunterschiede feststellen, bei der Dimension »Öffentliches Engagement« sind solche Differenzen nicht existent. In den beiden erstgenannten Wertedimensionen treten die Geschlechtsunterschiede in etwa ab dem 16. Lebensjahr auf und nehmen dann im Laufe der Zeit zu. Dies haben wir oben als Hinweis auf die Ausbildung einer geschlechtsspezifischen Werteidentität in der Jugendphase gedeutet. Der Unterschied entwickelt sich dabei in die Richtung, dass die Mädchen im Vergleich zu den Jungen immer stärker pflicht- und konventionsbezogener werden, die Jungen dagegen stärker hedonistisch-materialistisch. Der grundlegende Befund, dass Hedonismus-Materialismus im Zeitverlauf immer weniger Zustimmung erfährt und traditionelle Werte die am weitesten verbreiteten Wert sind und bleiben, ist davon jedoch unberührt. Die oben ausführlich dargestellten Betrachtungen der weiteren soziodemographischen Einflüsse zeigen eine insgesamt eher geringe Erklärkraft (über alle Analysen hinweg betrachtet maximal elf Prozent), die aber bei allen drei Wertedimensionen im Zeitverlauf zunimmt. Insofern bestätigt sich auch mit diesen Befunden die Annahme einer sich im Laufe des Jugendalters erst entwickelnden differenzierten Werteidentität. Im Bereich der Pflicht- und Konventionswerte finden wir einen über den Beobachtungszeitraum zunehmenden Geschlechtseffekt, der auch unter der Kontrolle der übrigen Variablen bestehen bleibt und gegen Ende der Untersuchung am stärksten ist. Der Unterschied der Geschlechter bzw. deren Einfluss wird im Bereich der Traditionswerte immer stärker – ein sprunghafter Anstieg ist ab dem 16. Lebensjahr zu verzeichnen – und ist am Ende der stärkste Effekt der untersuchten Variablen: Mädchen sind mit zunehmendem Alter immer pflicht- und konventionsbezogener als Jungen. Einen ebenfalls deutlich sichtbaren Effekt können wir im Bereich der Staatsangehörigkeit ausmachen.

Türkische Jugendliche sind im gesamten Beobachtungszeitraum gleichbleibend und stabil traditioneller eingestellt als deutsche. Während der ersten Hälfte des Befragungszeitraumes, im Alter bis etwa 16/17 Jahre, ist dieser Effekt sogar der stärkste überhaupt. Danach wird er leicht vom Geschlechtseinfluss übertroffen, was möglicherweise durch die Phase der Pubertät und der damit verbundenen zunehmenden Wichtigkeit der Geschlechtsrollenfindung mit Auswirkungen auf die individuelle Wertekonzeption erklärt werden kann. Den dritten wirksamen Effekt bei dieser Wertedimension sehen wir im Bildungsbereich bei der Schulform. Zunächst vielleicht etwas unerwartet zeigen sich deutlich geringere traditionelle Werte bei Schülerinnen und Schülern des Gymnasiums. Alle anderen Schulformen weisen im Vergleich zu dieser Referenzkategorie einen positiven Effekt auf. Der Schulformeffekt ist ebenfalls zunächst, bis zu einem Alter von etwa 17 Jahren, stärker als der Geschlechtseffekt, sinkt dann leicht ab und wird von diesem übertroffen. Im Vergleich zum Effekt der Staatsangehörigkeit ist er dauerhaft niedriger. Wir haben inhaltlich die Vermutung aufgestellt, dass wir es hier mit einem schulspezifischen Bildungseffekt zu tun haben, der möglicherweise eine generell kritischere Haltung zu Pflicht- und Konventionwerten, also eine eher kritisch-reflexive Grundhaltung der Gymnasien verkörpern könnte. Die familiäre Bildungs- und Vermögenssituation spielt nämlich in diesem Wertebereich keine Rolle.

Die soziodemographischen Erklärgrößen bei der Wertedimension »Hedonismus und Materialismus« weisen eine insgesamt eher geringe Erklärkraft auf, die aber ebenfalls im Zeitverlauf zunimmt. Auch in diesem Wertebereich ist der Geschlechtseinfluss unter Kontrolle der übrigen Variablen existent und neben dem familiären Bildungseinfluss am größten. Wie wir oben schon gesehen haben, nimmt er ebenfalls mit zunehmendem Lebensalter zu: Die Mädchen sind ab einem Alter von ca. 15/16 Jahren weniger hedonistisch-materialistisch eingestellt als die Jungen, und dieser Unterschied wird immer größer. Auch hier kann man vermutlich von einer Verknüpfung mit den sich in der Pubertät verstärkt ausbildenden Geschlechtsrollen und den Wertorientierungen ausgehen. Die Staatsangehörigkeit der Jugendlichen hat im Hinblick auf hedonistisch-materialistische Werte keinen Einfluss, dafür sieht man einen deutlichen Bildungseffekt. Die Anzahl der zuhause vorhandenen Bücher als Indikator für die Bildungsaffinität des Elternhauses wirkt über den gesamten Zeitraum hinweg gleichbleibend negativ. Der Effekt der Schulform weist zum ersten Erhebungszeitpunkt, in dem die Bücherfrage nicht gestellt wurde, in dieselbe Richtung, wird dann aber vom Elternhauseffekt verdrängt. Anscheinend wirkt der elterliche Bildungshintergrund dergestalt, dass den Kindern aus entsprechenden Haushalten eine geringere hedonistisch-materialistische Wertehaltung vermittelt wird, die diese übernehmen und zum Ausdruck bringen. Das eingeschätzte Familienvermögen wirkt, wenig überraschend, schwach positiv. Je reicher die eigene Familie eingeschätzt wird, desto höher ist auch die Orientierung an konsumorientierten, hedonistisch-materiellen Werten, zu deren Befriedigung ja eine gewisse monetäre Ausstattung nötig ist.

Die in der Gesamtschau geringste Erklärkraft der untersuchten soziodemographischen Größen finden wir bei den Werten des »Öffentlichen Engagements« (maximal sieben Prozent). Trotzdem ist auch hier zu beobachten, dass der Effekt mit zunehmendem Lebensalter im Beobachtungszeitraum zunimmt. Bei diesen Werten existiert allerdings so gut wie nur ein einziger nennenswerter Effekt: der Bildungseffekt. Je bildungsaffiner das Elternhaus angenommen werden kann, desto stärker ist auch die Hinwendung und Orientierung an Werten des öffentlichen Engagements. In bildungsaffinen Elternhäusern wird augenscheinlich eine größere Wertschätzung des sozialen und politischen Engagements auch im Hinblick auf die spätere Berufswahl vermittelt. Die Schulform ist ebenfalls wirksam, muss allerdings differenziert betrachtet werden. Bis zum Jahr 2005, in dem noch alle Befragten eine allgemeinbildende Schule besucht haben, ist kein berichtenswerter Effekt vorhanden. Danach können wir einen negativen Einfluss der Schulformen »Berufsschule/-kolleg« und »keine Schule«, sowie einen positiven Effekt der Schulform »Gymnasium« messen. Dies deutet darauf hin, dass diejenigen, die bereits eine Berufs- bzw. Ausbildungswahl treffen mussten, weniger orientiert an Werten des öffentlichen Engagements sind als die noch in der Schule verbleibenden Gymnasiastinnen und Gymnasiasten. Da diese Engagementwerte, wie bereits ausgeführt, in dem Erhebungsinstrument mit Zielen bei der Berufswahl verknüpft sind, ist der dargestellte Befund möglicherweise ein Hinweis auf die in den Werten ursprünglich verankerte, an der Realität nach dem Schulabgang aber gescheiterten idealistischen Vorstellung zur Ausbildungs- und Berufswahl.

In zentralen Punkten bestätigen die hier beschriebenen Analysen die Erkenntnisse der Speyerer Werteforschung und der Shell-Jugendstudien. Es ist ein deutlicher Geschlechtseffekt vorhanden, der in dieselbe Richtung weist: Mädchen neigen stärker Pflicht- und Konventionswerten zu, Jungen stärker hedonistisch-materialistischen Werten. Auch der positive Effekt der Bildung im Hinblick auf die Ausbildung engagementbezogener Werte und der negative Effekt im Hinblick auf traditionelle Werte wird durch die vorgelegten Analysen bestätigt. Im Unterschied zu den Jugendstudien kommt in den untersuchten Daten allerdings ein zusätzlicher Effekt der (türkischen) Staatsangehörigkeit zum Tragen, der sich positiv auf Traditionswerte auswirkt. Eine Verbindung zur Herkunft wird in den Shell-Jugendstudien nicht berichtet. Im Widerspruch zu den Erkenntnissen der Jugendstudien steht der oben geschilderte Befund des positiven Effekts des Familienvermögens auf hedonistisch-materialistische Werte. In den Shell-Jugendstudien tendiert eher der schlechter gestellte Teil der Jugendlichen zu den diesbezüglichen Werten. Alles in allem überwiegt aber auch in diesen Analysen der Eindruck einer deutlichen Vergleichbarkeit der Befundlage.

7 Wertentwicklung im Jugendalter

Nachdem sich die in den vorangegangenen Kapiteln vorgestellten Trend-Analysen zum größten Teil mit Phänomenen der Aggregatebene beschäftigt haben, sollen in diesem Kapitel intra-individuelle Aspekte im Vordergrund stehen. Als grundlegende Fragestellung wird hier die Frage nach Stabilität und Wandel von Werten in der Jugendphase bearbeitet. Wie in Abschnitt 2.2 diskutiert und herausgearbeitet wurde, besteht zwar darüber, dass Werte in der Jugendphase (formative Jahre) herausgebildet werden, recht breite Einigkeit. Unzureichend untersucht wurde bislang allerdings, wann genau und wie sich diese Entwicklung abspielt. Als Basishypothese für die folgenden Analysen soll die Aging-Stability-Thesis gelten, die besagt, dass Werte im Altersverlauf prinzipiell an Stabilität gewinnen und zu festen Bestandteilen der Persönlichkeitsstruktur werden. Dabei erscheint es jedoch als relativ wahrscheinlich, dass es im Lebensverlauf auch weitere Phasen der Wertänderung mit möglicherweise wieder ab- und zunehmenden Wertstabilitäten gibt. Aus der Literatur ergeben sich darüber hinaus Hinweise, dass sich selbstfokussierte Werte im Altersverlauf möglicherweise früher stabilisieren als selbsttranzendierte. Auch dieser Aspekt soll in diesem Abschnitt betrachtet werden. Die uns zur Verfügung stehende Panel-Datengrundlage (siehe Abschnitt 3.2) ermöglicht einen einzigartigen Blick in diese formative Phase. Im Kernpunkt der Untersuchungen stehen die in Abschnitt 6 herausgearbeiteten Wertedimensionen »Pflicht und Konvention«, »Hedonismus und Materialismus« sowie »Öffentliches Engagement«.

7.1 Zeitliche Messinvarianz der Werte

Als Basismodell einer Längsschnittsanalyse ist zunächst ein Modell grundsätzlich sehr gut geeignet, welches mehrere konfirmatorische Faktorenanalysemodelle bzw. Messmodelle desselben latenten Konstruktes über die Zeit »hintereinanderschaltet«, ohne auf der latenten Ebene kausale Effekte anzunehmen (ein sogenanntes *Latent-State-Modell* oder *LS-Modell*). Bei solchen sehr unrestriktiven Modellen können die Korrelationen über die Zeit zwischen den latenten Konstrukten erste

Hinweise darauf geben, ob die gemessenen Eigenschaften eher zeitstabile Persönlichkeitseigenschaften (sogenannte *Traits*) oder situationsbezogene Eigenschaften (sogenannte *States*) sind. Werden eher hohe Korrelationen ermittelt, spricht dies für das Vorliegen von Traits, niedrige Korrelationen hingegen eher für das Vorliegen von States (vgl. Geiser 2011, S. 94 f.). Die allgemeine Formel für Latent-State-Modelle lautet:

$$Y_{ik} = \alpha_{ik} + \lambda_{ik} \cdot (\text{State } k) + \varepsilon_{ik}\,, \tag{7.1}$$

mit Y_{ik} als beobachteter (Indikator-)Variablen i zum Messzeitpunkt k, die in einen konstanten Term α_{ik} (*Intercept* bzw. Achsenabschnitt), eine (latente) State-Variable zum jeweiligen Messzeitpunkt k und einen Messfehler ε_{ik} der Variablen i zum Zeitpunkt k zerlegt wird. Die Faktorladung wird wie üblich mit λ_{ik} bezeichnet (vgl. ebd., S. 94).

In diesem Kapitel werden für die drei Wertedimensionen »Pflicht und Konvention« (Pflicht), »Hedonismus und Materialismus« (Hedo) und »Öffentliches Engagement« (Enga) zunächst solche unrestriktiven LS-Modelle gerechnet, die als Basis für die weiteren Panelanalysen dienen sollen. Im Vordergrund der inhaltlichen Analysen steht die Frage nach der längsschnittlichen Struktur der Wertedimensionen: Finden wir Hinweise auf Zeitstabilität, die die Annahme der Werte als stabile Persönlichkeitseigenschaften rechtfertigen oder überwiegen die Veränderungen? Bevor allerdings tiefergehende Untersuchungen erfolgen können, muss der Grad an Messinvarianz (siehe Abschnitt 4.2) für jede Wertedimension im Zeitverlauf ermittelt werden. Es sollte dabei zumindest starke faktorielle Messinvarianz vorliegen (siehe Abschnitt 4.2.1). Auch für diesen Zweck eignen sich die Latent-State-Modelle hervorragend.

Die Messinvarianztestung soll nach dem Step-Up-Ansatz erfolgen (siehe Abschnitt 4.2.2): Zunächst wird die konfigurale Messinvarianz (siehe Abschnitt 4.2.1) in jeder einzelnen Gruppe bzw. zu jedem Erhebungszeitpunkt überprüft (vgl. Sass 2011, S. 351). Das heißt, in der ersten Phase wird die gleiche Anzahl an Faktoren und die Ladungsstruktur pro Gruppe bzw. Erhebungszeitpunkt getestet. Sind diese Invarianzanforderungen erfüllt, sollen die zugehörigen Modelle als Basismodelle für die weiteren Analysen gelten. Schrittweise werden dann weitere Parameter- bzw. Invarianzrestriktionen eingeführt und auf ihre Gültigkeit getestet. In der ersten Modellvariante werden gemäß den Anforderungen der schwachen faktoriellen Messinvarianz zusätzlich zu den im Basismodell spezifizierten Restriktionen gleiche Faktorladungen über die Gruppen bzw. Erhebungszeitpunkte hinweg angenommen. In der zweiten Modellvariante, mit der das Vorliegen der starken faktoriellen Messinvarianz überprüft werden soll, werden zusätzlich gleiche Intercepts spezifiziert. Schlussendlich wird in einer dritten Variante mit der Annahme gleicher Messfehlervarianzen getestet, ob strikte faktorielle Messinvarianz gewährleistet ist. Zusammenfassend kann man damit folgende vier Modellvarianten auflisten, die schrittweise überprüft werden:

Basismodell (konfigurale Messinvarianz): gleiche Anzahl an Faktoren und gleiche Ladungsstruktur,

Modellvariante 1 (schwache faktorielle Messinvarianz): zusätzlich gleiche Faktorladungen der entsprechenden Indikatoren,

Modellvariante 2 (starke faktorielle Messinvarianz): zusätzlich gleiche Intercepts der entsprechenden Indikatoren (und Freisetzung der Mittelwerte der latenten Variablen),

Modellvariante 3 (strikte faktorielle Messinvarianz): zusätzlich gleiche Messfehlervarianzen der entsprechenden Indikatoren.

Um die Modelle, insbesondere die Basismodelle, zu überprüfen, werden die in Abschnitt 4.1.3 vorgestellten Maßzahlen verwendet. Die schrittweise Verschärfung der Modellrestriktionen, die einen Vergleich geschachtelter Modelle beinhaltet, wird nach der in Abschnitt 4.2.2 dargelegten Verfahrensweise überprüft. Dazu erfolgt bei den Modellvergleichen ein Test der Signifikanz von $\Delta\chi^2$ unter Zuhilfenahme einer Korrektur (Bonferroni und Oort) sowie die Begutachtung von ΔCFI, ΔRMSEA und ΔSRMR. Zur Bewertung werden die in Abschnitt 4.2.2 genannten Schwellenwerte herangezogen. Zu beachten ist, dass bei der Verwendung der robusten MLR-Schätzung die Differenz der χ^2-Werte ($\Delta\chi^2$) nicht (annähernd) χ^2-verteilt ist. Um dieses Problem zu lösen, muss eine sogenannte *Satorra-Bentler-Korrektur* mit Hilfe des ausgewiesenen Korrekturfaktors durchgeführt werden (siehe Abschnitt 4.1.3; vgl. Satorra und Bentler 2001). Prinzipiell gilt, dass ein hohes Invarianzniveau wünschenswert ist, da, je höher das Niveau der Messinvarianz ist, desto besser auch Interpretierbarkeit und Modellsparsamkeit sind (vgl. Geiser 2011, S. 108; Christ und Schlüter 2012, S. 61 f.). Um weitergehende Analysen durchführen zu können, sollte, wie in Abschnitt 4.2.1 ausgeführt, zumindest starke faktorielle Messinvarianz vorliegen. Falls sich im Rahmen der Überprüfungen Nicht-Invarianz herausstellen sollte, bieten sich nach Sass (vgl. 2011, S. 352), neben anderen, folgende Strategien an: a) Löschung nicht-invarianter Items, b) Testung partieller Invarianz und c) nichtsdestotrotz Verwendung aller Items in der Hoffnung, dass die Unterschiede nicht zu groß sind bzw. die Ergebnisse nicht zu sehr beeinflusst werden. Nach dieser Vorgehensweise werden in dieser Arbeit die Wertemessungen auf (zeitliche) Invarianz getestet.[1]

Die Datengrundlage für die in diesem Abschnitt durchgeführten Analysen ist der Sieben-Wellen-Paneldatensatz (siehe Abschnitt 3.2), der die sieben Zeitpunkte (2002 bzw. t_1 bis 2008 bzw. t_7) umfasst. Enthalten sind diejenigen 2957 Fälle, die zumindest an vier Zeitpunkten der Befragung teilgenommen haben. Um die latenten und manifesten Variablen der einzelnen Erhebungszeitpunkte unterscheiden zu können, wird ihren Bezeichnungen jeweils ein lateinischer Buchstabe vorangestellt. Eine Übersicht über die verwendeten Variablen und Bezeichnungen findet sich in Tabelle 7.1. Die manifeste Variable al0061 stellt also beispielsweise die Indikatorvariable l0061 zum ersten Zeitpunkt 2002 (t_1 bzw. a) dar. Die latente Variable fPflicht entspricht nach dieser Konvention der Wertedimension »Pflicht und Konvention« zum siebten Zeitpunkt 2007 (t_7 bzw. f). Verwendet wird für die Messinvarianztestung wiederum das Programmpaket Mplus (siehe Muthén und Muthén 2010; für ein Beispiel siehe die Mplus-Syntax A.1 auf Seite 488 im Anhang).

7.1.1 Pflicht und Konvention

Als Basismodell für die Längsschnittanalysen der latenten Wertedimension »Pflicht und Konvention« (Pflicht) dient zunächst ein Latent-State-Modell mit konfiguraler Messinvarianz, in dem die Faktorenstruktur, das heißt die Ladungsstruktur und die Anzahl der Faktoren, in allen Zeitpunkten gleich bleibt (siehe Abschnitt 4.2.1). Dazu werden die Messmodelle dieser Wertedimension aus Abschnitt 6.2 zeitlich hintereinander geschaltet und – außer den unten näher beschriebenen Fehlerkorrelationen – mit keinen weiteren Parameterrestriktionen belegt (zur schematischen Übersicht siehe Abbildung 7.1 auf Seite 293)[2]. Bei dem spezifizierten LS-Modell handelt es sich um ein *Multiples-Indikatorenmodell* (vgl. Reinecke 2014, S. 204) im Längsschnitt – genauer gesagt um ein Drei-Indikatorenmodell. Zwischen den latenten Variablen, hier die Wertedimension »Pflicht und Konvention« in den einzelnen Erhebungszeitpunkten, wurden keine Kausalbeziehungen formuliert. Lediglich die ungerichteten, geschätzten Korrelationen werden dort ausgewiesen. Um einen adäquaten Modellfit zu erreichen, werden in

1 Zum Problem von Likert-Skalen im Hinblick auf Gruppenvergleiche, Messinvarianztestung und der Annahme von kontinuierlichen Daten siehe auch Lubke und Muthén (2004).

2 Die Abbildungsbeschriftung bezieht sich allerdings auf die weiter unten beschriebene Modellvariante 2 mit starker Messinvarianz.

Tabelle 7.1: Übersicht über die Indikatorvariablen und Bezeichnungen der latenten Dimensionen »Pflicht«, »Hedo« und »Enga« im Längsschnitt 2002 bis 2008 (t_1 bis t_7)

	Pflicht		Hedo		Enga		
	latente Variable	Indikator-variable	latente Variable	Indikator-variable	latente Variable	Indikator-variable	schem. Bez.
		al0061		al0053		al0062	y_{11}
t_1	aPflicht	al0066	aHedo	al0054	aEnga	al0083	y_{21}
		al0083		al0076		–	y_{31}
		bl0061		bl0053		bl0062	y_{12}
t_2	bPflicht	bl0066	bHedo	bl0054	bEnga	bl0083	y_{22}
		bl0083		bl0076		–	y_{32}
		cl0061		cl0053		cl0062	y_{13}
t_3	cPflicht	cl0066	cHedo	cl0054	cEnga	cl0083	y_{23}
		cl0083		cl0076		–	y_{33}
		dl0061		dl0053		dl0062	y_{14}
t_4	dPflicht	dl0066	dHedo	dl0054	dEnga	dl0083	y_{24}
		dl0083		dl0076		–	y_{34}
		el0061		el0053		el0062	y_{15}
t_5	ePflicht	el0066	eHedo	el0054	eEnga	el0083	y_{25}
		el0083		el0076		–	y_{35}
		fl0061		fl0053		fl0062	y_{16}
t_6	fPflicht	fl0066	fHedo	fl0054	fEnga	fl0083	y_{26}
		fl0083		fl0076		–	y_{36}
		gl0061		gl0053		gl0062	y_{17}
t_7	gPflicht	gl0066	gHedo	gl0054	gEnga	gl0083	y_{27}
		gl0083		gl0076		–	y_{37}

dem dargestellten Modell alle *diachronen, indikatorspezifischen zeitpunktübergreifenden Residualkorrelationen* (vgl. Urban 2004, S. 46) zugelassen, die man in der standardisierten Lösung auch als *Autokorrelationen der Messfehler* bezeichnet (vgl. Reinecke 2014, S. 207). In unserem Fall sind dies die Korrelationen der Residuen der gleichen Indikatoren über alle Zeitpunkte. Beispielsweise werden die Korrelationen zwischen den Residuen ε_{11} und ε_{12}, ε_{12} und ε_{13} usw. sowie ε_{11} und ε_{13}, ε_{11} und ε_{14} usw. usf. zugelassen. Dagegen *nicht* zugelassen werden die *synchronen* Korrelationen wie bspw. ε_{11} und ε_{21} usw. Auf eine grafische Darstellung dieser Residualkorrelationen wird in Abbildung 7.1 auf Seite 293 aus Gründen der

Übersichtlichkeit jedoch verzichtet. Ihre Zulassung ist jedoch in so gut wie allen Multiplen-Indikator-Längsschnittmodellen nötig (vgl. Urban 2004, S. 46), um die empirischen Kovariationen inhaltlich gleicher Items nicht zu unterschätzen (vgl. Reinecke 2014, S. 207). Um diese Fehlerkorrelationen zu interpretieren, kann man sich vorstellen, dass sich die Fehlervarianz der Indikatoren weiter zerlegen lässt. Zum einen können zeitbezogene zufällige Messfehler vorliegen, zum anderen aber auch zeitstabile Fehlerkomponenten. Diese können wiederum durch nicht berücksichtigte Einflüsse von Drittvariablen bzw. -faktoren hervorgerufen werden, aber beispielsweise auch durch Methodeneffekte (vgl. Urban 2004, S. 46 ff.; Reinecke 2014, S. 207 f.).[3]

Wie den Gütekriterien der Tabelle 7.2 zu entnehmen ist, passt das Basismodell mit konfiguraler Messinvarianz im Bereich der Wertedimension »Pflicht und Konvention« sehr gut auf die Daten. Bis auf die wenig überraschende Ausnahme des χ^2-Tests (siehe Abschnitt 4.1.3) zeigen alle Kriterien einen sehr guten absoluten Modellfit an. Die weiteren Modellvarianten mit schwacher, starker und strikter faktorieller Messinvarianz (Variante 1 bis Variante 3) verschlechtern den Modellfit allerdings jeweils signifikant im Vergleich zum vorangegangenen Modell, wenn man das Kriterium des χ^2-Differenzentests anwendet (siehe Abschnitt 4.2.2). Dies wird durch den signifikanten Anstieg der Satorra-Bentler-korrigierten χ^2-Werte bzw. die signifikante Satorra-Bentler-korrigierte χ^2-Differenz (corrected $\Delta\chi^2$) angezeigt. Die Werte dieser Differenz übersteigen beim Modellvergleich der Variante 1 gegenüber dem Basismodell alle kritischen χ^2-Werte (p = 0,05), unabhängig davon, ob sie ohne oder mit der Bonferroni- oder Oort-Korrektur berechnet werden (siehe Tabelle 7.2). Bei einem Test der Modellvariante 2 gegen die Modellvariante 1 liegt die entsprechende korrigierte χ^2-Differenz unter dem nach Oort korrigierten kritischen Wert. Nach diesem Kriterium passt die Modellvariante 2 nicht signifikant schlechter zu den Daten als Variante 1. Diese Erkenntnis ist allerdings durch die vorherige Ablehnung von Variante 1 im Vergleich mit dem Basismodell wenig hilfreich. Der Test der Modellvariante 3 gegen die Modellvariante 2 zeigt wiederum einen deutlichen, signifikant schlechteren Modellfit des restriktiveren Modells, bezogen auf das Kriterium des χ^2-Differenzentests. Wie in Abschnitt 4.2.2 ausgeführt, ist der Einsatz des χ^2-Differenzentests allerdings aus mehreren Gründen problematisch, so dass für die Bewertung der Messinvarianzergebnisse weitere Kriterien wie

3 Eine alternative Möglichkeit zur Modellierung indikatorspezifischer Methodeneffekte ist die Spezifizierung indikatorspezifischer Methodenfaktoren (siehe Geiser und Lockhart 2012).

Tabelle 7.2: Gütekriterien der Messinvarianzprüfung »Pflicht« (Sieben-Wellen-Panel, n = 2957, MLR-Schätzung)

	Basismodell	Variante 1	Variante 2	Variante 3
AIC	145723,289	145733,108	145741,712	145931,905
BIC	146604,103	146542,019	146478,719	146561,058
Sample-Size Adj. BIC	146137,029	146113,073	146087,902	146227,434
χ^2	194,650	224,157	255,737	467,588
df	105	117	129	147
$p(\chi^2)$	0,000	0,000	0,000	0,000
Scaling Correction Factor	1,121	1,124	1,113	1,092
RMSEA	0,017	0,018	0,018	0,027
p(RMSEA $\leq$ 0,05)	1,000	1,000	1,000	1,000
CFI	0,991	0,989	0,988	0,969
TLI	0,982	0,981	0,980	0,955
SRMR	0,022	0,025	0,026	0,043
Step-Up-Test der geschachtelten Modellvarianten gegeneinander				
$\Delta\chi^2$	—	29,507	31,580	211,851
Δdf	—	12	12	18
crit. val. $\Delta\chi^2_{\Delta df;p=0{,}05}$	—	21,026	21,026	28,869
crit. val. $\Delta\chi^2_{\Delta df;p=0{,}05}$ (Bonferroni)	—	25,530	25,530	34,027
crit. val. $\Delta\chi^2_{\Delta df;p=0{,}05}$ (Oort)	—	34,396	36,082	77,194
corrected $\Delta\chi^2$ (Satorra/Bentler)	—	62,252	34,123	209,210
ΔRMSEA	—	0,001	0,000	0,009
ΔCFI	—	−0,002	−0,001	−0,019
ΔSRMR	—	0,003	0,001	0,017

Eigene Berechnungen der korrigierten χ^2-Differenz (corrected $\Delta\chi^2$) nach Mplus-Webseite (vgl. Satorra und Bentler 2001; Christ und Schlüter 2012, S. 46 f.)

ΔCFI, ΔRMSEA und ΔSRMR herangezogen werden sollten. Wie ebenfalls in Abschnitt 4.2.2 ausgeführt, kann nach den Schwellenwerten von Chen (2007) für das hier behandelte Modell *starke faktorielle Messinvarianz* (Variante 2) angenommen werden. Die Betrachtung von ΔCFI zeigt erst bei dem Test der Variante 3 gegen Variante 2 ein Unterschreiten des Schwellenwertes von −0,010, welches von einem Überschreiten des Schwellenwertes für ΔSRMR bei der Intercept- und Residuums-Invarianztestung von 0,010 begleitet wird (siehe Tabelle 7.2). Der Wert von ΔRMSEA liegt immer unter den von Chen (ebd.) publizierten Schwellenwerten. Darüber hinaus ist festzuhalten, dass alle vier Modellvarianten insgesamt gesehen einen sehr guten bis akzeptablen Modellfit aufweisen, wenn man die Gütekriterien RMSEA, CFI, TLI und SRMR nicht im Vergleich, sondern für jedes Modell einzeln betrachtet. Im Modellvergleich verschlechtert sich dieser bis zur Variante 2 zwar signifikant aber nicht erheblich, die Variante 3 hingegen lässt auch eine relevante Verschlechterung erkennen. Der BIC und der »sample-size adjusted BIC« zeigen als beste Modellversion die Variante 2 an – sie haben dort ihr Minimum. Auf Grundlage der ΔGOF-Analysen, der nur leichten Verschlechterung des absolut gesehen guten Modellfits, der Minima bei den BIC-Versionen und aus forschungspraktischen Gründen (starke faktorielle Invarianz ist für viele weitergehende Längsschnittanalysen nötig), erscheint die Wahl von Variante 2 trotz der negativ ausfallenden χ^2-Differenzentests angebracht.

Das Modell mit starker faktorieller Messinvarianz (Variante 2) ist in Abbildung 7.1 dargestellt (standardisierte Lösung). Aus Gründen der Übersichtlichkeit sind dort die zugelassenen Fehler-Autokorrelationen jedoch nicht eingezeichnet, gleichwohl liegen eine Reihe von signifikanten Autokorrelationen vor. Den höchsten Wert erreicht die Fehlerkorrelation zwischen den Indikatoren el0083 und fl0083 mit einem (standardisierten) Wert von 0,310. Zwischen den einzelnen latenten Variablen, den sogenannten States, die hier die Wertedimension »Pflicht und Konvention« zu den unterschiedlichen Erhebungszeitpunkten 2002 bis 2008 repräsentieren, liegen bedeutsame und recht hohe Korrelationen vor. Generell weist dieser Befund auf eine hohe interindividuelle Stabilität der Wertedimension hin (siehe auch Boers, Seddig et al. 2009, S. 281 ff.; Boers, Reinecke, Seddig et al. 2010, S. 509). Dies kann als Hinweis auf das Zutreffen der Annahme eines zeitstabilen Persönlichkeitsmerkmals (Trait) verstanden werden. Offenbar ist diese Wertedimension weniger situationsbezogen geprägt, sondern besitzt eine starke zeitstabile Komponente. Des Weiteren lässt sich der Abbildung 7.1 entnehmen, dass die Korrelationen zwischen den States mit größer werdendem zeitlichen Abstand abnehmen: Dies deutet auf eine autoregressive Struktur hin.

7.1.2 Hedonismus und Materialismus

Auch bei den Längsschnittanalysen im Bereich der Wertedimension »Hedonismus und Materialismus« beginnen wir mit einem sehr unrestriktiven Latent-State-Modell, bei dem zunächst lediglich von konfiguraler Messinvarianz ausgegangen wird. Analog zu den im vorangegangenen Abschnitt 7.1.1 verwendeten

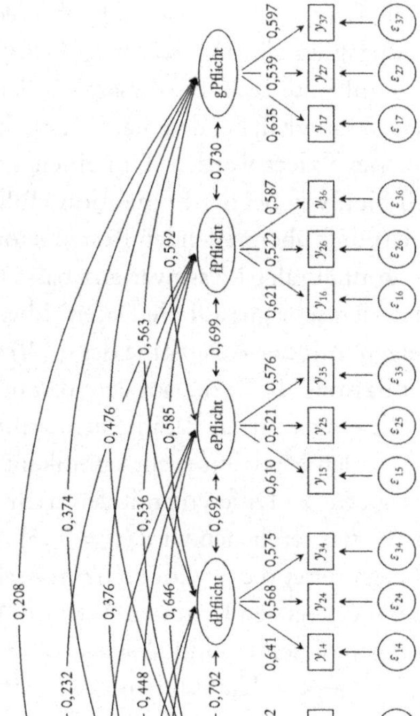

Abbildung 7.1: Latent-State-Modell »Pflicht« 2002 bis 2008 (Variante 2, starke faktorielle Messinvarianz) mit autokorrelierten Fehlervariablen (aus Übersichtsgründen nicht grafisch dargestellt), $n = 2957$, MLR-Schätzung, standardisierte Lösung, $\chi^2 = 255{,}737$, df = 129, $p(\chi^2) = 0{,}0000$, RMSEA = 0,018, $p(\text{RMSEA} \leq 0{,}05) = 1{,}000$, CFI = 0,988, TLI = 0,980, SRMR = 0,026

Bezeichnungen lauten die Dimensionsvariablen hier aHedo bis gHedo mit den zugehörigen Indikatorvariablen al0053, al0054, al0076 bis gl0053, gl0054 und gl0076 (siehe Tabelle 7.1 auf Seite 289). Bei diesem Modell handelt es sich ebenfalls um ein Drei-Indikatorenmodell, bei dem keine Kausalbeziehungen zwischen den latenten Variablen spezifiziert werden. Um einen adäquaten Modellfit zu erreichen, werden auch hier, wie bei der Dimension »Pflicht«, alle diachronen, indikatorspezifischen zeitpunktübergreifenden Residualkorrelationen zugelassen.

Das Basismodell mit konfiguraler Messinvarianz passt laut den in Tabelle 7.3 ausgewiesenen Gütekriterien sehr gut auf die Daten. Ebenso wie bei der Wertedimension »Pflicht« zeigen, mit der Ausnahme des χ^2-Tests, alle Gütekriterien eine sehr gute Modellanpassung. In Bezug auf den Test der Messinvarianz ist es hier allerdings so, dass die eingeführten Parameterrestriktionen der schwachen faktoriellen Messinvarianz den Modellfit nicht signifikant verschlechtern, wenn die Satorra-Bentler-korrigierte χ^2-Differenz mit den nach Bonferroni oder Oort korrigierten kritischen Werten verglichen wird ($p = 0{,}05$). Selbst den unkorrigierten kritischen Wert überschreitet die χ^2-Differenz nur sehr leicht. Die übrigen zur Invarianztestung herangezogenen Kriterien ΔRMSEA, ΔCFI und ΔSRMR sowie AIC, BIC und SABIC bestätigen diesen Befund. Auch sie zeigen keine deutliche Modellverschlechterung an – ΔRMSEA deutet (ebenso wie AIC, BIC und SABIC) sogar auf eine Modellverbesserung hin. Insofern kann fest von schwacher Messinvarianz bei der Wertedimension »Hedo« ausgegangen werden. Das Spezifizieren der Bedingungen für die starke faktorielle Messinvarianz führt allerdings zu einem deutlich schechteren Modellfit (siehe im Anhang Tabelle A.21 auf Seite 490). Mit Ausnahme von ΔRMSEA zeigen alle Maßzahlen sowohl eine signifikante inakzeptable Modellverschlechterung im Vergleich zur Modellvariante 1 an. Eine Lösung für das Problem besteht in der teilweisen Lockerung der Parameterrestriktionen. Es zeigt sich, dass die Modellverschlechterung mit den Indikatoritems des letzten Erhebungszeitpunktes t_7 gl0054 und gl0076 verknüpft sind. Wird die Residuums- und Interceptinvariantsetzung lediglich für *diese beiden* Indikatoren des letzten Erhebungszeitpunktes ausgesetzt, ergeben sich die in Tabelle 7.3 dargestellten Testergebnisse. Zwar ist der χ^2-Differenzentest auch dann wieder in allen Fällen signifikant, die Kriterien ΔRMSEA, ΔCFI und ΔSRMR bewegen sich aber in akzeptablen Größenordnungen. Die Werte von AIC, BIC und SABIC deuten auf eine besser passende Modellvariante 1 hin, die Unterschiede sind allerdings nicht sehr deutlich. Unter Berücksichtigung aller zur Verfügung stehenden Informationen erscheint es vertretbar, die partielle starke faktorielle Messinvarianz – mit

Tabelle 7.3: Gütekriterien der Messinvarianzprüfung »Hedo« (Sieben-Wellen-Panel, $n = 2957$, MLR-Schätzung)

	Basismodell	Variante 1	Variante 2a[a)]	Variante 3
AIC	145959,439	145947,886	146085,891	146374,810
BIC	146840,253	146756,797	146834,882	147003,962
Sample-Size Adj. BIC	146373,178	146327,851	146437,710	146670,338
χ^2	149,061	160,964	305,803	617,409
df	105	117	127	147
$p(\chi^2)$	0,003	0,004	0,000	0,000
Scaling Correction Factor	1,113	1,108	1,100	1,078
RMSEA	0,012	0,011	0,022	0,033
p(RMSEA $\leq$ 0,05)	1,000	1,000	1,000	1,000
CFI	0,996	0,996	0,986	0,962
TLI	0,993	0,994	0,976	0,946
SRMR	0,019	0,020	0,026	0,047
Step-Up-Test der geschachtelten Modellvarianten gegeneinander				
$\Delta\chi^2$	—	11,903	144,839	311,606
Δdf	—	12	10	20
crit. val. $\Delta\chi^2_{\Delta df;p=0,05}$	—	21,026	18,307	31,410
crit. val. $\Delta\chi^2_{\Delta df;p=0,05}$ (Bonferroni)	—	25,530	22,558	36,761
crit. val. $\Delta\chi^2_{\Delta df;p=0,05}$ (Oort)	—	24,699	38,795	109,312
corrected $\Delta\chi^2$ (Satorra/Bentler)	—	22,442	158,883	305,899
ΔRMSEA	—	−0,001	0,011	0,011
ΔCFI	—	0,000	−0,010	−0,024
ΔSRMR	—	0,001	0,006	0,021

Eigene Berechnungen der korrigierten χ^2-Differenz (corrected $\Delta\chi^2$) nach Mplus-Webseite (vgl. Satorra und Bentler 2001; Christ und Schlüter 2012, S. 46 f.)

a) starke partielle Messinvarianz ohne die Intercept- und Residuumsinvarianz der Indikatoren des letzten Messzeitpunktes gl0054 und gl0076

Ausnahme also der erfüllten Restriktionen für gl0054 und gl0076 – anzunehmen. Inhaltlich erscheint dies ebenfalls vertretbar, da das Leititem gl0053 nicht betroffen ist, welches auch inhaltlich den Faktor bzw. die Wertedimension am ehesten verkörpert. Bei Interpretationen der Mittelwertsunterschiede ist allerdings zu berücksichtigen, dass im letzten Erhebungszeitpunkt messtheoretische Probleme vorliegen können. Die Modellvariante 3 mit strikter faktorieller Messinvarianz ist demgegenüber nicht mehr zu vertreten, alle Maßzahlen zeigen einen zu schlechten Modellfit an.

Die standardisierte Lösung der Modellvariante 2a mit partieller starker faktorieller Messinvarianz der Wertedimension »Hedonismus und Materialismus« ist in Abbildung 7.2 zu sehen. In dieser Abbildung werden wieder die Fehlerkorrelationen aus Gründen der Übersichtlichkeit nicht dargestellt. Dennoch liegen einige signifikante Autokorrelationen der Fehler vor. Zu allermeist sind diese relativ gering, einzelne Korrelationen erreichen aber auch bedeutsame Ausmaße. Die höchste Fehlerkorrelation liegt zwischen den Indikatoren gl0054 und fl0054 vor, sie erreicht einen Wert von 0,428. Insgesamt scheint es so zu sein, dass die Fehlerkorrelationen im Zeitverlauf eher zunehmen. Möglicherweise ist dies ein Zeichen für eine abnehmende Messqualität im Laufe des Erhebungszeitraumes, möglicherweise hervorgerufen durch Erinnerungseffekte. Ebenso wie bei der Dimension »Pflicht und Konvention« lassen sich bei »Hedonismus und Materialismus« bedeutsame und hohe Korrelationen zwischen den einzelnen States beobachten. Auch hier deutet die Befundlage darauf hin, diese Dimension als situationsunabhängiges, zeitstabiles Persönlichkeitsmerkmal bzw. Trait aufzufassen. Darüber hinaus weisen die in Abbildung 7.2 ausgewiesenen Korrelationen zwischen den States, die mit größer werdendem zeitlichen Abstand abnehmen, ebenfalls auf eine autoregressive Struktur hin.

7.1.3 Öffentliches Engagement

Bei dem Latent-State-Modell der Wertedimension »Öffentliches Engagement« (Enga) als Basismodell mit konfiguraler Messinvarianz handelt es sich im Unterschied zu den beiden anderen Wertedimensionen um ein Zwei-Indikatorenmodell (siehe Abschnitt 6.2). Ebenso wie bei den vorherigen Modellen erfolgt die Benennung der hier relevanten latenten und manifesten Variablen nach den in Tabelle 7.1 auf Seite 289 aufgelisteten Bezeichnungen . Die latenten State-Variablen lauten im Längsschnitt (t_1 bis t_7) daher aEnga bis gEnga, die jeweils zwei Indikatorvariablen

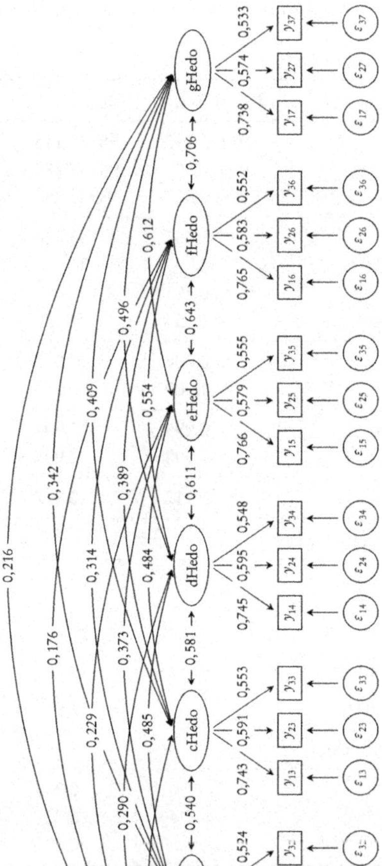

Abbildung 7.2: Latent-State-Modell »Hedo« (Variante 2a, partielle starke faktorielle Messinvarianz) mit autokorrelierten Fehlervariablen (aus Übersichtsgründen nicht grafisch dargestellt), $n = 2957$, MLR-Schätzung, standardisierte Lösung, $\chi^2 = 305{,}803$, df = 127, $p(\chi^2) = 0{,}0000$, RMSEA = 0,022, $p(\text{RMSEA} \leq 0{,}05) = 1{,}000$, CFI = 0,986, TLI = 0,976, SRMR = 0,026

Tabelle 7.4: Gütekriterien der Messinvarianzprüfung »Enga« (Sieben-Wellen-Panel, n = 2957, MLR-Schätzung)

	Basismodell	Variante 1	Variante 2	Variante 3
AIC	98366,183	98370,115	98374,844	98475,922
BIC	98869,505	98837,485	98806,263	98835,438
Sample-Size Adj. BIC	98602,605	98589,650	98577,492	98644,796
χ^2	39,095	53,626	69,336	183,521
df	35	41	47	59
$p(\chi^2)$	0,291	0,089	0,019	0,000
Scaling Correction Factor	1,154	1,139	1,122	1,105
RMSEA	0,006	0,010	0,013	0,027
p(RMSEA $\leq$ 0,05)	1,000	1,000	1,000	1,000
CFI	0,999	0,997	0,996	0,975
TLI	0,998	0,994	0,991	0,961
SRMR	0,012	0,017	0,018	0,041
Step-Up-Test der geschachtelten Modellvarianten gegeneinander				
$\Delta\chi^2$	—	14,53	15,710	114,185
Δdf	—	6	6	12
crit. val. $\Delta\chi^2_{\Delta df;p=0,05}$	—	12,592	12,592	89,391
crit. val. $\Delta\chi^2_{\Delta df;p=0,05}$ (Bonferroni)	—	16,245	16,245	97,965
crit. val. $\Delta\chi^2_{\Delta df;p=0,05}$ (Oort)	—	12,839	14,901	111,304
corrected $\Delta\chi^2$ (Satorra/Bentler)	—	17,963	17,209	128,089
ΔRMSEA	—	0,004	0,003	0,014
ΔCFI	—	−0,002	−0,001	−0,021
ΔSRMR	—	0,005	0,001	0,023

Eigene Berechnungen der korrigierten χ^2-Differenz (corrected $\Delta\chi^2$) nach Mplus-Webseite (vgl. Satorra und Bentler 2001; Christ und Schlüter 2012, S. 46 f.)

pro Zeitpunkt entsprechend al0062 und al0088 bis gl0062 und gl0088. Da allerdings lediglich zwei Indikatoren pro Zeitpunkt zur Verfügung stehen, ergibt sich ein Identifikationsproblem. Es können nicht, wie bei den Modellen der anderen Wertedimensionen, alle Autokorrelationen der Messfehler geschätzt werden. Aus diesem Grund werden nur die Fehlerkorrelationen der Indikatoren (x)l0062 spezifiziert. Weil die Korrelationen der Messfehler der Indikatoren (x)l0088 jedoch sowieso nicht signifikant sind, stellt dieser Sachverhalt kein größeres Problem dar.

Die in Tabelle 7.4 aufgelisteten Gütekriterien belegen einen sehr guten Modellfit des Basismodells mit konfiguraler Messinvarianz im Bereich der Wertedimension »Öffenliches Engagement«. Im Gegensatz zu den vorherigen Analysen im Bereich der beiden anderen Wertedimensionen weist sogar der χ^2-Test auf einen perfekten Modellfit hin. Die Step-Up-Tests der Messinvarianz lassen bis zur Modellvariante 2 (starke faktorielle Messinvarianz) signifkante Modellverschlechterungen erkennen, die Satorra-Bentler-korrigierten $\Delta\chi^2$-Werte überschreiten immer knapp die nach Bonferroni oder Oort korrigierten kritischen Werte. Die übrigen relevanten Maßzahlen ΔRMSEA, ΔCFI und ΔSRMR sowie AIC, BIC und SABIC deuten aber auf die Gültigkeit der Modellvariante 2 hin. Der Test der Variante 3 gegen die Variante 2 fällt dann generell sehr schlecht aus, so dass diese Modellvariante mit strikter faktorieller Messinvarianz abgelehnt werden muss. Auf Grundlage der vorgestellten Gütekriterien können wir von der Gültigkeit der Modellvariante 2 und damit von starker faktorieller Messinvarianz auch im Bereich der Wertedimension »Öffentliches Engagement« ausgehen.

Die standardisierte Lösung des Modells mit starker faktorieller Messinvarianz im Bereich »Öffentliches Engagement« ist in Abbildung 7.3 auf der nächsten Seite dargestellt. Wie in den beiden Modellen der anderen Wertedimensionen wird auch hier auf die graphische Repräsentation der Autokorrelationen der Fehlervariablen verzichtet, da sie die Übersichtlichkeit stark einschränken würde. Wie oben ausgeführt, sind lediglich die Fehler-Autokorrelationen zwischen den Indikatoren (x)l0062 spezifiziert, da das Modell sonst nicht identifizierbar wäre und die Fehler-Autokorrelationen zwischen den Indikatoren (x)l0088 nicht signifikant sind. Die vorhandenen Fehler-Autokorrelationen liegen unter einem Wert von 0,327, der bei der Korrelation zwischen fl0062 und gl0062 erreicht wird. Auch bei dieser Wertedimension scheinen die Fehler-Autokorrelationen über die Zeit hinweg stärker zu werden, möglicherweise ein Hinweis auf zunehmende Erinnerungseffekte bei den befragten Personen. Die Korrelationen zwischen den latenten Dimensionsvariablen, den States, sind auch im Bereich »Öffentliches Engagement« recht hoch und weisen auf eine zeitstabile Struktur hin. Auch dieser Wertebereich scheint eine deutliche zeitstabile Komponente zu besitzen, die eine Modellierung als Persönlichkeitsmerkmal rechtfertigt. Der bei den anderen Wertedimensionen bereits beschriebene Befund einer mit größerem zeitlichen Abstand abnehmenden Korrelationsstärke ist auch hier gegeben und weist ebenso auf eine mögliche autoregressive Struktur bei der Wertedimension »Öffentliches Engagement« hin.

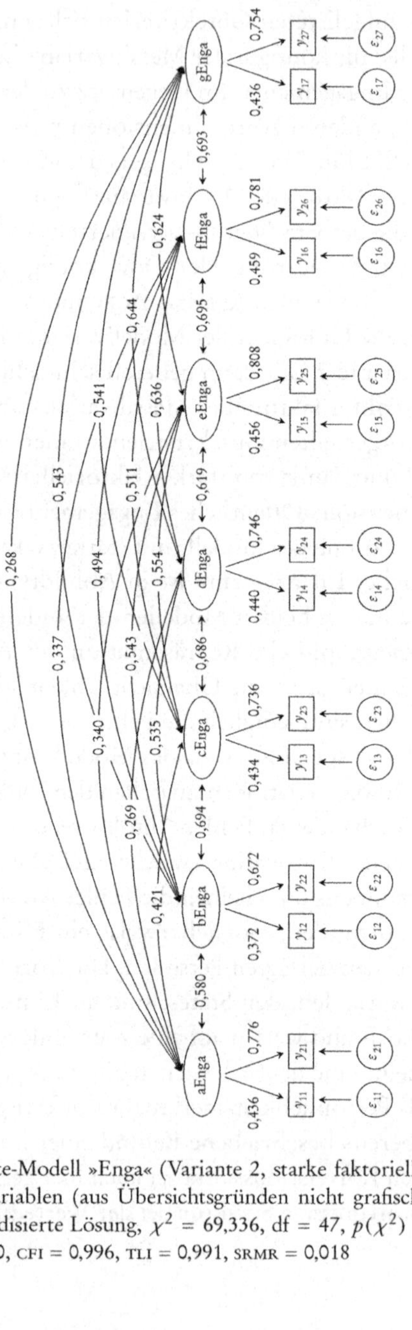

Abbildung 7.3: Latent-State-Modell »Enga« (Variante 2, starke faktorielle Messinvarianz) mit autokorrelierten Fehlervariablen (aus Übersichtsgründen nicht grafisch dargestellt), $n = 2957$, MLR-Schätzung, standardisierte Lösung, $\chi^2 = 69{,}336$, df = 47, $p(\chi^2) = 0{,}0019$, RMSEA = 0,013, p(RMSEA $\leq$ 0,05) = 1,000, CFI = 0,996, TLI = 0,991, SRMR = 0,018

Tabelle 7.5: Faktorvarianzen in den Latent-State-Modellen (Sieben-Wellen-Panel mit $n = 2957$)

	2002	2003	2004	2005	2006	2007	2008
Jahrgang	7	8	9	10	(11)	(12)	(13)
Alter	13	14	15	16	17	18	19
Pflicht	0,513	0,535	0,485	0,495	0,405	0,392	0,397
Hedo	0,944	0,835	0,789	0,777	0,700	0,660	0,585
Enga	0,342	0,255	0,243	0,243	0,199	0,198	0,191

Wir können mit den oben dargestellten Ergebnissen und leichten Einschränkungen im Bereich des Hedonismus'/Materialismus' von starker faktorieller Messinvarianz ausgehen. Dieser Umstand eröffnet die Möglichkeiten weitergehender Analysen. Neben der weiteren Erkenntnis, dass in allen drei Wertedimensionen hohe Korrelationen zwischen den latenten Variablen im Zeitverlauf zu erkennen sind, die als Hinweis auf Werte als zeitstabile Persönlichkeitsmerkmale dargestellt wurden, ist auch der Blick auf die Faktorvarianzen hilfreich. Wie in Tabelle 7.5 und Abbildung 7.4 auf der nächsten Seite abzulesen ist, nehmen die Varianzen der drei Wertedimensionen über die Zeit hin tendenziell ab. Es steht zu vermuten, dass diese Abnahme der Heterogenität in allen Bereichen auf einen Rückgang der zufälligen Streuung zurückzuführen ist. Auch dieser Umstand deutet auf eine Zunahme der Stabilität der untersuchten Wertedimensionen im Altersverlauf hin. Möglicherweise spielen aber auch Erinnerungseffekte eine Rolle, die die Variabilität verringern. Bereits in Kapitel 6 ist auf die Ausbildung von festen Werteidentitäten bzw. Werten als stabile Persönlichkeitsmerkmale eingegangen worden. Im folgenden Abschnitt 7.2 soll gerade diese Fragestellung noch intensiver beleuchtet werden.

7.2 Intrapersonale Wertentwicklung

Um die Frage zu bearbeiten, ob es sich bei bestimmten Merkmalen um zeitlich stabile, zustands- und situations*unabhängige* Eigenschaften oder Dispositionen handelt oder um zeitlich instabile, zustands- oder situations*abhängige* Merkmale, bieten sich *Latent-State-Trait-Modelle* an (vgl. Steyer et al. 1999; Kelava und Schermelleh-Engel 2012). In der Latent-State-Trait-Theorie geht man, grob verallgemeinert, davon aus, dass das menschliche Verhalten sowohl durch stabile Personenmerkmalen (Traits), durch Situationseinflüsse (States) als auch durch

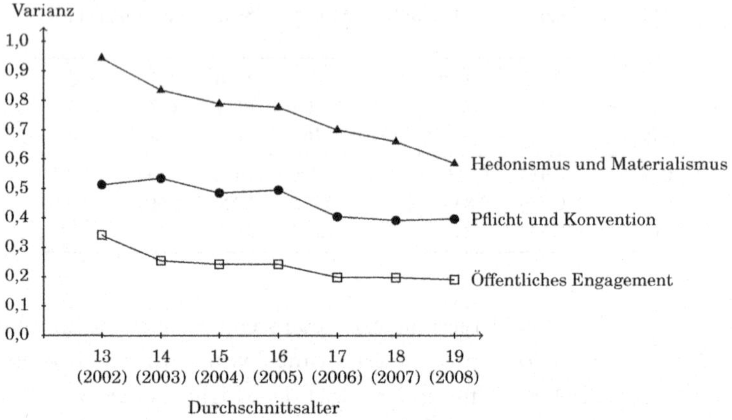

Abbildung 7.4: Faktorvarianzen in den Latent-State-Modellen (Sieben-Wellen-Panel mit n = 2957)

Interaktionseinflüsse von Personen und Situationen beeinflusst wird (vgl. Kelava und Schermelleh-Engel 2012, S. 365). Bezogen auf unseren Gegenstandsbereich können mit dieser Modellierungsart Werte als zeitlich stabile Personen- bzw. Persönlichkeitsmerkmale aufgefasst werden, deren Veränderungen man über mehrere Erhebungszeitpunkte hinweg als durch situative Einflüsse bedingt ansehen kann. Diese Modellierung ermöglicht neben der Beurteilung des generellen Zutreffens eines solchen Modells auch die Quantifizierung der Varianzanteile die jeweils durch die Traits und die States erklärt werden. In technischer Sicht werden zusätzlich zu der in Abschnitt 7.1 vorgestellten Latent-State-Modellierung latente Variablen zweiter Ordnung eingeführt, mit deren Hilfe die latenten States in latente Traits und latente State-Residuen zerlegt werden. Die allgemeine Formel für Latent-State-Trait-Modelle lautet damit zunächst wie die der Latent-State-Modelle:

$$Y_{ik} = \alpha_{ik} + \lambda_{ik} \cdot (\text{State } k) + \varepsilon_{ik} \,, \tag{7.2}$$

mit den Bezeichungen aus Formel 7.1 auf Seite 286. Zusätzlich werden nun aber die latenten States (State k) folgendermaßen in einen latenten Trait und eine messgelegenheitspezifische Residualvariable ζ_k zerlegt

$$\text{State } k = \gamma_{0k} + \gamma_k \cdot \text{Trait} + \zeta_k \,, \tag{7.3}$$

mit γ_{0k} als latentem Intercept-Term und γ_k als Faktorladung zweiter Ordnung (vgl. Geiser 2011, S. 122 f.). In dem hier vorliegenden Fall, bei dem nur ein Trait aber mehrere States spezifiziert werden, spricht man auch von einem *Singletrait-Mulstistate-Modell* (vgl. Kelava und Schermelleh-Engel 2012, S. 372 f.). Für die inhaltliche Interpretation gilt bei diesen Modellen, dass die latenten State-Variablen die situationsabhängigen Zustände und die latenten Trait-Variablen die zeitstabilen, situationsunabhängigen Ausprägungen beschreiben. Die latenten State-Residualvariablen entsprechen der Differenz zwischen den latenten State- und Trait-Variablen, und deren Varianz bildet den Varianzanteil ab, der nicht durch das Personenmerkmal, sondern durch Situationseinflüsse oder Interaktionseffekte von Situation und Person erklärt wird. In dem hier untersuchten Gegenstandsbereich der Werte deutet ein hoher Varianzanteil, der durch die Trait-Variablen erklärt wird, auf das Vorliegen von Werten als zeitstabile Persönlichkeitsmerkmale hin. Sind hingegen die Varianzanteile, die durch die latenten State-Residuums-Variablen erklärt werden hoch bzw. sind die erklärten Varianzanteile der Trait-Variablen niedrig, spricht dies eher für Werte als situations- bzw. zeitabhängige Merkmale. Mit der Aging-Stability-These bzw. der in vielen Publikationen vertretenen Auffassung, dass sich Werte im Laufe der Jugend als stabile Persönlichkeitsmerkmale erst herausbilden, können wir vermuten, dass die durch die zeitstabilen Traits erklärten Varianzanteile der Wertedimensionen im Altersverlauf deutlich zunehmen sollten.

Auch für die LST -Modelle wird der Sieben-Wellen-Paneldatensatz mit $n = 2957$ Fällen (siehe Abschnitt 3.2) verwendet, der die oben aufgeführten Variablen und Bezeichnungen (siehe Tabelle 7.1 auf Seite 289) enthält. Zum Einsatz kommt wieder das Programmpaket Mplus 6.12 (siehe Muthén und Muthén 2010; für ein Beispiel siehe die Mplus-Syntax A.2 auf Seite 489 im Anhang).

7.2.1 Pflicht und Konvention

Bei den Pflicht- und Konventionswerten lässt sich eine Latent-State-Trait-Modellierung durchführen, deren Struktur in Abbildung 7.5 auf der nächsten Seite grafisch visualisiert ist. Der Faktor zweiter Ordnung, in der Abbildung als »Pflicht« abgekürzt, repräsentiert die zeitstabile Persönlichkeitseigenschaft bzw. den zeitstabilen »Kern« im Bereich der Pflicht- und Konventionswerte. Zunächst ist festzuhalten, dass der Fit für das ausgewiesene Modell gut ist. Alle relevanten Kennzahlen zeigen eine gute bis sehr gute Modellanpassung. Zu berücksichtigen ist hierbei, dass die in Abschnitt 7.1.1 auf Seite 288 spezifizierten Invarianzrestriktionen für die starke faktorielle Messinvarianz übernommen wurden.

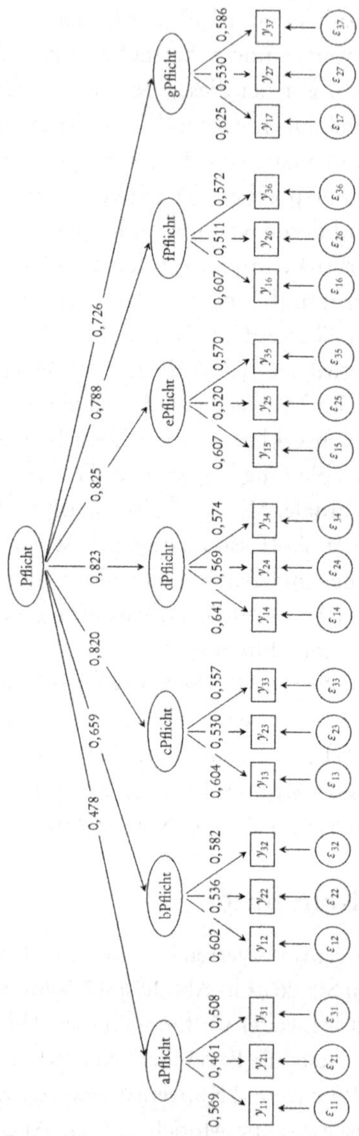

Abbildung 7.5: Latent-State-Trait-Modell »Pflicht« (Variante 2, starke faktorielle Messinvarianz) mit autokorrelierten Fehlervariablen (aus Übersichtsgründen nicht grafisch dargestellt), $n = 2957$, MLR-Schätzung, standardisierte Lösung, $\chi^2 = 453{,}812$, df = 143, $p(\chi^2) = 0{,}0000$, RMSEA = 0,027, $p(\text{RMSEA} \leq 0{,}05) = 1{,}000$, CFI = 0,970, TLI = 0,955, SRMR = 0,036

Die Inspektion der Faktorladungen zweiter Ordnung, das heißt der Ladungen der State-Variablen auf dem Traitfaktor, deckt signifikante und insgesamt recht hohe Ladungen auf. Sie zeigen im Zeitverlauf allerdings ein interessantes spezifisches Muster. Bis zum fünften Erhebungszeitpunkt (»ePflicht«) nehmen sie sehr deutlich und kontinuierlich zu und sinken danach wieder ab. Damit verbunden steigt der Anteil der Varianz, die durch den zeitstabilen Traitfaktor erklärt wird, bis zu diesem Zeitpunkt von 23 Prozent auf 68 Prozent stark an, um danach wieder leicht auf 53 Prozent abzufallen (siehe Tabelle 7.6 auf Seite 311 und Schaubild 7.8 auf Seite 312). Im Durchschnitt lassen sich etwa 55 Prozent der Varianz durch eine zeitstabile Wertkomponente »Pflicht« erklären, 45 Prozent sind demnach durch situative Einflüsse erklärbar. Im jungen Alter von 13 bis 15 sind dabei zunächst die situativen Einflüsse deutlich stärker, doch schon ungefähr ab dem 14. Lebensjahr stabilisieren sich die Werte im Bereich der Pflicht und Konvention. Ab einem Alter von 15 Jahren lässt sich dann der Großteil der Varianz durch einen zeitstabilen Traitfaktor »Pflicht« erklären. Diese Erkenntnis steht im Einklang mit der Aging-Stability-Thesis, die besagt, dass sich stabile Wertorientierungen erst im Zuge der Ausbildung einer individuellen Persönlichkeitsstruktur im Laufe des Älterwerdens ausbilden. Es ist dann in etwa zwischen dem 15. und 17. Lebensjahr eine dreijährige hohe Plateauphase erkennbar, in der die höchsten erklärten Varainzanteile durch den Traitfaktor vorliegen. Rund zwei Drittel beträgt in diesem Zeitraum der auf das zeitstabile Persönlichkeits-Wertmerkmal »Pflicht« zurückzuführende Varianzanteil der States. Nach dieser Plateauphase kommt es zu einem deutlich sichtbaren Abfall dieser Varianzanteile ab etwa dem 17. Lebensjahr, was der angesprochenen Aging-Stability-Thesis indessen entgegensteht. Es scheint sich also gegen Ende der Jugendphase bzw. mit dem Beginn des Erwachsenwerdens erneut eine Instabilität in der individuellen Wertestruktur auszubilden. Am Ende des Beobachtungszeitraumes lässt sich zwar immer noch deutlich mehr Varianz durch den Traitfaktor erklären als zu Beginn, mit etwas mehr als 50 Prozent im 19. Lebensjahr liegt dieser Anteil allerdings deutlich unter den höchsten Werten, die zwischen dem 15. und 17. Lebensjahr auftreten. Es steht zu vermuten, dass sich diese Anteile im weiteren Lebensverlauf eher auf einem höheren Niveau einpendeln, als wieder komplett zurückzufallen. Gesicherte Aussagen sind mit dem hier untersuchten Datenmaterial jedoch nicht möglich. Von Pflichtwerten als einem in der Jugendphase immer stabiler werdenden Persönlichkeitsmerkmal auszugehen, erscheint mit den vorliegenden Befunden nicht gerechtfertig. Vielmehr kann von einer wellenförmigen

Bewegung im Bereich der Pflicht- und Akzeptanzwerte ausgegangen werden, die Phasen der Stabilisierung und Stabilität aber auch Instabilität und Veränderung im Lebenslauf mit einschließt. Über die Ursachen kann an dieser Stelle nur spekuliert werden, es erscheint plausibel, dass korrespondierende Lebensereignisse im Prozess des Erwachsenwerdens (Schulwechsel, Auszug aus dem Elternhaus, Berufseinstieg etc.) eine Rolle spielen dürften.

7.2.2 Hedonismus und Materialismus

Die Modellanpassung des Latent-Trait-State-Modells der Hedonismus-Materialismus-Werte ist etwas schlechter als die bei den Pflicht- und Akzeptanzwerten, insgesamt aber dennoch gut bis sehr gut. Die relevanten Indikatoren für die Modellgüte zeigen mit Ausnahme des TLI, der knapp unter dem empfohlenen Schwellenwert liegt, gute bis sehr gute Werte (siehe Abbildung 7.6). Auch bei diesem Modell ist bei der Bewertung der Modellgüte einzubeziehen, dass die in Abschnitt 7.1.2 dargelegten Messinvarianzrestriktionen für die partielle starke faktorielle Messinvarianz beibehalten wurden.

Ähnlich wie bei den im vorangegangenen Abschnitt beschriebenen Pflicht- und Akzeptanzwerten sind die Faktorladungen zweiter Ordnung zu Beginn des Untersuchungszeitraumes am niedrigsten, steigen dann an, um nach einer Plateauphase wieder abzusinken, ohne jedoch auf das niedrige Ausgangsniveau wieder zurückzufallen. Dieser von der Form her analoge Verlauf lässt sich naturgemäß ebenfalls mit den durch den zeitstabilen Traitfaktor erklärten Varianzanteile nachzeichnen (siehe Tabelle 7.6 auf Seite 311 und Schaubild 7.8 auf Seite 312). Im Alter von 13 Jahren lassen sich lediglich knapp 19 Prozent der Varianz auf das zeitstabile Werte-Persönlichkeitsmerkmal zurückführen. Die situationsbezogenen Einflüsse sind demgegenüber deutlich größer. Auch bei Hedonismus-Materialismus finden wir dann aber einen starken Anstieg der zeitstabilen Varianzanteile, bis beim sechsten Erhebungszeitpunkt mit knapp 61 Prozent das Maximum erreicht ist. Wie bei den Pflicht- und Akzeptanzwerten kann man auch hier von einer Plateauphase sprechen, die allerdings ein Jahr später erreicht wird und damit in etwa zwischen dem 16. und 18. Lebensjahr liegt. Der nachfolgende Rückgang der durch das zeitstabile Traitmerkmal erklärten Varianz fällt hingegen deutlich schwächer aus. Durch das Ende des Beobachtungszeitraumes bei einem Lebensalter von 19 Jahren lässt sich aber auch hier nur schwer eine Prognose über den weiteren Verlauf anstellen. Insgesamt lassen sich bei den hedonistisch-materialistischen

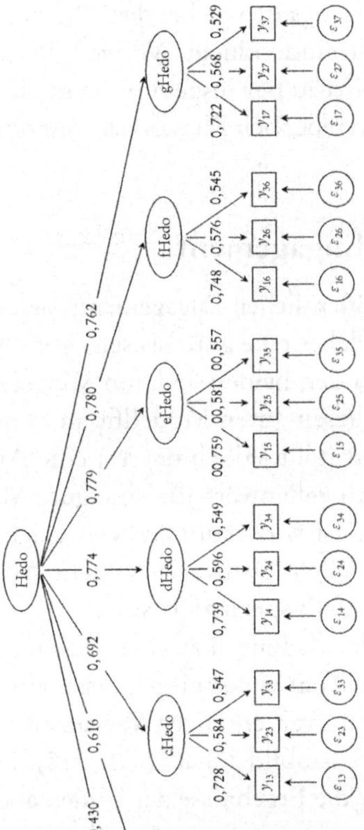

Abbildung 7.6: Latent-State-Trait-Modell »Hedo« (Variante 2a, partielle starke faktorielle Messinvarianz) mit autokorrelierten Fehlervariablen (aus Übersichtsgründen nicht grafisch dargestellt), $n = 2957$, MLR-Schätzung, standardisierte Lösung, $\chi^2 = 574{,}535$, df = 141, $p(\chi^2) = 0{,}0000$, RMSEA = 0,032, $p(\text{RMSEA} \leq 0{,}05) = 1{,}000$, CFI = 0,965, TLI = 0,948, SRMR = 0,042

Werten demnach ebenfalls Anhaltspunkte für das Zutreffen der Aging-Stability-Thesis ausmachen. Allerdings ist wie bei den Pflicht- und Akzeptanzwerten zu konstatieren, dass die intraindividuelle Wertstabilität bei Hedonismus und Materialismus zwar vom Niveau her insgesamt deutlich zunimmt, im Jugendalter aber auch bei diesem Wertebereich Phasen der Veränderung bzw. abnehmenden Stabilität auftreten.

7.2.3 Öffentliches Engagement

Auch für die Werte des öffentlichen Engagements lässt sich ein Latent-State-Trait-Modell spezifizieren, welches eine gute bis sehr gute Anpassung aufweist (siehe Abbildung 7.7). Wie bei den beiden anderen Wertebereichen auch, zeigen die relevanten Maßzahlen diesen guten Modellfit an. Analog zu den hedonistisch-materialistischen Werten stellt jedoch der TLI eine Ausnahme dar, da er leicht unter dem kritischen Schwellenwert für eine gute Modellanpassung liegt. Bei den Engagement-Werten ist wiederum zu berücksichtigen, dass die Restriktionen für die starke faktorielle Messinvarianz (siehe Abschnitt 7.1.3) in dem hier dargestellten Modell ebenfalls spezifiziert sind.

Die Inspektion der Faktorladungen zweiter Ordnung, die die Beziehungen zwischen den States und dem Trait widerspiegeln, lässt ein grundsätzliches Ansteigen der durch den zeitstabilen Trait erklärten Varianzanteile erkennen (siehe Tabelle 7.6 auf Seite 311 und Schaubild 7.8 auf Seite 312). Dieser Befund weist damit in dieselbe Richtung wie die Ergebnisse der beiden anderen Wertebereiche. Der Verlauf der Varianzerklärungsanteile weicht jedoch von dem der beiden anderen Wertedimensionen ab. Wir finden auch hier mit rund 23 Prozent den niedrigsten zeitstabilen Varianzanteil im ersten Erhebungszeitpunkt bzw. im Alter von 13 Jahren. Danach folgt ebenfalls ein deutlicher Anstieg der diesbezüglichen Varianzanteile auf rund 56 Prozent bis zum 15. Lebensjahr. Allerdings sinkt dieser Anteil dann zum 16. Lebensjahr wieder auf 54 Prozent leicht ab, steigt dann erneut bis zum Maximum von 61 Prozent im 18. Lebensjahr an, um daraufhin wieder zum Ende des Beobachtungszeitraumes leicht auf 58 Prozent abzusinken. Will man diese Schwankungen nicht überinterpretieren, so kann man von einer Plateauphase der intraindividuellen Wertstabilität zwischen dem 15. und dem 19. Lebensjahr sprechen. Zieht man diese Schwankungen in die Interpretation mit ein, so kann man mit aller gebotenen Vorsicht von einer wellenförmigen Bewegung der Wertestabilität im Bereich des öffentlichen Engagements sprechen.

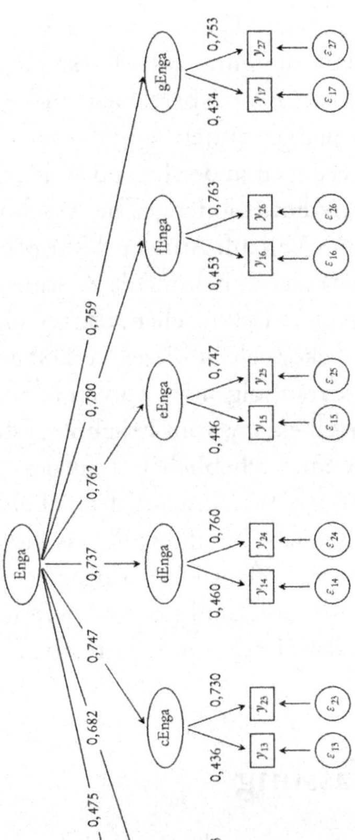

Abbildung 7.7: Latent-State-Trait-Modell »Enga« (Variante 2, starke faktorielle Messinvarianz) mit autokorrelierten Fehlervariablen (aus Übersichtsgründen nicht grafisch dargestellt), $n = 2957$, MLR-Schätzung, standardisierte Lösung, $\chi^2 = 241{,}071$, df = 61, $p(\chi^2) = 0{,}0000$, RMSEA = 0,032, $p(\text{RMSEA} \leq 0{,}05) = 1{,}000$, CFI = 0,964, TLI = 0,946, SRMR = 0,034

Insgesamt kann man ebenfalls von eher stützenden Befunden im Hinblick auf das Zutreffen der Aging-Stability-Thesis sprechen, da die Wertstabilität im Laufe der Jahre insgesamt deutlich zunimmt. Allerdings finden sich, wie auch schon bei den beiden zuvor dargestellten Wertebereichen, auch bei den Werten des öffentlichen Engagements mit der gewählten Modellierung Hinweise für Phasen der intraindividuelle Veränderungen in der Jugend. Wie schon bei der untersuchten Zustimmung zu den Wertedimensionen (siehe Abschnitt 6.3) markiert das Jahr 2005 einen Knickpunkt im Verlauf. Auf der deskriptiven Ebene war insgesamt (für Jungen und Mädchen) eine abnehmende Zustimmung zu den entsprechenden Werten bis zum Jahr 2005 festzustellen, danach eine Zunahme, gefolgt von einem Wiederabsinken. Gekoppelt ist dieser Verlauf an eine Stabilitätszunahme bis zum Jahr 2005, einer darauffolgenden kurzen Abnahme und anschließenden Wiederzunahme. Da der Übergang vom Erhebungsjahr 2005 auf 2006 mit dem Ende der Schullaufbahn eines erheblichen Teils des Samples zusammenhängt, kann vermutet werden, dass dieses einschneidende Lebensereignis einen Einfluss auf beide untersuchten Bereiche hat. Sowohl was die Zustimmung zu als auch die Stabilität von Werten des öffentlichen Engagements angeht, die inhaltlich ja mit der Berufswahl verknüpft sind (siehe Abschnitt 6.1), existiert offenbar ein Zusammenhang mit dem Ende der Schullaufbahn und der anschließenden Berufsausbildungsphase.

7.3 Zusammenfassung

Eine zusammenfassende Bewertung der Ergebnisse der Latent-State-Trait-Modellierung führt zunächst zu dem generellen Schluss, dass für jeden Wertebereich ein solches Modell mit guter bis sehr guter Anpassung gefunden werden kann. Die drei Wertedimensionen »Pflicht und Akzeptanz«, »Hedonismus und Materialismus« und »Öffentliches Engagement« lassen sich demnach prinzipiell als zeitstabile Persönlichkeitsmerkmale modellieren. Im Durchschnitt wird über alle Erhebungszeitpunkte hinweg bei allen drei Wertbereichen rund die Hälfte der Varianz der latenten Zustände bzw. States durch die jeweiligen zeitstabilen Traits erklärt (siehe Tabelle 7.6). Bei einer genaueren Betrachtung der Zeitverläufe treten jedoch erheblich Unterschiede in der Erklärkraft zu den einzelnen Zeitpunkten auf. Allen drei Wertebereichen ist gemein, dass die durch die jeweiligen Traits erklärte Varianz in den States der ersten Erhebungszeitpunkte 2002 und 2003 am niedrigsten ist. Absolut betrachtet ist weniger bzw. deutlich weniger als die

Tabelle 7.6: Varianzaufklärung der latenten States durch den jeweiligen Trait in Prozent (Sieben-Wellen-Panel mit $n = 2957$)

Zeitpunkt	Alter	Pflicht	Hedo	Enga
a (t_1)	13	22,9	18,5	22,6
b (t_2)	14	43,5	37,9	46,5
c (t_3)	15	67,2	47,9	55,8
d (t_4)	16	67,8	59,9	54,3
e (t_5)	17	68,0	60,7	58,0
f (t_6)	18	62,1	60,8	60,9
g (t_7)	19	52,7	58,1	57,6
Durchschnitt	16	54,9	49,1	50,8

Hälfte der Varianz in den ersten beiden Zeitpunkten in allen drei Wertebereichen auf das jeweilige zeitstabile Persönlichkeitsmerkmal zurückzuführen. Über die Hälfte bzw. deutlich über die Hälfte der Varianz in diesen beiden ersten Beobachtungszeitpunkten hängt damit von situations- bzw. zeitspezifischen Einflüssen ab. Dieser Umstand erscheint sehr plausibel, da gemeinhin von einer Ausbildung stabiler intraindividueller Werte erst im Laufe der Jugendphase ausgegangen wird (Aging-Stability-Thesis). Insofern ist es einleuchtend, dass gerade in den jungen Jahren situationsabhängige Einflussfaktoren bedeutsamer bei der Erklärung der Werte sind als zeitstabile Persönlichkeitsmerkmale. Eine weitere Gemeinsamkeit aller drei Wertebereiche ist die Tatsache, dass etwa ab dem 14. bzw. 15. Lebensjahr der Einfluss dieser zeitstabilen Trait-Merkmale den Einfluss der situationsabhängigen Komponenten übersteigt, zum Teil dann auch in sehr deutlicher Weise (siehe Abbildung 7.8 auf der nächsten Seite). Auch dieser Befund lässt sich in dieser grundsätzlichen Form mit der Aging-Stability-These so erwarten. Die weiteren Verläufe der Varainzerklärungsanteile unterscheiden sich dann allerdings je nach Wertedimension, so dass von wertspezifischen Entwicklungsmustern im Hinblick auf die Ausbildung dieser Werte als zeitstabile Persönlichkeitsmerkmale auszugehen ist.

Im Bereich der Pflicht- und Konventionswerte sowie der hedonistisch-materialistischen Werte folgt nach einem steilen Anstieg eine Plateauphase mit hohen bzw. sehr hohen Varianzanteilen, die durch die zeitstabilen Traits erklärt werden. Danach sinken diese Anteile wieder. Bei den Pflicht- und Akzeptanzwerten setzt diese Plateauphase ungefähr ein Jahr früher ein (15. Lebensjahr), endet aber auch ein Jahr früher (17. Lebensjahr). Die erklärten Varianzanteile sind dabei mit rund

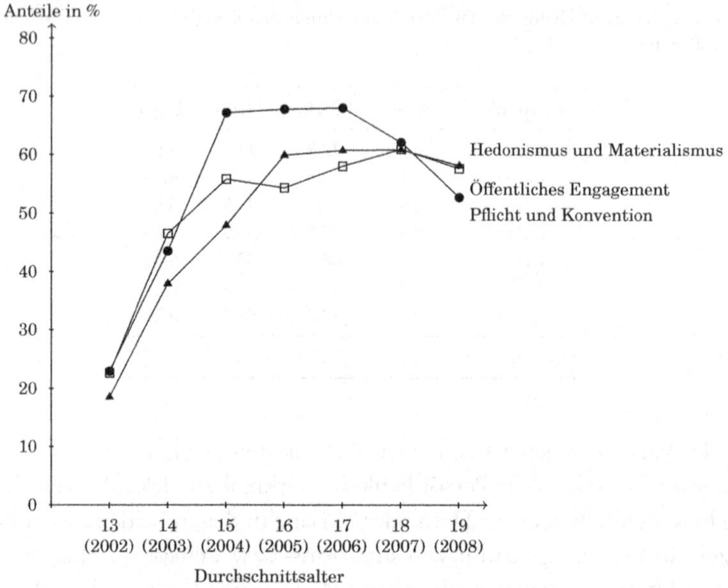

Abbildung 7.8: Varianzaufklärung der latenten States durch den jeweiligen Trait in Prozent (Sieben-Wellen-Panel mit $n = 2957$)

68 Prozent noch deutlich höher als bei den hedonistisch-materialistischen Werten, sinken aber zum Ende hin auch deutlich stärker wieder ab. Die Plateauphase bei den hedonistisch-materialistischen Werten wird ungefähr mit dem 16. Lebensjahr erreicht, endet mit dem 18. wieder und erreicht mit rund 61 Prozent erklärter Varianz nicht ganz das Niveau der Pflicht- und Akzeptanzwerte. Im Vergleich zu diesen beiden Wertebereichen verläuft die Entwicklung bei den Werten des öffentlichen Engagements etwas anders. Zwar steigen die durch den zeitstabilen Trait erklärten Varianzanteile zu Beginn der Beobachtungsperiode, ausgehend von einem sehr niedrigen Niveau, ebenfalls stark an, die weitere Entwicklung ist allerdings eher durch einen wellenförmig ansteigenden Verlauf gekennzeichnet. Zum Ende des Erhebungszeitraumes sind kaum Unterschiede zu dem Verlauf bei den hedonistisch-materialistischen Werten zu erkennen. Die Ergebnisse legen nahe, dass das einschneidende Lebensereignis des Übergangs von der Schule in den Beruf hiermit in Zusammenhang steht.

Insgesamt lassen sich mit den hier dargestellten Ergebnissen in allen drei Wertebereichen deutliche Belege dafür finden, dass sich eine zeitstabile Wertepersönlichkeit erst im Laufe der Kindheit und frühen Jugendphase ausbildet. Werte scheinen sich tatsächlich mit zunehmendem Alter zu stabilisieren, so dass bereits in der Phase der Jugend vom Zutreffen der Aging-Stability-Thesis ausgegangen werden kann. Allerdings zeigen die hier dargestellten Analysen ebenfalls ein Wiederabnehmen der Wertestabilität in allen Bereichen zum Ende der Jugendphase hin. Damit scheinen auch die Hypothesen zuzutreffen, die von weiteren Wertänderungsschüben und zwischenzeitlichen Phasen der Instabilität im Lebensverlauf ausgehen. Die Inglehartsche These der Ausbildung von Werten in den »formativen« Jahren und einer anschließenden Stabilität über den *gesamten* Lebensverlauf hinweg bestätigt sich hier damit nur teilweise. Die im Jugendalter zwischenzeitlich stabilste Phase ist bei den Pflicht- und Akzeptanzwerten zu beobachten – allerdings kombiniert mit den größten Schwankungen und der größten Abnahme der Stabilität zum Ende der Jugendphase hin. Man kann darüber spekulieren, ob dies mit der inhaltlichen Ausrichtung der betreffenden Werte auf schulische Bereiche zusammenhängt und die Abnahme der Stabilität mit dem Ende der Schulzeit korrespondiert. Im Bereich der Werte des öffentlichen Engagements findet man nicht die größten aber die häufigsten Schwankungen im beobachteten Zeitraum. Dies könnte ein Hinweis darauf sein, dass die Stabilität dieser Werte, die ja mit beruflichen Aspekten verknüpft sind (siehe Abschnitt 6.4), von Lebensereignissen des Schulwechsels, -abschlusses und der nahenden oder erfolgten Berufs- und Ausbildungswahl beeinflusst ist. Die hedonistisch-materialistischen Werte nehmen bezüglich ihres Stabilisierungsverlaufs eine Zwischenstellung ein. Ihre Stabilität entwickelt sich ebenfalls mit dem Älterwerden, dabei etwas später als bei den Pflicht- und Akzeptanzwerten, und erreicht auch nicht das Niveau dieser Werte. Dafür sinkt diese, auf den zeitstabilen Trait zurückzuführende Komponente, aber auch nicht zum Ende der Jugendphase hin so stark ab wie bei den genannten Werten und ist auch nicht den Schwankungen wie bei den Werten des öffentlichen Engagements unterworfen. Alles in allem bestätigt sich mit den hier ausgeführten Analysen die prinzipielle Annahme der Wertestabilisierung im Altersverlauf, da in allen Wertebereichen im späteren Lebensalter die Stabilität größer ist als in den frühen Jahren. Es zeigt sich aber auch, dass es im weiteren Lebensverlauf erneute Phasen der Instabilität gibt, in denen die Varianzen der zeitstabilen Komponenten aber in keinem Wertebereich auf das sehr niedrige Ausgangsniveau der Kindheit zurückfallen. Weiterhin kann man festhalten, dass sich in den unterschiedlichen Wertebereichen die Stabilitätsentwicklung bei Kindern und Jugendlichen sowohl vom zeitlichen Einsetzen als auch der Form ihres Ablaufs her unterscheidet. Eine generell frühere Stabilisierung von selbstfokussierten Werten, wie Hedonismus und Materialismus, gegenüber selbsttranszendierten Werten, wie denen des öffentlichen Engagements, lässt sich trotz der diesbezüglichen Hinweise aus der Literatur mit den vorliegenden Daten allerdings nicht bestätigen.

8 Wertetypen im Jugendalter

Während in den vorangegangenen Kapiteln einzelne Werte und Wertedimensionen variablenorientiert betrachtet wurden, soll nun die objektorientierte Analyse mit einer Typologisierung unterschiedlicher Wertemuster und die Klassifikation der Jugendlichen auf dieser Grundlage im Vordergrund stehen. In der Speyerer Werteforschung spielt die Einteilung der Bevölkerung in Wertetypen und deren charakteristische Eigenschaften eine zentrale Rolle (siehe Abschnitt 2.1). In diesem Kapitel wird daher zunächst in Abschnitt 8.1 die Vorgehensweise zur Bildung der Wertetypen diskutiert. Daneben wird die Gruppierung der Wertetypen in Werte-Generalisierungsstufen vorgestellt, die im weiteren Verlauf der Arbeit Verwendung finden. Ausführliche Analysen der einzelnen Profile der Wertetypen erfolgen dann in Abschnitt 8.2, wozu auch die Merkmale herangezogen werden, die bereits in Abschnitt 3.1 und Kapitel 5 deskriptiv beschrieben wurden. Abgeschlossen wird dieses Kapitel durch einen in Abschnitt 8.3 behandelten, ausführlichen Vergleich der Charakteristika der in dieser Studie ermittelten Wertetypen mit den aus der Speyerer Werteforschung bekannten Gruppierungen.

8.1 Bildung der Wertetypen

Wie in Abschnitt 2.1 ausgeführt, werden die aus der Literatur bekannten aktuellen Speyerer Wertetypen auf der Grundlage einer dreidimensionalen Faktorenstruktur gebildet. Verwendet werden fünf theoretisch fundierte Kombinationsmöglichkeiten von hohen bzw. niedrigen Ausprägungen der drei Dimensionen, gemessen über z-standardisierte Faktorwerte (vgl. Klages und Gensicke 2005, S. 288). Diese Kombinationen werden als Startkonfiguration für eine Klassifizierung mit dem Quick-Cluster-Verfahren[1] von SPSS vorgegeben (siehe Tabelle 2.16 auf Seite 74) und die einzelnen Fälle der Datensätze mit Hilfe des Clusterverfahrens der vorgegebenen Startkonfiguration mit fünf Clustern möglichst optimal zusortiert. Die

1 Diese Prozedur ist strenggenommen kein Clusteranalyseverfahren an sich, sondern ein Startwerteverfahren im Rahmen des in SPSS implementierten K-Means-Moduls (vgl. Bacher et al. 2010,

Kritik an diesem Verfahren ist in Abschnitt 2.1.5 ausführlich besprochen worden (zur Frage der Clusteranzahl, insbesondere ob bei drei Dimensionen fünf oder acht Cluster angemessen sind, siehe die Abschnitte 2.1.2, 2.1.3 und 2.1.5).

In dieser Arbeit soll eine alternative Vorgehensweise angewendet werden, die versucht, die Kritikpunkte zu überwinden. Dem Speyerer Ansatz wird dabei gefolgt, indem zunächst eine dreidimensionale Struktur der Daten angenommen wird. Die in Abschnitt 6.2 besprochenen Analysen haben gezeigt, dass auch mit der hier verwendeten Wertemessung mit alternativen Items diese Struktur den Daten angemessen ist. Sie besteht aus den aus der Speyerer Werteforschung bekannten Dimensionen »Pflicht und Konvention«, »Hedonismus und Materialismus« und »Öffentliches Engagement« (siehe Abschnitt 6.2). Auch wenn eine abweichende Zahl an Indikatoritems und leicht differierende Frageformulierungen vorliegen, ist eine deutliche inhaltliche Übereinstimmung gegeben (siehe Abschnitt 6.1). Des Weiteren wird der grundsätzlichen Speyerer Vorgehensweise gefolgt, indem die Indikatoritems pro Dimension zu Dimensionsvariablen zusammengefasst werden, die für die weitere Analyse, so weit dies möglich ist, dichotomisiert[2] bzw. trichotomisiert werden (siehe Abschnitt 6.3). Die hier vorgestellten Analysen unterscheiden sich jedoch in zwei wichtigen Punkten von der Speyerer Vorgehensweise: Zum einen wird keine Varimax-Rotation gerechnet und zum anderen werden keine Z-Standardisierungen vorgenommen. Da die Datenstruktur deutliche Faktorenkorrelationen aufweist (siehe Abschnitt 6.2) würde ein orthogonales Rotationsverfahren die Datenstruktur zerstören (vgl. Bacher et al. 2010, S. 193 f.). Dies gilt insbesondere für die abgeleiteten Variablen, die für die Klassifikation bedeutsam sind. Die Z-Standardisierung hat den entscheidenden Nachteil, dass eine nachfolgende Dichotomisierung der Dimensionsvariablen am Mittelwert die Interpretationsmöglichkeit stark einschränkt und – noch gravierender – einen Vergleich im zeitlichen Verlauf so gut wie unmöglich macht (siehe Abschnitt 2.1.5). Hier werden stattdessen die abgeleiteten Dimensionsvariablen als Faktorwerte, genauer als *mittlere Gesamtpunktwerte*, gebildet, die auf die ursprüngliche Skala zurücktransformiert und so weit wie möglich dichotomisiert werden. Durch dieses Verfahren (siehe Abschnitt 6.3) bleiben die Korrelationen zwischen den Dimensionen erhalten und die Variablen sind sowohl gut interpretierbar als auch über die Zeit hinweg vergleichbar. Der

S. 336).

2 Eine Einschränkung ergibt sich, wie in Abschnitt 6.3 erläutert, aufgrund der vorhandenen Mittelkategorie »teils/teils«.

Speyerer Vorgehensweise bei der Typenbildung wird dann insofern wieder gefolgt, als dass sie sich an den möglichen Ausprägungskombinationen der Dimensionsvariablen orientiert. Hierbei wird allerdings nicht die aus kombinatorischer Sicht unvollständige Wertetypologie mit fünf Typen verwendet, sondern diejenige mit acht Typen (siehe Abschnitt 2.1.2). Es werden also alle theoretisch möglichen Differenzierungen berücksichtigt, die sich aus den Ausprägungen »Zustimmung« und »Ablehnung« der Dimensionsvariablen ergeben (siehe Tabelle 8.1 auf der nächsten Seite). Die Ausprägung »indifferent« wird dabei der Ablehnung zugeschlagen, so dass bei der Zuordnung zu den Wertetypen im Zweifelsfall die etwaige Zustimmung den entscheidenden Ausschlag gibt (und nicht die Nicht-Ablehnung). Eine Besonderheit und Differenz zu den acht Speyerer Wertetypen ergibt sich aus dem Umstand, dass es Fälle gibt, in denen *allen drei* Wertedimensionen indifferent gegenübergestanden wird. Nur in genau diesem Fall werden die Fälle der zusätzlichen Gruppe »Indifferente« zugeteilt. Die Klassifizierung selbst wird nicht über ein Clusteranalyseverfahren realisiert sondern schlicht durch Berechnung bzw. Umkodierung über die Ausprägungskombinationen.[3] Die Bezeichnung der sich ergebenden Wertetypen orientiert sich an den Speyerer Bezeichnungen, wobei die Namensgebung diejenigen Bestandteile weglässt, die nicht auf den Wertedimensionen basieren. Da die jahrelange Speyerer Forschung Eigenschaften ihrer Typen ermittelt hat, die sich in der Namensgebung niederschlagen (Beispiel »*aktive* Realisten«), die in dieser Arbeit jedoch nicht repliziert werden können, wird hier darauf verzichtet. Das verwendete Klassifikationsschema (siehe Tabelle 8.1 auf der nächsten Seite) besteht damit aus insgesamt neun Wertetypen, die weiter nach dem Grad an Spezialisierung bzw. Generalisierung der zugrunde liegenden Werte geordnet und in vier Werte-Generalisierungsstufen eingeteilt werden können.

Zur *Werte-Generalisierungsstufe 1* gehören diejenigen drei Wertetypen, die sich durch die Zustimmung zu *einer einzigen* Wertedimension bei gleichzeitiger Ablehnung (bzw. indifferenten Beurteilung) der *beiden anderen* Dimensionen auszeichnen: 1) »Konventionalisten«, 2) »Idealisten« und 3) »Hedo-Materialisten«. Diese Typologien können aufgrund ihrer Profile auch als *Wertespezialisten* bezeichnet werden. Die Konventionalisten werden aus denjenigen Jugendlichen gebildet, die den Pflicht- und Konventionswerten, Hedo-Materialisten aus denjenigen, die hedo-

---

3 Fehlende Werte in der Gruppenvariablen werden für die wenigen Fälle verteilt, die nicht auf allen Wertedimensionen gültige Werte aufweisen. Dies tritt pro Dimension nur dann auf, wenn alle Indikatoritems dieser Dimension fehlende Werte haben.

Tabelle 8.1: Bildung der Wertetypen

	Pflicht & Konvention	Hedonismus & Materialismus	Öffentliches Engagement	Werte-Generalisierungsstufe
Konventionalisten	+	–	–	
Hedo-Materialisten	–	+	–	I
Idealisten	–	–	+	
Konv. Idealisten	+	–	+	
Konv. Hedo-Materialisten	+	+	–	II
Hedo-mat. Idealisten	–	+	+	
Realisten	+	+	+	III
Unauffällige[a)]	–	–	–	0
Indifferente[b)]	±	±	±	

+: Zustimmung; –: Ablehnung oder indifferent; ±: indifferent
a) maximal eine Dimension indifferent
b) maximal eine Dimension Ablehnung

materialistischen Werten und Idealisten aus denjenigen, die den Werten des öffentlich Engagements zustimmen. Die jeweils anderen beiden Wertedimensionen werden dabei abgelehnt bzw. indifferent bewertet. Die *Werte-Generalisierungsstufe II* zeichnet sich durch die Zustimmung zu zwei der drei Wertedimensionen und die Ablehnung (bzw. einer indifferenten Haltung gegenüber) der übrigen Dimension aus. Mit diesen Werteprofilen sind damit in den Typologien Jugendliche versammelt, die eine Wertsynthese zweier Dimensionen verinnerlicht haben. Die Typen dieser Kategorie werden in der Speyerer Forschung zum allergrößten Teil vernachlässigt, da sie im verwendeten Fünf-Typen-Schema nicht vorkommen (siehe Abschnitt 2.1.3), in der hier vorliegenden Abhandlung werden sie jedoch untersucht. Zu diesen Typen gehören: 4) »Hedo-materialistische Idealisten«, 5) »Konventionelle Hedo-Materialisten« und 6) »Konventionelle Idealisten«.[4] Die hedo-materialistischen Idealisten werden gebildet aus Personen, die sowohl den hedonistisch-materialistischen Werten als auch den Werten des öffentlichen Engagements zustimmen und gleichzeitig Pflicht- und Konventionswerte ablehnen

4 Die Namensgebung erfolgt hier analytisch aus der Verknüpfung der beiden Zustimmungsdimensionen. Die Wahl, welcher Bestandteil Zuschreibung und welcher Hauptname wird, ist willkürlich getroffen, da zunächst keine inhaltlichen Argumente vorlagen. Die »Hedo-materialistischen Idealisten« könnten also genauso gut als »Idealistische Hedo-Materialisten« bezeichnet werden.

bzw. ihnen indifferent gegenüberstehen. Die konventionellen Hedo-Materialisten sind die Befragten, die hedonistisch-materialistische Werte und Pflicht- und Konventionswerte befürworten aber gleichzeitig gegenüber den Werten des öffentlichen Engagements ablehnend oder indifferent eingestellt sind. Den Typus der konventionellen Idealisten bilden dann folgerichtig die Jugendlichen mit einer Zustimmungshaltung zu Pflicht- und Konventionswerten sowie Werten des öffentlichen Engagements und einer gleichzeitigen Ablehnungshaltung bzw. indifferenten Haltung gegenüber hedonistisch-materialistischen Werten. Zu der *Werte-Generalsierungsstufe III* gehören als einzige Typologie die 7) »Realisten«, die allen drei Wertedimensionen zustimmen. Hier finden sich also die tatsächlichen Werte-Generalisten bzw. Vertreterinnen und Vertreter der vollständigen Wertsynthese, die mit demselben Namen versehen werden, wie er in der Speyerer Werteforschung seit langem bekannt und üblich ist.[5] In die letzte Klasse, die *Werte-Generalisierungsstufe 0*, werden zwei Typen einsortiert: 8) »Unauffällige« und 9) »Indifferente«. Die Unauffälligen (bei Erwachsenen die »Resignierten«)[6] sind ein in der Speyerer Wertetypologie ebenfalls seit langem bekannter Typus und zeichnen sich durch eine Ablehnung aller drei Wertedimensionen aus. Insofern kann hier kaum von Wertegeneralisierung, sondern eher von Werteverlust oder Werteverfall gesprochen werden. Gebildet werden die Unauffälligen in der hier vorgestellten Analyse über die Zuordnung derjenigen Personen, die *alle drei* Wertedimensionen ablehnen. Zusätzlich werden diejenigen dieser Gruppierung zugeschlagen, die lediglich *zwei* Wertedimensionen ablehnen und *einer* beliebigen weiteren Dimension indifferent gegenüberstehen. Der Typus der Indifferenten steht jeder der drei Dimensionen indifferent gegenüber, das heißt, dass eine Werteпräferenz oder eine Wertegeneralisierung kaum auszumachen ist. Wie wir im weiteren Verlauf sehen werden, spielt dieser zweite Typus allerdings sowohl inhaltlich als auch von seiner Größe her so gut wie keine Rolle. Gebildet wird er in den vorliegenden Daten über die Zuordnung derjenigen Befragten, die *allen drei* Wertedimensionen indifferent gegenüberstehen. Ergänzt wird dieser Typus durch diejenigen, die zu *zwei* Wertedimensionen eine indifferente Haltung haben und *eine* beliebige weitere Wertedimension ablehnen.

5 Dies gilt nur für die Erwachsenenforschung. Die Bezeichnung aus den Shell-Jugendstudien als »Selbstbewusste Macher« erscheint auf Grundlage der uns zur Verfügung stehenden Daten doch zu gewagt.

6 Hier erscheint, wie später noch zu sehen sein wird, die Bezeichnung des Wertetypus aus den Shell-Jugendstudien als »Unauffällige« deutlich besser passend als die klassische Klages'sche Bezeichnung als »Resignierte«.

8.2 Profile der Wertetypen

Die Profile der Wertetypen im Hinblick auf die Zustimmung oder Ablehnung der drei Wertedimensionen ergeben sich zwangsläufig aus der gewählten Vorgehensweise zu ihrer Bildung (siehe Abschnitt 8.1). Da die Jugendlichen den einzelnen, sich durch Kombinatorik ergebenden Wertetypen, analytisch fest zugeordnet wurden, sind die Zustimmung- bzw. Ablehnungsausprägungen der Dimensionen (und auch der einzelnen Indikatoritems) in gewissen Grenzen fest vorgegeben (siehe Tabelle 8.1 auf Seite 318). In den Tabellen A.23 bis A.31 auf den Seiten 492–496 im Anhang sind ergänzend die Mittelwerte dieser Indikatoritems für die neun Wertegruppen ausgewiesen. Bei den *Konventionalisten* liegen die Mittelwerte der Indikatoritems der Dimension »Pflicht und Konvention«, die für die Zuordnung ausschlaggebend ist, zwischen 3,6 und 4,0. Die Werte der Indikatoren der beiden anderen Dimensionen übersteigen gleichzeitig nicht einen Wert von 2,8. Bei den *Idealisten* liegen die Mittelwerte der Einzelitems, die die Dimension »Öffentliches Engagement« messen, konstruktionsgemäß zwischen 3,4 und 4,2. Die Werte in der Dimension »Hedonismus und Materialismus« sind deutlich niedriger und liegen nicht über 2,8. Die Mittelwerte im Bereich der Dimension »Pflicht und Konvention« sind jedoch mit Mittelwerten bis zu 3,1 relativ hoch. Bei den Idealisten wird damit erneut der Zusammenhang dieser beiden Wertedimensionen deutlich (siehe auch Abschnitt 6.2). Die Gruppe der *Hedo-Materialisten* ist wiederum relativ eindeutig durch die Zustimmung zu Hedonismus und Materialismus geprägt, die Mittelwerte der Indikatoritems liegen zwischen 3,6 und 4,1, die der beiden anderen Dimensionen zwischen 1,9 und 2,8. *Realisten* haben bei allen Indikatoritems Mittelwerte von 3,4 bis 4,4 und *Unauffällige* Mittelwerte von insgesamt maximal 2,7. Im Bereich der Mischtypen der Werte-Generalisierungsstufe II lassen sich bei den *Konventionellen Idealisten* Mittelwerte zwischen 3,6 und 4,3 der Indikatoritems der Pflicht- bzw. Engagement-Dimensionen ausmachen, die der Hedonismus-Dimension übersteigen die Höhe von 2,8 nicht. Die *Hedomaterialistischen Idealisten* sind durch Mittelwerte der Indikatoritems von 3,4 bis 4,4 der Dimensionen »Öffentliches Engagement« und »Hedonismus und Materialismus« geprägt. Die Mittelwerte der Dimension »Pflicht und Konvention« erreichen dagegen maximal einen Wert von 3,1. Bei den *Konventionellen Hedo-Materialisten* liegen in den ausschlaggebenden Pflicht- bzw. Hedonismus-Dimensionen Werte zwischen 3,4 und 4,1 vor, bei der Engagement-Dimension überschreiten sie nicht die Schwelle von 2,7. Die letzte Gruppe der *Indifferenten* ist durch Mittelwerte der Indikatoritems auf allen drei Werte-Dimensionen zwischen 2,5 und 3,2 bestimmt.

Um die Typologien neben den dargestellten Werteprofilen inhaltlich weiter auszuwerten, werden die in Abschnitt 3.1 verwendeten demographischen Merkmale[7] herangezogen. Darüber hinaus finden auch Analysen hinsichtlich der unterschiedlichen Alltagsbereiche statt, deren deskriptive Grundauswertungen in Kapitel 5 zu finden sind: Soziale Lage (siehe Abschnitt 5.1)[8], Freizeitverhalten (siehe Abschnitt 5.2)[9], Probleme, Selbstwirksamkeits- und Zukunftseinschätzung (siehe Abschnitt 5.3)[10] sowie abweichendes Verhalten (siehe Abschnitt 5.4)[11]. Bei den statistischen Auswertungen wird jeweils geprüft, ob und in welcher Richtung sich die Jugendlichen, die zu einer bestimmten Wertegruppierung gehören, von den übrigen Jugendlichen unterscheiden. Je nach Skalenniveau der abhängigen Variablen sind dazu verschiedene statistische Tests geeignet. In den Analysen werden für die metrischen Merkmale t-Tests für unabhängige Stichproben (Student 1908; Bortz 2005, S. 140 ff.) verwendet, für die ordinalskalierten Merkmale Wilcoxon-, Mann-Whitney- bzw. U-Tests (Wilcoxon 1945; Mann und Whitney 1947; Wilcoxon 1947; Bortz et al. 2008, S. 200 ff.) und für die nominalskalierten Merkmale χ^2-Unabhängigkeitstests (Pearson 1900; Bortz 2005, S. 154 ff.) sowie die Konfigurationsfrequenzanalyse (Krauth und Lienert 1973; Lautsch und von Weber 1995). Die Datengrundlage stellen wiederum die Querschnittsdatensätze dar, die in Abschnitt 3.1 vorgestellt wurden. In den folgenden Ergebnisdarstellungen finden, um zufällige oder sporadisch auftretende Befunde zu minimieren, nur die Auffälligkeiten bzw. signifikante Abweichungen Erwähnung, die gleichsinnig in mindestens drei der Datensätze auftreten.[12] Insgesamt gesehen ist die Anzahl der gegenläufigen signifikanten Auffälligkeiten je Merkmal, das heißt solcher Ab-

---

7 Im Einzelnen sind dies Geschlecht, Staatsangehörigkeit und Schulform.

8 Untersucht werden die Einschätzung des Familienvermögens und das wahrgenommene Ausreichen des zur Verfügung stehenden Geldes sowie die Anzahl der zuhause vorhandenen Bücher.

9 Hier stehen der Zeitaufwand für ausgewählte Freizeitbeschäftigungen, die Film- und Videovorlieben (zum Vergleich siehe zusätzlich Tabelle A.10 auf Seite 473 im Anhang), Computer- und Konsolespielpräferenzen (zum Vergleich siehe zusätzlich Tabelle A.12 auf Seite 475) und sonstige Freizeitaktivitäten im Vordergrund (zum Vergleich siehe zusätzlich Tabelle A.13 auf Seite 478 im Anhang).

10 Hier geht es um Alltagsprobleme (zum Vergleich siehe zusätzlich Tabelle A.14 auf Seite 481 im Anhang), die allgemeine Selbstwirksamkeitserwartung und die Einschätzung der eigenen Zukunft.

11 Untersuchte Bereich sind hier der Alkohol- und Drogenkonsum sowie selbstberichtete Straftaten.

12 Eine Ausnahme stellt die Analyse der Schulform dar. Hier reicht für eine Erwähnung der

Tabelle 8.2: Wertetypen in Duisburg 2202 bis 2008 (Prozentanteile; Querschnittsdatensätze siehe Abschnitt 3.1)

	(a) Kohorte 1							(b) Kohorte 2	
	2002	2003	2004	2005	2006	2007	2008	2002	2003
Jahrgang	7	8	9	10	(11)	(12)	(13)	9	10
Fallzahl	3322	3325	3288	3361	4485	3308	3069	2542	2390
Konventionalisten	16,5	16,8	19,2	22,1	20,7	23,8	27,3	18,1	19,2
Hedo-Materialisten	10,0	14,3	14,5	13,6	11,1	9,6	10,1	12,9	13,0
Idealisten	4,1	4,7	5,1	5,2	5,4	6,4	6,2	4,3	5,2
Summe Generalisierungsstufe I	30,6	35,8	38,8	40,9	37,2	39,8	43,6	35,3	37,4
konventionelle Idealisten	19,0	15,9	15,4	15,6	18,0	19,0	17,2	18,0	14,5
konventionelle Hedo-Materialisten	16,4	14,4	14,4	13,8	13,5	10,8	11,2	17,3	13,6
hedo-materialistische Idealisten	3,3	3,1	3,4	3,2	4,0	3,4	3,0	4,6	4,4
Summe Generalisierungsstufe II	38,7	33,4	33,2	32,6	35,5	33,2	31,4	39,9	32,5
Realisten	16,1	14,2	10,4	9,9	11,1	8,3	7,2	12,6	12,9
Summe Generalisierungsstufe III	16,1	14,2	10,4	9,9	11,1	8,3	7,2	12,6	12,9
Unauffällige	10,9	11,9	12,8	12,1	11,2	13,1	12,4	8,3	12,3
Indifferente	3,7	4,8	4,8	4,5	5,1	5,6	5,4	3,9	5,0
Summe Generalisierungsstufe 0	14,6	16,7	17,6	16,6	16,3	18,7	17,8	12,2	17,3

weichungen mit zum Teil positiven und zum Teil negativen Richtungen bei ein und demselben Merkmal, verschwindend gering.[13] In den folgenden Abschnitten werden zur besseren Lesbarkeit die gefundenen Auffälligkeiten und Abweichungen im Fließtext lediglich sprachlich beschrieben. Jede Auffälligkeit wird aber mit einer Fußnote versehen, der die genauen Werte (Prozentanteile und Mittelwerte), das Erhebungsjahr und das jeweilige ermittelte Signifikanzniveau zu entnehmen sind. Diese Werte können mit den in Abschnitt 3.1 und Kapitel 5 präsentierten Ergebnissen der Grundauswertungen verglichen werden.

8.2.1 Werte-Generalisierungsstufe I

Konventionalisten

Die jugendlichen Konventionalisten sind mit Stichprobenanteilen von 17 bis 27 Prozent (im Durchschnitt etwa 20 Prozent) in den einzelnen Querschnittsdatensätzen (siehe Tabelle 8.2) die insgesamt größte Gruppe. Als Vertreter der Wertespezialisten bzw. der Werte-Generalisierungsstufe I sind sie, wie oben bereits dargestellt, durch eine Zustimmung zu Pflicht- und Konventionswerten bei gleichzeitiger Ablehnung der hedonistisch-materialistischen Werte und der Werte des öffentlichen Engagements gekennzeichnet. Die Jugendlichen dieser Wertetypologie orientieren sich demnach überwiegend an Werten wie Pflichterfüllung, Konformismus (»sich nichts zuschulden kommen zu lassen«) und Traditionalismus, das heißt Sparsamkeit, Sauberkeit und Ordnung (siehe Abschnitt 6.1). Dass diese Gruppe die größte in den Datensätzen sein könnte, deutete sich bereits durch die weit verbreitete Zustimmung zu den genannten Werten an, die in Abschnitt 6.3 besprochen wurde.

In Abschnitt 6.4 wurden bereits auf variablenorientierter Ebene soziodemographische Einflüsse auf die Wertedimensionen untersucht. Besonders bemerkenswert war dort der im Zeitverlauf zunehmende Geschlechtseffekt auf die Pflicht- und Konventionswerte – Mädchen stimmen im Altersverlauf zunehmend stärker dieser Wertedimension zu als Jungen. Es kann deshalb auch bei der objektorientierten Auswertung kaum verwundern, dass die Typologie der Konventionalisten

möglichen auffälligen Abweichung bei der Haupt- und Berufsschule sowie keiner Schule bereits eine Auffälligkeit in zwei Datensätzen, da diese Schulformen insgesamt überhaupt nur vier-, drei- bzw. zweimal angegeben werden konnte.

13 Dies wäre dann der Fall, wenn beispielsweise in einer Wertegruppe in einem Jahr ein überdurchschnittlicher Mädchen- und in einem anderen Jahr ein überdurchschnittlicher Jungenanteil aufzufinden wäre.

insgesamt gesehen eher weiblich[14] geprägt ist und diese Auffälligkeit im Laufe des Erhebungszeitraumes zunehmend auftritt. Die Geschlechtsverteilung ist im ersten Erhebungsjahr so gut wie ausgeglichen, verschiebt sich im Laufe der Erhebungen dann jedoch deutlich, so dass zum Ende hin nur noch etwa ein Drittel Jungen und dagegen zwei Drittel Mädchen in dieser Gruppe versammelt sind (siehe Tabelle A.22 auf Seite 491). Ebenfalls dargelegt wurde ein Schulformeffekt in der Art und Weise, dass Gymnasiastinnen und Gymnasiasten weniger traditionell-konventionell eingestellt sind (siehe ebenfalls Abschnitt 6.4). Auch dieser Befund spiegelt sich bei der objektorientierten Betrachtung im Profil der Konventionalisten wider: Jugendliche dieser Gruppe besuchen zu einem geringeren Anteil das Gymnasium[15] und häufiger die Berufsschule[16] als die übrigen Jugendlichen. Im schulischen Bereich sind sie dabei allerdings fleißiger als die anderen und wenden täglich mehr Zeit für ihre Hausaufgaben[17] auf. In allen untersuchten Jahrgängen sind sie bei der Frage, ob die ihnen zur Verfügung stehenden finanziellen Ressourcen ausreichen[18], zufriedener als die übrigen Jugendlichen. In dieses positive Bild passt auch der Befund, dass sie in den allermeisten Jahrgängen ihre Zukunft positiver[19] einschätzen und mit deutlich und durchgängig niedrigeren Werten anomiefester[20] sind als der Durchschnitt. Auf den generellen positiven Zusammenhang zwischen den finanziellen Ressourcen und der Zukunftseinschätzung sowie den negativen Zusammenhang mit anomischen Wahrnehmungen wurde bereits in Abschnitt 5.3.3 hingewiesen.

Im Bereich der Freizeitgestaltung macht sich die überwiegend traditionell-konventionelle Wertorientierung der Konventionalisten dadurch bemerkbar, dass

14 Signifikante Abweichungen der Prozentanteile in 2005** (57 Prozent), 2006*** (60 Prozent), 2007*** (64 Prozent), 2008*** (62 Prozent), 2003(10)* (59 Prozent).

15 Signifikante Abweichungen der Prozentanteile in 2006* (17 Prozent), 2007* (24 Prozent), 2002(9)* (19 Prozent).

16 Signifikante Abweichungen der Prozentanteile in 2007* (45 Prozent), 2008* (45 Prozent).

17 Signifikante Abweichungen der Mittelwerte in 2004*** ($\bar{x}$ = 70 min), 2005** ($\bar{x}$ = 70 min), 2006*** ($\bar{x}$ = 70 min), 2007*** ($\bar{x}$ = 70 min), 2008*** ($\bar{x}$ = 70 min), 2003(10)*** ($\bar{x}$ = 70 min).

18 Signifikante Abweichungen der Mittelwerte in 2002*** ($\bar{x}$ = 4,13), 2003* ($\bar{x}$ = 3,82), 2004*** ($\bar{x}$ = 3,81), 2005** ($\bar{x}$ = 3,69), 2006*** ($\bar{x}$ = 3,61), 2007** ($\bar{x}$ = 3,52), 2008* ($\bar{x}$ = 3,42), 2002(9)*** ($\bar{x}$ = 3,83), 2003(10)*** ($\bar{x}$ = 3,65).

19 Signifikante Abweichungen der Mittelwerte in 2004** ($\bar{x}$ = 3,84), 2005** ($\bar{x}$ = 3,84), 2006** ($\bar{x}$ = 3,77), 2007*** ($\bar{x}$ = 3,80), 2008*** ($\bar{x}$ = 3,86), 2003(10)* ($\bar{x}$ = 3,83).

20 Signifikante Abweichungen der Mittelwerte in 2002*** ($\bar{x}$ = 1,77), 2003*** ($\bar{x}$ = 1,86), 2004*** ($\bar{x}$ = 1,92), 2005*** ($\bar{x}$ = 1,96), 2006*** ($\bar{x}$ = 2,04), 2007*** ($\bar{x}$ = 2,01), 2008*** ($\bar{x}$ = 1,98), 2002(9)*** ($\bar{x}$ = 1,95), 2003(10)*** ($\bar{x}$ = 2,01).

zunächst einmal täglich sowohl weniger Fernsehen[21] als auch Videofilme[22] konsumiert werden. Wenn sie dies denn doch tun, so sind vor allem Filmgenres beliebt, die »leichte« Unterhaltung bieten, denn sie schauen mehr Unterhaltungsserien/Soaps[23], Shows/Quiz/Talkshows[24], Natur-/Tier-/Heimatfilme[25] und mehr Love Stories[26]. Unbeliebt sind dagegen action- bzw. gewalthaltige Filme und Videos wie Actionfilme[27], Horrorfilme[28], Kung-Fu-/Kampfsport-[29] und Kriegsfilme[30]. Zum einen kann man stark vermuten, dass die Präferenzen hier durch die weibliche Prägung der Wertegruppe beeinflusst sind, zum anderen kommt vermutlich auch die normorientierte, traditionell-konventionelle Grundhaltung zum Ausdruck (siehe auch Abschnitt 5.2.2). Die oben schon beschriebene niedrigere Bildungsaffinität kommt ebenfalls zum Vorschein, denn auch die anspruchsvollen Genres der Dokumentationen bzw. politischen Magazine[31] sind unbeliebt und werden deutlich seltener angeschaut. »Neue« Medien werden – ebenso wie das Fernsehen – seltener genutzt als es die Jugendlichen im Durchschnitt tun, die dieser Gruppe nicht angehören: Konventionalisten verbringen weniger Zeit pro Tag im Internet[32] und sie wenden täglich auch weniger Zeit für Computer- bzw.

---

21 Signifikante Abweichungen der Mittelwerte in 2002* ($\bar{x}$ = 130 min), 2005* ($\bar{x}$ = 120 min), 2007** ($\bar{x}$ = 110 min).

22 Signifikante Abweichungen der Mittelwerte in 2002*** ($\bar{x}$ = 45 min), 2003** ($\bar{x}$ = 55 min), 2004*** ($\bar{x}$ = 50 min), 2007** ($\bar{x}$ = 38 min).

23 Signifikante Abweichungen der Mittelwerte in 2003** ($\bar{x}$ = 3,21), 2005** ($\bar{x}$ = 3,10), 2006*** ($\bar{x}$ = 3,18), 2007*** ($\bar{x}$ = 3,23), 2008*** ($\bar{x}$ = 3,22).

24 Signifikante Abweichungen der Mittelwerte in 2004* ($\bar{x}$ = 3,03), 2005* ($\bar{x}$ = 2,99), 2006*** ($\bar{x}$ = 3,03), 2007*** ($\bar{x}$ = 3,07), 2008** ($\bar{x}$ = 2,97), 2002(9)** ($\bar{x}$ = 3,23), 2003(10)** ($\bar{x}$ = 3,19).

25 Signifikante Abweichungen der Mittelwerte in 2004* ($\bar{x}$ = 2,18), 2006* ($\bar{x}$ = 2,23), 2007* ($\bar{x}$ = 2,28), 2003(10)* ($\bar{x}$ = 2,11).

26 Signifikante Abweichungen der Mittelwerte in 2005* ($\bar{x}$ = 2,69), 2006*** ($\bar{x}$ = 2,81), 2007*** ($\bar{x}$ = 2,78), 2008*** ($\bar{x}$ = 2,78).

27 Signifikante Abweichungen der Mittelwerte in 2003* ($\bar{x}$ = 3,50), 2007** ($\bar{x}$ = 3,33), 2008** ($\bar{x}$ = 3,35), 2002(9)** ($\bar{x}$ = 3,44), 2003(10)* ($\bar{x}$ = 3,57).

28 Signifikante Abweichungen der Mittelwerte in 2002*** ($\bar{x}$ = 3,18), 2003*** ($\bar{x}$ = 3,47), 2004* ($\bar{x}$ = 3,70), 2005*** ($\bar{x}$ = 3,53), 2006* ($\bar{x}$ = 3,62), 2007*** ($\bar{x}$ = 3,40), 2002(9)*** ($\bar{x}$ = 3,37), 2003(10)*** ($\bar{x}$ = 3,39).

29 Signifikante Abweichungen der Mittelwerte in 2002** ($\bar{x}$ = 2,69), 2003** ($\bar{x}$ = 2,74), 2006* ($\bar{x}$ = 2,77), 2007*** ($\bar{x}$ = 2,50), 2008** ($\bar{x}$ = 2,48), 2002(9)* ($\bar{x}$ = 2,76).

30 Signifikante Abweichungen der Mittelwerte in 2002** ($\bar{x}$ = 2,69), 2003*** ($\bar{x}$ = 2,52), 2004* ($\bar{x}$ = 2,71), 2005*** ($\bar{x}$ = 2,68), 2006*** ($\bar{x}$ = 2,71), 2007*** ($\bar{x}$ = 2,52), 2008*** ($\bar{x}$ = 2,47), 2002(9)* ($\bar{x}$ = 2,76), 2003(10)** ($\bar{x}$ = 2,72).

31 Signifikante Abweichungen der Mittelwerte in 2005** ($\bar{x}$ = 2,10), 2007** ($\bar{x}$ = 2,37), 2008*** ($\bar{x}$ = 2,43), 2003(10)* ($\bar{x}$ = 2,09).

32 Signifikante Abweichungen der Mittelwerte in 2002*** ($\bar{x}$ = 30 min), 2003*** ($\bar{x}$ = 50 min),

Konsolespiele[33] auf. Daher ist es nur folgerichtig, dass auch die einzelnen Computerspielgenres wie Aufbauspiele[34], Sportspiele[35], Ballerspiele/Egoshooter[36], Sportsimulationen[37], Rennspiele[38], Wirtschaftssimulationen[39], Militärstrategie[40], Jump 'n' Run[41], Adventure[42] und Rollenspiele[43] alle seltener gespielt werden als von den übrigen Jugendlichen. Es steht zu vermuten, dass hier ein deutlicher Geschlechtseffekt zum Tragen kommt, denn Mädchen spielen generell seltener Computer- oder Konsolespiele (siehe Abschnitte 5.2.1 und 5.2.3). Die einzige der erhobenen Freizeitbeschäftigungen, der häufiger nachgegangen wird als von den übrigen Befragungsteilnehmerinnen und -teilnehmern ist das Treffen von Familienangehörigen[44]. Die übrigen Beschäftigungen wie auf Partys gehen[45], ab-

2004*** ($\bar{x}$ = 65 min), 2005*** ($\bar{x}$ = 80 min), 2006*** ($\bar{x}$ = 100 min), 2007*** ($\bar{x}$ = 95 min), 2008** ($\bar{x}$ = 95 min), 2002(9)*** ($\bar{x}$ = 45 min).

33 Signifikante Abweichungen der Mittelwerte in 2003*** ($\bar{x}$ = 65 min), 2004* ($\bar{x}$ = 65 min), 2005*** ($\bar{x}$ = 60 min), 2006*** ($\bar{x}$ = 50 min), 2007*** ($\bar{x}$ = 35 min), 2008*** ($\bar{x}$ = 35 min).

34 Signifikante Abweichungen der Mittelwerte in 2003* ($\bar{x}$ = 2,14), 2005** ($\bar{x}$ = 1,87), 2006*** ($\bar{x}$ = 1,79), 2007*** ($\bar{x}$ = 1,67), 2008*** ($\bar{x}$ = 1,64), 2003(10)* ($\bar{x}$ = 2,01).

35 Signifikante Abweichungen der Mittelwerte in 2003* ($\bar{x}$ = 2,49), 2005* ($\bar{x}$ = 2,21), 2006*** ($\bar{x}$ = 1,94), 2007*** ($\bar{x}$ = 1,84), 2008*** ($\bar{x}$ = 1,80).

36 Signifikante Abweichungen der Mittelwerte in 2003*** ($\bar{x}$ = 2,33), 2004*** ($\bar{x}$ = 2,43), 2005*** ($\bar{x}$ = 2,26), 2006*** ($\bar{x}$ = 2,07), 2007*** ($\bar{x}$ = 1,80), 2008*** ($\bar{x}$ = 1,75), 2003(10)*** ($\bar{x}$ = 2,28).

37 Signifikante Abweichungen der Mittelwerte in 2005* ($\bar{x}$ = 1,79), 2006*** ($\bar{x}$ = 1,63), 2007** ($\bar{x}$ = 1,56), 2008*** ($\bar{x}$ = 1,47).

38 Signifikante Abweichungen der Mittelwerte in 2006*** ($\bar{x}$ = 4,46), 2007*** ($\bar{x}$ = 2,15), 2008** ($\bar{x}$ = 2,05).

39 Signifikante Abweichungen der Mittelwerte in 2006* ($\bar{x}$ = 1,51), 2007* ($\bar{x}$ = 1,46), 2008* ($\bar{x}$ = 1,46), 2003(10)* ($\bar{x}$ = 1,55).

40 Signifikante Abweichungen der Mittelwerte in 2003*** ($\bar{x}$ = 2,08), 2004** ($\bar{x}$ = 2,09), 2005*** ($\bar{x}$ = 1,76), 2006*** ($\bar{x}$ = 1,73), 2007*** ($\bar{x}$ = 1,61), 2008*** ($\bar{x}$ = 1,66), 2003(10)*** ($\bar{x}$ = 2,01).

41 Signifikante Abweichungen der Mittelwerte in 2005* ($\bar{x}$ = 1,77), 2006** ($\bar{x}$ = 1,63), 2007* ($\bar{x}$ = 1,62).

42 Signifikante Abweichungen der Mittelwerte in 2003* ($\bar{x}$ = 2,01), 2005** ($\bar{x}$ = 1,62), 2006*** ($\bar{x}$ = 1,49), 2007*** ($\bar{x}$ = 1,48), 2008*** ($\bar{x}$ = 1,52).

43 Signifikante Abweichungen der Mittelwerte in 2003** ($\bar{x}$ = 2,03), 2004** ($\bar{x}$ = 2,19), 2005** ($\bar{x}$ = 1,94), 2006*** ($\bar{x}$ = 1,81), 2007*** ($\bar{x}$ = 1,72), 2008*** ($\bar{x}$ = 1,72), 2003(10)* ($\bar{x}$ = 1,99).

44 Signifikante Abweichungen der Mittelwerte in 2003** ($\bar{x}$ = 2,78), 2004*** ($\bar{x}$ = 2,83), 2005** ($\bar{x}$ = 2,95), 2006*** ($\bar{x}$ = 3,14), 2007* ($\bar{x}$ = 3,06), 2008** ($\bar{x}$ = 3,16), 2003(10)** ($\bar{x}$ = 2,79).

45 Signifikante Abweichungen der Mittelwerte in 2002*** ($\bar{x}$ = 2,19), 2003*** ($\bar{x}$ = 2,43), 2004*** ($\bar{x}$ = 2,75), 2005*** ($\bar{x}$ = 2,92), 2006*** ($\bar{x}$ = 3,05), 2007*** ($\bar{x}$ = 3,05), 2008*** ($\bar{x}$ = 3,08), 2002(9)*** ($\bar{x}$ = 2,63), 2003(10)*** ($\bar{x}$ = 2,87).

hängen[46], Freunde treffen[47], Jugendzentrumsbesuche[48], in einer Band[49], am PC oder anderweitig Musik machen[50] sowie Theater spielen[51] werden alle seltener unternommen. Die beschriebenen Besonderheiten stehen ebenfalls vermutlich in Zusammenhang mit dem größeren Mädchenanteil in dieser Wertegruppierung, jedoch sind auch geschlechtsunspezifische Freizeitaktivitäten auffällig (siehe auch Abschnitt 5.2.4). Man kann davon ausgehen, dass das typische traditionell-konventionelle Werteprofil einen Einfluss auf die wenig ausgeprägten außenorientierten Freizeitaktivitäten hat, ein Umstand der auch mit der überdurchschnittlichen Beliebtheit der Freizeitgestaltung im Familienkreis im Einklang steht.

Mit dem zunehmend erhöhten Mädchenanteil in der Gruppe der Konventionalisten korrespondiert auch der Befund, dass die Jugendlichen dieser Gruppe fast durchgängig eine geringere allgemeine Selbstwirksamkeitserwartung[52] haben als die übrigen Befragten (siehe Abschnitt 5.3.2). Sie sind damit im Durchschnitt weniger davon überzeugt, ihre Probleme selbst bewältigen zu können. Dieser Umstand überrascht zunächst deshalb sehr, weil sie in so gut wie allen abgefragten Problemfeldern weniger Probleme angeben: Sie haben weniger Probleme im häuslichen Bereich mit den eigenen Eltern[53], weniger Probleme im schulischen Bereich mit den Leistungsanforderungen[54], den Lehrern[55] und mit den Klassen-

46 Signifikante Abweichungen der Mittelwerte in 2002*** ($\bar{x}$ = 2,54), 2003*** ($\bar{x}$ = 3,05), 2004*** ($\bar{x}$ = 3,22), 2005*** ($\bar{x}$ = 3,23), 2006*** ($\bar{x}$ = 3,09), 2007*** ($\bar{x}$ = 2,90), 2008*** ($\bar{x}$ = 2,96), 2002(9)*** ($\bar{x}$ = 2,95), 2003(10)*** ($\bar{x}$ = 2,98).

47 Signifikante Abweichungen der Mittelwerte in 2002** ($\bar{x}$ = 4,00), 2006*** ($\bar{x}$ = 4,00), 2007* ($\bar{x}$ = 3,88), 2002(9)* ($\bar{x}$ = 4,10).

48 Signifikante Abweichungen der Mittelwerte in 2002*** ($\bar{x}$ = 1,68), 2004* ($\bar{x}$ = 1,65), 2006** ($\bar{x}$ = 1,44), 2007** ($\bar{x}$ = 1,33), 2002(9)*** ($\bar{x}$ = 1,52).

49 Signifikante Abweichungen der Mittelwerte in 2005*** ($\bar{x}$ = 1,26), 2006*** ($\bar{x}$ = 1,26), 2007*** ($\bar{x}$ = 1,21), 2003(10)* ($\bar{x}$ = 1,18).

50 Signifikante Abweichungen der Mittelwerte in 2002*** ($\bar{x}$ = 2,19), 2006*** ($\bar{x}$ = 1,92), 2008* ($\bar{x}$ = 1,58).

51 Signifikante Abweichungen der Mittelwerte in 2003*** ($\bar{x}$ = 1,12), 2006** ($\bar{x}$ = 1,11), 2007*** ($\bar{x}$ = 1,13), 2008*** ($\bar{x}$ = 1,11).

52 Signifikante Abweichungen der Mittelwerte in 2002*** ($\bar{x}$ = 3,07), 2005*** ($\bar{x}$ = 3,23), 2006** ($\bar{x}$ = 3,33), 2007* ($\bar{x}$ = 3,29), 2008* ($\bar{x}$ = 3,31), 2002(9)*** ($\bar{x}$ = 3,24), 2003(10)** ($\bar{x}$ = 3,32).

53 Signifikante Abweichungen der Mittelwerte in 2002** ($\bar{x}$ = 1,74), 2003*** ($\bar{x}$ = 1,88), 2004*** ($\bar{x}$ = 1,85), 2005*** ($\bar{x}$ = 1,98), 2006*** ($\bar{x}$ = 2,03), 2007*** ($\bar{x}$ = 1,92), 2008*** ($\bar{x}$ = 1,92), 2002(9)** ($\bar{x}$ = 2,05).

54 Signifikante Abweichungen der Mittelwerte in 2002** ($\bar{x}$ = 2,47), 2003*** ($\bar{x}$ = 2,50), 2004*** ($\bar{x}$ = 2,49), 2005** ($\bar{x}$ = 2,52), 2006*** ($\bar{x}$ = 2,54), 2007** ($\bar{x}$ = 2,45), 2002(9)*** ($\bar{x}$ = 2,63).

55 Signifikante Abweichungen der Mittelwerte in 2002*** ($\bar{x}$ = 2,17), 2003*** ($\bar{x}$ = 2,27), 2004*** ($\bar{x}$ = 2,28), 2005*** ($\bar{x}$ = 2,23), 2006*** ($\bar{x}$ = 2,19), 2007*** ($\bar{x}$ = 2,04), 2008** ($\bar{x}$ = 1,93),

oder Schulkameraden[56]. Auch im sozialen Bereich geben sie an, weniger Probleme mit anderen Jugendlichen[57] zu haben, einen festen Freund bzw. Freundin zu finden[58], mit diesem bzw. dieser auszukommen[59] und generell die eigene Freizeit zu gestalten[60]. Des Weiteren haben sie weniger Probleme, mit dem eigenen Geld auszukommen[61] und weniger Probleme bezüglich der eigenen Zukunftsperspektive[62] – ein Befund, der gut zu den oben dargestellten finanziellen Ressourcen und der selbst eingeschätzten Zukunftserwartung passt. Jugendliche der Wertegruppe der Konventionalisten sind seltener betrunken[63] und nehmen seltener Drogen[64]. Sie geben darüber hinaus an, weniger Probleme mit Polizei, Staatsanwaltschaft oder Gericht wegen einer Straftat[65] zu haben. Dies erscheint folgerichtig, da sie

---

2002(9)*** ($\bar{x}$ = 2,37), 2003(10)*** ($\bar{x}$ = 2,37).

56 Signifikante Abweichungen der Mittelwerte in 2002** ($\bar{x}$ = 2,07), 2006* ($\bar{x}$ = 1,83), 2008* ($\bar{x}$ = 1,70), 2002(9)* ($\bar{x}$ = 2,09).

57 Signifikante Abweichungen der Mittelwerte in 2002* ($\bar{x}$ = 2,07), 2003*** ($\bar{x}$ = 2,12), 2004** ($\bar{x}$ = 2,06), 2005* ($\bar{x}$ = 2,01), 2006*** ($\bar{x}$ = 1,83), 2007*** ($\bar{x}$ = 1,81), 2008*** ($\bar{x}$ = 1,70), 2002(9)* ($\bar{x}$ = 2,09), 2003(10)*** ($\bar{x}$ = 2,03).

58 Signifikante Abweichungen der Mittelwerte in 2002** ($\bar{x}$ = 1,74), 2006* ($\bar{x}$ = 2,05), 2007** ($\bar{x}$ = 1,93), 2008** ($\bar{x}$ = 1,88).

59 Signifikante Abweichungen der Mittelwerte in 2002* ($\bar{x}$ = 1,63), 2003** ($\bar{x}$ = 1,61), 2004* ($\bar{x}$ = 1,63), 2006** ($\bar{x}$ = 1,77), 2007*** ($\bar{x}$ = 1,69), 2008** ($\bar{x}$ = 1,73), 2002(9)** ($\bar{x}$ = 1,66), 2003(10)** ($\bar{x}$ = 1,65).

60 Signifikante Abweichungen der Mittelwerte in 2006** ($\bar{x}$ = 1,91), 2007** ($\bar{x}$ = 1,90), 2008** ($\bar{x}$ = 1,89).

61 Signifikante Abweichungen der Mittelwerte in 2002*** ($\bar{x}$ = 1,85), 2003*** ($\bar{x}$ = 2,03), 2004*** ($\bar{x}$ = 2,19), 2005*** ($\bar{x}$ = 2,26), 2006*** ($\bar{x}$ = 2,33), 2007*** ($\bar{x}$ = 2,34), 2008*** ($\bar{x}$ = 2,37), 2002(9)*** ($\bar{x}$ = 2,15), 2003(10)** ($\bar{x}$ = 2,34).

62 Signifikante Abweichungen der Mittelwerte in 2002* ($\bar{x}$ = 1,63), 2003* ($\bar{x}$ = 1,73), 2004*** ($\bar{x}$ = 1,78), 2005*** ($\bar{x}$ = 1,99), 2006*** ($\bar{x}$ = 2,09), 2007*** ($\bar{x}$ = 2,05), 2008*** ($\bar{x}$ = 1,99), 2002(9)*** ($\bar{x}$ = 1,88), 2003(10)* ($\bar{x}$ = 2,01).

63 Signifikante Ergebnisse der Wilcoxon-, Mann-Whitney- bzw. U-Tests in 2002** (81 Prozent), 2003*** (64 Prozent), 2004*** (52 Prozent), 2005*** (40 Prozent), 2006*** (33 Prozent), 2007*** (35 Prozent), 2008** (29 Prozent), 2002(9)*** (48 Prozent), 2003(10)*** (40 Prozent). Zum Vergleich sind in Klammern die Prozentanteile der Kategorie »keinmal« angegeben.

64 Signifikante Ergebnisse der Wilcoxon-, Mann-Whitney- bzw. U-Tests in 2002* (95 Prozent), 2004*** (85 Prozent), 2005** (85 Prozent), 2006*** (87 Prozent), 2007*** (92 Prozent), 2008*** (91 Prozent), 2002(9)*** (85 Prozent), 2003(10)*** (82 Prozent). Zum Vergleich sind in Klammern die Prozentanteile der Kategorie »keinmal« angegeben.

65 Signifikante Abweichungen der Mittelwerte in 2002*** ($\bar{x}$ = 1,17), 2003*** ($\bar{x}$ = 1,19), 2004*** ($\bar{x}$ = 1,24), 2005*** ($\bar{x}$ = 1,28), 2006*** ($\bar{x}$ = 1,31), 2007*** ($\bar{x}$ = 1,22), 2008*** ($\bar{x}$ = 1,21), 2002(9)*** ($\bar{x}$ = 1,27), 2003(10)** ($\bar{x}$ = 1,32).

tatsächlich weniger Gewaltdelikte[66], weniger Sachbeschädigungsdelikte[67] sowie weniger Eigentumsdelikte[68] angeben und auch bei der Gesamtbetrachtung der Delinquenz[69] niedrigere Täterinnen- bzw. Täterraten aufweisen. Die beschriebenen charakteristischen Eigenschaften im Bereich der geringeren Selbstwirksamkeitserwartung, der Alltagsprobleme sowie der Devianz und Delinquenz sind ebenfalls vor dem Hintergrund zu sehen, dass Mädchen generell von weniger Problemen und weniger deviantem oder delinquentem Verhalten berichten sowie geringere Selbstwirksamkeitswerte aufweisen (siehe Abschnitte 5.3.2, 5.3.1 und 5.4.2). Möglicherweise liegt eine Ursache für die niedrigere Überzeugung, Probleme selbst lösen zu können auch darin begründet, dass weniger Probleme im Alltagsleben auftauchen, da sowieso ein stärker normorientierter Lebensstil gepflegt wird.

Alles in allem ergibt sich in der Wertegruppe der Konventionalisten jedenfalls das Bild von angepassten und zufriedenen Jugendlichen. Sie scheinen auch aufgrund ihrer Pflichtorientierung (schulische) Aufgaben mit Fleiß zu vollbringen und haben daher in der Schule wenig Probleme. Sie blicken, auch wenn sie nicht zu denjenigen mit den höchsten zu erwartenden Bildungsabschlüssen gehören, zuversichtlich in die Zukunft und zeigen sich durchgehend anomiefest. Die Konventionalisten sind auch ohne überdurchschnittliche Finanzausstattung zufrieden mit den ihnen zur Verfügung stehenden Mitteln und können mit ihrem Geld gut umgehen. Ihr Lebensstil ist in der Freizeit vor allem durch die Familie geprägt und weniger durch außerhäusliche, aber auch weniger hochkulturelle Aktivitäten. Sie gehen mit Medien sehr maßvoll um und haben in ihrem Alltagsleben wenig Probleme, schon gar nicht im Bereich von abweichendem Verhalten. Diese Charakteristika passen sehr stimmig zu dem beschriebenen Werteprofil als konventionelle, traditionelle und pflichtbezogene Jugendliche. In einer Reihe von Lebenssituationen scheinen sich die Befragten dieser Wertegruppierung

---

66 Signifikante Abweichungen der Täteranteile in 2002** (11 Prozent), 2003* (16 Prozent), 2004** (11 Prozent), 2005** (10 Prozent), 2006** (7 Prozent), 2007** (4 Prozent), 2002(9)* (16 Prozent), 2003(10)** (13 Prozent).

67 Signifikante Abweichungen der Täteranteile in 2002* (15 Prozent), 2003** (18 Prozent), 2004*** (12 Prozent), 2005*** (8 Prozent), 2006*** (5 Prozent), 2007*** (3 Prozent), 2002(9)** (17 Prozent), 2003(10)*** (14 Prozent).

68 Signifikante Abweichungen der Täteranteile in 2002*** (12 Prozent), 2003** (19 Prozent), 2004*** (14 Prozent), 2005** (13 Prozent), 2007** (5 Prozent), 2008** (3 Prozent), 2002(9)** (22 Prozent), 2003(10)** (16 Prozent).

69 Signifikante Abweichungen der Prozentanteile in 2002*** (23 Prozent), 2003* (35 Prozent), 2004*** (24 Prozent), 2005*** (21 Prozent), 2006** (19 Prozent), 2007*** (10 Prozent), 2008* (8 Prozent), 2002(9)** (35 Prozent), 2003(10)*** (28 Prozent).

überwiegend für einen konformen, normorientierten Weg zu entscheiden. Nicht unterschlagen werden soll hier aber auch die Tatsache, dass die Gruppe der Konventionalisten stark (und im Verlauf zunehmend) weiblich geprägt ist. Bei vielen der hier analysierten Verhaltensweisen und Einstellungen kommt vermutlich ein diesbezüglicher Geschlechtseffekt zum Tragen, der mit der konventionellen Wertorientierung korrespondiert.

Hedo-Materialisten

Die Wertegruppen der Hedo-Materialisten umfassen in den verschiedenen Erhebungsjahren etwa 10 bis 15 Prozent (im Durchschnitt 12 Prozent; siehe Tabelle 8.2 auf Seite 322) der Stichproben, sind ebenfalls Wertespezialisten und gehören daher zur Werte-Generalisierungsstufe I. Die Mitglieder dieser Typologie orientieren sich von den drei zugrunde liegenden Wertedimensionen einzig an der hedonistisch-materialistischen Dimension. Das heißt, dass ihnen Spaß- und Lustgewinn, Konsum und Genuss besonders wichtig sind und sie gleichzeitig Pflichtorientierung, Konvention und Tradition sowie politisches und soziales Engagement überwiegend ablehnen. Diese Wertegruppierung stellt sich in vielen der nachfolgend beschriebenen Bereichen als Antagonist der Konventionalisten dar.

Zunächst findet sich in den Gruppen weit verbreitet ein erhöhter Anteil an Jungen und ein geringerer Anteil an Mädchen[70]. In Übereinstimmung zu den in Abschnitt 6.4 beschriebenen Befunden des zunehmenden Geschlechtseinflusses wird das Verhältnis der Jungen- und Mädchenanteile im Laufe der Jahre immer unausgeglichener. Gegen Ende der Erhebungen erreicht es mit einem Anteil von rund einem Drittel an Mädchen und zwei Dritteln an Jungen in etwa die Umkehrung des Verhältnisses der Konventionalisten (siehe Tabelle A.22 auf Seite 491). Unter den Hedo-Materialisten sind mehr Jugendliche mit deutscher[71] und in den allermeisten Datensätzen weniger Jugendliche mit türkischer Staatsangehörigkeit[72]. Im Bereich der (schulischen) Bildung ist ein durchschnittlicher

70 Signifikante Abweichungen der Prozentanteile in 2005* (42 Prozent), 2006*** (36 Prozent), 2007*** (34 Prozent), 2008*** (35 Prozent), 2003(10)* (44 Prozent).

71 Signifikante Abweichungen der Prozentanteile in 2003* (80 Prozent), 2006* (85 Prozent), 2007* (89 Prozent), 2003(10)* (85 Prozent).

72 Signifikante Abweichungen der Prozentanteile in 2003*** (7 Prozent), 2004*** (6 Prozent), 2005*** (5 Prozent), 2006*** (7 Prozent), 2007*** (5 Prozent), 2008* (8 Prozent), 2002(9)*** (7 Prozent), 2003(10)** (6 Prozent).

Anteil an Gymnasiastinnen und Gymnasiasten, zum Teil ein erhöhter Anteil an Realschülerinnen und -schülern[73] und ein niedrigerer Anteil an Hauptschülerinnen und -schülern[74] festzustellen. Insgesamt ist der Ehrgeiz in schulischen Belangen nicht besonders ausgeprägt vorhanden, denn für die Hausaufgaben[75] wird täglich deutlich und weit verbreitet weniger Zeit aufgewendet als von den übrigen Jugendlichen der Stichprobe. Der in Abschnitt 6.4 vorgestellte Bildungseffekt, dass sich ein höherer familiärer Bildungshintergrund negativ auf hedonistische und materialistische Werte auswirkt, ist auch hier zu verzeichnen: Hedo-Materialisten stammen aus Familienhaushalten mit weniger Büchern[76]. Einen weiteren deutlichen Hinweis auf eine »Bildungsferne« lässt sich in der Tatsache erkennen, dass sie zu allen Erhebungszeitpunkten angeben, täglich weniger Zeit mit dem Lesen von Büchern und Zeitschriften[77] zu verbringen als die übrigen Jugendlichen. Zwar wird von den Hedo-Materialisten in einigen Datensätzen von einem selbst eingeschätzt höheren Familienvermögen[78] berichtet, allerdings wird zu allen Beobachtungszeitpunkten angegeben, dass das ihnen selbst zur Verfügung stehende Geld schlechter ausreicht[79] als den übrigen Befragungsteilnehmerinnen und -teilnehmern. Diese größere materielle Unzufriedenheit steht höchstwahrscheinlich in direktem Zusammenhang mit der ausgeprägten hedonistisch-materialistischen Wert- und Bedürfnislage der Angehörigen dieser Gruppe. Vermutlich trägt dieser Umstand auch zu der düstereren Zukunftseinschätzung[80]

---

73 Signifikante Abweichungen der Prozentanteile in 2003** (30 Prozent), 2004* (28 Prozent).

74 Signifikante Abweichungen der Prozentanteile in 2003* (19 Prozent), 2004* (17 Prozent), 2002(9)*** (17 Prozent), 2003(10)* (20 Prozent).

75 Signifikante Abweichungen der Mittelwerte in 2003*** ($\bar{x}$ = 55 min), 2004*** ($\bar{x}$ = 45 min), 2005*** ($\bar{x}$ = 45 min), 2006*** ($\bar{x}$ = 35 min), 2007*** ($\bar{x}$ = 40 min), 2008*** ($\bar{x}$ = 45 min), 2003(10)*** ($\bar{x}$ = 40 min).

76 Signifikante Ergebnisse der Wilcoxon-, Mann-Whitney- bzw. U-Tests in 2003* (22 Prozent), 2005** 22 Prozent), 2006** (17 Prozent), 2008*** 19 (Prozent), 2003(10)* (24 Prozent). Zum Vergleich sind in Klammern die Prozentanteile der Kategorie »0–10 Bücher« angegeben.

77 Signifikante Abweichungen der Mittelwerte in 2002*** ($\bar{x}$ = 40 min), 2003*** ($\bar{x}$ = 35 min), 2004*** ($\bar{x}$ = 30 min), 2005*** ($\bar{x}$ = 30 min), 2006*** ($\bar{x}$ = 35 min), 2007*** ($\bar{x}$ = 30 min), 2008*** ($\bar{x}$ = 35 min), 2002(9)** ($\bar{x}$ = 40 min), 2003(10)*** ($\bar{x}$ = 30 min).

78 Signifikante Abweichungen der Mittelwerte in 2002* ($\bar{x}$ = 6,53), 2003* ($\bar{x}$ = 6,59), 2006* ($\bar{x}$ = 6,32).

79 Signifikante Abweichungen der Mittelwerte in 2002*** ($\bar{x}$ = 3,52), 2003*** ($\bar{x}$ = 3,24), 2004*** ($\bar{x}$ = 3,14), 2005*** ($\bar{x}$ = 3,22), 2006*** ($\bar{x}$ = 3,10), 2007*** ($\bar{x}$ = 3,15), 2008*** ($\bar{x}$ = 2,99), 2002(9)*** ($\bar{x}$ = 3,15), 2003(10)*** ($\bar{x}$ = 3,04).

80 Signifikante Abweichungen der Mittelwerte in 2002*** ($\bar{x}$ = 3,64), 2003*** ($\bar{x}$ = 3,54), 2004*** ($\bar{x}$ = 3,60), 2005*** ($\bar{x}$ = 3,52), 2006*** ($\bar{x}$ = 3,52), 2007*** ($\bar{x}$ = 3,51), 2008*** ($\bar{x}$ = 3,57), 2002(9)*** ($\bar{x}$ = 3,49), 2003(10)*** ($\bar{x}$ = 3,56).

der Hedo-Materialisten bei. Ebenfalls in diesem Kontext sind die durchgängig erhöhten Anomia-Werte[81] zu beurteilen (siehe Abschnitt 5.3.3).

Der Medienkonsum dieser Wertegruppierung ist fast komplementär zu dem der Konventionalisten. Zunächst weisen Hedo-Materialisten grundsätzlich einen höheren täglichen Fersehkonsum[82] auf. Dabei ist nicht nur diese Tatsache an sich bemerkenswert sondern auch die Art der beliebten Filmgenres. Sie geben durchweg an, häufiger gewalthaltige Filme wie Horrorfilme[83] und Kriegsfilme[84] zu konsumieren – ebenfalls erhöht ist aber auch der Konsum von Musikvideos[85]. Unbeliebt sind hingegen Filmgenres der leichten Unterhaltung. So werden seltener Unterhaltungsserien/Soaps[86], Sportsendungen[87], Shows/Quiz/Talkshows[88], Natur-/Tier-/Heimatfilme[89] und Love Stories[90] geschaut. Ebenfalls unbeliebter als beim Rest der Stichprobe sind die Genres Science-Fiction/Fantasy[91], Kriminalfilme[92] und vor allem die anspruchsvolleren Dokumentationen/politischen

81 Signifikante Abweichungen der Mittelwerte in 2002*** ($\bar{x}$ = 2,31), 2003*** ($\bar{x}$ = 2,32), 2004*** ($\bar{x}$ = 2,41), 2005*** ($\bar{x}$ = 2,49), 2006*** ($\bar{x}$ = 2,63), 2007*** ($\bar{x}$ = 2,69), 2008*** ($\bar{x}$ = 2,57), 2002(9)*** ($\bar{x}$ = 2,45), 2003(10)*** ($\bar{x}$ = 2,54).

82 Signifikante Abweichungen der Mittelwerte in 2002* ($\bar{x}$ = 150 min), 2006** ($\bar{x}$ = 140 min), 2008*** ($\bar{x}$ = 130 min).

83 Signifikante Abweichungen der Mittelwerte in 2002*** ($\bar{x}$ = 3,89), 2003*** ($\bar{x}$ = 4,03), 2004*** ($\bar{x}$ = 4,08), 2005** ($\bar{x}$ = 3,83), 2006*** ($\bar{x}$ = 3,95), 2007** ($\bar{x}$ = 3,69), 2008*** ($\bar{x}$ = 3,70), 2002(9)*** ($\bar{x}$ = 4,04), 2003(10)** ($\bar{x}$ = 3,79).

84 Signifikante Abweichungen der Mittelwerte in 2003*** ($\bar{x}$ = 3,01), 2006* ($\bar{x}$ = 3,00), 2007* ($\bar{x}$ = 2,82), 2003(10)* ($\bar{x}$ = 3,05).

85 Signifikante Abweichungen der Mittelwerte in 2002*** ($\bar{x}$ = 4,38), 2003*** ($\bar{x}$ = 4,59), 2004** ($\bar{x}$ = 4,36), 2002(9)*** ($\bar{x}$ = 4,46).

86 Signifikante Abweichungen der Mittelwerte in 2004** ($\bar{x}$ = 2,87), 2005* ($\bar{x}$ = 2,85), 2006*** ($\bar{x}$ = 2,79), 2007** ($\bar{x}$ = 2,84), 2002(9)** ($\bar{x}$ = 2,67), 2003(10)* ($\bar{x}$ = 2.87).

87 Signifikante Abweichungen der Mittelwerte in 2003** ($\bar{x}$ = 2,84), 2005*** ($\bar{x}$ = 2,77), 2002(9)* ($\bar{x}$ = 2,71).

88 Signifikante Abweichungen der Mittelwerte in 2002** ($\bar{x}$ = 2,97), 2003*** ($\bar{x}$ = 2,74), 2004*** ($\bar{x}$ = 2,73), 2005*** ($\bar{x}$ = 2,73), 2006*** ($\bar{x}$ = 2,62), 2007*** ($\bar{x}$ = 2,67), 2008* ($\bar{x}$ = 2,74), 2002(9)*** ($\bar{x}$ = 2,88), 2003(10)*** ($\bar{x}$ = 2,73).

89 Signifikante Abweichungen der Mittelwerte in 2002*** ($\bar{x}$ = 1,82), 2003*** ($\bar{x}$ = 1,65), 2004*** ($\bar{x}$ = 1,70), 2005*** ($\bar{x}$ = 1,88), 2006*** ($\bar{x}$ = 1,86), 2007*** ($\bar{x}$ = 1,89), 2008*** ($\bar{x}$ = 1,94), 2002(9)*** ($\bar{x}$ = 1,45), 2003(10)*** ($\bar{x}$ = 1,60).

90 Signifikante Abweichungen der Mittelwerte in 2003*** ($\bar{x}$ = 2,23), 2004* ($\bar{x}$ = 2,39), 2005*** ($\bar{x}$ = 2,30), 2006*** ($\bar{x}$ = 2,18), 2007*** ($\bar{x}$ = 2,10), 2008*** ($\bar{x}$ = 2,30), 2002(9)*** ($\bar{x}$ = 2,20), 2003(10)*** ($\bar{x}$ = 2,18).

91 Signifikante Abweichungen der Mittelwerte in 2003*** ($\bar{x}$ = 2,61), 2004* ($\bar{x}$ = 2,65), 2005** ($\bar{x}$ = 2,54).

92 Signifikante Abweichungen der Mittelwerte in 2005*** ($\bar{x}$ = 2,51), 2006* ($\bar{x}$ = 2,60), 2007* ($\bar{x}$ = 2,64), 2008* ($\bar{x}$ = 2,60).

Magazine[93]. Ebenso wie bei den Konventionalisten ist hier vermutlich das Geschlechtsungleichgewicht mit ausschlaggebend für die dargestellten Befunde. Neben dem Fernsehen sind auch die elektronischen Medien bei den Hedo-Materialisten sehr beliebt. Wiederum im Gegensatz zu den Konventionalisten geben die hedo-materialistischen Jugendlichen in allen untersuchten Datensätzen an, täglich mehr Zeit mit Internetsurfen oder E-Mails-Schreiben[94] zu verbringen als der Rest des Samples. Ebenfalls erhöht ist der tägliche Zeitaufwand des Computer- oder Konsolespielens[95]. Wie bei den bevorzugten Filmgenres auch, sind dabei gewalthaltige Computerspielgenres beliebter als bei den anderen Jugendlichen, denn es werden nach eigenen Angaben weit verbreitet öfter Ego-Shooter/Ballerspiele[96] und Militärstrategiespiele[97] gespielt. Darüber hinaus sind aber auch Rennspiele[98], Adventures[99] und Rollenspiele[100] beliebter als bei den übrigen Mädchen und Jungen, auch sie werden nach eigenen Angaben öfter gespielt. An dieser Stelle wird wiederum (indirekt) sichtbar, dass im Laufe der Zeit immer mehr Jungen diese rein hedonistisch-materialistische Werthaltung aufweisen und im Typus der Hedo-Materialisten versammelt sind. Das zugrunde liegende geschlechtstypische (Medienkonsum-)Verhalten wurde in Abschnitt 5.2.3 bereits vorgestellt. Auch bei den weiteren Freizeitbeschäftigungen ist der Gegensatz zu den Konventionalisten auffällig, denn die Hedo-Materialisten befriedigen ihre Bedürfnisse nach Geselligkeit seltener durch das Treffen von Familienangehörigen[101] dage-

93 Signifikante Abweichungen der Mittelwerte in 2002*** ($\bar{x}$ = 1,44), 2003*** ($\bar{x}$ = 1,45), 2004*** ($\bar{x}$ = 1,62), 2005*** ($\bar{x}$ = 1,92), 2006*** ($\bar{x}$ = 2,08), 2007*** ($\bar{x}$ = 2,17), 2008*** ($\bar{x}$ = 2,26), 2002(9)*** ($\bar{x}$ = 1,48), 2003(10)*** ($\bar{x}$ = 1,84).

94 Signifikante Abweichungen der Mittelwerte in 2002*** ($\bar{x}$ = 60 min), 2003*** ($\bar{x}$ = 80 min), 2004*** ($\bar{x}$ = 90 min), 2005* ($\bar{x}$ = 105 min), 2006** ($\bar{x}$ = 130 min), 2007*** ($\bar{x}$ = 145 min), 2008*** ($\bar{x}$ = 130 min), 2002(9)*** ($\bar{x}$ = 75 min), 2003(10)* ($\bar{x}$ = 95 min).

95 Signifikante Abweichungen der Mittelwerte in 2002* ($\bar{x}$ = 65 min Konsole), 2003* ($\bar{x}$ = 85 min), 2006*** ($\bar{x}$ = 100 min), 2007*** ($\bar{x}$ = 85 min), 2008*** ($\bar{x}$ = 65 min), 2002(9)* ($\bar{x}$ = 70 min Computer, $\bar{x}$ = 50 min Konsole), 2003(10)* ($\bar{x}$ = 85 min).

96 Signifikante Abweichungen der Mittelwerte in 2003*** ($\bar{x}$ = 2,93), 2004*** ($\bar{x}$ = 2,89), 2005*** ($\bar{x}$ = 2,94), 2006*** ($\bar{x}$ = 2,78), 2007*** ($\bar{x}$ = 2,63), 2008*** ($\bar{x}$ = 2,62), 2003(10)*** ($\bar{x}$ = 3,08).

97 Signifikante Abweichungen der Mittelwerte in 2004** ($\bar{x}$ = 2,43), 2006*** ($\bar{x}$ = 2,18), 2007*** ($\bar{x}$ = 2,13), 2008*** ($\bar{x}$ = 2,13), 2003(10)*** ($\bar{x}$ = 2,56).

98 Signifikante Abweichungen der Mittelwerte in 2006** ($\bar{x}$ = 2,78), 2007*** ($\bar{x}$ = 2,63), 2008*** ($\bar{x}$ = 2,44).

99 Signifikante Abweichungen der Mittelwerte in 2006*** ($\bar{x}$ = 1,81), 2007* ($\bar{x}$ = 1,72), 2008** ($\bar{x}$ = 1,78).

100 Signifikante Abweichungen der Mittelwerte in 2005* ($\bar{x}$ = 2,24), 2006*** ($\bar{x}$ = 2,27), 2007** ($\bar{x}$ = 2,20), 2008** ($\bar{x}$ = 2,11).

101 Signifikante Abweichungen der Mittelwerte in 2003*** ($\bar{x}$ = 2,26), 2004*** ($\bar{x}$ = 2,34), 2005***

gen öfter durch das Treffen ihrer Freunde[102]. Dabei wird dann häufiger einfach nur »abgehangen«[103] und auf Partys[104] gegangen als es die übrigen Jugendlichen tun. »Hochkulturellen« Freizeitbeschäftigungen wie dem Zeichnen, Malen[105], im Chor singen[106], Theater[107] oder ein klassisches Musikinstrument[108] spielen wird hingegen seltener nachgegangen als dies der Rest der Stichprobe angibt. Auch die Aktivitäten Ins-Kino-Gehen[109] und Einkaufen bzw. Shoppen[110] finden nach eigenen Angaben bei den Hedo-Materialisten seltener statt als bei den anderen Jugendlichen. Möglicherweise ist die oben erwähnte (selbst wahrgenommene) unzureichende finanzielle Ausstattung auch ein Grund dafür – möglicherweise in Kombination mit den hedonistisch-materialistischen Werten eine Ursache für Unzufriedenheit und Frustration.

In Anbetracht der bislang schon dargelegten Gegensätze zwischen Konventionalisten und Hedo-Materialisten erscheint es fast schon folgerichtig, dass die Hedo-Materialisten in vielen Bereichen von deutlich mehr Alltagsproblemen berichten als alle anderen Jugendlichen. Sie haben mehr Probleme mit ihren

($\bar{x}$ = 2,42), 2006*** ($\bar{x}$ = 2,58), 2007*** ($\bar{x}$ = 2,62), 2008*** ($\bar{x}$ = 2,75), 2003(10)*** ($\bar{x}$ = 2,34).

102 Signifikante Abweichungen der Mittelwerte in 2002*** ($\bar{x}$ = 4,30), 2003*** ($\bar{x}$ = 4,40), 2004*** ($\bar{x}$ = 4,40), 2005*** ($\bar{x}$ = 4,37), 2006*** ($\bar{x}$ = 4,28), 2007* ($\bar{x}$ = 4,08), 2002(9)*** ($\bar{x}$ = 4,44), 2003(10)*** ($\bar{x}$ = 4,34).

103 Signifikante Abweichungen der Mittelwerte in 2002*** ($\bar{x}$ = 3,40), 2003*** ($\bar{x}$ = 3,81), 2004*** ($\bar{x}$ = 3,80), 2005*** ($\bar{x}$ = 3,83), 2006*** ($\bar{x}$ = 3,83), 2007*** ($\bar{x}$ = 3,75), 2008*** ($\bar{x}$ = 3,61), 2002(9)*** ($\bar{x}$ = 3,82), 2003(10)*** ($\bar{x}$ = 3,74).

104 Signifikante Abweichungen der Mittelwerte in 2002*** ($\bar{x}$ = 2,80), 2003*** ($\bar{x}$ = 3,05), 2004*** ($\bar{x}$ = 3,42), 2005*** ($\bar{x}$ = 3,64), 2006*** ($\bar{x}$ = 3,80), 2007*** ($\bar{x}$ = 3,65), 2008*** ($\bar{x}$ = 3,51), 2002(9)*** ($\bar{x}$ = 3,17), 2003(10)*** ($\bar{x}$ = 3,37).

105 Signifikante Abweichungen der Mittelwerte in 2002*** ($\bar{x}$ = 2,21), 2003*** ($\bar{x}$ = 2,02), 2004** ($\bar{x}$ = 2,07), 2005*** ($\bar{x}$ = 1,96), 2006*** ($\bar{x}$ = 1,95), 2007** ($\bar{x}$ = 1,85), 2008*** ($\bar{x}$ = 1,76), 2002(9)*** ($\bar{x}$ = 1,89), 2003(10)*** ($\bar{x}$ = 1,97).

106 Signifikante Abweichungen der Mittelwerte in 2003*** ($\bar{x}$ = 1,09), 2004* ($\bar{x}$ = 1,10), 2003(10)* ($\bar{x}$ = 1,08).

107 Signifikante Abweichungen der Mittelwerte in 2003* ($\bar{x}$ = 1,14), 2004** ($\bar{x}$ = 1,10), 2003(10)* ($\bar{x}$ = 1,09).

108 Signifikante Abweichungen der Mittelwerte in 2003*** ($\bar{x}$ = 1,22), 2004*** ($\bar{x}$ = 1,19), 2005** ($\bar{x}$ = 1,34), 2008* ($\bar{x}$ = 1,29), 2003(10)*** ($\bar{x}$ = 1,24).

109 Signifikante Abweichungen der Mittelwerte in 2005*** ($\bar{x}$ = 2,65), 2006*** ($\bar{x}$ = 2,60), 2007* ($\bar{x}$ = 2,61), 2008** ($\bar{x}$ = 2,66), 2003(10)* ($\bar{x}$ = 2,79).

110 Signifikante Abweichungen der Mittelwerte in 2005* ($\bar{x}$ = 3,15), 2006** ($\bar{x}$ = 3,08), 2007** ($\bar{x}$ = 3,02), 2008* ($\bar{x}$ = 3,06), 2003(10)*** ($\bar{x}$ = 3,05).

Eltern[111] sowie im schulischen Bereich mit den Leistungsanforderungen[112] und den Lehrern[113]. Auch im sozialen Bereich sieht es bedenklicher aus als bei den übrigen Jugendlichen: Sie haben mehr Probleme mit anderen Jugendlichen[114], damit, einen festen Freund bzw. eine feste Freundin zu finden[115] und auch, mit einem eventuellen festen Freund bzw. einer festen Freundin auszukommen[116]. Auf die Unzufriedenheit mit den finanziellen Ressourcen wurde ja bereits oben hingewiesen, diese kommt auch bei den Alltagsproblemen wieder zum Vorschein. Hedo-Materialisten haben mehr Probleme, mit dem eigenen Geld auszukommen[117] und, damit verbunden, sehen sie auch mehr Probleme mit der eigenen Zukunftsperspektive[118]. Darüber hinaus sind Hedo-Materialisten häufiger betrunken[119] und konsumieren häufiger Drogen[120]. Sie berichten von häufigeren Problemen mit der Polizei, Staatsanwaltschaft oder einem Gericht wegen einer

111 Signifikante Abweichungen der Mittelwerte in 2002*** ($\bar{x}$ = 2,40), 2003*** ($\bar{x}$ = 2,50), 2004*** ($\bar{x}$ = 2,47), 2005*** ($\bar{x}$ = 2,42), 2006*** ($\bar{x}$ = 2,50), 2007*** ($\bar{x}$ = 2,42), 2008*** ($\bar{x}$ = 2,29), 2002(9)*** ($\bar{x}$ = 2,60), 2003(10)*** ($\bar{x}$ = 2,45).

112 Signifikante Abweichungen der Mittelwerte in 2002*** ($\bar{x}$ = 2,94), 2003*** ($\bar{x}$ = 3,01), 2004*** ($\bar{x}$ = 2,97), 2005*** ($\bar{x}$ = 2,86), 2006** ($\bar{x}$ = 2,80), 2007** ($\bar{x}$ = 2,72), 2002(9)*** ($\bar{x}$ = 3,23), 2003(10)*** ($\bar{x}$ = 2,89).

113 Signifikante Abweichungen der Mittelwerte in 2002*** ($\bar{x}$ = 2,95), 2003*** ($\bar{x}$ = 3,00), 2004*** ($\bar{x}$ = 2,88), 2005*** ($\bar{x}$ = 2,81), 2006*** ($\bar{x}$ = 2,74), 2007*** ($\bar{x}$ = 2,58), 2008*** ($\bar{x}$ = 2,24), 2002(9)*** ($\bar{x}$ = 3,29), 2003(10)*** ($\bar{x}$ = 3,06).

114 Signifikante Abweichungen der Mittelwerte in 2002*** ($\bar{x}$ = 2,50), 2003*** ($\bar{x}$ = 2,37), 2004*** ($\bar{x}$ = 2,37), 2005*** ($\bar{x}$ = 2,36), 2006*** ($\bar{x}$ = 2,31), 2007*** ($\bar{x}$ = 2,18), 2008** ($\bar{x}$ = 1,97), 2002(9)*** ($\bar{x}$ = 2,50), 2003(10)** ($\bar{x}$ = 2,31).

115 Signifikante Abweichungen der Mittelwerte in 2004* ($\bar{x}$ = 2,22), 2006* ($\bar{x}$ = 2,26), 2008** ($\bar{x}$ = 2,17).

116 Signifikante Abweichungen der Mittelwerte in 2004** ($\bar{x}$ = 1,83), 2006** ($\bar{x}$ = 1,99), 2008*** ($\bar{x}$ = 2,01), 2002(9)* ($\bar{x}$ = 1,87).

117 Signifikante Abweichungen der Mittelwerte in 2002*** ($\bar{x}$ = 2,69), 2003*** ($\bar{x}$ = 2,74), 2004*** ($\bar{x}$ = 2,89), 2005*** ($\bar{x}$ = 2,88), 2006*** ($\bar{x}$ = 2,92), 2007*** ($\bar{x}$ = 3,02), 2008*** ($\bar{x}$ = 2,99), 2002(9)*** ($\bar{x}$ = 3,01), 2003(10)*** ($\bar{x}$ = 2,94).

118 Signifikante Abweichungen der Mittelwerte in 2002*** ($\bar{x}$ = 1,92), 2003*** ($\bar{x}$ = 2,02), 2004*** ($\bar{x}$ = 2,24), 2005** ($\bar{x}$ = 2,30), 2006*** ($\bar{x}$ = 2,45), 2007*** ($\bar{x}$ = 2,55), 2008*** ($\bar{x}$ = 2,43), 2002(9)*** ($\bar{x}$ = 2,33), 2003(10)*** ($\bar{x}$ = 2,40).

119 Signifikante Ergebnisse der Wilcoxon-, Mann-Whitney- bzw. U-Tests in 2002*** (53 Prozent), 2003*** (32 Prozent), 2004*** (19 Prozent), 2005*** (15 Prozent), 2006*** (12 Prozent), 2007*** (15 Prozent), 2008*** (21 Prozent), 2002(9)*** (23 Prozent), 2003(10)*** (16 Prozent). Zum Vergleich sind in Klammern die Prozentanteile der Kategorie »keinmal« angegeben.

120 Signifikante Ergebnisse der Wilcoxon-, Mann-Whitney- bzw. U-Tests in 2002*** (80 Prozent), 2003*** (71 Prozent), 2004*** (65 Prozent), 2005*** (64 Prozent), 2006*** (70 Prozent), 2007*** (74 Prozent), 2008*** (79 Prozent), 2002(9)*** (65 Prozent), 2003(10)*** (54 Prozent). Zum Vergleich sind in Klammern die Prozentanteile der Kategorie »keinmal« angegeben.

Straftat[121] und tatsächlich sind auch die Gesamttäterraten[122] durchgängig erhöht, gleiches gilt für die einzelnen Deliktsindizes. So sind die Raten bei Gewaltdelikten[123], Sachbeschädigungsdelikten[124] und Eigentumsdelikten[125] durchgängig höher als beim Durchschnitt der Stichproben.

Im Gesamtüberblick stellen, wie eingangs erwähnt, die Hedo-Materialisten einen Gegenpol zu den konformen, angepassten Konventionalisten dar. Sie sind eher männlich, kommen aus bildungsfernen Elternhaushalten, sind in der Schule eher weniger fleißig und kommen trotz zum Teil überdurchschnittlicher finanzieller Ausstattung mit ihrem Geld schlecht aus. Sie sind unzufrieden und sehen nicht nur weniger zuversichtlich in die Zukunft, sondern zeigen darüber hinaus auch deutliche und über den gesamten Erhebungszeitraum hinweg durchgehend erhöhte anomische Wahrnehmungstendenzen. Ihr Freizeitverhalten ist durch einen vermehrten und wegen der Gewalthaltigkeit auch inhaltlich bedenklichen Medienkonsum geprägt. Vor allem im Gegensatz zu den Konventionalisten gehen sie verstärkt außerhäuslichen Freizeitaktivitäten nach und weniger familiären. Sie berichten verstärkt über eine Vielzahl von Problemen im Alltag und über einen erhöhten Alkohol- und Drogenkonsum. Darüber hinaus sind die Täterraten in allen erhobenen Deliktsbereichen höher als bei den anderen Jugendlichen. Die Hedo-Materialisten bilden damit in so gut wie allen hier untersuchten Feldern die problematischste Wertegruppierung. Eine Orientierung an hedonistisch-materialistischen Werten als Lebensleitlinie und der Auswahl an Handlungsoptionen scheint häufig zu nonkonformem und problematischem Verhalten zu führen. Selbstverständlich ist aber auch hier zu berücksichtigen, dass ein Geschlechtseffekt wirksam sein wird.

121 Signifikante Abweichungen der Mittelwerte in 2002*** ($\bar{x}$ = 1,63), 2003*** ($\bar{x}$ = 1,76), 2004*** ($\bar{x}$ = 1,89), 2005*** ($\bar{x}$ = 1,94), 2006*** ($\bar{x}$ = 1,91), 2007*** ($\bar{x}$ = 1,69), 2008*** ($\bar{x}$ = 1,56), 2002(9)*** ($\bar{x}$ = 1,85), 2003(10)*** ($\bar{x}$ = 1,80).

122 Signifikante Abweichungen der Täteranteile in 2002*** (55 Prozent), 2003*** (62 Prozent), 2004*** (60 Prozent), 2005*** (52 Prozent), 2006*** (44 Prozent), 2007*** (34 Prozent), 2008*** (20 Prozent), 2002(9)*** (67 Prozent), 2003(10)*** (57 Prozent).

123 Signifikante Abweichungen der Täteranteile in 2002*** (32 Prozent), 2003*** (37 Prozent), 2004*** (29 Prozent), 2005*** (25 Prozent), 2006*** (19 Prozent), 2007*** (15 Prozent), 2008** (8 Prozent), 2002(9)*** (31 Prozent), 2003(10)*** (29 Prozent).

124 Signifikante Abweichungen der Täteranteile in 2002*** (37 Prozent), 2003*** (45 Prozent), 2004*** (41 Prozent), 2005*** (34 Prozent), 2006*** (24 Prozent), 2007*** (15 Prozent), 2008*** (7 Prozent), 2002(9)*** (41 Prozent), 2003(10)*** (40 Prozent).

125 Signifikante Abweichungen der Täteranteile in 2002*** (36 Prozent), 2003*** (44 Prozent), 2004*** (42 Prozent), 2005*** (35 Prozent), 2006*** (25 Prozent), 2007*** (22 Prozent), 2008*** (13 Prozent), 2002(9)*** (45 Prozent), 2003(10)*** (36 Prozent).

Idealisten

Die mit Stichprobenanteilen von vier bis sechs Prozent sehr kleine Gruppe (im Durchschnitt fünf Prozent; siehe Tabelle 8.2 auf Seite 322) der jugendlichen Idealisten – auch sie Wertespezialisten der Werte-Generalisierungsstufe I – orientiert sich an den Werten des öffentlichen Engagements. Die in diesem Typus zusammengefassten Jugendlichen haben damit ein Berufsziel, das ihnen soziale und politische Verwirklichung ermöglicht und sie wollen sich politisch einsetzen, um Missstände in der Welt zu beheben. Hedonistisch-materialistischen sowie konventionellen oder pflichtbezogenen Werten wird ablehnend gegenüber gestanden (siehe Abschnitt 6.1).

Unter den Befragten mit diesem Werteprofil befinden sich deutlich weniger junge Menschen mit türkischer Staatsangehörigkeit[126], wohingegen das Geschlechtsverhältnis in den allermeisten Erhebungszeitpunkten dem Durchschnitt entspricht. Im Einklang mit dem in Abschnitt 6.4 bereits herausgearbeiteten Zusammenhang zwischen der Bildung und Werten des öffentlichen Engagements, die für den Wertetypus der Idealisten maßgeblich prägend sind, stellen sich auch hier die diesbezüglichen Befunde dar. Die idealistischen Jugendlichen besuchen deutlich häufiger ein Gymnasium[127] und dagegen seltener eine Haupt-[128] oder Berufsschule[129]. Darüber hinaus stammen sie aus Elternhäusern, in denen mehr Bücher vorhanden sind[130] und auch die täglich aufgewendete Zeit für das Lesen von Büchern und Zeitschriften[131] ist durchweg höher als bei den übrigen Jugendlichen. Generell schauen die Idealisten täglich weniger fern[132] und in allen Erhebungs-

126 Signifikante Abweichungen der Prozentanteile in 2003** (5 Prozent), 2006** (5 Prozent), 2007** (4 Prozent), 2002(9)* (6 Prozent), 2003(10)* (4 Prozent).

127 Signifikante Abweichungen der Prozentanteile in 2002*** (41 Prozent), 2003*** (36 Prozent), 2004*** (38 Prozent), 2005*** (46 Prozent), 2006*** (42 Prozent), 2007*** (48 Prozent), 2008*** (40 Prozent), 2002(9)*** (47 Prozent), 2003(10)*** (43 Prozent).

128 Signifikante Abweichungen der Prozentanteile in 2005*** (10 Prozent), 2002(9)*** (13 Prozent).

129 Signifikante Abweichungen der Prozentanteile in 2006*** (44 Prozent), 2007** (28 Prozent), 2008*** (24 Prozent).

130 Signifikante Ergebnisse der Wilcoxon-, Mann-Whitney- bzw. U-Tests in 2003*** (12 Prozent), 2004*** (11 Prozent), 2005*** (7 Prozent), 2006*** (7 Prozent), 2007*** (6 Prozent), 2008*** (10 Prozent), 2003(10)*** (10 Prozent). Zum Vergleich sind in Klammern die Prozentanteile der Kategorie »0–10 Bücher« angegeben.

131 Signifikante Abweichungen der Mittelwerte in 2003** ($\bar{x}$ = 60 min), 2004** ($\bar{x}$ = 55 min), 2005*** ($\bar{x}$ = 60 min), 2006* ($\bar{x}$ = 55 min), 2007** ($\bar{x}$ = 55 min), 2002(9)** ($\bar{x}$ = 55 min), 2003(10)** ($\bar{x}$ = 55 min).

132 Signifikante Abweichungen der Mittelwerte in 2006*** ($\bar{x}$ = 105 min), 2007* ($\bar{x}$ = 105 min), 2008*** ($\bar{x}$ = 95 min).

zeitpunkten weniger Videofilme[133] als der Rest der Stichprobe. Trotz dieser grundsätzlich niedrigeren Werte ist die Beliebtheit des »Bildungs-Filmgenres« der Dokumentationen und politischen Magazine durchweg erhöht[134], gleiches gilt auch für Kriminalfilme[135]. Die fehlende hedo-materialistische Werthaltung macht sich bemerkbar durch die Unbeliebtheit von gewalthaltigen Film- und Videogenres wie Actionfilmen[136], Horrorfilmen[137] und Kung-Fu-, Kampfsport- bzw. Kriegsfilmen[138] – sie werden seltener konsumiert. Ebenfalls unbeliebter sind Genres der leichten Unterhaltung wie Shows/Quiz/Talkshows[139], Unterhaltungsserien/Soaps[140], Musikvideos[141], die hingegen bei den Konventionalisten hoch im Kurs stehen. Im Bereich der Computerspiele werden vor allem Rennspiele[142] weniger häufig gespielt als vom Durchschnitt der übrigen Jugendlichen. Auch im Bereich der weiteren erhobenen Freizeitbeschäftigungen lässt sich der schon erwähnte Bildungseffekt erkennen. Hochkulturelle Freizeitbeschäftigungen wie das Spielen eines klassischen Musikinstruments[143] und Theater spielen[144] wer-

133 Signifikante Abweichungen der Mittelwerte in 2002* ($\bar{x}$ = 40 min), 2003** ($\bar{x}$ = 50 min), 2004*** ($\bar{x}$ = 50 min), 2005* ($\bar{x}$ = 40 min), 2006*** ($\bar{x}$ = 35 min), 2007*** ($\bar{x}$ = 30 min), 2008* ($\bar{x}$ = 35 min), 2002(9)** ($\bar{x}$ = 30 min), 2003(10)*** ($\bar{x}$ = 40 min).

134 Signifikante Abweichungen der Mittelwerte in 2002*** ($\bar{x}$ = 2,11), 2003*** ($\bar{x}$ = 2,40), 2004** ($\bar{x}$ = 2,33), 2005*** ($\bar{x}$ = 2,70), 2006*** ($\bar{x}$ = 2,74), 2007*** ($\bar{x}$ = 2,91), 2008*** ($\bar{x}$ = 2,87), 2002(9)** ($\bar{x}$ = 2,20), 2003(10)*** ($\bar{x}$ = 2,67).

135 Signifikante Abweichungen der Mittelwerte in 2003* ($\bar{x}$ = 2,89), 2006* ($\bar{x}$ = 2,89), 2003(10)* ($\bar{x}$ = 2,92).

136 Signifikante Abweichungen der Mittelwerte in 2003* ($\bar{x}$ = 3,41), 2004* ($\bar{x}$ = 3,46), 2005* ($\bar{x}$ = 3,36), 2006*** ($\bar{x}$ = 3,26), 2007** ($\bar{x}$ = 3,21), 2002(9)** ($\bar{x}$ = 3,26), 2003(10)* ($\bar{x}$ = 3,42).

137 Signifikante Abweichungen der Mittelwerte in 2002** ($\bar{x}$ = 3,01), 2004*** ($\bar{x}$ = 3,45), 2005** ($\bar{x}$ = 3,43), 2006*** ($\bar{x}$ = 3,36), 2007*** ($\bar{x}$ = 3,17), 2008*** ($\bar{x}$ = 3,07), 2003(10)* ($\bar{x}$ = 3,34).

138 Signifikante Abweichungen der Mittelwerte in 2003** ($\bar{x}$ = 2,75), 2004** ($\bar{x}$ = 2,73), 2005* ($\bar{x}$ = 2,90), 2006*** ($\bar{x}$ = 2,72), 2007* ($\bar{x}$ = 2,63), 2008** ($\bar{x}$ = 2,54), 2002(9)*** ($\bar{x}$ = 2,33), 2003(10)*** ($\bar{x}$ = 2,80).

139 Signifikante Abweichungen der Mittelwerte in 2004* ($\bar{x}$ = 2,70), 2005* ($\bar{x}$ = 2,73), 2006*** ($\bar{x}$ = 2,64), 2007*** ($\bar{x}$ = 2,60), 2008*** ($\bar{x}$ = 2,56), 2002(9)*** ($\bar{x}$ = 2,73), 2003(10)*** ($\bar{x}$ = 2,75).

140 Signifikante Abweichungen der Mittelwerte in 2004* ($\bar{x}$ = 2,82), 2005*** ($\bar{x}$ = 2,66), 2006* ($\bar{x}$ = 2,83), 2007*** ($\bar{x}$ = 2,71), 2008*** ($\bar{x}$ = 2,68), 2003(10)** ($\bar{x}$ = 2,72).

141 Signifikante Abweichungen der Mittelwerte in 2005* ($\bar{x}$ = 3,93), 2007* ($\bar{x}$ = 3,37), 2008*** ($\bar{x}$ = 2,89), 2003(10)** ($\bar{x}$ = 3,96).

142 Signifikante Abweichungen der Mittelwerte in 2003** ($\bar{x}$ = 2,36), 2004* ($\bar{x}$ = 2,69), 2005*** ($\bar{x}$ = 2,54), 2006* ($\bar{x}$ = 2,44), 2007*** ($\bar{x}$ = 2,01), 2008** ($\bar{x}$ = 1,87).

143 Signifikante Abweichungen der Mittelwerte in 2003* ($\bar{x}$ = 1,63), 2005** ($\bar{x}$ = 1,73), 2006*** ($\bar{x}$ = 1,70), 2007* ($\bar{x}$ = 1,56), 2008* ($\bar{x}$ = 1,62), 2003(10)*** ($\bar{x}$ = 1,89).

144 Signifikante Abweichungen der Mittelwerte in 2003* ($\bar{x}$ = 1,31), 2004* ($\bar{x}$ = 1,28), 2005* ($\bar{x}$ = 1,32), 2006* ($\bar{x}$ = 1,24), 2008* ($\bar{x}$ = 1,25).

den deutlich häufiger angegeben. Die Idealisten gehen dagegen seltener in ein Jugendzentrum[145], machen seltener am PC Musik[146] und vor allem berichten sie davon, als Freizeitbeschäftigung seltener shoppen bzw. einkaufen zu gehen[147] als die übrigen Jugendlichen. Die Belastung mit Alltagsproblemen entspricht in etwa dem Durchschnitt, jedoch werden weniger Probleme mit Polizei, Staatsanwaltschaft oder Gericht wegen einer Straftat[148] berichtet. In dieser Wertegruppe sind keine Besonderheiten im Bereich des Alkohol- und Drogenkonsums sowie des devianten oder delinquenten Verhaltens zu erkennen.

Insgesamt gesehen bietet sich hier das Bild einer relativ geringen Zahl von Jugendlichen, die aus bildungsaffinen, kulturell orientierten Elternhäusern stammen, hohe Bildungsabschlüsse anstreben und die sozial wie politisch engagiert und orientiert sind. Ihre Haltungen kommen bei der Freizeitgestaltung vorwiegend in ihren Film- und Videovorlieben (bzw. -abneigungen) und in der Ausübung hochkultureller Freizeitaktivitäten zum Ausdruck. Mit diesem Werteprofil gehen indessen kaum Auffälligkeiten in Bezug auf die Belastung mit Alltagsproblemen, Anomia oder abweichende Verhaltensweisen einher.

8.2.2 Werte-Generalisierungsstufe II

Konventionelle Idealisten

Die Wertegruppierung der konventionellen Idealisten ist zahlenmäßig der größte der drei Vertreter der Werte-Generalisierungsstufe II (siehe Tabelle 8.2 auf Seite 322) und mit Stichprobenanteilen zwischen 15 und 19 Prozent (im Durchschnitt 16 Prozent) insgesamt die zweitgrößte aller Wertegruppierungen. Die Zugehörigkeit zur Stufe II bedeutet, dass die Jugendlichen zweien der drei zugrunde liegenden Wertedimensionen zustimmen. In diesem Fall orientieren sich die Mitglieder der Gruppe an Pflicht- und Konventionswerten (wie die Konventionalisten) sowie Werten des öffentlichen Engagements (wie die Idealisten) und lehnen hedonistisch-materialistische Werte (im Unterschied zu den Hedo-Materialisten)

145 Signifikante Abweichungen der Mittelwerte in 2002* ($\bar{x}$ = 1,63), 2005** ($\bar{x}$ = 1,44), 2002(9)* ($\bar{x}$ = 1,50).

146 Signifikante Abweichungen der Mittelwerte in 2004** ($\bar{x}$ = 1,92), 2005*** ($\bar{x}$ = 1,67), 2007*** ($\bar{x}$ = 1,53), 2008* ($\bar{x}$ = 1,52), 2003(10)** ($\bar{x}$ = 1,86).

147 Signifikante Abweichungen der Mittelwerte in 2004*** ($\bar{x}$ = 2,88), 2005** ($\bar{x}$ = 3,02), 2006** ($\bar{x}$ = 3,03), 2007** ($\bar{x}$ = 2,98), 2008*** ($\bar{x}$ = 2,91), 2003(10)*** ($\bar{x}$ = 2,90).

148 Signifikante Abweichungen der Mittelwerte in 2002*** ($\bar{x}$ = 1,09), 2008* ($\bar{x}$ = 1,48), 2002(9)* ($\bar{x}$ = 1,26).

ab. Wie wir in Abschnitt 6.2 gesehen haben, existieren deutliche Zusammenhänge zwischen den beiden Wertedimensionen »Pflicht und Konvention« sowie »Öffentliches Engagement« in jedem der Querschnittsdatensätze. Konventions- und Engagementwerte sind inhaltlich miteinander verknüpft, es kann daher nicht überraschen, dass eine große Anzahl an Jugendlichen beiden Wertebereichen zustimmt. Eine interessante Frage bleibt jedoch, ob sich in den nachfolgenden Auswertungen eine der beiden Dimensionen als besonders prägend herausstellt oder ob bei den Jugendlichen dieser Wertegruppierung Charakteristika beider Wertedimensionen zu finden sind, so wie sie in den vorangegangenen Beschreibungen bei den entsprechenden Wertespezialisten-Typen aufgezeigt wurden.

Zunächst entspricht das Verhältnis von Jungen und Mädchen bei den konventionellen Idealisten im Unterschied zu den eher weiblich dominierten Konventionalisten in allen Datensätzen im Großen und Ganzen dem Durchschnitt der jeweiligen gesamten Samples, so wie dies auch bei den Idealisten der Fall ist. Bei der Schulbildung ist auffällig, dass ein erhöhter Anteil nach dem Ende der gesetzlichen Schulpflicht die gymnasiale Oberstufe auf einer Gesamtschule[149] besucht. Die konventionellen Idealisten sind dabei, gemäß ihrer Orientierung an Pflicht und Konvention, offenbar fleißig, denn sie wenden täglich mehr Zeit für Hausaufgaben[150] auf als der Durchschnitt der übrigen Jugendlichen. Insgesamt scheint diese Wertegruppe, wie auch die Idealisten, eher »bildungsnah« zu sein, denn auch die Anzahl der zuhause vorhandenen Bücher[151] ist höher und täglich wird mehr Zeit mit dem Lesen von Büchern und Zeitschriften[152] verbracht. Das Familienvermögen[153] wird in einigen Datensätzen geringer eingeschätzt als von den übrigen Jugendlichen, allerdings sind die konventionellen Idealisten mit dem

149 Signifikante Abweichungen der Prozentanteile in 2006* (20 Prozent), 2007** (24 Prozent), 2008** (28 Prozent).

150 Signifikante Abweichungen der Mittelwerte in 2003*** ($\bar{x}$ = 80 min), 2004*** ($\bar{x}$ = 75 min), 2005*** ($\bar{x}$ = 70 min), 2006*** ($\bar{x}$ = 75 min), 2007*** ($\bar{x}$ = 75 min), 2008*** ($\bar{x}$ = 80 min), 2003(10)*** ($\bar{x}$ = 75 min).

151 Signifikante Ergebnisse der Wilcoxon-, Mann-Whitney- bzw. U-Tests in 2003*** (11 Prozent), 2004*** (11 Prozent), 2005*** (9 Prozent), 2006*** (9 Prozent), 2007*** (10 Prozent), 2008*** (5 Prozent), 2003(10)*** (11 Prozent). Zum Vergleich sind in Klammern die Prozentanteile der Kategorie »0–10 Bücher« angegeben.

152 Signifikante Abweichungen der Mittelwerte in 2002*** ($\bar{x}$ = 60 min), 2003*** ($\bar{x}$ = 60 min), 2004*** ($\bar{x}$ = 55 min), 2005*** ($\bar{x}$ = 55 min), 2006*** ($\bar{x}$ = 60 min), 2007*** ($\bar{x}$ = 50 min), 2008*** ($\bar{x}$ = 55 min), 2002(9)*** ($\bar{x}$ = 45 min), 2003(10)*** ($\bar{x}$ = 50 min).

153 Signifikante Abweichungen der Mittelwerte in 2003* ($\bar{x}$ = 6,29), 2006** ($\bar{x}$ = 6,05), 2003(10)* ($\bar{x}$ = 6,18).

Geld, welches ihnen selbst zur Verfügung steht, durchweg zufriedener[154] als der Rest des Samples. Möglicherweise dadurch begünstigt, sehen die Jugendlichen dieser Gruppe die Zukunft ebenfalls durchweg zuversichtlicher[155] an als die zusammengenommenen Angehörigen der anderen Wertegruppen und auch die Anomia-Werte sind weit verbreitet unterdurchschnittlich[156]. Die Ergebnisse in diesem Analysebereich legen nahe, dass sich in diesem Wertemischtyp die positiven Aspekte beider Einzeldimensionen ergänzen: Fleiß, hohe angestrebte Bildungsabschlüsse, Bildungsnähe, Zufriedenheit mit den finanziellen Ressourcen sowie eine allgemeine Lebenszuversicht und niedrige Anomia.

Im Freizeitbereich verbringen die konventionellen Idealisten pro Tag weniger Zeit mit dem Fernsehen[157] oder dem Anschauen von Videos[158]. Dabei geben sie insbesondere an, weniger gewalthaltige Horrorfilme[159] aber auch weniger Musikvideos[160] zu konsumieren. Trotz des generell niedrigeren täglichen Zeitaufwands für Filme und Videos gibt es einige Filmgenres, die beliebter sind als bei den übrigen Jugendlichen: Häufiger angegeben werden sowohl Filmgenres der leichten Unterhaltung wie Unterhaltungsserien/Soaps[161], Natur-/Tier-/Heimatfilme[162],

154 Signifikante Abweichungen der Mittelwerte in 2002*** ($\bar{x}$ = 4,22), 2003*** ($\bar{x}$ = 4,06), 2004*** ($\bar{x}$ = 3,89), 2005*** ($\bar{x}$ = 3,86), 2006*** ($\bar{x}$ = 3,60), 2007*** ($\bar{x}$ = 3,59), 2008*** ($\bar{x}$ = 3,51), 2002(9)*** ($\bar{x}$ = 3,93), 2003(10)*** ($\bar{x}$ = 3,72).

155 Signifikante Abweichungen der Mittelwerte in 2002*** ($\bar{x}$ = 3,91), 2003*** ($\bar{x}$ = 3,93), 2004*** ($\bar{x}$ = 3,94), 2005*** ($\bar{x}$ = 3,95), 2006*** ($\bar{x}$ = 3,81), 2007*** ($\bar{x}$ = 3,81), 2008*** ($\bar{x}$ = 3,90), 2002(9)*** ($\bar{x}$ = 3,88), 2003(10)* ($\bar{x}$ = 3,77).

156 Signifikante Abweichungen der Mittelwerte in 2002*** ($\bar{x}$ = 1,77), 2003*** ($\bar{x}$ = 1,85), 2004*** ($\bar{x}$ = 1,89), 2005*** ($\bar{x}$ = 1,89), 2006*** ($\bar{x}$ = 2,12), 2007*** ($\bar{x}$ = 2,00), 2008*** ($\bar{x}$ = 1,95), 2002(9)*** ($\bar{x}$ = 1,91), 2003(10)*** ($\bar{x}$ = 2,00).

157 Signifikante Abweichungen der Mittelwerte in 2002** ($\bar{x}$ = 130 min), 2006* ($\bar{x}$ = 120 min), 2007*** ($\bar{x}$ = 105 min), 2008** ($\bar{x}$ = 100 min), 2003(10)** ($\bar{x}$ = 125 min).

158 Signifikante Abweichungen der Mittelwerte in 2002*** ($\bar{x}$ = 45 min), 2006** ($\bar{x}$ = 45 min), 2002(9)* ($\bar{x}$ = 40 min).

159 Signifikante Abweichungen der Mittelwerte in 2002*** ($\bar{x}$ = 2,98), 2003*** ($\bar{x}$ = 3,38), 2004*** ($\bar{x}$ = 3,56), 2006** ($\bar{x}$ = 3,61), 2008*** ($\bar{x}$ = 3,27), 2002(9)*** ($\bar{x}$ = 3,34).

160 Signifikante Abweichungen der Mittelwerte in 2002*** ($\bar{x}$ = 3,91), 2003* ($\bar{x}$ = 4,22), 2004* ($\bar{x}$ = 4,13), 2005*** ($\bar{x}$ = 3,96), 2006** ($\bar{x}$ = 3,75), 2002(9)** ($\bar{x}$ = 4,12), 2003(10)** ($\bar{x}$ = 4,08).

161 Signifikante Abweichungen der Mittelwerte in 2002* ($\bar{x}$ = 3,03), 2004** ($\bar{x}$ = 3,19), 2006** ($\bar{x}$ = 3,14), 2008* ($\bar{x}$ = 3,17), 2002(9)* ($\bar{x}$ = 2,98), 2003(10)* ($\bar{x}$ = 3,20).

162 Signifikante Abweichungen der Mittelwerte in 2002*** ($\bar{x}$ = 2,51), 2003*** ($\bar{x}$ = 2,52), 2004*** ($\bar{x}$ = 2,55), 2005*** ($\bar{x}$ = 2,51), 2006*** ($\bar{x}$ = 2,46), 2007*** ($\bar{x}$ = 2,42), 2008*** ($\bar{x}$ = 2,42), 2002(9)*** ($\bar{x}$ = 2,15), 2003(10)*** ($\bar{x}$ = 2,33).

Shows/Quiz/Talkshows[163], Love Stories[164], Comedy[165] oder Sportsendungen[166], aber auch Science-Fiction/Fantasy[167] und Kriminalfilme[168]. Auch das anspruchsvollere Genre der Dokumentationen/politische Politiksendungen[169] wird nach eigenen Aussagen häufiger konsumiert als dies die übrigen Jugendlichen tun. Den »neuen« Medien wird in dieser Wertegruppierung ebenso wie dem Fernsehen und Video-Schauen nicht so viel Zeit gewidmet, wie es die übrigen Befragten tun. Sowohl die tägliche Dauer des Internet-Surfens bzw. E-Mail-Schreibens[170] als auch des Spielens von Computer- bzw. Konsolespielen[171] ist durchweg geringer. Auffällig ist in diesem Zusammenhang die unterdurchschnittliche Beliebtheit der gewalthaltigen Ego-Shooter/Ballerspiele[172]. Einzig das Computerspielgenre der Wirtschaftssimulationen[173] ist in einigen Datensätzen beliebter als bei den anderen Jugendlichen. In diesem Bereich ähneln die konventionellen Idealisten beiden Einzeltypen (Idealisten und Konventionellen), da sie insgesamt ebenfalls weniger Zeit mit dem Medienkonsum verbringen. Auch die präferierten Genres tragen Züge beider Einzeltypen, denn es sind sowohl die Genres der leichten als auch der anspruchsvollen Unterhaltung beliebter und die gewalthaltigen Genres

163 Signifikante Abweichungen der Mittelwerte in 2003*** ($\bar{x}$ = 3,21), 2004** ($\bar{x}$ = 3,09), 2006*** ($\bar{x}$ = 3,04), 2008* ($\bar{x}$ = 2,97).

164 Signifikante Abweichungen der Mittelwerte in 2004** ($\bar{x}$ = 2,69), 2005* ($\bar{x}$ = 2,70), 2006*** ($\bar{x}$ = 2,79), 2007*** ($\bar{x}$ = 2,84), 2008* ($\bar{x}$ = 2,77), 2003(10)** ($\bar{x}$ = 2,80).

165 Signifikante Abweichungen der Mittelwerte in 2002*** ($\bar{x}$ = 3,88), 2003* ($\bar{x}$ = 3,95), 2004* ($\bar{x}$ = 4,08), 2005* ($\bar{x}$ = 4,07), 2007** ($\bar{x}$ = 4,00).

166 Signifikante Abweichungen der Mittelwerte in 2004* ($\bar{x}$ = 3,05), 2005* ($\bar{x}$ = 3,11), 2008* ($\bar{x}$ = 2,89).

167 Signifikante Abweichungen der Mittelwerte in 2002*** ($\bar{x}$ = 2,89), 2003** ($\bar{x}$ = 2,94), 2004* ($\bar{x}$ = 2,86), 2005*** ($\bar{x}$ = 2,87), 2006** ($\bar{x}$ = 2,82).

168 Signifikante Abweichungen der Mittelwerte in 2004** ($\bar{x}$ = 2,78), 2005*** ($\bar{x}$ = 2,91), 2006*** ($\bar{x}$ = 2,86), 2007** ($\bar{x}$ = 2,89), 2008*** ($\bar{x}$ = 2,89).

169 Signifikante Abweichungen der Mittelwerte in 2002*** ($\bar{x}$ = 2,00), 2003*** ($\bar{x}$ = 2,24), 2004*** ($\bar{x}$ = 2,42), 2005*** ($\bar{x}$ = 2,74), 2006*** ($\bar{x}$ = 2,78), 2007*** ($\bar{x}$ = 2,88), 2008*** ($\bar{x}$ = 2,97), 2002(9)*** ($\bar{x}$ = 2,25), 2003(10)*** ($\bar{x}$ = 2,58).

170 Signifikante Abweichungen der Mittelwerte in 2002** ($\bar{x}$ = 40 min), 2003*** ($\bar{x}$ = 50 min), 2004* ($\bar{x}$ = 65 min), 2005** ($\bar{x}$ = 85 min), 2006*** ($\bar{x}$ = 95 min), 2007*** ($\bar{x}$ = 95 min), 2008*** ($\bar{x}$ = 90 min), 2002(9)** ($\bar{x}$ = 50 min), 2003(10)*** ($\bar{x}$ = 60 min).

171 Signifikante Abweichungen der Mittelwerte in 2002** ($\bar{x}$ = 55 min Computer, $\bar{x}$ = 50 min Konsole), 2005* ($\bar{x}$ = 60 min), 2006*** ($\bar{x}$ = 60 min), 2007*** ($\bar{x}$ = 50 min), 2008*** ($\bar{x}$ = 35 min), 2002(9)** ($\bar{x}$ = 30 min) Konsole, 2003(10)** ($\bar{x}$ = 65 min).

172 Signifikante Abweichungen der Mittelwerte in 2003* ($\bar{x}$ = 2,42), 2004* ($\bar{x}$ = 2,47), 2005** ($\bar{x}$ = 2,39), 2006*** ($\bar{x}$ = 2,07), 2007*** ($\bar{x}$ = 1,86), 2008*** ($\bar{x}$ = 1,76), 2003(10)*** ($\bar{x}$ = 2,18).

173 Signifikante Abweichungen der Mittelwerte in 2003** ($\bar{x}$ = 1,80), 2004* ($\bar{x}$ = 1,61), 2006* ($\bar{x}$ = 1,64).

unbeliebter als bei den anderen Jugendlichen. Die weiteren erhobenen Freizeitbeschäftigungen sind vor allem dadurch gekennzeichnet, dass die konventionellen Idealisten durchweg seltener angeben, ihre Freunde zu treffen[174], seltener abzuhängen[175] und seltener auf Partys zu gehen[176]. Stattdessen sind häusliche oder »hochkulturelle« Beschäftigungen beliebter: Die Angehörigen dieser Wertegruppe treffen häufiger ihre Familienangehörigen[177], zeichnen oder malen häufiger[178], spielen häufiger Theater[179] oder ein klassisches Musikinstrument[180] und singen häufiger in einem Chor[181]. Diese Besonderheiten sind ebenfalls eine Mischung aus Charakteristika der beiden Einzel-Werttypen Idealisten und Konventionalisten.

Bemerkenswert ist, dass die konventionellen Idealisten eine erhöhte allgemeine Selbstwirksamkeitserwartung[182] haben. Dieser Umstand unterscheidet sie deutlich sowohl von den Konventionalisten, die hier unterdurchschnittliche Werte zeigen, als auch von den Idealisten, die nur durchschnittliche Angaben machen. Das bedeutet, dass die Jugendlichen dieser Mischgruppe stärker davon überzeugt sind, ihre Probleme selbst lösen zu können als die übrigen Jugendlichen der Stichproben. In der Tat zeigen die konventionellen Idealisten auch, dass eine Reihe von möglichen Alltagsproblemen für sie überhaupt nicht zutrifft. Sie haben weniger

---

174 Signifikante Abweichungen der Mittelwerte in 2002* ($\bar{x}$ = 4,04), 2003*** ($\bar{x}$ = 4,03), 2004** ($\bar{x}$ = 4,16), 2005** ($\bar{x}$ = 4,08), 2006*** ($\bar{x}$ = 3,97), 2002(9)* ($\bar{x}$ = 4,12), 2003(10)** ($\bar{x}$ = 4,08).

175 Signifikante Abweichungen der Mittelwerte in 2002*** ($\bar{x}$ = 2,64), 2003*** ($\bar{x}$ = 2,90), 2004*** ($\bar{x}$ = 3,07), 2005*** ($\bar{x}$ = 3,10), 2006*** ($\bar{x}$ = 3,04), 2007*** ($\bar{x}$ = 3,03), 2008*** ($\bar{x}$ = 2,88), 2002(9)*** ($\bar{x}$ = 2,67), 2003(10)*** ($\bar{x}$ = 2,90).

176 Signifikante Abweichungen der Mittelwerte in 2002*** ($\bar{x}$ = 2,16), 2003*** ($\bar{x}$ = 2,78), 2004*** ($\bar{x}$ = 2,62), 2005*** ($\bar{x}$ = 2,84), 2006*** ($\bar{x}$ = 2,95), 2007*** ($\bar{x}$ = 3,04), 2008*** ($\bar{x}$ = 3,01), 2002(9)*** ($\bar{x}$ = 2,59), 2003(10)*** ($\bar{x}$ = 2,87).

177 Signifikante Abweichungen der Mittelwerte in 2003*** ($\bar{x}$ = 2,89), 2004*** ($\bar{x}$ = 3,02), 2005*** ($\bar{x}$ = 3,07), 2006*** ($\bar{x}$ = 3,23), 2007*** ($\bar{x}$ = 3,22), 2008*** ($\bar{x}$ = 3,30), 2003(10)*** ($\bar{x}$ = 3,02).

178 Signifikante Abweichungen der Mittelwerte in 2002*** ($\bar{x}$ = 2,79), 2003*** ($\bar{x}$ = 2,61), 2004*** ($\bar{x}$ = 2,48), 2005*** ($\bar{x}$ = 2,34), 2006*** ($\bar{x}$ = 2,28), 2007*** ($\bar{x}$ = 2,17), 2008** ($\bar{x}$ = 2,11), 2002(9)*** ($\bar{x}$ = 2,35), 2003(10)*** ($\bar{x}$ = 2,45).

179 Signifikante Abweichungen der Mittelwerte in 2003*** ($\bar{x}$ = 1,33), 2004** ($\bar{x}$ = 1,24), 2003(10)* ($\bar{x}$ = 1,24).

180 Signifikante Abweichungen der Mittelwerte in 2003*** ($\bar{x}$ = 1,58), 2004*** ($\bar{x}$ = 1,57), 2005*** ($\bar{x}$ = 1,602), 2006* ($\bar{x}$ = 1,53), 2007*** ($\bar{x}$ = 1,54), 2003(10)*** ($\bar{x}$ = 1,61).

181 Signifikante Abweichungen der Mittelwerte in 2003* ($\bar{x}$ = 1,24), 2004** ($\bar{x}$ = 1,25), 2005* ($\bar{x}$ = 1,22).

182 Signifikante Abweichungen der Mittelwerte in 2002** ($\bar{x}$ = 3,28), 2004*** ($\bar{x}$ = 3,44), 2005*** ($\bar{x}$ = 3,42), 2006*** ($\bar{x}$ = 3,46), 2007*** ($\bar{x}$ = 3,47), 2008*** ($\bar{x}$ = 3,50), 2002(9)* ($\bar{x}$ = 3,40), 2003(10)*** ($\bar{x}$ = 3,50).

Probleme mit den Eltern[183] und in der Schule. Dies beinhaltet sowohl weniger Probleme mit schulischen Leistungsanforderungen[184] als auch mit Lehrern[185] und den Klassen- oder Schulkameraden[186]. Auch im sozialen Bereich sind sie weniger problembelastet: Sie haben weniger Probleme, mit anderen Jugendlichen[187] und weniger Probleme, mit den eigenen Freunden[188] und dem eigenen festen Freund bzw. der festen Freundin[189] auszukommen. Der einzige Problemkreis, der in einigen Datensätzen erhöhte Werte zeigt, liegt im Bereich des Findens einer Freundesgruppe (Clique)[190]. Wie oben schon ersichtlich geworden ist, haben die Jugendlichen dieser Wertegruppe weniger Probleme, mit dem eigenen Geld auszukommen[191] und möglicherweise auch dadurch bedingt weniger Probleme mit der eigenen Zukunftsperspektive[192]. Sie sind seltener betrunken[193] und konsumieren seltener Drogen[194]. Auch im Hinblick auf abweichendes Verhalten sind hier unterdurchschnittliche Problembelastungen zu finden. Die konventionellen

183 Signifikante Abweichungen der Mittelwerte in 2002*** ($\bar{x}$ = 1,69), 2003*** ($\bar{x}$ = 1,87), 2004*** ($\bar{x}$ = 1,90), 2005*** ($\bar{x}$ = 1,95), 2006** ($\bar{x}$ = 2,05), 2007** ($\bar{x}$ = 1,97), 2008** ($\bar{x}$ = 1,92), 2002(9)** ($\bar{x}$ = 2,02).

184 Signifikante Abweichungen der Mittelwerte in 2002*** ($\bar{x}$ = 2,42), 2003*** ($\bar{x}$ = 2,42), 2004*** ($\bar{x}$ = 2,36), 2005*** ($\bar{x}$ = 2,41), 2006* ($\bar{x}$ = 2,58), 2002(9)*** ($\bar{x}$ = 2,54), 2003(10)* ($\bar{x}$ = 2,53).

185 Signifikante Abweichungen der Mittelwerte in 2002*** ($\bar{x}$ = 2,12), 2003*** ($\bar{x}$ = 2,20), 2004*** ($\bar{x}$ = 2,21), 2005*** ($\bar{x}$ = 2,18), 2006*** ($\bar{x}$ = 2,28), 2007** ($\bar{x}$ = 2,13), 2008** ($\bar{x}$ = 1,86), 2002(9)*** ($\bar{x}$ = 2,36), 2003(10)*** ($\bar{x}$ = 2,33).

186 Signifikante Abweichungen der Mittelwerte in 2005* ($\bar{x}$ = 1,95), 2008* ($\bar{x}$ = 1,69), 2002(9)** ($\bar{x}$ = 2,05).

187 Signifikante Abweichungen der Mittelwerte in 2002* ($\bar{x}$ = 2,05), 2004** ($\bar{x}$ = 1,98), 2005*** ($\bar{x}$ = 1,96), 2007*** ($\bar{x}$ = 1,74), 2008*** ($\bar{x}$ = 1,64), 2002(9)** ($\bar{x}$ = 2,06), 2003(10)** ($\bar{x}$ = 1,97).

188 Signifikante Abweichungen der Mittelwerte in 2005* ($\bar{x}$ = 1,46), 2008** ($\bar{x}$ = 1,46), 2003(10)* ($\bar{x}$ = 1,45).

189 Signifikante Abweichungen der Mittelwerte in 2003** ($\bar{x}$ = 1,61), 2004** ($\bar{x}$ = 1,60), 2005** ($\bar{x}$ = 1,72), 2006* ($\bar{x}$ = 1,79), 2008*** ($\bar{x}$ = 1,69).

190 Signifikante Abweichungen der Mittelwerte in 2002* ($\bar{x}$ = 1,61), 2003* ($\bar{x}$ = 1,54), 2008* ($\bar{x}$ = 1,51).

191 Signifikante Abweichungen der Mittelwerte in 2002*** ($\bar{x}$ = 1,85), 2003*** ($\bar{x}$ = 1,93), 2004*** ($\bar{x}$ = 2,09), 2005*** ($\bar{x}$ = 2,10), 2006*** ($\bar{x}$ = 2,40), 2007*** ($\bar{x}$ = 2,36), 2008*** ($\bar{x}$ = 2,32), 2002(9)*** ($\bar{x}$ = 2,06), 2003(10)*** ($\bar{x}$ = 2,22).

192 Signifikante Abweichungen der Mittelwerte in 2003** ($\bar{x}$ = 1,71), 2004** ($\bar{x}$ = 1,81), 2005*** ($\bar{x}$ = 1,98), 2006** ($\bar{x}$ = 2,16), 2007* ($\bar{x}$ = 2,13), 2008** ($\bar{x}$ = 2,05), 2002(9)** ($\bar{x}$ = 1,93).

193 Signifikante Ergebnisse der Wilcoxon-, Mann-Whitney- bzw. U-Tests in 2002*** (87 Prozent), 2003*** (70 Prozent), 2004*** (54 Prozent), 2005*** (49 Prozent), 2006*** (37 Prozent), 2007*** (34 Prozent), 2008*** (35 Prozent), 2002(9)*** (50 Prozent), 2003(10)*** (40 Prozent). Zum Vergleich sind in Klammern die Prozentanteile der Kategorie »keinmal« angegeben.

194 Signifikante Ergebnisse der Wilcoxon-, Mann-Whitney- bzw. U-Tests in 2002*** (98 Prozent), 2003*** (93 Prozent), 2004*** (87 Prozent), 2005*** (86 Prozent), 2006*** (86 Prozent), 2007**

Idealisten berichten von weniger Problemen mit Polizei, Staatsanwaltschaft oder Gericht wegen einer Straftat[195] und weisen auch tatsächlich durchgängig geringere Täterraten bei den Gesamtdelikten[196] sowie den einzelnen Deliktsbereichen der Sachbeschädigungs-[197], Eigentums-[198] und Gewaltdelikte[199] auf.

Zusammenfassend lässt sich bei den konventionellen Idealisten eine Synthese der Pflicht- und Konventionswerte mit den Werten des öffentlichen Engagements beobachten. Die Mitglieder dieser Wertegruppe weisen positive Charakteristika beider Teilgruppen auf. Die Jugendlichen sind bildungsnah, streben höhere Bildungsabschlüsse an und sind dabei fleißig. Sie kommen mit ihrem Geld gut aus, sind zufrieden sowie anomiefest und blicken zuversichtlich in die Zukunft. Auch im Freizeitbereich sind Einflüsse beider Wertedimensionen zu verzeichnen. Die konventionellen Idealisten schauen insgesamt weniger fern oder Videos und verbringen weniger Zeit mit elektronischen Medien. Sie lehnen gewalthaltige Filme und Video- bzw. Computerspiele ab und bevorzugen dagegen, wenn sie sie denn überhaupt konsumieren, sowohl Filmgenres der leichten als auch anspruchsvollen Unterhaltung. Überdies sind häusliche und hochkulturelle Freizeitaktivitäten bei ihnen beliebter als bei den anderen Jugendlichen. Sie haben eine erhöhte allgemeine Selbstwirksamkeitserwartung und berichten in fast allen Bereichen von weniger Problemen und weniger abweichendem Verhalten. Es scheint, als gingen in diesem Wertetypus die positiven Aspekte der Idealisten und der Konventionellen eine erfreuliche Synthese ein, so dass von den möglichen Handlungsoptionen in einer Vielzahl von Situationen häufig die konforme, unproblematische Variante gewählt wird. Aufgrund des bereits in Abschnitt 6.2 beschriebenen starken

(90 Prozent), 2008** (92 Prozent), 2002(9)*** (85 Prozent), 2003(10)*** (81 Prozent). Zum Vergleich sind in Klammern die Prozentanteile der Kategorie »keinmal« angegeben.

195 Signifikante Abweichungen der Mittelwerte in 2002*** ($\bar{x}$ = 1,12), 2003*** ($\bar{x}$ = 1,17), 2004*** ($\bar{x}$ = 1,22), 2005*** ($\bar{x}$ = 1,24), 2006*** ($\bar{x}$ = 1,29), 2007*** ($\bar{x}$ = 1,25), 2008*** ($\bar{x}$ = 1,20), 2002(9)*** ($\bar{x}$ = 1,25), 2003(10)*** ($\bar{x}$ = 1,14).

196 Signifikante Abweichungen der Täteranteile in 2002*** (25 Prozent), 2003*** (29 Prozent), 2004** (27 Prozent), 2005** (22 Prozent), 2006** (19 Prozent), 2007*** (9 Prozent), 2008* (8 Prozent), 2002(9)** (34 Prozent), 2003(10)* (31 Prozent).

197 Signifikante Abweichungen der Prozentanteile in 2002*** (11 Prozent), 2003*** (15 Prozent), 2004*** (12 Prozent), 2005** (9 Prozent), 2006** (7 Prozent), 2007*** (2 Prozent), 2002(9)** (18 Prozent), 2003(10)** (13 Prozent).

198 Signifikante Abweichungen der Täteranteile in 2002** (15 Prozent), 2003** (19 Prozent), 2004** (15 Prozent), 2005*** (11 Prozent), 2006*** (9 Prozent), 2007*** (4 Prozent), 2002(9)** (22 Prozent), 2003(10)* (18 Prozent).

199 Signifikante Abweichungen der Täteranteile in 2002*** (9 Prozent), 2003* (16 Prozent), 2004* (12 Prozent), 2005* (10 Prozent), 2002(9)* (15 Prozent).

Zusammenhangs zwischen den zugrunde liegenden Wertedimensionen erscheint diese Form einer Wertsynthese auch sehr naheliegend.

Konventionelle Hedo-Materialisten

Die Mitglieder der Wertegruppe der konventionellen Hedo-Materialisten, als Angehörige der mit Anteilen von 11 bis 17 Prozent in den Querschnittsdatensätzen insgesamt drittgrößten Gruppe (im Gesamtdurchschnitt etwa 14 Prozent; siehe Tabelle 8.2 auf Seite 322) der Werte-Generalisierungsstufe II, befürworten sowohl Pflicht- und Konventionswerte als auch hedo-materialistische Werte. Diese Wertebereiche hatten sich in den dimensionsanalytischen Untersuchungen (siehe Abschnitt 6.2) als unabhängig voneinander erwiesen und in den oben bereits vorgestellten Werteprofilen zeigten die Wertegruppen der Konventionalisten und Hedo-Materialisten (Werte-Generalisierungsstufe I), die jeweils lediglich eine der beiden Dimensionen exklusiv befürworten, sehr unterschiedliche Charakteristika. Daher ist bei den konventionellen Hedo-Materialisten und der sie bestimmenden Synthese der beiden Wertedimensionen sehr interessant, welche der zur Verfügung stehenden Handlungsoptionen in den untersuchten Feldern jeweils gewählt werden. Bei dieser Konstellation stellt sich dann ganz grundsätzlich die Frage, ob sich die beiden Orientierungen gegenseitig aufheben oder ob man Charakteristika beider Wertegruppen in den untersuchten Bereichen finden kann.

Die Verteilung von Jungen und Mädchen entspricht bei den konventionellen Hedo-Materialisten im Großen und Ganzen jeweils den Verteilungen in den Gesamtstichproben. In Bezug auf die Staatsangehörigkeit ist in fast allen Datensätzen ein erhöhter Anteil an Jugendlichen mit türkischem Pass festzustellen[200]. Die Schulbildung ist in dieser Gruppe niedriger, denn zu allen Erhebungszeitpunkten sind weniger Gymnasiastinnen und Gymnasiasten[201] vertreten, in den späteren Jahren, nach Ende der Schulpflicht, mehr Berufsschülerinnen und -schüler[202]. Auch die Tatsache, dass zuhause weniger Bücher[203] vorhanden sind als bei den anderen Jugendlichen, und dass täglich weniger Zeit mit dem Lesen

200 Signifikante Abweichungen der Prozentanteile in 2003* (15 Prozent), 2005** (17 Prozent), 2006*** (18 Prozent), 2007** (17 Prozent), 2002(9)* (18 Prozent), 2003(10)** (20 Prozent).

201 Signifikante Abweichungen der Prozentanteile in 2002*** (16 Prozent), 2003*** (12 Prozent), 2004*** (14 Prozent), 2005*** (15 Prozent), 2006*** (12 Prozent), 2007* (21 Prozent), 2008*** (15 Prozent), 2002(9)*** (12 Prozent), 2003(10)*** (12 Prozent).

202 Signifikante Abweichungen der Prozentanteile in 2006** (72 Prozent), 2008* (49 Prozent).

203 Signifikante Ergebnisse der Wilcoxon-, Mann-Whitney- bzw. U-Tests in 2003*** (20 Prozent), 2004*** (18 Prozent), 2005*** (22 Prozent), 2006*** (20 Prozent), 2007*** (18 Prozent), 2008***

von Büchern und Zeitschriften[204] verbracht wird, legt die Vermutung einer eher bildungsfern geprägten Wertegruppe nahe. Daneben sind die Gruppenmitglieder stärker als die Jugendlichen der übrigen Wertegruppen der Ansicht, das ihnen zur Verfügung stehende Geld[205] reiche nicht aus. Es finden sich in dieser Wertegruppierung außerdem erhöhte Anomia-Werte[206]. In diesem Bereich ist in Bezug auf die »Bildungsferne«, die Unzufriedenheit mit den finanziellen Ressourcen und den anomischen Tendenzen deutlich die hedonistisch-materialistische Prägung zu spüren. Es fehlt auch der – trotz niedrigerer angestrebter Schulabschlüsse – schulische Fleiß, so wie er bei den Konventionalisten feststellbar ist.

Im Freizeitbereich finden wir eine Vorliebe für das Fernsehen[207] und den Konsum von Videofilmen[208]. Beiden Beschäftigungen wird täglich mehr Zeit gewidmet als dies die übrigen Jugendlichen tun. Beliebte Film- und Videogenres sind dabei sowohl gewalthaltige Action-[209], Horror-[210] und Kung-Fu-/Kampfsportfilme[211] als auch Genres der leichten Unterhaltung wie Unterhaltungsserien/

(17 Prozent), 2003(10)*** (23 Prozent). Zum Vergleich sind in Klammern die Prozentanteile der Kategorie »0–10 Bücher« angegeben.

204 Signifikante Abweichungen der Mittelwerte in 2002* ($\bar{x}$ = 45 min), 2003*** ($\bar{x}$ = 40 min), 2004*** ($\bar{x}$ = 35 min), 2005*** ($\bar{x}$ = 35 min), 2006*** ($\bar{x}$ = 35 min), 2007*** ($\bar{x}$ = 35 min), 2008*** ($\bar{x}$ = 35 min), 2002(9)*** ($\bar{x}$ = 30 min), 2003(10)*** (x = 35 min).

205 Signifikante Abweichungen der Mittelwerte in 2004*** ($\bar{x}$ = 3,21), 2006* ($\bar{x}$ = 3,33), 2007** ($\bar{x}$ = 3,24), 2002(9)* ($\bar{x}$ = 3,53).

206 Signifikante Abweichungen der Mittelwerte in 2002*** ($\bar{x}$ = 2,07), 2003*** ($\bar{x}$ = 2,19), 2006** ($\bar{x}$ = 2,38), 2007* ($\bar{x}$ = 2,32), 2002(9)*** ($\bar{x}$ = 2,29).

207 Signifikante Abweichungen der Mittelwerte in 2002* ($\bar{x}$ = 150 min), 2005* ($\bar{x}$ = 135 min), 2007*** ($\bar{x}$ = 130 min).

208 Signifikante Abweichungen der Mittelwerte in 2002*** ($\bar{x}$ = 60 min), 2004** ($\bar{x}$ = 65 min), 2006* ($\bar{x}$ = 55 min), 2007* ($\bar{x}$ = 50 min), 2008* ($\bar{x}$ = 50 min), 2003(10)* ($\bar{x}$ = 65 min).

209 Signifikante Abweichungen der Mittelwerte in 2005* ($\bar{x}$ = 3,67), 2006*** ($\bar{x}$ = 3,69), 2007* ($\bar{x}$ = 3,55), 2008* ($\bar{x}$ = 3,56), 2003(10)*** ($\bar{x}$ = 3,85).

210 Signifikante Abweichungen der Mittelwerte in 2002*** ($\bar{x}$ = 3,73), 2003*** ($\bar{x}$ = 3,91), 2004** ($\bar{x}$ = 3,95), 2005*** ($\bar{x}$ = 3,87), 2006*** ($\bar{x}$ = 3,93), 2007*** ($\bar{x}$ = 3,83), 2008*** ($\bar{x}$ = 3,76), 2002(9)*** ($\bar{x}$ = 3,83), 2003(10)*** ($\bar{x}$ = 3,87).

211 Signifikante Abweichungen der Mittelwerte in 2006*** ($\bar{x}$ = 3,04), 2007*** ($\bar{x}$ = 2,90), 2008* ($\bar{x}$ = 2,72), 2003(10)** ($\bar{x}$ = 3,08).

Soaps[212], Love Stories[213], Shows/Quiz/Talkshows[214] und Musikvideos[215]. Unbeliebter dagegen sind Science-Fction/Fantasy[216], Natur-/Tier-/Heimatfilme[217] und vor allem die anspruchsvolleren Dokumentationen/politischen Magazine[218]. Ebenfalls täglich mehr Zeit als von den Jugendlichen, die nicht dieser Gruppe angehören, wird von den konventionellen Hedo-Materialisten für das Internetsurfen und für E-Mails[219] aufgewendet. Der Konsum von Computer- und Konsolespielen ist vom Zeitaufwand her durchschnittlich, besonders beliebte Computerspielgenres sind in dieser Gruppe Sport-[220] und Rennspiele[221]. Weniger beliebt sind dagegen Aufbauspiele[222] und Wirtschaftssimulationen[223]. Auch in diesem Bereich ist eher der hedonistisch-materialistische Einfluss zu verzeichnen, der durch einen überdurchschnittlichen Film- und Videokonsum und die Beliebtheit von gewalthaltigen Inhalten zum Ausdruck kommt. Die Präferenz für Filmgenres der leichten Unterhaltung und die unterdurchschnittliche Computer- und Konsolespieldauer spricht hingegen eher für den Einfluss der Pflicht- und Konventionswerte. Auch die für die reinen Hedo-Materialisten typische

212 Signifikante Abweichungen der Mittelwerte in 2003** ($\bar{x}$ = 3,21), 2006** ($\bar{x}$ = 3,18), 2007** ($\bar{x}$ = 3,24), 2008* ($\bar{x}$ = 3,20).

213 Signifikante Abweichungen der Mittelwerte in 2002*** ($\bar{x}$ = 2,64), 2003*** ($\bar{x}$ = 2,80), 2004* ($\bar{x}$ = 2,66), 2005*** ($\bar{x}$ = 2,78), 2006*** ($\bar{x}$ = 2,84), 2007* ($\bar{x}$ = 2,77), 2003(10)* ($\bar{x}$ = 2,77).

214 Signifikante Abweichungen der Mittelwerte in 2003*** ($\bar{x}$ = 3,22), 2004** ($\bar{x}$ = 3,10), 2005* ($\bar{x}$ = 3,03), 2006*** ($\bar{x}$ = 3,07), 2007*** ($\bar{x}$ = 3,19), 2008* ($\bar{x}$ = 3,00), 2003(10)** ($\bar{x}$ = 3,27).

215 Signifikante Abweichungen der Mittelwerte in 2002*** ($\bar{x}$ = 4,39), 2003* ($\bar{x}$ = 4,41), 2004*** ($\bar{x}$ = 4,38), 2005*** ($\bar{x}$ = 4,36), 2006*** ($\bar{x}$ = 4,17), 2007*** ($\bar{x}$ = 3,80), 2008*** ($\bar{x}$ = 3,67), 2002(9)*** ($\bar{x}$ = 4,43), 2003(10)*** ($\bar{x}$ = 4,45).

216 Signifikante Abweichungen der Mittelwerte in 2002*** ($\bar{x}$ = 2,57), 2003** ($\bar{x}$ = 2,60), 2004*** ($\bar{x}$ = 2,55).

217 Signifikante Abweichungen der Mittelwerte in 2002* ($\bar{x}$ = 2,09), 2004** ($\bar{x}$ = 1,96), 2005* ($\bar{x}$ = 2,05), 2006** ($\bar{x}$ = 2,04), 2002(9)*** ($\bar{x}$ = 1,69), 2003(10)* ($\bar{x}$ = 1,89).

218 Signifikante Abweichungen der Mittelwerte in 2002*** ($\bar{x}$ = 1,57), 2003*** ($\bar{x}$ = 1,66), 2004*** ($\bar{x}$ = 1,74), 2005*** ($\bar{x}$ = 1,95), 2006*** ($\bar{x}$ = 2,12), 2007*** ($\bar{x}$ = 2,22), 2008*** ($\bar{x}$ = 2,30), 2002(9)*** ($\bar{x}$ = 1,65), 2003(10)*** ($\bar{x}$ = 1,94).

219 Signifikante Abweichungen der Mittelwerte in 2002** ($\bar{x}$ = 90 min), 2003* ($\bar{x}$ = 120 min), 2005* ($\bar{x}$ = 180 min), 2006* ($\bar{x}$ = 215 min), 2007* ($\bar{x}$ = 215 min).

220 Signifikante Abweichungen der Mittelwerte in 2006*** ($\bar{x}$ = 2,32), 2008** ($\bar{x}$ = 2,16), 2003(10)* ($\bar{x}$ = 2,54).

221 Signifikante Abweichungen der Mittelwerte in 2006*** ($\bar{x}$ = 2,84), 2007* ($\bar{x}$ = 2,49), 2008** ($\bar{x}$ = 2,33).

222 Signifikante Abweichungen der Mittelwerte in 2003*** ($\bar{x}$ = 2,05), 2004* ($\bar{x}$ = 2,09), 2006** ($\bar{x}$ = 1,81).

223 Signifikante Abweichungen der Mittelwerte in 2003** ($\bar{x}$ = 1,55), 2004** ($\bar{x}$ = 1,41), 2003(10)* ($\bar{x}$ = 1,51).

Beliebtheit gewalthaltiger Spielegenres fehlt in dieser Wertegruppierung. Die vergleichenden Untersuchungen der übrigen Freizeitaktivitäten zeigen, dass die konventionellen Hedo-Materialisten sich häufiger mit ihren Freunden treffen[224], auf Partys gehen[225] oder einfach nur abhängen[226]. Sie gehen außerdem häufiger ins Kino[227] oder besuchen ein Jugendzentrum[228], aber auch häusliche Aktivitäten wie zuhause rumhängen[229], Musik hören[230] oder am PC Musik machen[231], werden häufiger unternommen als dies die übrigen Jugendlichen tun. Weniger oft wird dagegen hochkulturellen Aktivitäten wie zeichnen bzw. malen[232], ein klassisches Musikinstrument spielen[233] oder im Chor singen[234] nachgegangen. Die hedonistisch-materialistische Prägung dieser Wertegruppierung ist auch darin wiederzufinden, dass die Jugendlichen trotz ihrer Unzufriedenheit mit ihren finanziellen Ressourcen häufiger shoppen bzw. einkaufen[235] als ihre Altersgenossen. In der Freizeit können wir damit sowohl typisch konventionelle als auch hedonistisch-materialistische Beschäftigungen erkennen.

In Bezug auf die Folgen der Synthese beider Wertedimensionen ist beson-

---

224 Signifikante Abweichungen der Mittelwerte in 2002*** ($\bar{x}$ = 4,25), 2003*** ($\bar{x}$ = 4,30), 2004*** ($\bar{x}$ = 4,42), 2005*** ($\bar{x}$ = 4,33), 2006*** ($\bar{x}$ = 4,22), 2007*** ($\bar{x}$ = 4,12), 2008*** ($\bar{x}$ = 4,06), 2003(10)** ($\bar{x}$ = 4,33).

225 Signifikante Abweichungen der Mittelwerte in 2002*** ($\bar{x}$ = 2,69), 2003*** ($\bar{x}$ = 2,79), 2004*** ($\bar{x}$ = 3,02), 2005** ($\bar{x}$ = 3,30), 2006*** ($\bar{x}$ = 3,41), 2007*** ($\bar{x}$ = 3,38), 2008*** ($\bar{x}$ = 3,34), 2002(9)** ($\bar{x}$ = 2,93), 2003(10)* ($\bar{x}$ = 3,12).

226 Signifikante Abweichungen der Mittelwerte in 2002*** ($\bar{x}$ = 3,08), 2003*** ($\bar{x}$ = 3,49), 2005*** ($\bar{x}$ = 3,55), 2006** ($\bar{x}$ = 3,56), 2007* ($\bar{x}$ = 3,49), 2008* ($\bar{x}$ = 3,38), 2002(9)** ($\bar{x}$ = 3,33).

227 Signifikante Abweichungen der Mittelwerte in 2002*** ($\bar{x}$ = 3,22), 2005* ($\bar{x}$ = 2,87), 2006* ($\bar{x}$ = 2,82).

228 Signifikante Abweichungen der Mittelwerte in 2002*** ($\bar{x}$ = 2,00), 2004* ($\bar{x}$ = 1,86), 2005* ($\bar{x}$ = 1,76), 2006** ($\bar{x}$ = 1,65), 2002(9)** ($\bar{x}$ = 1,87).

229 Signifikante Abweichungen der Mittelwerte in 2003** ($\bar{x}$ = 1,76), 2006* ($\bar{x}$ = 3,04), 2007* ($\bar{x}$ = 3,15), 2008** ($\bar{x}$ = 3,18).

230 Signifikante Abweichungen der Mittelwerte in 2003* ($\bar{x}$ = 4,39), 2004*** ($\bar{x}$ = 4,49), 2005** ($\bar{x}$ = 4,48), 2006*** ($\bar{x}$ = 4,48), 2007** ($\bar{x}$ = 4,41), 2003(10)* ($\bar{x}$ = 4,49).

231 Signifikante Abweichungen der Mittelwerte in 2003* ($\bar{x}$ = 2,34), 2004** ($\bar{x}$ = 2,35), 2005*** ($\bar{x}$ = 2,35), 2006*** ($\bar{x}$ = 2,26), 2007** ($\bar{x}$ = 1,97).

232 Signifikante Abweichungen der Mittelwerte in 2002*** ($\bar{x}$ = 2,29), 2004** ($\bar{x}$ = 2,09), 2008* ($\bar{x}$ = 1,83), 2003(10)** ($\bar{x}$ = 2,05).

233 Signifikante Abweichungen der Mittelwerte in 2004*** ($\bar{x}$ = 1,26), 2006** ($\bar{x}$ = 1,34), 2007*** ($\bar{x}$ = 1,25), 2003(10)*** ($\bar{x}$ = 1,22).

234 Signifikante Abweichungen der Mittelwerte in 2004* ($\bar{x}$ = 1,10), 2005** ($\bar{x}$ = 1,09), 2007** ($\bar{x}$ = 1,08), 2008* ($\bar{x}$ = 1,08), 2003(10)*** ($\bar{x}$ = 1,07).

235 Signifikante Abweichungen der Mittelwerte in 2003*** ($\bar{x}$ = 3,58), 2004*** ($\bar{x}$ = 3,45), 2005*** ($\bar{x}$ = 3,55), 2006*** ($\bar{x}$ = 3,56), 2007*** ($\bar{x}$ = 3,42), 2008*** ($\bar{x}$ = 3,45), 2003(10)** ($\bar{x}$ = 3,45).

ders die Analyse der Alltagsprobleme und der abweichenden Verhaltensweisen spannend. Neigen die Jugendlichen nun im Zweifel eher konformen Handlungsoptionen zu, wie man es von der pflichtbewussten, konventionellen Orientierung her erwarten könnte oder neigen sie eher nonkonformen Optionen zu, so wie sie offenbar für die hedonistisch-materialistisch geprägten Jugendlichen eher typisch sind? Zunächst einmal ist bei den konventionellen Hedo-Materialisten, im Gegensatz zu den reinen Konventionalisten und den reinen Hedo-Materialisten, eine erhöhte allgemeine Selbstwirksamkeitserwartung[236] festzustellen. Die Gruppenmitglieder sind also überdurchschnittlich stark der Meinung, sie seien in der Lage, ihre Probleme selbst zu lösen. Allerdings werden auch in einigen Teilbereichen deutlich mehr Probleme angegeben. Sie haben mehr Probleme im schulischen Bereich mit den Leistungsanforderungen[237] und den Lehrern[238]. Außerdem geben die konventionellen Hedo-Materialisten mehr Probleme an, mit dem festen Freund bzw. der festen Freundin[239] und mit anderen Jugendlichen[240] auszukommen. Dass sie ebenfalls mehr Probleme haben, mit dem eigenen Geld auszukommen[241], kann aufgrund der hedonistisch-materialistischen Orientierung kaum verwundern. Bei den abweichenden Verhaltensweisen ist lediglich zu verzeichnen, dass die konventionellen Hedo-Materialisten angeben, häufiger betrunken[242] zu sein als die anderen Jugendlichen. Die selbstberichteten Straftaten liegen dagegen im Durchschnitt der jeweiligen Stichproben.

Wir können zusammenfassend bei den konventionellen Hedo-Materialisten also eine Reihe von Auffälligkeiten feststellen, die ebenfalls sowohl für die reinen Hedo-Materialisten charakteristisch sind als auch für die reinen Konventio-

236 Signifikante Abweichungen der Mittelwerte in 2002*** ($\bar{x}$ = 3,36), 2004*** ($\bar{x}$ = 3,46), 2005*** ($\bar{x}$ = 3,45), 2006** ($\bar{x}$ = 3,46), 2007*** ($\bar{x}$ = 3,46), 2008*** ($\bar{x}$ = 3,48), 2002(9)** ($\bar{x}$ = 3,42), 2003(10)*** ($\bar{x}$ = 3,54).

237 Signifikante Abweichungen der Mittelwerte in 2002** ($\bar{x}$ = 2,74), 2003** ($\bar{x}$ = 2,79), 2004** ($\bar{x}$ = 2,75), 2005* ($\bar{x}$ = 2,72), 2006*** ($\bar{x}$ = 2,83), 2007** ($\bar{x}$ = 2,68), 2002(9)*** ($\bar{x}$ = 2,99).

238 Signifikante Abweichungen der Mittelwerte in 2002* ($\bar{x}$ = 2,49), 2005** ($\bar{x}$ = 2,59), 2006*** ($\bar{x}$ = 2,61).

239 Signifikante Abweichungen der Mittelwerte in 2002* ($\bar{x}$ = 1,82), 2003*** ($\bar{x}$ = 1,87), 2006** ($\bar{x}$ = 1,97), 2002(9)* ($\bar{x}$ = 1,88).

240 Signifikante Abweichungen der Mittelwerte in 2002* ($\bar{x}$ = 2,25), 2004** ($\bar{x}$ = 2,25), 2008* ($\bar{x}$ = 1,88), 2002(9)* ($\bar{x}$ = 2,30).

241 Signifikante Abweichungen der Mittelwerte in 2002*** ($\bar{x}$ = 2,30), 2003* ($\bar{x}$ = 2,36), 2004** ($\bar{x}$ = 2,57), 2007* ($\bar{x}$ = 2,69).

242 Signifikante Ergebnisse der Wilcoxon-, Mann-Whitney- bzw. U-Tests in 2002*** (65 Prozent), 2003* (51 Prozent), 2004* (37 Prozent), 2008* (27 Prozent), 2002(9)* (35 Prozent). Zum Vergleich sind in Klammern die Prozentanteile der Kategorie »keinmal« angegeben.

nalisten. Insgesamt ist dieser Misch-Wertetypus eher bildungsferner, neigt zur finanziellen Unzufriedenheit, zeigt anomische Tendenzen und hat einen erhöhten Medienkonsum mit einer teilweisen Vorliebe für gewalthaltige Inhalte. Die hier versammelten Jugendlichen gehen häufiger häuslichen und außerhäuslichen Freizeitaktivitäten nach, deutlich seltener jedoch hochkulturellen Aktivitäten. Interessanterweise sehen sie sich zwar stärker in der Lage, ihre Probleme zu lösen als die übrigen Jugendlichen, berichten jedoch von einigen Alltagsproblemen. In Bezug auf abweichendes Verhalten sind sie mit der Ausnahme eines erhöhten Alkoholkonsums nicht überdurchschnittlich belastet, wie dies hingegen durchgängig für die Hedo-Materialisten der Fall ist. Man kann hier Hinweise erkennen, dass die konforme, pflichtbewusste und konventionelle Seite des Werteprofils abmildernd wirkt, so dass die hedonistisch-materialistische Seite bei den gravierenden nonkonformen, kriminellen Handlungsweisen nicht zum Tragen kommt. Bei den relevanten Entscheidungen für oder gegen konforme oder nonkonforme Handlungsoptionen scheint die konventionelle Orientierung dann doch den Ausschlag zu geben. Insofern liegen bei den konventionellen Hedo-Materialisten Anzeichen für eine Wertsynthese mit durchaus positiven Folgen für die Jugendlichen dieser Wertegruppierung vor.

Hedo-materialistische Idealisten

Auch die hedo-materialistischen Idealisten sind Vertreter der Werte-Generalisierungsstufe II, da sie gleichermaßen zweien der drei Wertedimensionen zustimmen. Sie sind mit Stichprobenanteilen von drei bis fünf Prozent in den Querschnitten zahlenmäßig am geringsten besetzt (im Durchschnitt vier Prozent; siehe Tabelle 8.2 auf Seite 322) und vertreten sowohl hedo-materialistische Werte als auch Werte des öffentlichen Engagements. Auch bei den Vertreterinnen und Vertretern dieser Wertegruppe kommt es offenbar zu einer Synthese zweier unkorrelierter Wertedimensionen (siehe Abschnitt 6.2), deren Auswirkungen sich in den oben vorgestellten objektorientierten Analysen in den Typen der Hedo-Materialisten und Idealisten inhaltlich sehr unterschiedlich darstellten. Es drängt sich damit auch hier die Frage auf, ob und wie die beiden einzelnen Wertebereiche in diesem Kombinationstypus zum Vorschein treten, wenn darüber hinaus noch die konventionelle, pflichtbezogene Orientierung fehlt.

243 Signifikante Abweichungen der Prozentanteile in 2006* (39 Prozent), 2007*** (31 Prozent), 2008* (36 Prozent).

Zunächst einmal ist zu konstatieren, dass die hedo-materialistischen Idealisten besonders in den späteren Erhebungszeitpunkten einen erhöhten Anteil Jungen und einen niedrigeren Anteil an Mädchen aufweisen[243]. Das Verhältnis entwickelt sich, ausgehend von in etwa ausgeglichenen Anteilen zu Beginn der Untersuchungen, hin zu einer Verteilung von einem Drittel Mädchen zu zwei Dritteln Jungen, so wie es auch bei den reinen Hedo-Materialisten zu beobachten ist (siehe Tabelle A.22 auf Seite 491). Des Weiteren sind in dieser Gruppierung prozentual weniger Jugendliche mit türkischer Staatsangehörigkeit[244] versammelt. Die Schulbildung der Gruppenmitglieder ist im Vergleich hoch, denn der Anteil der Gymnasiastinnen und Gymnasiasten[245] ist in der überwiegenden Zahl der Datensätze höher und der Anteil der Hauptschülerinnen und -schüler[246] niedriger als bei den übrigen Jugendlichen. Allerdings verbringen die Gruppenmitglieder täglich weniger Zeit mit ihren Hausaufgaben[247] als der Rest der Samples, die erhöhte Anzahl der zuhause vorhandenen Bücher[248] spricht dagegen wiederum für ein eher bildungsnahes Elternhaus. Die hedo-materialistischen Idealisten sind zu einem größeren Anteil als die anderen Wertegruppen der Meinung, das ihnen zur Verfügung stehende Geld[249] reiche nicht aus. Auch in dieser Wertegruppe geht dieser Befund einher mit einer düstereren Einschätzung der Zukunft[250] und höheren Anomia-Werten[251] als bei den anderen. Es lassen sich mit den angestrebten Bildungsabschlüssen und der Bildungsnähe der Elternhäuser auf der

244 Signifikante Abweichungen der Prozentanteile in 2004** (4 Prozent), 2005* (5 Prozent), 2006*** (3 Prozent), 2003(10)** (2 Prozent).

245 Signifikante Abweichungen der Prozentanteile in 2004** (35 Prozent), 2005** (36 Prozent), 2006* (32 Prozent), 2007* (40 Prozent), 2008* (36 Prozent), 2002(9)*** (44 Prozent), 2003(10)** (35 Prozent).

246 Signifikante Abweichungen der Prozentanteile in 2003* (13 Prozent), 2004** (11 Prozent), 2005* (12 Prozent).

247 Signifikante Abweichungen der Mittelwerte in 2003*** ($\bar{x}$ = 85 min), 2004** ($\bar{x}$ = 90 min), 2005*** ($\bar{x}$ = 80 min), 2006** ($\bar{x}$ = 85 min), 2003(10)*** ($\bar{x}$ = 75 min).

248 Signifikante Ergebnisse der Wilcoxon-, Mann-Whitney- bzw. U-Tests in 2004** (11 Prozent), 2006*** (6 Prozent), 2007** (14 Prozent), 2008* (8 Prozent). Zum Vergleich sind in Klammern die Prozentanteile der Kategorie »0–10 Bücher« angegeben.

249 Signifikante Abweichungen der Mittelwerte in 2002* ($\bar{x}$ = 3,76), 2004** ($\bar{x}$ = 3,21), 2005*** ($\bar{x}$ = 3,14), 2006* ($\bar{x}$ = 3,23), 2007** ($\bar{x}$ = 3,09), 2002(9)*** ($\bar{x}$ = 3,27), 2003(10)*** ($\bar{x}$ = 3,03).

250 Signifikante Abweichungen der Mittelwerte in 2004* ($\bar{x}$ = 3,60), 2007** ($\bar{x}$ = 3,46), 2008** ($\bar{x}$ = 3,57).

251 Signifikante Abweichungen der Mittelwerte in 2002** ($\bar{x}$ = 2,19), 2003*** ($\bar{x}$ = 2,51), 2004*** ($\bar{x}$ = 2,48), 2005** ($\bar{x}$ = 2,41), 2006*** ($\bar{x}$ = 2,63), 2007*** ($\bar{x}$ = 2,76), 2008*** ($\bar{x}$ = 2,69), 2002(9)*** ($\bar{x}$ = 2,58), 2003(10)*** ($\bar{x}$ = 2,62).

einen und der Unzufriedenheit mit der finanziellen Ausstattung sowie der wenig zuversichtlichen Zukunftseinschätzung und höheren anomischen Tendenzen auf der anderen Seite Charakteristika beider Wertetypen, Idealisten und Hedo-Materialisten, ausmachen. Konsequenterweise fehlt der charakteristische schulische Fleiß, der für die Konventionalisten prägend ist.

Die tägliche Zeitdauer, die mit Fernsehen oder Videos schauen verbracht wird, entspricht in etwa dem Durchschnitt der jeweiligen Querschnittsdatensätze. Die hedo-materialistischen Idealisten bevorzugen allerdings im Vergleich eher Kriegsfilme[252] und Comedy[253], wohingegen sie weniger Unterhaltungsserien/Soaps[254] und Shows/Quiz/Talkshows[255] mögen. Besonders auffällig ist die bis auf den ersten Zeitpunkt durchgängig vorhandene größere Vorliebe für die anspruchsvollen Dokumentationen/politischen Magazine[256], die vor allem für die idealistische Wertedimension kennzeichnend ist. Der mittlere Zeitaufwand für Internet, E-Mails und Computer- bzw. Konsolespiele entspricht nahezu den jeweiligen Gesamtdurchschnitten, dennoch gibt es auch hier einige wenige charakteristische Vorlieben: Die hedo-materialistischen Idealisten bevorzugen im Vergleich eher Ego-Shooter/Ballerspiele[257], Militärstrategie-[258] und Aufbauspiele[259]. Hier kommt offenbar zum Teil das hedonistisch-materialistische Element zum Tragen. Auch die weiteren Freizeitbeschäftigungen sind eher durch den Hedonismus-Materialismus als durch den Idealismus geprägt. Die Angehörigen der hedo-materialistischen Idealisten treffen häufiger ihre Freunde[260], hängen häufiger

---

252 Signifikante Abweichungen der Mittelwerte in 2003* ($\bar{x}$ = 3,11), 2006* ($\bar{x}$ = 3,11), 2007* ($\bar{x}$ = 2,95).

253 Signifikante Abweichungen der Mittelwerte in 2002* ($\bar{x}$ = 3,94), 2003** ($\bar{x}$ = 4,10), 2004** ($\bar{x}$ = 4,22).

254 Signifikante Abweichungen der Mittelwerte in 2006** ($\bar{x}$ = 2,77), 2007* ($\bar{x}$ = 2,77), 2008** ($\bar{x}$ = 2,64).

255 Signifikante Abweichungen der Mittelwerte in 2003** ($\bar{x}$ = 2,71), 2006* ($\bar{x}$ = 2,69), 2008** ($\bar{x}$ = 2,56).

256 Signifikante Abweichungen der Mittelwerte in 2003* ($\bar{x}$ = 2,11), 2004** ($\bar{x}$ = 2,28), 2005** ($\bar{x}$ = 2,58), 2006* ($\bar{x}$ = 2,65), 2007** ($\bar{x}$ = 2,87), 2008*** ($\bar{x}$ = 3,20), 2003(10)* ($\bar{x}$ = 2,48).

257 Signifikante Abweichungen der Mittelwerte in 2003** ($\bar{x}$ = 3,02), 2005** ($\bar{x}$ = 3,06), 2006*** ($\bar{x}$ = 2,78), 2007*** ($\bar{x}$ = 2,62), 2008** ($\bar{x}$ = 2,38).

258 Signifikante Abweichungen der Mittelwerte in 2003* ($\bar{x}$ = 2,70), 2005* ($\bar{x}$ = 2,32), 2006* ($\bar{x}$ = 2,17), 2007* ($\bar{x}$ = 2,07), 2003(10)* ($\bar{x}$ = 2,58).

259 Signifikante Abweichungen der Mittelwerte in 2003* ($\bar{x}$ = 2,61), 2008** ($\bar{x}$ = 2,03), 2003(10)* ($\bar{x}$ = 2,44).

260 Signifikante Abweichungen der Mittelwerte in 2003* ($\bar{x}$ = 4,35), 2004** ($\bar{x}$ = 4,47), 2008* ($\bar{x}$ = 4,07), 2002(9)** ($\bar{x}$ = 4,41).

ab[261], gehen häufiger auf Partys[262] und spielen häufiger in einer Band[263] als ihre Altergenossen in den anderen Wertegruppierungen. Mit Familienangehörigen[264] trifft man sich hingegen seltener. Bei der Belastung mit Alltagsproblemen erinnert das Profil dieser Wertegruppe ebenfalls eher an dasjenige der überdurchschnittlich belasteten Hedo-Materialisten als an das der weitestgehend unbelasteten Idealisten. Hedo-Materialistische Idealisten haben mehr Probleme mit ihren Eltern[265] sowie auch in der Schule mit den Leistungsanforderungen[266] und mit den Lehrern[267]. Sie berichten daneben ebenfalls von mehr Problemen, mit dem festen Freund bzw. der festen Freundin[268] oder mit anderen Jugendlichen[269] auszukommen. Die hedonistisch-materialistische Orientierung kommt darüber hinaus stark bei den deutlich häufiger angegebenen Problemen, mit dem eigenen Geld auszukommen[270] und mit der eigenen Zukunftsperspektive[271] zum Ausdruck. Außerdem sind hedo-materialistische Idealisten häufiger betrunken[272] und konsumieren häu-

261 Signifikante Abweichungen der Mittelwerte in 2002** ($\bar{x}$ = 3,24), 2003*** ($\bar{x}$ = 3,74), 2004** ($\bar{x}$ = 3,73), 2005** ($\bar{x}$ = 3,70), 2006** ($\bar{x}$ = 3,62), 2007*** ($\bar{x}$ = 3,61), 2008** ($\bar{x}$ = 3,44), 2002(9)*** ($\bar{x}$ = 3,71), 2003(10)*** ($\bar{x}$ = 3,59).

262 Signifikante Abweichungen der Mittelwerte in 2004*** ($\bar{x}$ = 3,51), 2005** ($\bar{x}$ = 3,46), 2006*** ($\bar{x}$ = 3,69), 2007*** ($\bar{x}$ = 3,88), 2008*** ($\bar{x}$ = 3,66), 2002(9)*** ($\bar{x}$ = 3,22), 2003(10)** ($\bar{x}$ = 3,39).

263 Signifikante Abweichungen der Mittelwerte in 2005*** ($\bar{x}$ = 1,87), 2007** ($\bar{x}$ = 1,64), 2008* ($\bar{x}$ = 1,48).

264 Signifikante Abweichungen der Mittelwerte in 2003** ($\bar{x}$ = 2,37), 2004* ($\bar{x}$ = 2,47), 2006** ($\bar{x}$ = 2,73), 2007** ($\bar{x}$ = 2,70), 2003(10)** ($\bar{x}$ = 2,40).

265 Signifikante Abweichungen der Mittelwerte in 2002** ($\bar{x}$ = 2,20), 2003* ($\bar{x}$ = 2,32), 2004*** ($\bar{x}$ = 2,48), 2008* ($\bar{x}$ = 2,31), 2002(9)** ($\bar{x}$ = 2,59), 2003(10)** ($\bar{x}$ = 2,43).

266 Signifikante Abweichungen der Mittelwerte in 2003** ($\bar{x}$ = 3,01), 2005** ($\bar{x}$ = 2,96), 2006* ($\bar{x}$ = 2,82), 2007** ($\bar{x}$ = 2,84), 2002(9)** ($\bar{x}$ = 3,10), 2003(10)* ($\bar{x}$ = 2,88).

267 Signifikante Abweichungen der Mittelwerte in 2002* ($\bar{x}$ = 2,63), 2003*** ($\bar{x}$ = 3,03), 2004*** ($\bar{x}$ = 3,09), 2005** ($\bar{x}$ = 2,85), 2007*** ($\bar{x}$ = 2,67), 2008* ($\bar{x}$ = 2,33), 2002(9)*** ($\bar{x}$ = 3,13), 2003(10)* ($\bar{x}$ = 2,84).

268 Signifikante Abweichungen der Mittelwerte in 2002* ($\bar{x}$ = 1,92), 2004* ($\bar{x}$ = 1,91), 2005* ($\bar{x}$ = 2,06).

269 Signifikante Abweichungen der Mittelwerte in 2005* ($\bar{x}$ = 2,34), 2007** ($\bar{x}$ = 2,21), 2002(9)* ($\bar{x}$ = 2,49), 2003(10)* ($\bar{x}$ = 2,37).

270 Signifikante Abweichungen der Mittelwerte in 2002* ($\bar{x}$ = 2,40), 2003** ($\bar{x}$ = 2,70), 2004*** ($\bar{x}$ = 2,96), 2005*** ($\bar{x}$ = 3,13), 2006*** ($\bar{x}$ = 2,92), 2007*** ($\bar{x}$ = 3,31), 2008** ($\bar{x}$ = 2,92), 2002(9)*** ($\bar{x}$ = 2,82), 2003(10)*** ($\bar{x}$ = 3,21).

271 Signifikante Abweichungen der Mittelwerte in 2003** ($\bar{x}$ = 2,17), 2004*** ($\bar{x}$ = 2,28), 2006** ($\bar{x}$ = 2,54), 2007*** ($\bar{x}$ = 2,64), 2008** ($\bar{x}$ = 2,58), 2002(9)** ($\bar{x}$ = 2,30).

272 Signifikante Ergebnisse der Wilcoxon-, Mann-Whitney- bzw. U-Tests in 2002* (65 Prozent), 2003* (44 Prozent), 2004*** (25 Prozent), 2005*** (18 Prozent), 2006*** (15 Prozent), 2007*** (15 Prozent), 2008*** (18 Prozent), 2002(9)*** (26 Prozent), 2003(10)*** (16 Prozent). Zum Vergleich sind in Klammern die Prozentanteile der Kategorie »keinmal« angegeben.

figer Drogen[273] als es die anderen Jugendlichen tun. Auch berichten sie verstärkt von Problemen mit der Polizei, Staatsanwaltschaft oder dem Gericht wegen einer Straftat[274]. In Einklang damit lassen sich in dieser Wertegruppe erhöhte Gesamttäterraten[275] und erhöhte Raten bei den Gewalt-[276], Sachbeschädigungs-[277] und Eigentumsdelikten[278] feststellen.

Die hedo-materialistischen Idealisten sind im Gegensatz zu den konventionellen Hedo-Materialisten ein Beispiel dafür, wie die gleichermaßen vorhandene Befürwortung zweier Wertedimensionen auch zu problembehafteteren, nonkonformen Handlungsweisen führen kann. Diese Wertegruppe weist Charakteristika sowohl der Idealisten (Bildungsnähe, Filmvorlieben) als auch der Hedo-Materialisten (Unzufriedenheit, Anomia, Medienkonsum, Freizeitgestaltung) auf. Bei den Alltagsproblemen und den abweichenden Verhaltensweisen kommt dann stark die hedonistisch-materialistische Orientierung zum Ausdruck. Anscheinend neigen die hedo-materialistischen Idealisten in diesbezüglichen Entscheidungssituationen eher zu einem hedonistisch-materialistisch orientierten nonkonformen Verhalten. Die ebenfalls vorhandene idealistische Wertorientierung vermag hier offenkundig nicht abmildernd zu wirken. Einschränkend muss jedoch hinzugefügt werden, dass diese Wertegruppierung die in allen Jahren am geringsten besetzte ist. Das zugrunde liegende Wertemuster ist damit lediglich für jeweils nur unter fünf Prozent der Jugendlichen überhaupt zutreffend. Man kann hier also mit Fug und Recht von einer in der Gesamtschau aufgrund ihrer reinen Größe nicht übermäßig relevanten Randgruppe der untersuchten Jugendlichen sprechen.

---

273 Signifikante Ergebnisse der Wilcoxon-, Mann-Whitney- bzw. U-Tests in 2002** (86 Prozent), 2004*** (67 Prozent), 2005*** (67 Prozent), 2006*** (67 Prozent), 2007*** (65 Prozent), 2008*** (67 Prozent), 2002(9)*** (62 Prozent), 2003(10)*** (49 Prozent). Zum Vergleich sind in Klammern die Prozentanteile der Kategorie »keinmal« angegeben.

274 Signifikante Abweichungen der Mittelwerte in 2003* ($\bar{x}$ = 1,67), 2004* ($\bar{x}$ = 1,73), 2006** ($\bar{x}$ = 1,15), 2007*** ($\bar{x}$ = 1,71), 2002(9)* ($\bar{x}$ = 1,68), 2003(10)** ($\bar{x}$ = 1,78).

275 Signifikante Abweichungen der Täteranteile in 2004* (39 Prozent), 2005* (42 Prozent), 2006** (39 Prozent), 2007*** (35 Prozent), 2008** (20 Prozent), 2002(9)** (65 Prozent), 2003(10)** (62 Prozent).

276 Signifikante Abweichungen der Täteranteile in 2006* (17 Prozent), 2007** (15 Prozent), 2003(10)** (32 Prozent).

277 Signifikante Abweichungen der Täteranteile in 2003* (35 Prozent), 2004** (33 Prozent), 2006*** (21 Prozent), 2007** (13 Prozent), 2002(9)*** (47 Prozent), 2003(10)** (39 Prozent).

278 Signifikante Abweichungen der Täteranteile in 2003* (37 Prozent), 2004* (32 Prozent), 2005** (30 Prozent), 2006** (22 Prozent), 2007*** (22 Prozent), 2008** (12 Prozent), 2002(9)*** (49 Prozent), 2003(10)** (39 Prozent).

8.2.3 Werte-Generalisierungsstufen III und 0

Realisten

Die Realisten sind die alleinigen Vertreter der Werte-Generalisierungsstufe III, da ihre Angehörigen als einzige allen drei Wertedimensionen zustimmen. Sie sind somit gleichzeitig sowohl durch die Pflicht- und Konventionswerte, Werte des öffentlichen Engagements als auch die eher gegensätzlichen hedonistisch-materialistische Werte geprägt. Ihre Größenordnung liegt mit Stichprobenanteilen von 7 bis 16 Prozent (im Durchschnitt 11 Prozent; siehe Tabelle 8.2 auf Seite 322) im Mittelfeld der Wertegruppen. In der Klages'schen Wertetheorie nehmen die (erwachsenen) Realisten eine herausgehobene Stellung ein, da ihnen gerade durch die Synthese der gegensätzlichen Werte eine besondere Fähigkeit zugesprochen wird, die Anforderungen der modernen Gesellschaft zu meistern und anomiefest zu sein (siehe die Abschnitte 1.3 und 2.1). Auch in den Shell-Jugendstudien stellen sich die Vertreterinnen und Vertreter der Wertsynthese, die dort als »selbstbewussten Macher« bezeichnet werden, als besonders privilegiert dar (siehe Abschnitt 2.1.4). Daher ist gerade die Frage nach Auffälligkeiten im Bereich der Alltagsprobleme und der untersuchten devianten und delinquenten Verhaltensweisen bei den Jugendlichen unserer Stichproben besonders interessant.

Von den hier untersuchten jugendlichen Realisten besitzt ein geringerer Anteil die deutsche[279], dagegen ein höherer Anteil die türkische[280] oder eine andere[281] Staatsangehörigkeit. Das Geschlechtsverhältnis entspricht in etwa dem Durchschnitt aller Befragten (siehe Tabelle A.22 auf Seite 491). Man kann in dieser Wertegruppierung durchweg weniger Gymnasiastinnen und Gymnasiasten[282], dagegen aber mehr Hauptschülerinnen und -schüler[283] sowie Gesamtschülerinnen und -schüler (gymnasiale Oberstufe)[284] finden. In drei der frühen Datensätze

279 Signifikante Abweichungen der Prozentanteile in 2003** (62 Prozent), 2004** (61 Prozent), 2006* (66 Prozent).

280 Signifikante Abweichungen der Prozentanteile in 2003** (17 Prozent), 2004*** (19 Prozent), 2007** (18 Prozent), 2003(10)*** (20 Prozent).

281 Signifikante Abweichungen der Prozentanteile in 2004** (12 Prozent), 2006*** (13 Prozent), 2008* (8 Prozent).

282 Signifikante Abweichungen der Prozentanteile in 2002*** (15 Prozent), 2003** (15 Prozent), 2004*** (13 Prozent), 2005* (17 Prozent), 2006* (15 Prozent), 2007* (21 Prozent), 2002(9)** (16 Prozent), 2003(10)* (15 Prozent).

283 Signifikante Abweichungen der Prozentanteile in 2002* (26 Prozent), 2003* (30 Prozent), 2004* (32 Prozent), 2005** (29 Prozent), 2003(10)*** (36 Prozent).

284 Signifikante Abweichungen der Prozentanteile in 2007* (25 Prozent), 2008* (21 Prozent).

berichten die Realisten von einem höheren täglichen Zeitaufwand für Hausaufgaben[285], in einem späteren dagegen von einem niedrigeren[286]. Das Familienvermögen wird höher eingeschätzt[287] als es die Jugendlichen tun, die nicht dieser Wertegruppierung angehören und auch die Zukunft wird, vor allem in jüngerem Alter, zuversichtlicher gesehen[288]. Erstaunlicherweise finden sich dennoch, zwar nur leicht, dafür aber fast durchgängig, erhöhte Anomia-Werte[289] bei den Realisten.

Auffällig ist bei den Realisten ein durchgängig erhöhter täglicher Zeitaufwand, der für Videofilme[290] aufgebracht wird. Es werden dabei nach eigenen Angaben sowohl gewalthaltige Filmgenres wie Horror-[291] und Actionfilme[292] sowie Kung-Fu-/Kampfsport-/Kriegsfilme[293] häufiger geschaut als auch Genres der leichten Unterhaltungskost wie Unterhaltungsserien/Soaps[294], Natur-/Tier-/Heimatfil-

285 Signifikante Abweichungen der Mittelwerte in 2003*** ($\bar{x}$ = 75 min), 2004* ($\bar{x}$ = 70 min), 2003(10)* ($\bar{x}$ = 70 min).

286 Signifikante Abweichungen der Mittelwerte in 2007* ($\bar{x}$ = 55 min).

287 Signifikante Abweichungen der Mittelwerte in 2005* ($\bar{x}$ = 6,54), 2006* ($\bar{x}$ = 6,33), 2002(9)* ($\bar{x}$ = 6,60), 2003(10)** ($\bar{x}$ = 6,61).

288 Signifikante Abweichungen der Mittelwerte in 2002** ($\bar{x}$ = 3,91), 2003*** ($\bar{x}$ = 3,88), 2004* ($\bar{x}$ = 3,87), 2005** ($\bar{x}$ = 3,90), 2002(9)*** ($\bar{x}$ = 3,95), 2003(10)* ($\bar{x}$ = 3,86).

289 Signifikante Abweichungen der Mittelwerte in 2002*** ($\bar{x}$ = 2,15), 2004* ($\bar{x}$ = 2,22), 2005* ($\bar{x}$ = 2,23), 2006*** ($\bar{x}$ = 2,43), 2007** ($\bar{x}$ = 2,39), 2008* ($\bar{x}$ = 2,32).

290 Signifikante Abweichungen der Mittelwerte in 2002* ($\bar{x}$ = 60 min), 2003** ($\bar{x}$ = 75 min), 2004** ($\bar{x}$ = 70 min), 2005* ($\bar{x}$ = 60 min), 2006*** ($\bar{x}$ = 65 min), 2007** ($\bar{x}$ = 55 min), 2008* ($\bar{x}$ = 50 min), 2002(9)* ($\bar{x}$ = 50 min), 2003(10)*** ($\bar{x}$ = 70 min).

291 Signifikante Abweichungen der Mittelwerte in 2002** ($\bar{x}$ = 3,59), 2003** ($\bar{x}$ = 3,85), 2004** ($\bar{x}$ = 3,97), 2005** ($\bar{x}$ = 3,87), 2006** ($\bar{x}$ = 3,87), 2007** ($\bar{x}$ = 3,74), 2008** ($\bar{x}$ = 3,68), 2002(9)*** ($\bar{x}$ = 3,89), 2003(10)* ($\bar{x}$ = 3,76).

292 Signifikante Abweichungen der Mittelwerte in 2002*** ($\bar{x}$ = 3,65), 2003*** ($\bar{x}$ = 3,85), 2004*** ($\bar{x}$ = 3,90), 2005** ($\bar{x}$ = 3,73), 2006*** ($\bar{x}$ = 3,77), 2007*** ($\bar{x}$ = 3,70), 2008** ($\bar{x}$ = 3,64), 2002(9)*** ($\bar{x}$ = 3,78), 2003(10)*** ($\bar{x}$ = 3,96).

293 Signifikante Abweichungen der Mittelwerte in 2002** ($\bar{x}$ = 3,06), 2003*** ($\bar{x}$ = 3,03), 2004*** ($\bar{x}$ = 3,01), 2005*** ($\bar{x}$ = 3,18), 2006*** ($\bar{x}$ = 3,21), 2007*** ($\bar{x}$ = 2,92), 2008*** ($\bar{x}$ = 2,90), 2002(9)*** ($\bar{x}$ = 3,39), 2003(10)*** ($\bar{x}$ = 3,11).

294 Signifikante Abweichungen der Mittelwerte in 2002* ($\bar{x}$ = 3,06), 2005** ($\bar{x}$ = 3,18), 2006* ($\bar{x}$ = 3,15), 2003(10)* ($\bar{x}$ = 3,22).

me[295], Shows/Quiz/Talkshows[296], Love Stories[297], Comedy[298], Sportsendungen[299] und Musikvideos[300]. Darüber hinaus werden ebenfalls häufiger Science-Fiction-/Fantasy-[301], Kriminalfilme[302] und auch Dokumentationen/Politiksendungen[303] angesehen als von den übrigen Jugendlichen. Hier finden sich damit Genres, die für alle drei Typen der Wertespezialisten charakteristisch sind: Leichte und anspruchsvolle Unterhaltungsfilmgenres wie bei den Konventionalisten und den Idealisten sowie gewalthaltige Genres wie bei den Hedo-Materialisten. Bei dem Spielen von Computer- bzw. Konsolespielen[304] wird ebenfalls ein höherer täglicher Zeitaufwand betrieben als dies die Jugendlichen tun, die keine Realisten sind. In diesem Bereich lassen sich wiederum einige Genres nennen, die beliebter sind und dementsprechend häufiger gespielt werden. Es zählen dazu sowohl gewalthaltige Computerspielgenres wie Ego-Shooter/Ballerspiele[305] und Mili-

---

295 Signifikante Abweichungen der Mittelwerte in 2003* ($\bar{x}$ = 2,22), 2006* ($\bar{x}$ = 2,27), 2008* ($\bar{x}$ = 2,38), 2002(9)* ($\bar{x}$ = 2,00), 2003(10)** ($\bar{x}$ = 2,20).

296 Signifikante Abweichungen der Mittelwerte in 2002* ($\bar{x}$ = 3,25), 2003*** ($\bar{x}$ = 3,28), 2004** ($\bar{x}$ = 3,15), 2005*** ($\bar{x}$ = 3,18), 2006*** ($\bar{x}$ = 3,11), 2007** ($\bar{x}$ = 3,12), 2008* ($\bar{x}$ = 3,05), 2003(10)** ($\bar{x}$ = 3,23).

297 Signifikante Abweichungen der Mittelwerte in 2002*** ($\bar{x}$ = 2,59), 2006*** ($\bar{x}$ = 2,86), 2007** ($\bar{x}$ = 2,86), 2008** ($\bar{x}$ = 2,91).

298 Signifikante Abweichungen der Mittelwerte in 2006*** ($\bar{x}$ = 4,18), 2007** ($\bar{x}$ = 4,04), 2008*** ($\bar{x}$ = 4,12).

299 Signifikante Abweichungen der Mittelwerte in 2003*** ($\bar{x}$ = 3,21), 2004* ($\bar{x}$ = 3,11), 2005** ($\bar{x}$ = 3,22), 2006*** ($\bar{x}$ = 3,22), 2007** ($\bar{x}$ = 3,09), 2002(9)** ($\bar{x}$ = 3,08), 2003(10)** ($\bar{x}$ = 3,25).

300 Signifikante Abweichungen der Mittelwerte in 2002*** ($\bar{x}$ = 4,20), 2004* ($\bar{x}$ = 4,36), 2005*** ($\bar{x}$ = 4,33), 2006*** ($\bar{x}$ = 4,11), 2007* ($\bar{x}$ = 3,73), 2002(9)* ($\bar{x}$ = 4,39).

301 Signifikante Abweichungen der Mittelwerte in 2002** ($\bar{x}$ = 2,87), 2003*** ($\bar{x}$ = 2,98), 2004** ($\bar{x}$ = 2,92), 2007* ($\bar{x}$ = 2,77), 2008* ($\bar{x}$ = 2,85), 2003(10)* ($\bar{x}$ = 3,01).

302 Signifikante Abweichungen der Mittelwerte in 2002** ($\bar{x}$ = 2,64), 2003*** ($\bar{x}$ = 2,86), 2004* ($\bar{x}$ = 2,80), 2006*** ($\bar{x}$ = 2,90), 2007* ($\bar{x}$ = 2,94), 2008** ($\bar{x}$ = 2,97), 2003(10)** ($\bar{x}$ = 2,86).

303 Signifikante Abweichungen der Mittelwerte in 2002* ($\bar{x}$ = 1,83), 2003* ($\bar{x}$ = 1,98), 2004*** ($\bar{x}$ = 2,20), 2005*** ($\bar{x}$ = 2,50), 2006*** ($\bar{x}$ = 2,61), 2007* ($\bar{x}$ = 2,67), 2003(10)*** ($\bar{x}$ = 2,46).

304 Signifikante Abweichungen der Mittelwerte in 2002* ($\bar{x}$ = 60 min) Konsole, 2003** ($\bar{x}$ = 90 min), 2004* ($\bar{x}$ = 85 min), 2005* ($\bar{x}$ = 80 min), 2007* ($\bar{x}$ = 60 min), 2003(10)* ($\bar{x}$ = 80 min).

305 Signifikante Abweichungen der Mittelwerte in 2003** ($\bar{x}$ = 2,79), 2005* ($\bar{x}$ = 2,77), 2006*** ($\bar{x}$ = 2,64), 2007** ($\bar{x}$ = 2,32), 2008* ($\bar{x}$ = 2,17), 2003(10)*** ($\bar{x}$ = 2,83).

tärstrategiespiele[306] als auch Sportspiele[307] und -simulationen[308], Rennspiele[309] und Wirtschaftssimulationen[310]. Bei den weiteren erhobenen Freizeitaktivitäten findet sich ebenfalls eine breite Palette an Beschäftigungen, denen nach eigenen Angaben häufiger nachgegangen wird als das bei den übrigen Jugendlichen der Fall ist. Realisten treffen sowohl häufiger Familienangehörige[311] als auch ihre Freunde[312] und hängen sowohl häufiger zuhause »rum«[313] als auch einfach nur »ab«[314]. Weitere Freizeitaktivitäten, die häufiger unternommen werden, sind Musik hören[315], Musik am PC machen[316], Jugendzentrums-[317] und Kinobesuche[318] und auch shoppen/einkaufen[319]. Dieses Bild trägt die Züge der konventionellen bzw. hedonistisch-materialistischen Wertedimensionen bzw. deren Wertespezialisten-Typologien: Häusliche Aktivitäten, wie bei den Konventionalisten, sind ebenso beliebt wie außerhäusliche Aktivitäten, wie bei den Hedo-Materialisten. Einzig die hochkulturellen Freizeitaktivitäten, wie sie für die Idealisten typisch

306 Signifikante Abweichungen der Mittelwerte in 2003** ($\bar{x}$ = 2,48), 2004* ($\bar{x}$ = 2,42), 2005** ($\bar{x}$ = 2,15), 2006*** ($\bar{x}$ = 2,19), 2007* ($\bar{x}$ = 1,94), 2003(10)** ($\bar{x}$ = 2,49).

307 Signifikante Abweichungen der Mittelwerte in 2003*** ($\bar{x}$ = 2,90), 2004*** ($\bar{x}$ = 2,77), 2005** ($\bar{x}$ = 2,57), 2006*** ($\bar{x}$ = 2,51), 2007** ($\bar{x}$ = 2,27), 2008* ($\bar{x}$ = 2,13), 2003(10)*** ($\bar{x}$ = 2,76).

308 Signifikante Abweichungen der Mittelwerte in 2003*** ($\bar{x}$ = 2,49), 2004*** ($\bar{x}$ = 2,28), 2005** ($\bar{x}$ = 2,13), 2006*** ($\bar{x}$ = 2,02), 2007*** ($\bar{x}$ = 1,98), 2003(10)*** ($\bar{x}$ = 2,45).

309 Signifikante Abweichungen der Mittelwerte in 2003*** ($\bar{x}$ = 2,96), 2004*** ($\bar{x}$ = 3,17), 2005** ($\bar{x}$ = 3,19), 2006*** ($\bar{x}$ = 2,94), 2007*** ($\bar{x}$ = 2,65), 2008** ($\bar{x}$ = 2,40), 2003(10)*** ($\bar{x}$ = 2,90).

310 Signifikante Abweichungen der Mittelwerte in 2003* ($\bar{x}$ = 1,79), 2004* ($\bar{x}$ = 1,62), 2006* ($\bar{x}$ = 1,68), 2003(10)*** ($\bar{x}$ = 1,92).

311 Signifikante Abweichungen der Mittelwerte in 2003*** ($\bar{x}$ = 2,87), 2004*** ($\bar{x}$ = 2,96), 2005*** ($\bar{x}$ = 3,17), 2006*** ($\bar{x}$ = 3,22), 2008** ($\bar{x}$ = 3,30), 2003(10)*** ($\bar{x}$ = 2,91).

312 Signifikante Abweichungen der Mittelwerte in 2002*** ($\bar{x}$ = 4,30), 2005*** ($\bar{x}$ = 4,34), 2006*** ($\bar{x}$ = 4,27), 2007* ($\bar{x}$ = 4,08).

313 Signifikante Abweichungen der Mittelwerte in 2003* ($\bar{x}$ = 1,72), 2005* ($\bar{x}$ = 1,61), 2006* ($\bar{x}$ = 3,05), 2008*** ($\bar{x}$ = 3,04).

314 Signifikante Abweichungen der Mittelwerte in 2004* ($\bar{x}$ = 3,57), 2005* ($\bar{x}$ = 3,52), 2006*** ($\bar{x}$ = 3,56), 2007* ($\bar{x}$ = 3,36).

315 Signifikante Abweichungen der Mittelwerte in 2005*** ($\bar{x}$ = 4,56), 2006* ($\bar{x}$ = 4,44), 2007** ($\bar{x}$ = 4,43), 2008** ($\bar{x}$ = 4,32).

316 Signifikante Abweichungen der Mittelwerte in 2003* ($\bar{x}$ = 2,35), 2004*** ($\bar{x}$ = 2,42), 2005*** ($\bar{x}$ = 2,50), 2006*** ($\bar{x}$ = 2,37), 2007*** ($\bar{x}$ = 2,12), 2008* ($\bar{x}$ = 1,83), 2003(10)*** ($\bar{x}$ = 2,55).

317 Signifikante Abweichungen der Mittelwerte in 2002** ($\bar{x}$ = 1,97), 2003* ($\bar{x}$ = 2,01), 2006*** ($\bar{x}$ = 1,69), 2007* ($\bar{x}$ = 1,53), 2002(9)* ($\bar{x}$ = 1,82), 2003(10)*** ($\bar{x}$ = 1,86).

318 Signifikante Abweichungen der Mittelwerte in 2002*** ($\bar{x}$ = 3,20), 2003* ($\bar{x}$ = 3,10), 2004** ($\bar{x}$ = 3,02), 2005* ($\bar{x}$ = 2,92), 2006*** ($\bar{x}$ = 2,88), 2007** ($\bar{x}$ = 2,87), 2008** ($\bar{x}$ = 2,98), 2003(10)*** ($\bar{x}$ = 3,09).

319 Signifikante Abweichungen der Mittelwerte in 2003* ($\bar{x}$ = 3,32), 2004*** ($\bar{x}$ = 3,46), 2005*** ($\bar{x}$ = 3,52), 2006*** ($\bar{x}$ = 3,56), 2007*** ($\bar{x}$ = 3,50), 2008*** ($\bar{x}$ = 3,43), 2003(10)*** ($\bar{x}$ = 3,57).

sind, fehlen in dieser Auflistung. Die jugendlichen Realisten berichten in Bezug auf Probleme und abweichendes Verhalten in der Tat zunächst einmal von einer erhöhten allgemeinen Sebstwirksamkeitseinschätzung[320], also von einer größeren Überzeugung, die eigenen Probleme selbst lösen zu können. Allerdings geben sie auch an, in der Schule mehr Probleme mit Lehrern[321] und im sozialen Bereich mit anderen Jugendlichen[322] zu haben. Alle anderen erhobenen Alltagsprobleme werden durchschnittlich angegeben. Gleiches gilt für den Alkohol- und Drogenkonsum und alle abgefragten Kriminalitätsbereiche. Das heißt, mit Ausnahme der beiden angeführten Problemkreise sind die jugendlichen Realisten weder stärker noch geringer problembelastet als alle anderen Jugendlichen. Außerdem sind sie bezüglich der ausgewerteten Kriminalitätsraten gänzlich unauffällig.

In der zusammenfassenden Gesamtschau lassen sich somit so gut wie keine Hinweise finden, die Jugendlichen mit einer für die Wertsynthese typischen Zustimmung zu allen relevanten Wertedimensionen seien privilegierter als die übrigen. Sie stehen weder bei den angestrebten Bildungsabschlüssen noch bei den problematischen und abweichenden Handlungsbereichen besser da als andere Wertegruppen. Einzig die subjektiv eingeschätzten höheren Familienvermögen, die positivere Zukunftseinschätzung und die höhere allgemeine Selbstwirksamkeitserwartung lassen eine gewissen Besserstellung erkennen. Auf der anderen Seite lassen sich zwar leicht erhöhte Anomia-Werte finden, daneben aber keine weiteren Hinweise für eine Schlechterstellung ausmachen, so wie dies Kritiker der Wertsynthese vermuten (siehe Abschnitt 2.1.5). Eine von diesen postulierte Werteverwirrung, die durch die, bei Zustimmung zu gegensätzlichen Werten bedingte, fehlende Präferenzrangfolge der Werte hervorgerufen werden könne und negative Folgen nach sich zöge, kann, bis auf den Bereich der leicht anomischen Tendenzen, mit den vorliegenden Daten für Jugendliche nicht bestätigt werden. Im Gegensatz zu den anderen, hier vorgestellten Wertegruppen mit erhöhter Problembelastung und erhöhten Kriminalitätsraten, stellen sich die Realisten als (im positiven Sinne) allenfalls durchschnittlich dar. Alles in allem scheint der positiv konnotierte Name der Wertegruppierung, der in Anlehnung an Klages

320 Signifikante Abweichungen der Mittelwerte in 2002*** ($\bar{x}$ = 3,55), 2003*** ($\bar{x}$ = 3,51), 2004*** ($\bar{x}$ = 3,58), 2005*** ($\bar{x}$ = 3,63), 2006*** ($\bar{x}$ = 3,62), 2007*** ($\bar{x}$ = 3,59), 2008*** ($\bar{x}$ = 3,61), 2002(9)*** ($\bar{x}$ = 3,56), 2003(10)*** ($\bar{x}$ = 3,57).

321 Signifikante Abweichungen der Mittelwerte in 2002* ($\bar{x}$ = 2,47), 2006* ($\bar{x}$ = 2,56), 2007* ($\bar{x}$ = 2,40), 2003(10)* ($\bar{x}$ = 2,41).

322 Signifikante Abweichungen der Mittelwerte in 2002* ($\bar{x}$ = 2,27), 2006** ($\bar{x}$ = 2,21), 2003(10)* ($\bar{x}$ = 2,25).

gewählt wurde, aber zumindest für die hier untersuchten Jugendlichen nicht ganz gerechtfertigt zu sein.

Unauffällige

Die befragten Jugendlichen, die der Gruppe der Unauffälligen (Werte-Generalisierungsstufe 0) angehören, also durch eine überwiegende Ablehnung der drei Wertedimensionen gekennzeichnet sind, umfassen zwischen 8 und 13 Prozent (im Durchschnitt 12 Prozent; siehe Tabelle 8.2 auf Seite 322) der jeweiligen Querschnittsdatensätze. Sie entsprechen in Bezug auf das Geschlechtsverhälnis, die Staatsangehörigkeit, die besuchten Schulformen und dem selbst eingeschätzten Familienvermögen in jedem Erhebungszeitpunkt in etwa dem Durchschnitt der gesamten Stichprobe. Die Unauffälligen berichten davon, dass sie pro Tag weniger Zeit mit ihren Hausaufgaben[323] verbringen als die übrigen Jugendlichen. Die Zukunft[324] wird von den Jugendlichen mit diesem ablehnendem Wertemuster vielfach düsterer eingeschätzt als von der übrigen Stichprobe. Vor diesem Hintergrund mutet der so nicht zu erwartende Befunde geringerer Anomia[325] etwas erstaunlich an. Möglicherweise fehlt den Jugendlichen dieser Wertegruppierung sogar der Antrieb für die aktivische Komponente bei zwei der drei Anomia-Indiktaoritems (»alles hinschmeißen und abhauen« bzw. »aus der Gesellschaft aussteigen«), so dass die Items weniger Zustimmung erfahren.

Der Medienkonsum ist von einer durchschnittlichen täglichen Video- und Fernsehdauer und einer überwiegenden Ablehnung der abgefragten Filmgenres geprägt. Fast alle Genres werden nach eigenen Angaben seltener geschaut als von den Jugendlichen, die dieser Wertegruppe nicht angehören: Im Einzelnen sind dies die Actionfilme[326], Unterhaltungsserien/Soap[327], Sportsendungen[328], Shows/

323 Signifikante Abweichungen der Mittelwerte in 2003*** ($\bar{x}$ = 60 min), 2006*** ($\bar{x}$ = 55 min), 2007* ($\bar{x}$ = 60 min).

324 Signifikante Abweichungen der Mittelwerte in 2002** ($\bar{x}$ = 3,70), 2003*** ($\bar{x}$ = 3,63), 2004*** ($\bar{x}$ = 3,65), 2005** ($\bar{x}$ = 3,65), 2007* ($\bar{x}$ = 3,63).

325 Signifikante Abweichungen der Mittelwerte in 2002*** ($\bar{x}$ = 1,70), 2003*** ($\bar{x}$ = 1,94), 2005** ($\bar{x}$ = 1,99), 2006*** ($\bar{x}$ = 2,12), 2007** ($\bar{x}$ = 2,11), 2002(9)*** ($\bar{x}$ = 1,87), 2003(10)*** ($\bar{x}$ = 2,03).

326 Signifikante Abweichungen der Mittelwerte in 2002* ($\bar{x}$ = 3,30), 2004* ($\bar{x}$ = 3,49), 2005** ($\bar{x}$ = 3,38), 2006** ($\bar{x}$ = 3,38), 2007* ($\bar{x}$ = 3,31), 2003(10)** ($\bar{x}$ = 3,50).

327 Signifikante Abweichungen der Mittelwerte in 2002*** ($\bar{x}$ = 2,49), 2003** ($\bar{x}$ = 2,84), 2004* ($\bar{x}$ = 2,92), 2005*** ($\bar{x}$ = 2,73), 2006*** ($\bar{x}$ = 2,73), 2007** ($\bar{x}$ = 2,89), 2008*** ($\bar{x}$ = 2,79), 2003(10)*** ($\bar{x}$ = 2,78).

328 Signifikante Abweichungen der Mittelwerte in 2004* ($\bar{x}$ = 2,79), 2005* ($\bar{x}$ = 2,82), 2006** ($\bar{x}$ = 2,76), 2007* ($\bar{x}$ = 2,75), 2003(10)** ($\bar{x}$ = 2,76).

Quiz/Talkshows[329], Kriminalfilme[330], Natur-/Tier-/Heimatfilme[331], Dokumentationen/politische Magazine[332], Love Stories[333], Comedy[334] und Musikvideos[335]. Während die generelle Dauer des Computer- und Konsolespielkonsums ebenfalls nicht groß vom Durchschnitt abweicht, gibt es drei Genres die unbeliebter sind und daher seltener gespielt werden: Sportspiele[336] und Sportsimulationen[337] sowie Rennspiele[338]. Auch die übrigen erhobenen Freizeitbeschäftigungen sind bei den Unauffälligen eher durch Ablehnung bzw. ihre seltenere Ausübung gekennzeichnet. Die Jugendlichen dieser Gruppe treffen seltener ihr Freunde[339] und Familienangehörige[340], sie gehen seltener auf Partys[341], ins Kino[342], oder (die äl-

329 Signifikante Abweichungen der Mittelwerte in 2002*** ($\bar{x}$ = 2,93), 2003** ($\bar{x}$ = 2,89), 2004*** ($\bar{x}$ = 2,76), 2005*** ($\bar{x}$ = 2,67), 2006*** ($\bar{x}$ = 2,62), 2007*** ($\bar{x}$ = 2,79), 2008*** ($\bar{x}$ = 2,67), 2003(10)** ($\bar{x}$ = 2,85).

330 Signifikante Abweichungen der Mittelwerte in 2003* ($\bar{x}$ = 2,54), 2005*** ($\bar{x}$ = 2,49), 2006*** ($\bar{x}$ = 2,51), 2008* ($\bar{x}$ = 2,62), 2003(10)* ($\bar{x}$ = 2,53).

331 Signifikante Abweichungen der Mittelwerte in 2002** ($\bar{x}$ = 2,05), 2004* ($\bar{x}$ = 1,96), 2005*** ($\bar{x}$ = 1,95), 2006*** ($\bar{x}$ = 1,96), 2007**($\bar{x}$ = 2,06), 2008* ($\bar{x}$ = 2,09), 2003(10)* ($\bar{x}$ = 1,89).

332 Signifikante Abweichungen der Mittelwerte in 2002** ($\bar{x}$ = 2,05), 2003** ($\bar{x}$ = 2,05), 2004*** ($\bar{x}$ = 1,96), 2005*** ($\bar{x}$ = 1,95), 2006*** ($\bar{x}$ = 1,96), 2007*** ($\bar{x}$ = 2,06), 2008*** ($\bar{x}$ = 2,09), 2003(10)** ($\bar{x}$ = 1,89).

333 Signifikante Abweichungen der Mittelwerte in 2002*** ($\bar{x}$ = 2,06), 2003* ($\bar{x}$ = 2,32), 2004* ($\bar{x}$ = 2,32), 2005*** ($\bar{x}$ = 2,30), 2006*** ($\bar{x}$ = 2,29), 2007* ($\bar{x}$ = 2,50), 2008* ($\bar{x}$ = 2,50).

334 Signifikante Abweichungen der Mittelwerte in 2002*** ($\bar{x}$ = 3,37), 2003* ($\bar{x}$ = 3,71), 2004** ($\bar{x}$ = 3,84), 2005*** ($\bar{x}$ = 3,77), 2006*** ($\bar{x}$ = 3,80), 2007* ($\bar{x}$ = 3,79), 2008** ($\bar{x}$ = 3,76), 2003(10)** ($\bar{x}$ = 3,79).

335 Signifikante Abweichungen der Mittelwerte in 2002*** ($\bar{x}$ = 3,87), 2004*** ($\bar{x}$ = 4,00), 2006*** ($\bar{x}$ = 3,55), 2008** ($\bar{x}$ = 3,17), 2002(9)* ($\bar{x}$ = 4,09).

336 Signifikante Abweichungen der Mittelwerte in 2004** ($\bar{x}$ = 2,34), 2005** ($\bar{x}$ = 2,12), 2007*** ($\bar{x}$ = 1,78), 2003(10)*** ($\bar{x}$ = 2,05).

337 Signifikante Abweichungen der Mittelwerte in 2005* ($\bar{x}$ = 1,77), 2007** ($\bar{x}$ = 1,52), 2003(10)** ($\bar{x}$ = 1,80).

338 Signifikante Abweichungen der Mittelwerte in 2005* ($\bar{x}$ = 2,76), 2006* ($\bar{x}$ = 2,48), 2007*** ($\bar{x}$ = 2,12), 2003(10)*** ($\bar{x}$ = 2,23).

339 Signifikante Abweichungen der Mittelwerte in 2002*** ($\bar{x}$ = 3,73), 2003*** ($\bar{x}$ = 4,02), 2004*** ($\bar{x}$ = 4,11), 2005*** ($\bar{x}$ = 3,97), 2006*** ($\bar{x}$ = 3,96), 2007** ($\bar{x}$ = 3,83), 2008** ($\bar{x}$ = 3,74), 2002(9)*** ($\bar{x}$ = 3,95), 2003(10)** ($\bar{x}$ = 4,04).

340 Signifikante Abweichungen der Mittelwerte in 2003*** ($\bar{x}$ = 2,40), 2004*** ($\bar{x}$ = 2,41), 2005*** ($\bar{x}$ = 2,58), 2006*** ($\bar{x}$ = 2,64), 2007*** ($\bar{x}$ = 2,79), 2008*** ($\bar{x}$ = 2,85), 2003(10)*** ($\bar{x}$ = 2,42).

341 Signifikante Abweichungen der Mittelwerte in 2002*** ($\bar{x}$ = 2,19), 2003** ($\bar{x}$ = 2,43), 2005** ($\bar{x}$ = 2,95), 2007** ($\bar{x}$ = 3,09), 2002(9)*** ($\bar{x}$ = 2,52).

342 Signifikante Abweichungen der Mittelwerte in 2002** ($\bar{x}$ = 2,92), 2003* ($\bar{x}$ = 2,88), 2004** ($\bar{x}$ = 2,76), 2005* ($\bar{x}$ = 2,68), 2002(9)** ($\bar{x}$ = 2,78).

tere Kohorte) in ein Jugendzentrum[343], hängen weniger ab[344] und gehen seltener shoppen/einkaufen[345]. Auch häuslichen Freizeitbeschäftigungen wie zeichnen oder malen[346], Musik hören[347] oder am PC Musik machen[348] wird nach eigenen Angaben seltener nachgegangen. Darüber hinaus berichten die Unauffälligen von einer geringeren allgemeinen Sebstwirksamkeitserwartung[349]. Allerdings werden in einigen Datensätzen auch weniger Probleme in der Schule mit den Leistungsanforderungen[350], weniger Probleme mit anderen Jugendlichen[351] und auch weniger Probleme, mit dem eigenen Geld auszukommen[352], angegeben als von den übrigen Jugendlichen. Im Bereich des Alkohol- und Drogenkonsums sowie des abweichenden Verhaltens ist diese Wertegruppierung hingegen durchschnittlich belastet.

Insgesamt gesehen bieten die Unauffälligen das Bild eher zögerlicher Jugendlicher. Sie sind in vielen Bereichen durch eine zurückhaltende oder gar ablehnende Grundhaltung geprägt, die sich auch in einer negativen Zukunftseinschätzung niederschlägt. Allerdings gibt es sogar drei Alltagsproblembereiche, in denen die Unauffälligen besser dastehen als die übrigen Jugendlichen: Im schulischen Bereich haben sie mit den Leistungsanforderungen, im sozialen Bereich mit gleichaltrigen Jugendlichen und im finanziellen Bereich mit dem ihnen zur Verfügung stehenden Geld weniger Probleme als die anderen Befragten. Auch von gravierenderen Problemen, wie dem übermäßigen Alkohol- und Drogenkonsum oder

343 Signifikante Abweichungen der Mittelwerte in 2002(9)* ($\bar{x}$ = 1,55), 2003(10)** ($\bar{x}$ = 1,46).

344 Signifikante Abweichungen der Mittelwerte in 2002*** ($\bar{x}$ = 2,50), 2003*** ($\bar{x}$ = 3,10), 2005** ($\bar{x}$ = 3,25), 2006* ($\bar{x}$ = 3,22), 2002(9)*** ($\bar{x}$ = 2,87).

345 Signifikante Abweichungen der Mittelwerte in 2003*** ($\bar{x}$ = 2,83), 2004*** ($\bar{x}$ = 2,90), 2005*** ($\bar{x}$ = 2,91), 2006*** ($\bar{x}$ = 2,89), 2007*** ($\bar{x}$ = 2,97), 2008*** ($\bar{x}$ = 2,95), 2003(10)** ($\bar{x}$ = 3,07).

346 Signifikante Abweichungen der Mittelwerte in 2003** ($\bar{x}$ = 2,17), 2005** ($\bar{x}$ = 1,99), 2007* ($\bar{x}$ = 1,91).

347 Signifikante Abweichungen der Mittelwerte in 2003*** ($\bar{x}$ = 4,14), 2004** ($\bar{x}$ = 4,23), 2005*** ($\bar{x}$ = 4,21), 2006** ($\bar{x}$ = 4,24), 2007** ($\bar{x}$ = 4,17), 2008*** ($\bar{x}$ = 3,97).

348 Signifikante Abweichungen der Mittelwerte in 2003* ($\bar{x}$ = 2,07), 2005*** ($\bar{x}$ = 1,93), 2006*** ($\bar{x}$ = 1,82).

349 Signifikante Abweichungen der Mittelwerte in 2002*** ($\bar{x}$ = 2,68), 2003*** ($\bar{x}$ = 2,82), 2004*** ($\bar{x}$ = 3,02), 2005*** ($\bar{x}$ = 2,97), 2006*** ($\bar{x}$ = 3,10), 2007*** ($\bar{x}$ = 3,02), 2008*** ($\bar{x}$ = 3,09), 2002(9)*** ($\bar{x}$ = 3,00), 2003(10)*** ($\bar{x}$ = 3,12).

350 Signifikante Abweichungen der Mittelwerte in 2006* ($\bar{x}$ = 2,55), 2007* ($\bar{x}$ = 2,42), 2008** ($\bar{x}$ = 2,20).

351 Signifikante Abweichungen der Mittelwerte in 2002*** ($\bar{x}$ = 1,87), 2003*** ($\bar{x}$ = 2,00), 2004* ($\bar{x}$ = 1,99), 2006* ($\bar{x}$ = 1,95), 2002(9)** ($\bar{x}$ = 1,96).

352 Signifikante Abweichungen der Mittelwerte in 2002* ($\bar{x}$ = 1,97), 2003** ($\bar{x}$ = 2,08), 2004** ($\bar{x}$ = 2,23), 2006* ($\bar{x}$ = 2,42), 2002(9)* ($\bar{x}$ = 2,15), 2003(10)* ($\bar{x}$ = 2,33).

kriminellem Verhalten, scheinen die Unauffälligen nicht betroffen zu sein, darüber hinaus sind die Anomia-Werte geringer als beim Durchschnitt der befragten Jugendlichen. Die von Klages für die Erwachsenen verwendete Typenbezeichnung als Resignierte ist für die hier untersuchten Jugendlichen somit insgesamt gesehen ebenfalls zu überspitzt. Die Bezeichnung als Unauffällige, so wie sie auch in den Shell-Jugendstudien üblich ist, scheint mit den vorgestellten inhaltlichen Besonderheiten im Jugendalter eher zuzutreffen. An dieser Stelle sei aber auch darauf hingewiesen, dass möglicherweise ein Teil der Auffälligkeiten durch inhaltsunabhängiges Ablehnungsverhalten bei der Beantwortung der Fragen zustande gekommen sein könnte. Allerdings liegen, wie gezeigt, bei einer Reihe von Fragen auch durchschnittliche Werte vor, die dieser Vermutung entgegenstehen.

Indifferente

Die mit Stichprobenanteilen zwischen vier und sechs Prozent sehr kleine Gruppe der Indifferenten (im Durchschnitt fünf Prozent; siehe Tabelle 8.2 auf Seite 322) zeichnet sich durch indifferente Einstellungen zu allen drei Wertedimensionen aus, weshalb sie zu der Werte-Generalisierungsstufe 0 gezählt wird. Diese Wertegruppe weist in den untersuchten Datensätzen so gut wie keine nennenswerten Abweichungen in den analysierten Bereichen auf. Es lässt sich lediglich festhalten, dass sie die Zukunft düsterer einschätzen[353], stärker von Anomia betroffen sind[354], weniger Adventures[355] spielen, dafür aber häufiger shoppen bzw. einkaufen[356]. Sie haben eine geringere allgemeine Selbstwirksamkeitserwartung[357] und berichten verstärkt von Problemen im sozialen Bereich: Sie haben mehr Probleme, mit dem festen Freund bzw. der festen Freundin[358], mit den Freun-

353 Signifikante Abweichungen der Mittelwerte in 2003* ($\bar{x}$ = 3,64), 2004** ($\bar{x}$ = 3,59), 2008** ($\bar{x}$ = 3,78).

354 Signifikante Abweichungen der Mittelwerte in 2003*** ($\bar{x}$ = 2,28), 2006** ($\bar{x}$ = 2,45), 2007** ($\bar{x}$ = 2,39), 2008*** ($\bar{x}$ = 2,49).

355 Signifikante Abweichungen der Mittelwerte in 2003** ($\bar{x}$ = 2,39), 2005* ($\bar{x}$ = 1,92), 2007** ($\bar{x}$ = 1,82).

356 Signifikante Abweichungen der Mittelwerte in 2004** ($\bar{x}$ = 2,96), 2006** ($\bar{x}$ = 3,03), 2007** ($\bar{x}$ = 3,02).

357 Signifikante Abweichungen der Mittelwerte in 2002*** ($\bar{x}$ = 2,93), 2003*** ($\bar{x}$ = 3,05), 2004*** ($\bar{x}$ = 3,10), 2005* ($\bar{x}$ = 3,23), 2006*** ($\bar{x}$ = 3,18), 2007*** ($\bar{x}$ = 3,18), 2008** ($\bar{x}$ = 3,19), 2002(9)*** ($\bar{x}$ = 3,06), 2003(10)*** ($\bar{x}$ = 3,14).

358 Signifikante Abweichungen der Mittelwerte in 2006* ($\bar{x}$ = 2,03), 2007* ($\bar{x}$ = 2,00), 2003(10)* ($\bar{x}$ = 1,95).

den[359] und mit den Klassen- oder Schulkameraden[360] auszukommen. Insgesamt kann über diese Auffälligkeiten allerdings nur schwer ein aussagekräftiges Wertegruppenprofil erstellt werden. Es handelt sich bei den Indifferenten eher um eine typologische Restkategorie als um eine inhaltlich bedeutsame Wertegruppierung.

8.3 Zusammenfassung

Wie die Auswertungen der Wertetypen-Profile zeigen, lassen sich für alle Gruppen aussagekräftige Charakteristika feststellen. Als einzige Ausnahme kann hier die Wertetypologie der Indifferenten angesehen werden, die bereits konstruktionsbedingt über ihr indifferentes Werteprofil inhaltlich wenig Substanz bietet. Da sie darüber hinaus lediglich nur sehr geringe Stichprobenanteile ausmacht, scheint es gerechtfertigt, sie hier als typologische Restkategorie zu behandeln und nicht näher zu betrachten. Die übrigen Typologien weisen grundsätzlich jedoch allesamt, sowohl was ihr Werteprofil angeht als auch was ihre weiteren inhaltlichen Charakteristika betrifft, jeweils einzigartige Eigenschaften auf, die inhaltliche Relevanz belegen. Im Vergleich zu den in weiten Teilen dieser Arbeit als Referenzuntersuchungen herangezogenen Analysen der Shell-Jugendstudien drängen sich allerdings einige Fragen auf: Da dort clusteranalytisch lediglich vier Wertetypen ausgewiesen werden, stellt sich die Frage, ob die hier vorgestellten neun Wertetypologien den Daten bzw. als modellhaften Beschreibung der Lebensrealität der Jugendlichen eher angemessen sind. Die Frage kann dabei zunächst an methodischen Aspekten ausgerichtet und die statistische Gültigkeit bzw. Angemessenheit der Modelle beider Studien kritisch diskutiert werden. Dabei spielt auch die Frage nach der Größe und damit der zahlenmäßigen Relevanz der Wertetypologien eine Rolle, die mit dem vorgenannten Punkt zumindest in Teilen zusammenhängt. Bei der Einordnung der Indifferenten als typologische Restkategorie ist dieses Argument ja bereits angeführt worden. Darüber hinaus muss auch die Frage gestellt werden, ob die in ihrer Anzahl unterschiedlich differenzierten Wertetypen-Lösungen inhaltliche Vor- oder Nachteile bei der Populationsbeschreibung mit sich bringen.

Wenn wir uns der statistisch-methodischen Seite zuwenden, so haben die

359 Signifikante Abweichungen der Mittelwerte in 2003* ($\bar{x}$ = 1,66), 2006*** ($\bar{x}$ = 1,75), 2007* ($\bar{x}$ = 1,68), 2008** ($\bar{x}$ = 1,74), 2003(10)** ($\bar{x}$ = 1,75).

360 Signifikante Abweichungen der Mittelwerte in 2006** ($\bar{x}$ = 2,08), 2007* ($\bar{x}$ = 2,00), 2008* ($\bar{x}$ = 1,94).

Darstellungen in Kapitel 2 (zusammenfassend Abschnitt 2.1.5) gezeigt, dass sich die Vorgehensweise zur Bildung der Speyerer Wertetypen über die Zeit hinweg deutlich geändert hat. Dies beinhaltet auch die Anzahl der ermittelten Wertetypen, die sich in den einzelnen Phasen voneinander unterscheidet. In Abschnitt 2.1.5 ist ausführlich auf die Kritik an der aktuellen Vorgehensweise eingegangen worden. Insbesondere die Anzahl von fünf Speyerer Wertetypen der Erwachsenenforschung ist aus statistisch Sicht nicht wohlbegründet. Es lassen sich keine Untersuchungen finden, in denen aus statistischer Perspektive Lösungen mit unterschiedlichen Clusteranzahlen verglichen werden. Auch die Reduktion auf lediglich vier Typen, so wie sie in den Shell-Jugendstudien zu finden sind, wird statistisch nicht hinreichend begründet. Das verwendete, in SPSS implementierte K-Means-Verfahren mit dem Startwerte-Verfahren »Quick-Cluster«, liefert keine ausreichende statistische Absicherung der ermittelten Clusterlösungen, so dass die ausgewiesenen Clusteranzahlen zumindest aus diesem Blickwinkel willkürlich erscheinen. Durch die vorgegebene, statistisch nicht begründete Clusteranzahl und die vorgegebenen Startwerte, die sich aus der aus inhaltlichen Gründen eingeschränkten Anzahl von Merkmalskombinationen der z-standardisierten Faktorvariablen ergeben, entsteht ein weder wirklich exploratorisches noch konfirmatorisches Vorgehen, das weder die Angemessenheit des Modells statistisch belegt noch die Reduktion auf die verwendeten Merkmalskombinationen. Die im Gegensatz dazu in dieser Analyse verwendete Strategie zur Bildung der Wertetypologien (siehe Abschnitt 8.1) orientiert sich an der Frühphase der Speyerer Werteforschung. Im Hinblick auf die Clusteranzahl wird hier der gesamte Merkmalskombinationsraum ausgeschöpft. Aus logisch-analytischer Sicht erscheint dies als die stringentere Vorgehensweise, obwohl selbstverständlich die inhaltliche (und auch die statistische) Relevanz *aller* Merkmalskombinationsmuster infrage gestellt werden kann. Da allerdings aus der Speyerer Forschung keine statistischen Kriterien für die Reduktion nachgewiesen sind, erscheint der breitere Ansatz zunächst angemessener, da keine Kombinationen ausgeschlossen werden. Die in Abschnitt 2.1.5 ebenfalls behandelte Kritik an der Verwendung z-standardisierter Faktorwerte für die Clusterung, die auf der Basis orthogonaler Dimensionen ermittelt wurden, hat gezeigt, dass durch dieses Vorgehen ungünstigstenfalls die Datenstruktur gänzlich zerstört wird. Daher werden hier *keine* z-standardisierten Faktorwerte sondern mittlere Gesamtpunktwerte verwendet, die aus statistischer Sicht die sicherere bzw. konservativere Variante darstellen. Auch die vorhandene Korrelationsstruktur der Faktoren fließt damit in die Wertetypologien ein.

Bestimmte Wertetypen sind stärker besetzt, da sie auf Wertemustern basieren, die diese Korrelationen ausdrücken (zum Beispiel konventionelle Idealisten). Andere Typen sind nur gering besetzt, da das zugrundeliegende Wertemuster aufgrund der Korrelationen der Dimensionen in Reinform empirisch eben kaum vorkommt (zum Beispiel Idealisten). Die hier noch nicht behandelten Zeitvergleiche verbieten aus den in Abschnitt 2.1.5 genannten Gründen darüber hinaus sowieso den Einsatz von z-standardisierten Faktorwerten. Ebenso wie in der Speyerer Werteforschung können allerdings auch für das hier angewandte Modell mit neun Wertetypen keine endgültigen statistischen Tests präsentiert werden, die die Angemessenheit beweisen. Das ist hier aber auch nicht nötig, denn es steht nicht das Ziel im Vordergrund, mit Hilfe eines Klassifizierungsverfahrens eine informationsreduzierende Populationsbeschreibung mit Gruppen zu liefern, deren Anzahl angemessen sein und überprüft werden müsste. Das Ziel ist vielmehr eine Beschreibung der Population mit einer exhaustiven Anzahl an Wertegruppen. Da sie exhaustiv ist, kann diese Anzahl nicht zu gering sein, lediglich zu groß. Falls dies aber tatsächlich der Fall sein sollte, müssten inhaltliche Redundanzen bei den Wertetypenprofilen auftreten, was hier aber nicht zu beobachten ist. Insgesamt gesehen erscheint daher die gewählte Strategie aus statistischer und logisch-analytischer Sicht angemessen.

Aus inhaltlicher Sicht ist aber selbstverständlich zu fragen, ob die im Vergleich zur aktuellen Speyerer Werteforschung, insbesondere den Shell-Jugendstudien, differenziertere Wertetypenlösung einen Erkenntnismehrwert liefert oder ob eine Lösung mit einer geringeren Typenanzahl inhaltlich ausreichend ist. Eingedenk der Klassifizierung der Indifferenten als wenig aussagekräftig typologische Restkategorie, sind damit vier Speyerer Jugendtypen mit den hier ausgewiesenen acht Jugendtypen zu vergleichen. Die größte inhaltliche Übereinstimmung ist bei den Wertespezialisten im Kernprofil der *Hedo-Materialisten* zu finden. Diese männlich dominierte Gruppe zeigt sich in beiden Untersuchungen – vermutlich aufgrund der konsumistischen Grundüberzeugung – unzufrieden mit den zur Verfügung stehenden materiellen Ressourcen. Insgesamt ist in dieser Gruppe übereinstimmend eine geringe Bildungsaffinität festzustellen: Hedo-Materialisten sind wenig fleißig, haben vermehrt Schulstress und Probleme mit den schulischen Leistungsanforderungen sowie mit den Lehrern. Ebenfalls in beiden Untersuchungen ist bei dieser Wertetypologie ein vom Inhalt und Ausmaß her problematischer Medienkonsum und eine erhöhte Devianz- und Delinquenzneigung und -belastung zu konstatieren. Die Hedo-Materialisten sind zusammengefasst sowohl in den

Shell-Jugendstudien als auch bei der hier vorgelegten Untersuchung die vielfach problematischste Wertegruppierung. Ihre Stichprobenanteile unterscheiden sich zwischen beiden Untersuchungen allerdings erheblich. In den Shell-Jugendstudien sind rund ein Viertel in der entsprechenden Gruppe versammelt (siehe Tabelle 2.19 auf Seite 87), in der hier vorliegenden Studie lediglich zehn bis fünfzehn Prozent (siehe Tabelle 8.2 auf Seite 322). Darüber hinaus existieren in unserer Studie zwei weitere Typen, die ebenfalls hedo-materialistische Werte vertreten: Hedo-materialistische Idealisten und konventionelle Hedo-Materialisten. Beide Typen weisen Ähnlichkeiten zum hedo-materialistischen Kernprofil auf, allerdings auch gravierende Unterschiede. So sind die (wenigen) hedo-materialistischen Idealisten zwar mit den Eigenschaften der Unzufriedenheit mit den finanziellen Ressourcen, dem gewalthaltigen Medienkonsum, den Freizeitvorlieben und vor allem den vermehrten Alltagsproblemen und erhöhten Devianz- und Delinquenzraten durchaus vergleichbar, die für die idealistische Seite typische hohe Bildungsaffinität ist jedoch ein zentraler Unterschied zu den »reinen« Hedo-Materialisten dieser Studie und denen der Shell-Jugendstudien. Die konventionellen Hedo-Materialisten wiederum, die in unserer Studie mehr Jugendliche umfassen als die Hedo-Materialisten selbst, haben mit ihrer Bildungsferne, dem gewalthaltigen Medienkonsum, den Problemen im schulischen Bereich und der Unzufriedenheit mit den finanziellen Ressourcen deutliche Anknüpfungspunkte zu den »reinen« Hedo-Materialisten beider Studien. Mit ihrer, bis auf den erhöhten Alkoholkonsum, allenfalls durchschnittlichen Devianz- und Delinquenzbelastung fehlt jedoch ein entscheidendes Charakteristikum. Im Bereich der hedonistisch-materialistischen Werte erscheint eine differenziertere Betrachtungsweise mit den in unserer Untersuchung ermittelten drei Typen und den dazugehörigen Profilen fruchtbarer als die Reduktion auf nur einen hedo-materialistischen Wertetypus wie in den Shell-Jugendstudien. Gerade die in den zwei Mischtypen erkennbaren partiellen Wertsynthesen mit ihren unterschiedlichen und prägnanten Eigenschaften lassen diese Differenzierung aus inhaltlicher Sicht angemessener erscheinen als die undifferenziertere Betrachtungsweise der Shell-Jugendstudien.

Auch das Profil der Wertetypologie der *Unauffälligen* weist deutliche Übereinstimmungen in beiden Untersuchungen auf. Jugendliche mit der dazugehörigen Wertekombination sehen die Zukunft eher düster und zeigen in der Schule wenig Fleiß, daneben ist ihre Selbstwirksamkeitserwartung niedrig. Im Freizeitbereich sind keine ausgeprägten Interessen vorhanden und die Grundeinschätzung der betreffenden Mädchen und Jungen als zögerlich und unauffällig, so wie sie in den Shell-Jugendstudien getroffen wird, scheint auch in unserer Untersuchung zuzutreffen. Ebenfalls wie in den Shell-Jugendstudien ist die Einstufung als »resigniert«, so wie sie bei den Speyerer-Erwachsenentypen vorgenommen wird, zu überspitzt und wird daher auch nicht verwendet. Große Differenzen sind allerdings bei den Stichprobenanteilen zu erkennen, die in beiden Untersuchungen für die Unauffälligen ermittelt werden. Während in den Shell-Jugendstudien jeweils rund ein Viertel der Jugendlichen zu dieser Gruppe gehört (siehe Tabelle 2.19 auf Seite 87), sind es in der hier vorliegenden Studie lediglich um die zehn Prozent (siehe Tabelle 8.2 auf Seite 322). Vermutlich lässt sich diese Diskrepanz durch die unterschiedliche methodische Vorgehensweise erklären. Während durch die Z-Standardisierung der Faktoren und den daraus abgeleiteten Klassifikationsvariablen in den Shell-Jugendstudien bei den Unauffälligen tendenziell vermutlich die Jugendlichen mit *unterdurchschnittlichen* Wertzustimmungen auf allen drei Dimensionen einsortiert werden, ist das hier verwendete Kriterium deutlich strenger. In unserer Studie werden ausschließlich die Jugendlichen zu den Unauffälligen gezählt, die entweder alle drei Wertedimensionen ablehnen oder zwei Wertedimensionen ablehnen und einer beliebigen weiteren Dimension indifferent gegenüberstehen (siehe Abschnitt 8.1). Dieses Kriterium führt durch seine Strenge zu niedrigeren Besetzungszahlen ist aber gleichzeitig inhaltlich aussagekräftiger, da der Bezug nicht zum Mittelwert der Population genommen wird sondern zur Originalskala. Bei den hier beschriebenen Unauffälligen handelt es sich nämlich dann um diejenigen, die (mit den geschilderten Einschränkungen) alle Wertedimensionen tatsächlich ablehnen und nicht, wie in den Shell-Studien, um diejenigen, die ihnen vielleicht nur nicht ganz so stark zustimmen, wie die anderen Befragten. Im Hinblick auf die Trend- und Panelanalysen ist eine Klassifikation mit Bezug zu den zeitvarianten Mittelwerten, wie bereits mehrfach angeführt, darüber hinaus auch nicht praktikabel.

Im Bereich der Wertespezialisten-Gruppe der *Idealisten* findet sich ebenfalls eine große Übereinstimmung in den grundsätzlichen Eigenschaften. Mit dem idealistischen Werteprofil geht in beiden Untersuchungen als charakteristisches Merkmal in erster Linie eine sehr hohe Bildungsaffinität einher. Sowohl das Bildungsniveau der jeweiligen Elternhäuser als auch die angestrebten Bildungsabschlüsse der jugendlichen Gruppenmitglieder sind die im Vergleich höchsten. Auch im Freizeitbereich lässt sich dieses Merkmal durch besonders beliebte hochkulturelle Freizeitbeschäftigungen nachweisen. Die Problembelastung der Idealisten ist in beiden Untersuchungen hingegen durchschnittlich. Weitere deutliche Anknüpfungspunkte zeigen sich, wenn man das Profil der (pragmatischen) Idealisten aus den Shell-Jugendstudien mit demjenigen der konventionellen Idealisten aus der hier vorliegenden Arbeit vergleicht. Da die (pragmatischen) Idealisten aus den Jugendstudien wegen der zugrunde liegenden, bereits »eingerechneten« Verbindung mit dem Konventionalismus konstruktionsbedingt traditionelle Züge tragen, liegt dieser Vergleich nahe. Beide Profile zeichnen sich durch eine hohe Bildungsaffinität mit überdurchschnittlichem Fleiß und hohen angestrebten Bildungsabschlüssen aus. Außerdem sind die durchgängig geringen Devianz- und Delinquenzraten Gemeinsamkeiten – in den Shell-Studien waren die (pragmatischen) Idealisten sogar am seltensten in gewalttätige Auseinandersetzungen verwickelt. Neben diesen Gemeinsamkeiten existieren allerdings auch Unterschiede, denn in dieser Studie zeigen sich die konventionellen Idealisten trotz eines geringer eingeschätzten Familienvermögens mit selbigem eher zufrieden und haben eine positive Zukunftssicht, in den Shell-Studien sind sie materiell eher begünstigt, dafür aber eher unzufrieden in vielen Lebensbereichen. Daneben existiert mit den hedo-materialistischen Idealisten in unserer Untersuchung ein weiterer, aber zahlenmäßig sehr kleiner Werte-Mischtyp mit idealistischem Teilprofil, dessen Eigenschaften oben bereits vorgestellt wurden. In diesem Zusammenhang ist die hohe Bildungsaffinität als Gemeinsamkeit zu nennen, die Unzufriedenheit mit den finanziellen Ressourcen, der gewalthaltige Medienkonsum und die häufiger auftretenden Alltagsprobleme und erhöhten Devianz- und Delinquenzraten schlagen dagegen als deutliche inhaltliche Unterschiede zu Buche. Betrachtet man die Stichprobenanteile, die auf die (pragmatischen) Idealisten in den Shell-Jugendstudien entfallen, so sind diese mit knapp einem Viertel der Befragten deutlich höher als die Anteile der drei Wertegruppen mit idealistischen Werteteilprofilen in unserer Studie (siehe Tabellen 2.19 auf Seite 87 und 8.2 auf Seite 322). Inhaltlich und von ihrer Größe her sind die (pragmatischen) Idealisten aus den Shell-Studien am ehesten mit den konventionellen Idealisten aus unserer Studie zu vergleichen. Die hedo-materialistischen Idealisten unterscheiden sich dagegen in Bezug auf die Problem-, Devianz- und Delinquenzbelastung von diesen erheblich, so dass trotz der geringen Größe die Bildung und Betrachtung dieser eigenständigen Gruppierung mit einer ganz charakteristischen partiellen Wertsynthese inhaltlich angemessen erscheint. Am ehesten redundant und inhaltlich unscharf stellt sich in unserer Analyse in der Tat das Profil der kleinen Gruppe der reinen Idealisten dar, so dass eine gemeinsame Gruppe mit den konventionellen Idealisten denkbar erscheint. Die weniger differenzierte Typologie der Shell-Jugendstudien erscheint daher im Bereich der Idealisten noch am ehesten vertretbar, wenn man die hedomaterialistischen Idealisten ausnimmt.

Bei den Pflicht- und Konventionswerten ist die Vergleichbarkeit der Wertetypen, die ganz oder teilweise durch diese Werte geprägt sind, deutlich eingeschränkt. In den Shell-Jugendstudien werden, im Gegensatz zur klassischen Speyerer Werteforschung, keine Wertegruppen gebildet, die allein durch die genannten Werte charakterisiert werden. Die Erkenntnisse der hier besprochenen Analysen stehen dem deutlich entgegen, denn es existieren viele Jugendliche, die die Pflicht- und Konventionswerte befürworten, gleichzeitig die anderen Wertedimensionen ablehnen und daher in der Gruppe der *Konventionalisten* zusammengefasst werden. Da kein Pendant unter Jugendlichen der Shell-Studien zu finden ist, fällt der Vergleich schwer, trotzdem passen einige Profileigenschaften gut zu den aus der Erwachsenenforschung bekannten Konventionalisten der Speyerer Werteforschung. So ist die Zufriedenheit mit den finanziellen Ressourcen hoch und die Zukunft wird generell positiv gesehen. Darüber hinaus sind in unseren Daten familienorientierte, häusliche Freizeitbeschäftigungen für die Konventionalisten charakteristisch, so wie dies ebenfalls aus der Speyerer Forschung berichtet wird. Die geringe Problembelastung und der hohe Fleiß sprechen des Weiteren für die Pflichtorientierung und Konventionsbezogenheit der Befragten. Die Tatsache, dass diese Wertegruppe bei den Jugendlichen der Shell-Studien nicht gebildet wird, ist deshalb umso erstaunlicher, als dass diese Gruppe in unseren Datensätzen ab dem zweiten Erhebungszeitpunkt die am stärksten besetzte Gruppe überhaupt ist (siehe Tabelle 8.2 auf Seite 322). Zusammen mit dem inhaltlich schlüssigen Profil erscheint eine Nichtberücksichtigung dieser Gruppe kaum gerechtfertigt.

Die gravierendsten inhaltlichen Unterschiede zwischen der Speyerer und der hier vorgestellten Wertetypologie treten bei den *Realisten* zutage. Die Vertreterinnen und Vertreter der Wertsynthese aus allen drei zugrunde liegenden Wertedimensionen ähneln sich in beiden Untersuchungen im Hinblick auf ihre positive Zukunftssicht, erhöhte Selbstwirksamkeitserwartung und die große Breite der in der Freizeit betriebenen Aktivitäten. Auch der (mit leichten Einschränkungen) erhöhte schulische Fleiß ist der Wertegruppe in beiden Untersuchungen zueigen, allerdings sind die angestrebten Schulabschlüsse in den Shell-Jugendstudien höher als in der hier vorgelegten Untersuchung. Die zentrale Differenz ist bei der überaus positiven Bewertung der Realisten (bei Shell »aktive Macher« genannt) in den Shell-Jugendstudien zu verorten, die in der hier vorgelegten Studie so nicht bestätigt werden kann. Zwar weisen auch die Realisten dieser

Untersuchung positive Eigenschaften und Besonderheiten auf, zentrale Bereiche, wie die untersuchten Alltagsprobleme und das deviante bzw. delinquente Verhalten, lassen aber allenfalls auf eine durchschnittliche Stellung schließen. Die Selbstwirksamkeitseinschätzung ist bei unseren Realisten überdurchschnittlich hoch, stichhaltige Belege für eine generelle Besserstellung lassen sich aber nicht ermitteln. Auch die vorwiegend von Klages vertretene Auffassung der besonderen Anomiefestigkeit der Realisten bestätigt sich, wie bereits an anderer Stelle vertreten (vgl. Roßteutscher 2004, S. 428 f.; Thome 2005, S. 340), nicht. Bei der Größe dieser Wertegruppierung zeigen sich ebenfalls große Abweichungen. In den hier verwendeten Datensätzen entfallen (mit deutlich abfallender Tendenz; siehe dazu Kapitel 9) lediglich maximal rund 15 Prozent auf die Realisten, während in den Shell-Jugendstudien Stichprobenanteile von etwa einem Viertel ausgewiesen werden (siehe Tabellen 2.19 auf Seite 87 und 8.2 auf Seite 322). Die Argumentation, die oben bei den Unauffälligen schon angeführt wurde, trifft bei den Realisten im umgekehrten Sinne ebenfalls zu. Da mit der geschilderten Vorgehensweise bei den Shell-Studien tendenziell diejenigen Jugendlichen zu den Realisten zusortiert werden, deren Zustimmung zu allen drei Wertedimensionen über*durchschnittlich* ist, werden bei der hier erläuterten Methode strengere Kriterien angelegt. Da die Zustimmung zu den drei Wertedimensionen auch tatsächlich auf der Originalskala erreicht werden muss, ist die Hürde für die Einteilung in die Gruppe der Realisten dementsprechend höher und wird von weniger Jugendlichen erreicht. Abgesehen von den Unterschieden in den Anteilsgrößen lassen sich hier für die in der Speyerer Werteforschung und damit auch in den Shell-Jugendstudien vertretene Grundthese, eine allgemeine Wertsynthese sei das beste Rüstzeug für die Bewältigung der vielfältigen Lebensaufgaben, keine ausreichenden und stichhaltigen Hinweise finden. Allerdings muss ebenfalls herausgestrichen werden, dass für die von Kritikern vertretene Sichtweise, eine Wertsynthese sei kein erstrebenswerter Zustand, sondern besetzt mit Anomie, Verunsicherung und extern motivierter Anpassung (vgl. Roßteutscher 2004, S. 428 f.), ebenso wenig hinreichende Belege gefunden werden können. Möchte man aber eine oder sogar »die« positiv herausstechende Wertetypologie identifizieren, so kann man, im Gegensatz zu den Unstimmigkeiten bei der Gruppe der Realisten, die sehr positive Einschätzung der pragmatischen Idealisten aus den Shell-Jugendstudien vorbehaltlos teilen, wenn man das in unserer Studie verwendete Pendant der konservativen Idealisten betrachtet. Die zugrundeliegende Wertorientierung ihrer Mitglieder, die »kleine« bzw. partielle Wertsynthese aus idealistischen und konventionellen

Werten, scheint eine sehr erfreuliche Wirkung in verschiedenen Bereichen zu haben.

9 Entwicklung der Wertetypen im Jugendalter

In diesem Kapitel wenden wir uns der zeitlichen Entwicklung der Wertetypen zu. Dabei stellt sich als erstes die Frage, in welcher Größe die jeweiligen Wertegruppen in den Stichproben der einzelnen Erhebungszeitpunkte auftreten und wie sich diese Größenanteile über die Zeit entwickeln. In den vorangegangenen Ausführungen in Abschnitt 8.2 wurde bereits kurz angedeutet, dass sich diese Größen zum Teil sehr deutlich unterscheiden. Bei der Bearbeitung dieser Frage soll die in Abschnitt 8.1 bereits vorgestellte und in Abschnitt 8.2 verwendete Klassifizierung der Wertegruppen in Generalisierungsstufen berücksichtigt werden. Mit ihrer Hilfe lässt sich neben der im Vergleich zur Auflistung aller Typen übersichtlicheren Darstellung auch die inhaltliche Frage näher beleuchten, ob im Trendverlauf eine zunehmende *Wertespezialisierung* oder *Wertegeneralisierung* bzw. *Wertsynthese* in der Jugendphase auftritt. Den Anfang der Analysen soll die Darstellung der Anteilsverläufe der zu den vier Werte-Generalisierungsstufen I, II, III und 0 zusammengefassten Wertetypen machen. Nach diesen Ausführungen werden dann die Entwicklungen der einzelnen Wertetypen innerhalb der Stufen beschrieben. In Abschnitt 9.1 werden die Änderungen der prozentualen Anteile zunächst im Trendverlauf beschrieben, daher finden in diesem ersten Schritt nur die Ergebnisse aus den jeweiligen Querschnittsdatensätzen (siehe Abschnitt 3.1) Berücksichtigung. In einem zweiten Schritt erfolgt dann in Abschnitt 9.2 eine Analyse des Paneldatensatzes (siehe Abschnitt 3.2). Dabei werden die individuellen Wertetypen-Zugehörigkeitsverläufe der Jugendlichen untersucht, wobei Fragen nach Stabilität und Wandel von Werten im Vordergrund stehen. Im Unterschied zu den Ausführungen in Kapitel 7 allerdings nicht bezogen auf einzelne Wertedimensionen sondern auf die durch die Wertetypen zusammengefassten Wertekombinationen. In Abschnitt 9.3 werden dann die Verläufe dreier besonders interessanter Wertetypen mit Hilfe der Latent-Transition-Analyse untersucht. Die Entwicklungsverläufe der Realisten, der Konventionalisten und der Unauffälligen, die durch ihre charakteristischen Wertemuster für die Phänomene der

Wertsynthese, der *Wertespezialisierung* und des *Werteverlusts* stehen, werden mit diesem speziellen Analyseverfahren modelliert und die Einflüsse ausgewählter soziodemographischer Merkmale auf diese Verläufe überprüft. Abgeschlossen wird dieses Kapitel durch eine Zusammenfassung der Ergebnisse in Abschnitt 9.4.

9.1 Trend-Entwicklung der Wertetypen

Der Blick auf die Anteilsverläufe der zu Werte-Generalisierungsstufen zusammengefassten einzelnen Wertetypen in den Querschnittsdatensätzen zeigt deutlich, dass im Zeitverlauf bzw. mit zunehmendem Alter der Jugendlichen die Größe der Stufe I am deutlichsten zunimmt (siehe Abbildung 9.1 auf Seite 378). In dieser Stufe sind die »Wertespezialisten« enthalten, das heißt diejenigen Jugendlichen, die nur einer einzigen Wertedimension zustimmen und die beiden anderen Dimensionen ablehnen. Man kann daher zumindest auf der Aggregatebene von einer im Altersverlauf *zunehmenden Wertespezialisierung* der befragten Personen ausgehen und nicht etwa von einer Generalisierung. Genauer betrachtet zeigt der Verlauf dieser Wertespezialisten (Stufe I) eine wellenförmig ansteigende Gestalt. Zum ersten Beobachtungszeitpunkt liegt diese Stufe mit einem Anteil von rund 30 Prozent noch auf dem zweiten Platz der Anteilsränge, um dann bis zu einem Alter von 16 Jahren sehr deutlich anzusteigen (rund 40 Prozent). Es folgt ein leichter Einbruch zum nachfolgenden Jahr (rund 37 Prozent) mit einem erneuten deutlichen Anstieg auf rund 44 Prozent zum Ende des Beobachtungszeitraumes im Alter von 19 Jahren (siehe Tabelle 8.2 auf Seite 322). Einen fast spiegelbildlichen Verlauf zeigen die Prozentanteile der Werte-Generalisierungsstufe II (siehe Abbildung 9.1 auf Seite 378), zu der die Wertetypen gezählt werden, deren Mitglieder zwei der drei Wertedimensionen zustimmen, das heißt, zumindest eine partielle Wertsynthese oder -generalisierung verinnerlicht haben. Zunächst weist diese Stufe mit rund 39 Prozent den höchsten Anteilswert aller Stufen auf, um danach bis zum Alter von 16 Jahren auf rund 33 Prozent abzufallen. Es folgt ein kurzer Wiederanstieg auf rund 36 Prozent, der von einem erneuten Absinken auf zuletzt rund 31 Prozent im Alter von 19 Jahren abgelöst wird (siehe Tabelle 8.2 auf Seite 322). Die Anteile der Werte-Generalisierungsstufe III, die gleichzusetzen ist mit der (Klages'schen) Wertsynthese, da sie lediglich den Typus der Realisten umfasst, sinken im Beobachtungszeitraum deutlich ab (siehe Abbildung 9.1 auf Seite 378). Der Verlauf gestaltet sich sehr ähnlich zu dem Verlauf der Werte-Generalisierungsstufe II, allerdings auf einem deutlich niedrigeren Niveau. Ausgehend von einem Anteil von rund 16 Prozent, ist eine erste Phase des Absinkens auf rund 10 Prozent im Alter von 16 Jahren zu beobachten, die von einem kurzen Anstieg auf 11 Prozent im Alter von 17 Jahren und dem erneuten deutlichen Absinken auf rund 7 Prozent im Alter von 19 Jahren gefolgt wird (siehe Tabelle 8.2 auf Seite 322). Die Werte-Generalisierungsstufe 0, die die Wertetypen der Unauffälligen und der Indifferenten enthält, ist die zeitstabilste Gruppierung (siehe Abbildung 9.1 auf der nächsten Seite). Ihr Anteil liegt zu Beginn der Erhebungszeitpunkte bei etwa 15 Prozent und steigt dann leicht auf rund 18 Prozent im Alter von 15 Jahren an, um danach wieder auf rund 16 Prozent im Alter von 17 Jahren abzusinken. Es folgt ein erneuter Anstieg auf rund 19 Prozent, der die Wellenbewegung durch ein Wiederabsinken auf rund 18 Prozent im letzten Beobachtungszeitpunkt vorläufig abschließt (siehe Tabelle 8.2 auf Seite 322). Der Kohortenvergleich in der Stufe I legt die Vermutung nahe, dass es sich hier um einen Alterseffekt handelt, da der Verlauf der älteren Kohorte eher der jüngeren Kohorte bezüglich des Alters als des Erhebungszeitpunktes gleicht. Bei der Stufe II scheint das Gegenteil der Fall zu sein. Hier sind die Kurven der beiden Kohorten zwischen den ersten beiden Erhebungszeitpunkten nahezu deckungsgleich. Insofern ist hier vermutlich eher von einem Kohorten- als von einem Alterseffekt auszugehen. Bei Stufe III ist dies nicht deutlich zu differenzieren, die Verläufe der beiden Kohorten unterscheiden sich sowohl bezüglich des Alters als auch des Erhebungszeitpunktes voneinander. Bei Stufe 0 ist wiederum eher ein Kohorteneffekt als ein Alterseffekt zu vermuten.

Ingesamt gesehen liegen auf der Aggregatebene sehr deutliche Hinweise dafür vor, dass die Jugendlichen im Altersverlauf ihre sich ausbildende Werteidentität (siehe Abschnitt 6.5 und 7.3) durch Werte-*Spezialisierung* finden und nicht durch Werte-*Generalisierung*. Die Stufen II und III, die Wertegruppen umfassen, deren Profil durch eine Synthese von zwei oder drei Wertedimensionen gekennzeichnet ist, nehmen im beobachteten Zeitraum deutlich an Größe ab. Die Stufe I dagegen, die nur die Jugendlichen umfasst, die in einer Wertegruppe versammelt sind, welche durch ein spezialisiertes Wertemuster charakterisiert ist (Zustimmung zu einer Dimension, Ablehnung der beiden anderen), nimmt im Altersverlauf am stärksten an Größe zu. Die Größe der Wertegruppierungen, die den Werteverlust oder ein unschlüssiges Wertemuster aufweisen und in Stufe 0 zusammengefasst sind, bleiben zusammengenommen im Gegensatz dazu im Erhebungszeitraum recht konstant. Eine besondere Erwähnung verdient auch der Zeitraum zwischen den Erhebungsjahren 2005 und 2007. In diesem Zeitraum verlässt ein beträchtli-

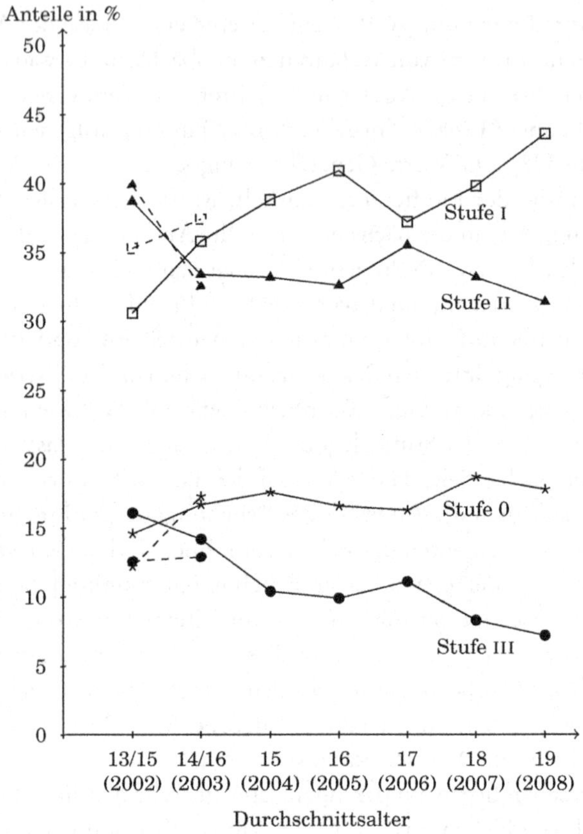

Abbildung 9.1: Zeitliche Entwicklung der Werte-Generalisierungsstufen in Duisburg im Trendverlauf 2002 bis 2008 (prozentuale Stichprobenanteile; Querschnittsdatensätze siehe Abschnitt 3.1)

cher Anteil der Schülerinnen und Schüler die allgemeinbildenden Schulen und beginnt eine Berufsausbildung. Gleichzeitig erkennt man in jeder der Anteilskurven der einzelnen Generalisierungsstufen in Abbildung 9.1 einen Knick in den Verläufen. Anscheinend fällt in diesem Zeitraum das prägende Lebensereignis des Übergangs von der Schule in den Beruf mit Veränderungen auf der Werteebene zusammen. Um die geschilderten Trend-Entwicklungen auf der Aggregatebene noch näher zu untersuchen, sollen nun Darstellungen der einzelnen Werte-Generalisierungsstufen folgen, deren zugehörige Wertetypen dann gesondert betrachtet werden.

9.1.1 Werte-Generalisierungsstufe 1

Blicken wir nun etwas genauer auf die Entwicklungen der einzelnen Wertetypen, die zu den Wertespezialisten bzw. zur Werte-Generalisierungsstufe 1 gehören: Wie in Schaubild 9.2 auf der nächsten Seite deutlich wird, ist die insgesamt ansteigende Kurve der Stufe 1 vorwiegend durch die Zunahme des Wertetypus der Konventionalisten geprägt. Die Anteilswerte der Konventionalisten steigen von rund 17 Prozent im Alter von 13 auf rund 27 Prozent im Alter von 19 Jahren an, wobei ein charakteristischer Knick in der Kurve bei 17 Jahren zu erkennen ist (siehe Tabelle 8.2 auf Seite 322). Dieser Wertetypus entwickelt sich damit im beobachteten Zeitraum zum insgesamt mit Abstand am weitesten verbreiteten Typus. Dieser Umstand ist auch deshalb so bemerkenswert, weil die Zustimmungsanteile zu der Wertedimension »Pflicht und Konvention« über die beobachtete Altersspanne hinweg auf einem hohem Niveau stabil bei rund 60 bis 63 Prozent stagnieren (siehe Tabelle 6.5 auf Seite 249 und Abbildung 6.2 auf Seite 250). Die deutliche Zunahme der Konventionalisten im Zeitverlauf ist also nicht allein durch eine vergleichbare Zunahme der Zustimmungsanteile zu der maßgeblichen Wertedimension begründet. Um das Phänomen zu erklären, müssen Veränderungen in den Zustimmungs-*Kombinationen* zu den Wertedimensionen herangezogen werden: Es scheint offenkundig eine Hinwendung zur Spezialisierung auf Pflicht- und Konventionswerte zu geben, die mit zunehmendem Lebensalter durch den Wegfall der Zustimmung zu weiteren Werten geprägt ist, da der Zustimmungsanteil zu Pflicht- und Konventionswerten über die Jahre stabil bleibt. Diese Befunde gelten zunächst natürlich nur auf Aggregatebene, das heißt, es kann vorläufig noch keine Aussage darüber getroffen werden, ob die Jugendlichen, die in jüngeren Jahren mehreren Dimensionen zustimmen, sich später spezialisieren oder ob diese Auffälligkeiten nur auf der Anteilsebene bemerkbar sind. Festzuhalten bleibt aber, dass die Zustimmung zu Pflicht- und Konventionswerten in früherem Alter häufiger in Kombination mit der Zustimmung zu einer oder beiden anderen Wertedimensionen auftritt als in späteren Jahren. Später ist dann deutlich häufiger die solitäre Zustimmung zu dieser Pflicht-Dimension festzustellen, die in den ansteigenden Anteilswerten der Typologie der Konventionalisten abgelesen und als zunehmende Wertespezialisierung interpretiert werden kann. Der Kohortenvergleich scheint bei den Konventionalisten eher auf einen leichten Alterseffekt hinzudeuten als einen Kohorteneffekt, da sich die Verläufe der Anteilswerte eher hinsichtlich des Alters der Jugendlichen ähneln.

Der zweite Typus der Wertespezialisten (Stufe 1), der Typus der Hedo-Mate-

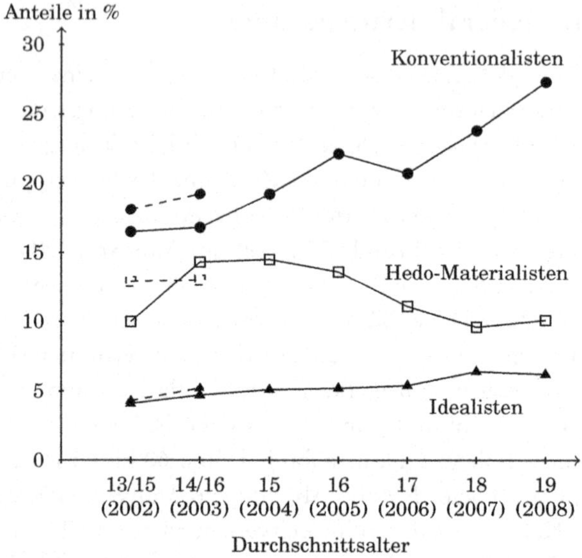

Abbildung 9.2: Zeitliche Entwicklung der Wertetypen in der Werte-Generalisierungsstufe I in Duisburg im Trendverlauf 2002 bis 2008 (prozentuale Stichprobenanteile; Querschnittsdatensätze siehe Abschnitt 3.1)

rialisten, zeigt einen gänzlich anderen Verlauf. Ausgehend von einem Basisanteil von etwa 10 Prozent im Alter von 13 Jahren steigt der Stichprobenanteil im darauffolgenden Jahr zunächst deutlich an (auf rund 14 Prozent), um dann bis zum 18. Lebensjahr wieder auf das Ausgangsniveau von rund 10 Prozent langsam aber stetig abzusinken (siehe Schaubild 9.2 und Tabelle 8.2 auf Seite 322). Die Inspektion der Entwicklung der Zustimmunganteile der zugrunde liegenden Wertedimension »Hedonismus und Materialismus« (siehe Tabelle 6.5 auf Seite 249 und Abbildung 6.2 auf Seite 250) alleine bringt auch hier wiederum keine ausreichenden Anhaltspunkte für den dargestellten Wertetypen-Verlauf. Die Dimensions-Zustimmungswerte sinken im gesamten Beobachtunszeitraum nämlich kontinuierlich ab. Der Zeitverlauf der Typen-Anteilswerte legt hingegen den Schluss nahe, dass eine Wertespezialisierung im Hinblick auf hedonistisch-materialistische Werte, die durch den Typus des Hedo-Materialisten verkörpert wird, vor allem in der Hochphase der Pubertät (14 bis 17 Jahre) stattfindet. Dies schlägt sich nicht in der Gesamtzustimmung der Wertedimension nieder, sondern wird durch die Kombination (bzw. hier eben Nicht-Kombination sondern Spezialisierung) der Wertezustimmungen deutlich. Auch bei den Hedo-Materialisten deutet der Kohortenvergleich auf einen Alterseffekt hin, da wiederum eher die Verläufe der Anteile der 15- bzw. 16-Jährigen ähnlich sind und nicht die Verläufe der Erhebungswellen 2002 und 2003.

Auch der letzte Wertespezialisten-Typus, der Typus der Idealisten, präsentiert einen Verlauf, der durch den Zustimmungsverlauf zu der zugrunde liegenden Dimension »öffentliches Engagement« allein nicht hinreichend erklärt werden kann. Der Anteil der Idealisten in den Querschnittsstichproben steigt auf einem niedrigen Niveau leicht aber kontinuierlich an (siehe Schaubild 9.2 und Tabelle 8.2 auf Seite 322). Beginnend mit einem Anteil von rund 4 Prozent im Alter von 13 Jahren, erhöht sich der Stichprobenanteil auf rund 6 Prozent im Alter von 19 Jahren. Die Zustimmung zur genannten Wertedimension ist hingegen von einem wellenförmigen Abfall im genannten Zeitraum gekennzeichnet (siehe Tabelle 6.5 auf Seite 249 und Abbildung 6.2 auf Seite 250). Insofern scheint sich ein kleiner aber dennoch zunehmender Anteil an Jugendlichen mit fortschreitendem Alter hinsichtlich der idealistischen Werte zu spezialisieren. Bei den Idealisten ist der Kohortenvergleich aufgrund des Kurvenverlaufs kaum aussagekräftig und interpretierbar.

Zusammenfassend kann man zu den Anteilswertverläufen der einzelnen Spezialisten-Wertetypen in der Stufe I sagen, dass die Zunahme der Wertespezialisierung im Erhebungszeitraum auf der Aggregatebene vorwiegend durch die sehr deutliche und – mit Ausnahme eines Knicks bei 17 Jahren – kontinuierliche Zunahme der Konventionalisten dominiert wird. Auch die Anteile der Idealisten nehmen kontinuierlich zu, auch wenn diese Zunahme auf einem sehr viel niedrigeren Niveau stattfindet und der Anstieg sehr viel geringer ausfällt. Im Bereich der hedonistisch-materialistischen Werte können wir hingegen eine zeitlich begrenzte Spezialisierung etwa zwischen dem 14. und 17. Lebensjahr feststellen. In diesem Zeitfenster sind die Anteilswerte der Hedo-Materialisten erhöht, davor und danach pendeln sie auf einem vergleichbaren und deutlich niedrigeren Niveau. Mit den in Abschnitt 6.3.2 beschriebenen Zustimmungsverläufen zu den einzelnen Wertedimensionen hängen die hier dargestellten Befunde nur mittelbar zusammen. Die *Kombinationen* der einzelnen Werte entfalten eine eigene Dynamik und zeigen spezifische Verlaufsmuster im beobachteten Zeitraum.

9.1.2 Werte-Generalisierungsstufe II

Die Anteilswerte der Werte-Generalisierungsstufe II, der diejenigen Wertetypen zugeordnet sind, die Zustimmung zu zwei der drei Dimensionen aufweisen, sind insgesamt durch einen abnehmenden Verlauf geprägt, der durch einen »Zwischenpeak« im Alter von 17 Jahren unterbrochen wird (siehe Abbildung 9.1 auf Seite 378). In der differenzierteren Betrachtung der drei zugehörigen einzelnen Wertetypen wird deutlich, dass dieser Peak vorwiegend durch den Anstieg der Anteilswerte der konventionellen Idealisten ab dem 17. Lebensjahr hervorgerufen wird. Der Verlauf der Prozentanteile der konventionellen Idealisten und der konventionellen Hedo-Materialisten präsentiert sich in den ersten vier Erhebungszeitpunkten (13 bis 16 Jahre) sehr ähnlich. Beide Typen sinken in ihren Anteilswerten vom ersten auf den zweiten Zeitpunkt (von 19 bzw. 16 Prozent auf 16 bzw. 14 Prozent), um dann zwischen dem 14. und 16. Lebensjahr eine annähernd stabile Plateauphase einzunehmen (siehe Schaubild 9.3 und Tabelle 8.2 auf Seite 322). Danach sind bei den beiden Typen unterschiedliche Entwicklungen zu beobachten: Die konventionellen Hedo-Materialisten verlieren auch nach dem 16. Lebensjahr weiter an Größe (bis auf 11 Prozent im letzten Erhebungsjahr), während die konventionellen Idealisten bis zum 18. Lebensjahr (auf 19 Prozent) steigende und danach wieder leicht (auf 17 Prozent) fallende Anteilswerte aufweisen. Sowohl die konventionellen Idealisten als auch die konventionellen Hedo-Materialisten ähneln in Bezug auf die Form ihrer Verläufe der Anteilswerte her stark den Verläufen der Zustimmungswerte der zugrunde liegenden Wertedimensionen »Öffentliches Engagement« und »Hedonismus und Materialismus« (siehe Abbildung 6.2 auf Seite 250). Es steht daher stark zu vermuten, dass die Charakteristika eben durch die Veränderungen in diesen Wertedimensionen hervorgerufen werden und der Dimension »Pflicht und Konvention« aufgrund ihrer weiten und zeitlich gleichbleibenden Verbreitung kein entscheidender Einfluss auf die Gestalt der beiden Typenverläufe zukommt. Der Kohortenvergleich beider Wertetypen deutet eher auf einen Kohorteneffekt denn einen Alterseffekt hin. Die Kurven ähneln sich eher im Hinblick auf die Erhebungsjahre als auf das Alter der Befragten. Der dritte Wertetyp, der zu der Stufe II gehört, ist der Typus der hedo-materialistischen Idealisten. Dieser Typus zeigt über die gesamte Erhebungsphase hinweg die geringsten Anteilswerte. In jedem Erhebungszeitpunkt liegen diese lediglich zwischen drei und fünf Prozent und schwanken kaum (siehe Schaubild 9.3 und Tabelle 8.2 auf Seite 322). Das zugrunde liegende Wertemuster ist damit augenscheinlich zeitstabil das seltenste Muster unter den befragten Jugendlichen.

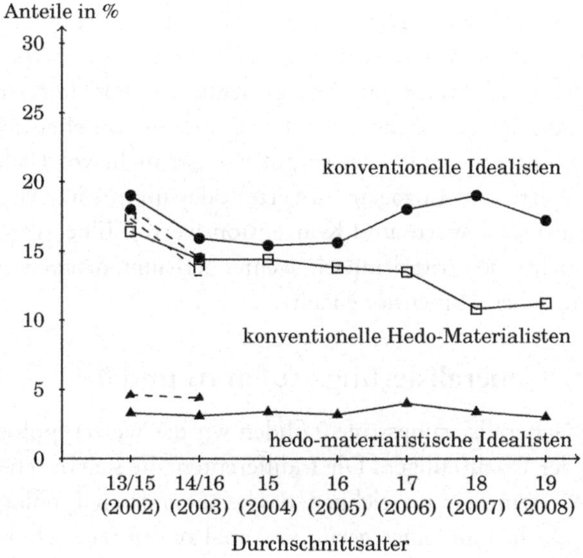

Abbildung 9.3: Zeitliche Entwicklung der Wertetypen in der Werte-Generalisierungsstufe II in Duisburg im Trendverlauf 2002 bis 2008 (prozentuale Stichprobenanteile; Querschnittsdatensätze siehe Abschnitt 3.1)

Der Kohortenvergleich zeigt hier keine deutlichen Hinweise auf das Vorliegen eines Kohorten- oder Alterseffektes.

Zusammenfassend ist in der Werte-Generalisierungsstufe II festzuhalten, dass der einzige Typus, der zumindest zeitweise steigende Anteilswerte vorweisen kann, der Typus der konventionellen Idealisten ist. Die konventionellen Hedo-Materialisten nehmen in ihrer Größe kontinuierlich ab und die hedo-materialistischen Idealisten spielen wegen ihrer sehr geringen Größe insgesamt nur eine marginale Rolle. Auffällig ist bei den beiden erstgenannten Wertetypen, dass ihr Anteilsverlauf den Zustimmungsanteilsverläufen der zugrunde liegenden Wertedimensionen »Öffentliches Engagement« und »Hedonismus und Materialismus« folgt. Die traditionell-konventionelle Wertekomponente scheint zumindest in Bezug auf den Anteilswertverlauf keine größere Rolle zu spielen. Vermutlich ist dies dadurch begründet, dass die meisten Jugendlichen sowieso in irgendeiner Kombination traditionell eingestellt sind. Im Hinblick auf die Synthese von Werten kann man mit den vorgelegten Ergebnissen schließen, dass die Fähigkeit oder Bereitschaft, verschiedene Wertebereiche (hier zwei) zu verbinden, mit dem

Alter tendenziell abnimmt. Dennoch gibt es je nach Werten Unterschiede, da zumindest die Synthese von miteinander in Zusammenhang stehenden Wertedimensionen (hier Konventions- und Engagementwerte) im Altersverlauf zeitweise durchaus Phasen der Zunahme zeigt. Die Synthese von eher gegensätzlichen Werten kommt dagegen entweder so gut wie gar nicht vor (hedonistisch-materialistische Werte und Engagementwerte) oder nimmt im Alter deutlich ab (hedo-materialistische Werte und Konventionswerte). Eine Wertsynthese von zwei Wertedimensionen tritt demnach, wenn überhaupt, dann eher bei inhaltlich zusammenhängenden Dimensionen auf.

9.1.3 Werte-Generalisierungsstufen III und 0

In der Werte-Generalisierungsstufe 0 finden wir die Wertetypologien der Indifferenten und der Unauffälligen. Die Indifferenten, die sich durch ein insgesamt indifferentes Wertemuster auszeichnen, das keiner anderen Typologie zugeordnet werden kann, machen nur einen geringen Anteil an den Querschnittsstichproben aus. An diesem Umstand ändert sich im Zeitverlauf nur sehr wenig, so dass man hier in etwa gleichbleibend über den gesamten Beobachtungszeitraum hinweg lediglich zwischen rund vier und sechs Prozent der Jugendlichen verorten kann (siehe Schaubild 9.4 und Tabelle 8.2 auf Seite 322). Der Kohortenvergleich lässt keine Schlüsse im Hinblick auf einen eventuellen Kohorten- oder Alterseffekt zu. Mit geringfügig mehr Schwankungen in den Anteilswerten, aber alles in allem dennoch recht stabil, präsentiert sich der Verlauf der Unauffälligen. Ausgehend von einem Niveau von rund 11 Prozent steigt der Anteil dann zunächst auf rund 13 Prozent im Alter von 15 Jahren an, um dann auf 11 Prozent im Alter von 17 Jahren ab- und auf 13 Prozent im Alter von 18 Jahren anzusteigen, eher er wieder bei 12 Prozent im Alter von 19 Jahren anlangt (siehe Schaubild 9.4 und Tabelle 8.2 auf Seite 322). Es existiert demnach also ein überschaubarer aber stabiler Anteil an Jugendlichen, die diesem Wertetypus, der dadurch gekennzeichnet ist, dass alle Wertedimensionen abgelehnt werden, angehören. Hier deutet der Kohortenvergleich eher auf einen Kohorteneffekt hin, da die 15- bzw. 16-Jährigen der Jahre 2002 und 2003 den 13- und 14-Jährigen ähneln. Allerdings wird die Interpretierbarkeit durch den sehr gleichförmigen Verlauf der Kurve erschwert. Die Anteile der Realisten, als einzige Vertreter der Werte-Generalisierungsstufe III, sinken, wie oben schon ausgeführt, im Beobachtungszeitraum sehr deutlich ab (siehe Schaubild 9.4 und Tabelle 8.2 auf Seite 322). Beginnend

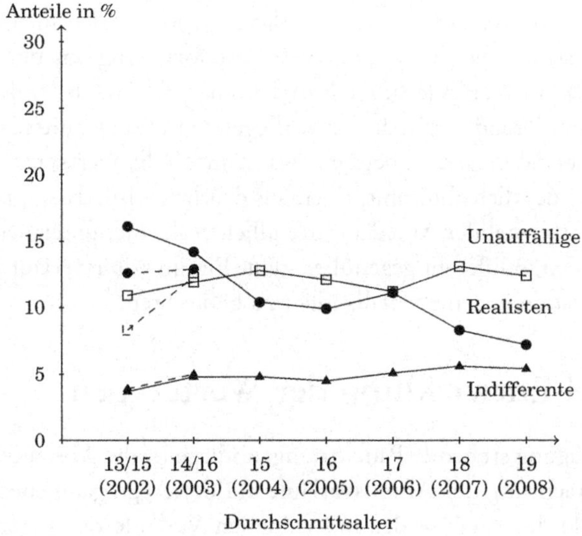

Abbildung 9.4: Zeitliche Entwicklung der Wertetypen in den Werte-Generalisierungsstufen III und 0 in Duisburg im Trendverlauf 2002 bis 2008 (prozentuale Stichprobenanteile; Querschnittsdatensätze siehe Abschnitt 3.1)

mit einem Anteilswert von 16 Prozent fällt dieser Wertetypus zunächst auf rund 10 Prozent im Alter von 16 Jahren ab, um danach kurz auf 11 Prozent im Alter von 17 Jahren anzusteigen und dann erneut deutlich auf rund 7 Prozent im Alter von 19 Jahren abzusinken. Insgesamt gesehen ist das der stärkste Rückgang, der unter allen analysierten Wertetypen zu verzeichnen ist. Die Wertsynthese aller drei Wertedimensionen, die für die Angehörigen der Realisten kennzeichnend ist, scheint mit zunehmendem Alter immer weniger eine Rolle zu spielen.

Zusammenfassend lässt sich für die Werte-Generalisierungsstufen III und 0 schließen, dass der Reifungsprozess mit der Ausbildung einer stabilen Wertepersönlichkeit nach den vorgestellten Erkenntnissen bei Jugendlichen dazu führt, sich in Bezug auf Werte bzw. Werthaltungen zu spezialisieren. Eine zunehmende Generalisierung durch die Synthese, in diesem Fall aller drei Wertedimensionen, lässt sich mit den untersuchten Daten nicht nachweisen. In der Jugendphase ist demnach die (umfassende) zunehmende Synthese von Werten, im Gegensatz zur Speyerer Werteforschung, auch vom Verlauf der Stichprobenanteile her kein bedeutsamer Entwicklungsprozess. Unsere Analysen zeigen damit, dass die Wertsynthese in der Jugend zwar durchaus vorkommt, aber weder inhaltlich so positiv zu bewerten ist, wie dies in der Speyerer Werteforschung postuliert wird (siehe Abschnitt 8.2), noch als relevanter Entwicklungsprozess eine bedeutsame Rolle spielt. Mit dem Trendvergleich der vorliegenden Querschnittsdaten lässt sich hingegen genau das Gegenteil belegen, dass nämlich die Wertsynthese mit zunehmendem Alter deutlich abnimmt. Ebenfalls deutlich wird, dass, unabhängig vom Alter, ein gewisser stabiler Anteil an Jugendlichen alle hier untersuchten Werte ablehnt oder ihnen indifferent gegenüber steht. Ein im Altersverlauf zunehmender Werteverlust ist demnach ebenfalls nicht zu befürchten.

9.2 Panel-Entwicklung der Wertetypen

Die zur Verfügung stehende Paneldatengrundlage (siehe Abschnitt 3.2) erlaubt über die Betrachtung der Anteilsverläufe auf der Aggregatebene hinaus (siehe Abschnitt 9.1) die Analyse der individuellen Verläufe der Jugendlichen. Ein erster Zugang kann über die Untersuchung derjenigen Jugendlichen erfolgen, die im Zeitverlauf ihre Wertegruppen-Zugehörigkeit ändern (sogenannte *Mover*), und derjenigen, die ihre Zugehörigkeit behalten (sogenannte *Stayer*). Dabei soll zunächst keine Rolle spielen, welcher Wertegruppe *genau* die Personen zu- oder nicht zugehören. Wenden wir uns den Stayern zu, so unterscheiden sich erwartungsgemäß die Anzahlen derjenigen, die eine zeitstabile Wertegruppenzuordnung aufweisen, je nach Dauer des betrachteten Zeitraumes. Es liegt auf der Hand, dass, je länger der Beobachtungszeitraum gewählt wird, desto wahrscheinlicher auch zumindest ein einmaliger Wechsel der Wertegruppen in diesem Zeitraum ist. In Tabelle 9.1 auf Seite 388 sind, unterschieden nach Länge des Zeitraums, die Fallzahlen und Prozentanteile derjenigen Jugendlichen ausgewiesen, die für eine gewisse Zeit jeweils in ihren Wertegruppen bleiben, also Stayer sind.[1] Es ist ersichtlich, dass mit zunehmender Länge des Beobachtungszeitraums die Fallzahlen und Anteile der Stayer deutlich geringer werden. So liegt der

1 Ein Problem bei der Analyse ist das Auftreten von fehlenden Werten bei den Wertegruppenvariablen der einzelnen Wellen. Bei einer Anzahl von fehlenden Werten, die die Anzahl der gültigen Werte übersteigt, wurde die Mover-Stayer-Variable auf »fehlend« gesetzt. Zum Beispiel wurde bei der Berechnung der Drei-Wellen-Stayer der Wert »fehlend« vergeben, wenn zwei der drei betrachteten Wertegruppenvariablen einen fehlenden Wert aufwiesen. Lag nur ein einziger fehlender Wert vor, wurde die Entscheidung Mover oder Stayer anhand der beiden gültigen Werte getroffen. Einzige Ausnahme bei dieser Vorgehensweise sind die Zwei-Wellen-Stayer, da die Mover-Stayer-Variable hier bereits bei einem einzigen fehlenden Wert auf »fehlend« gesetzt wurde.

Anteil derjenigen, die von einem Erhebungszeitpunkt auf den anderen ($t - 1$ auf t bzw. 2-Wellen-Stayer) in ihren Wertegruppen verbleiben, ganz grob in etwa bei einem Drittel. Betrachtet man dagegen den Anteil derjenigen, die über alle sieben Wellen hinweg in derselben Wertegruppe bleiben (7-Wellen-Stayer), so liegt dieser nur noch bei knapp zweieinhalb Prozent. Der Anteil dieser, in den Wertorientierungen über den gesamten Zeitraum stabilsten Jugendlichen, insgesamt 68 Fälle, schlüsselt sich nach einzelnen Wertegruppen wie folgt auf: Konventionalisten ($n = 22$), konventionelle Idealisten ($n = 17$), Hedo-Materialisten ($n = 8$), Unauffällige ($n = 7$), konventionelle Hedo-Materialisten ($n = 6$), Idealisten ($n = 5$), hedo-materialistische Idealisten ($n = 1$) und Realisten ($n = 2$). Auch wenn diese Fallzahlen sehr gering sind, wird tendenziell deutlich, dass die Konventionalisten damit nicht nur die Wertegruppierung sind, die insgesamt gesehen am weitesten verbreitet ist und über die Zeit hinweg am deutlichsten in ihrem Umfang zulegt (siehe Abschnitt 9.1), sondern auch die Gruppe darstellen, die im Erhebungszeitraum am zeitstabilsten ist. Die Realisten hingegen nehmen nicht nur am stärksten in ihrer Größe ab, sondern gehören, zusammen mit den hedo-materialistisch Idealisten, zu den am wenigsten zeitstabilen Wertegruppen.

Über die erwartbare Erkenntnis hinaus, dass die Anzahlen und Anteile der Stayer geringer werden, je größer der Zeitraum ist, in dem eine stabile Wertegruppenzuordnung vorliegen muss, liefert die Analyse ein weiteres, interessantes Ergebnis: Wie in Tabelle 9.1 auf der nächsten Seite zu sehen ist, steigen die Stayer-Anteile mit zunehmendem Alter der Jugendlichen deutlich sichtbar an. Für die Zwei- bis Sechs-Wellen-Stayer sind ausnahmslos die Anteile der letzten Zeiträume höher als die der ersten. Bei den 2-Wellen-Stayern beträgt beispielsweise der Anteil derjenigen, die zwischen den Jahren 2002 und 2003 in derselben Wertegruppierung bleiben, rund 28 Prozent und derjenigen, die zwischen den Jahren 2007 und 2008 in der Gruppe verbleiben, rund 38 Prozent. Die Verläufe sind sogar über die Jahre monoton ansteigend. Diese eindeutigen Verlaufsmuster der Stayer-Anteile lassen den Schluss zu, dass die Wertetypen-Stabilität im Altersverlauf zunimmt. Neben der in Kapitel 7 herausgearbeiteten Erkenntnis, dass einzelne Werte bzw. einzelne Wertedimensionen während der Jugendphase im Altersverlauf generell stabiler werden (siehe insbesondere Abschnitt 7.3), können wir mit den hier vorgestellten Analysen zeigen, dass dies auch für Werthaltungen, also Kombinationen von Werten gilt. Man kann damit auch vom Zutreffen der Aging-Stability-These in Bezug auf Werthaltungen, die ja ursächlich für die Zuordnung zu den vorliegenden Wertetypen sind (siehe Abschnitt 8.1), sprechen. Neben dieser

Tabelle 9.1: Wertegruppen-Stayer in Duisburg 2002 bis 2008 in absoluten Fallzahlen und Prozentanteilen (Paneldatensatz mit n = 2957, jeweils unterschiedliche Prozentuierungsgrundlagen aufgrund von fehlenden Werten)

(a) Zwei-Wellen-Stayer

2002–2003		2003–2004		2004–2005		2005–2006		2006–2007		2007–2008	
n	%	*n*	%	*n*	%	*n*	%	*n*	%	*n*	%
532	27,8	675	30,1	799	32,0	802	32,0	753	34,1	796	37,6

(b) Drei-Wellen-Stayer

2002–2004		2003–2005		2004–2006		2005–2007		2006–2008	
n	%	*n*	%	*n*	%	*n*	%	*n*	%
396	15,7	466	16,8	512	17,6	516	18,7	495	20,3

(c) Vier-Wellen-Stayer

2002–2005		2003–2006		2004–2007		2005–2008	
n	%	*n*	%	*n*	%	*n*	%
269	9,6	292	10,0	315	10,7	359	12,9

(d) Fünf-Wellen-Stayer

2002–2006		2003–2007		2004–2008	
n	%	*n*	%	*n*	%
134	4,8	172	5,9	179	6,5

(e) Sechs-Wellen-Stayer

2002–2007		2003–2008	
n	%	*n*	%
102	3,5	133	4,5

(f) Sieben-Wellen-Stayer

2002–2008	
n	%
68	2,3

grundlegenden Befundlage der im Lebensverlauf ansteigenden Stabilität bei der Zugehörigkeit zu den Wertetypen darf jedoch nicht unterschlagen werden, dass ein überaus beträchtlicher Anteil an Jugendlichen nicht zu der Gruppe der Stayer sondern der *Mover* gehört und damit die Gruppenzugehörigkeit irgendwann wechselt. Der höchste Anteil an Stayern, der überhaupt vorkommt, beträgt rund 38 Prozent (Zwei-Wellen-Stayer 2007–2008), was gleichzeitig bedeutet, dass der geringste Anteil an Movern überhaupt nur bei 62 Prozent liegt. Das heißt, auch wenn zwar die Stabilität insgesamt zunimmt und im Altersverlauf tendenziell immer weniger Jugendliche ihre Wertetypen wechseln bzw. sich ihre zugrunde liegenden Werthaltungen ändern, gehört die deutliche Mehrzahl trotzdem zu den Movern und damit zu denjenigen, die keine Werthaltungsstabilität zeigen. Die Änderung von Werthaltungen ist damit ganz generell ein weitverbreitetes Phänomen, welches im Vergleich zu dem Muster der Werthaltungsstabilität ganz eindeutig überwiegt. Je länger dazu die betrachtete Zeitspanne ist und je jünger die Befragten sind, desto wahrscheinlicher ist auch eine solche Änderung von Werthaltungen, ausgedrückt durch den Wechsel der Zugehörigkeit zu den Wertetypen.

Bislang bezog sich die Darstellung auf die Stayer und Mover, unabhängig davon, welche inhaltliche Ausprägung der Werte vorliegt. Daran schließt sich die Frage an, ob die Stabilität oder der Wandel von Werthaltungen von der jeweiligen Wertegruppierung abhängt. Gibt es also je nach Zugehörigkeit zu einer Wertegruppe bzw. je nach inhaltlicher Wertorientierung unterschiedliche Verläufe der Stabilität bzw. des Wandels? Sind bestimmte Wertetypen und die sie bestimmenden Wertorientierungen bzw. individuellen Werthaltungen zeitstabiler als andere? Dazu wollen wir die oben schon vorgestellten Zwei-Wellen-Stayer näher betrachten aber nach den einzelnen Wertegruppen differenzieren. Ein Blick auf die Tabelle 9.2 auf der nächsten Seite, die die Prozentanteile der Zwei-Wellen-Stayer im Zeitverlauf nach Wertegruppierungen getrennt auflistet, zeigt eine Reihe von generellen Ähnlichkeiten, aber auch Unterschieden. Ähnlich ist dem überwiegenden Teil der Zwei-Wellen-Wertegruppen-Stayern, dass die Stabilität im Altersverlauf zunimmt. Mit Ausnahme der Realisten steigen die Anteile derjenigen, die in zwei aufeinander folgenden Zeitpunkten derselben Wertegruppierung angehören, unabhängig von der jeweiligen Wertorientierung bzw. Gruppenzugehörigkeit deutlich an, wobei mitunter leichte Schwankungen in den Verläufen auszumachen sind. Damit können wir ganz generell schließen, dass individuelle

Tabelle 9.2: Zwei-Wellen-Stayer in Duisburg 2002 bis 2008 nach Wertegruppen in Prozentanteilen (Paneldatensatz mit n = 2957, jeweils unterschiedliche Prozentuierungsgrundlagen aufgrund von fehlenden Werten)

	02/03	03/04	04/05	05/06	06/07	07/08	∅
Konventionalisten	32,1	38,0	43,6	35,2	45,1	47,3	40,2
Konventionelle Idealisten	35,8	32,8	36,0	41,8	44,1	43,5	39,0
Hedo-Materialisten	33,3	36,4	35,1	34,2	37,7	38,9	35,9
Unauffällige	24,2	34,3	30,1	31,0	30,8	36,4	31,1
Konv. Hedo-Materialisten	24,5	25,4	25,4	27,6	27,3	32,3	27,1
Realisten	27,5	25,6	29,6	28,7	22,0	24,7	26,3
Idealisten	18,7	20,2	20,6	30,9	35,3	31,0	26,1
Hedo-materialist. Idealisten	6,8	7,3	16,9	14,8	12,9	20,6	13,2
Indifferente	7,6	13,4	11,4	14,1	10,5	17,6	12,4

Werthaltungen, als spezifische Kombinationen von einzelnen Werteinstellungen, im Altersverlauf stabiler werden, unabhängig von ihrer inhaltlichen Ausprägung. Die einzige Ausnahme stellt die Extremhaltung der überwiegenden Zustimmung zu allen drei Wertedimensionen (Realisten) dar. Einzig in dieser Wertegruppe ist der Anteil der Zwei-Wellen-Stayer zwischen den letzten beiden Erhebungsjahren (2007/2008) geringer als der Ausgangswert der ersten beiden Wellen (2002/2003). Die Stabilität in dieser Gruppe nimmt also insgesamt gesehen im Altersverlauf (leicht) ab, wobei zum Ende hin auch hier ein leichter Wiederanstieg zwischen den beiden letzten Anteilswerten zu beobachten ist. Trotz dieser im Prinzip in allen Wertegruppen sehr ähnlichen Stabilitätsverläufe lassen sich auch deutliche Unterschiede erkennen: Die Größen der jeweiligen Zwei-Wellen-Stayer-Anteile differieren je nach Gruppierung sehr deutlich. Die Gruppierungen mit den größten durchschnittlichen Stabilitäten sind die Konventionalisten (40 Prozent), die konventionellen Idealisten (39 Prozent) und die Hedo-Materialisten (36 Prozent). Gefolgt wird diese Dreiergruppe von den Unauffälligen (31 Prozent), den konventionellen Hedo-Materialisten (27 Prozent), den Realisten (26 Prozent) und den Idealisten (26 Prozent). Am instabilsten sind die Zwei-Wellen-Stayer der Gruppen der hedo-materialistischen Idealisten (13 Prozent) und der Indifferenten (12 Prozent).

Die Tabellen 9.3 bis 9.5 auf den Seiten 392–398 ermöglichen einen noch differenzierteren Blick. Dort sind für jede Wertegruppe die Stichprobenanteile der jeweils benachbarten Erhebungszeitpunkte ($t-1$ auf t) kreuztabelliert. Zu finden sind in der jeweils ersten Zeile die Anteile der in der Gruppe verbleibenden

Jugendlichen (also genau die oben besprochenen Zwei-Wellen-Stayer) und in den drei folgenden Zeilen die Wertegruppen, in die die Jugendlichen durchschnittlich am häufigsten aus der jeweiligen Gruppe wechseln (Mover).[2] Strukturiert nach den bekannten Werte-Generalisierungsstufen wollen wir diese Zwei-Wellen-Stayer- und Moveranteile der einzelnen Wertetypen nun näher betrachten.

9.2.1 Werte-Generalisierungsstufe I

In der Werte-Generalisierungsstufe I ist mit den Konventionalisten die Wertetypologie enthalten, die insgesamt die größte Stabilität in Bezug auf zwei benachbarte Zeitpunkte aufweist (durchschnittlich rund 40 Prozent). Die größte Gruppe der Mover, das heißt derjenigen, die die Konventionalisten von einem auf den anderen Zeitpunkt verlassen, stellen diejenigen, die in die Gruppe der konventionellen Idealisten wechseln (durchschnittlich rund 17 Prozent). Darauf folgen diejenigen Jugendlichen, die in die Gruppe der Unauffälligen (durchschnittlich rund 11 Prozent) und die Gruppe der konventionellen Hedo-Materialisten (durchschnittlich 11 Prozent) wechseln (siehe Tabelle 9.3 auf der nächsten Seite). Zwei der drei stärksten Wanderungsbewegungen finden damit in Gruppen statt, die ebenfalls durch eine Hinwendung zu Pflicht- und Konventionswerten geprägt sind. Das heißt, auch die Mover halten zum größten Teil an ihrer konventionsorientierten Grundhaltung fest, gewinnen aber tendenziell noch eine weitere Wertedimension (Idealismus oder Hedonismus-Materialismus) hinzu. Allerdings muss auch berücksichtigt werden, dass ein gewisser Anteil an Jugendlichen einem Prozess des »Werteverlusts« unterliegt, denn ca. 11 Prozent wechseln durchschnittlich in die Gruppe der Unauffälligen. Die Wanderungsbewegung, die mit einer Synthese der vorhandenen Pflicht- und Konventionswerte mit Werten des öffentlichen Engagements in einem Wechsel in die Gruppe der konventionellen Idealisten münden, bleibt mit wellenförmigen Schwankungen im Altersverlauf relativ stabil. Auf Grundlage der oben beschriebenen Zusammenhänge zwischen den Wertedimensionen (siehe Abschnitt 6.2) ist diese Form der Wertsynthese die inhaltlich naheliegendste. Die Wanderungsbewegung in die Gruppe der konventionellen

---

2 Beispielsweise wird in Tabelle 9.3 auf der nächsten Seite ausgewiesen, dass in der Gruppe der Konventionalisten im Durchschnitt der betrachteten Erhebungszeitpunkte rund 40 Prozent der Jugendlichen zwischen zwei benachbarten Zeitpunkten verbleiben, dagegen aber im Durchschnitt rund 17 Prozent in die Gruppe der konventionellen Idealisten, rund 11 Prozent in die Gruppe der Unauffälligen und ebenfalls rund 11 Prozent in die Gruppe der konventionellen Hedo-Materialisten wechseln.

Tabelle 9.3: Zwei-Wellen-Stayer und die jeweils drei häufigsten Moveranteile der Werte-Generalisierungsstufe I in Duisburg 2002 bis 2008 in Prozentanteilen (Paneldatensatz mit $n = 2957$, jeweils unterschiedliche Prozentuierungsgrundlagen aufgrund von fehlenden Werten)

	02/03	03/04	04/05	05/06	06/07	07/08	∅
Wechsel der »Konventionalisten« in die Gruppe der …							
Konventionalisten	32,1	38,0	43,6	35,2	45,1	47,3	40,2
Konventionelle Idealisten	12,3	20,1	14,3	20,1	14,6	19,5	16,8
Unauffällige	11,0	8,8	12,3	10,1	13,9	10,4	11,1
Konv. Hedo-Materialisten	12,0	11,3	11,3	13,1	8,5	8,5	10,8
Wechsel der »Hedo-Materialisten« in die Gruppe der …							
Hedo-Materialisten	33,3	36,4	35,1	34,2	37,7	38,9	35,9
Konv. Hedo-Materialisten	15,8	17,5	15,2	11,8	12,6	10,9	14,0
Unauffällige	12,9	13,0	12,9	12,4	15,3	10,4	12,8
Konventionalisten	10,5	10,4	12,3	11,2	11,2	13,5	11,5
Wechsel der »Idealisten« in die Gruppe der …							
Idealisten	18,7	20,2	20,6	30,9	35,3	31,0	26,1
Konventionelle Idealisten	12,0	12,3	23,0	20,6	17,3	17,2	17,1
Unauffällige	22,7	19,3	9,5	12,5	13,0	10,3	14,5
Konventionalisten	12,0	14,9	19,8	6,6	13,7	17,2	14,0

Hedo-Materialisten, die mit einer Synthese der Pflicht- und Konventionswerte mit den hedonistisch-materialistischen Werten verbunden ist, nimmt dagegen im Altersverlauf deutlich ab. Sie ist auch inhaltlich aus den genannten Dimensionsbeziehungen weniger plausibel. Der Prozess des Werteverlusts bleibt bei den Konventionalisten im Zeitverlauf relativ stabil.

Die Hedo-Materialisten mit einer im Vergleich zu den anderen Wertegruppen relativ hohen und zunehmenden Stabilität der Zwei-Wellen-Stayer (siehe Tabelle 9.3) »verlieren« im Durchschnitt aller benachbarter Erhebungszeitpunkte die meisten Angehörigen an die Gruppe der konventionellen Hedo-Materialisten. Der dieser Wanderungsbewegung zugrunde liegende Prozess des Werthaltungswandels ist durch die Hinzunahme der Pflicht- und Konventionswerte zu den bereits vorhandenen hedonistisch-materialistischen Werten bestimmt. Insofern kann hier von einem Prozess der »kleinen« oder partiellen Wertsynthese gesprochen werden. Der Verlauf dieser Wanderungsbewegung ist eher abnehmend, denn mit zunehmendem Alter werden die Anteile derjenigen geringer, die in die genannte Gruppe wechseln (von rund 16 auf rund 11 Prozent zwischen

2002 und 2008). Ebenso wie bei den Konventionalisten lässt sich auch in dieser Wertegruppe ein relativ stabiler Prozess des Werteverlusts beobachten. Insgesamt etwa 13 Prozent wechseln von einem auf den anderen Zeitpunkt von der Gruppe der Hedo-Materialisten in die Gruppe der Unauffälligen. Dieser Personenkreis »verliert« also die hedonistisch-materialistischen Werte und gewinnt in der beobachteten Zeitspanne (jeweils circa ein Jahr) keine neuen dazu. Die dritte Wanderungsbewegung ist der Wechsel von der Gruppe der Hedo-Materialisten in das Lager der Konventionalisten. Im Altersverlauf relativ stabil bleibend, bewegen sich durchschnittlich 12 Prozent der Hedo-Materialisten in die Gruppe der Konventionalisten, was gewissermaßen durch einen Austausch der hedonistisch-materialistischen Werte durch Pflicht- und Konventionswerte bedingt wird.

Die dritte Wertegruppierung in dieser Generalisierungsstufe, die Idealisten, weisen eine im Durchschnitt deutlich geringere Stabilität auf. Rund 26 Prozent verbleiben zwischen zwei benachbarten Zeitpunkten in dieser Wertegruppe, allerdings nehmen die Anteile im Lebensverlauf (von 19 auf 31 Prozent) sehr deutlich zu (siehe Tabelle 9.3). Die stärkste Wanderungsbewegung ist auch hier eine Synthese mit den Pflicht- und Konventionswerten, die in einem Wechsel zur Gruppe der konventionellen Idealisten ihren Niederschlag findet. Die Nähe der beiden Wertedimensionen lässt eine solche Synthese recht plausibel erscheinen (siehe Abschnitt 6.2). Im Durchschnitt 17 Prozent der Idealisten vollziehen diesen Wechsel der Gruppen zwischen zwei benachbarten Zeitpunkten, der Anteilsverlauf zeigt sich mit zunehmendem Alter wellenförmig: Ausgehend von einem Niveau von rund 12 Prozent steigen die Anteile auf rund 23 Prozent an, um danach auf 17 Prozent wieder abzusinken. Auch die Idealisten sind nicht vor dem Werteverfall gefeit, denn auch in dieser Gruppe kommt es zu nicht unerheblichen Wanderungen in das Lager der Unauffälligen. Der Verlauf dieser Bewegung ist im Lebensverlauf allerdings insgesamt deutlich abfallend und beträgt durchschnittliche etwa 15 Prozent. Knapp dahinter (durchschnittlich 14 Prozent) rangiert der Anteil der Jugendlichen, die aus der Gruppe der Idealisten zum nächsten Zeitpunkt jeweils in die Gruppe der Konventionalisten wechseln. Auch hier verbirgt sich dahinter quasi ein Austausch der idealistischen Werte durch Pflicht- und Konventionswerte. Der Verlauf dieser Entwicklung ist wellenförmig; er steigt zunächst deutlich an, um dann abrupt abzufallen und wieder anzusteigen.

9.2.2 Werte-Generalisierungsstufe II

Die zeitstabilste Wertegruppe in der Werte-Generalisierungsstufe II ist die Gruppe der konventionellen Idealisten. In Bezug auf zwei benachbarte Zeitpunkte verbleiben durchschnittlich 39 Prozent der Gruppenmitglieder in dieser Wertetypologie und die Anteile steigen insgesamt gesehen über den Erhebungszeitraum hinweg deutlich an (siehe Tabelle 9.4). Der im Durchschnitt nachfolgend größte Anteil (rund 23 Prozent) der Gruppenmitglieder wechselt zwischen zwei benachbarten Zeitpunkten vom Typus der konventionellen Idealisten zum Typus der Konventionalisten. Dahinter steht die Wertänderung des Verlusts der idealistischen Engagement-Werte unter Beibehaltung der Pflicht- und Konventionswerte. Man kann dies als »kleinen« Wertverlust deuten oder positiv formuliert als Spezialisierungstendenz. Im Lebensverlauf zeigt dieser Wertänderungsprozess einen ansteigenden Verlauf (von rund 20 auf rund 27 Prozent). Das »gegenteilige« Phänomen ist allerdings auch zu beobachten: Bei im Durchschnitt rund 10 Prozent der Angehörigen der konventionellen Idealisten kommt es zu einer weitergehenden Wertsynthese, indem zu der Synthese aus Pflicht- und Konventionswerten mit den Werten des öffentlichen Engagements auch noch die hedonistisch-materialistischen Werte hinzukommen. Deutlich wird dies im Mover-Anteil derjenigen, die in die Gruppe der Realisten wechseln. Bei diesem Phänomen ist allerdings eine im Lebensverlauf deutlich und monoton abnehmende Größe zu konstatieren (von rund 13 auf rund 6 Prozent). Noch geringer, dafür im Zeitverlauf in etwa stabil, sind die Anteile der Jugendlichen, die aus der Gruppe der konventionellen Idealisten in die Gruppe der konventionellen Hedo-Materialisten wechseln (im Durchschnitt rund 8 Prozent). Diese Wanderungsbewegung kommt zustande, wenn bei einer konventionellen Grundüberzeugung die idealistischen Engagement-Werte durch hedonistisch-materialistische Werte ausgetauscht werden. Dieser Wertänderungsprozess ist aber durch das eher gegensätzliche Verhältnis der beiden Wertedimensionen (siehe Abschnitt 6.2) auch nicht unbedingt in relevantem Ausmaß zu erwarten.

Bei den konventionellen Hedo-Materialisten liegt die Stabilität zwischen zwei benachbarten Zeitpunkten im Durchschnitt bei rund 27 Prozent (siehe Tabelle 9.4), wobei diese im Verlauf des Beobachtungszeitraums insgesamt deutlich ansteigt (von ca. 25 auf rund 32 Prozent). Die größte Wanderungsbewegung (durchschnittlich rund 21 Prozent) ist wie bei den konventionellen Idealisten eine Bewegung, die durch den Wegfall bzw. Verlust einer Wertedimension, hier der hedonistisch-materialistischen Werte, gekennzeichnet ist. Sie resultiert im Wechsel

Tabelle 9.4: Zwei-Wellen-Stayer und die jeweils drei häufigsten Moveranteile der Werte-Generalisierungsstufe II in Duisburg 2002 bis 2008 in Prozentanteilen (Paneldatensatz mit $n = 2957$, jeweils unterschiedliche Prozentuierungsgrundlagen aufgrund von fehlenden Werten)

	02/03	03/04	04/05	05/06	06/07	07/08	∅
Wechsel der »konventionellen Idealisten« in die Gruppe der …							
Konventionelle Idealisten	35,8	32,8	36,0	41,8	44,1	43,5	39,0
Konventionalisten	20,1	22,1	24,1	20,6	24,7	26,9	23,1
Realisten	12,6	12,6	10,5	9,4	7,5	6,4	9,8
Konv. Hedo-Materialisten	8,0	9,7	8,0	8,4	5,4	6,6	7,7
Wechsel der »konventionellen Hedo-Materialisten« in die Gruppe der …							
Konv. Hedo-Materialisten	24,5	25,4	25,4	27,6	27,3	32,3	27,1
Konventionalisten	17,2	18,7	21,8	19,0	23,6	24,8	20,8
Realisten	17,5	10,8	16,8	16,3	15,1	7,5	14,0
Hedo-Materialisten	16,0	16,8	13,1	9,8	7,8	17,3	13,5
Wechsel der »hedo-materialistischen Idealisten« in die Gruppe der …							
Hedo-mat. Idealisten	6,8	7,3	16,9	14,8	12,9	20,6	13,2
Hedo-Materialisten	20,3	20,3	28,9	25,9	18,8	25,4	23,3
Realisten	18,6	17,4	10,8	8,6	9,4	12,7	12,9
Idealisten	6,8	11,6	9,6	13,6	12,9	15,9	11,7

der Jugendlichen zu der Gruppe der Konventionalisten. Diese Wechselbewegung scheint im Altersverlauf deutlich zuzunehmen (von rund 17 auf rund 25 Prozent) und kann auch mit dem Schlagwort der Spezialisierung auf Konventionswerte umschrieben werden. Ebenfalls wie bei den konventionellen Idealisten rangiert auch bei den konventionellen Hedo-Materialisten das Phänomen der weiteren Wertsynthese auf dem zweiten Platz der Mover-Anteils-Rangfolge. Durchschnittlich rund 14 Prozent wechseln von einem auf den anderen Zeitpunkt in die Gruppe der Realisten. Diese Jugendlichen gewinnen zusätzlich zu den vorhandenen beiden Wertedimensionen noch die Werte des öffentlichen Engagements hinzu, der zeitliche Verlauf der Anteilswerte ist aber durch eine Abnahme zum Ende des Erhebungszeitraumes hin geprägt.

Die letzte Gruppe der Werte-Generalisierungsstufe II, die Gruppe der hedomaterialistischen Idealisten, ist, zusammen mit den Indifferenten, die einzige Gruppe, in der der Anteil der Zwei-Wellen-Stayer nicht durchgängig höher ist als der Anteil der Mover. Im Durchschnitt lediglich rund 13 Prozent (siehe Tabelle 9.4) verbleiben zwischen zwei benachbarten Zeitpunkten stabil in dieser

Gruppe. Zu berücksichtigen ist dabei, dass diese Gruppe insgesamt auch die kleinste der Wertegruppen ist (siehe Abschnitt 9.1) und durch eine Synthese zweier eigentlich gegensätzlicher Wertedimensionen geprägt ist (siehe Abschnitt 6.2). Die geringe zeitliche Stabilität dieser Gruppierung liegt damit relativ nahe. Bei der Betrachtung des Verlaufs lässt sich aber sogar in dieser Wertegruppierung der allgemeine Trend zur Stabilisierung von Werthaltungen erkennen. Die Anteile der Stayer werden im Lebensverlauf auch hier deutlich größer (von rund 7 auf rund 21 Prozent). Übertroffen werden die Anteile allerdings in jedem Zeitpunktübergang von dem Anteil der Mover, die aus der Gruppe der hedomaterialistischen Idealisten in die Gruppe der Hedo-Materialisten »zurückfallen«. Auch diese Wanderungsbewegung wird durch einen Wertverlust bzw. eine Wertspezialisierung ausgelöst. Hier besteht dieses Muster aus dem Wegfall der Werte des öffentlichen Engagements, während die hedonistisch-materialistischen Werte erhalten bleiben. Diese Wechselbewegung macht im Zeitverlauf zwischen rund 20 und rund 25 Prozent der jugendlichen hedo-materialistischen Idealisten aus. Wie bei den beiden anderen Wertegruppen dieser Generalisierungsstufe liegt das Phänomen der weitergehenden Wertsynthese erst auf dem dritten Rangplatz (durchschnittlich rund 13 Prozent). Kommen zu den sowieso schon vorhandenen und verbundenen hedo-materialistischen sowie idealistischen Werten noch die Pflicht- und Konventionswerte hinzu, resultiert dies in einem Wechsel in die Gruppe der Realisten. Diese Wanderungsbewegung nimmt allerdings über die Zeit eher ab (insgesamt von rund 19 auf rund 13 Prozent). Neben den beschriebenen Phänomenen ist noch eine weitere Spezialisierungbewegung relevant: Der Wechsel der hedo-materialistischen Idealisten in die Gruppe der Idealisten, der mit einem Wegfall der hedonistisch-materialistischen Werte und dem Fortbestand der idealistischen Werte des öffentlichen Engagements verbunden ist. Insgesamt trifft dies durchschnittlich auf rund 12 Prozent der Jugendlichen dieser Wertegruppe zu. Der Verlauf dieser Wanderungsbewegung ist außerdem durch eine deutliche Zunahme (von rund 7 auf rund 16 Prozent) gekennzeichnet. Allerdings muss, wie oben erwähnt, bei der hier besprochenen Wertegruppierung immer im Auge behalten werden, dass die Besetzungszahlen insgesamt niedrig sind und die Gruppe der hedo-materialistischen Idealisten eher eine Randerscheinung darstellt.

9.2.3 Werte-Generalisierungsstufen III und 0

Da die Realisten als einzige Vertreter der Werte-Generalisierungsstufe III bereits alle drei Wertedimensionen befürworten, bestehen bei ihnen lediglich die Möglichkeiten, zwischen zwei benachbarten Zeitpunkten in ihrer Gruppe zu verbleiben oder aber Wertedimensionen »aufzugeben« und die Zugehörigkeit zu wechseln. Der Anteil der Stayer liegt im Durchschnitt bei etwa 26 Prozent (siehe Tabelle 9.5 auf der nächsten Seite) und nimmt zum Ende des Beobachtungszeitraums hin ab (von anfänglich rund 28 auf 25 Prozent). Die größte Gruppe derjenigen, die zwischen zwei Zeitpunkten die Gruppe der Realisten verlassen, sind diejenigen, die ihre vormals hedonistisch-materialistischen Werte aufgeben, die ebenfalls vorhandenen Pflicht- und Konventionswerte sowie Werte des öffentlichen Engagements beibehalten und damit zu konventionellen Idealisten »werden«. Im Durchschnitt trifft dies auf rund 19 Prozent der Realisten je Zeitpunktübergang zu. Der Anteil ist im Zeitverlauf recht stabil, lediglich ganz zu Beginn sind es etwas weniger Jugendliche mit der geschilderten Wertänderung. Die zweitgrößte Wanderungsbewegung entsteht bei den Realisten durch den Verlust der idealistischen Engagementwerte unter Beibehaltung der Pflicht- und Konventionswerte sowie der hedonistisch-materialistischen Werte. Die Jugendlichen, auf die dieser Änderungsprozess zutrifft, wechseln in die Gruppe der konventionellen Hedo-Materialisten. Im Durchschnitt trifft dies auf rund 18 Prozent der Realisten zu, im Zeitverlauf scheint dieser Prozess vom Umfang her deutlich zuzunehmen (von rund 17 auf rund 24 Prozent). Die vom Umfang her drittgrößte Wanderungsbewegung ist der Verlust sowohl der hedonistisch-materialistischen Werte als auch der Werte des öffentlichen Engagements. Einzig die Dimension der Pflicht- und Konventionswerte bleibt erhalten, womit die Jugendlichen, auf die dieser Änderungsprozess zutrifft, von der Gruppe der Realisten direkt in die Gruppe der Konventionalisten wechseln. Durchschnittlich 14 Prozent der Realisten betrifft dies in jedem Zeitpunktübergang. Auch diese Wanderungsbewegung ist, mit einer leichten Schwankung, im Beobachtungszeitraum relativ stabil.

Zur Werte-Generalisierungsstufe 0 gehören zunächst die Unauffälligen, die allen drei Wertedimensionen ablehnend gegenüberstehen. Bei ihnen gilt genau das Gegenteil dessen, was für die Realisten gilt: Entweder sie verbleiben in ihrer Wertegruppierung oder sie gewinnen die Zustimmung zu einer oder mehrerer Wertedimensionen hinzu und wechseln dadurch die Zugehörigkeit. Der Anteil der Zwei-Wellen-Stayer ist bei den Unauffälligen im Durchschnitt relativ hoch

Tabelle 9.5: Zwei-Wellen-Stayer und die jeweils drei häufigsten Moveranteile der Werte-Generalisierungsstufen III und 0 in Duisburg 2002 bis 2008 in Prozentanteilen (Paneldatensatz mit $n = 2957$, jeweils unterschiedliche Prozentuierungsgrundlagen aufgrund von fehlenden Werten)

	02/03	03/04	04/05	05/06	06/07	07/08	∅
Wechsel der »Realisten« in die Gruppe der ...							
Realisten	27,5	25,6	29,6	28,7	22,0	24,7	26,3
Konv. Idealisten	16,3	20,0	19,8	21,8	17,8	19,9	19,3
Konv. Hedo-Materialisten	16,9	17,5	20,2	13,8	16,4	24,1	18,1
Konventionalisten	14,1	13,4	13,6	14,9	17,3	12,1	14,2
Wechsel der »Unauffälligen« in die Gruppe der ...							
Unauffällige	24,2	34,3	30,1	31,0	30,8	36,4	31,1
Konventionalisten	17,2	21,0	19,5	19,0	23,7	26,9	21,2
Hedo-Materialisten	17,7	13,7	14,2	9,5	10,3	7,1	12,1
Konv. Idealisten	9,7	5,2	6,3	12,7	13,0	7,4	9,0
Wechsel der »Indifferenten« in die Gruppe der ...							
Indifferente	7,6	13,4	11,4	14,1	10,5	17,6	12,4
Konventionalisten	13,9	19,6	17,5	23,1	20,3	30,6	20,8
Unauffällige	24,1	20,6	22,8	14,1	21,8	20,4	20,6
Hedo-Materialisten	21,5	10,3	16,7	11,6	9,0	9,3	13,1

(rund 31 Prozent) und scheint im Lebensverlauf noch zuzunehmen (von rund 24 auf rund 36 Prozent; siehe Tabelle 9.5). Die zahlenmäßig größte Wanderungsbewegung erfolgt bei den Unauffälligen durch die Entwicklung von Pflicht- und Konventionswerten und dem damit verbundenen Wechsel in die Gruppe der Konventionalisten. Mit durchschnittlich 21 Prozent ist diese Bewegung deutlich zu erkennen und ihr Umfang steigt mit zunehmendem Alter erheblich an (von rund 17 auf rund 27 Prozent). Die zweitgrößte Bewegung ist der Übergang von den Unauffälligen in die Gruppe der Hedo-Materialisten, die mit durchschnittlich 12 Prozent allerdings deutlich geringer ausfällt. Inhaltlich bedeutet dies für die unauffälligen Jugendlichen die Hinzunahme der hedonistisch-materialistischen Werte. Mit zunehmendem Alter scheint dieser Prozess allerdings an Relevanz zu verlieren, die Anteile fallen von rund 18 Prozent zu Beginn des Erhebungszeitraumes auf lediglich 7 Prozent zum Ende hin ab. Der letzte der drei zu besprechenden Übergangsprozesse ist bedingt durch die gleichzeitige Ausbildung von Werten des öffentlichen Engagements und Pflicht- und Konventionswerten. Dieses Phänomen resultiert in einem Wechsel in die Gruppe der konventionellen

Idealisten, der durchschnittlich auf 9 Prozent der Unauffälligen zutrifft. Insgesamt gesehen sind die Übergangsanteile eher gering und ihr Verlauf zeigt sich sehr schwankend.

Als letzte Wertegruppe soll hier die kleine Resttypologie der Indifferenten besprochen werden. Zusammen mit den hedo-materialistischen Idealisten ist sie die einzige Gruppe, bei der der Zwei-Wellen-Stayer-Anteil (durchschnittlich nur rund 12 Prozent) kleiner ist als ein (oder mehrere) Moveranteil bzw. -teile. Ein Trend zur Stabilisierung zeigt sich allerdings sogar in dieser Gruppe, denn der Anteil derjenigen, die zwischen zwei benachbarten Zeitpunkten in der genannten Gruppe verbleiben, steigt (mit deutlichen Schwankungen) von ursprünglich rund 8 auf rund 18 Prozent an (siehe Tabelle 9.5). Die größten Mover-Anteile entfallen bei den Indifferenten auf diejenigen Jugendlichen, die eine konventionelle Werteorientierung durch den Gewinn von Pflicht-und Konventionswerten ausbilden und in die Gruppe der Konventionalisten wechseln. Im Durchschnitt trifft das für rund 21 Prozent der Indifferenten zu, mit zunehmendem Alter gewinnt dieser Prozess enorm an Bedeutung. Die Wanderungsanteile steigen im Beobachtungszeitraum sehr deutlich von rund 14 auf rund 31 Prozent an. Der zweitgrößte Wertänderungsprozess ist der weitere Verlust an Werten, der durch den Wechsel aus der Gruppe der Indifferenten in die Gruppe der Unauffälligen sichtbar wird (durchschnittlich 21 Prozent). Die diesbezüglichen Anteile verlaufen mit zunehmendem Alter sehr schwankend und machen zu Beginn der Untersuchung etwa 24 Prozent, gegen Ende rund 20 Prozent aus. Die letzte Wanderungsbewegung, die für die Indifferenten von Bedeutung ist, zeigt sich in einem Wechsel in die Gruppe der Hedo-Materialisten. Durchschnittlich 13 Prozent der jugendlichen Indifferenten zeigen eine solche Bewegung, die durch die Hinzunahme der hedomaterialistischen Werte hervorgerufen wird. Im Altersverlauf spielt diese Wanderungsbewegung allerdings eine schwächer werdende Rolle, die Anteilswerte sinken im Erhebungszeitraum sehr deutlich von rund 22 auf 9 Prozent ab.

9.3 Entwicklungsverläufe ausgewählter Wertetypen

Um die zeitliche Entwicklung bezüglich der Werte im Jugendalter noch näher zu analysieren, werden in diesem Abschnitt drei ausgewählte Wertetypen, die exemplarisch für drei Wertentwicklungsmuster stehen, mit Hilfe der *Latent-Transition-Analyse* (LTA; siehe Abschnitt 4.3) und dem Statistik-Programmpaket Latent GOLD 5.0 untersucht (Vermunt und Magidson 2005, 2013a). Die drei Wertetypen sind die Realisten, die Konventionalisten und die Unauffälligen. Diese drei Typen wurden deshalb ausgewählt, weil sie durch ihre charakteristischen Wertemuster (siehe Abschnitt 8.1) für die Phänomene der *Wertsynthese*, der *Wertespezialisierung* und des *Werteverlusts* stehen. Mit Hilfe des genannten Analyseinstruments und auf Grundlage des Paneldatensatzes (siehe Abschnitt 3.2) können die Entwicklungsverläufe und die sie beeinflussenden Faktoren modelliert werden. Die LTA ist ein längsschnittliches und probabilistisches Klassifikationsverfahren, mit dem Klassifikationsobjekte, in unserem Fall die Jugendlichen, in eine bestimmte Anzahl von (zeitstabilen) Klassen aufgeteilt werden können. Zusätzlich zu diesen Klassen können mit der LTA Zustände (*States*) modelliert werden, die sich bei den Klassifikationsobjekten über die Zeit ändern dürfen. Wir verwenden die Zugehörigkeit zu den Wertegruppen als Zustände bzw. States und können damit die Prozesse der Wertetypenänderung oder -stabilität modellieren. Untersucht werden können unter anderem die Wahrscheinlichkeiten des Übergangs von einem Zustand in den anderen zwischen zwei benachbarten Zeitpunkten, so dass damit Aussagen über die Wahrscheinlichkeiten der Wertetypenänderung oder -stabilität möglich werden. Darüber hinaus ist es mit der LTA möglich, sogenannte Kovariaten zu untersuchen, die möglicherweise einen Einfluss auf die Klassenzugehörigkeiten oder die Übergangswahrscheinlichkeiten haben. Dazu werden hier, neben der Zeit als Einflussfaktor, die soziodemographischen Merkmale herangezogen, die sich bei der Analyse der Wertedimensionen bereits als relevant herausgestellt haben (siehe Abschnitt 6.4). Im Einzelnen sind dies das Geschlecht, die Staatsangehörigkeit, die Schulform sowie das kulturelle und das ökonomische Kapital der Jugendlichen.

Für die nachfolgend dargestellten Modelle werden jeweils Einzelanalysen der interessierenden Wertegruppen durchgeführt, die die Gruppenzugehörigkeit als dummykodierte Variable[3] verwenden. Das bedeutet, dass immer nur die Zugehörigkeit zu einer der drei genannten Wertegruppen im Vergleich zur Nicht-Zugehörigkeit betrachtet wird. Die Verwendung aller Wertegruppen und die Untersuchung aller möglichen Kombinations- und Wechselmöglichkeiten zwischen allen neun Wertegruppen ist zwar theoretisch möglich, aufgrund der Vielzahl an Übergangsmöglichkeiten praktisch allerdings nicht mehr sinnvoll zu handhaben und darzustellen. Die jeweiligen Modelle werden als zeitheterogene manifeste

3 Dies führt zu jeweils drei dichotomen Antwortvariablen, die die Zugehörigkeit zur Gruppe der Realisten (wgrupd1), Konventionalisten (wgrupd3) und Unauffälligen (wgrupd5) repräsentieren (0 entspricht »keine Zugehörigkeit«, 1 entspricht »Zugehörigkeit«).

Markov-Modelle spezifiziert, da hier davon ausgegangen wird, dass die jeweilige dichotome Gruppierungsvariable, die die Zugehörigkeit zu der jeweiligen Wertegruppe darstellt, perfekt misst. Ein probabilistisches Messmodell erscheint daher bei dieser Frage nicht angebracht. Darüber hinaus ist die Anzahl der Zustände (*States*) durch die Dummykodierung der Gruppierungsvariablen auf je zwei (keine Zugehörigkeit vs. Zugehörigkeit)[4] festgelegt. Von entscheidender Bedeutung bei den LTA-Modellen ist die Betrachtung der Übergangswahrscheinlichkeiten zwischen den Zuständen bzw. States. Wie oben erwähnt, existieren in den spezifizierten Modellen jeweils zwei States, die Zugehörigkeit zur jeweiligen Wertegruppe (State 1) und die Nicht-Zugehörigkeit (State 2), die beide jeweils perfekt gemessen werden. Modelliert werden immer die Übergänge von einem Zeitpunkt ($t - 1$) auf den nächsten (t), wodurch sich kombinatorisch vier mögliche Übergangsmuster ergeben:

1. State 1 zum Zeitpunkt $t - 1$ und State 1 zum Zeitpunkt t ($1 \rightarrow 1$),
2. State 1 zum Zeitpunkt $t - 1$ und State 2 zum Zeitpunkt t ($1 \rightarrow 2$),
3. State 2 zum Zeitpunkt $t - 1$ und State 2 zum Zeitpunkt t ($2 \rightarrow 2$),
4. State 2 zum Zeitpunkt $t - 1$ und State 1 zum Zeitpunkt t ($2 \rightarrow 1$).

Im ersten Fall ($1 \rightarrow 1$) sind dies somit die Wahrscheinlichkeiten, von einem auf den nächsten Zeitpunkt nicht zur jeweiligen Wertegruppe zu gehören. Also beispielsweise zum Zeitpunkt $t - 1$ nicht zu den Realisten zu gehören und dies auch im nachfolgenden Zeitpunkt t nicht zu tun. Der zweite Fall ($1 \rightarrow 2$) repräsentiert die Übergangswahrscheinlichkeiten, zum Zeitpunkt $t - 1$ nicht zur Wertegruppe zu gehören und zum nachfolgenden Zeitpunkt in die Gruppe zu wechseln. Der dritte Fall ($2 \rightarrow 2$) beschreibt die Wahrscheinlichkeit, zum Zeitpunkt $t - 1$ zur jeweiligen Wertegruppe zu gehören und zum Zeitpunkt t in der jeweiligen Gruppe zu bleiben (Stayer) und der letzte, vierte Fall ($2 \rightarrow 1$) verdeutlicht die Übergangswahrscheinlichkeiten, zum Zeitpunkt $t - 1$ zur jeweiligen Gruppe zu gehören und zum nachfolgenden Zeitpunkt t aus ihr auszuscheiden. Die genannten soziodemographischen Merkmale werden in das Modell als Kovariaten eingeführt, wobei als einziges *zeitkonstantes* bzw. *-unabhängiges* Merkmal das Geschlecht modelliert werden kann. Die Staatsangehörigkeit, Schulform, zuhause vorhandene Bücheranzahl sowie das selbst eingeschätzte Familienvermögen sind dagegen *zeitabhängige* Merkmale. Aus diesem Grund ist auch das Geschlecht die

4 Latent GOLD verwendeten hierfür fest die Ausprägungen 1 »keine Zugehörigkeit« und 2 »Zugehörigkeit«.

einzige Variable, deren Einfluss auf die Klassenzugehörigkeit geprüft werden kann (siehe Abschnitt 4.3), alle übrigen Variablen werden als Einflussgrößen auf die Übergangswahrscheinlichkeiten (*Transitions*) spezifiziert. Als Nullmodell werden für jede der drei Wertegruppen unrestringierte Ein-Klassen-Wachstumsmodelle mit der jeweils dichotomen Gruppierungsvariablen als abhängiger Variablen und der Zeitvariablen als Prädiktor gerechnet. In allen Analysen werden fehlende Werte über die Option »include all« eingeschlossen.

9.3.1 Realisten

Um die Anzahl der Klassen zu bestimmen, wird zunächst als Nullmodell ein unrestringiertes Ein-Klassen-Wachstumsmodell mit der Zeit als Prädiktor und der dummykodierten Gruppenvariablen als abhängiger Variablen geschätzt (Modell 0; siehe Tabelle A.32 auf Seite 496). Im Vergleich dazu werden LTA-Modelle mit der Zeit als Kovariate, die auf die Übergangswahrscheinlichkeiten wirkt, und aufsteigend ein bis fünf Klassen spezifiziert (Modelle 1 bis 5). Die ausgewiesenen Gütekriterien zeigen das Minimum des BIC bei der Zwei-Klassenlösung (Modell 2) des LTA-Modells, wobei der AIC3 auch die Drei-Klassenlösung überlegenswert erscheinen lässt (siehe Tabelle A.32 auf Seite 496). Aus Gründen der Einfachheit und wegen des Minimums des BIC soll die Entscheidung für zwei Klassen fallen. In Modell 6 sind dann *alle* oben genannten soziodemographischen Merkmale als Kovariaten enthalten, das Modell passt allerdings offensichtlich nicht zu den Daten. Erst die Reduzierung auf das zeitkonstante Geschlecht als einzige verbleibende Kovariate führt zu dem gut passenden Modell 7 (siehe Tabelle A.32 auf Seite 496). Bei diesem Modell handelt es sich nun um ein zeitheterogenes manifestes Markov-Modell, das heißt um ein Modell mit einer perfekten Messung der zwei Zustände (States), das zwei Klassen und zwei Kovariaten enthält. Die erste, numerische Kovariate ist die Zeit, die als Wellenvariable in das Modell aufgenommen wird und auf die Übergangswahrscheinlichkeiten wirkt. Die zweite, nominale Kovariate ist das Geschlecht, welches auf die Klassenzugehörigkeit Einfluss nimmt.

Die beiden ermittelten Klassen unterscheiden sich zunächst hinsichtlich ihrer Größe, denn die erste Klasse umfasst rund 82 Prozent der Jugendlichen und die zweite Klasse lediglich rund 18 Prozent (siehe Tabelle A.33 auf Seite 497). Kennzeichnend ist für die erste Klasse eine Ausgangswahrscheinlichkeit, Realist zu sein, von rund 13 Prozent. In der zweiten, sehr viel kleineren Klasse liegt diese Wahrscheinlichkeit mit rund 31 Prozent deutlich höher. Die Entwicklungsverläu-

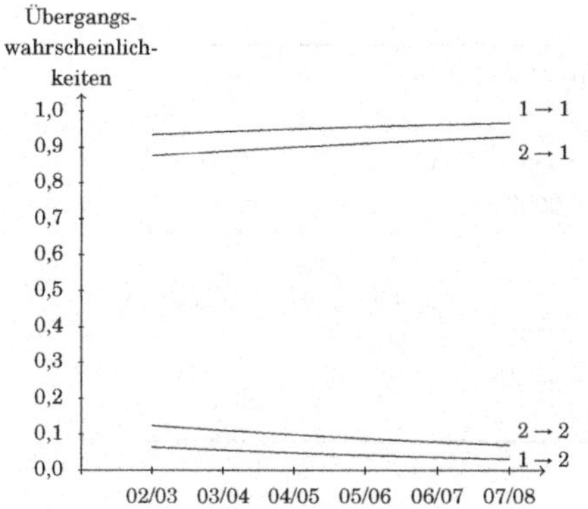

(a) Klasse 1

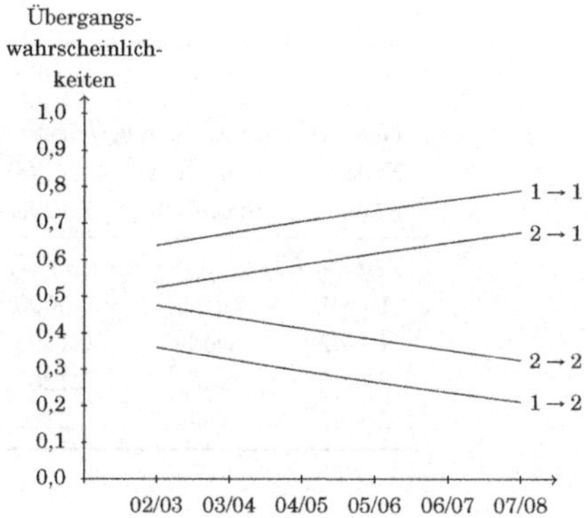

(b) Klasse 2

Abbildung 9.5: Übergangswahrscheinlichkeiten zwischen zwei benachbarten Zeitpunkten des LTA-Modells für die Realisten (Zustand bzw. State 1: »kein Realist«, Zustand bzw. State 2: »Realist«; Paneldatensatz mit n = 2957)

fe der Übergangswahrscheinlichkeiten ähneln sich in beiden Klassen bezüglich ihres Verlaufs, unterscheiden sich allerdings beträchtlich hinsichtlich des Niveaus (siehe Abbildung 9.5 und Tabelle A.34 auf Seite 497): In der ersten Klasse entwickelt sich die Wahrscheinlichkeit, Nicht-Realist zu sein und zu bleiben (1 → 1), monoton von 94 auf 97 Prozent im beobachteten Erhebungszeitraum.[5] Die Wahrscheinlichkeit für die Angehörigen dieser Klasse, zwischen zwei benachbarten Zeitpunkten aus der Gruppe der Realisten auszuscheiden (2 → 1) steigt ebenfalls von 88 auf 93 Prozent monoton an.[6] Damit ist die erste Klasse vor allem durch das »Nicht-Realist-Bleiben« oder »-werden« charakterisiert. In der zweiten Klasse liegt die Übergangswahrscheinlichkeit für die Stayer, also Realist zu sein und zu bleiben, zunächst bei rund 48 Prozent und fällt dann monoton auf 33 Prozent ab.[7] Auch die Wahrscheinlichkeit, Realist zu werden, ist in der zweiten Klasse deutlich höher als in der ersten, fällt aber auch im Beobachtungszeitraum von

5 Die Gegenwahrscheinlichkeit, vom Status der Nicht-Realisten zum Status der Realisten zu wechseln (1 → 2), fällt in dieser Klasse damit von 6 auf 3 Prozent ab.

6 Die Gegenwahrscheinlichkeit, Realist zu sein und zu bleiben (2 → 2), fällt in der Klasse 1 von 12 auf 7 Prozent.

7 Die Gegenwahrscheinlichkeit, aus der Gruppe der Realisten auszuscheiden (2 → 1), steigt in der Klasse 2 im Verlauf von 52 auf 67 Prozent an.

Tabelle 9.6: Regressionsparameter des LTA-Modells für die Realisten (Paneldatensatz mit $n = 2957$)

		coef	p-value	Wald(0)	df	p-value
Geschlecht auf Klassenzugehörigkeit						
Klasse 1	männlich	−0,1298	0,0007	11,4459	1	0,0007
Klasse 2	männlich	0,1298	0,0007			
Zeit auf Übergangswahrscheinlichkeiten						
1 → 1	welle	0,0000	.	60,6436	2	0,0000
1 → 2	welle	−0,1490	0,0000			
2 → 1	welle	0,1263	0,0031			
2 → 2	welle	0,0000	.			

rund 36 Prozent auf 21 Prozent zurück.[8] Kurz zusammengefasst ist die erste und deutlich größere Klasse damit durch erheblich höhere Wahrscheinlichkeiten gekennzeichnet, *Nicht-Realist* zu sein, zu bleiben oder zu werden, wohingegen in der zweiten, sehr viel kleineren Klasse die Wahrscheinlichkeiten *Realist* zu sein, zu bleiben oder zu werden im Vergleich dazu deutlich höher sind. Allerdings sinken die Wahrscheinlichkeiten, Realist zu bleiben oder zu werden, im Zeitverlauf in *beiden Klassen* merklich und monoton ab, was durch die Entwicklung der Populations- und Stayeranteile (siehe Abschnitte 9.1 und 9.2) so auch zu erwarten ist.

Eine bedeutsame Möglichkeit der LTA-Modelle ist die Untersuchung der Einflüsse von Kovariaten auf die Klassenzugehörigkeit und die Übergangswahrscheinlichkeiten. In der Gruppe der Realisten erweisen sich dabei die Einflüsse des Geschlechts auf die Klassenzugehörigkeit und der Zeit auf die Übergangswahrscheinlichkeiten als signifikant (siehe Tabelle 9.6). Männliche Jugendliche haben eine höhere Wahrscheinlichkeit, zu Klasse 2 zu gehören, die sich ja insgesamt durch deutlich höhere Wahrscheinlichkeiten, *Realist* zu sein, zu bleiben oder zu werden, von der ersten Klasse unterscheidet. Der signifikante Einfluss der Zeit bzw. des Lebensalters lässt sich wie folgt beschreiben: Es liegt ein negativer Alterseffekt vor, Realist zu werden und ein positiver Alterseffekt, Nicht-Realist zu werden. Insgesamt gesehen stützen die hier gefundenen Ergebnisse die in den vorangegangenen Abschnitten erläuterten Befunde, dass sich Jugendliche im Altersverlauf bezüglich ihrer Werte spezialisieren. Die Chancen, zu einer weitreichenden Wertsynthese zu gelangen, sinken insgesamt mit zunehmendem

8 Die Gegenwahrscheinlichkeit, Nicht-Realist zu sein und zu bleiben (1 → 1), steigt in dieser Klasse im Verlauf von 64 auf 71 Prozent an.

Alter deutlich. Trotzdem gibt es natürlich auch Jugendliche, die im Entwicklungsverlauf zu einer Wertsynthese kommen und in die Gruppe der Realisten wechseln. Die Wahrscheinlichkeit hierfür ist zwar bei Jungen grundsätzlich höher als bei Mädchen, sie nimmt aber für beide Geschlechter mit zunehmendem Alter insgesamt sehr deutlich ab.

9.3.2 Konventionalisten

Im Bereich der Wertegruppe der Konventionalisten wird dieselbe Strategie zur Modellwahl angewandt, wie bei den Realisten. Die Gütekriterien der einzelnen Modelle sind Tabelle A.35 auf Seite 498 zu entnehmen. Das Modell 0 stellt dabei wiederum als Nullmodell ein unrestringiertes Ein-Klassen-Wachstumsmodell mit der Zeit als Prädiktorvariablen dar, die Modelle 1 bis 5 sind LTA-Modelle mit einer Klassenzahl von eins bis fünf. Hier zeigt sich das Minimum des BIC ebenfalls bei einer Klassenanzahl von zwei, der AIC3 lässt auch ein Modell mit drei Klassen in Betracht kommen. Auch im Bereich der Konventionalisten soll aus Gründen der Modellsparsamkeit und wegen des BIC -Minimums die Entscheidung für zwei Klassen getroffen werden. Die Modelle 6 und 7 basieren auf dieser Zwei-Klassenlösung, berücksichtigen allerdings die weiteren Kovariaten. Während im Modell 6 exemplarisch *alle* soziodemographischen Einflussgrößen aufgenommen wurden, was zu einer deutlichen Modellverschlechterung führt, sind in Modell 7 wiederum nur noch das Geschlecht und die Zeit als Kovariaten enthalten. Dieses Modell zeigt eine gut Modellanpassung, so dass es schlussendlich ausgewählt wird (siehe Tabelle A.35 auf Seite 498).

Die Größen der zwei Klassen in der ausgewählten Modellvariante 7 sind deutlich homogener als bei den Realisten: In der ersten Klasse sind rund 62 Prozent und in der zweiten Klasse rund 38 Prozent der Jugendlichen versammelt (siehe Tabelle A.36 auf Seite 498). Charakteristisch für die erste Klasse ist eine Ausgangswahrscheinlichkeit, Konventionalist zu sein, von rund 12 Prozent, in der zweiten Klasse liegt diese Wahrscheinlichkeit mit 23 Prozent dagegen deutlich höher (siehe Tabelle A.36 auf Seite 498). Wie auch bei dem LTA-Modell der Realisten, ähneln sich die Verläufe der Übergangswahrscheinlichkeiten in beiden Klassen grundsätzlich hinsichtlich ihrer Richtung, unterscheiden sich aber sehr deutlich in ihrem Niveau (siehe Abbildung 9.6 auf der nächsten Seite und Tabelle A.37 auf Seite 499). Die erste Klasse ist insgesamt stark durch das Nicht-Konventionalist-Sein oder -Werden geprägt. Die Wahrscheinlichkeit, in dieser

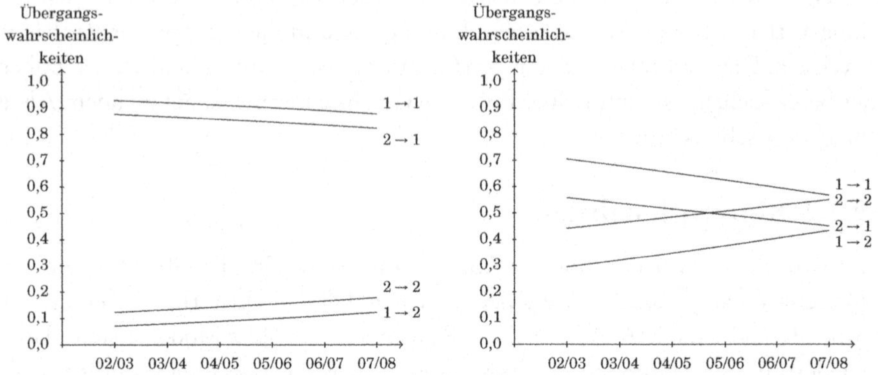

(a) Klasse 1 (b) Klasse 2

Abbildung 9.6: Übergangswahrscheinlichkeiten zwischen zwei benachbarten Zeitpunkten des LTA-Modells für die Konventionalisten (Zustand bzw. State 1: »kein Konventionalist«, Zustand bzw. State 2: »Konventionalist«; Paneldatensatz mit $n = 2957$)

Klasse als Nicht-Konventionalist im vorherigen, auch Nicht-Konventionalist im nachfolgenden Zeitpunkt zu bleiben (1 → 1), beträgt, leicht abfallend, rund 93 bis 88 Prozent.[9] Die Wahrscheinlichkeit, als Konventionalist zum vorherigen Zeitpunkt, Nicht-Konventionalist zu werden (2 → 1), fällt – ebenfalls auf einem sehr hohen Niveau – von rund 88 auf 82 Prozent im Erhebungszeitraum ab.[10] In der zweiten Klasse ist ein sehr deutlicher Anstieg der Übergangswahrscheinlichkeiten prägend, in der Gruppe der Konventionalisten zu bleiben (2 → 2) oder in diese Gruppe zu wechseln (1 → 2). Die Wahrscheinlichkeit, von einem auf den nächsten Zeitpunkt in der Gruppe der Konventionalisten zu verbleiben, steigt im Erhebungszeitraum von rund 44 auf 55 Prozent an.[11] Wie in Abbildung 9.6 deutlich zu sehen ist, schneidet die Kurve der Übergangswahrscheinlichkeiten für die Stayer die Kurve der Gegenwahrscheinlichkeiten. Für die Konventionalisten in Klasse 2 bedeutet dies, dass es zu Beginn der Erhebungen noch wahrscheinlicher ist, wieder Nicht-Konventionalisten zu werden. Gegen Ende der Erhebungen ist

9 Die Gegenwahrscheinlichkeit, als Nicht-Konventionalist zum Konventionalisten zu werden (1 → 2), steigt dagegen von lediglich rund 7 auf 12 Prozent an.

10 Hier beträgt die Gegenwahrscheinlichkeit, als Konventionalist auch Konventionalist zu bleiben (2 → 2), dementsprechend 12 bis 18 Prozent.

11 Die Gegenwahrscheinlichkeit, aus der Gruppe der Konventionalisten auszuscheiden (2 → 1), sinkt dementsprechend von 56 auf 44 Prozent ab.

Tabelle 9.7: Regressionsparameter des LTA-Modells für die Konventionalisten (Paneldatensatz mit $n = 2957$)

		coef	p-value	Wald(0)	df	p-value
Geschlecht auf Klassenzugehörigkeit						
Klasse 1	männlich	0,2446	0,0000	59,8289	1	0,0000
Klasse 2	männlich	−0,2446	0,0000			
Zeit auf Übergangswahrscheinlichkeiten						
1 → 1	welle	0,0000	.	71,5724	2	0,0000
1 → 2	welle	0,1204	0,0000			
2 → 1	welle	−0,0869	0,0011			
2 → 2	welle	0,0000	.			

es hingegen für Konventionalisten wahrscheinlicher, auch Konventionalisten zu bleiben, als aus der Gruppe wieder herauszufallen. Für die Nicht-Konventionalisten sinkt die Wahrscheinlichkeit, von einem auf den nachfolgenden Zeitpunkt Nicht-Konventionalist zu bleiben (1 → 1), von rund 71 auf 57 Prozent ab.[12] Zusammengefasst liegt bei den Konventionalisten insofern eine vergleichbare Situation wie bei den Realisten vor, als dass in den ersten Klassen die Wahrscheinlichkeiten, nicht zur jeweiligen Wertegruppe zu gehören und diesen Status zu behalten oder zu erlangen, deutlich höher sind als in den jeweils zweiten Klassen. Der Verlauf der Wahrscheinlichkeiten unterscheidet sich zwischen Realisten und Konventionalisten allerdings erheblich, wie sich bereits durch die Analysen der Populations- und Stayeranteile in den Abschnitten 9.1 und 9.2 abgezeichnet hatte. Bei den Konventionalisten steigen die Wahrscheinlichkeiten, Konventionalist zu werden oder zu bleiben in beiden Klassen über die Zeit an, bei den Realisten fallen die entsprechenden Wahrscheinlichkeiten ab. Der Anstieg ist in der zweiten Klasse der Konventionalisten dabei noch deutlich stärker als in der ersten. Die Wahrscheinlichkeit, Konventionalist zu bleiben, übertrifft gegen Ende des Erhebungszeitraums dabei sogar die Wahrscheinlichkeit, aus der Gruppe wieder auszutreten.

Bezüglich des Einflusses der Kovariaten sind bei den Konventionalisten, ebenso wie bei den Realisten, die Effekte des Geschlechts und des Alters signifikant. Der Geschlechtseffekt stellt sich hier in der Form dar, dass es für die Jungen wahrscheinlicher ist, zur Klasse 1 zu gehören, die ja durch höhere Wahrschein-

12 Die Gegenwahrscheinlichkeit, von der Gruppe der Nicht-Konventionalisten in die Gruppe der Konventionalisten zu wechseln (1 → 2), steigt demgegenüber von rund 30 auf 43 Prozent an.

lichkeiten, Nicht-Konventionalist zu sein, zu werden oder zu bleiben, geprägt ist. Umgekehrt gilt damit natürlich auch, dass es für Mädchen wahrscheinlicher ist, zur Klasse 2 zu gehören, für die höhere Wahrscheinlichkeiten charakteristisch sind, Konventionalist zu sein, zu bleiben oder zu werden. Der Alterseffekt ist bei dieser Wertegruppe so zu finden, dass es insgesamt mit zunehmendem Alter wahrscheinlicher wird, Konventionalist zu werden und unwahrscheinlicher, aus der Gruppe wieder auszusteigen. Eine Wertespezialisierung auf Pflicht- und Konvention wird also insgesamt mit zunehmendem Alter immer wahrscheinlicher – die Chance ist dabei für Mädchen noch höher als für Jungen.

9.3.3 Unauffällige

Auch bei der Suche nach einem passenden LTA-Modell für die Unauffälligen wird dieselbe Strategie angewendet, wie bei den Realisten und Konventionalisten. In Tabelle A.38 auf Seite 499 ist daher in der ersten Zeile ein unrestringiertes Wachstumsmodell mit der Zeit als Prädiktorvariable als Nullmodell aufgeführt. In den Modellen 1 bis 5 sind dagegen LTA-Modelle mit ein bis fünf Klassen spezifiziert, die die Einflüsse der Zeit als Kovariate auf die Übergangswahrscheinlichkeiten beinhalten. Auch hier ist die beste Modellanpassung bei einem Zwei-Klassenmodell zu beobachten (Modell 2 in Tabelle A.38 auf Seite 499). In dieses Zwei-Klassenmodell werden dann alle oben genannten Kovariaten aufgenommen (Modell 6), die Modellanpassung sinkt dadurch allerdings unakzeptabel stark ab. Wie auch bei den beiden anderen Wertetypen ist das Modell 7, welches lediglich die Zeit als Kovariate, die auf die Übergangswahrscheinlichkeiten wirkt, und dem Geschlecht, welches auf die Klassenzugehörigkeit Einfluss nimmt, das am besten passende Modell und wird daher ausgewählt.

In der präferierten Lösung unterscheiden sich die beiden Klassen sehr deutlich in ihrer Größe. Drei Viertel der Jugendlichen befinden sich in Klasse 1, nur ein Viertel in Klasse 2 (siehe Tabelle A.39 auf Seite 500). Ähnlich wie auch bei den LTA-Modellen der beiden anderen Wertetypen ist die Klasse 1 durch eine sehr hohe Ausgangswahrscheinlichkeit (94 Prozent) geprägt, nicht zur Gruppe der Unauffälligen zu gehören. In der Klasse 2 ist diese Wahrscheinlichkeit geringer (78 Prozent) und die Wahrscheinlichkeit, zur Gruppe der Unauffälligen zu gehören, mit 22 Prozent dementsprechend deutlich größer (siehe Tabelle A.39 auf Seite 500). Betrachtet man nun die Verläufe der Übergangswahrscheinlichkeiten in den beiden Klassen, so wird im Unterschied zu den oben vorgestellten beiden

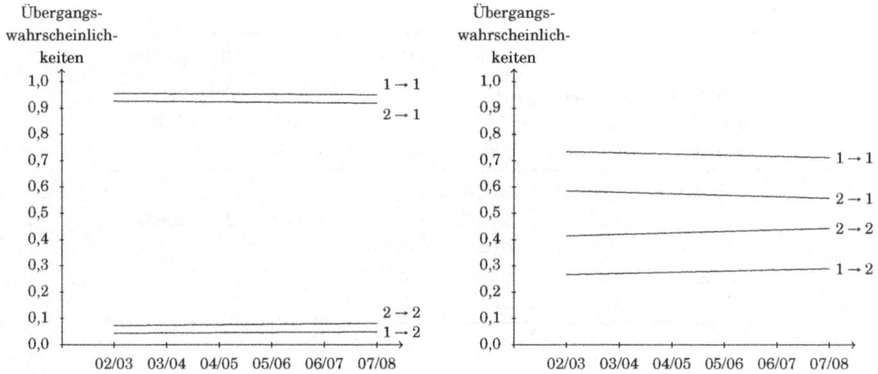

(a) Klasse 1 (b) Klasse 2

Abbildung 9.7: Übergangswahrscheinlichkeiten zwischen zwei benachbarten Zeitpunkten des LTA-Modells für die Unauffälligen (Zustand bzw. State 1: »kein Unauffälliger«, Zustand bzw. State 2: »Unauffälliger«; Paneldatensatz mit $n = 2957$)

anderen Wertegruppierungen deutlich, dass diese Verläufe annähernd zeitkonstant sind. In der ersten Klasse beträgt die Wahrscheinlichkeit, von einem auf den nächsten Zeitpunkt nicht zu den Unauffälligen zu gehören (1 → 1) über den gesamten Erhebungszeitraum 96 bzw. 95 Prozent.[13] Hier sind im Zeitverlauf nur marginale Schwankungen zu erkennen (siehe Abbildung 9.7 und Tabelle A.40 auf Seite 500). Auch die Wahrscheinlichkeit, aus der Gruppe der Unauffälligen herauszuwechseln (2 → 1), ist über die Zeit annähernd konstant und liegt sehr hoch bei 93 bzw. 92 Prozent.[14] In der Klasse 2 sind die Wahrscheinlichkeiten deutlich höher, in die Gruppe der Unauffälligen zu wechseln (1 → 2) als in der Klasse 1. Diese Übergangswahrscheinlichkeiten betragen zwischen 27 und 29 Prozent und sind ebenfalls im Zeitverlauf sehr stabil.[15] Auch die Wahrscheinlichkeiten, von einem auf den nachfolgenden Zeitpunkt in der Gruppe der Unauffälligen zu bleiben (2 → 2), sind in der Klasse 2 deutlich höher als in der Klasse 1. Sie bewegen

13 Die Gegenwahrscheinlichkeit, als Nicht-Unauffälliger in die Gruppe der Unauffälligen zu wechseln (1 → 2), liegt dementsprechend bei 4 bzw. 5 Prozent.

14 Hier liegt die Gegenwahrscheinlichkeit, in der Gruppe der Unauffälligen zu bleiben, entsprechend bei 7 bis 8 Prozent.

15 Die entsprechenden Gegenwahrscheinlichkeiten bezeichnen den Fall des Verbleibens in der Gruppe der Unauffälligen (1 → 1) und liegen zwischen 73 und 71 Prozent.

Tabelle 9.8: Regressionsparameter des LTA-Modells für die Unauffälligen (Paneldatensatz mit $n = 2957$)

		coef	p-value	Wald(0)	df	p-value
Geschlecht auf Klassenzugehörigkeit						
Klasse 1	männlich	−0,0571	0,0830	2,9967	1	0,0830
Klasse 2	männlich	0,0571	0,0830			
Zeit auf Übergangswahrscheinlichkeiten						
1 → 1	welle	0,0000	.	1,8078	2	0,4000
1 → 2	welle	0,0224	0,2500			
2 → 1	welle	−0,0231	0,5500			
2 → 2	welle	0,0000	.			

sich sehr zeitstabil auf einem Niveau von 41 bis 44 Prozent.[16] Bei den Unauffälligen können wir demnach, kurz zusammengefasst, eine grundsätzlich ähnliche Charakteristik der beiden Klassen in dem ausgewählten LTA-Modell erkennen: In der ersten Klasse sind die Wahrscheinlichkeiten, *nicht* zur Wertegruppe (hier Unauffällige) zu gehören und diesen Status zu behalten oder zu erlangen, deutlich höher als in der zweiten Klasse. Umgekehrt liegen in der zweiten Klasse im Vergleich zur ersten Klasse höhere Wahrscheinlichkeiten vor, in die Gruppe der Unauffälligen zu wechseln oder in ihr zu bleiben. Die zeitlichen Verläufe in beiden Klassen unterscheiden sich bei den Unauffälligen allerdings deutlich von den Verläufen bei den anderen Wertegruppen. Hier ist eine konstante Entwicklung zu beobachten, die ohne nennenswerte Schwankungen im Zeitverlauf stattfindet. Die Übergangswahrscheinlichkeiten bleiben bei den Unauffälligen über den gesamten Erhebungszeitraum hinweg annähernd gleich. Auch diese Besonderheit ließ sich durch die Analysen der Populations- und Stayeranteile in den Abschnitten 9.1 und 9.2 bereits vermuten.

Wendet man sich den spezifizierten Einflüssen der Kovariaten Zeit und Geschlecht zu, so wird deutlich, dass beide Merkmale Koeffizienten aufweisen, die nicht signifikant sind und nur eine marginale Größe besitzen (siehe Tabelle 9.8). Die Geschlechtsverteilung in den beiden Klassen (siehe Tabelle A.39 auf Seite 500) zeigt diesen Umstand bereits deutlich, da sich hier kaum Unterschiede präsentieren. Auch die deskriptive Darstellung der Verläufe der Übergangswahrscheinlichkeiten (siehe Abbildung 9.7 auf der vorherigen Seite und Tabelle A.40 auf Seite 500) mit den zutage getretenen zeitkonstanten Parametern, ließ diesen

16 Die sich daraus ergebenden Gegenwahrscheinlichkeiten betragen zwischen 59 und 56 Prozent und bezeichnen den Fall des Herauswechselns aus der Gruppe der Unauffälligen (2 → 1).

Befund bereits erkennen. Festzuhalten ist, dass für die hier untersuchten Jugendlichen zwei Klassen angenommen werden können, von denen die eine durch eine gleichbleibend hohe Wahrscheinlichkeit gekennzeichnet ist, nicht zu den Unauffälligen zu gehören oder wenn doch, im nächsten Zeitpunkt wieder aus der Gruppe herauszufallen. Bezogen auf das zugrunde liegende Wertemuster bedeutet dies die große Wahrscheinlichkeit, entweder nicht alle der untersuchten Wertedimensionen abzulehnen bzw. andernfalls in geringem zeitlich Abstand wieder Werte dazu zu gewinnen. Daneben lässt sich eine deutlich kleinere Klasse an Jugendlichen modellieren, die durch eine größere Gefahr des Werteverlusts bedroht sind. Die Wahrscheinlichkeiten, von einem auf den nächsten Zeitpunkt alle Werte zu verlieren bzw. im Status der »Wertelosigkeit« zu verharren sind hier deutlich höher, allerdings immer noch geringer als die Wahrscheinlichkeiten, aus diesem Zustand wieder auszusteigen. In beiden Klassen lassen sich beim Phänomen des Werteverlusts allerdings weder Alterseffekte zeigen, noch Einflüsse der soziodemographischen Merkmale. Die Wahrscheinlichkeit, Werte zu verlieren oder im Falle des Nichtvorhanden-Seins nicht wieder hinzu zu gewinnen, scheint keinem Alters- bzw. Reifungsprozess zu unterliegen oder von den hier betrachteten soziodemographischen Einflüssen abzuhängen.

9.4 Zusammenfassung

Die Erkenntnisse dieses Kapitels zeigen eine grundlegende Entwicklung der Werthaltungen Jugendlicher im Altersverlauf: Wertespezialisierung. Die Trendanalysen in Abschnitt 9.1 lassen bereits auf der Aggregatebene eine deutliche Zunahme von Stichprobenanteilen der in der Werte-Generalisierungsstufe I versammelten Wertespezialisten-Typen im Zeitverlauf erkennen. Die Stichprobenanteile der Werte-Generalisierungsstufen II und III nehmen hingegen mit zunehmendem Alter der Probanden ab. Dieser Trend ist bei näherer Betrachtung in erster Linie auf die Zunahme der Wertegruppe der Konventionalisten zurückzuführen, also auf die zunehmende Spezialisierung der Jugendlichen im Bereich der Pflicht- und Konventionswerte. Daneben lässt sich ebenfalls noch eine Zunahme der Idealisten feststellen, mit der zugrunde liegenden Wertorientierung in Form einer Fokussierung auf die Werte des öffentlichen Engagements. Die übrigen, inhaltlich relevanten Wertetypen[17] verlieren allesamt im Zeitverlauf an Größe.

17 Die Indifferenten sind aufgrund ihrer Stellung als Rest-Typologie ausgenommen.

Einzig die konventionellen Idealisten, mit ihrer charakteristischen Kombination aus traditionellen und idealistischen Werten, die aufgrund des in Abschnitt 6.2 bereits besprochenen Zusammenhangs der Wertedimensionen naheliegt, weisen noch eine erwähnenswerte Phase des zwischenzeitlichen Größenanstiegs auf.

In den Panelanalysen in Abschnitt 9.2 zeigt sich, dass der altersbedingte Entwicklungsprozess im Hinblick auf die Wertetypen und den ihnen zugrunde liegenden Wertorientierungen bzw. individuellen Werthaltungen grundsätzlich eher durch Wandel als durch Stabilität bei den Jugendlichen gekennzeichnet ist. Bezogen auf alle Wertegruppen beträgt der maximale Anteil an Jugendlichen, die im kürzesten untersuchten Zeitraum (zwei Wellen bzw. ein Jahr) ihre Wertegruppenzugehörigkeit behalten, lediglich rund ein Drittel. Damit wechseln mindestens zwei Drittel der Jugendlichen die Gruppenzugehörigkeit und damit auch ihre Werthaltungen während dieser relativ kurzen Zeitspanne. Je länger der beobachtete Zeitraum ist, desto größer ist (wie zu erwarten) generell auch die Wahrscheinlichkeit eines Wandels. Allerdings lässt sich darüber hinaus auch feststellen, dass die Stabilität im Lebensverlauf zunimmt. Ebenso wie die Panelanalysen der intra-individuellen Werte (siehe Kapitel 7) sind diese Befunde deutliche Belege für die Aging-Stability-These. Diese gilt somit nicht nur für einzelne Werte sondern auch für Werthaltungen, mithin für die intra-individuelle Kombination von Einzelwerten. Auch die differenziertere Betrachtung der einzelnen Wertetypen offenbart eine zunehmende Stabilität, unabhängig von der inhaltlichen Ausrichtung der Wertorientierungen. Bezogen auf den Vergleich zwischen zwei benachbarten Zeitpunkten sind die Anteile derjenigen, die in ihrer Wertegruppierung verbleiben, zum Ende des Erhebungszeitraumes hin immer größer als zu Beginn. Als einzige Ausnahme präsentieren sich die Realisten. Die ihnen zugrunde liegende Wertorientierung der Zustimmung zu allen drei Wertedimensionen, also die umfassende Wertsynthese, wird im Altersverlauf instabiler. Als insgesamt stabilste Wertorientierung, deren Stabilität darüber hinaus noch am stärksten im Altersverlauf zunimmt, erweist sich die alleinige Orientierung an Pflicht- und Konventionswerten (Konventionalisten). Mit nur geringem Abstand folgt die partielle und aus den genannten Gründen inhaltlich naheliegende Wertsynthese aus Pflicht- und Konventionswerten und Werten des öffentlichen Engagements (konventionelle Idealisten), wiederum gefolgt von den Hedo-Materialisten und der zugehörigen Fokussierung auf hedonistisch-materialistische Werte. Auch diese Gruppierung zeigt hohe und deutlich ansteigende Stabilitäten im Vergleich zweier benachbarter Zeitpunkte.

Der Wandel von Werthaltungen ist im Bereich der Wertespezialisten (Werte-Generalisierungsstufe I), also den Gruppen der Konventionalisten, Hedo-Materialisten und Idealisten, durch zwei markante Prozesse gekennzeichnet, wenn jeweils zwei benachbarte Zeitpunkte betrachtet werden. Zum einen ist zwar bei allen drei Gruppen insgesamt der Anteil derjenigen größer, die die Gruppe und damit auch die Wertorientierungen wechseln. Aufgeschlüsselt nach den Einzelgruppierungen verbleibt die *relative* Mehrheit der Jugendlichen jedoch in der Ursprungsgruppe[18], und dieser Anteil wird in allen Wertespezialisten-Gruppen im Altersverlauf größer. Der zweite Prozess ist die zunehmende Orientierung an traditionellen Werten. Die stärkste Wanderungsbewegung aus den jeweiligen Ursprungsgruppen heraus ist in zwei der drei Gruppen durch eine Hinwendung zu und Hinzunahme von Pflicht- und Konventionswerten geprägt – damit also einer partiellen und konservativen Wertsynthese. Bei den Konventionalisten, die diese Werte ja bereits verinnerlicht haben, ist die erste Wechseloption die partielle und naheliegende Synthese mit den Werten des öffentlichen Engagements. Als drittstärkste Wechselbewegung ist bei allen drei Spezialisten-Gruppen der Prozess des Werteverlusts zu beobachten, der mit dem Wechsel in die Gruppe der Unauffälligen einhergeht. In der mittleren Werte-Generalisierungsstufe II ist bei den beiden zahlenmäßig relevanten Gruppierungen, den konventionellen Idealisten und den konventionellen Hedo-Materialisen, ebenfalls zu konstatieren, dass das Verbleiben in der jeweiligen Gruppe die, relativ betrachtet, überwiegende Option ist. Der zweitgrößte Anteil der Jugendlichen spezialisiert sich zwischen zwei Zeitpunkten auf konventionelle Werte und wechselt in das Lager der Konventionalisten. Erst als dritte, vom Umfang her deutlich kleinere Option, zeigt sich die weitergehende Wertsynthese in Form des Wechsels in die Gruppe der Realisten. Einzig bei der vom Umfang her sehr kleinen Gruppe der hedo-materialistischen Idealisten ist eine bestimmte Wanderungsbewegung häufiger zu beobachten als der Verbleib in der Gruppe: der Wechsel zu den Hedo-Materialisten. Auch dieser Prozess ist allerdings durch eine Spezialisierung gekennzeichnet und die weitergehende Wertsynthese folgt ebenfalls erst auf dem dritten Rangplatz. In der Werte-Generalisierungsstufe III ist bei den Realisten zu beobachten, dass auch hier das Verbleiben in der Gruppe die stärkste, wenn auch im Zeitverlauf abnehmende

18 Beispielsweise beträgt der Anteil derjenigen, die zwischen zwei benachbarten Zeitpunkten in der Gruppe der Konventionalisten bleiben, durchschnittlich rund 40 Prozent. Das heißt, dass die Mehrzahl von rund 60 Prozent die Gruppe wechselt. Betrachtet man aber diese wechselnden Jugendlichen nach den Einzelgruppen, so erreicht keine dieser einzelnen Wechselbewegungen oder -anteile das Ausmaß des Stayeranteils.

Option ist. Ein nicht unerheblicher Teil der jugendlichen Realisten lässt aber zwischen zwei benachbarten Zeitpunkten entweder die hedo-materialistischen Werte oder die Werte des öffentlichen Engagements fallen. Ein Verlust der konventionellen Orientierung oder von mehr als einem Wert ist hingegen nicht in relevantem Umfang zu beobachten. In der Generalisierungsstufe 0 kann man bei den Unauffälligen ebenfalls konstatieren, dass, relativ gesehen, die meisten Jugendlichen in der Gruppe verbleiben. Relevante Anteile gewinnen allerdings im Laufe eines Jahres Pflicht- und Konventionswerte oder hedonistisch-materialistische Werte hinzu.

Die Modellierungen mit Hilfe der Latent-Transition-Analyse bestätigen die bereits beschriebenen Befunde. Generell spezialisieren sich Jugendliche mit zunehmendem Alter in Bezug auf ihre Werthaltungen. Die Untersuchung der Realisten als Vertreter der umfassenden Wertsynthese bringen, neben anderen Erkenntnissen, signifikante Einflüsse der Zeit bzw. des Lebensalters und des Geschlechts als Ergebnis hervor. Die Chancen, zu einer weitreichenden *Wertsynthese* zu gelangen, sinken mit zunehmendem Lebensalter insgesamt deutlich ab. Die Wahrscheinlichkeit für eine solche Wertsynthese ist dabei trotz der allgemein sinkenden Wahrscheinlichkeit bei Jungen größer als bei Mädchen. Auch bei den Konventionalisten, als Vertreter einer *Wertespezialisierung*, sind die Einflüsse des Lebensalters und des Geschlechts signifikant. In diesem Fall ist es allerdings so, dass die Spezialisierung auf Pflicht- und Konventionswerte insgesamt mit zunehmendem Alter immer wahrscheinlicher wird. Die Chance ist diesbezüglich für Mädchen noch höher als für Jungen. Als dritte Gruppe wurden die Unauffälligen betrachtet, die durch eine Wertorientierung des Nicht-Vorhandenseins von Werten oder des *Werteverlusts* geprägt sind. Hier können keine signifikanten Einflussgrößen ausgemacht werden. Die Wahrscheinlichkeit, Werte zu verlieren oder im Falle des Nichtvorhandenseins nicht wieder hinzu zu gewinnen, scheint keinem Alters- bzw. Reifungsprozess zu unterliegen oder von den hier betrachteten soziodemographischen Einflüssen abzuhängen.

10 Schlussbetrachtungen

Die vorliegende Arbeit beschäftigt sich mit Werten in der Jugendphase, wobei insbesondere Stabilität, Wandel und Synthese von Werten und Werthaltungen während der sogenannten formativen Phase im Mittelpunkt der Analysen stehen. Der theoretische Rahmen entstammt der Speyerer Werteforschung, deren Erhebungsinstrument, das Speyerer Werteinventar, in zahlreichen empirischen Studien eingesetzt wurde. Zu diesen zählen auch die aufgrund ihrer vergleichbaren Datengrundlage für diese Arbeit besonders relevanten Shell-Jugendstudien. Im Unterschied zu diesen Arbeiten wird hier allerdings ein alternatives Erhebungsinstrument verwendet, dessen Vergleichbarkeit mit dem Speyerer Werteinventar in Abschnitt 6.1 sowohl inhaltlich als auch statistisch überprüft wird und im Ergebnis bestätigt werden kann. Nach einer Einführung in die grundlegende Wertethematik in Kapitel 1 erfolgte die Aufarbeitung des Forschungsstandes in Kapitel 2 mit einer Herleitung und Darstellung der untersuchungsleitenden Fragestellungen und des Arbeitsprogramms in Abschnitt 2.3. Die zur Bearbeitung und Beantwortung der aufgeworfenen Fragen durchgeführten empirischen Analysen der Arbeit basieren auf insgesamt neun längsschnittlich erhobenen Querschnittsdatensätzen ($n = 2427$ bis 4548) sowie einem siebenwelligen Paneldatensatz ($n = 2957$) der Jahre 2002 bis 2008 mit Jugendlichen einer Kohorte (Panel) bzw. zweier Kohorten (Querschnitte) aus Duisburg im Alter von 13 bis 19 Jahren. Diese Datengrundlage wird in Kapitel 3 und die verwendeten statistischen Methoden in Kapitel 4 beschrieben. In Kapitel 5 erfolgt die zumeist deskriptive Auswertung und Darstellung der im Laufe der Arbeit zu zahlreichen Analysen herangezogenen Merkmale verschiedener Alltagsbereiche der befragten Jugendlichen. Die tiefergehenden inhaltlichen Analysen erfolgen in den Kapiteln 6, 7, 8 und 9, deren grundlegende Ergebnisse hier nochmals abschließend vorgestellt und diskutiert werden sollen.

10.1 Wertedimensionen

Eine Ausgangsfragestellung bei der Beschäftigung mit Werten im Jugendalter ist die Frage nach der Beschaffenheit des Werteraums. Die aktuelle Speyerer Werteforschung postuliert diesbezüglich drei relevante Wertedimensionen, die für Erwachsene und Jugendliche gelten und mit Hilfe des Speyerer Werteinventars erhoben werden. Eigene dimensionsanalytische Untersuchungen mittels konfirmatorischer Faktorenanalysen des Kapitels 6 zeigen, dass diese drei Speyerer Wertedimensionen auch mit Hilfe des in unserer Untersuchung eingesetzten alternativen Messinstrumentes, der Sinus-Werteskala, bestätigt werden können. Auf der Grundlage der verwendeten, im Vergleich zu den Speyerer Items leicht unterschiedlich ausgerichteten Indikatoritems, lassen sich in jedem der neun untersuchten Querschnittsdatensätze die inhaltlich fast deckungsgleichen Dimensionen »Pflicht und Konvention«, »Hedonismus und Materialismus« sowie »Öffentliches Engagement« finden. Darüber hinausgehend belegen die Überprüfungen der Messinvarianz im Kapitel 7, dass für das Sieben-Wellen-Panel bei jeder der drei Dimensionen starke faktorielle Invarianz angenommen werden kann. Technisch gesehen beinhaltet dies für jede Wertedimension die gleiche Faktorenstruktur (Ladungsstruktur und Anzahl der Faktoren), gleiche Höhen der Faktorladungen und gleiche Höhen der Intercepts der Indikatorvariablen zu allen Erhebungszeitpunkten. Abgesehen von der Tatsache, dass diese Form der Messinvarianz die Voraussetzung für weitergehende Analysen, insbesondere die Interpretation von Mittelwertunterschieden ist, zeigt der Befund eine große Mess-Stabilität der latenten Konstrukte, mithin der Wertedimensionen im Altersverlauf. Damit kann man ganz grundsätzlich davon ausgehen, dass die Jugendlichen unter den jeweiligen Wertedimensionen im Altersverlauf dasselbe verstehen und dass sich diese im Grundverständnis über den betrachteten Zeit hinweg nicht nennenswert ändern.

Die Strukturierung des Werteraums durch die genannten drei Wertedimensionen basiert auf Erkenntnissen der Speyerer Werteforschung und ist historisch in Abgrenzung und Erweiterung zu der Wertewandeltheorie von Inglehart entstanden. Die Klages'sche Annahme eines nicht ein- sondern mehrdimensionalen Werteraums und eines auf diesen Dimensionen stattfindenden Wertewandels kann nach wie vor überzeugen und mit den von Klages und Kollegen im Laufe der letzten Jahrzehnte angeführten empirischen Belegen als sehr abgesichert gelten. Eine umfassende oder gar exhaustive Beschreibung des gesamten Werteraumes kann und soll damit jedoch nicht geleistet werden, Klages legt den Schwerpunkt auf die Abbildung der mit vertretbarem Erhebungsaufwand erfassbaren und inhaltlich relevanten Dimensionen. Beispielsweise werden konsensuale Werte nicht berücksichtigt, da sie aufgrund ihrer geringen Diskriminierungskraft wenig zu einer aussagekräftigen Typenbildung beitragen können, die für die weitere Speyerer Forschung elementar ist. Die Dimensionalität des Werteraumes wird also anhand inhaltlicher (und methodischer) Kriterien eingeschränkt. Dieser Linie wird auch in der hier vorliegenden Arbeit gefolgt, zumal das eingesetzte Erhebungsinstrument auch keine Neuvermessung des Werteraumes ermöglichen würde. Wollte man dies tun, wären umfangreiche exploratorische Untersuchungen nötig. Neben den dargelegten grundsätzlichen großen inhaltlichen Übereinstimmungen im Hinblick auf die Struktur des Werteraums zeigen die Analysen in dieser Arbeit allerdings auch zumindest einen entscheidenden Unterschied zu den Ergebnissen der Speyerer Werteforschung: Es liegen erhebliche Faktorkorrelationen und damit inhaltliche Zusammenhänge zwischen den Dimensionen »Öffentliches Engagement« und »Pflicht und Konvention« vor, die eine erzwungene Orthogonalität bzw. Unabhängigkeit, wie sie durch die Varimax-Rotation der Speyerer Analysen durchweg Anwendung findet, stark infrage stellen. Deutliche Hinweise auf diese Zusammenhänge liegen, wie in Abschnitt 2.1.4 ausgeführt, auch in den Shell-Jugendstudien vor. Weiterführende deskriptive Dimensions- und Klassifikationsanalysen auf Basis varimax-rotierter und z-standardisierter Faktorwerte, so wie in der Speyerer Werteforschung üblich, würden, wie in Abschnitt 2.1.5 ausführlich besprochen, zu verzerrten Ergebnissen führen, da sie die Struktur der Daten nicht in angemessener Form berücksichtigen. Deshalb werden, abweichend davon, in dieser Arbeit für die weiterführenden Analysen mittlere Gesamtpunktindizes der Indikatoritems zur Bildung von Dimensionsvariablen verwendet, die die korrelative Struktur berücksichtigen. Mit dieser Vorgehensweise zeigt sich für die untersuchten Daten, dass die Jugendlichen in sehr deutlichem Maße vorwiegend durch die Zustimmung zu traditionellen Werten geprägt sind (siehe Abschnitt 6.3). Im Zeitverlauf alles in allem fast gleichbleibend verfolgen rund zwei Drittel der Befragten diese Werte. Die Populationsanteile der Jugendlichen, die beiden anderen Wertedimensionen zustimmen, liegen in jedem beobachteten Zeitpunkt immer deutlich darunter und verlieren über den Erhebungszeitraum hinweg auch noch kontinuierlich an Größe. Man kann damit zunächst einmal festhalten, dass traditionelle Pflicht- und Konventionswerte gleichbleibend die bestimmenden Lebensziele für die deutliche Mehrheit der befragten Jugendlichen im Alter von 13 bis 19 Jahren sind. Diese Erkenntnis reiht sich in eine Linie von Forschungsergebnissen ein, die in dieselbe Richtung zeigen. Jugendliche scheinen sich insgesamt deutlich stärker an konventionellen Werten wie Pflichterfüllung und Tradition zu orientieren als an hedonistisch-materialistischen Werten wie Spaßorientierung und Konsumismus oder Werten des öffentlichen, sozialen oder politischen Engagements.

Nimmt man nun stärker die zeitliche Entwicklung in der Jugendphase in den Blick, so lässt sich auf Basis der Zustimmung zu den Wertedimensionen feststellen, dass geschlechtsspezifische Unterschiede im Bereich »Pflicht und Konvention« sowie »Hedonismus und Materialismus« erst in etwa ab dem 16. Lebensjahr herausgebildet werden und im Laufe der Zeit deutlich sichtbar zunehmen. Jungen neigen dann stärker hedonistisch-materialistischen Werten zu als Mädchen. Bei den Pflicht- und Konventionswerten ist es genau andersherum, hier stimmen mit zunehmendem Alter stärker die Mädchen zu. Bei den Werten des öffentlichen Engagements scheint es hingegen im gesamten Erhebungszeitraum keine nennenswerten Unterschiede zwischen Jungen und Mädchen zu geben. Neben dem Geschlecht präsentieren sich in den unterschiedlichen Wertebereichen verschiedene soziodemographische Einflüsse mit jeweils charakteristischen zeitlichen Verläufen (siehe Abschnitt 6.4). Bei den Pflicht- und Konventionswerten ist neben dem Geschlechtseffekt vor allem ein Einfluss der Staatsangehörigkeit festzustellen, da türkische Jugendliche deutlich und gleichbleibend traditioneller eingestellt sind als deutsche. Daneben liegt ein Effekt der Schulform vor, der sich in einer weniger traditionell orientierten Grundhaltung der Gymnasiastinnen und Gymnasiasten niederschlägt. Bei den hedonistisch-materialistischen Werten ist neben dem Geschlechtseinfluss vor allem der Bildungshintergrund des Elternhauses wirksam. Je bildungsaffiner das Elternhaus ist, desto weniger stark sind bei den Jugendlichen hedonistische Werte ausgeprägt. Das subjektiv eingeschätzte Familienvermögen wirkt hingegen begünstigend für die Ausprägung konsumorientierter hedonistisch-materieller Ziele. Die Werte des öffentlichen Engagements hängen in unserer Untersuchung nur von der Bildung ab, alle anderen analysierten soziodemographischen Einflussfaktoren sind dagegen zu vernachlässigen. Zum einen ist in diesem Zusammenhang der Bildungshintergrund des Elternhauses zu nennen, der positiv auf die Ausbildung engagementbezogener Werte wirkt und zum anderen die Schulform. Hier finden sich vor allem in den späteren Erhebungszeitpunkten negative Einflüsse der Schulformen »Berufsschule/-kolleg« und »keine Schule« und ein positiver Effekt der Schulform »Gymnasium«. Insgesamt betrachtet nehmen bei allen drei Wertedimensionen die Einflüsse im Zeitverlauf an Stärke zu, wobei sich die Erklärkraft übergreifend auf einem relativ niedrigen Niveau bewegt. Diese Einflusszunahme kann man generell als Indiz für die Ausbildung differenzierter Werteidentitäten erst im Laufe der Jugendphase deuten, die eher schwache absolute Erklärkraft deutet auf weitere, nicht berücksichtigte Einflussgrößen hin. Im Vergleich zu den Shell-Jugendstudien und der Speyerer Werteforschung werden durch die Analysen einige zentrale Ergebnisse bestätigt: Der deutliche Geschlechtseffekt, der auf eine traditionellere Grundhaltung der Mädchen und eine hedonistisch-materialistischere der Jungen deutet, sowie der positive Bildungseffekt bei Werten des öffentlichen Engagements und der negative Bildungseffekt im Hinblick auf traditionelle Werte. Neben den in Abschnitt 6.4 diskutierten kleineren Unterschieden überwiegt damit auch hier insgesamt der Eindruck einer deutlichen Übereinstimmung der Befundlage.

Diesen ersten Hinweisen auf eine zunehmende Wertedifferenzierung im Jugendalter folgen in Kapitel 7 Analysen der Stabilität und des Wandels auf Basis des zur Verfügung stehenden Paneldatensatzes. Die drei genannten Wertedimensionen werden mit Hilfe von Latent-State-Trait-Modellen im Hinblick auf die Fragestellung untersucht, ob sie im Beobachtungszeitraum als zeitstabile Persönlichkeitskomponenten angenommen werden können oder ob situations- bzw. zeitpunktspezifische Schwankungen überwiegen. Mit der sogenannten Aging-Stability-These lässt sich diesbezüglich annehmen, dass sich Werte erst im Laufe der Jugend in der Persönlichkeit verankern. In der Tat lassen sich für alle drei Wertedimensionen Latent-State-Trait-Modelle mit guter Modellanpassung finden, die die Hypothese bestätigen. In allen drei Wertebereichen liegen die Anteile der Varianz, die durch die zeitstabilen Traits erklärt werden, zu Beginn des Erhebungszeitraums auf einem sehr niedrigen Niveau. Diese Varianzanteile, die als die zeitstabilen Persönlichkeitskomponenten aufgefasst werden können, steigen dann im Laufe der Zeit sehr stark an. Zum Ende des Beobachtungszeitraums sind allerdings auch, je nach Wertedimension, wieder unterschiedlich starke Rückgänge zu beobachten, die allerdings insgesamt deutlich geringer sind als die Anstiege zu Beginn. Diese Befunde zeigen sehr deutlich, dass von einem prinzipiellen Zutreffen der Aging-Stability-These ausgegangen werden kann. Werte stabilisieren sich in der Jugendphase zunehmend und können ab etwa dem 15. Lebensjahr als überwiegend stabile Persönlichkeitsmerkmale begriffen werden, vorher dominieren situations- bzw. zeitpunktspezifische Einflüsse. Neben dieser grundlegenden Erkenntnis für alle drei Wertedimensionen gibt es aber auch Unterschiede und wertspezifische Entwicklungsmuster. Die Verläufe der Varianzerklärungsanteile der Pflicht- und Konventionswerte sowie der hedonistisch-materialistischen Werte ähneln sich bezüglich ihres Verlaufs insofern, als dass auf einen sehr steilen Anstieg der Erklärkraft der zeitstabilen Varianzanteile eine ungefähr drei Zeitpunkte andauernde Plateauphase folgt. Diese Phase setzt bei den traditionellen Werten allerdings rund ein Jahr früher ein (im Alter von 15 Lebensjahren) und liegt auf einem etwas höheren Niveau. Bei beiden Wertebereichen folgt ein Wiederabsinken, welches bei den traditionellen Werten wiederum etwa ein Jahr früher einsetzt (im Alter von 18 Lebensjahren) und deutlich stärker ausfällt. Gerade bei den Pflicht- und Konventionswerten kann man daher von einer erneuten, etwas instabileren Phase sprechen. Der Zeitpunkt dieser Phase fällt mit dem Ende der Schulzeit eines nicht unerheblichen Teils der Jugendlichen zusammen, so dass man einen Zusammenhang mit dem einschneidenden Lebensereignis des Schulabschlusses und der Berufswahl vermuten darf, gerade da sich die entsprechenden Indikatoritems dieser Dimension auch auf schulische Aspekte beziehen. Der Verlauf der Stabilisierung präsentiert sich bei den Werten des öffentlichen Engagements leicht unterschiedlich zu den beiden anderen Dimensionen. Auch hier ist zwar insgesamt eine zunehmende Stabilität zu beobachten, die allerdings zunächst deutlich wellenförmiger, zum Ende des Erhebungszeitraumes dann aber fast deckungsgleich zu der Stabilitätsentwicklung der hedonistisch-materialistischen Werten verläuft. Bezieht man diese Befunde auf die Inglehart'schen Hypothesen zur Ausbildung von Werten, so stützen diese die Aussagen zumindest teilweise. Offensichtlich findet die Ausbildung von Werten als fest verankerte Merkmale in der Persönlichkeitsstruktur in den sogenannten »formativen« Jahren statt, denn grundsätzlich stabilisieren sich Werte, wie wir sehen können, im Laufe der Jugend deutlich. Die weiteren Vermutungen über die spätere lebenslange Stabilität von Werten können dagegen bezweifelt werden. Auch wenn der in dieser Arbeit betrachtete Zeitraum nicht über das 19. Lebensjahr hinausreicht, finden sich dort dennoch bereits in der späten Jugend bzw. im frühen Erwachsenenalter Zeitabschnitte erneuter Stabilitätsabnahmen und -schwankungen, wenngleich auch nicht mehr das niedrige Niveau der Kindheit erreicht wird. Die Stabilitätsentwicklung der einzelnen Wertedimensionen ist in der Jugendphase auch bei grundsätzlich gleicher Richtung durchaus unterschiedlich. Dies gilt bei den Kindern und Jugendlichen sowohl bezüglich des zeitlichen Einsetzens als auch bezüglich der Form des Ablaufs. Vermutungen über eine frühere Stabilisierung von selbstfokussierten Werten als von selbsttranszendierten Werten, wie sie zum

Teil in der Forschung vertreten werden, können jedoch mit den vorliegenden Daten nicht bestätigt werden.

10.2 Wertetypen

Einen Kernbereich der Speyerer Werteforschung machen die auf Grundlage der drei Wertedimensionen gebildeten Wertetypen aus. In der Erwachsenenforschung beträgt deren Anzahl derzeit fünf: »Nonkonforme Idealisten«, »Hedonistische Materialisten«, »Aktive Realisten«, »Perspektivenlos Resignierte« und »Ordnungsliebende Konventionalisten«. In der Kinder- bzw. Jugendforschung sind es hingegen lediglich vier inhaltlich verwandte Typen: »Pragmatische Idealisten«, »Robuste Materialisten«, »Selbstbewusste Macher« und »Zögerliche Unauffällige«. Wie in Abschnitt 2.1 ausführlich dargelegt, hat sich die Vorgehensweise zur Bildung der Wertetypen und deren Anzahl im Laufe der Jahre erheblich verändert. Aus statistisch-technischer Sicht ist dabei insbesondere zu kritisieren (siehe Abschnitt 2.1.5), dass bei der aktuellen Typenbildung in der Speyerer Werteforschung ungeprüft von der Orthogonalität der zugrunde liegenden drei Wertedimensionen ausgegangen und für die Klassifizierung der Personen ein K-Means-Verfahren auf Basis z-standardisierter Faktorwerte, die über die orthogonalen Dimensionen zustande kommen, verwendet wird. Dies kann zum einen bei empirischen Faktorenkorrelationen zu erheblichen Verzerrungen der Clusterlösungen führen, und zum anderen sind die Anteilswerte bzw. Cluster- bzw. Wertetypengrößen im Zeitverlauf nicht vergleichbar. Darüber hinaus finden sich bei den angewandten Klassifikationsanalysen der Speyerer Werteforschung keine statistischen Vergleichstests von Lösungen mit unterschiedlicher Clusteranzahl, so dass der Punkt der angemessenen Anzahl an Typen aus statistischer Sicht fraglich bleibt. Auch aus inhaltlicher Sicht ist die Einschränkung auf fünf bzw. vier Wertetypen unklar, zumal in einer zwischenzeitlichen Phase der Speyerer Werteforschung selbst mehr Typen gebildet und analysiert wurden (siehe Abschnitt 2.1.2).

In den Kapiteln 8 und 9 stehen nach den Wertedimensionen nun Wertetypen von Jugendlichen im Vordergrund der Analysen. Um die aufgeführten Kritikpunkte und Limitationen der aktuellen Vorgehensweise zur Bildung der Typen in der Speyerer Werteforschung zu überwinden, wird auf die Ideen früherer Phasen dieser Forschung zurückgegriffen. Legt man für die drei Dimensionen ein einfaches, dichotomes Ausprägungsschema der Zustimmung bzw. Ablehnung zugrunde, so ergeben sich durch die Kombinationen insgesamt acht inhaltliche

Wertetypen, so wie sie auch in einer kurzen Phase der Speyerer Forschung (siehe Abschnitt 2.1.2) ausgewiesen wurden (siehe Tabelle 8.1 auf Seite 318).[1] Als Basis für die Zuordnung der Probanden auf die Typen werden jedoch keine z-standardisierten Faktorwerte auf Grundlage orthogonal rotierter Faktoren verwendet, sondern mittlere Gesamtpunktindizes der dimensional zusammengehörigen Indikatoritems. Um anschließende längsschnittliche Analysen vornehmen zu können, wurde deren zeitliche Messinvarianz überprüft und kann bestätigt werden (siehe Abschnitt 8.1). Des Weiteren wird hier auch kein K-Means-Verfahren mit inhaltlich vorgegebenen Startwerten verwendet, so wie in der Speyerer Werteforschung üblich, sondern die Klassifizierung erfolgt deterministisch anhand der auf die Ursprungsskala zurücktransformierten Indizes. Damit ist die »tatsächliche« Zustimmung bzw. Ablehnung der Wertedimensionen für die Typenzuordnung ausschlaggebend und nicht die Abweichung von einem zeitinkonstanten Dimensionsmittelwert, so wie dies bei der Verwendung von z-standardisierten Faktorwerten der Fall ist. Durch dieses Vorgehen entstehen zum einen inhaltlich deutlich differenziertere Wertetypen, die den Merkmalskombinationsraum besser ausschöpfen, und zum anderen Typen, deren Anteile bzw. Größen im Zeitverlauf überhaupt erst verglichen werden können. Die hier gebildeten Typen werden in Anlehnung an die Typen der Speyerer Werteforschung »Konventionalisten«, »Hedo-Materialisten«, »Idealisten«, »konventionelle Idealisten«, »konventionelle Hedo-Materialisten«, »hedo-materialistische Idealisten«, »Realisten«, »Unauffällige« und »Indifferente« genannt.

Die inhaltliche Auswertung der Wertetypen nach verschiedenen soziodemographischen Merkmalen und Alltagsbereichen zeigen schlüssige charakteristische Profile (siehe Abschnitt 8.2).[2] Im Vergleich mit den Erkenntnissen der Speyerer Werteforschung insgesamt und speziell den Befunden der Shell-Jugendstudien, die für unsere Daten am anschlussfähigsten sind, ergeben sich insbesondere bei den Wertespezialisten-Typologien die größten Übereinstimmungen. Mit dieser Bezeichnung sind die drei Typen gemeint, deren Werteprofil durch die Zustimmung zu einer einzigen Dimension, bei Ablehnung der beiden anderen gekennzeichnet ist. Damit betrifft diese hohe Ähnlichkeit die Typologie der Hedo-Materialisten, deren Mitglieder die für diese Gruppe alleinige charakteristische hedo-materia-

1 Die Skalierung der in unseren Daten verwendeten Indikatoritems mit einem Mittelpunkt »teils/teils« macht darüber hinaus einen zusätzlichen Wertetypus »Indifferente« unumgänglich, so dass zusammen mit dieser Restgruppe insgesamt neun Typen gebildet werden.

2 Die Wertegruppe der »Indifferenten« spielt als Rest-Typologie für die inhaltlichen Betrachtungen dabei keine nennenswerte Rolle.

listische Wertorientierung zeigen. In beiden Studien ist diese Gruppe daneben übereinstimmend vorwiegen durch männliche Jugendliche geprägt, die eine hohe finanzielle Unzufriedenheit und eine geringe Bildungsaffinität zeigen, in Kombination mit wenig Fleiß Probleme in der Schule und mit den Lehrern haben, einen inhaltlich und zeitlich problematischen Medienkonsum pflegen und eine erhöhte Devianz- und Delinquenzneigung aufweisen. Insgesamt stellt diese Wertegruppierung damit sowohl in unserer Untersuchung als auch in den Shell-Jugendstudien die am weitaus stärksten problembelastete Gruppe dar. Auch bei den Idealisten, mit der in beiden Studien zugrunde liegenden einseitigen Orientierung an idealistischen Engagement-Werten, lassen sich deutliche und große Ähnlichkeiten ausmachen, die vor allem durch eine hohe Bildungsaffinität zum Ausdruck kommen. Sowohl das hohe Bildungsniveau der Elternhäuser und die hohen angestrebten Bildungsabschlüsse, aber auch die Beliebtheit hochkultureller Freizeitbeschäftigungen zeigen die inhaltliche Verwandtschaft in beiden Untersuchungen. Die letzte der drei Wertespezialisten-Gruppierungen, die sich auf Grundlage der drei Dimensionen bilden lässt, ist die Gruppe der Konventionalisten. Diese wird, im Gegensatz zu unserer Studie, in den Shell-Jugendstudien nicht als eigenständige Typologie betrachtet, weshalb sich der inhaltliche Vergleich auf die Speyerer Erwachsenenforschung beziehen muss. Trotz dieser Einschränkung zeigt sich ein hohes Maß an Übereinstimmung, welches in den Aspekten der verbreiteten hohen Zufriedenheit mit finanziellen Ressourcen, einer generell positiven Zukunftssicht, familienorientierten, häuslichen Freizeitbeschäftigungen, einem hohen Fleiß bei lediglich durchschnittlichen angestrebten Schulabschlüssen und einer durchweg geringen Problembelastung seinen Ausdruck findet.

Neben diesen drei inhaltlich insgesamt sehr vergleichbaren Wertespezialisten-Typologien präsentiert sich auch die Gruppierung der Unauffälligen in beiden Studien mit deutlich übereinstimmenden Charakteristika. Die ablehnende Grundhaltung gegenüber allen drei Wertedimensionen geht sowohl in unserer Untersuchung als auch in den Shell-Jugendstudien mit einer düsteren Zukunftssicht, einer niedrigen Selbstwirksamkeitserwartung und niedrigem Selbstvertrauen, wenig schulischem Fleiß und kaum ausgeprägten Freizeitinteressen einher, so dass man insgesamt von einer vergleichbaren zögerlich-unauffälligen Grundhaltung sprechen kann. Im Gegensatz zu diesen sehr vergleichbaren Wertegruppen existiert allerdings auch ein Wertetypus, bei dem die Unterschiede überwiegen. Erstaunlicherweise ist dies mit der Gruppe der Realisten, in den Shell-Jugendstudien »selbstbewusste Macher« genannt, der Typus, dessen Eigenschaft Gegenstand einer der Hauptlinien der Speyerer Werteforschung überhaupt ist: die Wertsynthese. Kennzeichnend für diesen Typus ist eine Wertorientierung, die sich durch Zustimmung zu allen drei Wertedimensionen auszeichnet. Dieser Typus wird bei Klages und Kollegen außerordentlich positiv charakterisiert, indem ihm eine besondere Fähigkeit zugesprochen wird, die Anforderungen der modernen Gesellschaft zu meistern und anomiefest zu sein. Realisten seien in der Lage, eigene Bedürfnisse und Systemerfordernisse zum Nutzen von Individuum und Gesellschaft in Einklang zu bringen, wobei die Verbreitung dieser Wertegruppierung gewissermaßen »von selbst« durch eine evolutionäre soziale Selbstentwicklung geschehe. Auch in den Shell-Jugendstudien wird der entsprechende Wertetypus, die »selbstbewussten Macher«, zusammenfassend sehr hoffnungsvoll als die am besten für die Bewältigung der vielfältigen Lebensaufgaben gerüstete Wertegruppe beschrieben. Dieser umfassenden positiven Beurteilung kann auf Basis unserer Daten jedoch nicht zugestimmt werden. Zwar ähneln sich die Typen in beiden Untersuchungen hinsichtlich ihrer positiven Zukunftssicht, erhöhten Selbstwirksamkeitserwartung, der großen Breite an Freizeitaktivitäten, denen nachgegangen wird, und einem erhöhten schulischen Fleiß – wobei jedoch die angestrebten Schulabschlüsse in unserer Untersuchung niedriger sind. Bei den untersuchten Alltagsproblemen, sowie dem devianten und delinquenten Verhalten, lassen sich aber im gesamten Erhebungszeitraum keinerlei Anzeichen einer Besserstellung der Realisten oder einer ihnen eigenen, besonders erfolgreichen Strategie zur Problembewältigung in dieser Untersuchung finden. Eine außergewöhnliche Anomiefestigkeit kann hier ebenfalls nicht belegt werden. Allerdings können in unserer Untersuchung auch keine eindeutigen und stichhaltigen Belege für die von einigen Autorinnen und Autoren vertretene Gegenthese, die Wertsynthese sei kein erstrebenswerter Zustand und besetzt mit Anomie, Verunsicherung und extern motivierter Anpassung, gefunden werden.

Die drei Werte-Mischtypen, die durch eine Zustimmung zu zwei der drei Wertedimensionen geprägt sind, werden mit Ausnahme einer kurzen Zwischenphase in der Speyerer Werteforschung aus Gründen der Vereinfachung nicht einzeln berücksichtigt (siehe Abschnitte 2.1.2 und 2.1.3), sondern gehen bei der Klassifizierung mittels K-Means-Verfahren in den fünf vorgegebenen Clustern auf. In unserer Untersuchung wird jedoch deutlich, dass auch diese Typologien charakteristische Eigenschaften besitzen, die durchaus erkenntnisreich sind. Mit den »hedo-materialistischen Idealisten« und den »konventionellen Hedo-Materialisten« existieren hier zwei Typen mit hedo-materialistischem Teilprofil, welches in einer partiellen Wertsynthese zusammen mit idealistischen bzw. konventionellen Werten auftritt. Während im ersten Fall der idealistischen Hedo-Materialisten über eine finanzielle Unzufriedenheit, einen gewalthaltiger Medienkonsum, die Freizeitbeschäftigungen, den vermehrten Alltagsproblemen und den erhöhten Devianz- und Delinquenzraten inhaltliche Verbindungen zu dem Profil der reinen Hedo-Materialisten bestehen, kommt die idealistische Teilprägung vor allem durch eine ebenfalls vorhandene höhere Bildungsaffinität zum Ausdruck. Diese Bildungsaffinität ist ein deutlicher Unterschied zu den reinen Hedo-Materialisten und drückt die Besonderheit dieses Mischtyps aus. Insgesamt stellt dieser Typus mit den genannten problematischen Charakteristika allerdings ein Beispiel für eine wenig positive Wertsynthese mit recht weit verbreiteten nonkonformen Verhaltensweisen dar. Im zweiten Fall, bei den konventionellen Hedo-Materialisten, sind die Anknüpfungspunkte zu den reinen Hedo-Materialisten vor allem über eine Bildungsferne, einem gewalthaltigen Medienkosum, Problemen im schulischen Bereich und einer finanziellen Unzufriedenheit zu erkennen. Mit Ausnahme des erhöhten Alkoholkonsums fehlen aber die ansonsten typischen erhöhten Devianz- und Delinquenzraten. Die partielle Wertsynthese mit den konventionellen Werten hat hier offenbar den positiven Effekt eines konformen Lebenswandels der betreffenden Jugendlichen. Ein moderater Hedonismus scheint in Verbindung mit Konventionswerten damit, zumindest im Hinblick auf abweichende Verhaltensweisen, durchaus verkraftbar zu sein. Der letzte der drei Werte-Mischtypen ist der Typus der »konventionellen Idealisten«, der dem Typus der (pragmatischen) Idealisten aus den Shell-Jugendstudien aufgrund der bereits bei der Typenbildung »eingerechneten« traditionellen Ausrichtung am nächsten kommt. Eine hohe Bildungsaffinität, ein hoher Fleiß bei hohen angestrebten Schulabschlüssen sowie niedrige Devianz- und Delinquenzraten sind in beiden Studien charakteristische Eigenschaften. Daneben existieren aber auch leichte Unterschiede, denn die konventionellen Idealisten berichten in unserer Untersuchung von einer Zufriedenheit mit den eher niedrigen finanziellen Ressourcen und einer positiven Zukunftssicht, während die (pragmatischen) Idealisten in den Shell-Jugendstudien materiell eher begünstigt, aber eher unzufrieden in verschiedenen Lebensbereichen sind. Alles in allem erscheint die Bildung von allen acht Typen (ohne die Rest-Typologie der Indifferenten) in unserer Untersuchung aufgrund der differenzierteren Betrachtungsmöglichkeiten zweckmäßiger als die Fünf- bzw. Vier-Typen-Lösung der aktuellen Speyerer Werteforschung. Alle acht Typen weisen inhaltlich abgegrenzte Profile auf, und hinsichtlich der Bewertung der Wertsynthese ergeben sich zusätzlich interessante Aspekte. So finden sich in unseren Typologien Beispiele für positive, partielle Wertsynthesen. Dies ist bei der Synthese von Pflicht- und Konvention mit Hedonismus und Materialismus der Fall, die in der Gruppe der konventionellen Hedo-Materialisten, im Gegensatz zur Gruppe der reinen Hedo-Materialisten, mit überwiegend konformen Verhaltensweisen einhergeht. Das zweite Beispiel ist die, aufgrund der Korrelation der Wertedimensionen sehr naheliegende Synthese von Pflicht- und Konventionswerten mit den Werten des öffentlichen Engagements. Die so geprägte Gruppe der konventionellen Idealisten verbindet die positiven Aspekte beider Einzelgruppierungen. Dagegen findet sich bei der partiellen Synthese der hedonistisch-materialistischen Werte mit denen des öffentlichen Engagements auch ein Beispiel für eine Wertsynthese mit negativen Folgen, da die über diese Wertorientierung geprägte Typologie der idealistischen Hedo-Materialisten von deutlich häufigeren non-konformen Verhaltensweisen und vermehrten sozialen Problemen berichtet. Die Betrachtung der umfassenden Wertsynthese aller drei Wertedimensionen relativiert das allzu positive Bild der Realisten in der Speyerer Forschung. Zumindest für Jugendliche scheint die gemeinsame Befürwortung der drei Wertedimensionen weder mit besonders positiven noch besonders negativen Auswirkungen auf konforme oder non-konforme Verhaltensweisen oder auf soziale Probleme einherzugehen.

Die Größenanteile, die auf die einzelnen Wertetypologien entfallen (siehe Abschnitt 8.2), sind schon aufgrund der unterschiedlichen Typenanzahlen naturgemäß schwer zwischen den Shell-Jugendstudien und den verschiedenen Querschnittsdatensätzen unserer Untersuchung zu vergleichen. Betrachtet man dennoch die vier Shell-Typen, so ist dort rund ein Viertel der befragten Jugendlichen in der Gruppe der Hedo-Materialisten versammelt, in der hier vorliegenden Studie jedoch lediglich zehn bis fünfzehn Prozent. In den Shell-Jugendstudien gehört ebenfalls rund ein Viertel zu den Unauffälligen, hier sind es dagegen lediglich um die zehn Prozent. Betrachtet man die Stichprobenanteile, die auf die (pragmatischen) Idealisten in den Shell-Jugendstudien entfallen, so sind diese mit knapp einem Viertel der Befragten sogar deutlich höher als die zusammengerechneten Anteile der drei Wertegruppen mit idealistischen Werteteilprofilen in unserer Studie. Die Tatsache, dass die Wertegruppe der Konventionalisten bei den Jugendlichen der Shell-Studien überhaupt nicht einzeln ausgewiesen wird, ist auch deshalb so erstaunlich, da diese Typologie in unseren Datensätzen ab dem zweiten Erhebungszeitpunkt die am stärksten besetzte Gruppe überhaupt ist.

Auch bei den Größenanteilen der Realisten zeigen sich große Abweichungen: In den hier verwendeten Datensätzen entfallen lediglich maximal rund 15 Prozent auf diese Typologie, während in den Shell-Jugendstudien Stichprobenanteile von etwa einem Viertel ausgewiesen werden (siehe Tabellen 2.19 auf Seite 87 und 8.2 auf Seite 322). An die Betrachtung der Größenanteile, die auf die Wertetypen entfallen, schließt sich direkt die Frage an, wie sich diese Anteile im Zeitverlauf entwickeln. Durch die zur Verfügung stehende Trend- und Panel-Datengrundlage können dabei in unserer Untersuchung die individuellen Entwicklungsverläufe analysiert werden. Damit können die Reifungsprozesse im Altersverlauf, die wir bei der Betrachtung der einzelnen Wertedimensionen bereits in den Blick genommen haben, auch für Werthaltungen, das heißt für die Kombination von verschiedenen Werten, die durch die Zugehörigkeit zu den Wertetypologien zum Ausdruck kommen, untersucht werden. Dabei kann zum einen analysiert werden, ob sich, wie auf Grundlage der Erkenntnisse zu den Einzeldimensionen zu vermuten steht, auch die Werthaltungen im Altersverlauf stabilisieren. Dies müsste durch eine fortschreitende Abnahme an Gruppenwechseln der untersuchten Jugendlichen deutlich werden. Zum anderen kann man fragen, ob es bestimmte »Richtungen« des Wechsels von Werthaltungen mit zunehmendem Alter gibt. Wenn die Klages'schen Vermutungen zutreffen, dass sich die Wertsynthese quasi evolutionär von selbst entwickelt, so müsste dies, auch wenn die Aussage gesamtgesellschaftlich gefasst ist, voraussichtlich auch für individuelle Entwicklungsverläufe zutreffen. Mit zunehmendem Alter könnte man dann eine zunehmende Tendenz zur Synthese von Werten vermuten. Um sich diesem Problemkreis zu nähern, werden die Wertetypen unserer Untersuchung in vier Werte-Generalisierungsstufen eingeteilt. In der Stufe I sind die Wertetypen zusammengefasst, deren Mitglieder lediglich eine Wertedimension präferieren (Wertespezialisten), in der Stufe II diejenigen, die zwei Dimensionen und in Stufe III diejenigen, die allen drei Dimensionen zustimmen (Wertegeneralisten). In der letzten Stufe 0 befinden sich die Wertetypen, deren Jugendliche entweder allen drei Dimensionen ablehnend oder indifferent gegenüberstehen.

Bereits die Trendanalysen (siehe Abschnitt 9.1) zeigen im Gegensatz zu den (Klages'schen) Vermutungen, dass eine zunehmende *Wertespezialisierung* die prägende Entwicklung von Werthaltungen im Altersverlauf der Jugend ist. Insgesamt nehmen im Altersverlauf lediglich die Wertespezialisten-Typen der Werte-Generalisierungsstufe I an Größe zu. Die Anteile der beiden anderen Stufen II und III nehmen hingegen mit zunehmendem Alter der Jugendlichen ab, während die

Anteile der Stufe 0 weitgehend stabil bleiben. Betrachtet man diese Befunde noch differenzierter, so lässt sich erkennen, dass die deutliche Zunahme der Wertespezialisten in erster Linie auf das Erstarken der Konventionalisten zurückzuführen ist, also auf die im Altersverlauf zunehmende Spezialisierung der Jugendlichen im Bereich der Pflicht- und Konventionswerte. Auch die Gruppe der Idealisten, mit der zugrunde liegenden Fokussierung auf die Werte des öffentlichen Engagements, wächst mit zunehmendem Alter der Jugendlichen an. Alle übrigen Wertetypen[3] werden im Zeitverlauf kleiner, einzig die konventionellen Idealisten mit der zugrunde liegenden Kombination aus traditionellen und idealistischen Werten zeigen noch eine zwischenzeitliche Phase des Größenanstiegs. Neben diesen Befunden, die auf Grundlage des Trend-Vergleichs auf der Aggregatebene basieren, lassen sich mit den Paneldaten auch Stabilität und Wandel der individuellen Werthaltungen überprüfen. Das Ergebnis offenbart, dass, absolut betrachtet, der Wandel von Werthaltungen in der Jugend insgesamt überwiegt (siehe Abschnitt 9.2). Über alle Wertetypen hinweg liegt der Anteil der Jugendlichen, deren Wertetypenzugehörigkeit und damit auch deren Werthaltung zwischen zwei Erhebungszeitpunkten stabil bleibt, bei maximal einem Drittel. Im Umkehrschluss bedeutet dies, dass mindestens zwei Drittel der Jugendlichen, selbst in der kürzesten analysierbaren Beobachtungsspanne (ein Jahr) unserer Daten, die Werthaltung wechselt. Erwartbar gilt darüber hinaus auch, dass, je länger diese Beobachtungsspanne gewählt wird, desto größer auch die Wahrscheinlichkeit eines individuellen Werthaltungswandels ist.

Auch wenn damit der Wandel von Werthaltungen in der Jugendphase überwiegt, lässt sich dennoch eine zunehmende Stabilisierung im Zeitverlauf beobachten – und dies unabhängig davon, welche der Haltungen inhaltlich genau betrachtet werden. Bezogen auf den Vergleich zweier benachbarter Beobachtungszeitpunkte sind die Stabilitäten zum Ende des gesamten Beobachtungszeitraumes für jeden Wertetypus, mit der einzigen Ausnahme der Realisten, größer als zu Beginn. Die Zugehörigkeiten zu den Wertetypen und damit eben auch die charakteristischen Wertorientierungen bzw. individuellen Werthaltungen werden somit im Altersverlauf stabiler. Lediglich die Werthaltung der umfassenden Wertsynthese wird mit zunehmendem Alter instabiler, was mit dem Befund der zunehmenden Spezialisierung in Übereinstimmung steht. Betrachtet man die Verläufe der einzelnen Wertetypologien, so sind die Konventionalisten am stabilsten und nehmen im Zeitverlauf noch am deutlichsten an Stabilität zu.

3 Die Indifferenten sind aufgrund ihrer Stellung als Rest-Typologie ausgenommen.

Auf hohem Niveau folgen die konventionellen Idealisten, gefolgt von den Hedo-Materialisten.

Untersucht man den Wandel der Werthaltungen noch genauer und analysiert die Wanderungsbewegungen zwischen zwei benachbarten Zeitpunkten auf der Ebene der einzelnen Wertetypologien (siehe Abschnitt 9.2), so kann man auch hier eine zunehmende Orientierung an traditionellen Werten feststellen, so wie dies auf Grundlage der oben bereits beschriebenen Zustimmungsverläufe der Einzeldimensionen zu erwarten ist. In zwei der drei Spezialisten-Typen ist nach dem Verbleib in der Gruppe (Stayer) die zahlenmäßig stärkste Wanderungsbewegung durch die Hinzunahme der Pflicht- und Konventionswerte zu der Ursprungsdimension gekennzeichnet und damit als *partielle konservative* Wertsynthese zu bezeichnen. Bei dem Typus der Konventionalisten ist diese Dimension allerdings ja bereits vorhanden, daher ist dort eine andere Wechselbewegung am stärksten: die Synthese mit Werten des öffentlichen Engagements. Auch dieser Befund kann wegen der vorhandenen Korrelationen der zugrunde liegenden Wertedimensionen nicht überraschen. Als zweitstärkste Wechselbewegung ist bei allen drei Spezialisten-Gruppen der Wechsel in die Gruppe der Unauffälligen, das heißt der Wegfall der ursprünglich vorhandenen Zustimmung zu der charakteristischen Wertedimension (Werteverlust). Bei der mittleren Werte-Generalisierungsstufe II und der charakteristischen »kleinen« Synthese von zwei Wertedimensionen der zugehörigen Wertetypen spielt, ebenfalls nach dem Verbleib in den jeweiligen Gruppen (Stayer), der Prozess der Spezialisierung eine bedeutende Rolle. Die Jugendlichen der konventionellen Idealisten und der konventionellen Hedo-Materialisten spezialisieren sich dabei durch Wegfall der »begleitenden« Dimension auf die konventionellen Werte und wechseln damit zur Gruppe der Konventionalisten. Bei beiden Typen tritt erst danach, als vom Umfang her deutlich kleinere Option, die weitergehende Wertsynthese auf, die durch einen Wechsel in die Gruppe der Realisten deutlich wird. Zur Stufe II gehört darüber hinaus auch die sehr kleine Gruppe der hedo-materialistischen Idealisten. Bei ihr ist als einzige Gruppe überhaupt der Stayer-Anteil kleiner als eine Wanderungsbewegung. Der Wechsel zu den Hedo-Materialisten, der sich ebenfalls durch eine Spezialisierung auszeichnet, ist hier die erste Option. Die weitergehende Wertsynthese mit dem Wechsel zum Typus der Realisten folgt allerdings ebenfalls erst auf dem dritten Rangplatz. Bei den Realisten, als alleinigen Vertretern der Werte-Generalisierungsstufe III stellt ein Wechsel der Gruppe automatisch einen Prozess der Spezialisierung dar. Zwar ist auch hier zu beobachten, dass der Stayer-Anteil, relativ gesehen, am größten ist, dieser Anteil nimmt allerdings im Altersverlauf ab. Teile der Realisten verlieren aber zwischen zwei benachbarten Zeitpunkten entweder die hedo-materialistischen Werte oder die Werte des öffentlichen Engagements und wechseln in eine Wertetypologie der Generalisierungsstufe II. Sowohl der Verlust der konventionellen Orientierung als auch der Verlust von mehr als einer Wertedimension tritt hingegen nicht in nennenswertem Umfang auf. Spezialisierung oder auch Werteverlust scheinen damit Prozesse zu sein, die in der Regel nicht sprunghaft auftreten, sondern sich, wenn überhaupt, schrittweise und mit größerem zeitlichen Abstand vollziehen. Bei den Unauffälligen der Generalisierungsstufe 0 ist ebenfalls zu beobachten, dass, relativ gesehen, die meisten Jugendlichen in der Gruppe verbleiben. Die größten Wanderungsbewegungen sind in dieser Typologie durch die Hinzunahme der Pflicht- und Konventionswerte oder der hedonistisch-materialistischen Werte und dem Wechsel in die entsprechenden Gruppen geprägt. Insofern gilt auch für den Prozess des Erwerbs von Werten, dass sich dieser ebenfalls nicht sprunghaft sondern eher langsam und schrittweise vollzieht.

Um die Prozesse der Wertespezialisierung, der Wertsynthese und des Werteverlusts noch detaillierter zu betrachten und den Einfluss soziodemographischer Merkmale zu überprüfen, haben wir die zeitlichen Verläufe dreier exemplarischer Wertetypen mit Hilfe der Latent-Transition-Analyse modelliert (siehe Abschnitt 9.3). Auch bei dieser Modellierungsart zeigt sich der generelle Befund einer zunehmenden Spezialisierung der Werte im Altersverlauf. Die Betrachtung der Realisten, als beispielhaften Typus für die Wertsynthese, bringt hervor, dass die Chance, zu einer umfassenden Synthese aller drei Werte zu gelangen, in der Jugendphase mit zunehmendem Lebensalter insgesamt abnimmt. Der Einfluss der Zeit ist dabei signifikant. Ein zweiter signifikanter Effekt ist beim Geschlecht zu verzeichnen, denn die Wahrscheinlichkeit, zu einer Wertsynthese zu kommen, ist trotz des allgemein sinkenden Verlaufs bei Jungen größer als bei Mädchen. Als beispielhaften Typus für die Wertespezialisierung werden die Konventionalisten betrachtet und ebenfalls mit Hilfe der LTA modelliert. Auch hier ergeben sich mit dem Geschlecht und dem Lebensalter zwei signifikante Einflüsse. Die Wahrscheinlichkeit für diese traditionelle Wertespezialisierung wird bei den Jugendlichen mit zunehmendem Lebensalter immer größer, für Mädchen ist die Chance dazu noch höher als für Jungen. Bei der Wertegruppe der Unauffälligen, als beispielhaften Typus für eine Wertorientierung des Nicht-Vorhandenseins von Werten oder des Werteverlusts, können keine signifikanten Einflussgrößen ausgemacht werden. Damit scheinen weder Alters- oder Reifungseffekte noch Effekte der sonstigen untersuchten soziodemographischen Merkmale vorzuliegen, die die Wahrscheinlichkeit in der Jugend beeinflussen, Werte zu verlieren oder im Falle des Nichtvorhandenseins nicht wieder hinzu zu gewinnen. Relativ unabhängig von den genannten Größen stimmt ein gewisser Anteil der Jugendlichen keiner der drei Wertedimensionen zu oder verliert sogar die möglicherweise einmal vorhandene Zustimmung wieder.

10.3 Fazit

Wenn man die vorliegenden Erörterungen zusammenfassend betrachtet und ein grundlegendes Fazit zieht, so kann man feststellen, dass mit der Sichtweise der Speyerer Werteforschung sehr gewinnbringende erkenntnisreiche Analysen jugendlicher Werte möglich sind. Die hier präsentierten Ergebnisse stützen die Speyerer Grundannahmen, auch wenn in einigen Punkten Weiterentwicklungen oder alternative Herangehensweisen als notwendig erachtet werden. Insbesondere die Speyerer Befunde zur Beschaffenheit des Werteraums bei Jugendlichen können nachdrücklich bestätigt werden. Folgt man dem Speyerer Postulat von drei inhaltlich relevanten Wertedimensionen, traditionell-konventionalistischen, hedonistisch-materialistischen und idealistischen Werten des öffentlichen Engagements, so lassen sich diese mit Hilfe eines hier verwendeten alternativen Erhebungsinstrumentes extern validieren und für den von uns beobachteten Zeitraum der Jugendphase in jedem Erhebungsjahr durchgängig bestätigen. Natürlich gelten die Aussagen über die Dimensionalität des Werteraums nur dann, wenn man den Speyerer Prämissen zustimmt und sich auf diese Faktoren beschränkt. Selbstverständlich ist der gesamte denkbare abstrakte Werteraum größer und komplexer, so dass je nach inhaltlicher Fragestellung auch die Fokussierung auf andere, hier nicht betrachtete, aber für die jeweilige Frage dann relevante Werte, erforderlich sein kann. Die Problemstellung der grundsätzlichen Beschaffenheit des abstrakten Werteraums steht allerdings weder in der (aktuellen) Speyerer Werteforschung noch in der hier vorgestellten Arbeit im Vordergrund. Bleiben wir bei der Vergleichbarkeit der dreidimensionalen Speyerer Werteraumstruktur, so zeigen unsere Analysen neben der ausführlich besprochenen Übereinstimmung bezüglich der inhaltlichen Wertedimensionen auch einen Sachverhalt, dem in der Speyerer Forschung bislang zu wenig Aufmerksamkeit geschenkt wurde: Die empirisch vorliegenden Zusammenhänge zwischen den Dimensionen. Diese müssen, anders als in der Speyerer Forschung bislang geschehen, angemessen berücksichtigt werden. Dieser Sachverhalt betrifft sowohl die inhaltlichen Aspekte als auch die adäquate methodische Umgangsweise mit ihnen. Werden nämlich Typologien aus abgeleiteten Dimensionsvariablen gebildet, so wie dies in der Speyerer Werteforschung üblich ist, dürfen vorhandene Zusammenhänge nicht ungeprüft mittels orthogonaler Rotationsverfahren unterschlagen werden. Andernfalls besteht die Gefahr, die tatsächliche Datenstruktur zu zerstören. In den obigen Ausführungen ist das Problem ausführlich dargestellt sowie eine alternative Vorgehensweise, die diese Limitationen überwindet, erläutert und durchgeführt worden.

Als ein elementares Ergebnis der auf Grundlage unseres Datenmaterials durchgeführten Analysen zur Betrachtung der Einzeldimensionen kann die deutliche und gleichbleibend starke Orientierung der untersuchten Jugendlichen an traditionell-konventionellen Werten gesehen werden. Sowohl hedonistisch-materialistische Werte als auch Werte des öffentlichen Engagements stehen hinter diesen Werten zurück und verlieren im Gegensatz zu ihnen im Altersverlauf an Zustimmung. Diese Befunde präsentieren sich im Einklang mit einer Reihe von Forschungsergebnissen, die das derzeitige Wiedererstarken traditioneller Werte feststellen. Zwar ist die hier untersuchte und beschriebene Population sehr speziell, da sie aus Jugendlichen derselben Altersstufe besteht, die im einjährigen Abstand fortlaufend wieder befragt wurden, dennoch zeigen die Ergebnisse ebenfalls in Richtung einer weitverbreiteten und deutlichen (Rück-)Besinnung auf traditionelle Werte.

Im Mittelpunkt der Speyerer Forschung steht die Betrachtung von Wertetypologien, die aus Jugendlichen mit ähnlichen Werthaltungen, also Kombinationen der Zustimmung zu bzw. Ablehnung von Einzelwerten, gebildet werden. Diesem Ansatz folgend werden auch in dieser Arbeit vergleichbare Wertetypen gebildet und untersucht. Methodisch wird dabei ein zwar ähnlicher aber in entscheidenden Punkten alternativer Weg eingeschlagen, der zum einen die Zusammenhänge zwischen den Wertedimensionen angemessen berücksichtigt und zum anderen überhaupt erst eine zeitvergleichende Analyse der Größenanteile der einzelnen Typen ermöglicht. Es wurde intensiv herausgearbeitet, warum die hier angewendete Vorgehensweise der »klassischen« Methode aus der Speyerer Werteforschung überlegen ist bzw. sich zum Teil sogar als unumgänglich erweist. Ein auf den ersten Blick erkennbarer Unterschied zur Speyerer Forschung ist die Bildung einer größeren Anzahl an Wertetypen, die den Merkmalskombinationsraum besser ausschöpft. Bei dem Vergleich der beiden Strategien bzw. Lösungsvorschläge zeigt sich eine hohe inhaltliche Vergleichbarkeit einzelner wichtiger Wertetypen, aber es existieren auch deutliche Unterschiede der Typenprofile, die vor allem die Werte-Mischtypen betreffen. Es wurde dargelegt, dass gerade im Hinblick auf den in der Speyerer Werteforschung so wichtigen Forschungsbereich der Wertsynthese die hier angewendete differenziertere Typenbildung einen deutlichen Erkenntnismehrwert liefert. So wird gerade bei den Werte-Mischtypen, auf deren Bildung in der Speyerer Forschung größtenteils verzichtet wird, sichtbar, dass unterschiedliche Formen und Ausmaße von Wertsynthesen existieren. Diese haben zum Teil offensichtlich positive Auswirkungen, zum Teil aber auch negative. Die umfassende Synthese aller drei Wertedimensionen stellt sich hingegen in unserer Untersuchung, im deutlichen Unterschied zu der Speyerer Werteforschung, nicht als sonderlich positiv besetzt heraus. Als Quintessenz kann an dieser Stelle festgehalten werden, dass eine modifizierte Vorgehensweise bei der Typenbildung, die sich an (älteren) Vorschlägen der Speyerer Werteforschung selbst orientiert, eine deutliche Verbesserung und Erweiterung der Erkenntnismöglichkeiten darstellt. Im Hinblick auf eine Analyse im Zeitvergleich ist, wie in den entsprechenden Abschnitten ausführlich dargelegt, eine Modifikation durch den Verzicht auf eine Z-Standardisierung der Dimensionsvariablen ohnehin unumgänglich. Beziehen wir die Ergebnisse noch einmal auf die von Hitlin und Piliavin (2004, S. 384) aufgeworfenen grundlegenden Forschungsfelder zurück, die nach den Autoren weitere Forschung benötigen und zu denen diese Arbeit einen Beitrag leisten soll (siehe Abschnitt 1.6). Die vorgestellten Analysen der Wertetypologien mit den zugrundeliegenden Wertorientierungen bzw. Werthaltungen ihrer Mitglieder fallen in das bedeutsame Forschungsfeld der »Homogenität bzw. Variation von Wertorientierungen in sozialen Gruppen«. Anzumerken ist, dass die hier vorliegende sehr spezielle Datenlage die präsentierten Erkenntnisse natürlich auf den Altersbereich der Jugendphase einschränkt und dass die verfolgte Analyserichtung »umgekehrt« verläuft. Die gebildeten Typologien werden ja hinsichtlich ihrer sozialen Struktur untersucht und nicht die soziale Struktur hinsichtlich der Wertetypen. Gleichwohl liegt eine starke inhaltliche Verknüpfung auf der Hand. Die hier gebildeten Wertetypen mit ihren jugendlichen Mitgliedern weisen, wie beschrieben, jeweils charakteristische Sozialprofile auf. Diesbezüglich sind außerdem große Übereinstimmungen in den einzelnen Datensätzen im Trendvergleich festzustellen, die auf eine bedeutsame Stabilität bzw. Validität der Erkenntnisse schließen lassen. Auch die Übereinstimmungen im Vergleich mit den Shell-Jugendstudien sind bei einigen Wertetypen prägnant, so dass man im Kern von sehr validen Ergebnissen ausgehen kann. Da die hier vorgestellte Wertetypologie wegen der größeren Anzahl an Typen differenzierter ist als die der Jugendstudien, sind die einzelnen Typen natürlich auch homogener bezüglich der Wertorientierungen. Neben den oben genannten Gründen erscheint es auch daher sinnvoll und zweckmäßig, die hier vorgeschlagene differenziertere Typologie zu verwenden und möglicherweise die Daten der Shell-Jugendstudien zu re-analysieren. Um in diesem Forschungsfeld zu Erkenntnissen mit einem noch breiteren Gültigkeitsbereich zu gelangen, der die Phase der Jugend übersteigt, müssten analoge Längsschnittuntersuchungen auf Basis altersrepräsentativer Bevölkerungsstichproben erfolgen.

Im Hinblick auf das Forschungsfeld der »Beziehungen zwischen sozialer Struktur und individuellen Werthaltungen« zeigen die Befunde für die Jugendphase, dass die Unterschiede und Einflüsse soziodemographischer Merkmale in den bzw. auf die drei Wertedimensionen im Altersverlauf zunehmen. Man kann diesen Umstand als einen Hinweis auf die Herausbildung einer differenzierten Werteidentität während der Jugendphase deuten. Die Untersuchungen zeigen darüber hinaus spezifische Einflussfaktoren, je nachdem, welcher Wert bzw. welche Wertedimension betrachtet wird. Insgesamt sind die Einflüsse der untersuchten Merkmale allerdings als recht schwach einzuordnen, wenn auch die Effektstärken im Altersverlauf prinzipiell zunehmen. In diesem Forschungsfeld erscheinen weitergehende Untersuchungen zu der Frage nach Ursachen für die Ausbildung bestimmter Werte bei Kindern und Jugendlichen als sehr wünschenswert.

Mit den vorgestellten Panel-Analysen der Stabilität und des Wandels von Werten und Werthaltungen im Zeitverlauf der Jugendphase kann diese Arbeit ihren größten Beitrag zu dem von Hitlin und Piliavin (2004, S. 384) benannten Forschungsfeld der »Wertveränderungen bzw. -stabilitäten im Lebensverlauf« leisten. Durch die einzigartige Panel-Datengrundlage ist es möglich, die Stabilität und den Wandel von Werten und Werthaltungen im Altersverlauf der Jugend, also der Phase der sogenannten »formativen Jahre«, zu analysieren. Die Ergebnisse zeigen bei den hier untersuchten Jugendlichen mehrere generelle Prozesse. Am prägnantesten ist dabei eine, sowohl bezüglich der einzelnen Werte bzw. Wertedimensionen als auch der Werthaltungen, klar erkennbare *zunehmende Stabilisierung* während der formativen Phase. Im Hinblick auf einzelne Werte als stabile Persönlichkeitsmerkmale sind im beobachteten Lebensverlauf allerdings auch Phasen eines leichten intraindividuellen Stabilitätsverlusts und somit eines Wandels feststellbar, die diesen ansteigenden Stabilisierungstrend im Grundsatz jedoch nicht berühren. Die Betrachtung der Wertetypen mit ihren charakteristischen Wertorientierungen im Zeitvergleich zeigt ebenfalls eine zunehmende Stabilisierung. Es kann nachgewiesen werden, dass auch die Zugehörigkeit zu diesen Typen und damit die intraindividuellen Werthaltungen, das heißt Kombinationen der Zustimmung zu bzw. Ablehnung von einzelnen Werten, im Altersverlauf stabiler werden. Man kann daher von einem grundsätzlichen Zutreffen der *Aging-Stability-These* bereits in der Jugendphase ausgehen. Bezüglich der Werthaltungen gilt, dass trotz der erwähnten zunehmenden Stabilisierung der Wechsel der Zugehörigkeiten zu den Wertetypologien insgesamt deren Stabilität übertrifft. Insofern kann man während der Jugendphase (noch) von einem *allgegenwärtigen Wandel* der Werthaltungen sprechen, der allerdings mit zunehmendem Alter abnimmt. Auch zu der Richtung des Wandels lassen sich mit den vorliegenden Analysen Aussagen treffen: Die untersuchten Jugendlichen orientieren sich im Altersverlauf zunehmend an traditionell-konventionalistischen Zielen. Die entwicklungsbedingte Reifung der Jugendlichen geht im Bereich der Werthaltungen offenbar mit einem Prozess der *zunehmenden Spezialisierung* einher und nicht etwa, wie die Speyerer Werteforschung nahelegt, mit einer zunehmenden Synthese von Werten. Auch die inhaltliche Gestalt dieses Prozesses ist deutlich sichtbar und besteht aus einer zunehmenden Hinwendung zu traditionell-konventionalistischen Werten als alleiniger Lebensleitlinie. Eine Wertsynthese, insbesondere die umfassende Synthese aus allen drei Wertedimensionen, spielt bei der Entwicklung im Jugendalter keine nennenswerte Rolle. Im Gegenteil, die Wahrscheinlichkeit für solch eine Wertsynthese sinkt über die Jugendphase hinweg kontinuierlich, wobei sie insgesamt für Mädchen etwas größer ist als für Jungen. Auch inhaltlich ist die Wertsynthese, im Gegensatz zu anderen Werthaltungen, bei den hier untersuchten Stichproben weder besonders positiv noch besonders negativ besetzt. Es ist zwar nicht auszuschließen, dass diese Befunde auch durch die Besonderheiten der Daten beeinflusst sind, doch lassen die durchgängig gleichlautenden Ergebnisse in der großen Anzahl der hier untersuchten Datensätze aus den verschiedenen Erhebungszeitpunkten die Befunde als sehr abgesichert erscheinen. Für die Jugendphase muss man daher zu einer anderen, differenzierteren aber weit weniger positiven und optimistischen Bewertung der Wertsynthese kommen als die Speyerer Werteforschung. Diese Diskrepanz aufzuklären bleibt eine spannende Aufgabe, die weitere intensive Forschung erfordert. Darüber hinaus ist, wie eingangs dargelegt wurde, nicht davon auszugehen, dass die Prozesse der Stabilisierung oder des Wandels von einzelnen Werten und Werthaltungen, und damit auch mögliche Prozesse der Synthese oder Spezialisierung, in dem hier betrachteten Zeitraum abgeschlossen sind. Vielmehr sind prägende Lebensereignisse und Umbrüche im späteren Lebensverlauf anzunehmen, die sehr wahrscheinlich mit Veränderungen von Werten und Werthaltungen einhergehen. Daher erscheint eine Fortführung der Analyse von Werten im Lebensverlauf über den hier betrachteten Zeitraum der Jugendphase hinaus als eine außerordentlich vielversprechende Aufgabe zukünftiger Forschung.

Literatur

Adelson, Joseph (1975). "The Development of Ideology in Adolescence". In: *Adolescence in the Life Cycle. Psychological Change and Social Context.* Ed. by Sigmund E. Dragastin and Glen H. Elder. Washington: Hemisphere, pp. 63–78.

Akaike, Hirotugu (1973). "Information Theory and an Extension of the Maximum Likelihood Principle". In: *Second International Symposium on Information Theory.* Ed. by Boris N. Petrov and Frigyes Csáki. Budapest: Akadémiai Kiádó, pp. 267–281.

Akaike, Hirotugu (1974). "A New Look at the Statistical Model Identification". In: *IEEE Transactions on Automatic Control* 19.6, pp. 716–723.

Alwin, Duane F. (1994). "Aging, Personality, and Social Change: The Stability of Individual Differences Over the Adult Life Span". In: *Life Span Development and Behavior.* Ed. by David L. Featherman, Richard M. Lerner, and Marion Perlmutter. Vol. 12. Hillsdale: Erlbaum, pp. 135–185.

Anderson, Theodore W. and Herman Rubin (1956). "Statistical Inference in Factor Analysis". In: *Third Berkeley Symposium of Mathematical Statistics and Probability, Volume 5: Contributions to Econometrics, Industrial Research, and Psychometry.* Ed. by Jerzy Neyman. Vol. 5. Berkeley: University of California Press, pp. 111–150.

Andreß, Hans-Jürgen, Jacques A. Hagenaars und Steffen Kühnel (1997). *Analyse von Tabellen und kategorialen Daten. Log-lineare Modelle, latente Klassenanalyse, logistische Regression und GSK-Ansatz.* Berlin und Heidelberg: Springer.

Andrews, Rick L. and Imran S. Currim (2003). "A Comparison of Segment Retention Criteria for Finite Mixture Logit Models". In: *Journal of Marketing Research* 40.2, pp. 235–243.

Arminger, Gerhard (1979). *Faktorenanalyse.* Stuttgart: B. G. Teubner.

Bacher, Johann, Andreas Pöge und Knut Wenzig (2010). *Clusteranalyse. Anwendungsorientierte Einführung in Klassifikationsverfahren.* 3. Aufl. München: Oldenbourg.

Baier, Dirk (2013). »Kriminologische Verlaufsforschung«. In: *Täter – Taten – Opfer. Grundlagenfragen und aktuelle Probleme der Kriminalität und ihrer Kontrolle.* Hrsg. von Dieter Dölling und Jörg-Martin Jehle. Bd. 114. Neue Kriminologische Schriftenreihe der Kriminologischen Gesellschaft e. V. Mönchengladbach: Forum Verlag Godesberg GmbH, S. 169–190.

Bandura, Albert (1977a). "Self-efficacy: Toward a Unifying Theory of Behavioral Change". In: *Psychological Review* 84.2, pp. 191–215.

Bandura, Albert (1977b). *Social Learning Theory.* Englewood Cliffs: Prentice Hall.

Bardi, Anat and Shalom H. Schwartz (2003). “Values and Behavior: Strength and Structure of Relations”. In: *Personality and Social Psychology Bulletin* 29.10, pp. 1207–1220.

Barth, Bertram und Berthold Bodo Flaig (2013). »Was sind Sinus-Milieus? Eine Einführung in die sozialwissenschaftliche Fundierung und Praxisrelevanz eines Gesellschaftsmodells«. In: *Jugendliche Lebenswelten. Perspektiven für Politik, Pädagogik und Gesellschaft*. Hrsg. von Peter Martin Thomas und Marc Calmbach. Berlin und Heidelberg: Springer-Verlag, S. 11–35.

Bartlett, Maurice S. (1937). “The Statistical Conception of Mental Factors”. In: *British Journal of Psychology* 28.1, pp. 97–104.

Beauducel, Andre and Philipp Yorck Herzberg (2006). “On the Performance of Maximum Likelihood Versus Means and Variance Adjusted Weighted Least Squares Estimation in CFA”. In: *Structural Equation Modeling: A Multidisciplinary Journal* 13.2, pp. 186–203.

Becker, Ulrich und Horst Nowack (1985). »›Es kommt der neue Konsument‹. Werte im Wandel«. In: *form – Zeitschrift für Gestaltung* 111.3, S. 13–17.

Bentler, Peter M. (1990). “Comparative Fit Indexes in Structural Models”. In: *Psychological Bulletin* 107.2, pp. 238–246.

Bentler, Peter M. (1995). *EQS Structural Equations Program Manual*. Encino: Multivariate Software.

Bentler, Peter M. (2006). *EQS 6 Structural Equations Program Manual*. Encino: Multivariate Software, Inc.

Bentrup, Christina (2007). *Methodendokumentation der kriminologischen Schülerbefragung in Duisburg 2006*. Schriftenreihe »Jugendkriminalität in der modernen Stadt – Methoden« 12. Münster, Bielefeld.

Bentrup, Christina (2009). *Methodendokumentation der kriminologischen Schülerbefragung in Duisburg 2007*. Schriftenreihe »Jugendkriminalität in der modernen Stadt – Methoden« 15. Münster, Bielefeld.

Bentrup, Christina (2010). *Methodendokumentation der kriminologischen Schülerbefragung in Duisburg 2008*. Schriftenreihe »Jugendkriminalität in der modernen Stadt – Methoden« 17. Münster, Bielefeld.

Bilsky, Wolfgang and Shalom H. Schwartz (1994). “Values and personality”. In: *European Journal of Personality* 8, pp. 163–181.

Boehnke, Klaus (2004). »Werden unsere Kinder wie wir? Intergenerationale Wertetransmission und gesellschaftlicher Wandel – zwei unverbundene soziologische Konzepte«. In: *Jugendsoziologische Sozialisationstheorie. Impulse für die Jugendforschung*. Hrsg. von Dagmar Hoffmann und Hans Merkens. Weinheim und München: Juventa, S. 109–127.

Boers, Klaus und Andreas Põge (2003). »Wertorientierungen und Jugenddelinquenz«. In: *Geschlecht, Gewalt, Gesellschaft*. Hrsg. von Siegfried Lamnek und Manuela Boatcă. Opladen: Leske + Budrich, S. 246–269.

Boers, Klaus und Jost Reinecke, Hrsg. (2007). *Delinquenz im Jugendalter. Erkenntnisse einer Münsteraner Längsschnittstudie*. Münster et al.: Waxmann.

Boers, Klaus, Jost Reinecke, Christina Bentrup, Andreas Daniel, Kristina-Maria Kanz, Philipp Schulte et al. (2014). »Vom Jugend- zum frühen Erwachsenenalter. Delinquenzverläufe und Erklärungszusammenhänge in der Verlaufsstudie ›Kriminalität in der modernen Stadt‹«. In: *Monatsschrift für Kriminologie und Strafrechtsreform* 97.3, S. 183–202.

Boers, Klaus, Jost Reinecke, Daniel Seddig, and Luca Mariotti (2010). "Explaining the development of adolescent violent delinquency". In: *European Journal of Criminology* 7.6, pp. 499–520.

Boers, Klaus, Jost Reinecke, Jochen Wittenberg und Kathrin Motzke (2002). »Wertorientierungen, Freizeitstile und Jugenddelinquenz«. In: *Neue Kriminalpolitik* 14.4, S. 141–146.

Boers, Klaus, Daniel Seddig und Jost Reinecke (2009). »Sozialstrukturelle Bedingungen und Delinquenz im Verlauf des Jugendalters: Analysen mit einem kombinierten Markov- und Wachstumsmodell«. In: *Monatsschrift für Kriminologie und Strafrechtsreform* 92.2/3, S. 267–288.

Bollen, Kenneth A. (1989). *Structural Equations With Latent Variables*. New York: Wiley.

Boomsma, Anne (1988). "The Robustness of Maximum Likelihood Estimation in Structural Equation Models". In: *Structural Modeling by Example. Applications in Educational, Sociological, and Behavioral Research*. Ed. by Peter Cuttance and Russell Ecob. Cambridge: Cambridge University Press, pp. 160–188.

Borkenau, Peter und Fritz Ostendorf (1993). *NEO-Fünf-Faktoren-Inventar (NEO-FFI) nach Costa und McCrae*. Göttingen: Hogrefe.

Bortz, Jürgen (2005). *Statistik für Human- und Sozialwissenschaftler*. 6. Aufl. Heidelberg: Springer Medizin Verlag.

Bortz, Jürgen, Gustav A. Lienert und Klaus Boehnke (2008). *Verteilungsfreie Methoden in der Biostatistik*. 3. Aufl. Heidelberg: Springer Medizin Verlag.

Bourdieu, Pierre (1987). *Die feinen Unterschiede. Kritik der gesellschaftlichen Urteilskraft*. 4. Aufl. Frankfurt a.M.: Suhrkamp.

Brannick, Michael T. (1995). "Critical Comments on Applying Covariance Structure Modeling". In: *Journal of Organizational Behavior* 16.3, pp. 201–213.

Braun, Joachim und Helmut Klages, Hrsg. (2001). *Freiwilliges Engagement in Deutschland. Freiwilligensurvey 1999. Ergebnisse der Repräsentativerhebung zu Ehrenamt, Freiwilligenarbeit und bürgerschaftlichem Engagement*. Bd. 2: *Zugangswege zum freiwilligen Engagement und Engagementpotenzial in den neuen und alten Bundesländern*. 2. Aufl.

Schriftenreihe des Bundesministeriums für Familie, Senioren, Frauen und Jugend; Bd. 194.2. Stuttgart et al.: Kohlhammer.

Brondies, Marc (2004). *Methodendokumentation der kriminologischen Schülerbefragung in Duisburg 2003*. Schriftenreihe »Jugendkriminalität in der modernen Stadt – Methoden« 6. Münster, Trier.

Browne, Michael W. and Gerhard Arminger (1995). "Specification and Estimation of Mean- and Covariance-Structure Models". In: *Handbook of Statistical Modeling for the Social and Behavioral Sciences*. Ed. by Gerhard Arminger, Clifford C. Clogg, and Michael E. Sobel. New York and London: Plenum Press, pp. 185–250.

Browne, Michael W. and Robert Cudeck (1993). "Alternative Ways of Assessing Model Fit". In: *Testing Structural Equation Models*. Ed. by Kenneth A. Bollen and J. Scott Long. Newbury Park: Sage, pp. 136–162.

Bryant, Fred B. and Albert Satorra (2012). "Principles and Practice of Scaled Difference Chi-Square Testing". In: *Structural Equation Modeling: A Multidisciplinary Journal* 19.3, pp. 372–398.

Bubeck, Maike and Wolfgang Bilsky (2004). "Value structure at an early age". In: *Swiss Journal of Psychology* 63.1, pp. 31–41.

Burkert, Mathias und Dietmar Sturzbecher (2010). »Wertewandel unter Jugendlichen im Zeitraum von 1993 bis 2005«. In: *Wertebildung in Jugendarbeit, Schule und Kommune. Bilanz und Perspektiven*. Hrsg. von Wilfried Schubarth, Karsten Speck und Heinz Lynen von Berg. Wiesbaden: VS, S. 43–60.

Byrne, Barbara M., Richard J. Shavelson, and Bengt O. Muthén (1989). "Testing for the Equivalence of Factor Covariance and Mean Structures: The Issue of Partial Measurement Invariance". In: *Psychological Bulletin* 105.3, pp. 456–466.

Chen, Fang Fang (2007). "Sensitivity of Goodness of Fit Indexes to Lack of Measurement Invariance". In: *Structural Equation Modeling: A Multidisciplinary Journal* 14.3, pp. 464–504.

Cheung, Gordon W. and Roger B. Rensvold (2002). "Evaluating Goodness-of-Fit Indexes for Testing Measurement Invariance". In: *Structural Equation Modeling: A Multidisciplinary Journal* 9.2, pp. 233–255.

Christ, Oliver und Elmar Schlüter (2012). *Strukturgleichungsmodelle mit Mplus. Eine praktische Einführung*. München: Oldenbourg.

Collins, Linda M. and Stephanie T. Lanza (2010). *Latent Class and Latent Transition Analysis: With Applications in the Social, Behavioral, and Health Sciences*. New York: Wiley.

Costello, Anna B. and Jason W. Osborne (2005). "Best Practices in Exploratory Factor Analysis: Four Recommendations for Getting the Most From Your Analysis". In: *Practical Assessment, Research & Evaluation* 10.7. URL: http://pareonline.net/getvn.asp?v=10&n=7.

Darmody, John P. (1991). “The Adolescent Personality, Formal Reasoning, and Values”. In: *Adolescence* 26.103, pp. 731–742.

Davidov, Eldad (2008). “A Cross-Country and Cross-Time Comparison of the Human Values Measurements with the Second Round of the European Social Survey”. In: *Survey Research Methods* 2.1, pp. 33–46.

Dempster, Arthur P., Nan M. Laird, and Donald B. Rubin (1977). “Maximum Likelihood from Incomplete Data via the EM Algorithm”. In: *Journal of the Royal Statistical Society. Series B (Methodological)* 39.1, pp. 1–38.

Deutsche Shell, Hrsg. (2002). *Jugend 2002. 14. Shell Jugendstudie*. Frankfurt a. M.: Fischer Taschenbuch.

Dias, José M. G. (2004). “Finite Mixture Models: Review, Applications, and Computer-intensive Methods”. PhD thesis. Research School Systems, Organization and Management (SOM), University of Groningen, The Netherlands.

Dickmeis, Claudia (1997). *Die Entwicklung von individuellen Werthaltungen im Jugendalter. Eine Längsschnittuntersuchung in Ost- und Wetberlin*. Münster et al.: Waxmann.

Dimitrov, Dimiter M. (2010). “Testing for Factorial Invariance in the Context of Construct Validation”. In: *Measurement an Evaluation in Counseling and Development* 43.2, pp. 121–149.

DiStefano, Christine, Min Zhu, and Diana Mîndrilă (2009). “Understanding and Using Factor Scores: Considerations for the Applied Researcher”. In: *Practical Assessment, Research & Evaluation* 14.20, pp. 1–11. URL: http://pareonline.net/getvn.asp?v=14&n=20.

Dittrich, Karl-Heinz (1984). *Wertorientierungen, Zeitwahrnehmung und politischer Protest. Eine Untersuchung zur Struktur und Veränderung von Orientierungsmerkmalen*. Speyerer Forschungsberichte 36. Speyer: Forschungsinstitut für öffentliche Verwaltung bei der Hochschule für Verwaltungswissenschaften Speyer.

Döbler, Thomas, Birgit Stark und Michael Schenk (1999). *Mediale und reale Gewalt. Eine Untersuchung sozialer Netzwerke von Jugendlichen*. München: R. Fischer.

Durkheim, Émile (1893). *De la division du travail social: Étude sur l'organisation des sociétés supérieures*. Paris: Félix Alcan.

Eckensberger, Lutz H. (1998). »Die Entwicklung des moralischen Urteils«. In: *Lehrbuch Entwicklungspsychologie*. Hrsg. von Heidi Keller. Bern et al.: Huber, S. 475–516.

Engel, Uwe und Jost Reinecke (1994). *Panelanalyse. Grundlagen, Techniken, Beispiele*. Berlin und New York: de Gruyter.

Engle, Robert F. (1984). “Wald, Likelihood Ratio, and Lagrange Multiplier Tests in Econometrics”. In: *Handbook of Econometrics*. Ed. by Zvi Griliches and Michael D. Intriligator. Vol. 2. Amsterdam: North Holland, pp. 796–801.

Erpenbeck, John und Johannes Weinberg (1993). *Menschenbild und Menschenbildung*. Münster et al.: Waxmann.

Festinger, Leon (1957). *A Theory of Cognitive Dissonance*. Stanford: Stanford University Press.

Festinger, Leon (2012). *Theorie der kognitiven Dissonanz*. Bern: Huber Verlag. Nachdr. von *Theorie der kognitiven Dissonanz*. 2. Aufl. Bern: Huber Verlag, 1978.

Flaig, Berthold Bodo, Thomas Meyer und Jörg Ueltzhöffer (1997). *Alltagsästhetik und politsche Kultur. Zur ästhetischen Dimension politischer Bildung und politischer Kommunikation*. 3. Aufl. Bonn: J. H. W. Dietz Nachf. GmbH.

Flora, David B. and Patrick J. Curran (2004). "An Empirical Evaluation of Alternative Methods of Estimation for Confirmatory Factor Analysis With Ordinal Data". In: *Psychological Methods* 9.4, pp. 466–491.

Fontain, Johnny (2003). "Multidimensional Scaling". In: *Cross-Cultural Survey Methods*. Ed. by Janet A. Harkness, Fons J. R. Van de Vijver, and Peter Ph. Mohler. Hoboken: Wiley, pp. 235–246.

Franz, Gerhard und Willi Herbert (1984). »Lebenszyklus, Entwicklung von Wertstrukturen und Einstellungsrepertoires«. In: *Jugend und Werte. Aspekte einer Politischen Psychologie des Jugendalters*. Hrsg. von Arne Stiksrud. Weinheim und Basel: Beltz Verlag, S. 73–88.

Franz, Gerhard und Willi Herbert (1986). *Werte, Bedürfnisse, Handeln: Ansatzpunkte politischer Verhaltenssteuerung*. Franfurt a. M. und New York: Campus Verlag.

Franz, Gerhard und Willi Herbert (1987a). »Werte zwischen Stabilität und Veränderung: Die Bedeutung von Schichtzugehörigkeit und Lebenszyklus«. In: *Sozialpsychologie der Wohlfahrtsgesellschaft. Zur Dynamik von Wertorientierungen, Einstellungen und Ansprüchen*. Hrsg. von Helmut Klages, Gerhard Franz und Willi Herbert. Franfurt a. M. und New York: Campus Verlag, S. 55–104.

Franz, Gerhard und Willi Herbert (1987b). »Wertetypen in der Bundesrepublik: Konventionalisten, Resignierte, Idealisten und Realisten«. In: *Sozialpsychologie der Wohlfahrtsgesellschaft. Zur Dynamik von Wertorientierungen, Einstellungen und Ansprüchen*. Hrsg. von Helmut Klages, Gerhard Franz und Willi Herbert. Franfurt a. M. und New York: Campus Verlag, S. 40–54.

French, Brian F. and W. Holmes Finch (2008). "Multigroup Confirmatory Factor Analysis: Locating the Invariant Referent Sets". In: *Structural Equation Modeling: A Multidisciplinary Journal* 15.1, pp. 96–113.

Fritzsche, Yvonne (2000a). »Moderne Orientierungsmuster: Inflation am ›Wertehimmel‹«. In: *Jugend 2000. 13. Shell Jugendstudie*. Hrsg. von Deutsche Shell. Bd. 1. Opladen: Leske + Budrich, S. 93–156.

Fritzsche, Yvonne (2000b). »Modernes Leben: Gewandelt, vernetzt und verkabelt«. In: *Jugend 2000. 13. Shell Jugendstudie*. Hrsg. von Deutsche Shell. Bd. 1. Opladen: Leske + Budrich, S. 181–220.

Gautschi, Thomas (2010). »Maximum-Likelihood Schätztheorie«. In: *Handbuch der sozialwissenschaftlichen Datenanalyse.* Hrsg. von Christof Wolf und Henning Best. Wiesbaden: VS, S. 205–238.

Geiser, Christian (2011). *Datenanalyse mit Mplus. Eine anwendungsorientierte Einführung.* 2. Aufl. Wiesbaden: VS.

Geiser, Christian and Ginger Lockhart (2012). "A Comparison of Four Approaches to Account for Method Effects in Latent State–Trait Analyses". In: *Psychological Methods* 17.2, pp. 255–283.

Geißler, Rainer (2011). *Die Sozialstruktur Deutschlands. Zur gesellschaftlichen Entwicklung mit einer Bilanz zur Vereinigung.* 6. Aufl. Wiesbaden: VS.

Gensicke, Thomas (1992a). *Mentalitätsentwicklungen im Osten Deutschlands seit den 70er Jahren. Vorstellung und Erläuterung von Ergebnissen einiger empirischer Untersuchungen in der DDR und in den neuen Bundesländern von 1977 bis 1991.* Speyerer Forschungsberichte 109. Speyer: Forschungsinstitut für öffentliche Verwaltung bei der Hochschule für Verwaltungswissenschaften Speyer.

Gensicke, Thomas (1992b). »Werte und Wertewandel im Osten Deutschlands«. In: *Werte und Wandel. Ergebnisse und Methoden einer Forschungstradition.* Hrsg. von Helmut Klages, Hans-Jürgen Hippler und Willi Herbert. Frankfurt a. M. und New York: Campus Verlag, S. 672–694.

Gensicke, Thomas (1995). *Deutschland im Wandel. Sozialer Wandel und Wertewandel in Deutschland vor und nach der Wiedervereinigung.* Speyerer Forschungsberichte 154. Speyer: Forschungsinstitut für öffentliche Verwaltung bei der Hochschule für Verwaltungswissenschaften Speyer.

Gensicke, Thomas (1998). *Die neuen Bundesbürger. Eine Transformation ohne Integration.* Opladen: Westdeutscher Verlag.

Gensicke, Thomas (1999). »Deutschland am Ausgang der neunziger Jahre: Lebensgefühl und Werte«. In: *Wertewandel und bürgerschaftliches Engagement an der Schwelle zum 21. Jahrhundert.* Hrsg. von Helmut Klages und Thomas Gensicke. Speyer: Forschungsinstitut für öffentliche Verwaltung bei der Deutschen Hochschule für Verwaltungswissenschaften Speyer, S. 21–52.

Gensicke, Thomas (2000). *Deutschland im Übergang. Lebensgefühl, Wertorientierungen, Bürgerengagement.* Speyerer Forschungsberichte 204. Speyer: Forschungsinstitut für öffentliche Verwaltung bei der Hochschule für Verwaltungswissenschaften Speyer.

Gensicke, Thomas (2001a). »Freiwilliges Engagement in den neuen und alten Ländern«. In: *Freiwilliges Engagement in Deutschland. Freiwilligensurvey 1999. Ergebnisse der Repräsentativerhebung zu Ehrenamt, Freiwilligenarbeit und bürgerschaftlichem Engagement.* Bd. 2: *Zugangswege zum freiwilligen Engagement und Engagementpotenzial in den neuen und alten Bundesländern.* Hrsg. von Joachim Braun und Helmut Klages.

2. Aufl. Schriftenreihe des Bundesministeriums für Familie, Senioren, Frauen und Jugend; Bd. 194.2. Stuttgart et al.: Kohlhammer, S. 22–113.

Gensicke, Thomas (2001b). »Zur Frage der Erosion eines stabilen Wertefundaments in Religion und Familie«. In: *Werte und Wertewandel in westlichen Gesellschaften*. Hrsg. von Georg W. Oesterdiekhoff und Norbert Jegelka. Opladen: Leske und Budrich, S. 107–136.

Gensicke, Thomas (2002). »Individualität und Sicherheit in neuer Synthese? Wertorientierungen und gesellschaftliche Aktivität«. In: *Jugend 2002. 14. Shell Jugendstudie*. Hrsg. von Deutsche Shell. Frankfurt a. M.: Fischer Taschenbuch, S. 139–212.

Gensicke, Thomas (2006). »Zeitgeist und Wertorientierungen«. In: *Jugend 2006. 15. Shell Jugendstudie*. Hrsg. von Shell Deutschland Holding. Frankfurt a. M.: Fischer Taschenbuch, S. 169–202.

Gensicke, Thomas (2009). »Jugendlicher Zeitgeist und Wertewandel«. In: *Zeitschrift für Pädagogik* 55.4, S. 580–595. URL: http://nbn-resolving.de/urn:nbn:de:0111-opus-42642.

Gensicke, Thomas (2010). »Wertorientierungen, Befinden und Problembewältigung«. In: *Jugend 2010. 16. Shell Jugendstudie*. Hrsg. von Shell Deutschland Holding. Frankfurt a. M.: Fischer Taschenbuch, S. 187–242.

Glenn, Norval D. (1980). "Values, Attitudes, and Beliefs". In: *Constancy and Change in Human Developement*. Ed. by Orville G. Brim and Jerome Kagan. Cambridge: Harvard University Press, pp. 596–640.

Glöckner-Rist, Angelika (2012). »Der Schwartz Value Survey (SVS)«. In: *Zusammenstellung sozialwissenschaftlicher Items und Skalen. ZIS Version 15.00*. Hrsg. von Angelika Glöckner-Rist. Bonn: Gesis.

Grice, James W. (2001a). "A Comparison of Factor Scores Under Conditions of Factor Obliquity". In: *Psychological Methods* 6.1, pp. 67–83.

Grice, James W. (2001b). "Computing and Evaluating Factor Scores". In: *Psychological Methods* 6.4, pp. 430–450.

Grice, James W. and Richard J. Harris (1998). "A Comparison of Regression and Loading Weights for the Computation of Factor Scores". In: *Multivariate Behavioral Research* 33.2, pp. 221–247.

Gurtman, Michael B. (1994). "The Circumplex as a Tool for Studying Normal and Abnormal Personality: A Methodological Primer". In: *Differentiating Normal and Abnormal Personality*. Ed. by Stephen Strack and Maurice Lorr. New York: Springer Publishing Company, pp. 243–263.

Gurtman, Michael B. and Jerry D. Balakrishnan (1998). "Circular Measurement Redux: The Analysis and Interpretation of Interpersonal Circle Profiles". In: *Clinical Psychology: Science and Practice* 5.3, pp. 344–360.

Gurtman, Michael B. and Aaron L. Pincus (2003). "The Circumplex Model: Methods and Research Applications". In: *Handbook of Psychology*. Vol. 2: *Research Methods in Psychology*. Ed. by John A. Schinka and Wayne F. Velicer. Hoboken, NJ: John Wiley & Sons, pp. 407–428.

Guttman, Louis (1959a). "A Structural Theory of Intergroup Beliefs and Action". In: *American Sociological Review* 24.3, pp. 318–328.

Guttman, Louis (1959b). "Introduction to Facet Design and Analysis". In: *Proceedings of the Fifteenth International Congress of Psychology, Brussels – 1957*. Amsterdam: North Holland., pp. 130–132.

Haughton, Dominique M. A., Johan H. L. Oud, and Robert A. R. G. Jansen (1997). "Information and Other Criteria in Structural Equation Model Selection". In: *Communications in Statistics – Simulation and Computation* 26.4, pp. 1477–1516.

Heitmeyer, Wilhelm, Birgit Collmann, Jutta Conrads, Ingo Matuschek, Dietmar Kraul, Wolfgang Kühnel et al. (1995). *Gewalt. Schattenseiten der Individualisierung bei Jugendlichen aus unterschiedlichen Milieus*. Weinheim und München: Juventa.

Helmken, Klaus (2008). *Individuelle Werthaltungen Jugendlicher. Erfassung der Wichtigkeit und Reflexion von Werten in der frühen und mittleren Adoleszenz*. URL: http://elib.suub.uni-bremen.de/diss/docs/00011151.pdf.

Herbert, Willi (1988). »Wertewandel in den 80er Jahren: Entwicklung eines neuen Wertmusters?« In: *Wertewandel – Faktum oder Fiktion? Bestandsaufnahmen und Diagnosen aus kultursoziologischer Sicht*. Hrsg. von Heinz Otto Luthe und Heiner Meulemann. Franfurt a. M. und New York: Campus Verlag, S. 140–160.

Herbert, Willi (1991). »Die Wertorientierungen der Deutschen vor der Vereinigung. Eine empirische Momentaufnahme in Ost und West«. In: *BISS public: wissenschaftliche Mitteilungen aus dem Berliner Institut für Sozialwissenschaftliche Studien* 2, S. 119–132.

Herbert, Willi (1992a). *Wandel und Konstanz von Wertstrukturen*. Speyerer Forschungsberichte 101. Speyer: Forschungsinstitut für öffentliche Verwaltung bei der Hochschule für Verwaltungswissenschaften Speyer.

Herbert, Willi (1992b). »Wertestrukturen 1979 und 1987: Ein Vergleich ihrer politischen Implikationen«. In: *Werte und Wandel. Ergebnisse und Methoden einer Forschungstradition*. Hrsg. von Helmut Klages, Hans-Jürgen Hippler und Willi Herbert. Frankfurt a. M. und New York: Campus Verlag, S. 69–99.

Hermann, Dieter (2003). *Werte und Kriminalität. Konzeption einer allgemeinen Kriminalitätstheorie*. Wiesbaden: Westdeutscher Verlag.

Hilfert, Nicole (2005). *Methodendokumentation der kriminologischen Schülerbefragung in Duisburg 2004*. Schriftenreihe »Jugendkriminalität in der modernen Stadt – Methoden« 10. Münster, Bielefeld.

Hinz, Andreas, Elmar Brähler, Peter Schmidt, and Cornelia Albani (2005). "Investigating the Circumplex Structure of the Portrait Values Questionnaire (PVQ)". In: *Journal of Individual Differences* 26.4, pp. 185–193.

Hirschi, Travis and Michael Gottfredson (1983). "Age and the Explanation of Crime". In: *American Journal of Sociology* 89.3, pp. 552–584.

Hitlin, Steven (2006). "Parental Influences on Children's Values and Aspirations: Bridging Two Theories of Social Class and Socialization". In: *Sociological Prespectives* 49.1, pp. 25–46.

Hitlin, Steven and Jane Allyn Piliavin (2004). "Values: Reviving a Dormant Concept". In: *Annual Review of Sociology* 30, pp. 359–393.

Hofer, Manfred, Heinz Reinders und Stefan Fries (2010). »Wie sich die Werte ändern. Ein zieltheoretischer Vorschlag zur Erklärung individuellen und gesellschaftlichen Wertewandels«. In: *Zeitschrift für Entwicklungspsychologie und Pädagogische Psychologie* 42.1, S. 26–38.

Horn, John L. and John J. McArdle (1992). "A Practical and Theoretical Guide to Measurement Invariance in Aging Research". In: *Experimental Aging Research* 18.3, pp. 117–144.

Hox, Joop J., Cora J. M. Maas, and Matthieu J. S. Brinkhuis (2010). "The Effect of Estimation Method and Sample Size in Multilevel Structural Equation Modeling". In: *Statistica Neerlandica* 64.2, pp. 157–170.

Hradil, Stefan (2002). »Vom Wandel des Wertewandels. Die Individualisierung und eine ihrer Gegenbewegungen«. In: *Sozialer Wandel und gesellschaftliche Dauerbeobachtung*. Hrsg. von Wolfgang Glatzer, Roland Habich und Karl-Ulrich Mayer. Opladen: Leske + Budrich, S. 31–47.

Hradil, Stefan (2003). »Vom Leitbild zum ›Leidbild‹. Singles, ihre veränderte Wahrnehmung und der ›Wandel des Wertewandels‹«. In: *Zeitschrift für Familienforschung* 15.1, S. 38–54. URL: http://nbn-resolving.de/urn:nbn:de:0168-ssoar-282879.

Hradil, Stefan (2005). *Soziale Ungleichheit in Deutschland.* 8. Aufl. Opladen: Leske + Budrich.

Hu, Li-tze and Peter M. Bentler (1998). "Fit Indices in Covariance Structure Modeling: Sensitivity to Underparameterized Model Misspecification". In: *Psychological Methods* 3.4, pp. 424–453.

Hu, Li-tze and Peter M. Bentler (1999). "Cutoff Criteria for Fit Indexes in Covariance Structure Analysis: Conventional Criteria Versus New Alternatives". In: *Structural Equation Modeling: A Multidisciplinary Journal* 6.1, pp. 1–55.

Inglehart, Ronald F. (1977). *The Silent Revolution: Changing Values and Political Styles among Western Publics*. Princeton: Princeton University Press.

Inglehart, Ronald F. (1979). »Wertewandel in den westlichen Gesellschaften: Politische Konsequenzen von materialistischen und postmaterialistischen Prioritäten«. In: *Wer-*

tewandel und gesellschaftlicher Wandel. Hrsg. von Helmut Klages und Peter Kmieciak. Frankfurt a. M.: Campus, S. 279–317.

Inglehart, Ronald F. (1997). *Modernization and Postmodernization: Cultural, Economic, and Political Change in 43 Societies*. Princeton: Princeton University Press.

Inglehart, Ronald F. (2008). "Changing Values among Western Publics from 1970 to 2006". In: *West European Politics* 31.1–2, pp. 130–146.

Inglehart, Ronald F. and Wayne E. Baker (2000). "Modernization, Cultural Change, and the Persistence of Traditional Values". In: *American Sociological Review* 65.1, pp. 19–51.

Iser, Julia und Peter Schmidt (2005). »Werte und Big Five. Trennbarkeit der Konzepte und Erklärungskraft für politische Orientierungen«. In: *Persönlichkeit. Eine vergessene Größe der empirischen Sozialforschung*. Hrsg. von Siegfried Schumann. Wiesbaden: VS, S. 301–320.

Johnson, Monica Kirkpatrick (2002). "Social Origins, Adolescents Experiences, and Work Value Trajectories during the Transition to Adulthood". In: *Social Forces* 80.4, pp. 1207–1341.

Jöreskog, Karl G. (1971). "Simultaneous Factor Analysis in Several Populations". In: *Psychometrika* 36.4, pp. 409–426.

Jöreskog, Karl G. (1973). "A General Method for Estimating a Linear Structural Equation System". In: *Structural Equation Models in the Social Sciences*. Ed. by Arthur S. Goldberger and Otis Dudley Duncan. New York: Seminar Press, pp. 85–112.

Jöreskog, Karl G. (1979). "Structural Equation Models in the Social Sciences: Specification, Estimation and Testing". In: *Advances in Factor Analysis and Structural Equation Models*. Ed. by Karl G. Jöreskog and Dag Sörbom. Cambridge: Abt Books, pp. 105–128.

Kadishi-Fässler, Bernadette (1993). »Gesellschaftlicher Wertewandel: Die Theorien von Inglehart und Klages im Vergleich«. In: *Schweizerische Zeitschrift für Soziologie* 19.2, S. 339–363.

Kaina, Viktoria und Franziska Deutsch (2006). »Verliert die ›Stille Revolution‹ ihren Nachwuchs? Wertorientierungen in Deutschland im Kohorten- und Zeitvergleich«. In: *Jugend und Politik: »Voll normal!« Der Beitrag der politischen Soziologie zur Jugendforschung*. Hrsg. von Edeltraud Roller, Frank Brettschneider und Jan W. van Deth. Wiesbaden: VS, S. 157–184.

Kanz, Kristina-Maria (2013). »Effekte des Gewaltmedienkonsums«. In: *Täter – Taten – Opfer. Grundlagenfragen und aktuelle Probleme der Kriminalität und ihrer Kontrolle*. Hrsg. von Dieter Dölling und Jörg-Martin Jehle. Mönchengladbach: Forum Verlag Godesberg GmbH, S. 191–206.

Kaplan, David (2009). *Structural Equation Modeling: Foundations and Extensions*. 2nd ed. Los Angeles, London, New Delhi, Singapore: Sage.

Kelava, Augustin und Karin Schermelleh-Engel (2012). »Latent-State-Trait-Theorie (LST-Theorie)«. In: *Testtheorie und Fragebogenkonstruktion*. Hrsg. von Helfried Moosbrugger und Augustin Kelava. 2. Aufl. Berlin und Heidelberg: Springer-Verlag, S. 363–381.

Kelloway, E. Kevin (1995). "Structural Equation Modelling in Perspective". In: *Journal of Organizational Behavior* 16.3, pp. 215–224.

Kim, Eun Sook, Myeongsun Yoon, and Taehun Lee (2012). "Testing Measurement Invariance Using MIMIC: Likelihood Ratio Test With a Critical Value Adjustment". In: *Educational and Psychological Measurement* 72.3, pp. 469–492.

Klages, Helmut (1977). »Handlungsrelevante Probleme und Perspektiven der soziologischen Wertforschung«. In: *Handlungstheorien – interdisziplinär*. Hrsg. von Hans Lenk. Bd. 4. München: Fink, S. 291–306.

Klages, Helmut (1984). *Wertorientierungen im Wandel. Rückblick, Gegenwartsanalysen, Prognosen*. Frankfurt a. M.: Campus.

Klages, Helmut (1985). *Wertorientierungen im Wandel. Rückblick, Gegenwartsanalysen, Prognosen*. 2. Aufl. Frankfurt a. M.: Campus.

Klages, Helmut (1988). *Wertedynamik. Über die Wandelbarkeit des Selbstverständlichen*. Osnabrück: Fromm.

Klages, Helmut (1993). *Traditionsbruch als Herausforderung*. Frankfurt a. M. und New York: Campus Verlag.

Klages, Helmut (2001). »Brauchen wir eine Rückkehr zu traditionellen Werten?« In: *Aus Politik und Zeitgeschichte* 29, S. 7–14.

Klages, Helmut (2008). »Entstehung, Bedeutung und Zukunft der Werteforschung«. In: *Sozialpsychologie und Werte. Beiträge des 23. Hamburger Symposions zur Methodologie der Sozialpsychologie*. Hrsg. von Erich H. Witte. Lengerich et al.: Pabst, S. 11–29.

Klages, Helmut, Gerhard Franz und Willi Herbert, Hrsg. (1987). *Sozialpsychologie der Wohlfahrtsgesellschaft. Zur Dynamik von Wertorientierungen, Einstellungen und Ansprüchen*. Franfurt a. M. und New York: Campus Verlag.

Klages, Helmut und Thomas Gensicke (1993). »Wertewandel in den neuen Bundesländern«. In: *Traditionsbruch als Herausforderung*. Hrsg. von Helmut Klages. Frankfurt a. M. und New York: Campus Verlag, S. 215–238.

Klages, Helmut und Thomas Gensicke (1999). »Bürgerschaftliches Engagement im Ost-West-Vergleich«. In: *Wertewandel und bürgerschaftliches Engagement an der Schwelle zum 21. Jahrhundert*. Hrsg. von Helmut Klages und Thomas Gensicke. Speyerer Forschungsberichte 193. Speyer: Forschungsinstitut für öffentliche Verwaltung, S. 53–72.

Klages, Helmut und Thomas Gensicke (2005). »Wertewandel und die Big Five-Dimensionen«. In: *Persönlichkeit. Eine vergessene Größe der empirischen Sozialforschung*. Hrsg. von Siegfried Schumann. Wiesbaden: VS, S. 279–299.

Klages, Helmut und Thomas Gensicke (2006). »Wertesynthese – funktional oder dysfunktional?« In: *Kölner Zeitschrift für Soziologie und Sozialpsychologie* 58.2, S. 332–351.

Klages, Helmut und Willi Herbert (1981). *Staatssympathie. Eine Pilotstudie zur Dynamik politischer Grundeinstellungen in der Bundesrepublik Deutschland*. Speyerer Forschungsberichte 18. Speyer: Forschungsinstitut für öffentliche Verwaltung bei der Hochschule für Verwaltungswissenschaften Speyer.

Klages, Helmut und Willi Herbert (1983). *Wertorientierung und Staatsbezug. Untersuchungen zur politischen Kultur in der Bundesrepublik Deutschland*. Frankfurt a. M. und New York: Campus Verlag.

Klages, Helmut, Hans-Jürgen Hippler und Willi Herbert, Hrsg. (1992). *Werte und Wandel. Ergebnisse und Methoden einer Forschungstradition*. Frankfurt a. M. und New York: Campus.

Klein, Markus (2008). »Der Wandel des Wertewandels. Die Entwicklung von Materialismus und Postmaterialismus in Westdeutschland zwischen 1980 und 2006«. In: *Sozialpsychologie und Werte. Beiträge des 23. Hamburger Symposions zur Methodologie der Sozialpsychologie*. Hrsg. von Erich H. Witte. Lengerich et al.: Pabst, S. 30–44.

Klein, Markus und Kai Arzheimer (1999). »Ranking- und Rating-Verfahren zur Messung von Wertorientierungen, untersucht am Beispiel des Inglehart-Index. Ergebnisse eines Methodenexperimentes«. In: *Kölner Zeitschrift für Soziologie und Sozialpsychologie* 51.3, S. 550–564.

Klein, Markus und Manuela Pötschke (2000). »Gibt es einen Wertewandel hin zum ›reinen‹ Postmaterialismus? Eine Zeitreihenanalyse der Wertorientierungen der westdeutschen Bevölkerung zwischen 1970 und 1997«. In: *Zeitschrift für Soziologie* 29.3, S. 202–216.

Kluckhohn, Clyde (1951). "Values and Value-Orientations in the Theory of Action: An Exploration in Definition and Classification". In: *Toward a General Theory of Action*. Ed. by Talcott Parsons and Edward A. Shils. Cambridge: Harvard University Press, pp. 388–433.

Kohlberg, Lawrence (1976). "Moral stages and moralization: The cognitive-developmental approach". In: *Moral Development and Behavior: Theory, Research and Social Issues*. Ed. by Thomas Lickona. Holt, NY: Rinehart and Winston, pp. 31–53.

Krauth, Joachim und Gustav A. Lienert (1973). *Die Konfigurationsfrequenzanalyse (KFA) und ihre Anwendung in Psychologie und Medizin. Ein multivariates nichtparametrisches Verfahren zur Aufdeckung von Typen und Syndromen*. Freiburg i. B. und München: Verlag Karl Alber.

Krobath, Hermann T. (2009). *Werte. Ein Streifzug durch Philosophie und Wissenschaft*. Würzburg: Königshausen & Neumann.

Kuha, Jouni (2004). "AIC and BIC. Comparisons of Assumptions and Performance". In: *Sociological Methods & Research* 33.2, pp. 188–229.

Kunadt, Susann (2006). *Methodendokumentation der kriminologischen Schülerbefragung in Duisburg 2005*. Schriftenreihe »Jugendkriminalität in der modernen Stadt – Methoden« 11. Münster, Bielefeld.

Lang, Frieder R. und Oliver Lüdtke (2005). »Der Big Five-Ansatz der Persönlichkeitsforschung: Instrumente und Vorgehen«. In: *Persönlichkeit. Eine vergessene Größe der empirischen Sozialforschung*. Hrsg. von Siegfried Schumann. Wiesbaden: VS, S. 29–40.

Lange, Elmar (1997). *Jugendkonsum im Wandel. Konsummuster, Freizeitverhalten, Lebensstile und Kaufsucht 1990 und 1996*. Opladen: Leske + Budrich.

Langeheine, Rolf (1988). "New Developements in Latent Class Theory". In: *Latent Trait and Latent Class Models*. Ed. by Rolf Langeheine and Jürgen Rost. New York: Plenum Press, pp. 77–108.

Langeheine, Rolf (1994). »Latent Variable Markov Models«. In: *Latent Variable Analysis*. Hrsg. von Alexander von Eye und Clifford C. Clogg. Thousand Oaks: Sage, S. 373–395.

Langeheine, Rolf and Frank van de Pol (1990). "A Unifying Framework for Markov Modeling in Discrete Space and Discrete Time". In: *Sociological Methods & Research* 18.4, pp. 416–441.

Langness, Anja, Ingo Leven und Klaus Hurrelmann (2006). »Jugendliche Lebenswelten: Familie, Schule, Freizeit«. In: *Jugend 2006. 15. Shell Jugendstudie*. Hrsg. von Shell Deutschland Holding. Frankfurt a. M.: Fischer Taschenbuch, S. 49–102.

Lautsch, Erwin und Stefan von Weber (1995). *Methoden und Anwendungen der Konfigurationsfrequenzanalyse (KFA)*. Weinheim: Beltz, PsychologieVerlagsUnion.

Lazarsfeld, Paul F. and Neil W. Henry (1968). *Latent Structure Analysis*. Boston et al.: Houghton Mifflin.

Lazarus, Richard S. (1966). *Psychological Stress and the Coping Process*. New York: McGraw-Hill.

Lehner, Franz (1979). »Die ›stille Revolution‹: Zur Theorie und Realität des Wertwandels in hochindustrialisierten Gesellschaften«. In: *Wertwandel und gesellschaftlicher Wandel*. Hrsg. von Helmut Klages und Peter Kmieciak. Frankfurt a. M. und New York: Campus, S. 317–327.

Leven, Ingo, Gudrun Quenzel und Klaus Hurrelmann (2010). »Familie, Schule, Freizeit: Kontinuitäten im Wandel«. In: *Jugend 2010. 16. Shell Jugendstudie*. Hrsg. von Shell Deutschland Holding. Frankfurt a. M.: Fischer Taschenbuch, S. 53–128.

Linssen, Ruth, Ingo Leven und Klaus Hurrelmann (2002). »Wachsende Ungleichheit der Zukunftschancen? Familie, Schule und Freizeit als jugendliche Lebenswelten«. In: *Jugend 2002. 14. Shell Jugendstudie*. Hrsg. von Deutsche Shell. Frankfurt a. M.: Fischer Taschenbuch, S. 53–90.

Lubke, Gitta H. and Bengt O. Muthén (2004). "Applying Multigroup Confirmatory Factor Models for Continuous Outcomes to Likert Scale Data Complicates Meaningful Group Comparisons". In: *Structural Equation Modeling: A Multidisciplinary Journal* 11.4, pp. 514–534.

Maag, Gisela (1991). *Gesellschaftliche Werte.* Opladen: Westdeutscher Verlag.

Mann, Heather M., Daisy W. Rutstein, and Gregory R. Hancock (2009). "The Potential for Differential Findings Among Invariance Testing Strategies for Multisample Measured Variable Path Models". In: *Educational and Psychological Measurement* 69.4, pp. 603–612.

Mann, Henry B. and Donald R. Whitney (1947). "On a Test of Whether one of Two Random Variables is Stochastically Larger than the Other". In: *The Annals of Mathematical Statistics* 18.1, pp. 50–60.

Mannheim, Karl (1928). »Das Problem der Generationen«. In: *Kölner Vierteljahrshefte für Soziologie* 7/8, S. 157–185, 309–330.

Marcus, Jan (2009). *Der Einfluss von Erhebungsformen auf den Postmaterialismus-Index.* Discussion Papers of DIW Berlin 958. DIW Berlin. URL: http://ideas.repec.org/p/diw/diwwpp/dp958.html.

Marsh, Herbert W., John R. Balla, and Roderick P. McDonald (1988). "Goodness-of-Fit Indexes in Confirmatory Factor Analysis: The Effect of Sample Size". In: *Psychological Bulletin* 103.3, pp. 391–410.

Marsh, Herbert W., Kit-Tai Hau, and Zhonglin Wen (2009). "In Search of Golden Rules: Comment on Hypothesis-Testing Approaches to Setting Cutoff Values for Fit Indexes and Dangers in Overgeneralizing Hu and Bentler's (1999) Findings". In: *Structural Equation Modeling: A Multidisciplinary Journal* 11.3, pp. 320–341.

Maslow, Abraham H. (1943). "A Theory of Human Motivation". In: *Psychological Review* 50.4, pp. 370–396.

McCrae, Robert R. and Paul T. Costa jr. (1987). "Validation of the Five-Factor Model of Personality Across Instruments and Observers". In: *Journal of Personality and Social Psychology* 52.1, pp. 81–90.

McDonald, Roderick P. (1989). "An Index of Goodness-of-Fit Based on Noncentrality". In: *Journal of Classification* 6.1, pp. 97–103.

McDonald, Roderick P. and Herbert W. Marsh (1990). "Choosing a Multivariate Model: Noncentrality and Goodness of Fit". In: *Psychological Bulletin* 107.2, pp. 247–255.

Meredith, William (1993). "Measurement Invariance, Factor Analysis and Factorial Invariance". In: *Psycometrika* 58.4, pp. 525–543.

Merton, Robert K. (1938). "Social Structure and Anomie". In: *American Sociological Review* 3.5, pp. 672–682.

Meulemann, Heiner (1996). *Werte und Wertewandel. Zur Identität einer geteilten und wieder vereinten Nation.* Weinheim und München: Juventa.

Mienert, Malte (2002). »Individuelle Werthaltungen«. In: *Mobilität im Jugend- und Erwachsenenalter. Eine fünfjährige Längsschnittstudie zu Mobilitätsformen, Fahrzeugvorlieben, Freizeit- und Risikoverhalten und deren Abhängigkeit von Umwelt- und Technikeinstellungen, Werten und Persönlichkeiten*. Hrsg. von Wolfgang Scholl und Hubert Sydow. Münster et al.: Waxmann, S. 78–113.

Motzke, Kathrin und Marc Brondies (2004). *Methodendokumentation der kriminologischen Schülerbefragung in Duisburg 2002*. Schriftenreihe »Jugendkriminalität in der modernen Stadt – Methoden« 5. Münster, Trier.

Mulaik, Stanley A. (2009). *Linear Causal Modeling with Structural Equations*. Boca Raton et al.: Chapman & Hall/CRC.

Münster, Stadt, Hrsg. (2001). *Jugendumfrage 2001*. Beiträge zur Statistik 83, Amt für Stadt- und Regionalentwicklung, Statistik. Münster: Eigenverlag.

Muthén, Bengt O. (2004). *Mplus Technical Appendices*. Los Angeles, CA: Muthén & Muthén.

Muthén, Linda K. and Bengt O. Muthén (2010). *Mplus User's Guide*. 6th ed. Los Angeles, CA: Muthén & Muthén.

Muthén, Linda K. and Bengt O. Muthén (2012). *Mplus User's Guide*. 7th ed. Los Angeles, CA: Muthén & Muthén.

Oehmichen, Ekkehardt und Christian Schröter (2008). »Medienübergreifende Nutzungsmuster: Struktur- und Funktionsverschiebungen. Eine Analyse auf Basis der ARD/ZDF-Onlinestudien 2008 und 2003«. In: *Media Perspektiven* 8, S. 394–409. URL: http://www.media-perspektiven.de/uploads/tx_mppublications/08-2008_Oehmichen.pdf.

Oort, Frans J. (1998). "Simulation Study of Item Bias Detection with Restricted Factor Analysis". In: *Structural Equation Modeling: A Multidisciplinary Journal* 5.2, pp. 107–124.

Opaschowski, Horst W. (2008). »Welche Werte wirklich wichtig sind – Heute und in Zukunft«. In: *Sozialpsychologie und Werte. Beiträge des 23. Hamburger Symposions zur Methodologie der Sozialpsychologie*. Hrsg. von Erich H. Witte. Lengerich et al.: Pabst, S. 131–147.

Opp, Karl-Dieter (1983). *Die Entstehung sozialer Normen. Ein Integrationsversuch soziologischer, sozialpsychologischer und ökonomischer Erklärungen*. Tübingen: Mohr.

Otte, Gunnar (2005). »Hat die Lebensstilforschung eine Zukunft? Eine Auseinandersetzung mit aktuellen Bilanzierungsversuchen«. In: *Kölner Zeitschrift für Soziologie und Sozialpsychologie* 57.1, S. 1–31.

Parsons, Talcott (1951). *The Social System*. Glencoe: The Free Press. URL: http://www.aspresolver.com/aspresolver.asp?SOTH;S10019967.

Pearson, Karl (1900). "On the Criterion that a given System of Deviations from the Probable in the Case of a Correlated System of Variables is such that it can be reasonably supposed to have arisen from Random Sampling". In: *Philosophical Magazine Series 5* 50.302, pp. 157–175.

Pfeiffer, Martin and James E. Côté (1991). "Inglehart's Silent Revolution Thesis: An Examination of Life-Cicle Effects in the Acquisition of Postmaterialist Values". In: *Social Behavior and Personality* 19.4, pp. 223–235.

Piaget, Jean (1948). *Psychologie der Intelligenz*. Zürich: Rascher.

Pöge, Alina (2005a). "Ethnicity and self-reported delinquency. How to define ethnicity?" In: *Délinquance des jeunes et justice des mineurs. Les défis des migrations et de la pluralité ethnique. Youth Crime and Juvenile Justice. The challenge of migration and ethnic diversity*. Ed. by Nicolas Queloz, Repond Frédérique Bütikofer, Delphine Pittet, Raphaël Brossard, and Benoît Meyer-Bisch. Berne, Bruylant, Bruxelles: Stämpfli Verlag/Stæmpfli Editions, pp. 125–141.

Pöge, Andreas (2002). »Der Zusammenhang von Lebensmilieu, Einstellungen und deviantem Verhalten bei Jugendlichen«. Unveröffentlichte Magisterarbeit. Münster.

Pöge, Andreas (2005b). »Persönliche Codes bei Längsschnittstudien. Ein Erfahrungsbericht«. In: *ZA-Nachrichten* 56, S. 50–69.

Pöge, Andreas (2007a). *Methodendokumentation der kriminologischen Schülerbefragung in Duisburg 2002 bis 2005. – Vier-Wellen-Panel –*. Schriftenreihe »Jugendkriminalität in der modernen Stadt – Methoden« 13. Münster, Bielefeld.

Pöge, Andreas (2007b). »Soziale Jugendmilieus und Delinquenz«. In: *Delinquenz im Jugendalter. Erkenntnisse einer Münsteraner Längsschnittstudie*. Hrsg. von Klaus Boers und Jost Reinecke. Münster et al.: Waxmann, S. 201–240.

Pöge, Andreas (2007c). *Soziale Milieus und Delinquenz im Jugendalter*. Münster: Waxmann.

Pöge, Andreas (2008). »Persönliche Codes ›reloaded‹«. In: *Methoden – Daten – Analysen* 2.1, S. 59–70.

Pöge, Andreas (2011). »Persönliche Codes bei Längsschnittuntersuchungen III«. In: *Methoden – Daten – Analysen* 5.1, S. 109–134.

Pollich, Daniela (2007). »Die kognitive Emotionstheorie von Richard S. Lazarus«. In: *Delinquenz im Jugendalter. Erkenntnisse einer Münsteraner Längsschnittstudie*. Hrsg. von Klaus Boers und Jost Reinecke. Münster et al.: Waxmann, S. 175–200.

Pollich, Daniela (2010a). *Methodendokumentation der kriminologischen Schülerbefragung in Duisburg 2002 bis 2007. – Sechs-Wellen-Panel –*. Schriftenreihe »Jugendkriminalität in der modernen Stadt – Methoden« 16. Münster, Bielefeld.

Pollich, Daniela (2010b). *Problembelastung und Gewalt. Eine soziologische Analyse des Handelns jugendlicher Intensivtäter*. Münster et al.: Waxmann.

Reinders, Heinz (2006). *Jugendtypen zwischen Bildung und Freizeit*. Münster et al.: Waxmann.

Reinecke, Jost (2005). *Strukturgleichungsmodelle in den Sozialwissenschaften*. München und Wien: Oldenbourg.

Reinecke, Jost (2014). *Strukturgleichungsmodelle in den Sozialwissenschaften*. 2. Aufl. München: De Gruyter Oldenbourg.

Reinecke, Jost und Andreas Pöge (2010). »Strukturgleichungsmodelle«. In: *Handbuch der sozialwissenschaftlichen Datenanalyse*. Hrsg. von Christof Wolf und Henning Best. Wiesbaden: VS, S. 775–804.

Reise, Steven P., Keith F. Widaman, and Robin H. Pugh (1993). "Confirmatory Factor Analysis and Item Response Theory: Two Approaches for Exploring Measurement Invariance". In: *Psychological Bulletin* 114.3, pp. 552–566.

Rensvold, Roger B. and Gordon W. Cheung (1998). "Testing Measurement Models for Factorial Invariance: A Systematic Approach". In: *Educational and Psychological Measurement* 58.6, pp. 1017–1034.

Rhemtulla, Mijke, Patricia É. Brosseau-Liard, and Victoria Savalei (2012). "When Can Categorical Variables Be Treated as Continuous? A Comparison of Robust Continuous and Categorical SEM Estimation Methods Under Suboptimal Conditions". In: *Psychological Methods* 17.3, pp. 354–373.

Rindskopf, David (1984). "Structural Equation Models. Empirical Identification, Heywood Cases, and Related Problems". In: *Sociological Methods & Research* 13.1, pp. 109–119.

Rissanen, Jorma (1978). "Modeling by Shortest Data Description". In: *Automatica* 14, pp. 465–471.

Roccas, Sonia, Lilach Sagiv, Shalom H. Schwartz, and Ariel Knafo (2002). "The Big Five Personality Factors and Personal Values". In: *Personality and Social Psychological Bulletin* 28, pp. 789–801.

Rokeach, Milton (1973). *The Nature Of Human Values*. New York: The Free Press.

Rokeach, Milton (1979a). "Introduction". In: *Understanding Human Values. Individual and Societal*. Ed. by Milton Rokeach. New York: The Free Press, pp. 1–11.

Rokeach, Milton (1979b). "Value Theory and Communication Research: Review and Commentary". In: *Communication Yearbook 3*. Ed. by Dan Nimmo. New Brunswick: Transaction Books, pp. 7–28.

Rokeach, Milton (1980). "Some Unresolved Issues in Theories of Beliefs, Attitudes, and Values". In: *Nebraska Symposium on Motivation 1979*. Ed. by Herbert E. Howe Jr. and Monte M. Page. Vol. 27. Current Theory and Research in Motivation. Lincoln: University of Nebraska Press, pp. 261–303.

Rokeach, Milton and Joel W. Grube (1979). "Can Values Be Manipulated Arbitrarily?" In: *Understanding Human Values. Individual and Societal*. Ed. by Milton Rokeach. New York: The Free Press, pp. 241–256.

Rosseel, Yves (2012). "lavaan: An R Package for Structural Equation Modeling". In: *Journal of Statistical Software* 48.2, pp. 1–36. URL: http://www.jstatsoft.org/v48/i02/.

Roßteutscher, Sigrid (2004). »Von Realisten und Konformisten – Wider die Theorie der Wertsynthese«. In: *Kölner Zeitschrift für Soziologie und Sozialpsychologie* 56.3, S. 407–431.

Sagiv, Lilach and Shalom H. Schwartz (1995). "Value Priorities and Readiness for Out-Group Social Contact". In: *Journal of Personality and Social Psychology* 69.3, pp. 437–448.

Saris, Willem E., Albert Satorra, and Dag Sörbom (1987). "The Detection and Correction of Specification Errors in Structural Equation Models". In: *Sociological Methodology*. Ed. by Clifford C. Clogg. Washington: American Sociological Association, pp. 105–129.

Sass, Daniel A. (2011). "Testing Measurement Invariance and Comparing Latent Factor Means Within a Confirmatory Factor Analysis Framework". In: *Journal of Psychoeducational Assessment* 29.4, pp. 347–363.

Satorra, Albert and Peter M. Bentler (1988). "Scaling Corrections for Chi-square Statistics in Covariance Structure Analysis". In: *ASA 1988 Proceedings of the Business and Economic Statistics Section*. Alexandria: American Statistical Association, pp. 308–313.

Satorra, Albert and Peter M. Bentler (1994). "Corrections to Test Statistics and Standard Errors in Covariance Structure Analysis". In: *Latent Variables Analysis: Applications for Developmental Research*. Ed. by Alexander von Eye and Clifford C. Clogg. Thousand Oaks: Sage, pp. 399–419.

Satorra, Albert and Peter M. Bentler (2001). "A Scaled Difference Chi-square Test Statistic for Moment Structure Analysis". In: *Psychometrika* 66.4, pp. 507–514.

Satorra, Albert and Peter M. Bentler (2010). "Ensuring Positiveness of the Scaled Difference Chi-square Test Statistic". In: *Psychometrika* 75.2, pp. 243–248.

Schlöder, Bernd (1993). *Soziale Werte und Werthaltungen. Eine sozialpsychologische Untersuchung des Konzepts sozialer Werte und des Wertewandels*. Opladen: Leske + Budrich.

Schmidt, Peter, Sebastian Bamberg, Eldad Davidov, Johannes Herrmann und Shalom H. Schwartz (2007). »Die Messung von Werten mit dem ›Portraits Value Questionnaire‹«. In: *Zeitschrift für Soziologie* 38.4, S. 261–275.

Schmuck, Peter und Andreas Kruse (2005). »Entwicklung von Werthaltungen und Lebenszielen«. In: *Enzyklopädie der Psychologie*. Bd. 3: *Soziale, emotionale und Persönlichkeitsentwicklung*. Hrsg. von Jens B. Asendorpf. Göttingen et al.: Hogrefe, S. 191–258.

Schubarth, Wilfried (2010). »Die ›Rückkehr der Werte‹. Die neue Wertedebatte und die Chancen der Wertebildung«. In: *Wertebildung in Jugendarbeit, Schule und Kommune. Bilanz und Perspektiven*. Hrsg. von Wilfried Schubarth, Karsten Speck und Heinz Lynen von Berg. Wiesbaden: VS, S. 21–42.

Schumann, Siegfried (2005a). »Die ASKO-Skala«. In: *Persönlichkeit. Eine vergessene Größe der empirischen Sozialforschung*. Hrsg. von Siegfried Schumann. Wiesbaden: VS, S. 41–57.

Schumann, Siegfried (2005b). »Forschungsfragen, Forschungsdesign und Datengrundlage der Analysen«. In: *Persönlichkeit. Eine vergessene Größe der empirischen Sozialforschung*. Hrsg. von Siegfried Schumann. Wiesbaden: VS, S. 13–27.

Schumann, Siegfried, Hrsg. (2005c). *Persönlichkeit. Eine vergessene Größe der empirischen Sozialforschung*. Wiesbaden: VS.

Schwartz, Shalom H. (1992). "Universals in the Content and Structure of Values: Theoretical Advances and Empirical Tests in 20 Countries". In: *Advances in Experimental Social Psychology*. Ed. by Mark P. Zanna. Vol. 25. San Diego et al.: Academic Press, pp. 1–65.

Schwartz, Shalom H. (1994a). "Are There Universal Aspects in the Content and Structure of Values?" In: *Journal of Social Issues* 50.4, pp. 19–45.

Schwartz, Shalom H. (1994b). "Beyond Individualism/Collectivism: New Cultural Dimensions of Values". In: *Individualism and Collectivism: Theory, Methods and Applications*. Ed. by Uichol Kim, Harry C. Triandis, Çiğdem Kâğitçibaşi, and Gene Yoon. Thousand Oaks et al.: Sage Publications, pp. 85–119.

Schwartz, Shalom H. (1996). "Value Priorities and Behavior: Applying a Theory of Integrated Value Systems". In: *The Psychology of Values: The Ontario Symposium*. Ed. by Clive Seligman, James M. Olson, and Kark P. Zanna. Vol. 8. Mahwah: Lawrence Erlbaum, pp. 1–24.

Schwartz, Shalom H. (1999). "A Theory of Cultural Values and Some Implications for Work". In: *Applied Psychology: An International Review* 48.1, pp. 23–47.

Schwartz, Shalom H. (2001). *European Social Survey Core Questionnaire Development – Chapter 7: A Proposal for Measuring Value Orientations across Nations*. London: European Social Survey, City University London.

Schwartz, Shalom H. and Wolfgang Bilsky (1987). "Toward a Psychological Structure of Human Values". In: *Journal of Personality and Social Psychology* 53.3, pp. 550–562.

Schwartz, Shalom H. and Wolfgang Bilsky (1990). "Toward a Theory of the Universal Content and Structure of Values: Extensions and Cross-Cultural Replications." In: *Journal of Personality and Social Psychology* 58.5, pp. 878–891.

Schwartz, Shalom H. and Klaus Boehnke (2004). "Evaluating the Structure of Human Values with Confirmatory Factor Analysis". In: *Journal of Research in Personality* 38.3, pp. 230–255.

Schwartz, Shalom H. and Spike Huismans (1995). "Value Priorities and Religiosity in Four Western Religions". In: *Social Psychology Quarterly* 58.2, pp. 88–107.

Schwartz, Shalom H., Arielle Lehmann, and Sonia Roccas (1999). "Multimethod Probes of Basic Human Values". In: *Social psychology and cultural context: Essays in honor of*

Harry C. Triandis. Ed. by John Adamopoulos and Yoshihisa Kashima. Thousand Oaks, London, New Delhi: Sage Publications, pp. 107–123.

Schwartz, Shalom H. and Lilach Sagiv (1995). "Identifying Culture-Specifics in the Content and Structure of Values". In: *Journal of Cross-Cultural Psychology* 26.1, pp. 92–116.

Schwartz, Shalom H., Markku Verkasalo, Avishai Antonovsky, and Lilach Sagiv (1997). "Value Priorities and Social Desirability: Much Substance, Some Style". In: *British Journal of Social Psychology* 36, pp. 3–18.

Schwarz, Gideon (1978). "Estimating the Dimension of a Model". In: *Annals of Statistics* 6.2, pp. 461–464.

Schwarzer, Ralf und Matthias Jerusalem, Hrsg. (1999). *Skalen zur Erfassung von Lehrer- und Schülermerkmalen. Dokumentation der psychometrischen Verfahren im Rahmen der Wissenschaftlichen Begleitung des Modellversuchs Selbstwirksame Schulen*. Berlin: Freie Universität Berlin.

Sclove, Stanley L. (1987). "Application of Model-selection Criteria to Some Problems in Multivariate Analysis". In: *Psychometrika* 52.3, pp. 333–343.

Shell Deutschland Holding, Hrsg. (2006). *Jugend 2006. 15. Shell Jugendstudie*. Frankfurt a. M.: Fischer Taschenbuch.

Six, Bernd (1985). »Werte und Werterhaltung«. In: *Persönlichkeitspsychologie – ein Handbuch in Schlüsselbegriffen*. Hrsg. von Theo Herrmann und Ernst-Dieter Lantermann. München: Urban & Schwarzenberg, S. 401–415.

Sörbom, Dag (1989). "Model Modification". In: *Psychometrika* 54.3, pp. 371–384.

Stark, Stephen, Oleksandr S. Chernyshenko, and Fritz Drasgow (2006). "Detecting Differential Item Functioning With Confirmatory Factor Analysis and Item Response Theory: Toward a Unified Strategy". In: *Journal of Applied Psychology* 91.6, pp. 1292–1306.

StataCorp (2013). *Stata: Release 13. Statistical Software*. College Station: StataCorp LP.

Steiger, James H. (1989). *EzPATH. Causal Modeling. A Suplementary Module for SYSTAT and SYGRAPH*. Evanston: Systat.

Steiger, James H. (1998). "A Note on Multiple Sample Extensions of the RMSEA Fit Index". In: *Structural Equation Modeling: A Multidisciplinary Journal* 5.4, pp. 411–419.

Steiger, James H. and John C. Lind (1980). "Statistically-Based Tests for the Number of Common Factors". Paper presented at the Annual Spring Meeting of the Psychometric Society, Iowa City.

Steinmetz, Holger, Peter Schmidt, Andrea Tina-Booh, Siegrid Wieczorek, and Shalom H. Schwartz (2009). "Testing Measurement Invariance Using Multigroup CFA: Differences Between Educational Groups in Human Values Measurement". In: *Quality and Quantity* 43, pp. 599–616.

Steyer, Rolf, Manfred Schmitt, and Michael Eid (1999). "Latent State-Trait Theory and Research in Personality and Individual Differences". In: *European Journal of Personality* 13 (5), pp. 389–408.

Strack, Micha, Carsten Gennerich und Norbert Hopf (2008). »Warum Werte?« In: *Sozialpsychologie und Werte. Beiträge des 23. Hamburger Symposions zur Methodologie der Sozialpsychologie*. Hrsg. von Erich H. Witte. Lengerich et al.: Pabst, S. 90–130.

Student (1908). "The Probable Error of a Mean". In: *Biometrika* 6.1, pp. 1–25.

Tamke, Fanny (2008). *Jugenden, soziale Ungleichheit und Werte. Theoretische Zusammenführung und empirische Überprüfung*. Wiesbaden: VS.

Thome, Helmut (2005). »›Wertsynthese‹: ein unsinniges Konzept? Kommentar zu dem Artikel von Sigrid Roßteutscher ›Von Realisten und Konformisten – Wider die Theorie der Wertsynthese‹ (KZfSS 3/2004, S. 407–432)«. In: *Kölner Zeitschrift für Soziologie und Sozialpsychologie* 57.2, S. 333–341.

Thurstone, Louis L. (1935). *The Vectors of Mind*. Chicago: University of Chicago Press.

Tippelt, Rudolf, Jutta Reich, Aiga von Hippel, Heiner Barz und Dajana Baum (2008). *Weiterbildung und soziale Milieus in Deutschland. Milieumarketing implementieren*. Bd. 3. Bielefeld: W. Bertelsmann Verlag GmbH & Co. KG.

Tracey, Terence J. and James B. Rounds (1993). "Evaluating Holland's and Gati's Vocational-Interest Models: A Structural Meta-Analysis". In: *Psychological Bulletin* 113.2, pp. 229–246.

Trautner, Hanns Martin (1997). *Lehrbuch der Entwicklungspsychologie. Theorien und Befunde*. 2. Aufl. Bd. 2. Göttingen et al.: Hogrefe.

Tucker, Ledyard R. and Charles Lewis (1973). "A Reliability Coefficient for Maximum Likelihood Factor Analysis". In: *Psychometrika* 38.1, pp. 1–10.

Upton, Graham J. G. and Bernard Fingleton (1989). *Spatial Analysis by Example*. Vol. 2: *Categorial and Directional Data*. Chichester and New York: Wiley.

Urban, Dieter (2004). *Neue Methoden der Längsschnittanalyse. Zur Anwendung von latenten Wachstumskurvenmodellen in Einstellungs- und Sozialisationsforschung*. Münster: Lit Verlag.

Urban, Dieter und Jochen Mayerl (2014). *Strukturgleichungsmodellierung. Ein Ratgeber für die Praxis*. Wiesbaden: Springer VS.

Van de Pol, Frank and Jan de Leuw (1986). "A Latent Markov Model to Correct for Measurement Error". In: *Sociological Methods & Research* 15.1–2, pp. 118–141.

Van de Pol, Frank and Rolf Langeheine (1990). "Mixed Markov Latent Class Models". In: *Sociological Methodology* 20.1, pp. 213–247.

Vandenberg, Robert J. and Charles E. Lance (2000). "A Review and Synthesis of the Measurement Invariance Literature: Suggestions, Practices, and Recommendations for Organizational Research". In: *Organizational Research Methods* 3.1, pp. 4–70.

Vermunt, Jeroen K. (2010). "Latent Class Modeling with Covariates: Two Improved Three-Step Approaches". In: *Political Analysis* 18.4, pp. 450–469.

Vermunt, Jeroen K. and Jay Magidson (2000). *Latent GOLD User's Guide*. Boston: Statistical Innovations Inc.

Vermunt, Jeroen K. and Jay Magidson (2005). *Latent GOLD 4.0 User's Guide*. Belmont: Statistical Innovations Inc.

Vermunt, Jeroen K. and Jay Magidson (2013a). *Latent GOLD 5.0 Upgrade Manual*. Belmont: Statistical Innovations Inc.

Vermunt, Jeroen K. and Jay Magidson (2013b). *Technical Guide for Latent GOLD 5.0: Basic, Advanced, and Syntax*. Belmont: Statistical Innovations Inc.

Verplanken, Bas and Rob W. Holland (2002). "Motivated Decision Making: Effects of Activation and Self-Centrality of Values on Choices and Behavior". In: *Journal of Personality and Social Psychology* 82.3, pp. 434–447.

Von Rosenbladt, Bernhardt, Hrsg. (2001). *Freiwilliges Engagement in Deutschland. Freiwilligensurvey 1999. Ergebnisse der Repräsentativerhebung zu Ehrenamt, Freiwilligenarbeit und bürgerschaftlichem Engagement*. Bd. 1: *Gesamtbericht*. 2. Aufl. Schriftenreihe des Bundesministeriums für Familie, Senioren, Frauen und Jugend; Bd. 194.1. Stuttgart et al.: Kohlhammer.

Walburg, Christian (2007). »Migration und selbstberichtete Delinquenz«. In: *Delinquenz im Jugendalter. Erkenntnisse einer Münsteraner Längsschnittstudie*. Hrsg. von Klaus Boers und Jost Reinecke. Münster et al.: Waxmann, S. 241–268.

Walter, Franz (2008). *Baustelle Deutschland. Politik ohne Lagerbindung*. Frankfurt a. M.: Suhrkamp.

Weakliem, David L. (1999). "A Critique of the Bayesian Information Criterion for Model Selection". In: *Sociological Methods & Research* 27.3, pp. 359–397.

Wheaton, Blair, Bengt O. Muthén, Duane F. Alwin, and Gene F. Summers (1977). "Assessing Reliability and Stability in Panel Models". In: *Sociological Methodology*. Ed. by David R. Heise. San Francisco: Jossey-Bass, pp. 84–136.

Widaman, Keith F. and Steven P. Reise (1997). "Exploring the Measurement Invariance of Psychological Instruments: Applications in the Substance Use Domain". In: *The Science of Prevention: Methodological Advances From Alcohol and Substance Abuse Research*. Ed. by Kendall J. Bryant, Michael Windle, and Stephen G. West. Washington, DC: American Psychological Association, pp. 281–324.

Wilcoxon, Frank (1945). "Individual Comparisons by Ranking Methods". In: *Biometrics Bulletin* 1.6, pp. 80–83.

Wilcoxon, Frank (1947). "Probability Tables for Individual Comparisons by Ranking Methods". In: *Biometrics* 3.3, pp. 119–122.

Wolf, Christof und Henning Best (2010). »Lineare Regressionsanalyse«. In: *Handbuch der sozialwissenschaftlichen Datenanalyse*. Hrsg. von Christof Wolf und Henning Best. Wiesbaden: VS, S. 607–638.

Wu, Amery D., Zhen Li, and Bruno D. Zumbo (2007). "Decoding the Meaning of Factorial Invariance and Updating the Practice of Multi-group Confirmatory Factor Analysis: A Demonstration With TIMSS Data". In: *Practical Assessment, Research & Evaluation* 12.3. URL: http://pareonline.net/getvn.asp?v=12&n=3.

Yoon, Myeongsun and Roger E. Millsap (2007). "Detecting Violations of Factorial Invariance Using Data-Based Specification Searches: A Monte Carlo Study". In: *Structural Equation Modeling: A Multidisciplinary Journal* 14.3, pp. 435–463.

Yuan, Ke-Hai and Peter M. Bentler (2000). "Three likelihood-based methods for mean and covariance structure analysis with nonnormal missing data". In: *Sociological Methodology* 30.1, pp. 165–200.

A Anhang

A.1 Erhebungsinstrumente

Tabelle A.1: Terminale und instrumentelle Werte nach Rokeach (1973, S. 28)

terminaler Wert	instrumenteller Wert
A comfortable life (a prosperous life)	Ambitious (hard-working, aspiring)
An exciting life (a stimulating, active life)	Broadminded (open-minded)
A sense of accomplishment (lasting contribution)	Capable (competent, effective)
A world at peace (free of war and conflict)	Cheerful (lighthearted, joyful)
A world of beauty (beauty of nature and the arts)	Clean (neat, tidy)
Equality (brotherhood, equal opportunity for all)	Courageous (standing up for your beliefs)
Family security (taking care of loved ones)	Forgiving (willing to pardon others)
Freedom (independence, free choice)	Helpful (working for the welfare of others)
Happiness (contentedness)	Honest (sincere, truthful)
Inner harmony (freedom from inner conflict)	Imaginative (daring creative)
Mature love (sexual and spiritual intimacy)	Independent (self-reliant, self-sufficient)
National security (protection from attack)	Intellectual (intelligent, reflective)
Pleasure (an enjoyable, leisurely life)	Logical (consistent, rational)
Salvation (saved, eternal life)	Loving (affectionate, tender)
Self-respect (self-esteem)	Obedient (dutiful, respectful)
Social recognition (respect, admiration)	Polite (courteous, well-mannered)
True friendship (close companionship)	Responsible (dependable, reliable)
wisdom (a mature understanding of life)	Self-controlled (restrained, self-disciplined)

Tabelle A.2: Wertemessung nach Inglehart (1979, S. 285)

(a) Erste Gruppe

	Statement	Dimension
A	Aufrechterhaltung der Ordnung in der Nation	Sicherheitbedürfnis; Materialismus
B	Verstärktes Mitspracherecht der Menschen bei wichtigen Regierungsentscheidungen	Zugehörigkeits- und Achtungsbedürfnis; Postmaterialismus
C	Kampf gegen steigende Preise	Versorgungsbedürfnis; Materialismus
D	Schutz der freien Meinungsäußerung	Ästhetisch-intellektuelles Bedürfnis; Postmaterialismus

(b) Zweite Gruppe

	Statement	Dimension
A	Erhaltung eines hohen Grades von wirtschaftlichem Wachstum	Versorgungsbedürfnis; Materialismus
B	Sicherung von starken Verteidigungskräften für dieses Land	Sicherheitbedürfnis; Materialismus
C	Verstärktes Mitspracherecht der Menschen an ihrem Arbeitsplatz und in ihren Gemeinden	Zugehörigkeits- und Achtungsbedürfnis; Postmaterialismus
D	Versuche, unsere Städte und ländlichen Gebiete zu verschönern	Ästhetisch-intellektuelles Bedürfnis; Postmaterialismus
E	Eine stabile Wirtschaft	Versorgungsbedürfnis; Materialismus
F	Kampf gegen Verbrechen	Sicherheitbedürfnis; Materialismus
G	Fortschritt auf eine humanere, weniger unpersönliche Gesellschaft hin	Zugehörigkeits- und Achtungsbedürfnis; Postmaterialismus
H	Fortschritt auf eine Gesellschaft hin, in der Ideen mehr zählen als Geld	Ästhetisch-intellektuelles Bedürfnis; Postmaterialismus

Bei diesen acht Fragen sollen die Befragten jeweils die drei wichtigsten und drei unwichtigsten Items in eine Rangreihenfolge bringen.

Tabelle A.3: Items des »Portrait Value Questionnaire« nach Schwartz (2001); Antwortkategorien: 1 »very much like me« bis 6 »not like me at all«

	Statement	Dimension
A	Thinking up new ideas and being creative is important to him/her. He/She likes to do things in his/her own original way	self-direction
B	It is important to him/her to be rich. He/She wants to have a lot of money and expensive things	power
C	He/She thinks it is important that every person in the world should be treated equally. He/She believes everyone should have equal opportunities in life	universalism
D	It's important to him/"2her to show his/her abilities. He/She wants people to admire what he/she does	achievement
E	It is important to him/her to live in secure surroundings. He/She avoids anything that might endanger his/her safety	security
F	He/She likes surprises and is always looking for new things to do. He/She thinks it is important to do lots of different things in life	stimulation
G	He/She believes that people should do what they're told. He/She thinks people should follow rules at all times, even when no-one is watching	conformity
H	It is important to him/her to listen to people who are different from him/her. Even when he/she disagrees with them, he/she still wants to understand them	universalism
I	It is important to him/her to be humble and modest. He/She tries not to draw attention to himself/hersef	tradition
J	Having a good time is important to him/her. He/She likes to »spoil« himself/herself	hedonism
K	It is important to him/her to make his/ own decisions about what he/she does. He/She likes to be free and not depend on others	self-direction
L	It's very important to him/her to help the people around him/her. He/She wants to care for their well-being	benevolence
M	Being very successful is important to him/her. He/She hopes people will recognise his/her achievements	achievement
N	It is important to him/her that the government ensures his/her safety against all threats. He/She wants the state to be strong so it can defend its citizens	security
O	He/She looks for adventures and likes to take risks. He/She wants to have an exciting life	stimulation
P	It is important to him/her always to behave properly. He/She wants to avoid doing anything people would say is wrong	conformity
Q	It is important to him/her to get respect from others. He/She wants people to do what he/she says	power

R	It is important to him/her to be loyal to his/her friends. He/She wants to devote himself/herself to people close to him/her	benevolence
S	He/She strongly believes that people should care for nature. Looking after the environment is important to him/her	universalism
T	Tradition is important to him/her. He/She tries to follow the customs handed down by his/her religion or his/her family	tradition
U	He/She seeks every chance he/she can to have fun. It is important to him/her to do things that give him/her pleasure	hedonism

Tabelle A.4: Sinus-Milieuindikator West, Version 1992 nach Heitmeyer et al. (1995, S. 472 f.); Antwortkategorien: 1 »trifft überhaupt nicht zu« bis 4 »trifft voll und ganz zu«

mi01	Ich habe oft den Drang, etwas Starkes und Neues zu erleben.
mi02	Obwohl mir meine Arbeit Spaß macht, ist mir mein Privatleben wichtiger.
mi03	Ich träume davon, einmal nicht die Drecksarbeit machen zu müssen.
mi04	Der Sinn des Lebens besteht für mich darin, Spaß zu haben und mir leisten zu können, was mir gefällt.
mi05	Ich habe großes Verständnis für Leute, die nur tun, wozu sie gerade Lust haben.
mi06	Im Grunde ist das Leben ganz einfach, man kann sich immer irgendwie arrangieren.
mi07	Durch Weiterbildung kann man seine berufliche Zukunft heute auch nicht mehr sichern.
mi08	In meinem Leben spielen christliche Vorstellungen keine Rolle.
mi09	Immer wenn ich Zeit dazu finde, beschäftige ich mich mit Kultur und Kunst.
mi10	Ich arbeite gerne mehr, um mir einiges leisten zu können.
mi11	Für unsereins gibt es wenig Chancen, es zu etwas zu bringen.
mi12	Lebenserfüllung ist nur durch Pflichterfüllung möglich.
mi13	Ideal ist ein Beruf, in dem man politisches und soziales Engagement verwirklichen kann.
mi14	Es ist mir ganz wichtig, daß nichts nach außen dringt, wenn es in meiner Familie Probleme gibt.
mi15	Überstunden sollten verboten werden.
mi16	In einer Ehe sollten beide Partner ihren eigenen Freundes- und Bekanntenkreis haben.
mi17	Bei der Arbeit ist mir vor allem wichtig, mir nichts zu Schulden kommen zu lassen.
mi18	Ich persönlich stehe voll und ganz hinter unserem Staat.
mi19	Erfolg in Beruf ist mir nicht so wichtig.
mi20	Auf Sicherheit pfeife ich, ich möchte vor allem ein aufregendes Leben führen.
mi21	Ich überlege mir oft, wie ich aus dieser Gesellschaft aussteigen kann.
mi22	Ich bin unzufrieden, weil ich mir finanziell zu wenig leisten kann.

mi23	Ein eigenes Haus zu haben, ist sicher schön, aber ich habe keine Lust, mich dafür jahrelang einzuschränken.
mi24	Wenn ich genügend Geld hätte, würde ich nie mehr arbeiten.
mi25	Was die Zukunft betrifft, vertraue ich voll auf meine Leistungsfähigkeit.
mi26	Arbeit ist etwas, womit ich mein Geld verdiene, mehr ist es eigentlich nicht.
mi27	Meine Devise ist: Genießen und möglichst angenehm leben.
mi28	Am liebsten würde ich alles hinschmeißen und abhauen.
mi29	Computer und andere moderne elektronische Geräte machen mir einfach Spaß.
mi30	Ich kaufe mir oft Dinge, ohne lange darüber nachzudenken, ob ich mir das überhaupt leisten kann.
mi31	Ich fürchte, daß der technische Fortschritt unser Leben zerstört.
mi32	Ob ich gesellschaftliches Ansehen genieße oder nicht, ist mir gleichgültig.
mi33	Nach meiner Auffassung belastet materieller Besitz und schränkt die persönliche Freiheit ein.
mi34	Wenn ich es mir richtig überlege, haben die alten Werte Sparsamkeit, Sauberkeit und Ordnung für mein Leben eine ziemlich große Bedeutung.
mi35	Ich möchte nicht an später denken: ich lebe im hier und jetzt.
mi36	Eine Frau findet ihre Erfüllung in erster Linie in der Familie.
mi37	Es sind vor allem die Arbeitsscheuen, die immer vom Leistungsdruck in unserer Gesellschaft reden.
mi38	Richtig eingesetzt, können neue Technologien den Menschen nur nützen.
mi39	Man sollte sich politisch engagieren, um Unterdrückung und Ausbeutung in unserer Gesellschaft zu bekämpfen.
mi40	Die alten Arbeitstugenden Disziplin und Pflichtbewußtsein sind mir ein Greuel.
mi41	Das Mitspracherecht der Gewerkschaften in der Wirtschaft muß erheblich größer werden.
mi42	Jeder, der sich anstrengt, kann sich hocharbeiten.
mi43	Wer sich alles leistet, was er für sein Geld haben kann, handelt unmoralisch.
mi44	Der technische Fortschritt macht für mich das Leben lebenswert.
mi45	Bei der Arbeit ist es für mich das Wichtigste, eigene Ideen einbringen zu können.
mi46	Ständig dazulernen zu müssen – das wäre nichts für mich.

A.2 Methoden

Tabelle A.5: Lisrel-Notation

Variablen	
ξ, η	latente exogene bzw. endogene Variable
x, y	manifeste Indikator- bzw. Messvariable für ξ bzw. η
δ, ε	Messfehler von x bzw. y
ζ	Residuen der latenten Variablen η
Parameter (Messmodell)	
λ_x, λ_y	Faktorladungen zwischen x und ξ- bzw. y- und η-Variablen
σ	Kovarianzen zwischen den manifesten x- und y-Variablen
$\theta_\delta, \theta_\varepsilon, \theta_{\delta\varepsilon}$	Kovarianzen der Messfehler δ und ε
τ_x, τ_y	Intercepts der manifesten Variablen x und y[a]
α_ξ, α_η	Intercepts der latenten Variablen ξ und η[b]
Matrizen (Messmodell)	
$\boldsymbol{\Lambda}_x, \boldsymbol{\Lambda}_y$	Matrizen der Faktorladungen λ_x bzw. λ_y
$\boldsymbol{\Sigma}$	Kovarianzmatrix der x- und y-Variablen
$\boldsymbol{\Theta}_\delta, \boldsymbol{\Theta}_\varepsilon, \boldsymbol{\Theta}_{\delta\varepsilon}$	Kovarianzmatrizen der Messfehler δ und ε
Parameter (Strukturmodell)	
γ	Strukturkoeffizient zwischen ξ und η-Variablen
β	Strukturkoeffizient zwischen η-Variablen
ϕ, ψ	Kovarianz zwischen ξ- bzw. ζ-Variablen
Matrizen (Strukturmodell)	
$\boldsymbol{\Gamma}, \boldsymbol{B}$	Matrizen der Strukturkoeffizienten γ bzw. β
$\boldsymbol{\Phi}$	Kovarianzmatrix der ξ-Variablen (ϕ)
$\boldsymbol{\Psi}$	Kovarianzmatrix der Residuen der η-Variablen (ψ)
Mittelwerte	
μ_x, μ_y	Mittelwerte der manifesten x- bzw. y-Variablen[a]
κ_ξ, κ_η	Mittelwerte der latenten ξ- bzw. η-Variablen[b]

a) Bisweilen werden die Mittelwerte *und* Intercepts kontinuierlicher manifester Variablen auch mit ν bezeichnet (Mplus)

b) Bisweilen werden die Mittelwerte *und* Intercepts kontinuierlicher latenter Variablen auch mit α bezeichnet (Mplus)

(Quelle: Reinecke 2014, S. 343–345)

A.3 Alltagsleben

Tabelle A.6: Ausreichen des zur Verfügung stehenden Geldes in Duisburg 2002 bis 2008 nach Geschlecht (Prozentangaben; Querschnittsdatensätze siehe Abschnitt 3.1)

(a) Kohorte 1

		2002	2003	2004	2005	2006	2007	2008
gut	♂	73	66	60	58	51	47	45
	♀	68	56	51	52	48	49	48
mittel	♂	20	22	23	26	30	35	34
	♀	23	29	31	32	32	34	31
schlecht	♂	7	12	16	16	20	17	21
	♀	8	15	18	16	20	17	21

(b) Kohorte 2

		2002	2003
gut	♂	60	54
	♀	56	52
mittel	♂	25	26
	♀	31	30
schlecht	♂	16	20
	♀	13	18

Tabelle A.7: Durchschnittlicher täglicher Zeitaufwand für verschiedene Aktivitäten in Duisburg 2002 bis 2008 (auf fünf Minuten gerundete Angaben; nur Personen, die diese Aktivität überhaupt ausführen; Querschnittsdatensätze siehe Abschnitt 3.1)

	(a) Kohorte 1							(b) Kohorte 2	
Aktivität	2002	2003	2004	2005	2006	2007	2008	2002	2003
Fernsehen gucken	140	130	130	130	125	115	115	145	135
Internetsurfen/E-Mail	80	90	100	120	130	120	115	90	105
Hausaufgaben machen	–	70	65	65	70	75	80	–	65
Video gucken	85	85	80	80	80	70	70	75	85
Computer/Konsole spielen	–	100	95	110	105	90	85	–	100
Computer spielen	85	–	–	–	–	–	–	90	–
Konsole spielen	90	–	–	–	–	–	–	85	–
Bücher/Zeitschriften lesen	–	60	55	55	55	55	55	–	55
Bücher lesen	65	–	–	–	–	–	–	60	–
Zeitschriften lesen	45	–	–	–	–	–	–	40	–

Tabelle A.8: Verschiedene Aktivitäten in Duisburg 2002 bis 2008 (Prozentanteile der Personen, die diese Aktivität überhaupt nicht ausführen; Querschnittsdatensätze siehe Abschnitt 3.1)

	(a) Kohorte 1							(b) Kohorte 2	
Aktivität	2002	2003	2004	2005	2006	2007	2008	2002	2003
Fernsehen gucken	1	0	1	1	2	2	2	1	1
Internetsurfen/E-Mail	43	30	25	19	13	9	8	35	26
Hausaufgaben machen	–	2	4	6	11	13	17	–	6
Video gucken	38	27	30	33	35	39	39	43	29
Computer/Konsole spielen	–	21	25	32	36	44	46	–	30
Computer spielen	23	–	–	–	–	–	–	32	–
Konsole spielen	38	–	–	–	–	–	–	50	–
Bücher/Zeitschriften lesen	–	19	22	25	22	20	19	–	21
Bücher lesen	23	–	–	–	–	–	–	36	–
Zeitschriften lesen	18	–	–	–	–	–	–	19	–

Tabelle A.9: Durchschnittlicher täglicher Zeitaufwand für verschiedene Aktivitäten in Duisburg 2002 bis 2008 nach Geschlecht (auf fünf Minuten gerundete Angaben; Querschnittsdatensätze siehe Abschnitt 3.1)

		(a) Kohorte 1							(b) Kohorte 2	
Aktivität		2002	2003	2004	2005	2006	2007	2008	2002	2003
Fernsehen gucken	♂	150	140	140	135	130	115	110	160	145
	♀	125	125	120	120	120	115	110	135	125
Internetsurfen/E-Mail	♂	50	70	85	110	130	125	120	70	100
	♀	40	55	65	80	95	95	90	50	55
Hausaufgaben machen	♂	—	60	60	55	55	50	55	—	55
	♀	—	70	70	70	75	75	75	—	70
Video gucken	♂	60	70	65	60	55	45	45	50	65
	♀	45	55	50	45	45	40	40	35	50
Computer/Konsole spielen	♂	—	115	110	115	105	85	75	—	115
	♀	—	35	30	25	25	20	20	—	30
Computer spielen	♂	90	—	—	—	—	—	—	90	—
	♀	40	—	—	—	—	—	—	30	—
Konsole spielen	♂	85	—	—	—	—	—	—	70	—
	♀	25	—	—	—	—	—	—	20	—
Bücher/Zeitschriften lesen	♂	—	40	35	35	35	35	35	—	35
	♀	—	55	50	50	50	50	50	—	50
Bücher lesen	♂	45	—	—	—	—	—	—	30	—
	♀	55	—	—	—	—	—	—	45	—
Zeitschriften lesen	♂	35	—	—	—	—	—	—	30	—
	♀	45	—	—	—	—	—	—	35	—

Alle Geschlechtsunterschiede sind signifikant auf einem Niveau von $p < 0,05$; grau hinterlegte Zellen kennzeichnen nicht signifikante Unterschiede.

Tabelle A.10: Film- und Videovorlieben in Duisburg 2002 bis 2008 nach Geschlecht (Prozentangaben der zusammengefassten Nennungen »oft« und »sehr oft«; Querschnittsdatensätze siehe Abschnitt 3.1)

(a) Kohorte 1

Genre		2002	2003	2004	2005	2006	2007	2008
Musikvideos	♂	68	75	69	69	58	46	40
(MTV, VIVA etc.)	♀	81	89	88	83	75	63	54
Comedy	♂	66	69	75	73	74	72	72
	♀	58	65	70	71	73	70	69
Horrorfilme	♂	56	61	62	60	63	58	56
	♀	45	57	65	58	58	51	46
Actionfilme	♂	74	80	82	77	75	69	71
	♀	27	34	36	33	33	30	32
Unterhaltungsserien/	♂	18	23	23	20	23	23	23
Soaps	♀	54	56	54	52	53	52	52
Sport	♂	51	55	53	55	54	50	47
	♀	16	21	18	18	18	16	13
Kung-Fu-/	♂	57	57	55	53	51	46	40
Kampfsportfilme[a)]	♀	15	19	20	17	17	13	12
Shows/Quiz/	♂	31	26	23	21	21	20	20
Talkshows	♀	47	43	37	39	40	38	36
Kriegsfilme[b)]	♂	—	49	54	54	50	42	38
	♀	—	12	13	13	13	10	9
Love Stories	♂	9	8	6	8	8	7	7
	♀	34	41	47	47	48	45	44
Kriminalfilme	♂	24	30	27	27	27	27	24
	♀	16	20	21	24	25	26	25
Science-Fiction/	♂	33	31	32	31	31	28	27
Fantasy	♀	15	18	17	15	17	14	16
Dokumentationen/	♂	8	10	14	19	25	26	26
politische Magazine	♀	6	7	9	12	15	16	18
Natur-/Tier-/	♂	16	14	15	16	14	14	13
Heimatfilme	♀	16	12	11	12	13	12	12

a) In 2002 lautete die Kategorie »Kung-Fu- oder Kampfsportfilme, Kriegsfilme«
b) Erst ab 2003 wurde die Kategorie »Kriegsfilme« gesondert erhoben, daher keine Angabe in 2002

(b) Kohorte 2

Genre		2002	2003
Musikvideos (MTV, VIVA etc.)	♂	75	72
	♀	85	86
Comedy	♂	70	73
	♀	66	69
Horrorfilme	♂	57	58
	♀	56	55
Actionfilme	♂	78	81
	♀	30	39
Unterhaltungsserien/ Soaps	♂	17	20
	♀	50	58
Sport	♂	54	56
	♀	16	20
Kung-Fu-/ Kampfsportfilme[a)]	♂	55	52
	♀	17	20
Shows/Quiz/ Talkshows	♂	27	25
	♀	43	44
Kriegsfilme[b)]	♂	—	51
	♀	—	14
Love Stories	♂	7	6
	♀	43	45
Kriminalfilme	♂	21	26
	♀	17	20
Science-Fiction/ Fantasy	♂	31	35
	♀	15	21
Dokumentationen/ politische Magazine	♂	11	18
	♀	7	10
Natur-/Tier-/ Heimatfilme	♂	9	11
	♀	9	10

a) In 2002 lautete die Kategorie »Kung-Fu- oder Kampfsportfilme, Kriegsfilme«

b) Erst ab 2003 wurde die Kategorie »Kriegsfilme« gesondert erhoben, daher keine Angabe in 2002

Tabelle A.10: Film- und Videovorlieben in Duisburg 2002 bis 2008 (Mittelwerte, Ursprungsskala von 1 »nie« bis 5 »sehr oft«; Querschnittsdatensätze siehe Abschnitt 3.1)

	(a) Kohorte 1							(b) Kohorte 2	
Genre	2002	2003	2004	2005	2006	2007	2008	2002	2003
Musikvideos (MTV, VIVA etc.)	4,08	4,32	4,23	4,13	3,86	3,55	3,33	4,27	4,26
Comedy	3,72	3,84	3,99	3,98	3,99	3,89	3,91	3,89	3,95
Horrorfilme	3,40	3,69	3,80	3,68	3,71	3,53	3,44	3,61	3,61
Actionfilme	3,45	3,61	3,63	3,55	3,53	3,41	3,44	3,56	3,67
Unterhaltungsserien/Soaps	2,91	3,05	3,04	2,97	3,02	3,06	3,07	2,85	3,04
Sport	2,85	3,00	2,94	2,98	2,94	2,88	2,79	2,88	3,01
Kung-Fu-/Kampfsportfilme[a)]	2,87	2,93	2,98	2,89	2,86	2,67	2,58	2,91	2,88
Shows/Quiz/Talkshows	3,15	3,04	2,94	2,91	2,91	2,96	2,88	3,08	3,04
Kriegsfilme[b)]	—	2,78	2,83	2,91	2,89	2,67	2,62	—	2,89
Love Stories	2,40	2,47	2,53	2,57	2,65	2,64	2,65	2,51	2,59
Kriminalfilme	2,48	2,66	2,64	2,70	2,73	2,79	2,73	2,49	2,68
Science-Fiction/Fantasy	2,72	2,78	2,74	2,68	2,70	2,63	2,66	2,74	2,86
Dokumentationen/politische Magazine	1,73	1,85	1,97	2,22	2,41	2,49	2,55	1,87	2,19
Natur-/Tier-/Heimatfilme	2,21	2,11	2,09	2,16	2,15	2,20	2,20	1,87	2,02

a) In 2002 lautete die Kategorie »Kung-Fu- oder Kampfsportfilme, Kriegsfilme«

b) Erst ab 2003 wurde die Kategorie »Kriegsfilme« gesondert erhoben, daher keine Angabe in 2002

Tabelle A.11: Häufigkeit des Computer- und Konsolespielens in Duisburg 2002 bis 2008 nach Geschlecht (Prozentangaben der zusammengefassten Nennungen »oft« und »sehr oft«; Querschnittsdatensätze siehe Abschnitt 3.1)

Spiel		(a) Kohorte 1							(b) Kohorte 2	
		2002[a)]	2003	2004	2005	2006	2007	2008	2002	2003
Rennspiele	♂	—	41	61	62	47	37	30	—	38
	♀	—	17	18	18	13	8	6	—	13
Ego-Shooter/Ballerspiele	♂	—	56	62	61	50	39	34	—	56
	♀	—	6	8	5	4	2	2	—	6
Sportspiele	♂	—	51	49	42	36	33	31	—	45
	♀	—	11	10	6	4	3	3	—	6
Rollenspiele	♂	—	31	39	30	28	28	25	—	31
	♀	—	10	13	9	9	9	8	—	8
Militärstrategie	♂	—	41	45	29	29	25	28	—	43
	♀	—	5	5	3	2	2	2	—	4
Sportsimulationen	♂	—	35	31	27	24	20	18	—	31
	♀	—	7	5	3	2	1	1	—	4
Aufbauspiele	♂	—	33	24	22	22	14	13	—	29
	♀	—	9	13	6	5	5	5	—	7
Jump 'n' Run	♂	—	14	11	12	8	7	7	—	10
	♀	—	22	12	9	8	7	8	—	17
Adventure	♂	—	17	13	12	12	10	8	—	13
	♀	—	16	11	7	5	5	5	—	13
Wirtschaftssimulationen	♂	—	12	8	11	8	7	7	—	11
	♀	—	3	2	6	4	3	4	—	2

a) In 2002 wurden die Computerspiele nicht geschlossen erhoben

Tabelle A.12: Häufigkeit des Computer- und Konsolespielens in Duisburg 2002 bis 2008 (Mittelwerte, Ursprungsskala von 1 »nie« bis 5 »sehr oft«; Querschnittsdatensätze siehe Abschnitt 3.1)

	(a) Kohorte 1							(b) Kohorte 2	
Spiel	2002[a]	2003	2004	2005	2006	2007	2008	2002[a]	2003
Rennspiele	–	2,68	2,92	2,93	2,60	2,31	2,15	–	2,49
Ego-Shooter/Ballerspiele	–	2,58	2,63	2,57	2,36	2,06	1,97	–	2,52
Sportspiele	–	2,62	2,51	2,32	2,12	2,02	1,94	–	2,37
Rollenspiele	–	2,20	2,33	2,07	1,99	1,93	1,87	–	2,12
Militärstrategie	–	2,29	2,25	1,95	1,94	1,78	1,82	–	2,24
Sportsimulationen	–	2,21	1,99	1,90	1,79	1,67	1,61	–	2,01
Aufbauspiele	–	2,25	2,20	1,98	1,94	1,81	1,76	–	2,13
Jump 'n' Run	–	2,21	1,91	1,85	1,72	1,70	1,73	–	2,01
Adventure	–	2,11	1,89	1,72	1,64	1,60	1,61	–	1,96
Wirtschaftssimulationen	–	1,68	1,51	1,73	1,58	1,53	1,52	–	1,64

a) In 2002 wurden die Computerspiele nicht geschlossen erhoben

Tabelle A.13: Weitere Freizeitaktivitäten in Duisburg 2002 bis 2008 nach Geschlecht (Prozentangaben der zusammengefassten Nennungen »oft« und »sehr oft«; Querschnittsdatensätze siehe Abschnitt 3.1)

(a) Kohorte 1

Aktivität		2002[a)]	2003	2004	2005	2006	2007	2008
Musik hören	♂	–	73	76	80	81	78	73
	♀	–	92	93	93	90	88	83
Freunde treffen	♂	78	81	84	80	78	73	70
	♀	75	80	83	83	79	72	69
abhängen	♂	35	46	50	52	51	47	42
	♀	35	49	55	51	46	39	36
shoppen/einkaufen	♂	–	21	19	23	25	21	21
	♀	–	63	64	64	59	55	50
auf Partys gehen	♂	14	20	32	40	48	46	44
	♀	16	21	32	35	41	40	38
zu Hause rumhängen[b)]	♂	–	–	–	–	25	27	28
	♀	–	–	–	–	32	33	34
Familienangehörige treffen	♂	–	17	18	20	24	21	23
	♀	–	22	25	31	38	38	42
Musik machen	♂	21	–	–	–	–	–	–
	♀	30	–	–	–	–	–	–
ins Kino gehen	♂	28	24	18	16	14	13	18
	♀	31	30	25	21	19	16	20
am PC Musik machen	♂	–	27	26	26	22	15	12
	♀	–	13	14	12	12	8	6
zeichnen, malen	♂	19	14	11	10	10	7	7
	♀	29	25	23	20	20	16	14
Jugendzentrum	♂	10	13	11	12	9	6	5
	♀	10	10	8	6	4	3	2
klassisches Musikinstrument	♂	–	5	6	8	9	8	8
spielen	♀	–	8	7	7	6	5	4
in Band Musik machen	♂	–	5	6	10	10	8	6
	♀	–	3	4	4	4	3	3
zu Hause rumhängen/	♂	–	4	3	4	–	–	–
darf nicht raus[b)]	♀	–	5	6	4	–	–	–
im Chor singen	♂	–	1	1	2	2	2	1
	♀	–	5	5	4	3	3	2
Theater spielen	♂	–	1	1	2	1	2	2
	♀	–	4	3	3	2	2	1

a) In 2002 wurden nicht alle Freizeitaktivitäten erhoben

b) 2003 bis 2005 lautete die Aktivität »zu Hause rumhängen, weil ich nicht raus darf«, 2006 bis 2008 »zu Hause rumhängen«.

(b) Kohorte 2

Aktivität		2002[a)]	2003
Musik hören	♂	–	82
	♀	–	93
Freunde treffen	♂	81	81
	♀	79	81
abhängen	♂	44	49
	♀	42	44
shoppen/einkaufen	♂	–	26
	♀	–	62
auf Partys gehen	♂	26	37
	♀	27	33
zu Hause rumhängen[b)]	♂	–	–
	♀	–	–
Familienangehörige treffen	♂	–	16
	♀	–	24
Musik machen	♂	20	–
	♀	21	–
ins Kino gehen	♂	22	21
	♀	27	24
am PC Musik machen	♂	–	29
	♀	–	11
zeichnen, malen	♂	13	12
	♀	23	23
Jugendzentrum	♂	10	10
	♀	7	7
klassisches Musikinstrument spielen	♂	–	7
	♀		8
in Band Musik machen	♂	–	6
	♀	–	3
zu Hause rumhängen/ darf nicht raus[b)]	♂	–	2
	♀	–	4
im Chor singen	♂	–	1
	♀	–	5
Theater spielen	♂	–	2
	♀	–	3

a) In 2002 wurden nicht alle Freizeitaktivitäten erhoben

b) 2003 bis 2005 lautete die Aktivität »zu Hause rumhängen, weil ich nicht raus darf«, 2006 bis 2008 »zu Hause rumhängen«.

Tabelle A.13: Weitere Freizeitaktivitäten in Duisburg 2002 bis 2008 (Mittelwerte, Ursprungsskala von 1 »nie« bis 5 »sehr oft«; Querschnittsdatensätze siehe Abschnitt 3.1)

(a) Kohorte 1

Aktivität	2002[a)]	2003	2004	2005	2006	2007	2008
Musik hören	—	4,29	4,34	4,39	4,37	4,29	4,16
Freunde treffen	4,10	4,18	4,27	4,18	4,10	3,95	3,86
abhängen	2,86	3,28	3,43	3,39	3,35	3,21	3,11
shoppen/einkaufen	—	3,20	3,21	3,26	3,24	3,21	3,19
auf Partys gehen	2,40	2,59	2,93	3,13	3,29	3,24	3,20
zu Hause rumhängen[b)]	—	—	—	—	2,96	3,02	3,05
Familienangehörige treffen	—	2,65	2,67	2,84	2,97	2,99	3,09
Musik machen	2,38	—	—	—	—	—	—
ins Kino gehen	3,05	2,99	2,89	2,79	2,74	2,72	2,81
am PC Musik machen	—	2,20	2,18	2,14	2,05	1,80	1,66
zeichnen, malen	2,50	2,32	2,23	2,13	2,13	2,02	1,96
Jugendzentrum	1,84	1,90	1,75	1,65	1,52	1,40	1,32
klassisches Musikinstrument spielen	—	1,41	1,38	1,44	1,44	1,41	1,40
in Band Musik machen	—	1,27	1,28	1,37	1,36	1,29	1,26
zu Hause rumhängen/darf nicht raus[b)]	—	1,63	1,59	1,50	—	—	—
im Chor singen	—	1,16	1,15	1,15	1,13	1,15	1,13
Theater spielen	—	1,20	1,16	1,18	1,16	1,20	1,16

(b) Kohorte 2

Aktivität	2002[a)]	2003
Musik hören	—	4,41
Freunde treffen	4,20	4,20
abhängen	3,14	3,24
shoppen/einkaufen	—	3,29
auf Partys gehen	2,79	3,08
zu Hause rumhängen[b)]	—	1,43
Familienangehörige treffen	—	2,68
Musik machen	2,16	—
ins Kino gehen	2,96	2,91
am PC Musik machen	—	2,14
zeichnen, malen	2,17	2,22
Jugendzentrum	1,70	1,64
klassisches Musikinstrument spielen	—	1,41
in Band Musik machen	—	1,25
zu Hause rumhängen/darf nicht raus[b)]	—	—
im Chor singen	—	1,16
Theater spielen	—	1,16

a) In 2002 wurden nicht alle Freizeitaktivitäten erhoben

b) 2003 bis 2005 lautete die Aktivität »zu Hause rumhängen, weil ich nicht raus darf«, 2006 bis 2008 »zu Hause rumhängen«.

Tabelle A.14: Alltagsprobleme in Duisburg 2002 bis 2008 nach Geschlecht (Prozentangaben der zusammengefassten Nennungen »trifft zu« und »trifft völlig zu«; Querschnittsdatensätze siehe Abschnitt 3.1)

(a) Kohorte 1

Probleme …		2002	2003	2004	2005	2006	2007	2008
mit meinem Geld auszukommen	♂	14	17	18	19	23	24	23
	♀	17	21	25	23	24	22	22
mit schulischen Leistungsanforderungen	♂	20	15	15	18	18	15	11
	♀	22	18	19	17	19	18	13
mit einem oder mehreren Lehrern/innen	♂	21	21	22	23	25	17	12
	♀	18	16	16	15	14	12	8
eine(n) feste(n) Freund/in zu finden	♂	10	14	15	17	17	22	16
	♀	11	17	15	16	14	14	10
mit den Eltern oder einem Elternteil	♂	9	9	14	12	13	12	11
	♀	15	17	21	17	17	13	13
mit anderen Jugendlichen (z. B. im Stadtteil)	♂	17	17	18	18	15	11	10
	♀	10	8	8	7	7	4	3
mit meiner Zukunftsperspektive	♂	7	6	8	12	15	14	11
	♀	4	5	8	10	12	12	13
mit Klassen- oder Schulkameraden/innen	♂	12	11	9	10	7	6	6
	♀	13	10	10	9	6	4	4
meine Freizeit zu gestalten	♂	8	7	6	10	11	10	10
	♀	7	6	7	7	8	8	9
mit meiner/m festen Freund/in auszukommen	♂	5	5	5	6	9	8	7
	♀	7	6	5	6	7	6	6
mit Polizei/Staatsanw./ Gericht wg. Straftat	♂	5	7	9	9	9	6	5
	♀	3	2	3	2	2	1	1
eine Freundesgruppe (Clique) zu finden	♂	6	4	4	4	5	5	5
	♀	5	4	3	5	4	4	4
mit meinen Freunden auszukommen	♂	3	3	2	3	4	2	4
	♀	4	3	2	3	3	2	2

(b) Kohorte 2

Probleme …		2002	2003
mit meinem Geld auszukommen	♂	21	24
	♀	22	23
mit schulischen Leistungsanforderungen	♂	23	14
	♀	27	18
mit einem oder mehreren Lehrern/innen	♂	31	24
	♀	22	17
eine(n) feste(n) Freund/in zu finden	♂	12	17
	♀	11	14
mit den Eltern oder einem Elternteil	♂	11	10
	♀	24	20
mit anderen Jugendlichen (z. B. im Stadtteil)	♂	18	17
	♀	9	7
mit meiner Zukunftsperspektive	♂	10	10
	♀	11	11
mit Klassen- oder Schulkameraden/innen	♂	11	8
	♀	11	9
meine Freizeit zu gestalten	♂	9	9
	♀	10	7
mit meiner/m festen Freund/in auszukommen	♂	4	5
	♀	7	6
mit Polizei/Staatsanw./ Gericht wg. Straftat	♂	8	11
	♀	4	2
eine Freundesgruppe (Clique) zu finden	♂	8	4
	♀	9	4
mit meinen Freunden auszukommen	♂	2	2
	♀	3	3

Tabelle A.14: Alltagsprobleme in Duisburg 2002 bis 2008 (Mittelwerte, Ursprungsskala von 1 »trifft gar nicht zu« bis 5 »trifft völlig zu«; Querschnittsdatensätze siehe Abschnitt 3.1)

	(a) Kohorte 1							(b) Kohorte 2	
Probleme …	2002	2003	2004	2005	2006	2007	2008	2002	2003
mit meinem Geld auszukommen	2,09	2,24	2,40	2,42	2,56	2,56	2,54	2,39	2,49
mit schulischen Leistungsanforderungen	2,59	2,65	2,63	2,61	2,65	2,53	2,35	2,80	2,65
mit einem oder mehreren Lehrern/innen	2,35	2,47	2,48	2,45	2,44	2,24	2,01	2,66	2,55
eine(n) feste(n) Freund/in zu finden	1,86	2,10	2,11	2,16	2,14	2,05	1,98	1,97	2,10
mit den Eltern oder einem Elternteil	1,88	2,06	2,07	2,13	2,17	2,09	2,04	2,18	2,13
mit anderen Jugendlichen (z. B. im Stadtteil)	2,15	2,15	2,12	2,12	2,06	1,87	1,78	2,19	2,12
mit meiner Zukunftsperspektive	1,71	1,81	1,94	2,13	2,25	2,23	2,17	2,05	2,11
mit Klassen- oder Schulkameraden/innen	2,20	2,12	2,06	2,05	1,89	1,84	1,77	2,19	2,06
meine Freizeit zu gestalten	1,82	1,80	1,83	1,93	2,01	2,00	1,99	1,94	1,91
mit meiner/m festen Freund/in auszukommen	1,70	1,71	1,71	1,82	1,87	1,82	1,81	1,77	1,75
mit Polizei/Staatsanw./Gericht wg. Straftat	1,26	1,37	1,45	1,48	1,48	1,37	1,32	1,43	1,44
eine Freundesgruppe (Clique) zu finden	1,53	1,47	1,45	1,57	1,60	1,59	1,59	1,57	1,51
mit meinen Freunden auszukommen	1,53	1,52	1,48	1,53	1,56	1,54	1,54	1,56	1,52

Tabelle A.15: Einschätzung der Zukunft in Duisburg 2002 bis 2008 nach Geschlecht (Prozentangaben; Querschnittsdatensätze siehe Abschnitt 3.1)

(a) Kohorte 1

		2002	2003	2004	2005	2006	2007	2008
zuversichtlich	♂	65	64	66	66	63	64	68
	♀	65	61	65	67	62	63	65
unterschiedlich	♂	33	33	30	28	30	29	27
	♀	34	36	33	30	35	33	31
düster	♂	2	3	4	6	7	6	5
	♀	1	3	2	3	3	4	4

(b) Kohorte 2

		2002	2003
zuversichtlich	♂	67	68
	♀	65	64
unterschiedlich	♂	31	28
	♀	33	33
düster	♂	3	4
	♀	2	3

Tabelle A.16: Alkohol- und Drogenkonsum in Duisburg 2002 bis 2008 und Geschlecht (Prozentangaben; Querschnittsdatensätze siehe Abschnitt 3.1)

		(a) Kohorte 1							(b) Kohorte 2	
		2002	2003	2004	2005	2006	2007	2008	2002	2003
Alkoholkonsum (»…betrunken«)										
keinmal	♂	74	56	40	32	24	27	24		
	♀	77	56	44	39	33	35	34	43	36
ein- oder mehrmals im Jahr	♂	18	25	27	27	27	30	32	31	29
	♀	16	27	31	31	36	36	40	32	35
einmal im Monat	♂	4	8	15	16	17	18	21	12	18
	♀	4	9	11	15	15	16	16	13	14
mehrmals pro Monat	♂	3	8	13	19	26	22	20	15	20
	♀	2	6	12	13	14	12	9	11	12
mehrmals pro Woche	♂	1	3	5	6	6	4	3	5	8
	♀	1	2	3	2	2	1	1	2	2
Drogenkonsum										
keinmal	♂	92	84	79	79	79	85	84	75	69
	♀	94	88	82	83	85	89	90	82	77
ein- oder zweimal im Jahr	♂	3	4	5	5	4	3	3	7	8
	♀	2	4	5	6	4	4	3	7	7
bis zu einmal im Monat	♂	3	6	6	5	6	5	5	9	11
	♀	2	5	7	7	7	3	3	7	10
mehrmals pro Monat	♂	1	4	6	5	4	3	3	5	7
	♀	1	2	4	3	3	2	2	3	4
mehrmals pro Woche	♂	1	2	5	6	7	4	4	3	6
	♀	0	1	2	1	2	2	2	1	2

Tabelle A.17: Täteranteile in Duisburg 2002 bis 2008 nach Geschlecht (Prävalenzindizes in Prozent; Querschnittsdatensätze siehe Abschnitt 3.1)

(a) Kohorte 1

		2002	2003	2004	2005	2006	2007	2008
Drogenhandel	♂	3	5	9	8	7	4	3
	♀	1	3	3	2	2	1	1
Gewaltdelikte	♂	20	25	21	20	17	10	8
	♀	11	15	11	7	5	3	2
Sachbeschädigungsdelikte	♂	24	30	24	19	16	9	5
	♀	14	19	16	10	5	3	2
Eigentumsdelikte	♂	24	29	28	23	20	14	8
	♀	18	23	18	13	8	5	3
Gesamtprävalenz	♂	39	47	44	39	35	24	16
	♀	27	35	30	21	15	9	6

(b) Kohorte 2

		2002	2003
Drogenhandel	♂	8	10
	♀	3	3
Gewaltdelikte	♂	27	28
	♀	13	10
Sachbeschädigungsdelikte	♂	34	32
	♀	17	14
Eigentumsdelikte	♂	37	33
	♀	22	16
Gesamtprävalenz	♂	56	53
	♀	34	28

A.4 Wertedimensionen

Tabelle A.18: Strukturgleichungsmodelle »Pflicht und Konvention« (standardisierte Regressionskoeffizienten β; Querschnittsdatensätze siehe Abschnitt 3.1)

	(a) Kohorte 1							(b) Kohorte 2	
	2002	2003	2004	2005	2006	2007	2008	2002	2003
Geschlecht (Referenzkategorie »Jungen«)									
Mädchen	0,04	0,07**	0,08***	0,08***	0,14***	0,19***	0,17***	0,05	0,13***
Staatsangehörigkeit (Referenzkategorie »deutsch«) a)									
deutsch und türkisch	—	0,06*	0,08**	0,05*	0,05**	0,00	0,03	—	0,07*
deutsch und andere	—	0,07**	0,05**	0,04	0,03	0,04	0,02	—	0,03
türkisch	−0,07**	0,16***	0,14***	0,17***	0,15***	0,18***	0,13***	0,15***	0,20***
andere	−0,01	0,03	0,07**	0,05*	0,10***	0,07**	0,06*	0,07**	0,05
Schulform (Referenzkategorie »Gymnasium«)									
Gesamtschule	0,15***	0,16***	0,16***	0,14***	0,15***	0,14***	0,08**	0,22***	0,16***
Realschule	0,10***	0,07**	0,10***	0,10***	—	—	—	0,19***	0,17***
Hauptschule	0,14***	0,15***	0,17***	0,20***	—	—	—	0,30***	0,25***
Berufsschule/-kolleg	—	—	—	—	0,17***	0,15***	0,14***	—	—
keine Schule	—	—	—	—	—	0,07**	0,06	—	—
Soziale Lage b)									
Familie arm/reich	0,02	−0,05	0,04	0,00	0,00	0,03	0,03	0,09**	0,07*
Anzahl Bücher zuhause	—	0,05	0,01	0,03	−0,06**	−0,05*	0,00	—	0,01
R^2 in Prozent	2,10	5,90	6,30	6,50	8,60	9,90	5,80	10,40	10,90

*: $p < 0{,}05$; **: $p < 0{,}01$; ***: $p < 0{,}001$

a) Erst ab 2003 konnten bei zwei Staatsangehörigkeiten beide angegeben werden

b) Erst ab 2003 wurde nach der Anzahl der Bücher zuhause gefragt

Tabelle A.19: Strukturgleichungsmodelle »Hedonismus und Materialismus« (standardisierte Regressionskoeffizienten β; Querschnittsdatensätze siehe Abschnitt 3.1)

	(a) Kohorte 1							(b) Kohorte 2	
	2002	2003	2004	2005	2006	2007	2008	2002	2003
Geschlecht (Referenzkategorie »Jungen«)									
Mädchen	0,03	0,01	−0,01	−0,09***	−0,13***	−0,18***	−0,16***	−0,08***	−0,13***
Staatsangehörigkeit (Referenzkategorie »deutsch«) a)									
deutsch und türkisch	—	0,03	0,01	0,01	0,01	−0,02	0,00	—	0,01
deutsch und andere	—	0,01	0,01	−0,03	0,00	−0,03	−0,02	—	0,00
türkisch	−0,03	0,00	−0,05*	−0,05*	−0,06**	−0,03	−0,04	−0,04	0,00
andere	0,01	−0,01	0,02	−0,01	−0,01	−0,02	0,00	−0,01	−0,04
Schulform (Referenzkategorie »Gymnasium«)									
Gesamtschule	0,17***	0,09**	0,08*	0,05	0,04	0,00	0,03	0,10**	0,01
Realschule	0,14***	0,09**	0,08**	0,08**	—	—	—	0,01	−0,08**
Hauptschule	0,20***	0,04	0,02	−0,01	—	—	—	0,09**	0,00
Berufsschule/-kolleg	—	—	—	—	0,08**	0,00	0,05	—	—
keine Schule	—	—	—	—	—	0,03	0,02	—	—
Soziale Lage b)									
Familie arm/reich	0,12***	0,11***	0,07**	0,08***	0,08***	0,08**	0,07**	0,10***	0,14***
Anzahl Bücher zuhause	—	−0,15***	−0,15***	−0,15***	−0,16***	−0,14***	−0,16***	—	−0,17***
R^2 in Prozent	4,00	4,40	3,80	4,70	6,40	6,20	6,40	2,90	7,80

*: $p < 0{,}05$; **: $p < 0{,}01$; ***: $p < 0{,}001$

a) Erst ab 2003 konnten bei zwei Staatsangehörigkeiten beide angegeben werden

b) Erst ab 2003 wurde nach der Anzahl der Bücher zuhause gefragt

Tabelle A.20: Strukturgleichungsmodelle »Öffentliches Engagement« (standardisierte Regressionskoeffizienten β; Querschnittsdatensätze siehe Abschnitt 3.1)

	(a) Kohorte 1							(b) Kohorte 2	
	2002	2003	2004	2005	2006	2007	2008	2002	2003
Geschlecht (Referenzkategorie »Jungen«)									
Mädchen	−0,01	−0,06**	−0,01	−0,03	0,00	−0,05	−0,04	−0,05	−0,07*
Staatsangehörigkeit (Referenzkategorie »deutsch«) a)									
deutsch und türkisch	—	0,02	0,08**	0,03	0,05*	0,02	−0,01	—	0,03
deutsch und andere	—	0,03	0,03	0,02	0,04	0,02	0,00	—	0,03
türkisch	−0,10***	0,07**	0,08**	0,11***	0,09***	0,05	0,06*	0,01	0,11***
andere	−0,05*	0,02	0,05	0,03	0,07**	0,08**	0,07**	0,06	0,04
Schulform (Referenzkategorie »Gymnasium«)									
Gesamtschule	−0,02	−0,02	−0,03	−0,04	0,02	0,05	0,01	−0,08	−0,04
Realschule	−0,06	−0,04	−0,02	−0,04	—	—	—	−0,04	0,03
Hauptschule	−0,04	0,04	0,05	0,02	—	—	—	−0,09*	0,04
Berufsschule/-kolleg	—	—	—	—	−0,07*	−0,08*	−0,17***	—	—
keine Schule	—	—	—	—	—	−0,07*	−0,10**	—	—
Soziale Lage b)									
Familie arm/reich	−0,01	−0,05	−0,01	0,00	−0,03	0,02	0,03	0,03	−0,02
Anzahl Bücher zuhause	—	0,14***	0,16***	0,17***	0,12***	0,17***	0,14***	—	0,21***
R^2 in Prozent	1,50	2,90	3,80	4,00	3,20	6,10	6,90	1,10	5,80

*: $p < 0{,}05$; **: $p < 0{,}01$; ***: $p < 0{,}001$

a) Erst ab 2003 konnten bei zwei Staatsangehörigkeiten beide angegeben werden

b) Erst ab 2003 wurde nach der Anzahl der Bücher zuhause gefragt

A.5 Wertentwicklungen

```
Title:
   Panelmodell, Wertentwicklung Pflicht, Variante 2, starke Messinvarianz:
   Faktorladungen gleichgesetzt, Intercepts gleichgesetzt, Fehlerautokorr. zugelassen
Data:
   File is 7W4T_ni.dat ;
Variable:
    Names are
      aa0000 al0053 al0054 al0061 al0062 al0066 al0076 al0083 al0088 aa0011
    [...];
    Usevariables
       al0061 al0066 al0083 bl0061 bl0066 bl0083 cl0061 cl0066 cl0083
    [...];
    Missing are all (-9999) ;
Analysis: Type = general ;
           estimator=MLR;
           process = 8; !8 Prozessoren
Model:  !Messmodelle Pflicht, 7 Wellen
             aPflicht by   al0061 (1) al0066 (2) al0083 (3);
        [...]
             gPflicht by   gl0061 (1) gl0066 (2) gl0083 (3);
        !Autokorrelierte Fehlervariablen, benachbarte Messzeitpunkte
            al0061 with bl0061 ;
        [...]
        !Autokorrelierte Fehlervariablen, über 3 Messzeitpunkte
            al0061 with cl0061 ;
         [...]
        !Autokorrelierte Fehlervariablen, über 4 Messzeitpunkte
            al0061 with dl0061 ;
        [...]
        !Autokorrelierte Fehlervariablen, über 5 Messzeitpunkte
            al0061 with el0061 ;
        [...]
        !Autokorrelierte Fehlervariablen, über 6 Messzeitpunkte
            al0061 with fl0061 ;
        [...]
        !Autokorrelierte Fehlervariablen, über 7 Messzeitpunkte
            al0061 with gl0061 ;
        [...]
        !Fixieren des ersten Indikatorintercepts auf null
            [al0061@0 bl0061@0 cl0061@0 dl0061@0 el0061@0 fl0061@0 gl0061@0];
        !Freisetzen der Mittelwerte der latenten State-Faktoren
            [aPflicht-gPflicht];
        !Gleichsetzen der Intercepts der gleichen Indikatoren
            [al0066 bl0066 cl0066 dl0066 el0066 fl0066 gl0066] (5);
            [al0083 bl0083 cl0083 dl0083 el0083 fl0083 gl0083] (6);
Output:  standardized stdyx;
```

Abbildung A.1: Gekürzte Mplus-Syntax für die Überprüfung der zeitlichen Werte-Messinvarianz »Pflicht«, Modellvariante 2 (starke faktorielle Messinvarianz)

```
Title:
   Latent-State-Trait-Modell
   Panelmodell, Wertentwicklung Pflicht, Variante 2, starke Messinvarianz:
   Faktorladungen gleichgesetzt, Intercepts gleichgesetzt), Fehlerautokorr. zugelassen
 Data:
   File is 7W4T_ni.dat ;
 Variable:
   Names are
      aa0000 al0053 al0054 al0061 al0062 al0066 al0076 al0083 al0088 aa0011
     [...];
   Usevariables
       al0061 al0066 al0083 bl0061 bl0066 bl0083 cl0061 cl0066 cl0083
     [...];
   Missing are all (-9999) ;
Analysis:
        Type = general ;
        estimator=MLR;
        process = 8; !8 Prozessoren
Model:  ! Messmodelle Pflicht, 7 Wellen
        aPflicht by   al0061 (1) al0066 (2) al0083 (3);
      [...]
        gPflicht by   gl0061 (1) gl0066 (2) gl0083 (3);
        Pflicht by aPflicht-gPflicht;
     !Autokorrelierte Fehlervariablen, benachbarte Messzeitpunkte
        al0061 with bl0061 ;
      [...]
     !Autokorrelierte Fehlervariablen, über 3 Messzeitpunkte
        al0061 with cl0061 ;
      [...]
     !Autokorrelierte Fehlervariablen, über 4 Messzeitpunkte
        al0061 with dl0061 ;
      [...]
     !Autokorrelierte Fehlervariablen, über 5 Messzeitpunkte
        al0061 with el0061 ;
      [...]
     !Autokorrelierte Fehlervariablen, über 6 Messzeitpunkte
        al0061 with fl0061 ;
      [...]
     !Autokorrelierte Fehlervariablen, über 7 Messzeitpunkte
        al0061 with gl0061 ;
      [...]
     !Fixieren des ersten Indikatorintercepts auf null
        [al0061@0 bl0061@0 cl0061@0 dl0061@0 el0061@0 fl0061@0 gl0061@0];
     !Freisetzen der Mittelwerte der latenten State-Faktoren
        [aPflicht-gPflicht];
     !Gleichsetzen der Intercepts der gleichen Indikatoren
        [al0066 bl0066 cl0066 dl0066 el0066 fl0066 gl0066] (5);
        [al0083 bl0083 cl0083 dl0083 el0083 fl0083 gl0083] (6);
Output:  standardized stdyx;
```

Abbildung A.2: Gekürzte Mplus-Syntax für das Latent-State-Trait-Modell »Pflicht«, Modellvariante 2 (starke faktorielle Messinvarianz)

Tabelle A.21: Gütekriterien der Messinvarianzprüfung »Hedo« (Sieben-Wellen-Panel, n = 2957, MLR-Schätzung)

	Basismodell	Variante 1	Variante 2	Variante 3
AIC	145959,439	145947,886	146149,021	146374,810
BIC	146840,253	146756,797	146886,029	147003,962
Sample-Size Adj. BIC	146373,178	146327,851	146495,211	146670,338
χ^2	149,061	160,964	367,401	617,409
df	105	117	129	147
$p(\chi^2)$	0,003	0,004	0,000	0,000
Scaling Correction Factor	1,113	1,108	1,098	1,078
RMSEA	0,012	0,011	0,025	0,033
p(RMSEA $\leq$ 0,05)	1,000	1,000	1,000	1,000
CFI	0,996	0,996	0,981	0,962
TLI	0,993	0,994	0,969	0,946
SRMR	0,019	0,020	0,030	0,047
Step-Up-Test der geschachtelten Modellvarianten gegeneinander				
$\Delta\chi^2$	—	11,903	206,437	250,008
Δdf	—	12	12	18
crit. val. $\Delta\chi^2_{\Delta df;p=0,05}$	—	21,026	21,026	28,869
crit. val. $\Delta\chi^2_{\Delta df;p=0,05}$ (Bonferroni)	—	25,530	25,530	34,027
crit. val. $\Delta\chi^2_{\Delta df;p=0,05}$ (Oort)	—	24,699	51,837	101,928
corrected $\Delta\chi^2$ (Satorra/Bentler)	—	22,442	225,792	231,012
ΔRMSEA	—	−0,001	0,014	0,008
ΔCFI	—	0,000	−0,015	−0,019
ΔSRMR	—	0,001	0,010	0,017

Eigene Berechnungen der korrigierten χ^2-Differenz (corrected $\Delta\chi^2$) nach Mplus-Webseite (vgl. Satorra und Bentler 2001; Christ und Schlüter 2012, S. 46 f.)

A.6 Wertetypologien

Tabelle A.22: Wertetypen in Duisburg 2002 bis 2008 nach Geschlecht (Prozentangaben; Querschnittsdatensätze siehe Abschnitt 3.1)

		(a) Kohorte 1							(b) Kohorte 2	
		2002	2003	2004	2005	2006	2007	2008	2002	2003
Konventionalisten	♂	50	45	45	43	40	36	38	43	41
	♀	50	55	55	57	60	64	62	57	59
Idealisten	♂	56	48	51	47	45	54	52	36	53
	♀	44	52	49	53	55	46	48	64	47
Hedo-Materialisten	♂	54	52	51	58	64	66	65	54	56
	♀	46	48	49	42	36	34	35	46	44
Realisten	♂	51	56	53	56	58	55	48	56	57
	♀	49	44	47	44	42	45	52	44	43
Unauffällige	♂	55	56	52	49	53	44	46	46	45
	♀	45	44	48	51	47	56	54	54	55
Konventionelle Idealisten	♂	49	51	48	51	43	41	42	50	42
	♀	51	49	52	49	57	59	58	50	58
Hedo-materialistische Idealisten	♂	49	58	50	62	61	69	64	57	60
	♀	51	42	50	38	39	31	36	43	40
Konventionelle Hedo-Materialisten	♂	48	43	46	48	50	46	49	50	48
	♀	52	57	54	52	50	54	51	50	52
Indifferente	♂	45	44	51	48	49	60	52	49	48
	♀	55	56	49	52	51	40	48	51	53

Tabelle A.23: Konventionalisten in Duisburg 2002 bis 2008 (Mittelwerte der Indikatoritems; Ursprungsskala von 1 »trifft gar nicht zu« bis 5 »trifft völlig zu«; Querschnittsdatensätze siehe Abschnitt 3.1)

	(a) Kohorte 1							(b) Kohorte 2	
	2002	2003	2004	2005	2006	2007	2008	2002	2003
Pflicht und Konvention									
L0061	4,0	4,0	4,0	4,0	4,0	4,0	4,0	4,0	3,9
L0066	4,0	3,9	3,8	3,8	3,8	3,9	3,9	3,8	3,7
L0083	3,7	3,8	3,6	3,7	3,7	3,7	3,7	3,6	3,7
Hedonismus und Materialismus									
L0053	2,5	2,5	2,5	2,5	2,5	2,3	2,4	2,6	2,5
L0054	2,1	2,3	2,2	2,2	2,1	2,0	2,0	2,3	2,3
L0076	2,5	2,6	2,7	2,6	2,7	2,7	2,7	2,5	2,7
Öffentliches Engagement									
L0062	2,3	2,4	2,4	2,4	2,4	2,4	2,4	2,4	2,4
L0088	2,6	2,7	2,7	2,6	2,7	2,7	2,7	2,7	2,8

Tabelle A.24: Idealisten in Duisburg 2002 bis 2008 (Mittelwerte der Indikatoritems; Ursprungsskala von 1 »trifft gar nicht zu« bis 5 »trifft völlig zu«; Querschnittsdatensätze siehe Abschnitt 3.1)

	(a) Kohorte 1							(b) Kohorte 2	
	2002	2003	2004	2005	2006	2007	2008	2002	2003
Pflicht und Konvention									
L0061	3,0	2,9	2,9	2,9	2,9	2,9	2,8	3,1	2,9
L0066	2,7	2,6	2,7	2,8	2,5	2,5	2,6	2,6	2,6
L0083	2,4	2,5	2,5	2,4	2,6	2,5	2,5	2,3	2,4
Hedonismus und Materialismus									
L0053	2,4	2,3	2,3	2,3	2,3	2,3	2,3	2,3	2,3
L0054	2,2	2,3	2,3	2,2	2,2	2,2	2,3	2,3	2,4
L0076	2,4	2,5	2,4	2,7	2,8	2,7	2,8	2,6	2,7
Öffentliches Engagement									
L0062	3,7	3,5	3,4	3,5	3,5	3,6	3,7	3,5	3,5
L0088	4,1	4,1	4,2	4,2	4,2	4,1	4,1	4,2	4,2

Tabelle A.25: Hedo-Materialisten in Duisburg 2002 bis 2008 (Mittelwerte der Indikatoritems; Ursprungsskala von 1 »trifft gar nicht zu« bis 5 »trifft völlig zu«; Querschnittsdatensätze siehe Abschnitt 3.1)

	(a) Kohorte 1							(b) Kohorte 2	
	2002	2003	2004	2005	2006	2007	2008	2002	2003
Pflicht und Konvention									
L0061	2,7	2,6	2,6	2,6	2,6	2,7	2,6	2,8	2,6
L0066	2,4	2,5	2,5	2,4	2,5	2,3	2,5	2,4	2,4
L0083	2,3	2,3	2,3	2,4	2,4	2,4	2,5	2,2	2,3
Hedonismus und Materialismus									
L0053	4,1	4,1	4,0	4,0	4,0	3,9	3,9	4,1	4,0
L0054	3,9	3,8	3,8	3,8	3,8	3,7	3,6	3,8	3,8
L0076	3,9	3,9	3,9	3,9	4,1	4,0	3,9	4,0	3,9
Öffentliches Engagement									
L0062	2,0	2,0	1,9	2,0	2,0	2,0	2,0	2,0	1,9
L0088	2,5	2,4	2,4	2,5	2,6	2,6	2,5	2,5	2,6

Tabelle A.26: Realisten in Duisburg 2002 bis 2008 (Mittelwerte der Indikatoritems; Ursprungsskala von 1 »trifft gar nicht zu« bis 5 »trifft völlig zu«; Querschnittsdatensätze siehe Abschnitt 3.1)

	(a) Kohorte 1							(b) Kohorte 2	
	2002	2003	2004	2005	2006	2007	2008	2002	2003
Pflicht und Konvention									
L0061	4,3	4,2	4,2	4,3	4,3	4,2	4,2	4,4	4,2
L0066	4,2	4,2	4,1	4,3	4,1	4,1	4,0	4,2	4,2
L0083	3,9	3,9	3,9	3,8	3,8	3,7	3,7	3,8	3,9
Hedonismus und Materialismus									
L0053	4,1	4,0	4,0	3,9	4,0	3,9	3,8	4,1	4,0
L0054	3,8	3,7	3,6	3,7	3,5	3,5	3,4	3,7	3,7
L0076	4,0	3,9	4,0	4,0	4,0	3,9	4,1	3,9	3,9
Öffentliches Engagement									
L0062	4,0	3,9	3,8	3,8	3,9	3,7	3,7	3,9	3,8
L0088	4,2	4,1	4,1	4,1	4,0	4,1	4,0	4,2	4,1

Tabelle A.27: Unauffällige in Duisburg 2002 bis 2008 (Mittelwerte der Indikatoritems; Ursprungsskala von 1 »trifft gar nicht zu« bis 5 »trifft völlig zu«; Querschnittsdatensätze siehe Abschnitt 3.1)

	(a) Kohorte 1							(b) Kohorte 2	
	2002	2003	2004	2005	2006	2007	2008	2002	2003
Pflicht und Konvention									
L0061	2,5	2,4	2,4	2,4	2,5	2,6	2,6	2,7	2,5
L0066	2,2	2,3	2,4	2,4	2,4	2,5	2,4	2,2	2,4
L0083	2,3	2,3	2,2	2,3	2,3	2,4	2,4	2,3	2,4
Hedonismus und Materialismus									
L0053	2,3	2,3	2,3	2,3	2,3	2,3	2,3	2,3	2,2
L0054	2,1	2,2	2,2	2,1	2,1	2,0	2,1	2,2	2,1
L0076	2,2	2,3	2,3	2,3	2,4	2,5	2,5	2,4	2,5
Öffentliches Engagement									
L0062	1,7	1,9	1,9	1,8	1,9	2,0	2,0	1,9	2,0
L0088	2,3	2,3	2,3	2,2	2,4	2,3	2,4	2,4	2,4

Tabelle A.28: Konventionelle Idealisten in Duisburg 2002 bis 2008 (Mittelwerte der Indikatoritems; Ursprungsskala von 1 »trifft gar nicht zu« bis 5 »trifft völlig zu«; Querschnittsdatensätze siehe Abschnitt 3.1)

	(a) Kohorte 1							(b) Kohorte 2	
	2002	2003	2004	2005	2006	2007	2008	2002	2003
Pflicht und Konvention									
L0061	4,3	4,2	4,2	4,2	4,2	4,2	4,2	4,3	4,1
L0066	4,2	4,1	4,0	4,0	4,0	3,9	3,9	4,0	4,0
L0083	3,8	3,8	3,8	3,8	3,8	3,9	3,9	3,8	3,8
Hedonismus und Materialismus									
L0053	2,3	2,4	2,4	2,4	2,4	2,3	2,3	2,4	2,3
L0054	2,1	2,1	2,1	2,1	2,1	2,0	1,9	2,2	2,2
L0076	2,5	2,6	2,6	2,6	2,7	2,7	2,8	2,6	2,7
Öffentliches Engagement									
L0062	3,8	3,8	3,7	3,7	3,6	3,7	3,7	3,8	3,7
L0088	4,2	4,2	4,2	4,1	4,1	4,1	4,1	4,1	4,2

Tabelle A.29: Hedo-materialistische Idealisten in Duisburg 2002 bis 2008 (Mittelwerte der Indikatoritems; Ursprungsskala von 1 »trifft gar nicht zu« bis 5 »trifft völlig zu«; Querschnittsdatensätze siehe Abschnitt 3.1)

	(a) Kohorte 1							(b) Kohorte 2	
	2002	2003	2004	2005	2006	2007	2008	2002	2003
Pflicht und Konvention									
L0061	3,1	2,6	3,0	2,8	2,8	2,7	2,8	3,0	2,8
L0066	2,5	2,8	2,5	2,6	2,8	2,7	2,5	2,7	2,6
L0083	2,3	2,4	2,3	2,3	2,4	2,3	2,5	2,3	2,3
Hedonismus und Materialismus									
L0053	4,1	3,9	3,9	3,7	3,8	3,7	3,7	4,0	4,0
L0054	3,8	4,0	3,9	3,7	3,7	3,5	3,5	3,9	3,8
L0076	3,8	3,9	3,8	4,1	3,9	4,0	3,8	4,0	4,0
Öffentliches Engagement									
L0062	3,7	3,5	3,4	3,4	3,5	3,4	3,5	3,7	3,5
L0088	4,1	4,2	4,3	4,2	4,1	4,1	4,2	4,1	4,4

Tabelle A.30: Konventionelle Hedo-Materialisten in Duisburg 2002 bis 2008 (Mittelwerte der Indikatoritems; Ursprungsskala von 1 »trifft gar nicht zu« bis 5 »trifft völlig zu«; Querschnittsdatensätze siehe Abschnitt 3.1)

	(a) Kohorte 1							(b) Kohorte 2	
	2002	2003	2004	2005	2006	2007	2008	2002	2003
Pflicht und Konvention									
L0061	4,1	4,0	4,0	4,0	4,0	4,0	4,0	4,1	4,1
L0066	4,0	3,9	3,9	3,9	3,9	3,9	3,8	3,9	3,8
L0083	3,7	3,6	3,7	3,7	3,7	3,7	3,7	3,6	3,7
Hedonismus und Materialismus									
L0053	4,1	4,1	4,0	4,0	4,0	3,9	3,9	4,1	4,0
L0054	3,8	3,6	3,7	3,6	3,6	3,5	3,4	3,7	3,7
L0076	3,9	3,8	3,7	3,9	3,9	3,9	3,9	3,8	3,9
Öffentliches Engagement									
L0062	2,3	2,3	2,3	2,4	2,5	2,4	2,4	2,4	2,3
L0088	2,6	2,7	2,7	2,6	2,6	2,7	2,6	2,6	2,7

Tabelle A.31: Indifferente in Duisburg 2002 bis 2008 (Mittelwerte der Indikatoritems; Ursprungsskala von 1 »trifft gar nicht zu« bis 5 »trifft völlig zu«; Querschnittsdatensätze siehe Abschnitt 3.1)

	(a) Kohorte 1							(b) Kohorte 2	
	2002	2003	2004	2005	2006	2007	2008	2002	2003
Pflicht und Konvention									
L0061	3,0	3,1	3,0	3,1	3,0	3,1	3,0	3,2	3,0
L0066	2,9	2,8	2,9	3,0	2,9	2,9	2,9	2,7	2,9
L0083	2,7	2,9	2,8	2,7	2,8	2,8	2,7	2,7	2,7
Hedonismus und Materialismus									
L0053	2,9	2,7	2,8	2,8	2,8	2,8	2,8	2,7	2,7
L0054	2,5	2,7	2,6	2,7	2,6	2,5	2,6	2,5	2,6
L0076	2,7	2,8	2,9	2,8	3,0	2,9	2,9	2,8	3,0
Öffentliches Engagement									
L0062	2,6	2,5	2,7	2,6	2,6	2,6	2,6	2,7	2,6
L0088	3,0	3,1	3,0	3,0	3,0	3,0	2,9	3,0	3,1

Tabelle A.32: Gütekriterien LTA Realisten (Sieben-Wellen-Panel mit $n = 2957$)

Modell	Npar	L^2	BIC (L^2)	AIC3 (L^2)	df	p-value	Class. Err.
0	2	1509,14	−12045,18	−3578,86	1696	1,00	0,0000
1	5	1118,14	−12412,20	−3960,86	1693	1,00	0,0183
2	9	974,26	−12524,11	−4092,74	1689	1,00	0,0186
3	13	957,31	−12509,09	−4097,69	1685	1,00	0,0187
4	17	951,02	−12483,42	−4091,98	1681	1,00	0,0187
5	21	950,77	−12451,70	−4080,23	1677	1,00	0,0187
6	38	10963,99	−12364,45	2206,99	2919	0,00	0,0209
7	10	1492,10	−22060,12	−7348,90	2947	1,00	0,0188

Tabelle A.33: Klassengrößen und Ausgangswahrscheinlichkeiten des LTA-Modells der Realisten (Sieben-Wellen-Panel mit $n = 2957$)

(a) Klassengrößen

	Klasse	
	1	2
männlich	0,78	0,22
weiblich	0,86	0,14
gesamt	0,82	0,18

(b) Ausgangswahrsch.

	Klasse	
State[0]	1	2
1	0,87	0,69
2	0,13	0,31

Tabelle A.34: Übergangswahrscheinlichkeiten zwischen zwei benachbarten Zeitpunkten des LTA-Modells der Realisten in Duisburg 2002 bis 2008 (Zustand bzw. State 1: »kein Realist«, Zustand bzw. State 2: »Realist«; Sieben-Wellen-Panel mit $n = 2957$)

	Übergang States			
	1 → 1	1 → 2	2 → 1	2 → 2
Welle	Klasse 1			
2002 → 2003	0,94	0,06	0,88	0,12
2003 → 2004	0,94	0,06	0,89	0,11
2004 → 2005	0,95	0,05	0,90	0,10
2005 → 2006	0,96	0,04	0,91	0,09
2006 → 2007	0,96	0,04	0,92	0,08
2007 → 2008	0,97	0,03	0,93	0,07
	Klasse 2			
2002 → 2003	0,64	0,36	0,52	0,48
2003 → 2004	0,67	0,33	0,56	0,44
2004 → 2005	0,70	0,30	0,59	0,41
2005 → 2006	0,73	0,27	0,62	0,38
2006 → 2007	0,76	0,24	0,65	0,35
2007 → 2008	0,79	0,21	0,67	0,33

Tabelle A.35: Gütekriterien LTA Konventionalisten (Sieben-Wellen-Panel mit n = 2957)

Modell	Npar	L^2	BIC (L^2)	AIC3 (L^2)	df	p-value	Class. Err.
0	2	2096,25	−11458,07	−2991,75	1696	0,00	0,0000
1	5	1522,22	−12008,12	−3556,78	1693	1,00	0,0353
2	9	1332,72	−12165,66	−3734,29	1689	1,00	0,0350
3	13	1305,14	−12161,27	−3749,86	1685	1,00	0,0346
4	17	1303,07	−12131,37	−3739,93	1681	1,00	0,0346
5	21	1302,83	−12099,64	−3728,17	1677	1,00	0,0346
6	38	16961,45	−6366,99	8204,45	2919	0,00	0,0340
7	10	2069,57	−21482,65	−6771,43	2947	1,00	0,0344

Tabelle A.36: Klassengrößen und Ausgangswahrscheinlichkeiten des LTA-Modells der Konventionalisten (Sieben-Wellen-Panel mit n = 2957)

(a) Klassengrößen

	Klasse	
	1	2
männlich	0,73	0,27
weiblich	0,50	0,50
gesamt	0,62	0,38

(b) Ausgangswahrsch.

	Klasse	
State[0]	1	2
1	0,88	0,77
2	0,12	0,23

Tabelle A.37: Übergangswahrscheinlichkeiten zwischen zwei benachbarten Zeitpunkten des LTA-Modells der Konventionalisten in Duisburg 2002 bis 2008 (Zustand bzw. State 1: »kein Konventionalist«, Zustand bzw. State 2: »Konventionalist«; Sieben-Wellen-Panel mit $n = 2957$)

	Übergang States			
	1 → 1	1 → 2	2 → 1	2 → 2
Welle	Klasse 1			
2002 → 2003	0,93	0,07	0,88	0,12
2003 → 2004	0,92	0,08	0,87	0,13
2004 → 2005	0,91	0,09	0,86	0,14
2005 → 2006	0,90	0,10	0,85	0,15
2006 → 2007	0,89	0,11	0,83	0,17
2007 → 2008	0,88	0,12	0,82	0,18
	Klasse 2			
2002 → 2003	0,71	0,30	0,56	0,44
2003 → 2004	0,68	0,32	0,54	0,46
2004 → 2005	0,65	0,35	0,52	0,48
2005 → 2006	0,62	0,38	0,49	0,51
2006 → 2007	0,60	0,40	0,47	0,53
2007 → 2008	0,57	0,43	0,45	0,55

Tabelle A.38: Gütekriterien LTA Unauffällige (Sieben-Wellen-Panel mit $n = 2957$)

Modell	Npar	L^2	BIC (L^2)	AIC3 (L^2)	df	p-value	Class. Err.
0	2	1689,05	−11865,26	−3398,95	1696	0,54	0,0000
1	5	1184,62	−12345,72	−3894,38	1693	1,00	0,0190
2	9	994,76	−12503,61	−4072,24	1689	1,00	0,0192
3	13	983,63	−12482,78	−4071,37	1685	1,00	0,0191
4	17	982,38	−12452,06	−4060,62	1681	1,00	0,0190
5	21	982,43	−12420,04	−4048,57	1677	1,00	0,0190
6	38	11565,44	−11763,01	2808,44	2919	0,00	0,0179
7	10	1567,94	−21984,28	−7273,06	2947	1,00	0,0193

Tabelle A.39: Klassengrößen und Ausgangswahrscheinlichkeiten des LTA-Modells der Unauffälligen (Sieben-Wellen-Panel mit $n = 2957$)

(a) Klassengrößen

	Klasse	
	1	2
männlich	0,73	0,27
weiblich	0,77	0,23
gesamt	0,75	0,25

(b) Ausgangswahrsch.

	Klasse	
State[0]	1	2
1	0,94	0,78
2	0,07	0,22

Tabelle A.40: Übergangswahrscheinlichkeiten zwischen zwei benachbarten Zeitpunkten des LTA-Modells der Unauffälligen in Duisburg 2002 bis 2008 (Zustand bzw. State 1: »kein Unauffälliger«, Zustand bzw. State 2: » Unauffälliger«; Sieben-Wellen-Panel mit $n = 2957$)

	Übergang States			
	1 → 1	1 → 2	2 → 1	2 → 2
Welle	Klasse 1			
2002 → 2003	0,96	0,04	0,93	0,07
2003 → 2004	0,95	0,05	0,93	0,07
2004 → 2005	0,95	0,05	0,92	0,08
2005 → 2006	0,95	0,05	0,92	0,08
2006 → 2007	0,95	0,05	0,92	0,08
2007 → 2008	0,95	0,05	0,92	0,08
	Klasse 2			
2002 → 2003	0,73	0,27	0,59	0,41
2003 → 2004	0,73	0,27	0,58	0,42
2004 → 2005	0,72	0,28	0,57	0,43
2005 → 2006	0,72	0,28	0,57	0,43
2006 → 2007	0,72	0,28	0,56	0,44
2007 → 2008	0,71	0,29	0,56	0,44

Made in the USA
Las Vegas, NV
11 November 2024

11556431R00282